Diese grundlegende Neubearbeitung des bewährten Wörterbuchs literarischer Fachbegriffe umfaßt die wichtigsten Termini der Stilistik, Metrik, Grammatik sowie Epochen- und Gattungsbezeichnungen. Im Gegensatz jedoch zu den üblichen Sachwörterbüchern der Literatur beschränkt es sich nicht auf Definitionen, sondern legt das Schwergewicht auf das erläuternde Beispiel. Indem sich Begriffsbezeichnung und praktisches Beispiel gegenseitig erhellen, wird der Unsicherheitsfaktor, der zwischen Theorie und Praxis, Beschreibung und Anwendung liegt, auf ein Minimum verringert.
Als Handbuch, dem das Wesentliche mehr gilt als verwirrende Allseitigkeit, dient es mit seinen angewandten Definitionen nicht nur der kurzen und zuverlässigen Einführung in die Begriffssprache der Literaturwissenschaft, sondern auch als Nachschlagewerk für Fachleute und Laien.

*Otto F. Best,* Dr. phil., Jahrgang 1929, studierte Germanistik, Romanistik und Philosophie in Frankfurt/M., Toulouse, Dijon und München. Langjährige Tätigkeit als Verlagslektor, seit 1968 Professor für Deutsche und Vergleichende Literaturwissenschaft an der University of Maryland, USA. Zahlreiche Bücher und Aufsätze (u. a. ›Volk ohne Witz‹, 1993, Fischer Taschenbuch Bd. 10094).

Otto F. Best

# Handbuch
# literarischer Fachbegriffe
Definitionen und Beispiele

Fischer
Taschenbuch
Verlag

Überarbeitete und erweiterte Ausgabe

Originalausgabe
Veröffentlicht im Fischer Taschenbuch Verlag GmbH,
Frankfurt am Main, Juli 1972
Überarbeitete und erweiterte Ausgabe März 1994

© 1972, 1982, 1994 Fischer Taschenbuch Verlag GmbH,
Frankfurt am Main
Gesamtherstellung: Clausen & Bosse, Leck
Printed in Germany
ISBN 3-596-11958-8

*Gedruckt auf chlor- und säurefreiem Papier*

# Vorbemerkung zur erweiterten Neuausgabe 1994

»Das *Handbuch literarischer Fachbegriffe* will aus der Reihe fallen«, heißt es in der »Vorbemerkung zur 1.–7. Auflage.« Als »aufschlüsselnde Darbietung unmittelbarer Anschauung« erhelle es »die abstrakte Definition am illustrierenden Beispiel«, um solcherart »Unsicherheitsfaktoren«, wie sie das Verhältnis von Theorie und Praxis gemeinhin kennzeichnen, zu reduzieren. Wenn die »8. Auflage und Neuausgabe« sich dann definierte durch ein Mehr an Stichwörtern, Einbeziehung anderer Literaturen und Erweiterung um einen das Informationspotential ausschöpfenden Sekundärindex, so war damit jeder erweiternden Neuausgabe der Weg vorgezeichnet.

Sprachvorrat wie Sprachkunstwerk sind eingebettet in Lebenszusammenhänge. Dies hat zur Folge, daß sich ihr historischer Stellenwert wandelt. Epochen- und trendbedingte Akzentverschiebung führt zu Aktualisierung wie Verlust, Bestätigung wie Fossilisierung von Stichwörtern. Durch Flexibilität, zeitgerechte Adaptation von Definitionsangebot und Beispielbestand muß diesem Wandel Rechnung getragen werden. Deshalb erwies es sich als unumgänglich, Stichwörter wie »Dekonstruktion«, »Feminismus« o. ä. zusätzlich in diese Neuausgabe aufzunehmen und vorhandene Artikel ggf. zu erweitern, neu zu formulieren oder auch zu streichen.

Die Bereitschaft zu »Verjüngung« mag es rechtfertigen, daß sich die Schlußsätze der »Vorbemerkung zur 8. Auflage« (1982) hier noch einmal zitiert finden. Darin heißt es: »Da der Erhöhung der Zahl der Definitionen eine Erweiterung des Beispielteils entspricht, konnte mit dieser Neuausgabe nicht nur die Benutzbarkeit des Handbuchs als ›Wörterbuch‹ erhöht werden, auch seine Vorzüge als literarisches ›Lesebuch‹ finden Verstärkung.« Dem ist lediglich hinzuzufügen, daß dieses »wohlbedachte und -begründete, über den Rahmen von Schule und Universität hinaus nützliche Werkzeug« auch in seiner Neufassung verbürgter »Schubladensystematisierung« treu bleibt und durch seine Klarheit und Übersichtlichkeit auffordert zu informierendem Nachschlagen wie orientierendem Blättern und Lesen.

O. F. B.

# Verzeichnis der Abkürzungen

Abh.: Abhandlung
Adj.: Adjektiv
aengl.: altenglisch
afrz.: altfranzösisch
agerm.: altgermanisch
ags.: angelsächsisch
ahd.: althochdeutsch
alem.: alemannisch
allg.: allgemein
am.: amerikanisch
anord.: altnordisch
arab.: arabisch
aspan.: altspanisch
Bd.: Band
Ber.: Bericht
bes.: besonders
best.: bestimmt
betr.: betreffend
Bez.: Bezeichnung
christl.: christlich
Dim.: Diminutiv
dramat.: dramatisch
dt.: deutsch
Ed.: Edition
eigtl.: eigentlich
Einf.: Einführung
Einl.: Einleitung
ersch.: erschienen
europ.: europäisch
ev.: evangelisch
folg.: folgend
Frkr.: Frankreich
frz.: französisch

Fs.: Festschrift
Gegs.: Gegensatz
geistl.: geistlich
germ.: germanisch
Ges.: Gesellschaft
gr.: griechisch
ges.: gesammelt, gesamt
Gesch.: Geschichte
Hdb.: Handbuch
histor.: historisch
hrsg.: herausgegeben
Hs.: Handschrift
ital.: italienisch
jap.: japanisch
Jg.: Jahrgang
Jh.: Jahrhundert
kath.: katholisch
kirchl.: kirchlich
künstler.: künstlerisch
lat.: lateinisch
Lit.: Literatur
literar.: literarisch
lyr.: lyrisch
MA.: Mittelalter
ma.: mittelalterlich
mfr.: mittelfränkisch
mhd.: mittelhochdeutsch
mlat.: mittellateinisch
mod.: modern
ndl.: niederländisch
nhd.: neuhochdeutsch
ostgot.: ostgotisch
pers.: persisch

Pl.: Plural
polit.: politisch
protest.: protestantisch
prov.: provenzalisch
rhet.: rhetorisch
roman.: romanisch
Sg.: Singular
span.: spanisch
Subst.: Substantiv

theol.: theologisch
urspr.: ursprünglich
Wb.: Wörterbuch
Wiss.: Wissenschaft
Zs.: Zeitschrift
Zt.: Zeitung
zus.: zusammen
→ : Verweis
+ : Quellenwerk

**Abbreviatur,** die: (lat. kurz gemacht werden) Abkürzung, Abbreviation.
= z. B. für *zum Beispiel* (→Sigle); *Hapag* (→Akronym); auch syntaktisch: *Wiedersehn* für *auf Wiedersehn* (→Ellipse).

**Abc-Buch:** →Fibel.

**Abecedarium,** das: (lat. ABC) a) alphabet. geordnete ma. Schulbücher (→Fibel); b) alphabet. Register für jurist. Handbücher u. ä.; c) Gedicht oder Hymnus, dessen Vers- oder Strophenanfänge als →Akrostichon dem Alphabet folgen. (→Merkvers)

= Lob-Alphabet auf ein Mädchen

*Allerliebsts,*
*Beschaidens,*
*Czuckersüß,*
*Durchgepreyßts,*
*Erentreichs,*
*Frölichs,*
*Güttigs,*
*Hochgelobts*
*Immertröstlichs*
*Kind!*
*Lustliche*
*Maget!*
*Natürliche,*
*Obroste*
*Pietterin!*
*Quick!*
*Rainclicher*
*Schatz!*
*Triulichs*
*Versenen!*
*Xps [Christus]*
*Zerbräch dir alles leiden!*

Schhelt-Alphabet

*Abgerittene*
*Böszwichtin!*
*Czerrüßene,*
*Durchtribne,*
*Erenlose,*
*Frawenschenderin!*
*Gruntlose,*
*Hůrische*
*Inprünstige*
*Kotz!*
*Liegende,*
*Misztrewige*
*Nachrednerin!*
*Offenbare*
*Pluotuergießerin!*
*Quostenpinderin!*
*Rewdige*
*Sackhůr*
*Trunckne*
*Verrätterin!*
*Xpenlichs volcks*
*Ymmerwernde*
*Zageltasch!* [C. Hätzlerin]

**Abelspel,** das (ndl. schönes Spiel) älteste Form des ndl. weltl. Schauspiels (Mitte 14. Jh.), den Aufführungen des ernsten A. folgte meist als →Nachspiel possenhafte →Klucht; im 15. Jh. durch →Zinnespel (→Moritat) verdrängt.
= *Esmoreit*, *Gloriant*, *Lanseloet von Denemarken* u.a.

**Abenteuer,** das: →Aventiure.

**Abenteuerroman,** der: Sammelbez. für Romane, in denen das Abenteuerliche in gesuchtem oder erduldetem Erleben überwiegt; in meist volkstüml.-realist. Stil werden Lebensläufe u. Wanderungen dargestellt; vom spätantiken Roman beeinflußte Ansätze zum A. finden sich schon im MA. (→Spielmannsdichtung, →Volksbücher); in den Prosaauflösungen höf. Epen (buntgewürfelte Häufungen von A.) geht die urspr. (z. T. sozial.-individual., z. T. relig.-heilsgeschichtl.) Bedeutung des A. als ritterl. Bewährungsprobe verloren. Im →Barock entwickeln sich die →Simpliziaden (im Anschluß an den →Schelmenroman: Grimmelshausen, *Simplizissimus*, 1669f.); mit Anfang des 18. Jh. die →Robinsonaden (im Anschluß an Defoe, *Robinson Crusoe*, 1719). Als Reiseroman (→Reiseliteratur) wird der A. in der →Romantik wieder aufgegriffen (Eichendorff, *Taugenichts*, 1826) u. lebt im 19. Jh. als populär. Unterhaltungsroman fort (Karl May); im 20. Jh. vereinzelte Beispiele für A. als (sozialkrit.) →Schelmenroman und als →Landstreicherroman.

**Abgesang,** der: aus dem →Meistersang stammende Bez. für Schlußteil der sog. →Minne- u. →Meistersangstrophe; der A., auch Gebände genannt, ist kürzer als beide →Stollen zusammen, aber länger als jeder einzelne u. bildet den Gegs. zum →Aufgesang. (→Coda)

**Abhandlung,** die: a) in →Barock Bez. für →Akt im Drama (→schles. Kunstdrama); b) theoret.-wissenschaftl. Behandlung bzw. Darstellung von Problem. (→Monographie, →Essay, →Erörterung)

**Abonnement,** das: (frz.) durch Vorausbestellung (evtl. auch -zahlung) gesicherter regelmäßiger Bezug bes. von Zt., Zs., Büchern.

**Abrégé,** das: (frz.) (kurzer) Auszug, Zusammenfassung. (→Argument)

**Abriß,** der: kurze Zusammenfassung eines Lerngebietes, die Wesentliches übersichtlich, aber knapp darstellt.
= Karl Helm, *Abriß der mittelhochdeutschen Grammatik:* 69 Seiten im Vergleich etwa mit H. Paul/W. Mitzka, *Mittelhochdeutsche Grammatik:* 323 Seiten.

**absurdes Theater** 11

**Abschweifung,** die: → Digression.

**absolute Dichtung,** die: auch autonome oder reine Dichtung, setzt im Sinne des → L'art pour l'art die formalen Kunstmittel absolut u. konzediert dem Inhaltlichen ledigl. Materialwert; als a. Prosa gekennzeichnet durch Reihung von »Expressionen«, Reduktion der Handlung auf stoffliches Minimum, Verknappung des Sprachlichen zu ausdrucksstarkem Einzelsubstantiv hin, Verschmelzung von Prosa u. lyr. Sprache; als Ausdruck monolog. Reflexion von Figuren, die sich im Spiel mit Ideen u. Assoziationen konstituiert, verweist die a. D. auf nichts außer sich: Sie rechtfertigt sich allein aus ihrer sprachl.-begriffl. Eigengesetzlichkeit; ähnliches gilt für a. Poesie, die den Vorrang des Sprachlich-Prozessualen über das Stoffliche radikalisiert; Höhepunkte der a. D. im frz. → Symbolismus u. in → Wortkunst des → Sturmkreises. (→ konkrete Dichtung)
= Mallarmé, Rimbaud, Valéry, Huysmans, G. Sack, C. Einstein (*Bebuquin*, 1906), G. Benn (*Roman des Phänotyp*, 1949) u. a.

*Die Scherben eines gläsernen gelben Lampions klirrten auf die Stimme eines Frauenzimmers: Wollen Sie den Geist Ihrer Mutter sehen? Das haltlose Licht tropfte auf die zartmarkierte Glatze eines jungen Mannes, der ängstlich abbog, um allen Überlegungen über diese Zusammensetzung seiner Person vorzubeugen. Er wandte sich ab von der Bude der verzerrenden Spiegel, die mehr zu Betrachtungen anregen als die Worte von fünfzehn Professoren. Er wandte sich ab vom Zirkus zur aufgehobenen Schwerkraft, wiewohl er lächelnd einsah, daß er damit die Lösung seines Lebens versäumte. Das Theater zur stummen Ekstase mied er mit stolz geneigtem Haupt: alle Ekstase ist unanständig, Ekstase blamiert unser Können, und ging schauernd in das Museum zur billigen Erstarrnis, an dessen Kasse eine breite verschwimmende Dame nackt saß ... : Guten Abend, Herr Bebuquin, sagte sie.*
[Aus: C. Einstein, *Herr Giorgio Bebuquin*]

**abstrakte Dichtung,** die: Bez. für Auffassung von Literatur, die bildl. Ausdrucksweise als beliebig ablehnt u. sich im Spiel mit dem Material der Sprache (Buchstabe, Silbe, Wort) verwirklicht: Als gegenstandslose Dichtung gewinnt die a. D. Sinn u. Bedeutung aus der Organisation des Sprachlichen zu modellhaften Gebilden. (→ Dadaismus, → Sturmkreis, → Futurismus, → konkrete Dichtung, → Konstellation)
= *In einem Gedicht von Goethe wird der Leser poetisch belehrt, daß der Mensch sterben und werden müsse. Kandinsky hingegen stellt den Leser vor ein sterbendes und werdendes Wortbild, vor eine sterbende und werdende Wortfolge.* [H. Arp]

**absurdes Theater,** das: Form des mod. Dramas, die vom Seinsgefühl der → Absurdität bestimmt ist; vor allem in Frkr. gepflegt. (→ Surrealismus)
= E. Ionesco, S. Beckett, J. Tardieu, A. Adamov (Frkr.); H. Pinter (Eng-

land); W. Hildesheimer, G. Grass (*Die bösen Köche*, 1957) (Dtschld.) u. a.

*Alles ist auf dem Theater möglich: man kann Figuren Fleisch werden lassen; aber auch Ängste und Gegebenheiten einer unsichtbaren Innenwelt vermögen körperliche Gegenwart zu gewinnen. Es ist daher nicht nur erlaubt, sondern geboten, die Requisiten mitspielen zu lassen, den Dingen Leben zu geben, das Bühnenbild einzubeziehen und gewisse Symbole szenisch zu verwirklichen.*

[Aus: E. Ionesco, *Ganz einfache Gedanken über das Theater*]

**Absurdität,** die: (zu absurd = lat. mißtönend) als Widersinnigkeit, Unvernunft nicht gleichzusetzen mit Unsinn; A. entsteht durch eine Leistung des Intellekts: das Denken stößt auf unlösbare Widersprüche, die dem → absurden Theater als Grundlage dramat. Gestaltung dienen. (→ grotesk)
= *Das Absurde entsteht aus der Gegenüberstellung des Menschen, der fragt, und der Welt, die vernunftswidrig schweigt.* [Camus]

*... l'absurdité naît d'une comparaison. Je suis donc fondé à dire que le sentiment de l'absurdité ne naît pas du simple examen d'un fait ou d'une impression mais qu'il jaillit de la comparaison entre un état de fait et une certaine réalité, entre une action et le monde qui la dépasse. L'absurde est essentiellement un divorce. Il n'est ni dans l'un ni dans l'autre des éléments comparés. Il naît de leur confrontation. [...] je puis donc dire que l'absurde n'est pas dans l'homme [...], ni dans le monde, mais dans leur présence commune. Il est pour le moment le seul lien qui les unisse. Si j'en veux rester aux évidences, je sais ce que veut l'homme, je sais ce que lui offre le monde et maintenant je puis dire que je sais encore ce qui les unit [...]. La singulière trinité [...] est à la fois infiniment simple et infiniment compliquée. Le premier de ses caractères à cet égard est qu'elle ne peut se diviser. Détruire un de ses termes, c'est la détruire tout entière. Il ne peut y avoir d'absurde hors d'un esprit humain. [...] Mais il ne peut non plus y avoir d'absurde hors de ce monde.*

[Aus: A. Camus, *Der Mythos von Sisyphos*, 1943, dt. 1950]

**Abvers,** der: 2. Teil von → Langzeile oder von → Reimpaar, auch Schlußvers von → Stollen; Gegs. → Anvers.

**Abzählvers,** der: Verbindung von → Kinderlied u. Nonsensvers (→ Nonsensdichtung); primär klanglich u. rhythmisch (nicht inhaltlich) bedingte Verse, die bei Kinderspielen (z. B. blinde Kuh) ermitteln, wer »übrig« bleibt.
= *Ich und Du, Müllers Kuh, Müllers Esel, der bist du.*

*Auf dem Berge Sinai wohnt der Schneider Kikeriki. Seine Frau, die Margarete, saß auf dem Balkon und nähte.* [Mündl. Tradition]

*Eins, zwei, drei,
Bicke, borne hei,*

*Bicke, borne Pfefferkoren,*
*Der Müller hat seine Frau verloren,*
*Hänschen hat sie gfunden.*
*D'Katzen schlagen d'Tromme,*
*D'Maus kehren d'Stuben aus,*
*D'Ratten tragen den Dreck hinaus,*
*'s sitzt ein Männel unter dem Dach,*
*Hat sich bald zu krank gelacht.* [Aus: *Des Knaben Wunderhorn*]

**Accademia della Crusca,** die: (ital. Akademie der Kleie) Gesellschaft zur Pflege der ital. Sprache, 1582 in Florenz gegr., um in der Sprache »das Mehl von der Kleie« zu säubern. (→ Akademie)

**Accumulatio,** die: → Akkumulation.

**Acta Sanctorum,** die: (lat. Protokolle, Akten der Heiligen) Heiligenbiographien, bes. die große Sammlung der Bollandisten; Geschichten über Leben u. Taten der von der kath. Kirche anerkannten Heiligen liegen in Sammlungen versch. Umfangs seit den ersten Jahrhunderten des Christentums vor. *Acta Martyrum* (lat. Protokolle der Märtyrer = Acta Sanctorum), die das ganze MA. hindurch als Lesestoff dienten, übten beträchtl. Einfluß auf bildende Kunst u. Literatur (bes. die ital. Novelle) aus. Das Wort → Legende ist zum erstenmal um die Mitte des 13. Jh. belegt (*Legendae sanctorum* oder *Legenda aurea* des Bischofs Jacobus de Voragine). Im 17. Jh. begann der Jesuitenpater Heribertus Rosweidus (aus Flandern) eine großangelegte Vitensammlung, die nach seinem Tod von Johannes Bollandus fortgesetzt wurde (1643: 2 Bände); sie enthält bis jetzt ungefähr 25000 Viten (darunter Varianten für denselben Heiligen), die nach den Tagen des christl. Jahres angelegt sind (1902: 63 Bände). Seit 1882 gibt die Kommission, die jetzt die Sammlung u. deren Edition führt, die Zeitschrift *Analecta Bollandiana* heraus. (→ Analekten)

**Adaptation,** die: (lat. Anpassung) Bearbeitung eines literar. Werkes für Darstellung in anderem Medium (→ Dramatisierung); am häufigsten für Radio (→ Hörspiel), Film oder Fernsehen (→ Fernsehspiel); so z. B. die Herstellung eines → Drehbuches zur Verfilmung von Roman, Drama, Erzählung u. a. Üblicherweise ist das Drehbuch dann das Ergebnis der Zusammenarbeit mehrerer Filmschriftsteller, wobei der urspr. Autor keinen oder nur geringen Anteil hat u. sich wesentl. Verschiebungen in Inhalt u. Aussage ergeben. (→ Bühnenbearbeitung)
= A. von E. T. A. Hoffmanns Novelle *Die Bergwerke zu Falun* für die Bühne
   durch Hofmannsthal; M. Frischs Hörspiel *Herr Biedermann und die Brandstifter* für Fernsehen u. Bühne durch den Autor; u. a.

**Adespota,** (Pl.): (gr. ohne Herr) Schriften ohne einen bestimmten Verfasser. (→anonym)

**Adiunctio,** die: (lat. Anschluß) →rhet. Figur: Koordination syntakt. selbständ. Wortgruppen zur gedankl. Aufteilung. Form des →Zeugma. (→Akkumulation)
= *...er[...] wird Euch aus diesem Neste ziehn, Eure Treu in einen höhern Posten glänzen lassen.* [Schiller, *Wallenstein*]

**Adligat,** das: (lat. das Verbundene) anderem »beigebundene«, aber in sich selbständige Schrift.

**Adoneus** bzw. **Adonius,** der: (gr.-lat. adon. Vers; nach Verwendung in gr. Totenklagen um Adonis) fünfgliedr. antiker Versfuß der Form – ⏑ ⏑ – ⏑ *(Hört alle Liebe)*, akatalekt. Dipodie aus Daktylus u. Trochäus, Schlußzeile der →sapph. Strophe.

**Adresse,** die: (frz.) polit. Meinungs- bzw. Willenskundgebung, meist in schriftl. Form u. an best. Personen oder Institutionen gerichtet.

**ad spectatores:** (lat. an die Zuschauer) direkte Hinwendung einer Bühnenfigur zum Publikum mit Bemerkungen, (krit.) Kommentaren u. ä. (→Beiseitesprechen, →Parabase, →episches Theater)
= M. Frisch, *Die chinesische Mauer* (Heutiger); J. Anouilh, *Antigone* (Sprecher); u. a.

> BÖCKMANN *... Denn, meine Damen und Herren, machen wir uns keine Illusionen. Die Zeiten sind schlimm. Wir leben leider Gottes in einem Rechtsstaat. Uns fehlt durchaus der fördernde Hintergrund einer allgemeinen Korruption, auf die wir uns berufen könnten, unsere Geschäftsmaximen sittlich zu untermauern...* [Aus: Dürrenmatt, *Frank der Fünfte*]

**ad usum delphini:** (lat. zum Gebrauch des Dauphin) für Schüler bearbeitete bzw. »gereinigte« Ausgabe der Klassiker.

**Adventspiel,** das: Form des →geistl. Dramas um Herbergssuche in Bethlehem; als protest. Schuldrama in Mitteldeutschland entstanden (Ende 16. Jh.).

**Adversaria** bzw. **Adversarien** (Pl.): (lat. Entgegengesetztes) Konzeptbuch, Kladde; unausgewertete Notizen bzw. Aufzeichnungen.(→Konzept)

**Adynaton,** das: (gr. Unmögliches) →Periphrase; Umschreibung des Begriffes a) und dennoch: ein Ereignis tritt als Überraschungsmotiv ein, das im Gegensatz zu Naturgesetz, Weltordnung oder verbürgter Sitte u. ä. steht; als

Stilmittel bereits in Antike verwendet (Herodot, Pausanias, Vergils *Aeneis* u. a.); b) niemals (immer): zur Bekräftigung dafür, daß ein bestimmtes Ereignis nie eintreten wird (z. B. Untreue unter Liebenden, Rückkehr eines Sohnes, der wegen Brudermord flüchtet), werden unmögliche Beispiele angeführt (weiße Raben, fliegende Fische, im Wasser schwimmende Steine, in der Sonne schmelzende Steine, bes. auch Wasser, das bergauf fließt); stilist. Typus, der der Steigerung dient; bei röm. Dichtern der augusteischen Zeit häufig; vermutl. aus älterer hellenist. Dichtung übernommen (ägypt. Einfluß auf das gr. Material gilt nur als zum Teil gesichert). Ältestes belegtes Beispiel findet sich in dem Schlußteil eines Gebetes für Amenophis IV. (starb 1350 v. Chr.) in der Bedeutung: immer soll der König hier weilen; als bewußtes Stilmittel auch häufig im MA. belegbar (frühestes Beispiel findet sich in der altisl. →Skaldendichtung, um die Mitte des 10. Jh.); wie auch in der Renaissance- u. Barockdichtung, die dabei auf die Antike als Vorbild zurückgreift; A. sind in ganz Europa verbreitet u. finden sich auch häufig in der Umgangssprache, oft in vulgärer Formung (z. B. *Du red', wenn die Gäns' brunzen*, d. h. nie). (→Tropus)

= a) *Ring des Polykrates*, *Stab des Tannhäuser*
  b) *Es möchte möglich sein zu messen*
  *Die Flut der Kasper-See,*
  *zu zählen, wie viel Bienen essen*
  *von Hyblens süßem Klee,*
  *nur meine Pein, ein Ding auf aller Erden*
  *kann nicht gezählt, kann nicht gemessen werden.*
  [Paul Fleming, *Sehnsucht nach Elsgen*]

  *Eh' mögen Feu'r und Wasser sich in Liebe*
  *Begegnen und das Lamm den Tiger küssen*
  *Ich bin zu schwer verletzt sie hat zu schwer*
  *Beleidigt Nie ist zwischen uns Versöhnung.*    [Schiller, *Maria Stuart*]

**äolische Versmaße** (Pl.): (nach gr. Landschaft Äolien) Bez. für »gemischte« Versmaße, wie sie der Überlieferung zufolge erstmals von Sappho u. Alkaios auf der Insel Lesbos verwendet wurden: →sapphische u. →alkäische Strophe.

**Äquivokation,** die: (lat.) Doppelsinnigkeit, Mehrdeutigkeit, →Homonym. (→Equivoke)

**Ästhetik,** die: (gr. die die Sinne betreffende Wissenschaft) als Lehre vom Schönen in Natur u. Kunst Teilgebiet der Philosophie; soweit sie auf Natur, Formen u. Gesetze der Dichtkunst bezogen ist →Poetik.
= Fr. Th. Vischer, Hegel, Nicolai Hartmann, Th. W. Adorno u. a.
  H. Nohl, *Die ästhet. Wirklichkeit* (1935); E. Landmann, *Die Lehre vom Schönen* (1952); K. Huber, *Ä.* (1954)

## Ästhetizismus

**Ästhetizismus,** der: (zu → Ästhetik) als zelebrierendes Erleben des Schönen einseitig nach Gesichtspunkten des ästhet. Genusses ausgerichtete Lebensanschauung u. entsprechendes Verhältnis zu Außen- u. Umwelt. (→ Dekadenzdichtung, → Präraffaeliten, → L'art pour l'art, → Jugendstil)
= Neigung zu Ä.: Fr. Schlegel, O. Wilde, Stefan George, der frühe Hofmannsthal, E. Stadler u. a.

*Nach Mitternacht ging es in ein echtes Bacchanal aus; das erhitzte Leben blieb nicht mehr in den gewohnten Schranken, und jedes tobte nach seinem Gefühl und seiner Regung. Demetri machte seinen Einfall zu einem spartanischen Tanz laut, und dieser wurde mit Jauchzen ausgeführt. Doch machte man vorher den feierlichen Vertrag, nichts Schändliches zu beginnen und die Leidenschaften bis ans lange Ziel gleich olympischen Siegern im Zügel zu halten, wie's braven Künstlern gezieme.*

*Man entkleidete die Jungfrauen, die, Glut in allen Adern, sich nicht sehr sträubten, zuerst bis auf die Hemder, und schlitzte diese an beiden Seiten auf bis an die Hüften; und die Haare wurden losgeflochten. Demetri schlug die Handtrommel, und ich spielte die Zithar.*

*Sie schwebten in Kreisen, drückten einzeln ihre Empfindungen aus, und jede enthüllte in den süßesten Bewegungen ihre Reize, bis Paar und Paar wieder sich faßten und hoben und wie Sphären herumwälzten. Es war gewiß ein Götterfest, soviel mannigfaltige Schönheit herumwüten und herumtaumeln zu sehen, und ich habe in meinem Leben noch kein vollkommner weiblich Schauspiel genossen.*

*Man holte hernach aus der nahen Villa Sacchetti Efeu zu Kränzen und belaubte Weinranken mit Trauben zu Thyrsusstäben, und jeder Jüngling warf alle Kleidung von sich. Es ging immer tiefer ins Leben, und das Fest wurde heiliger; die Augen glänzten von Freudentränen, die Lippen bebten, die Herzen wallten vor Wonne.*

*Wir führten auf die Letzt allerlei Szenen auf, aus Fabel, komischen und tragischen Dichtern und Geschichte, in himmlischen Gruppen, wo eine wahrhaftige Phryne an Schönheit darunter mit errötendem und lächelndem Stolze sich endlich ganz nackend zeigte, in den verschämtesten und mutwilligsten Stellungen.*

*Tolomei wetteiferte mit ihr; er hatte wirklich Schenkel wie ein junger Gott, entzückend Feuer schon der Hand, und die Sprossen zum künftigen Strauchwerk waren an seinem Leibchen eben angeflogen.*

*Demetri glich dem Zeus, und ihm fehlte dazu nur Donnerkeil und Adler.*

*Die Phryne riß alsdenn der andern Schönsten das Hemde weg und beide den übrigen, und nun ward ich von ihr wie von einer wütenden Penthesilea gefaßt, der höchste bacchantische Sturm rauschte durch den Saal, der alles Gefühl unaufhaltbar ergriff, wie donnerbrausende Katarakten, vom Senegal und Rhein, wo man von sich selbst nichts mehr weiß und groß und allmächtig in die ewige Herrlichkeit zurückkehrt.*

*Gegen Morgen macht ich die Zeche richtig, und wir schwärmten im Geister-*

*glanze des Vollmonds unter Chor und Rundgesang an der Tiber vorbei und hernach durch die hehren Ruinen und Triumphpforten über den Tarpejischen Felsen.* [Aus: W. Heinse, *Ardinghello*]

**Äternisten** (Pl.): (zu lat. ewig) Bez. F. Hardekopfs für engere literar. Mitarbeiter der Zs. *Die Aktion* (1911–32), deren Arbeiten »Bedeutung über das Ziel hinaus« (P. Raabe) zukommen sollte.
= C. Einstein, G. Benn, K. Otten u. a. (→Aktionskreis)

**ätiologisch:** (zu gr. Lehre von der Ursache) erklärend, aus der Bemühung um Erklärung von Namen, Bräuchen etc. entstanden; häufiger Zug in Mythologie (→Mythos), →Märchen oder →Sage.
= *Erdbeben: Loki windet sich in der Unterwelt vor Schmerzen* (nord. Mythologie). *Warum das Meer salzig ist: Salzmühle* (Märchen). – *Woher best. Berge ihre seltsame Form haben: versteinerte Frau Hitt in Innsbruck* (Sage)

**Agitprop-Theater,** das: (Kurzwort aus Agitation u. Propaganda) Form des polit. Theaters, die Werbung für marxist.-leninist. Lehre mit Aufruf zu polit. Aktion verbindet; in den 20er Jahren von kommunist. Laienspielgruppen gepflegt. (→Straßentheater, →Proletkult-Bewegung)
= Zeugnisse gesammelt u. a. in dem Bd. *Das rote Sprachrohr* (1929); Einfluß u. a. auf P. Weiss (*Gesang vom lusitanischen Popanz*, 1967; *Viet Nam Diskurs*, 1968)

**Agon,** das: (gr. Wettkampf) allg.: sportl. u. musikal. Wettstreit in Antike; bes.: →Streitgespräch, Hauptbestandteil der attischen →Komödie.

**Akademie,** die: (gr. nach dem Hain des Heros Akademos) a) Gelehrtengesellschaft; unter Platon begründete Philosophenschule (4. Jh. v. Chr.); nach diesem Vorbild entstanden vom 15. Jh. an in versch. europ. Ländern A. (Florenz, 1459 *Academia Platonica*), die sich die Pflege von Sprache (z. B. offizielle Aufnahme neuer Wörter in den Sprachschatz, →Sprachgesellschaften), Kunst u. Wissenschaft zur Aufgabe machten. b) Hochschule, z. B. A. für bildende Kunst, A. für Kunst u. Gewerbe etc.
= a) Seit dem 18. Jh. in Deutschland (1700 Berlin, *Preuß. A.*)

**akatalektisch:** (gr. nicht aufhörend) Vers mit vollst. letzten Fuß. (→katalektisch)
= *Was itzund prächtig blüht, soll bald zertreten werden.* [Gryphius]

**akephal:** (gr. ohne Kopf) a) Vers oder Metrum, dem die erste Silbe fehlt; b) Dichtung, deren Anfang verlorenging.
= a) *Sie nahen, sie kommen, die Himmlischen alle,*
  *Mit Göttern erfüllt sich die irdische Halle.* [Schiller]
  b) Hartmann von Aue, *Erec*

**Akkumulation,** die: (lat. Häufung) →rhet. Figur; Reihung von Wörtern (Angaben), um übergeordneten Begriff zu detaillieren; häufig in Dichtung des →Barock. (→Amplificatio, →Adiunctio)
= *Ist was, das nicht durch Krieg, Schwert, Flamm und Spieß zerstört.*

[Gryphius]

*Denn Bank an Bank gedränget sitzen,*
*Es brechen fast der Bühne Stützen,*
*Herbeigeströmt von fern und nah,*
*Der Griechen Völker wartend da,*
*[...]*
*Wer zählt die Völker, nennt die Namen,*
*Die gastlich hier zusammenkamen?*
*Von Theseus' Stadt, von Aulis Strand,*
*Von Phokis, vom Spartanerland,*
*Von Asiens entlegner Küste,*
*Von allen Inseln kamen sie*   [Aus: Schiller, *Die Kraniche des Ibykus*]

**Akmeismus,** der: (russ. u. gr. Gipfel) russ. literar. Gegenbewegung zum (russ.) →Symbolismus, ca. 1910 um N. St. Gumiljow u. S. M. Gorodetzki u. die Zs. *Apollon* (1909–17) entstanden; Vertreter forderten eine Verskunst von schlichter, vernunftgesicherter Klarheit u. einprägsamer Bildhaftigkeit; obwohl von den Funktionären der Revolution verfemt, lange nachwirkend; auch Klarismus genannt.
= Hauptvertreter außerdem M. A. Kusmin, A. Achmatowa, O. Mandelstam u. a.

*Schlaflosigkeit. Homer. Die Segel, die sich strecken.*
*Ich las im Schiffsverzeichnis, ich las, ich kam nicht weit:*
*Der Strich der Kraniche, der Zug der jungen Hecke*
*hoch über Hellas, einst, vor Zeit und Aberzeit.*

*Wie jener Kranichkeil, in Fremdestes getrieben*
*die Köpfe, kaiserlich, der Gottesschaum drauf, feucht*
*ihr schwebt, ihr schwimmt – wohin? Wär Helena nicht drüben,*
*Achäer, solch ein Troja, ich frag, was gält es euch?*

*Homer, die Meere, beides: die Liebe, sie bewegt es.*
*Wem lausch ich und wen hör ich? Sieh da, er schweigt, Homer.*
*Das Meer, das schwarz beredte, an dieses Ufer schlägt es,*
*zu Häupten hör ichs tosen, es fand den Weg hierher.*
          [Ossip Mandelstam, *Schlaflosigkeit. Homer*; dt. von Paul Celan]

**Akronym,** das: (gr. Spitze + Name) Kurzwort, aus den Anfangsbuchstaben mehrerer Wörter gebildetes Wort.
= HAPAG, →LEF, NATO, →PEN, SAMLA, UNESCO

**Akrostichon,** das: (gr. Spitze + Vers) Anfangsbuchstaben (-silben oder -wörter) der Verse oder Strophen eines Gedichts, die, in Verbindung gelesen, sich zu einer sinnvollen Silbenfolge (Wort, Satz) zusammenfügen. (→ Abecedarium, → Akroteleuton, → Mesostichon, → Telestichon)

= Wer hât mich guoter her gelesen?
  Ist ez ieman gewesen
  Lebende in solcher wîse,
  Lobe er mich, des mich prîse
  Ez sî man oder wîp,
  Habe er sô getriuwen lîp,
  Ane velsche sol er mich
  Lieben daz ist friuntlich
  Mit süezer sinne stiure... (spricht Frau Aventiure)
                                                  [Rudolf von Ems, *Willehalm von Orlens*]

Ich hab O Gott von Hertzen grund /
Offtmals gewundscht die selig stund.
Hie von des Todes Leibe mein /
Abzscheiden vnd bey dir zu sein.
Nach deinem Wort bin ichs gewert /
Nu hab jch was mein Hertz begert.
Erlöst bin ich aus aller noth /
Sanfft ruhg ich hie in dir mein Gott /

Halte nicht zurück die Meinung!
Aus dem Herzen in die Welt
Laß getrost in die Erscheinung
Treten, was dir wohl gefällt.
Strafe kühn das Geistig-Hohle,
Mach dich zu der Wahrheit Hort!
Alles dient dem Staat zum Wohle,
Und bei uns heißt die Parole:
Licht und Luft dem freien Wort!                        [Johannes Beltzius]

**Akrostrophe,** die: (gr. Strophenspitze) Gedicht, bei dem 1. Buchstabe bzw. Silbe oder Wort der versch. Strophen aneinandergereiht Wort, Namen oder Satz ergeben. (→ Akrostichon)

= GOTT, du bist mein GOTT.
      bist du mein GOtt?
      GOtt du bist mein.
      Du GOtt bist mein.
      mein GOTT bist DU.
  DU GOtt bist mein GOtt.
      meinGOtt, bist GOtt.
      bist mein GOtt, GOtt.
      GOtt, GOtt bist mein.
      GOtt mein GOtt BIST.

```
    BIST du GOtt, mein GOtt?
            meinGOtt, du GOtt.
            du mein GOtt, GOtt?
            GOtt, du mein GOtt.
            du GOtt, GOtt MEIN?
    MEIN GOtt, bist du GOtt?
            GOtt, du bist GOtt.
            bist du GOtt, GOTT.
            GOtt, GOtt bist du.
            GOtt, du GOtt bist.
    GOTT, GOtt bist du mein?
            meinGOtt du bist.
            bist du, GOtt, mein?
            GOtt, du mein bist.
            GOtt, mein bist du.
            AMEN.                            [Joh. Casp. Schad]
```

**Akroteleuton,** das: (gr. Spitze + Ende) Verbindung von →Akrostichon u. →Telestichon: das Akrostichon, von oben nach unten gelesen, ergibt das gleiche Wort (Satz) wie das Telestichon von unten nach oben.

**Akt,** der: (lat. Handlung) gliedernder (Haupt-)Abschnitt im →Drama, der vom Aufziehen des Vorhangs eingeleitet wird. (→Aufzug)

**Aktionsart,** die: Bez. für den zeitl. Sachverhalt, den ein Verbum ausdrückt: durativ (Dauer), inchoativ (Beginn), perfektiv (Vollendung, Ende); im Deutschen oft durch Präfix ausgedrückt.
= *blühen, er-blühen, ver-blühen* etc.

**Aktionskreis,** der: (literar.) Mitarbeiter der von F. Pfemfert hrsg. Zs. *Die Aktion* (1911–1932), die revolutionäre (Links-)Politik mit Revolution von Dichtung u. Graphik zu verbinden suchte. (→Expressionismus, →Aktivismus)
= Mitglieder: Carl Einstein, F. Hardekopf, F. Jung, W. Klemm, K. Otten u. a.

**Aktivismus,** der: (zu aktiv = handelnd, tätig; Begriff erstmals im Umkreis der »Jahrbücher für tätigen Geist« *Das Ziel* [1916–24]) Bez. für Programm einer »literatur-ethischen« Richtung zwischen 1910 u. 1925, die sich auf Heinrich Manns Forderung berief, daß »Geist und Tat« eins sein sollten, u. für Politisierung der Literatur eintrat; begr. von Kurt Hiller, der »Eth« gegen Ästhet, »Gedichtschreiber« gegen polit. Engagierten stellt; von relativ geringer Wirkung, wohl wegen inneren Widerspruchs, da der Kunstwert von Dichtung sich in dem Maße verringert, wie ihr Gebrauchswert erhöht werden soll; wird im allg. als Gegenströmung zum →Expressionismus gesehen, die dessen vorwiegend ästhet. Ausdrucksart die polit.-soziale Gesinnung entgegenhält.

= Hauptvertreter: Kurt Hiller, Rudolf Leonhard, Ludwig Rubiner, Frank Thiess u. a.

*Aktivismus wer von diesem Ausdruck behauptet »Schlagwort!«, der spricht die Wahrheit. [...] Das Schlagwort deckt eine Sache, und man berührt die Sache nicht, wenn man das Wort, das sie deckt, verächtlich mit »Schlagwort« anredet.*
*Welche Sache deckt dieses nun? Wäre es eine tote, bereits geschichtlich erstarrte, so ließ sich, mit halber Sicherheit, ihr objektives Wesen aufzeigen. Festes ist feststellbar; was aber noch in lebendigstem Fluß ist – ? Diese Sache hier, keine »Sache«, sondern ein Geistig-Organisches, lebt und bewegt sich, ändert die Farbe und Kontur unmerklich von Stunde zu Stunde, und selbst ob der Kern sich gleich bleibt – wer weiß das?, da niemand ihn sehen kann. Ihn bloßlegen, gesetzt es ginge, hieße einen Organismus kostbarer Art, nämlich spiritueller Art, vivisezieren; und man fände doch nur, daß der Kern nichts Substanzhaftes, Eigenlebendig-»Überpersönliches« ist, vielmehr das Gemeinsame des Kerns zahlreicher Einzelgeister. Das gerade [...] unterscheidet ja den Aktivismus von der Mehrzahl der übrigen Lehren: daß er kein durch die Gewalt einer genialen Individualität den andern oktroyiertes Dogma ist, sondern ein von allem Anfang an gleiches Eingestelltsein verschiedener, eine gemeinsame Denkart, ein gemeinsamer Entschluß.*
[Aus: K. Hiller, *Ortsbestimmung des Aktivismus*]

*Der Dichter meidet strahlende Akkorde.*
*Er stößt durch Tuben, peitscht die Trommel schrill.*
*Er reißt das Volk auf mit gehackten Sätzen.*
*Ich lerne. Ich bereite vor. Ich übe mich.*
*[...]*
*O Trinität des Werks: Erlebnis, Formulierung, Tat.*
*[...]*
*Laßt uns die Schlagwetter-Atmosphäre verbreiten!*
*Lernt! Vorbereitet! Übt euch!*
[J. R. Becher]

**akustische Dichtung,** die: (zu gr. Gehör) Spielart der →konkreten Dichtung; die aus dem als Buchstabe, Laut, Lautfolge etc. gegebenen Sprachmaterial »Verse ohne Worte«, »Lautgedichte«, »Hörtexte« u. ä. komponiert; Anfänge im →Dadaismus.
= H. Ball, R. Hausmann, K. Schwitters; E. Jandl (»Sprechgedichte«): z. B. das auf Schallplatte veröffentlichte »Schützengrabengedicht« »schtzngrmm«, in dem es heißt:
*schtzngrmm*
*schtzngrmm*
*t–t–t–t*
*t–t–t–t*
*grrrmmmmm*

**Akyrologie,** die: (gr. uneigentlich + Rede) »verdunkelte«, durch →Metapher, →Topos, →Bild oder →Gleichnis verblümte Rede.
= Wolfram von Eschenbach, *Parzival*, Eingang zum 1. Buch (die 116 Verse umfassende Vorrede wirkt auf den ersten Blick undurchsichtig u. rätselhaft u. muß durch Interpretation erschlossen werden).

**Akzent,** der: (gr. Dazugesungenes) Hervorhebung von Laut, Silbe, Wort durch Verstärkung des Atemdrucks (→dynam. A.: →akzentuierendes Versprinzip) oder Wechsel der Tonhöhe (→musikal. A.: →quantitierendes Versprinzip). (→Vers)

**akzentuierendes Versprinzip,** das: (→Akzent) rhythm. Gliederung der Sprache nach dem Wechsel druckstarker (betonter) u. druckschwacher (unbetonter) Silben, wobei für den Vers der Grundsatz gilt, daß sprachl. u. metr. Betonung nicht in Widerstreit geraten sollten (→Tonbeugung); das a. V. liegt der Dichtung der germ. Völker zugrunde u. erlangte mit M. Opitz' *Buch von der dt. Poeterey* (1624) allg. Geltung. (→quantitierendes V., →silbenzählendes V.)

**Alamodeliteratur,** die: (frz. nach der Mode) Bez. a) für höfische, unter ausländ. Spracheinfluß stehende Unterhaltungsliteratur des 17. Jh.; b) für Gegenbewegung zu a), die von →Sprachgesellschaften getragen wurde u. Mitte des 18. Jh. ihren Abschluß fand.

= b)   *Fast jeder Schneider         will jetz leyder*
*Der Sprach erfahren sein         vnd redt Latein:*
*Wälsch vnd Frantzösisch         halb Japonesisch /*
*Wan er ist doll und voll           der grobe Knoll.*
   *Der Knecht Mathhies          spricht bonä dies /*
*Wan er gut morgen sagt         vnd grüst die Magd:*
*Die wend den Kragen             thut jhm danck sagen /*
*Spricht Deo gratias                 Herr Hippocras.*
   *Ihr bösen Teutschen            man solt euch peutschen /*
*Das jhr die Mutter-sprach       so wenig acht.*
*Ihr liebe Herren                       das heist nicht mehren;*
*Die Sprach verkehren             vnd zerstören.*
   *Ihr thut alles mischen          mit faulen fischen /*
*Vnd macht ein misch gemäsch   ein wüste wäsch /*
*Ich muß es sagen                    mit nmuth klagen /*
*Ein faulen Haaffen käß           ein seltzams gfräß.*
   *Wir hans verstanden           mit spott vnd schanden*
*Wie man die Sprach verkehrt  vnd gantz zerstöhrt.*
*Ihr böse Teutschen                 man solt euch peutschen.*
*In vnserm Vatterland              pfuy dich der schand.*
             [Aus: J. M. Moscherosch,
             *Gesichte Philanders von Sittewald. Ala mode Kherauß*]

**Alba,** die: (prov. Morgenrot) → Tagelied der Trobadorlyrik. (→ Serena)

**Album,** das: (lat. weiß) im Altertum weiße Tafel für administrative Bekanntmachungen; seit der Renaissance Bezeichnung für Gäste- oder Stammbuch; d. h. in der literar. Bedeutung Buch zur Sammlung von Kleinpoesie oder → Gebrauchslyrik. (Daneben gibt es auch nichtliterar. Alben, z. B. für Briefmarkensammlungen etc.) (→ Stammbuchblatt)

**aleatorische Dichtung,** die: (zu lat. Würfel) Sammelbez. für Literatur, deren Kompositionsprinzip wesentl. vom »Gesetz des Zufalls« bestimmt ist; Anfänge in → Romantik, Höhepunkt in → Dadaismus, → Futurismus, → Surrealismus u. a. (→ Witz, → Würfeltext)
= *Die ganze Poesie beruht auf tätiger Ideenassoziation, auf selbsttätiger, absichtlicher idealistischer Zufallsproduktion.* [Novalis]

**Alexandriner,** der: (Name nach Verwendung in der afrz. Alexanderepik) sechshebige Jambenzeile (→ Jambus) mit → Zäsur nach der 3. Hebung; aus der frz. Renaissancedichtung eingeführt, erlangte der A. Popularität in Deutschland hauptsächl. im 17. u. in der 1. Hälfte des 18. Jh.; in der → Romantik fand der dreigeteilte A. (Zäsur nach der 4. u. 8. Silbe) Verwendung; wegen seiner antithetisch »zweischenkligen Natur« (Schiller) gilt der A. als bes. geeignet für → Sentenz, → Epigramm u. ä.; nach Goethe *(Faust II)* immer stärker durch → Hexameter u. → Blankvers zurückgedrängt.
= *Du siehst, wohin du siehst, nur Eitelkeit auf Erden.*
*Was dieser heute baut, reißt jener morgen ein;*
*Wo itzund Städte stehn, wird eine Wiese sein;*
*Auf der ein Schäferskind wird spielen mit den Herden.*

*Was itzund prächtig blüht, soll bald zertreten werden;*
*Was itzt so pocht und trotzt, ist morgen Asch und Bein;*
*Nichts ist, das ewig sei, kein Erz, kein Marmorstein.*
*Itzt lacht das Glück uns an, bald donnern die Beschwerden.*
[Aus einem Sonett von Gryphius]

*Was klagst du über Gott? Du selbst verdammest dich!*
*Er möcht' es ja nicht tun, das glaube sicherlich!* [Angelus Silesius]

**Alinea,** das: (lat. die von der [neuen] Linie) mit Absatz beginnende neue Druckzeile.

**alkäische Strophe,** die: (zu gr. Dichter Alkaios) vierzeilige, aus zwei elfsilbigen, einem neunsilbigen u. einem zehnsilbigen Vers bestehende → Odenstrophe; nachgebildet von Klopstock, Hölderlin u. a.
= ∪ – ∪ – ∪ – ∪ ∪ – ∪ –
∪ – ∪ – ∪ – ∪ ∪ – ∪ –

**24   Allegat**

U – U – U – U – U
– U U – U U – U – U

*Wenn einst ich tot bin, wenn mein Gebein zu Staub*
*Ist eingesunken, wenn du mein Auge, nun*
*Lang über meines Lebens Schicksal,*
*Brechend im Tode, nun ausgeweint hast.*   [Aus: Klopstock, *An Fanny*]

*Nur Einen Sommer gönnt, ihr Gewaltigen!*
  *Und einen Herbst zu reifem Gesange mir,*
    *Daß williger mein Herz, vom süßen*
    *Spiele gesättiget, dann mir sterbe.*

*Die Seele, der im Leben ihr göttlich Recht*
  *Nicht ward, sie ruht auch drunten im Orkus nicht;*
    *Doch ist mir einst das Heil'ge, das am*
    *Herzen mir liegt, das Gedicht gelungen,*

*Willkommen dann, o Stille der Schattenwelt!*
  *Zufrieden bin ich, wenn auch mein Saitenspiel*
    *Mich nicht hinab geleitet; Einmal*
    *Lebt ich, wie Götter, und mehr bedarfs nicht.*
               [Fr. Hölderlin, *An die Parzen*]

**Allegat,** das: (zu lat. berufen, geltend machen) Anführung eines Schriftwerks bzw. Berufung darauf.

**Allegorese,** die: (gr. → Allegorie) allegor. Auslegung, Deutung, die ausgeht von geheimem Sinn hinter Wortlaut einer (relig.) Schrift. (→ Hermeneutik, → Exegese, → Schriftsinn)

**Allegorie,** die: (zu gr. bildlich reden) Verbildlichung von Abstraktem (auch Unwirklichem) in der Kunst durch Darstellung des Allgemeinen im Besonderen (Einzelnen), meist als → Personifikation; die A. wendet sich im Gegensatz zur → Parabel an Eingeweihte u. Auserwählte, weshalb ihre kunstvolle Verschlüsselung entschlüsselt werden muß (→ Exegese). (→ Schlüsselwörter, → Minneallegorie)
= Dante, *Göttliche Komödie*; Grimmelshausen, Ständebaum im *Simplicissimus*; Eichendorff, *Das Marmorbild*; Wedekind, Der vermummte Herr (= Leben) in *Frühlings Erwachen* u. a.

*Die Allegorie verwandelt die Erscheinungen in einen Begriff, den Begriff in ein Bild, doch so, daß der Begriff im Bilde immer noch begrenzt und vollständig zu halten und zu haben und an demselben auszusprechen sei. Die Symbolik verwandelt die Erscheinung in Idee, die Idee in ein Bild, und so,*

*daß die Idee im Bild immer unendlich wirksam und unerreichbar bleibt und,
selbst in allen Sprachen ausgesprochen, doch unaussprechlich bliebe.*
[Goethe]

*Die Welt gleicht einer Opera,
Wo Jeder, der sich fühlt,
Nach seiner lieben Leidenschaft,
Freund, eine Rolle spielt.
Der Eine steigt die Bühn' hinauf
Mit einem Schäferstab,
Ein Andrer mit dem Marschallstab,
Sinkt, ohne Kopf, herab,
Wir, armer guter Pöbel, stehn,
Verachtet, doch in Ruh'
Vor dieser Bühne, gähnen oft,
Und sehn der Fratze zu.
Die Kosten freilich zahlen Wir
Fürs ganze Opernhaus;
Doch lachen wir, mißräth das Spiel,
Zuletzt die Spieler aus.* [Aus: Joh. Nik. Götz, *Nach J. B. Rousseau*]

**Alliteration,** die: (lat. zu hinzu + Buchstabe) Stabreim, gleicher Anlaut (Klang) der Stammsilben (d. h. betonten Silben) aufeinanderfolg. Wörter (alle Vokale staben miteinander; unter den Konsonanten bilden st, sp, sk eine Sondergruppe u. staben nur unter sich); trägt als älteste dt. Reimform den altgerm. Sprechvers, den sog. Alliterations- oder Stabreimvers, der aus einer →Langzeile besteht, gebildet von zwei durch A. verbundene →Kurzzeilen, u. Verwendung fand u. a. in *Hildebrandslied* u. *Heliand*; im 9./10. Jh. vom →Endreim verdrängt, aber weiterhin (bes. in →Romantik u. →Symbolismus) als (schmückendes) Klangmittel dienend.

= *Das Lernen ohne Lust / ist eine läre Last /
Dann Lehre wird durch Geist und Lieb ein lieber Gast.
Doch wird die List und Lust / nicht ohne Last gefaßt.
Wie ist dann solcher Lust / und Liebe Last verhaßt?
Das macht es / daß man lehrt die Lehr mit Überlast /
Es ligt in solchem Stall / manch Laster in der Mast.* [Harsdörffer]

*... und möge droben / in Licht und Luft zerrinnen mir Lieb und Leid.*
[Hölderlin]

*Komm Kühle, komm küsse den Kummer, /
süß säuselnd von sinnender Stirn ...* [C. Brentano]

**Alliterationsvers,** der: auch Stabreimvers, germ. Versform, in der je zwei Verse (Anvers u. Abvers) durch →Stabreim, d. h. drei (oder auch nur zwei) Stäbe, zu einer Langzeile verbunden sind; in anord. Dichtung allerdings auch

in sich stabende Kurzzeilen (→Ljóðaháttr). Im Abvers steht gewöhnlich nur *ein* Stab (Hauptstab), während der Anvers zwei Stäbe (→Stollen) hat, wobei die Zahl der Senkungen frei ist (→Schwellvers) u. der Abversstab, der seine feste Stelle hat, die rhythm. Gliederung des Anverses bestimmt.
= Verwendung des A. in *Hildebrandslied*, *Merseburger Zaubersprüche*, *Wessobrunner Gebet*, *Muspili*, *Heliand* u. a.

*H*iltibrand enti *H*adubrant untar *h*eriun tuêm [*Hildebrandslied*]

**Allonym,** das: (gr. anders + Name) →Pseudonym; Bez. für einen Decknamen, der nicht frei erfunden, sondern ein bereits bestehender, gut bekannter Verfassername ist.
= *H. Clauren* für *W. Hauff* oder *Pablo Neruda* für *Naftalí Ricardo Reyes Basoalto*

**Allreim,** der: totaler Reim, Bindung *aller* Wörter eines Verses oder Gedichtes durch Reim.
= *Gar bar lît wît walt,*
*kalt snê wê tuot: gluot sî bî mir.*
*gras was ê, clê spranc*
*blanc, bliot guot schein; ein hac pflac ir.* [Konrad von Würzburg]

**Allusion,** die: (lat.) →Anspielung.

**Almanach,** der: (wahrscheinl. ägypt.) zunächst →Kalender, dann →Jahrbuch, dessen Thematik im 19. Jh. u. a. Mode, Theater, Belletristik umfaßte. Im 20. Jh. als Verlagsalmanach auch Werbemittel.
= *A. Royal* (Paris 1700 ff.), *Insel-A.* (Leipzig 1900 bzw. 1906 ff.) u. a.

**Alphabet,** das: (von Anfangsbuchstaben des gr. A.) Gesamtfolge der Schriftzeichen eines best. Schriftsystems. (→Abecedarium)

**Alter ego,** das: (lat. anderes Ich) in Dichtung eine Person, die durch Ich-Spaltung entsteht; kann den Autor vertreten oder als A. e., d. h. Ich-Projektion, einer anderen Figur einen Aspekt von dieser repräsentieren.
= Walter Hasenclever, *Der Sohn* (der »Freund«); Th. Mann, *Doktor Faustus* (Leverkühn Versucher); Peter Weiss, *Der Turm* (Carlo); *Abschied* (Der Jäger); *Fluchtpunkt* (Jacques); *Marat/Sade* (Marat) u. a.

**alternierende Versmaße** (Pl.): (zu lat. wechseln) durch regelmäßigen Wechsel druckstarker u. druckschwacher (→akzentuierendes Versprinzip) bzw. langen u. kurzen (→quantitierendes Versprinzip) Silben gekennzeichnete Versmaße: →Jambus (steigend-a.) u. →Trochäus (fallend-a.); nichtalternierend im Gegs. dazu u. a. daktyl. u. anapäst. Verse, germ. →Stabreimvers, →freie Rhythmen oder →Knittelvers.

**Amadis-Romane** (Pl.): Romane um Gestalt u. Geschlecht des Amadis de Gaula; älteste erhalt. Fassung von Garci Ordoñez de Montalvo (1492); ihr Erfolg rief eine Flut von ähnlichen →Ritterromanen hervor, so daß im Anschluß an den Ur-*Amadis* in Europa ein ganzer Zyklus von A.-R. entstand: 1569–95 erschienen beim Verleger Sigmund Feyerabend in Frankfurt/M. 24 Bände (einer von Fischart übersetzt) nach dem Frz.; →Aventiure-Geist verband sich in diesen stoffreichen →Abenteuerromanen mit dem Ideal der galanten Courtoisie u. bereitete dem Roman des →Barock den Boden.

= *Buch 1–13* gesammelt hrsg. von Sigmund Feyerabend (1583); *Schatzkammer schöner und zierlicher Orationen* (1596).

*Amadis und Galaor blieben bei dem Balais von Carsanda, bis ihre Wunden geheilt waren. Danach beschlossen sie, an des Königs Lisarte Hofe zu ziehen, wo sie weiter sehen würden. Alsdann bat sie Balais, der wegen der Neuigkeiten, die er ihnen verdankte, ganz gern in ihrer Gesellschaft geblieben wäre, sie möchten ihm gestatten, sie zu begleiten. Solches war ihnen nicht zuwider. Deswegen legten sie nach angehörter Predigt ihre Rüstungen an und nahmen ihren Weg auf Windsor zu. Als sie fünf Tage gereist waren, kamen sie an einen Scheideweg, in dessen Mitte ein großer Baum stand. Unter demselben lag ein toter Ritter auf einem kostbaren Bett. Ihm zuhäupten und zufüssen brannten Fackeln, und sie waren so gemacht, daß kein Wind sie auslöschen konnte. Dieser tote Ritter war gar bloß und mit nichts zugedeckt. Deswegen konnte man leicht erkennen, daß er sehr viele Wunden an seinem Kopf und das Spießeisen einer Lanze im Nacken stecken hatte. Mit beiden Händen hielt es der Ritter, als ob er es herausziehen wollte. Hierüber wunderten sich Amadis und die anderen aufs heftigste und hätten gern mehr gewußt. Aber sie sahen keinen einzigen Menschen.*

*Deswegen sagte Amadis: »Ihr seid gewiß mit mir der Meinung, daß dieser Ritter nicht ohne erhebliche Ursache entwaffnet und hierher gelegt wurde, und ich halte dafür, daß uns ohne Verzug irgendein Abenteuer begegnen wird, so wir hier ein klein wenig verharren.«*

*»Ich halte auch dafür«, antwortete Galaor. »Und darum gelobe ich bei der Treue und Pflicht, mit denen ich der Ritterschaft verbunden und einverleibt bin, daß ich nicht von hinnen weichen will, bis ich erfahren, wer ihn erschlagen. In der Folge will ich seinen Tod rächen, falls es Recht und Billigkeit erfordern.«*

*Als Amadis dieses Versprechen hörte, wurde er darob einigermaßen unzufrieden. Denn er hätte gern bald bei seiner Oriana geweilt, damit er das Versprechen hielte, das er ihr gegeben und demzufolge er sofort, wenn er seinen Bruder Galaor gefunden, zurückkehren würde. Und deswegen sagte er zu ihm: »Lieber Bruder, es mißfällt mir, daß Ihr dieses Gelübde getan habt. Denn ich besorge, daß es uns langen Verzug und Hindernisse schaffen wird.«*
[Aus: Garci Ordoñez de Montalvo, *Amadis de Gaula*; übers.]

# 28 Ambiguität

**Ambiguität,** die: (lat. Zweideutigkeit, Doppelsinn) allg.: Mehrdeutigkeit; bes.: Bez. für lexikal. (→Homonym) oder syntakt. Mehrdeutigkeit (→Rhetorik); unfreiwillige A. gilt als Stilfehler, beabsichtigte als →rhet. Figur; auch Amphibolie (gr. Zweifel) genannt. (→Wortspiel)
= Bes.: *Die Wahl des Vorsitzenden fand Zustimmung. – Das Wetter war selten schön.*

*So klammert sich der Schiffer endlich noch*
*Am Felsen fest, an dem er scheitern sollte.* [Goethe]

*Das Wort war kühn, weil es* [das Wort] *die Tat nicht war.* [Schiller]

**Amoibaion,** das: (gr. wechselnd) Wechselgesang (zwischen Chor u. Schauspieler oder zwei Schauspielern) in gr. →Tragödie.
= Sophokles, *König Ödipus*, V, 2

**Amphibrachys,** der: (gr. beiderseits + kurz) Versfuß aus zwei Kürzen um eine Länge: ∪ – ∪ *(Gewölbe)*; die meisten dt. Verse mit regelmäßiger Senkung werden im mündl. Vortrag als A. u. nicht als →Daktylus oder →Anapäst wahrgenommen; oft als heiteres Versmaß empfunden, aber auch für feierlich ernsten Ton verwendet.
= *Sie nahen, sie kommen, die Himmlischen alle* [Schiller]

*Wir Toten, wir Toten sind größere Heere*
*Als ihr auf der Erde, als ihr auf dem Meere!*
*Wir pflügten das Feld mit geduldigen Taten,*
*Ihr schwinget die Sichel und schneidet die Saaten*
[Aus: C. F. Meyer, *Chor der Toten*]

**Amphimacer,** der: (v. gr. herum + lang) dreisilbiger Versfuß, eine Kürze von zwei Längen umgeben: – ∪ – *(wandelbar)*. (→Kretikus, →Amphibrachys)
= *Junges Blut, / Spar dein Gut!*

**Amplifikation,** die: (lat.) Erweiterung einer Aussage (durch Betrachtung unter versch. Gesichtspunkten). (→Rhetorik)
= *Das Panorama war beeindruckend, im Vordergrund, farbig, die weite Ebene, hinten, kaum noch wahrnehmbar, die Bergkette* etc.

**Amtsstil,** der: Stil von Behördentexten u. ä., gekennzeichnet durch Formelhaftigkeit, Subjektaussparung u. Archaisierung.

**Anachronismus,** der: (von gr. in eine andere Zeit verlegen) Zeitwidrigkeit, Verstoß gegen Zeitrechnung bzw. -ordnung durch Einfügung von Personen

bzw. Gegenständen in »falsche«, vor ihrer Geburt bzw. Erfindung liegenden Zeitrahmen. (→Travestie)
= »Uhr« in Shakespeares *Julius Cäsar*; Erwähnung des Kaisers als »Verteidiger des Glaubens« in Shakespeares *Androklus und der Löwe*; ein »Yankee« am Hofe des Königs Artus in Mark Twains gleichnam. (anachr.) Roman etc.

*Die Zeitung schreibt von braven Henkern,*
*Die Schwert und Augentuch*
*Voll Zorns in einen Winkel schlenkern* [Freiligrath]

**Anadiplose,** die: (gr. Verdoppelung) →rhet. Figur: als Sonderform der →Epanalepse verstärkende Wiederholung des letzten Wortes oder Satzes zu Beginn eines folg. Satzes bzw. Verses. (→Gemination)
= *Weinet um mich, ihr Kinder des Lichts! er liebt mich nicht wieder,*
 *Ewig nicht wieder: ach, weinet um mich!* [Klopstock]

 *Ha! wie will ich denn dich höhnen! / Höhnen? Gott bewahre mich!*
 [Aus: Schiller, *An Minna*]

**Anagnorisis,** die: (gr.) (gegenseitiges) Wiedererkennen (von Verwandten bzw. Fremden) als Grundzug der antiken Tragödie; oft im →höf. Epos, meist verknüpft mit Motiv der (Vater-) Suche, häufig verwendet in Zusammenhang mit unentschied. Zweikampf zwischen dem Freund u. Verwandten (Parzifal-Feirefiz; Iwein-Lunete etc.), mit u. ohne Gnorisma (= Erkennen); auch in Heldendichtung. (→Peripetie)
= Sophokles, *Oedipus Rex* (die A. schließt Ödipus' Entdeckung ein, daß er selber der Mörder des Laius ist)

**Anagoge,** die: (gr. Hinaufführung) Textinterpretation durch Hineinlegen eines höheren Sinns. (→Exegese)
= Otfried von Weißenburg, *Evangelienharmonie* (863/71): die Bibelexegese (= Auslegung) erfolgt auf dreifache Weise: im Hinblick auf a) histor. Geschehen, b) symbol. Bedeutung, c) Lehrqualität

**Anagramm,** das: (von gr. umschreiben) sinnvolle Umstellung einer gegebenen Buchstabenfolge zu neuem Wort (Satz) als →Wortspiel, →Pseudonym, →Anspielung u. ä.
= Christoph von Grimmelshausen: *German Schleifheim von Sulsfort*; Carl Heun: *H. Clauren*; H. Davidson: *van Hoddis*; Arno Schmidt: *Chr. M. Stadion;* u. a.

Aus *Margareten* erhält Zesen: »*Gern am rate / mager raten / mager arten / er mag raten / er mag arten / arm geraten*«, aus *Margarete*: »*Meer grat / argmeert / meer ragt / arm reget / gar meret / trag meer / amt-reger*«, aus *Friedrich*: »*Red' ich frei / red' eifrich / red' ich reif / ich, der reif / er rief dich / ich* rief dier / eifrich dier / der ich frei / der ich reif / der eifrich / dich freier / frie er dich«.

**Anaklasis,** die: (gr. Zurückbiegung) a) Wechsel des Versfußes innerhalb eines Metrums durch Vertauschung der Qualitäten benachbarter Silben; b) →rhet. Figur: →Diaphora im Dialog.
= a) ∪ − ∪ − zu − ∪ ∪ − (→Anakreonteus)
  b) *Odoardo: ... Der Prinz haßt mich.*
     *Claudia: Vielleicht weniger, als du besorgst.*
     *Odoardo: Besorgest! Ich besorg' auch so was!*
     [Aus: Lessing, *Emilia Galotti*]

**Anakoluth,** der: (von gr.-lat. ohne Nachfolger) »Satzbruch«, Unterbrechung, falsche oder veränderte Fortführung eines begonnenen Satzes, Störung des syntaktischen Gefüges.
= *Demnach und wenn der eine von euch 800 Taler verloren, der andere aber nur ein Päckchen mit 700 Talern gefunden hat, so kann...*
  [Joh. P. Hebel, *Der kluge Richter*]

*Ich habe meine Gattin ermordet, wie gesagt, und eine Dame wie Sie, die in so blühender Manier, Gott sei Dank, ihre unglückliche Ehe überlebt hat – offen gesprochen, ich verstehe nicht, was Sie mir verzeihen wollen?*
     [M. Frisch, *Stiller*]

**Anakreonteus,** der: (nach gr. Dichter Anakreon, 6. Jh. v. Chr.) antiker Vers der Form ∪ ∪ − ∪ − ∪ − − *(aber laßt uns doch verschwinden)*; ion. Dimeter mit →Anaklasis in Versmitte; Verwendung in Lyrik u. in lyr. Partien der Tragödie.

**Anakreontik,** die: (nach gr. Dichter Anakreon) Richtung der europ. Lyrik des 18. Jh. (→Rokoko); angeregt von gr. u. lat. Quellen (→Anthologie des Planudes; Oden von Horaz, Catull), gestaltet sie in kunstvollen, schwebend leichtfüßigen Versen Motive um Wein-, Liebes-, Lebensgenuß auf spielerisch heitere, transparent elegante Weise vor der Kulisse »amöner« (= sanft lieblicher) Landschaft; Vorläufer der A., in der die Form, die Freude am formenden Spiel wichtiger erscheint als die Echtheit des Erlebnisgehalts (auch wenn sich das a. Gedicht oft dem Lied der →Empfindsamkeit annähert), ist Hagedorn (*Versuch einiger Gedichte oder erlesene Proben poetischer Nebenstunden,* 1729); Hauptvertreter: Gleim, Uz, Götz; Nachwirkungen bei Goethe, Rückert, Platen, Heine, Mörike, Liliencron, Dehmel u.a. (→Hallesche Dichterkreise)
= *Als sich aus Eigennutz Elisse*
  *Dem muntern Coridon ergab,*
  *Nahm sie für einen ihrer Küsse*
  *Ihm anfangs dreißig Schäfchen ab.*

*Am andern Tag erschien die Stunde,*
*Daß er den Tausch viel besser traf.*
*Sein Mund gewann an ihrem Munde*
*Schon dreißig Küsse für ein Schaf.*

*Der dritte Tag war zu beneiden:*
*Da gab die milde Schäferin*
*Um einen neuen Kuß mit Freuden*
*Ihm alle Schafe wieder hin.*

*Allein am vierten ging's betrübter,*
*Indem sie Herd' und Hund verhieß*
*Für einen Kuß, den ihr Geliebter*
*Umsonst an Doris überließ.* [Fr. von Hagedorn, *Die Küsse*]

**Anakrusis,** die: (gr. das Zurückstoßen) →Auftakt bei steigenden Metren (→Jambus, →Anapäst), Vorschlagsilbe.

**Anakyklesis,** die: (gr. Kreislauf) Wiederholung eines best. Verssystems, um es als Strophe hervorzuheben.

**Analekten** (Pl.): (gr.) Aufgelesenes, Sammlung von Aufsätzen u. Textstellen. (→Kollektaneen, →Lesefrüchte, →Katalekten, →Anthologie)
= *Analecta hymnica medii aevi* (wichtigste Sammlung ma. Hymnen, 55 Bde., 1886ff.)

**Analogie,** die: (von gr. nach Verhältnis) Ähnlichkeit zwischen zwei versch. Dingen, Gleichheit von Verhältnissen.
= *Mit unsern Urteilen ist es wie mit unsern Uhren,*
   *Nicht zwei gehn gleich, doch jeder glaubt der seinen.* [Pope]

**Analyse,** die: (von gr. Auflösung) allg.: Zerlegung bzw. Zergliederung von Einheit bzw. Ganzheit in ihre Teile oder Glieder i.Gegs. zu Synthese (= Verknüpfung bzw. Verbindung von mehrerem zu Einheit); bes.: a) Struktur-A.: →Struktur; b) Form-A.: →Form; c) Stil-A.: →Stil. (→Interpretation)

**analytisches Drama,** das: Sonderform des →Dramas, die »zu Analysierendes«, d.h. zu Enthüllendes, als vor Beginn geschehen voraussetzt u. das eigtl. Spiel auf eine fortschreitende Enthüllung konzentriert; Schiller: »Alles ist schon da, und es wird nur herausgewickelt. Das kann in der einfachsten Handlung und in einem sehr kleinen Zeitmoment geschehen...«; Form des a. D. bevorzugt im →Naturalismus, da die Technik der Verkürzung breitere Darstellung von →Milieu u. Charakteren erlaubt; Gegensatz →Zieldrama.
= Schiller, *Braut von Messina* (1801 f.); Kleist, *Der zerbrochene Krug* (1808);

A. Holz, *Sonnenfinsternis* (1908); H. Kipphardt, *In der Sache J. Robert Oppenheimer* (1964); u. a.

**Anantapodoton,** das: (gr. das Nichtzurückgegebene) Sonderform des →Anakoluth, bei der von korrespondierender Konjunktion nur das erste Glied vorhanden ist. (→Particula pendens)
= *Zwar ( aber), sowohl ( – als auch)*
*Zwar läßt sich darüber streiten, ob hier nicht von einem Kriminalfall gesprochen werden könnte; immerhin wäre es nicht das erste Mal, daß der Schein trügt.*

**Ananym,** das: (gr. zurück + Name) →Pseudonym, das aus Umkehrung der Buchstabenfolge des wirklichen Namens besteht. (→Anagramm, →Palindrom)
= *Ceram für Marek; Grob für Borg*; u. a.

**Anapäst,** der: (gr. zurückgeschlagen) dreisilbiger, aus zwei kurzen u. einer langen Silbe bestehender Versfuß ∪ ∪ – (immerhin); Gegs. →Daktylus. Im gr. Drama oft im Schlußchor verwendet (im Anschluß daran fügt Platen siebenhebige A. an das Ende seiner Literaturkomödien). Schiller läßt in *Dithyrambe* (→Dithyrambus) auf fünf →Daktylen zwei A. folgen; aber infolge der großen Häufigkeit →katalekt. Verse im Deutschen sind keine eindeutigen Grenzlinien zwischen →Daktylus u. A. zu ziehen. (→Amphibrachys)
= Nachbildungen zuerst bei A. W. Schlegel (*Ion*, 1803) u. Goethe (*Pandora*, 1808 ff.), u. a.

*Erst beginnt ja von Gott aus das reine Geschehn.*
*Die Geburt läßt den Kömmling im Schwebenden stehn.*
*Doch der Kömmling wird stark und erzwingt sich den Schritt,*
*sich den Aufschlag, rennt an, und den Fuß reißt es mit.*
[Aus: Weinheber, *Der Anapäst*]

→Parabase

**Anapher,** die: (gr. Zurückführung) →rhet. Figur: Wiederholung von Wort (Wörtern) am Anfang aufeinanderfolg. Sätze (Satzteile), um Wirkung zu steigern. (→Epipher)
= *Mund! der die seelen kan durch lust zusammen hetzen,*
*Mund! der viel süßer ist als starcker himmels-wein,*
*Mund! der du alikant des Lebens schenckest ein,*
*Mund! den ich vorziehn muß der Juden reichen schätzen,*
*Mund! dessen balsam uns kan stärcken und verletzen,*
*Mund! der vergnügter blüht, als aller rosen schein,*
*Mund! welchem kein rubin kan gleich und ähnlich seyn,*
*Mund! den die Gratien mit ihren quellen netzen;*

*Mund! Ach corallen-mund, mein eintziges ergetzen!*
*Mund! laß mich einen kuß auff deinen purpur setzen.*
[Hofmannswaldau, *Auff den Mund*]

*O Mutter! Was ist Seligkeit? O Mutter! Was ist Hölle?* [Bürger, *Lenore*]

*Das Wasser rauscht', das Wasser schwoll* [Goethe, *Der Fischer*]

*Pfui über allen Tod! Durch Schwert, durch Feuer,*
*Durch Gift, durch Strick, durch Pfeil! Pfui allem Tod!*
[Grillparzer, *Ein treuer Diener seines Herrn*]

**Anapodoton,** das: → Anantapodoton.

**Anastrophe,** die: (gr. Umwendung) → rhet. Figur: Verkehrung der üblichen Wortfolge, des Rhythmus', Reims oder Nachdrucks wegen. (→ Inversion)
= *Zweifelsohne* für *ohne Zweifel Büblein klein* für *kleines Büblein* etc.

**anazyklisch:** (gr. umdrehbar) rückwärts gelesen den gleichen Wortlaut ergebend wie vorwärts. (→ Palindrom)
= *Reliefpfeiler*

**Anekdote,** die: (gr. das nicht Herausgegebene) kurze Erzählung, meist um histor. Persönlichkeit, die mit einem scharf herausgearbeiteten typ. Einzelnen das Ganze einer Person, Begebenheit, Zeit etc. treffend u. pointiert charakterisiert; seit → Renaissance verbreitet, Höhepunkt künstler. Gestaltung die A. Kleists, Gotthelfs, F. C. Weiskopfs u. a. (→ Fazetie, → Schwank, → Kalendergeschichte, → Kurzgeschichte)
= Sammlungen: P. Lauremberg, *Acera philologica*, 1633; F. C. Weiskopf, *A.nbuch*, 1954; u. a.

*Bach, als seine Frau starb, sollte zum Begräbnis Anstalten machen. Der arme Mann war aber gewohnt, alles durch seine Frau besorgen zu lassen; dergestalt, daß da ein alter Bedienter kam, und ihm für Trauerflor, den er einkaufen wollte, Geld abforderte, er unter stillen Tränen, den Kopf auf einen Tisch gestützt, antwortete: »sagts meiner Frau.«* – [H. v. Kleist]

**Anepigrapha** (Pl.): (gr. ohne Aufschrift) unbetitelte Schriften.

**Anfangsreim,** der: Reim am Versbeginn; die ersten Wörter in zwei Zeilen reimen; Gegs. zu → Endreim. (→ Binnenreim)
= *Herz, prich! rich! sich:*
*scherz, smerz, hier dringt...* [Oswald von Wolkenstein]

*Ein Laub, das grunt und falbt geschwind.*
*Ein Staub, den leicht vertreibt der Wind...* [Harsdörffer]

*Krieg! ist das Losungswort. / Sieg! und so schallt es fort...* [Goethe]

**Angry young men** (Pl.): (engl. zornige junge Männer) nach J. Osbornes Drama *Blick zurück im Zorn* (1956) Bez. für junge Generation engl. Schriftsteller, deren Protest gegen Establishment in den 50er Jahren das Bild der engl. Literatur bestimmte.
= H. Pinter, A. Wesker, K. Amis, I. Murdoch, C. Wilson (*The Outsider*, 1956) u. a.

**Anmut,** die: →Grazie, nach Schiller (*Über Anmut und Würde*, 1793) »die Schönheit der durch Freiheit bewegten Gestalt«.
= *Anmut liegt in der Freiheit der willkürlichen Bewegung, Würde in der Beherrschung der unwillkürlichen.* [Schiller]

Anmut. *Der Gegenstand aber und die Art, ihn vorzustellen, sind den sinnlichen Kunstgesetzen unterworfen, nämlich der Ordnung, Faßlichkeit, Symmetrie, Gegenstellung etc., wodurch er für das Auge schön, das heißt anmutig wird.* [Goethe]

**Annalen** (Pl.): (aus lat. Jahrbücher) nach Jahren geordnete Geschichts- (u. Literaturgeschichts-)Darstellungen. (→Chronik, →Historie)
= H. O. Burger, *Annalen der deutschen Literatur* ($^{13}$1971), u. a.

**Annominatio,** die: (lat.) →rhet. Figur: →Paronomasie.

**Annotation,** die: (lat. schriftl. Aufzeichnung, Eintragung) Verzeichnis von Neuerscheinungen.

**anonym:** (gr.-lat.) namenlos, d. h. ohne Nennung des Verfassers, veröffentlicht, Gegs. zu →antonym, →orthonym; a. erscheinen Werke aus polit. wie psycholog. Gründen. (→Zensur)
= *Dunkelmännerbriefe* (1515 ff.); Chr. Reuter, *Schelmuffsky* (1696); Goethe, *Götz von Berlichingen* (1773); Schiller, *Die Räuber* (1781); u. a.

**Anonymenlexikon,** das: (zu→anonym)→Lexikon, das Anonyme aufschlüsselt.
= M. Holzmann/H. Bohatta, *Dt. A.*, 7 Bde. (1902–28), u. a.

**anopisthographisch:** (gr. nicht von hinten beschrieben) nur auf einer Seite beschrieben bzw. bedruckt; Gegs. zu →opisthographisch. (→Einblattdruck)

**Anspielung,** die: halbe Verhüllung, andeutend umschreibende Erwähnung best. Personen bzw. Darstellung best. Sachverhalts; richtet sich an Eingeweihte; Grundelement der →Schlüsselliteratur; häufig bei Hamann, Fr. Schlegel, Goethe (→Xenien), H. Heine, Th. Mann u. a. (→Periphrase, →Schlüsselroman)

**Anthropomorphisierung** 35

= *swer nu des hasen geselle si / und uf der wortheide / hocksprünge und witweide / mit bickelworten welle sind / und uf daz lorschapelekin / wan ane volge welle han* (wer hochspringend und weitschweifend mit spitzigen Worten sein und auf das Lorbeerkränzlein sich eitle Hoffnungen machen will)
[Aus: Gottfried von Straßburg, *Tristan und Isolde:* A. auf W. von Eschenbach]

*wer das hören könnt!* [Aus: H. M. Enzensberger, *freizeit:* A. auf Büchner, *Woyzeck*: »Wer das lesen könnt!«]

**Anstandsliteratur,** die: Bez. für Werke, die sich mit gesellschaftl. Umgangsformen befassen. (→Ensenhamen, →Hof- u. →Tischzucht, →Komplimentierbuch)

**Antagonist,** der: (gr.) Gegenspieler des Haupthelden, bes. im Drama. (→Protagonist)

**Antanaklasis,** die: →Anaklasis.

**Antepirrhema,** das: (gr. Erwiderung auf Dazugesprochenes) Dialogverse des Chors in der attischen Komödie, 4. bzw. letzter Teil des →Parodos. (→Epirrhema, →Parabase)
= *So schauet mit bescheidnem Blick*
  *Der ewigen Weberin Meisterstück,*
  *Wie ein Tritt tausend Fäden regt,*
  *Die Schifflein hinüber herüber schießen,*
  *Die Fäden sich begegnend fließen,*
  *Ein Schlag tausend Verbindungen schlägt,*
  *Das hat sie nicht zusammengebettelt,*
  *Sie hat's von Ewigkeit angezettelt,*
  *Damit der ewige Meistermann*
  *Getrost den Einschlag werfen kann.* [Goethe, *Antepirrhema*]

**Anthologie,** die: (gr. Blütenlese) →Florilegium, Sammlung, charakteristische Auswahl von Texten (Gedichten, Prosastücken u. ä.) eines Dichters, einer Epoche.
= Schiller, *A. auf das Jahr 1782* (1781); Arnim Brentano, *Des Knaben Wunderhorn* (1806ff.); H. v. Hofmannsthal, *Deutsches Lesebuch* (1922); R. Borchardt, *Ewiger Vorrat deutscher Poesie* (1926); u. a.

**Anthropomorphisierung,** die: (gr. Mensch + Gestalt) Vermenschlichung von Dingen oder Tieren durch Verbindung mit nur dem Menschen vorbehaltenen Verben oder Adjektiven u. ä. (→Fabel, →Personifikation)
= *Ein Kinderwagen schreit und Hunde fluchen* [Alfred Lichtenstein]

**Antibacchius,** der: (lat. entgegen, wider + →Bacchius) umgekehrter Bacchius, dreisilbiger Versfuß aus zwei Längen u. einer Kürze.
= – – ∪ *(Seltenheit)*

**Antibarbarus,** der: (gr.-lat.) Titel von Lehrbüchern für Sprachrichtigkeit, d.h. Vermeidung von →Barbarismus.
= H. Schmalz, *A. der lat. Sprache* ([8]1962), u.a.

**Antichristspiel,** das: (Gegenchristus + Spiel) Variante des ma. Dramas; handelt vom teuflischen Gegenspieler Christi, dessen Auftreten u. Wirken gegen das Reich Gottes Christi Wiederkehr ankündigen soll; die Gestalt des Teufelsüberwinders Christus u. der eschatologische Gehalt verbinden das A. mit dem aus der Liturgie schöpfenden →geistl. Spiel des MA.
= Aufführungen von A. belegt für das Spät-MA.: Frankfurt 1469 ff., Xanten 1473 ff. u.a.; Stoff auch zum →Fastnachtsspiel verarbeitet

**Antiheld,** der: im Gegensatz zum →positiven u. →negativen Helden der »Wider-Held«, in dem sich der überlieferte Heldenbegriff »ad absurdum« führt, da er den total an die nivellierenden u. entindividualisierenden Kräfte von Zeit u. Gesellschaft ausgelieferten macht- u. sprachlosen Vertreter der Spezies »homo sapiens« verkörpert. (→mittlerer Held, →Schelmenroman)
= Schon bei J. M. R. Lenz, in Büchners *Woyzeck* (1879), Grillparzers *Der arme Spielmann* (1847) u.a. vorbereitet; beherrscht das mod., bes. das →absurde Theater

**Antike,** die: (zu lat.-frz. alt) Bez. für gr.-röm. Altertum (ca. 1100 v. Chr. – 4.–6. Jh. n. Chr.), dessen geistig-kulturelle Leistungen die des Abendlandes in Politik, Recht, Philosophie, Kunst u. Literatur entscheidend mitprägten. (→Humanismus, →Klassizismus, →Klassik)

**antikisierende Dichtung,** die: literar. Werke, in denen bewußt Formen u. Stoffe der Antike aufgegriffen u. nachgebildet werden; als Höhepunkte der dt. a. D. gelten u.a. Klopstocks *Messias* u. Oden, Goethes *Iphigenie*, *Reinecke Fuchs*, *Die röm. Elegien*, Schillers *Braut von Messina* sowie Hölderlins Oden u. Übersetzungen.

**Antiklimax,** die: (v. gr. Gegen-Leiter) →rhet. Figur: Umkehrung der →Klimax, absteigende Stufenfolge.
= *Vorgestern hörten mich alle, gestern waren es viele, heute noch einige, wie wird es morgen sein?*

*Urahne, Großmutter, Mutter u. Kind* [G. Schwab]

**Antikritik,** die: (gr. gegen + →Kritik) Erwiderung auf eine krit. Wertung. (→Rezension)
= *Armer Tobias, tappst am Stabe*
*Siebenfarbiger Trödeleien,*
*Kannst dich jener Himmelsgabe*
*Reinen Lichtes nicht erfreuen;*

*Nicht erlustigen dich im Schatten,*
*Wo mit urgebotner Liebe*
*Licht und Finsternis sich gatten,*
*Zu verherrlichen die Trübe.*

*Werd ihm doch die kräft'ge Salbe,*
*Diesem Armen, bald gesendet,*
*Dem die theoretische Schwalbe*
*Augenkraft und -lust geblendet.*
[Goethe, *Antikritik* (gegen L. H. Tobiesen gerichtet, einen Anhänger der Newtonschen Farbenlehre)]

**Antilabe,** die: (gr. Haltegriff, Widerhall) auf versch. Personen verteilter Sprechvers. (→Stichomythie, →Ellipse)
= SEEWALD: *Wo könnte er da sein?*
ALTHOF: *Beim Kaufmann –*
MASSENGOLD: *Der eine Cousine hat, die –*
SEEWALD: *Oder beim Stadtrichter –*
MASSENGOLD: *Der zwei Töchter hat –*
LOCKERFELD: *Oder beim Revisor –*
MASSENGOLD: *Der drei Frauen hat –*
PACKENDORF: *Drei Frauen?*
MASSENGOLD: *Das heißt, zwei tote und eine lebendige.*
[Aus: Johann Nestroy, *Der Unbedeutende*]

LADY: *Wie oft habe ich dich gebeten, Liebling…*
LORD: *…mir die Namen buchstabieren zu lassen.*
LADY: *In Amerika ist das selbstverständlich.*
[Aus: Curt Goetz, *Ausbruch des Weltfriedens*]

**Antilegomena** (Pl.): (gr. was bestritten wird) Bez. für Werke antiker Schriftsteller, deren Autorschaft umstritten ist.

**Antimetabole,** die: (gr.-lat. wechselseitige Vertauschung) →rhet. Figur: antithet. Satzparallelismus, Darstellung einer gedankl. Antithese durch reihenverkehrte Wiederholung von Wörtern in parallelen Sätzen. (→Antithese, →Chiasmus, →Parallelismus)
= *Ich weiß nicht was ich bin / Ich bin nicht was ich weiß.* [Angelus Silesius]

*(St. Georg) stirbt glaubend und glaubt sterbend wie ein Abel; stirbt liebend und liebt sterbend wie ein Moses; stirbt hoffend und hofft sterbend wie ein Abraham.* [Abraham a Santa Clara]

*Ihr Leben ist dein Tod! Ihr Tod dein Leben!* [Schiller]

**Antiphon,** die: (gr. gegen + Stimme) bes.: liturg. →Wechselgesang zweier Chöre; allg.: geistl. Chorgesang. (→Chorlied)

**Antiphrasis,** die: (gr. entgegengesetzter Ausdruck) →rhet. Figur: iron. Verkehrung, indem Gegenteil dessen gesagt wird, was gemeint ist. (→Litotes, →Ironie)
= *das ist ja eine nette Bescherung*

**Antipnigos,** der: (gr. gegen + Ersticken) schnell gesprochener Abschluß des →Epirrhema. (→Pnigos)

**Antiptose,** die: (gr. gegen + Fall) Ersetzung eines Kasus durch einen andern.
= *wegen meiner – wegen mir; trotz dem – trotz dessen*

**Antiqua,** die: (lat. die alte Schrift) lat. Druckschrift im Gegs. zu →Kursive und →Fraktur.

**Antiroman,** der: (gegen + Roman) →Roman, der sich selber in Frage stellt, im Prozeß seines Entstehens vor dem Leser sich wieder auflöst u. so zum »Roman eines Romans« wird, »der nicht gelingt und nicht gelingen kann«; Bez. in diesem Sinn von J.-P. Sartre auf N. Sarrautes *Portrait d'un inconnu* (1948) angewandt. (→Nouveau roman, →Antiheld)
= Als erster dt. A. gilt C. Einsteins *Bebuquin* (1912; →absolute Dichtung)

**Antispast,** der: (gr. widerstrebend) aus →Jambus u. →Trochäus bestehender antiker Versfuß; beruht auf →Anaklasis des →Choriambus.
= ∪ – – ∪ *(heráuf, áufwärts)*

**Antistasis,** die: (v. gr. Gegenpartei, Gegenstandpunkt) →Diaphora.

**Antistrophe,** die: (gr. Gegenwendung des Chors beim Tanz) Gegenstrophe, d.h. →Strophe, die einer vorangehenden gleichgebaut ist; findet sich als Formelement in gr. →Tragödie und in →pindarischer Ode. (→Epipher)

**Antitheater,** das: allg.: Bez. für versch. Richtungen des mod. Theaters, die bewußt mit Tradition des illusionist. »bürgerl.« Theaters brechen: →Theater der Grausamkeit, →Sprechstück, →episches Theater (Brechts »Thaeter«); bes.: →absurdes Theater.

**Antithese,** die: (gr. Gegensatz) →rhet. Figur: Zusammenstellung entgegengesetzter Begriffe; häufig in Dichtung des →Barock. (→Chiasmus, →Oxymoron)
= *Der Geist ist willig; aber das Fleisch ist schwach* [Neues Testament]

*Das Glück ist ein umbgehend Rad;*
*Was jetzt* oben, *bald* unten *staht.*
*Jetzt* gibt *es was, bald* nimmt *es wieder;*
*Jetzt* hebts *ein'n* auf, *bald* wirfts *ihn* nieder;
*Jetzt* Fried *und* Freud, *bald* Krieg *und* Leid;
*Jetzt* Fröhlichkeit, *bald* Traurigkeit.
*Jetzt* reich *und* satt, *bald* Angst *und* Not;
*Jetzt* frisch *und* gesund, *bald* krank *und* tot. [J. W. Zincgref]

*Der Wahn ist kurz, die Reu ist lang* [Schiller]

**Antitheton,** das: (gr.) →rhet. Figur: antithet. Verbindung zweier Satzglieder, →Antithese.
= *Ich bewundere deinen Mut, und ich beklage deine Jugend.* [Corneille]

**Antizipation,** die: (lat. Vorwegnahme) a) →rhet. Figur: →Prokatalepsis; b) in →Stilistik vorwegnehmende Erwähnung eines Ereignisses durch attributives Adjektiv oder Partizip, als wäre dieses bereits eingetreten.
= b) *Blindwütend schleudert der Gott der Freude / Den Pechkranz in das brennende Gebäude* (d. h., um es anzuzünden!) [Schiller]

**Antode,** die: (gr. Gegen-Ode) →Antistrophe (=2. Teil) von →pindar. Ode u. →Chorlied der gr. Tragödie.

**Antonomasie,** die: (gr. Umbenennung) Ersetzung einer Benennung, Variante der →Synekdoche; umschreibt Eigennamen durch Vaternamen (der Atride = Agamemnon, Sohn des Atreus), Volksnamen (der Galiläer = Jesus), Berufsbezeichnung (der Zöllner = Henri Rousseau, frz. Le Douanier) oder umgekehrt Gattungsnamen durch Eigennamen (ein Caruso, ein Trotzki). (→Periphrase)

**Antonym,** das: (gr.-lat.) Gegenwort, Wort mit entgegengesetzter Bedeutung.
= *Schwer – leicht; stark – schwach; hell – dunkel* u. ä. (→Antithese)

**Anvers,** der: 1. Teil von →Langzeile, →Reimpaar oder →Stollen.

**anzeps:** (lat. schwankend) Silbe, die nach gegebenem Versschema lang oder kurz ausfallen kann. (→Fermate)
= Schlußsilbe im antiken Vers, metr. Bez.: ⌣ (x)

**Aöde,** der: (gr.) gr. Sänger bzw. Dichter im Zeitalter Homers. (→Rhapsode)
= Demodokos und Phemios (Homer, *Odyssee*)

**à part:** (frz. beiseite) Beiseitesprechen von Schauspieler auf offener Bühne. (→ad spectatores)
= →episches Theater

**Aperçu,** das: (frz. flüchtiger Blick) wohlformulierter (subjektiver) Geistesblitz, witzige Bemerkung, der etwas Skizzenhaftes eignet; verlangt als Einfall nach Ausgestaltung. (→Bonmot)
= Lukas 18,14 verbessert. *Wer sich selbst erniedrigt, will erhöhet werden.*
[Nietzsche]

*Um anständig leben zu können, muß man ein Schuft sein.*
[Alfred Lichtenstein]

**Apex,** der: (lat. Spitze) in der →Metrik Hilfszeichen zur Kennzeichnung betonter Silben.
= ´ bzw. ύ

**Aphärese,** die: (gr. Wegnahme) Weglassen eines Anlautes oder einer anlautenden Silbe. (→Synkope, →Apokope)
= *'s kommt, wie's kommen soll.*
*'s Röslein auf der Heiden* [Goethe]

**Aphorismus,** der: (zu gr. definieren) pointierte u. schlagkräftig formulierte geistreiche Äußerung in Prosa; Gedankensplitter, der Bekanntes auf durchsichtige Formel bringt u. sich dabei auf best. Konsensus berufen kann; bedeut. Aphoristiker (= Verfasser von A.) waren Lichtenberg, Goethe, Fr. Schlegel, Novalis, Schopenhauer (*A. zur Lebensweisheit*, 1851), Nietzsche, Karl Kraus u. a.
= *Zweifel muß nichts weiter sein als Wachsamkeit, sonst kann er gefährlich werden.*

*Die größten Dinge in der Welt werden durch andere zuwege gebracht, die wir nichts achten, kleine Ursachen, die wir übersehen, und die sich endlich häufen.*
[Lichtenberg, *Sudelbücher*]

Vater und Sohn. – *Väter haben viel zu tun, um es wieder gutzumachen, daß sie Söhne haben.*

Tiefe und Trübe. – *Das Publikum verwechselt leicht den, welcher im Trüben fischt, mit dem, welcher aus der Tiefe schöpft.*
[Nietzsche]

**Apodosis,** die: (gr. Nachgabe) Nachsatz; spannungslösender Bestandteil einer →Periode. (→Protasis)
= *Ich würde kommen, wenn ich könnte*

**Apokoinu,** das: (gr. vom Gemeinsamen) →rhet. Figur der Worteinsparung: Doppelbeziehung von Satzteil oder Wort auf Vorhergehendes u. Folgendes. (→Ellipse, →Zeugma)
= *Wessen er habhaft werden kann, das reißt er an sich, was ihm über den Weg läuft.*

*Leer steht von Trauben und Blumen und von Werken der Hand der geschäftige Markt.* [Hölderlin]

**Apokope,** die: (gr. Abschneidung) Auslassung von Endbuchstaben oder -silbe. (→Elision, →Synkope)
= *Ich hatt' einen Kameraden*
*manch bunte Blumen* [Goethe]

**Apokryphon,** das (Pl. Apokryphen): (zu gr.-lat. verbergen) allg.: unechtes Werk; bes.: von →Kanon nicht anerkannte Bücher des Alten und Neuen Testaments; von Wirkung auf Dichter wie Dante, Milton, Klopstock u. a.

**apollinisch:** (zu gr. Apollo = Gott des Lichts, der Dichtung u. Musik u. a.) maßvoll, harmonisch, in der Form gebändigt, Gegs. →dionysisch; das Begriffspaar geht auf Schelling zurück.
= Nach Nietzsche stellen attische →Tragödie u. Musikdrama Wagners eine Einheit aus Apollinischem u. Dionysischem dar.

*Wir werden viel für die ästhetische Wissenschaft gewonnen haben, wenn wir nicht nur zur logischen Einsicht, sondern zur unmittelbaren Sicherheit der Anschauung gekommen sind, daß die Fortentwickelung der Kunst an die Duplizität des Apollinischen und des Dionysischen gebunden ist: in ähnlicher Weise, wie die Generation von der Zweiheit der Geschlechter, bei fortwährendem Kampfe und nur periodisch eintretender Versöhnung, abhängt. Diese Namen entlehnen wir von den Griechen, welche die tiefsinnigen Geheimlehren ihrer Kunstanschauung zwar nicht in Begriffen, aber in den eindringlich deutlichen Gestalten ihrer Götterwelt dem Einsichtigen vernehmbar machen. An ihre beiden Kunstgottheiten, Apollo und Dionysus, knüpft sich unsere Erkenntnis, daß in der griechischen Welt ein ungeheurer Gegensatz, nach Ursprung und Zielen, zwischen der Kunst des Bildners, der apollinischen, und der unbildlichen Kunst der Musik, als der des Dionysus, besteht: beide so verschiedne Triebe gehen nebeneinander her, zumeist im offnen Zwiespalt miteinander und sich gegenseitig zu immer neuen kräftigeren Geburten reizend, um in ihnen den Kampf jenes Gegensatzes zu perpetuieren, den das gemeinsame Wort »Kunst« nur scheinbar überbrückt; bis sie endlich, durch einen metaphysischen Wunderakt des hellenischen »Willens«, miteinander gepaart erscheinen und in dieser Paarung zuletzt das ebenso dionysische als apollinische Kunstwerk der attischen Tragödie erzeugen.*
[Aus: Nietzsche, *Die Geburt der Tragödie aus dem Geiste der Musik*]

**Apolog,** der: (gr.) märchenhafte Erzählung, Lehrfabel. (→Anekdote, →Exempel, →Fabel)
= Als Bez. für moral. Erzählungen bzw. Fabeln noch bei Gellert

**Apologie,** die: (gr. Verteidigung) Werk (Schrift, Rede) zur Verteidigung von Person, Überzeugung u. ä. oder zur Klärung eines Problems.
= Plato, *Apologie* (Sokrates); Sidney, *Apologie for poetrie* (Ars Poetica); Lessing, Wolfenbütteler Fragmente (Weltanschauung); u. a.

**Apopemptikon,** das: (gr. fortschicken, entlassen) Abschiedsgedicht des Scheidenden an die Zurückbleibenden. (→Propemptikon)
=   *O Täler weit, o Höhen,*
    *O schöner, grüner Wald,*
    *Du meiner Lust und Wehen*
    *Andächtger Aufenthalt!*
    *Da draußen, stets betrogen,*
    *Saust die geschäftge Welt,*
    *Schlag noch einmal die Bogen*
    *Um mich, du grünes Zelt!*

    *[...]*

    *Bald werd ich dich verlassen,*
    *Fremd in der Fremde gehn,*
    *Auf buntbewegten Gassen*
    *Des Lebens Schauspiel sehn;*
    *Und mitten in dem Leben*
    *Wird deines Ernsts Gewalt*
    *Mich Einsamen erheben,*           [Aus: Eichendorff, *Abschied*
    *So wird mein Herz nicht alt.*      (im Walde bei Lübowitz)]

**Apophthegma,** das: (gr. Ausspruch) witzige Äußerung, die sich angesichts der Lage des sich Äußernden als bes. treffend erweist; obwohl meist histor. belegt, kann der Ausspruch sich von Entstehungssituation lösen u. zur →Sentenz werden. (→Diktum)
= Erasmus von Rotterdam, *Apophthegmata* (1531, Sammlung von A. klassischer Autoren); Jul. Wilh. Zincgref, *Der Teutschen scharpfsinnige kluge Sprüch* (1626ff.); Zacharias Lund, *Allerhand artige deutsche Gedichte* (1636); u. a.

*Als etlich Ordensleuten in einer Reichsstatt ein Evangelische Kirch eingeraumt ward / in deren an den wän-‖den hin vnd wider herumb teutsche Biblische sprüch angeschrieben waren / beschickten sie einen tüncher / mit begeren / er solte diese Schrifften vbertünchen / der antwortet jhnen: wan er es schon vbertünchte / würde es doch jmmer herfür scheinen / sie müsten es mit einem Meissel gantz auß den wenden herauß schlagen lassen. Derohalben*

*sie einen Maurer beschickten / vnd fragten / was er nemmen wolt / vnd diese Schrifften vertilgen / der antwortete jhnen: Von jeder zeil ein reichsthaler. Als sich die Patres verwunderten / mit vermelden es were doch gar ein gering arbeit / vnd schwind geschehen: antwortet er jhnen: Nein fürwahr jhr Herren / es ist nicht so ein leichte arbeit / Gottes wort vertilgen / ich muß ein sehr hohes gerüst machen / vnd besorgen / das ich den hals gar drüber entzwey falle.*
*Die Seeländer hatten etliche Spanische Schiff zwischen Flandern vnd Seeland vberweltiget / darvon kam ein Seeländischer Botsknecht / verehrt Printz Wilhelmen von Vranien einen köstlichen Marteren Beltzrock / den er zur Beut bekommen / vnd / als man davor gehalten / deß Duc de Albâ seinem Vettern / der auff den Schiffen gewesen / gehört hatte. Als der Printz fragte / wo er den* ‖ *Mann darzu gelassen hette / er solte den auch bracht haben / so hetten sie ein gute rantzon von jhm haben können? Der Botsknecht antwortet: Mein Herr / ich hab jhm vber Bort geschmissen / so macht er keine jungen.* [J. W. Zincgref, *Scharpfsinnige kluge Sprüch*]

**Aporie,** die: (gr. Unwegsamkeit) → rhet. Figur: → Dubitatio.

**Aposiopese,** die: (gr. Verstummen) → rhet. Figur: bewußtes Abbrechen der Rede vor der entscheidenden Aussage (→ Ellipse); oft als Drohung.
= *Was! Ich? Ich hätt' ihn? Unter meinen Hunden? Mit diesen Händen hätt' ich ihn?* [H. v. Kleist, *Penthesilea*]

**Apostelspiel,** das: Form des → geistl. Spiels, das Lebensgeschichte oder -ereignisse der Apostel darstellt, bes. als → Schuldrama.

**Apostrophe,** die: (gr. Abwenden) → rhet. Figur: Hinwendung des Dichters zum Publikum oder zu (meist abwesender) Person, Anrede von Dingen. (→ Invokation)
= *Fest gemauert in der Erden / steht die Form, aus Lehm gebrannt. / Heute muß die Glocke werden, / Frisch, Gesellen, seid zur Hand.* [Schiller]

*Ihr mehr als tausendjährigen,*
*Eichbäum, ihr rauh-moos-härigen!*
*Ihr, fröhlichen, spitzöhrigen*
*Waldteufeln angehörigen!* [E. Mörike]

*Verflucht ihr dunklen Gifte,*
*Weißer Schlaf!* [G. Trakl]

*Geh, Tod, und steh still, Zeit* [I. Bachmann]

**Apparat,** der: (lat. Ausstattung) allg.: Gesamtheit der Hilfsmittel, die für Lösung best. wissenschaftl. Aufgabe erforderlich sind; bes.: als text-krit. A. die Anmerkungen in → histor.-krit. Ausgaben mit → Lesarten.

**Appendix, der:** (lat. Anhang, Anhängsel) Anhang eines Buches mit Ergänzungen; bietet oft ungesicherte oder unechte Teile sowie krit. → Apparat.

**Aprosdoketon, das:** (gr. Unerwartetes) → rhet. Figur: unerwartet gebrauchtes Wort bzw. Ausdruck anstelle des erwarteten, geläufigen; dient der absichtlichen Täuschung geweckter Erwartung.
= *Noch einmal möcht ich dich sehen*
*Und sinken auf die Knie,*
*Um sterbend noch zu rufen:*
*»Madam, ich liebe Sie!«* [Heine]

*Sie hassen sich, wie sich nur [–] Brüder hassen!* [Nietzsche]

**Arabeske, die:** (ital.-frz.) zunächst stilisiertes Rankenornament in der hellenist.-röm. Kunst; Bedeutung seit MA.: verzierender Schnörkel wie Selbstzweck gewordene Linie; auf Literatur übertragen: abschweifendes Beiwerk wie kleine, neben Gesamtwerk unerhebliche Einzelarbeit. (→ Groteske)
= Die A. ist für Fr. Schlegel eine »Naturform« der Poesie, die sich durch »phantastische Fülle und Leichtigkeit« auszeichnet, geistreiche Form, verfremdende mit den eig. Elementen spielende Dichtung; Immermann nannte seinen *Münchhausen*-Roman (1838f.) »Eine Geschichte in Arabesken«, »voll Flitter und Flausen«.

**Arbeiterdichtung, die:** a) Dichtung mit Themen u. Stoffen aus der Welt des Arbeiters; in Deutschland seit Mitte des 19. Jh. (Herwegh, Freiligrath), aber von Gewicht erst in → Naturalismus (G. Hauptmann) u. → Expressionismus (Zech) (→ sozialkrit. Dichtung); b) von Arbeitern selbst geschaffene Dichtung; in Deutschland seit Anfang des 20. Jh. (Alfons Petzold, → Nyland-Kreis: J. Winckler, H. Lersch u.a.), nach dem Zweiten Weltkrieg bes. gefördert in DDR (→ Bitterfelder Weg), aber auch in Bundesrepublik gepflegt (→ Gruppe 61).
= *Gebietend blecken weiße Hartstahl-Zähne*
*aus dem Gewirr der Räder. Mühlen gehn profund,*
*sie schütten auf den Ziegelgrund*
*die Wolkenbrüche krauser Kupferspäne.*

*Die Gletscherkühle riesenhafter Birnen*
*beglänzt Fleischnackte, die von Öl umtropft*
*die Kämme rühren; während automatenhaft gestopft*
*die Scheren das Gestränge dünn zerzwirnen.*

*Ein Fäusteballen hin und wieder und ein Fluch,*
*Werkmeisterpfiffe, widerlicher Brandgeruch*
*an Muskeln jäh empor geleckt: zu töten!*

**Archaismus** 45

*Und es geschieht, daß sich die bärtigen Gesichter röten,*
*daß Augen wie geschliffene Gläser stehn*
*und scharf, gespannt nach innen sehn.* [P. Zech, *Fräser*]

**Arbeitslied,** das: zu (körperl.) Arbeit gesungenes (Gemeinschafts-)Lied, nimmt Tempo, Rhythmus u. Geräusch der Arbeit auf u. überformt sie. (→ Work-Song)
= *Wir wracken, wir hacken,*
*Mit hangendem Nacken,*
*Im wachsenden Schacht*
*Bei Tage, bei Nacht –*

*Wir fallen und fallen auf schwankender Schale*
*Ins lampendurchwanderte Erde-Gedärm –*
*Die Andern, sie schweben auf schwankender Schale*
*Steilauf in das Licht! in das Licht! in den Lärm.*
*Wir fallen und fallen auf schwankender Schale –*

*Wir wracken, wir hacken,*
*Mit hangendem Nacken,*
*Im wachsenden Schacht*
*Bei Tage, bei Nacht –* [Aus: G. Engelke, *Lied des Kohlenhäuers*]

**Arbiter litterarum,** der: (lat.) Sachverständiger in literar. Fragen.
= Tacitus über Petronius [*Annalen*]

**Archaismus,** der: (zu gr. alt) Gebrauch veralteter, altertüml. Wörter, Wendungen u. ä. als bewußtes Stilmittel in mod. Sprachgestaltung, um a) satir., parodist. oder iron. Effekt zu erzielen, b) Text ein sprachl.-histor. Kolorit zu verleihen, c) mod. Text als alt auszugeben (Fälschung, → Mystifikation).
a) J. Fischart, *Geschichtsklitterung* (16. Jh., 2. Kap.); A. Holz, *Dafnis* (1904); Th. Mann, *Der Erwählte* (1951); u. a.
b) → Göttinger Hain; C. Brentano, *Die Chronika des fahrenden Schülers* (1818); G. Keller; W. Raabe; G. Freytag, *Die Ahnen* (1872ff.); u. a.
c) Gesänge Ossians von J. MacPherson (1760); »mal.« Gedichte von Th. Chatterton (1777); »Nachlassgedichte« George Foresters von K. E. Krämer 1952f.; u. a.

a) *Statt »allmählich« sagte er »weylinger Weise«, statt »hoffentlich«: »verhoffentlicht« und sprach von der Bibel nicht anders als von der »Heiligen Geschichte«. Er sagte: »Es gehet mit Kräutern zu«, wenn er meinte »mit unrechten Dingen«. Von einem, der seiner Meinung nach in wissenschaftlichen Irrtümern befangen war, sagte er: »Er wohnt in der Feldhalde«; von einem lasterhaften Menschen: »Er lebt auf den alten Kaiser hin wie beim Viehe«... Ausrufe wie »Potz Blut«, »Potz Strahl!«, »Potz hundert Gift!« oder auch »Potz Fickerment!« waren keine Seltenheiten in seinem Munde...* [Aus: Th. Mann, *Doktor Faustus*]

b) (Heinz von Stein:) *Die Sach is izt so bestellt: Der Bauer will alleweil auf der faulen Haut liegen, in der Trinkstuben sich auftun, über der Geschrift disputieren und den Prädikanten nachlaufen. Aber der Pflug ist ihm zu schwer worden. Wird er izt aber bei Eiden und Pflichten gemahnt, oha, so ist er der Junker Dörflinger und rühret sich so wenig, als hätt ihn der Satan aus einem Leimklotz gemacht. Wendet die Herrschaft izt aber den Ernst vor und läßt einen aufsässigen Lauskopf und widerspenstigen Esel in die Eisen tun kotz Schweiß, so ist man der allergottloseste Tyrann und Wüterich!* [Aus: G. Hauptmann, *Florian Geyer*]

**Archetypus,** der: (gr. Urbild) a) älteste Fassung von Druck oder Handschrift; b) Begriff der Tiefenpsychologie, der von Literaturwissenschaft entlehnt wurde u. bes. in Forschung zu →Mythos, →Sage, →Märchen von Bedeutung ist. Archetyp. Bilder können spontan auftreten; die Ähnlichkeit der →Motive (etwa im →Märchen) beruht auf Strukturgleichheit der menschl. Seele. (→Textkritik)
= b) Als A. gelten Goethes »Urbilder« (*Metamorphose der Tiere*, 1820)

**archilochische Strophen** (Pl.): (nach dem gr. Dichter Archilochos) relativ seltene Strophenformen, von denen die 1. aus zwei Distichen bzw. der Verbindung von daktyl. →Hexameter u. katalekt. →Tetrameter besteht.
= $- \overline{\cup\cup} - \overline{\cup\cup} - / \overline{\cup\cup} - \cup\cup - \smile$
$- \overline{\cup\cup} - \overline{\cup\cup} - \overline{\cup\cup} - \overline{\cup}$
*Laudabunt alii claram Rhodon aut Mytilenen*
*Aut Epheson bimarisve Corinthi* [Horaz, *Carmen* I,7]

**archilochische Verse** (Pl.): antike metr. Formen (Verskombinationen), die auf gr. Lyriker Archilochos zurückgehen; einer der bekanntesten a. V. ist der Archilochius, eine Kombination aus daktyl. Tetrameter u. troch. Tripodie (→Ithyphallicus).
= $- \overline{\cup\cup} - \overline{\cup\cup} - \overline{\cup\cup} - \cup\cup / - \cup - \cup - \overline{\cup}$ (→Epode)

**Archiv,** das: (v. gr. Regierungsgebäude) Sammelstätte u. Aufbewahrungsort von Urkunden, Dokumenten etc.
= *Goethe-Schiller-A., Rilke-A., Deutsches Literatur-A.* etc.

**Aretalogie,** die (gr. Tugendrede) hellenist. Sammelbez. für Wundererzählungen vom Wirken der Götter, vorgetragen von Aretaloge.

**Argot,** das: (frz.) a) Gaunersprache, Rotwelsch; b) Berufssprache, Privatsprache. (→Jargon)
= a) literar. Verwendung bei F. Villon, Rabelais u. a.

**Argument,** das: (lat. Beweis, Begründung) knappe einleitende Erklärung (Begründung) u. Inhaltsangabe eines folg. Bühnenstücks oder Romankapitels; schon im Drama der Antike u. der →Renaissance, später im Roman des 17. u. 18. Jh.; erneuert u. a. bei Döblin (*Berlin Alexanderplatz*, 1929) als Element seiner epischen Erzähltechnik u. im →epischen Theater Brechts.

= *Das I. Kapitel / Vermeldet Simplicii bäurisch Herkommen und gleichförmige Auferziehung. Das II. Kapitel / Beschreibet die erste Staffel der Hoheit, welche Simplicius gestiegen, samt dem Lob der Hirten und angehängter trefflichen Instruktion. Das III. Kapitel / Meldet von dem Mitleiden einer getreuen Sackpfeif...*
[Aus: Grimmelshausen, *Der abenteuerliche Simplicissimus Teutsch*]

**Argumentatio,** die: (lat. Beweisführung) →Disposition.

**Aristonym,** das: (gr. der beste + Namen) →Pseudonym, das aus Adelsnamen besteht.
= Philander von der Linde für Joh. Burchard Mencke; Albert Paris von Gütersloh für A. Conrad Kiehtreiber; u. a.

**Aristophaneus,** der: (gr.-lat.) auch aristophan. Vers, nach gr. Komödiendichter Aristophanes benannte Verse: a) katalekt. anapäst. Tetrameter oder Septenar; b) Kombination aus →Choriambus u. →Bacchius.
= a) ∪∪ – ∪∪ – ∪∪ – ∪∪ – ∪∪ – ∪∪ – ∪∪ – ¯∪ (*Es begann, und ich selbst aufhorcht' ihr genau, denn es redete wienerisch hochdeutsch*); (bei Platen [*Die verhängnisvolle Gabel*; *Der romant. Ödipus*] u. in att. Komödie)

b) – ∪∪ – ∪ – ¯∪ (bei Horaz)

**aristotelisches Drama,** das: (zu gr. Philosoph Aristoteles) Bez. für geschlossene, auf Theorie von Aristoteles (*Poetik*, Kap. 8) zurückgehende Dramenform, die Einheit der Handlung, der Zeit u. des Ortes sowie →Katharsis fordert; Gegs. nichtaristotelisches Drama oder →episches Theater. (→tektonisches Aufbauprinzip)

**arkadische Poesie,** die: (nach gr. Landschaft Arkadien) →Hirten- u. Schäferdichtung, die (als Wunschbild) »natürlich«-unschuldiges, pflichtfreies, erotisch verspieltes Leben feiert. (→Bukolik, →Anakreontik, →Schäferroman, →Idylle)
= →Locus amoenus

**Arlecchino,** der: (ital.-frz. Teufel) lustige Person der →Commedia dell'arte. (→Harlekin, →Brighella)

**Armenbibel,** die: (für die »Armen im Geiste« [= Analphabeten] best. Form der Bibel) Bibel aus Bildern; gibt die Hauptereignisse aus dem Leben Jesu wieder u. stellt ihnen komplementäre Szenen des Alten Testaments gegen-

über, um das Heilsgeschehen zu dessen Verheißungen in Beziehung zu setzen.
= Lat. Handschriften seit 1300 erhalten, dt. Fassungen seit Mitte 14. Jh., als →Blockbuch seit 15. Jh.

**Armorial,** das: (frz.) Wappenbuch.

**Arsis,** die: (gr.-lat. Hebung [des taktschlagenden Fußes]) a) in gr. →Metrik unbetonter Taktteil im Gegs. zur →Thesis; b) in neuerer Metrik betonter Taktteil. (→Hebung)

**Ars moriendi,** die: (lat. Kunst des Sterbens) »Sterbebüchlein« zur Vorbereitung auf den Tod, unter Einfluß der Pest spätma. literar. Gattung.
= Verfasser von A. m. Th. Peutner (1434), M. Luther (1519) u. a.

**Ars poetica,** die: (lat. Kunst des Dichtens) →Poetik.

**Artes liberales** (Pl.): →Freie Künste.

**Articulus,** der: (lat. Glied) a) lat. für gr. →Komma; b) →rhet. Figur: lat. für gr. →Asyndeton.

**Artikel,** der: (lat. Glied) themat. u. formal gerundeter Beitrag zu Zt., Zs. oder Sammelwerk.

**Art nouveau,** der: (frz. neue Kunst) internat. Bez. für →Jugendstil.

**Artusdichtung,** die: ma. erzählende Dichtungen, deren Helden dem Kreis um König Artus angehören (»matière de Bretagne«), schöpft aus Mythen- u. Sagentradition (bes. kelt. Ursprungs) sowie aus literar. Überlieferung; Höhepunkte der A. die Versromane von Chrestien de Troyes (ca. 1140–90; *Erec, Cligès, Yvain, Lancelot, Perceval*) u. die von ihnen abhängigen, das frz. Vorbild auf dt. Verhältnisse übertragenden Versromane von Hartmann von Aue (*Erec*, ca. 1185, *Iwein* ca. 1177ff.), Wolfram von Eschenbach (*Parzival*, 1200ff.) u. Gottfried von Straßburg (*Tristan u. Isolt*, 1200ff.).

**Artistik,** die: (zu frz. artiste = Künstler) allg.: (Zirkus-, Klein-)Kunst; bes.: →L'art pour l'art.
= *Artistik ist der Versuch der Kunst, innerhalb des allgemeinen Verfalls der Inhalte sich selber als Inhalt zu erleben und aus dieser Erfahrung einen neuen Stil zu bilden...* [Aus: G. Benn, *Probleme der Lyrik*, 1951]

**Asianismus,** der: (zu Kleinasien) in Kleinasien entstandener »neuer Stil« der antiken Rheotrik, gekennzeichnet durch →Schwulst; Gegenströmung →Attizismus.

= *Die bedeutende und, wenn ich so sagen darf, keusche Rede weiß nichts von Schminke und Schwulst, sondern steigt in natürlicher Schönheit empor. Erst neuerdings hat sich diese aufgeblasene und maßlose Geschwätzigkeit von Kleinasien aus in Athen angesiedelt und hat den auf hohe Ziele gerichteten Schwung der jungen Leute gleichsam mit einem Pesthauch angeblasen...*
[Aus: Petronius, *Satyrica*]

**asklepiadeische Strophe,** die: (nach gr. Dichter Asklepiades) antike vierzeilige Strophe, besteht aus der zwölfsilbigen Asklepiade ($-\overline{\cup}-\cup\cup-/-\cup\cup-\cup\underline{\cup}$), dem siebensilbigen →Pherekrateus ($\overline{\cup\cup}-\cup\cup--$) u. dem achtsilbigen →Glykoneus ($-\stackrel{\smile}{-}-\cup\cup-\underline{\cup}$); bes. zwei Formen kommen häufig vor: a) zwei Asklepiadeen, ein Pherekrateus, ein Glykoneus u. b) drei Asklepiadeen u. ein Glykoneus als Endvers; seit →Renaissance in dt. Dichtung, später bes. von Hölderlin, Klopstock u. a. nachgebildet. (→Ode)
= *Schön ist, Mutter Natur, deiner Erfindung Pracht,*
*Auf die Fluren verstreut, schöner ein froh Gesicht,*
*Das den großen Gedanken*
*Deiner Schöpfung noch einmal denkt.* [Klopstock]

*Frei Gewachsnes, du klagst, rufend der Mutter, daß*
*Geist des Tods dich verbannt, edler Adonius?*
*Flieh zu Sappho! Dort reißt liebend wie Götterruf*
*aus dem lähmenden Ernst Andacht gelösten Sangs.*
[Weinheber (der neben der Form a auch vier Asklepiadeen verwendet)]

**Asklepiadeus,** der: (gr.-lat.) zwei nach dem gr. Dichter Asklepiades (3. Jh. v. Chr.) benannte Versmaße; entstanden durch einfache bzw. doppelte Wiederholung des →Choriambus in der Mitte des →Glykoneus, meist in Strophe (→asklepiadeische Strophe).
= (A. minor) $\overline{\cup\cup}/-\cup\cup-/-\cup\cup-/\cup\stackrel{\smile}{-}$
 (A. maior) $\overline{\cup\cup}/-\cup\cup-/-\cup\cup-/-\cup\cup-/\cup\stackrel{\smile}{-}$

**Assonanz,** die: (zu lat. anklingen) vom Gleichklang der Selbstlaute getragener Reim, vokalischer Halbreim; verbreitet vor allem in aspan. u. afrz. Dichtung, deshalb häufig in deren Nachahmungen (→Romantik, →Romanze).
= *Stab/Macht; schlafen/klagen; Herzensgrund/schmerzenswund*

*Schwarze Damen, schwarze Herren*
*wandeln durch Bolognas Straßen.*
*Werden sie zur Leiche gehen?*
*Wen bringt man so spät zu Grabe?*

*Doch kein Priester wird gesehen,*
*Kreuz und Fahne nicht getragen.*
*Alles strömet laut und rege,*
*und die schnellen Wagen rasseln*

*Nicht zur Metten oder Vesper,*
*Miserere, Salve, Ave,*
*auch zu keiner Totenmesse:*
*diese liest man nicht am Abend.*
[Aus: C. Brentano, *Romanzen vom Rosenkranz*]

**Assoziation,** die: (lat.-frz. Vereinigung, Vergesellschaftung) Verknüpfung von zeitlich u. räumlich auseinanderlieg. Vorstellungen zur Bild-Verbindung (Assoziationsreihe, -kette); geschieht durch Aktivierung von Vergangenem mittels »anklingendem« Gegenwärtigen, indem etwa Wortklänge oder -bilder ähnliche Wörter oder Wortgruppen »hervorrufen« u. eine (kausale) Beziehung zwischen dem Getrennten suggerieren; Strukturprinzip in mod. Literatur. (→Montage, →Leitmotiv u. ä.)

**Asteronym,** das: (v. gr. Stern + Name) durch drei Sternchen ersetzter Verfassername. (→Pseudonym)
= *von* \*\*\*

**Asyndeton,** das: (gr. unverbunden) →rhet. Figur: Aneinanderreihung von Sätzen oder Satzgliedern ohne Bindewörter. (→Monosyndeton, →Polysyndeton)
= *alles rennet, rettet, flüchtet* [Schiller]

*Sparte keine Vögel, noch Hühner, noch Enten, noch Gänse* [Goethe]

*Hast eine Fabel gespielt, was sie auf den Bänken von Upsala ein Monodrama nennen, wenn eine Person für sich mutterseelenallein jubelt, fürchtet, verzagt, empfindet, tragiert, imaginiert.* [C. F. Meyer]

**atektonisches Aufbauprinzip,** das: Prinzip des lockeren Aufbaus, der →offenen Form, die dem Einzelteil (Strophe, Kapitel, Akt etc.) Eigenwertigkeit beläßt; charakteristisch für →Brief, →Essay, →Stationenstück, →episches Theater u. ä.; Gegs. →tektonisches Aufbauprinzip.
= Immermann, *Münchhausen*; Kleist, *Der zerbrochene Krug*; Büchner, *Woyzeck*; Wedekind, *Frühlings Erwachen*; u. a.

**Atellane,** die: (lat.) →Posse in röm. Literatur mit feststehenden komischen Charaktertypen.

**Athetese,** die: (gr. Tilgung) Bez. der →Textkritik für Tilgung von Wörtern bzw. Sätzen als (spätere) Zusätze. (→Interpolation)

**Attizismus,** der: (auf die gr. Landschaft Attika u. ihre Hauptstadt Athen bezogen) »alter Stil«, Gegenbewegung zum →Asianismus, tritt ein für die klassische Sprache, setzt den reinen u. klaren Stil der attischen Schriftsteller als Vorbild.

= Caecilius von Katalakte, Dionysios von Halikarnaß; (in lat. Sprache) Caesar, C. Licinius Calvus u. a.

**Aubade,** die: (frz.) → Alba.
= *HARK! hark! the lark at heaven's gate sings.*
  *And Phoebus 'gins arise,*
  *His steeds to water at those springs*
    *On chaliced flowers that lies;*
  *And winking Mary-buds begin*
    *To ope their golden eyes:*
  *With everything that pretty bin,*
    *My lady sweet, arise!*
      *Arise, arise!* [W. Shakespeare, *Aubade*]

**audiovisuelle Medien** (Pl.): technische Kommunikationssysteme wie Film, Fernsehen.

**Audition colorée,** die: (frz. farbiges Hören) Form der → Synästhesie.

**Aufbau,** der: (aufbauen) Aktion u. Ergebnis von Synthese der Strukturelemente des sprachl. Kunstwerks zu einem autonomen Ganzen.
= Äußerer A. (Strophe, Kapitel, Akt etc.), innerer A. (Entwicklung des Themas, leitmotivische Verspannung etc.) u. sprachl. A. (Rhythmus, Wortwahl etc.); der äußere A. entspricht der äußeren Form, während innerer u. sprachl. A. der inneren Form entsprechen u. zusammen mit äußerer Form einen Gegs. zum → Inhalt bilden.

**Aufgesang,** der: aus dem → Meistersang stammende Bez. für ersten, längeren Teil der sog. → Meistersangstrophe; gliedert sich gewöhnlich in zwei gleichgebaute → Stollen (Gesätz und Gebäude) u. bildet Gegs. zum kürzeren → Abgesang.

**Aufklärung,** die: (zu aufklären = klar, hell werden bzw. machen) Bez. für Epoche u. geistige Bewegung zwischen 1720 u. 1785, die auf → Barock folgt; die philosoph. Voraussetzungen der A. sind a) engl. Empirismus (alle Erkenntnisse stammen aus der Sinneserfahrung: Francis Bacon, Thomas Hobbes, John Locke), b) engl. Sensualismus (Verbindung von Sinneserfahrung mit schöpfer. Kraft der Seele: David Hume), c) frz. Rationalismus (Glaube an die Kraft der Vernunft, die Fähigkeit des Menschen, zu uneingeschränkten Erkenntnissen zu gelangen: René Descartes, Pierre Bayle; Voltaire, Montesquieu u. Diderot, die engl. aufklärer. Ideen vermittelten); diese Richtungen vereinigen sich in der von G. W. Leibniz vorbereiteten Philosophie der dt. A. (Ideal des gesunden Menschenverstandes) mit Chr. Wolff als ihrem Systematisator u. schließlich Kant als ihrem Vollender u. Überwinder; als Grundzüge gelten die Postulate, daß Autorität sich auf Vernunft zu gründen habe, alle

Menschen gleichberechtigt seien u. Toleranz eine soziale Tugend darstelle, sowie der Glaube an Fortschritt und Wissenschaft, die Ablehnung bzw. Begrenzung der Metaphysik; an literar. Einflüssen wurde wirksam vor allem der von Nicolas Boileau, *L'Art poétique* (1674), der die Vernunft zum künstler. Grundprinzip erhebt, Scheidung der Gattungen u. Beachtung der drei →Einheiten fordert; Aufgabe der Dichtung hat zu sein: →*prodesse et delectare* = nützen u. erfreuen; kennzeichnend für Dichtung der dt. A. ist deshalb neben Erneuerung anakreontischer Lyrik (→Anakreontik) die Verbreitung der lehrhaften kleinen Form (wie →Epigramm, poetische Erz., Beiträge zu →moralischen Wochenschriften etc.) u. schließlich die Pflege des →Staatsromans (Haller, Wieland), →Entwicklungsromans (Gellert, Wieland) u. des sentimentalen →Familienromans (Gellert, Hermes). Die Leistungen der Literatur der A. lagen bes. auf dem Gebiet der Theorie: Zur Diskussion über den »Geschmack«, um ihn zu einem ästhetischen Grundbegriff zu machen, kam die Beschäftigung mit einer am Vorbild der Natur orientierten Gattungspoetik; kunsttheoretische Systematisierung erfolgte durch Gottsched in *Versuch einer critischen Dichtkunst* (1730).

= Hauptvertreter: Bodmer, Gellert, Gleim, Gottsched, Haller, Lessing, J. E. Schlegel, Sulzer, Wieland u. a. (→Empfindsamkeit)

*Aufklärung ist der Ausgang des Menschen aus seiner selbstverschuldeten Unmündigkeit. Unmündigkeit ist das Unvermögen, sich seines Verstandes ohne Leitung eines anderen zu bedienen.* [Kant]

*Bildung, Cultur und Aufklärung sind Modificationen des gesellgen Lebens, Wirkungen des Fleißes und der Bemühungen der Menschen, ihren gesellgen Zustand zu verbessern. [...] Bildung zerfällt in Cultur und Aufklärung. Jene scheint mehr auf das Praktische zu gehen: auf Güte, Feinheit und Schönheit in Handwerken, Künsten und Geselligkeitssitten (objective), auf Fertigkeit, Fleiß und Geschicklichkeit in jenen, Neigungen, Triebe und Gewohnheiten in diesen (subjective).*

[Aus: Moses Mendelssohn, *Über die Frage: was heißt aufklären*]

**Auflage,** die: Gesamtzahl der unverändert vervielfältigten Exemplare eines Buches bzw. Druckwerkes.

**Aufriß,** der: allg.: Plan (Umriß), Kurzfassung; bes.: Vorform des →Feature.

**Aufsatz,** der: (schriftlich Aufgesetztes) kürzere →Abhandlung oft ohne bes. sprachl. Aufwand, als Übungstext (Schularbeit), Bericht, Schilderung, Erzählung etc.; auch Bez. für wissenschaftl. Abhandlung.

= H. Bahr, *Zur Kritik der Moderne* (1890); R. A. Schröder, *Die Aufsätze und Reden* (1939); u. a.

**Auftakt,** der: unbetonte Silbe(n) am Versanfang, Vorschlagsilbe, d. h. das, was der ersten Hebung in einer Verszeile vorausgeht (→ Anakrusis).
= *Zum Kámpf der Wágen únd Gesänge* [Schiller]

*Es lácht in dem stéigenden jáhr dir* [George]

**Auftritt,** der: (nach Auf- oder Abtreten eines Schauspielers) → Szene.

**Aufzug,** der: (vom Aufziehen des Vorhangs bzw. Aufzug der Personen auf die nach Aktschluß leere Bühne) → Akt im → Drama.

**Augenreim,** der: Reim zwischen orthogr. identischen, aber verschieden ausgesprochenen Wörtern.
= Frz. *ours – toujours*; engl. *good – blood*; dt. *Loge – Woge, Frauchen – rauchen*

**Augusteisches Zeitalter,** das: (zu röm. Kaiser Augustus) Zeitalter, das der Entfaltung von Lit. und Kunst bes. günstig ist.
= → Goldene Latinität

**auktorialer Roman,** der: (zu lat. Urheber) Roman, in dem »auktoriale Erzählsituation« vorherrscht, d. h. der alleswissende Erzähler souverän als »Schöpfer« (= Urheber) über seinen Stoff verfügt.
= Jean Paul, *Siebenkäs* (1796f.); R. Musil, *Der Mann ohne Eigenschaften* (1930ff.); Th. Mann, *Der Zauberberg* (1924); u. a.

**Ausdruck,** der: (zu ausdrücken) allg.: im Sinne von: etwas zum Ausdruck bringen, d. h. ausdrücken = etwas Inneres (Seelisch-Geistiges) durch etwas Äußeres (sinnlich Wahrnehmbares, in der Sprache Faßbares) erkennbar machen (versinnlichen); bes.: 1. das Sichtbar-Sein, 2. die Weise (Form), in der etwas sichtbar ist als individueller sprachl. Niederschlag (→ Stil). (→ Expressionismus = Ausdruckskunst)

**Ausdruckskunst,** die: → Expressionismus.

**Ausgabe,** die: durch Druck vervielfältigte Schrift mit best. qualitativen Merkmalen wie textl. Bearbeitung, Format, Einband, Erscheinungsort o. ä. (→ Ausgabe letzter Hand, → Auflage, → Edition, → Ad usum delphini)

**Ausgabe letzter Hand,** die: (herausgeben) letzte zu Lebzeiten eines Autors herausgegebene, von ihm gutgeheißene und deshalb verbindliche Ausgabe seiner Werke; so genannt nach »Vollständige Ausgabe l. H.« von Goethes Werken, deren größter Teil noch vom Dichter selbst betreut werden konnte (1827–31).

**Aushängebogen,** der: Druckmusterbogen zur Überprüfung der Qualität und zur Genehmigung des Auflagendrucks.

**Aussage,** die: (aussagen) allg.: weltanschaulicher Gehalt eines literar. Werkes, sprachl. Wiedergabe eines Tatbestandes; bes.: jede Subjekt-Objekt-Verbindung der Sprache.

**Ausstattungsstück,** das: durch offensichtliches Mißverhältnis zwischen wirklichem Gehalt u. illusionssteigernder Ausstattung (Kulissen, Möbel, Kostüme etc.) gekennzeichnetes Bühnenstück. (→Barock)
= →Jesuitendrama, →Märchendrama, →Haupt- u. Staatsaktion

**Auszug,** der: →Exzerpt, →Abriß, →Leitfaden, →Epitome.

**Auto,** der bzw. das: (span. Handlung) spätma. span. einaktiges →geistl. Spiel, aufgeführt an den Festtagen des Kirchenjahrs; Ende 16. Jh. von →Auto sacramental verdrängt.

**Auto sacramental,** der bzw. das. (span. Handlung + auf das Altarsakrament bezüglich) span. →Fronleichnamsspiel.

**Autobiographie,** die: (gr. selbst + Leben + schreiben) Selbstdarstellung, literar. Beschreibung des eigenen Lebenslaufs, d. h. der inneren u. äußeren Entwicklung. (→Memoiren, →Semi-Autobiographie)
= *(Heinrich) Seuses Leben* (1362 beendet, erste A. in dt. Sprache); Rousseau, *Les Confessions* (1765 ff.); H. Chr. Andersen, *Märchen meines Lebens* (1845 f.); G. Hauptmann, *Das Abenteuer meiner Jugend* (1937); Kurt Hiller, *Leben gegen die Zeit* (1969); u. a.

> *Wie Johann zu dem Schneiderhandwerk kam*
> *In demselbigen Jahr hatte nämlich die Pest gewütet, und unter vielen anderen hatte sie mir auch einen Bruder und eine Schwester hinweggerafft. Darum war auch dein Vater besorgt, wenn ich lange dabliebe, könnte ich am Ende noch aus Furcht die Pest bekommen. Nachdem er mir daher mein überaus langes Haar, auf dessen Pflege ich in Böhmen große Sorgfalt verwandt hatte, nach der bei uns allgemein herrschenden Sitte kurz geschnitten und mich auch mit anderen Kleidern ausstaffiert hatte, reiste er mit mir nach der Stadt Aschaffenburg und tat mich hier zu dem Schneiderhandwerk. Da mir die Wahl gelassen wurde, hatte ich vorgezogen, dieses zu erlernen, weil es leichter ist als andere. Ich kam zu einem tüchtigen Meister, der einen großen Ruf hatte: der sollte sich Mühe geben, mir binnen zwei Jahren seine Kunst beizubringen, und versprach ihm der Vater dafür, innerhalb jener Frist ihm sechs Goldgulden und zwanzig Ellen Tuch zu geben, wovon er einen Teil ihm schon gleich mitgebracht hatte.*
> [Aus: J. Butzbach, *Hodoeporicon (Wanderbüchlein)*]

**Autograph,** der: (von gr. eigenhändig geschrieben) mit eigener Hand geschriebenes oder verbessertes Schriftstück bzw. -werk. (→ Manuskript)

**autonome Dichtung,** die: → absolute Dichtung.

**Autonym,** das: (gr. selbst + Name) Schriftwerk, das unter dem Namen seines Verfassers erscheint, Gegs. zu → anonym.

**Autor,** der: (lat. Förderer, Schöpfer) Urheber eines Werkes bes. der Literatur.

**Avantgarde,** die: (frz. Vorhut) Sammelbez. für Vorkämpfer einer nach Form u. Gehalt neuen literar. Richtung, die sich gegen den Widerstand des Bestehenden durchzusetzen sucht; sie hört in dem Augenblick auf als A. zu bestehen, da sie ihr Ziel erreicht u. die eigene Norm als verbindlich installiert; im Zeitalter der Omnipotentialität einer pluralist. Konsumgesellschaft hebt sich der Begriff, strenggenommen, auf.
= → Expressionismus, → Dadaismus, → Surrealismus, → Konkretismus u. a.

**Avanturierroman,** der: (zu Abenteurer, Glücksritter) Variante des → Abenteuerromans, letzter Ausläufer des → Schelmenromans; Ursprung in Holland, Verfasser stets anonym; von Reiseroman (→ Reiseliteratur) u. → Robinsonade beeinflußt u. schließlich durch den → Familienroman verdrängt.
= *Der kurzweilige Avanturier* (1714); *Die teutsche Aventuriere oder Geschichte eines charmanten Bürgermädchens* (1725); *Der gaskonische Avanturier* (1769); u. a.

**Aventiure,** die: (mhd. aus frz. Abenteuer) in Dichtung des MA. zunächst Zweikampf, in dem der Held sich zu bewähren hat, dann (*Nibelungenlied*) Abschnitt, der A. beschreibt, später ganzer »abenteuerlicher« Bericht; auch als → Personifikation: Frau Aventiure.

**Aviso,** der: (ital. kleines schnelles Kriegsschiff) alte Bez. für → Zeitung.

**Bacchius,** bzw. **Baccheus,** der: (gr.-lat. nach Verwendung in Liedern auf gr. Gott Bakchos) antikes Versmaß der Form ∪ – – *(gelaufen)*.

**Badezellenbühne,** die: (Bad + Zelle + B.) von Expeditus Schmidt (1903) stammende Bez. für Bühnenform des →Humanismus; parallel nebeneinander angebrachte Vorhänge schließen die Vorderbühne so nach hinten ab, daß der Eindruck einer Häuserzeile entsteht, zu der die auf- u. abtretenden Schauspieler jederzeit von den Seiten oder durch die Vorhänge (Zellen) Zugang haben. (→Simultanbühne)

**Bänkelsang,** der: (Holzbank + Gesang) von umherziehenden Schaustellern seit 17. Jh. auf Jahrmärkten zu Drehorgelmusik vorgetragene u. durch Bildtafeln illustrierte Lieder bzw. Geschichten mit aufregend-schauerlichem, aus aktuellem Geschehen geschöpftem Inhalt u. handfester Moral (→Moritat); von Einfluß auf den frühen Goethe, auf Bürger, Wedekind, Brecht, P. Weiss u. a.
= L. Petzoldt (Hrsg.), *Die freudlose Muse. Texte, Lieder, Bilder zum histor. B.* (1978)

*Morgenstund hat Gold im Munde,*
*Denn da kommt die Börsenzeit*
*Und mit ihr die süße Kunde,*
*Die des Kaufmanns Herz erfreut:*
*Was er abends spekulieret,*
*Hat den Kurs heut reguliert.*

*Eilend ziehen die Kuriere*
*Mit dem kleinen Kursbericht,*
*Daß er diese Welt regiere,*
*Von der andern weiß ich's nicht:*
*Zitternd sehn ihn Potentaten,*
*Und es bricht das Herz der Staaten.* [A. v. Arnim, *Der Welt Herr*]

*Es waren drei junge Leute,*
*Die liebten ein Mädchen so sehr.*
*Der eine war der Gescheute,*
*Floh zeitig über das Meer.*

*Er fand eine gute Stelle
Und ward seiner Jugend froh,
Und lebt als Junggeselle
Noch heut auf Borneo.*

*Der Zweite schied mit Weinen.
Er sang seiner Liebe Leid
Und ließ es gebunden erscheinen
Just um die Weihnachtszeit.
Das kalte Herz seiner Dame,
Die Quelle all' seines Wehs,
Macht ihm die schönste Reklame
Auf allen ästhetischen Tees.*

*Der Dritte nur war dämlich,
Wie sich die Welt erzählt.
Er liebt die Holde nämlich
Und hat sich mit ihr vermählt;
Und sitzt jetzt ganz bescheiden
Dabei mit dummem Gesicht,
Wenn sie von den anderen beiden
Mit Tränen im Auge spricht...*
            [Ludwig Eichrodt, *Es waren drei junge Leute*]

**Baguenaude,** die: (prov.) →Nonsensdichtung im frz. MA. (→Coq-à-l'âne, →Fatras)

**Bait,** das: (arab. Haus) Verspaar des →Ghasel.

**Ballade,** die: (ital.-prov. Tanzlied) zunächst zum Tanzen gesungenes Lied mit Kehrreim, als *ballade* in Frankreich (14./15. Jh.) lyrische Form (Villon); in England (18. Jh.) als *ballad* auf volkstüml.-episches Lied übertragen u. von dort ins Deutsche übernommen; nach Stoffwahl (ungewöhnliches, geheimnisvolles, meist tragisches Geschehen), Form (knapp, andeutend) u. Aufbau (dram.) mit →Novelle verwandt; neben →Volksballade seit Bürger (*Lenore*, 1777) →Kunstballade; Schöpfer des bedeutendsten Balladenwerks der Moderne: Brecht. (→Folkevise, →Romanze)
= Bürger, *Lenore*; Goethe, *Der untreue Knabe, Der Erlkönig*; Schiller, *Der Handschuh, Der Taucher, Die Bürgschaft*; Mörike, *Der Feuerreiter*; Droste-Hülshoff, *Der Knabe im Moor*; Uhland; Fontane; C. F. Meyer; Heine; G. Kolmar; B. Brecht; u. a.

*Es war ein König Milesint,
Von dem will ich euch sagen:
Der meuchelte sein Bruderskind,
Wollte selbst die Krone tragen.*

*Die Krönung ward mit Prangen
Auf Liffey-Schloß begangen.
O Irland! Irland! warest du so blind?*

*Der König sitzt um Mitternacht
Im leeren Marmorsaale,
Sieht irr' in all die neue Pracht,
Wie trunken von dem Mahle;
Er spricht zu seinem Sohne:
»Noch einmal bring' die Krone!
Doch schau, wer hat die Pforten aufgemacht?«*

*Da kommt ein seltsam Totenspiel,
Ein Zug mit leisen Tritten,
Vermummte Gäste groß und viel,
Eine Krone schwankt inmitten;
Es drängt sich durch die Pforte
Mit Flüstern ohne Worte;
Dem Könige, dem wird so geisterschwül.*

*Und aus der schwarzen Menge blickt
Ein Kind mit frischer Wunde,
Es lächelt sterbensweh und nickt,
Es macht im Saal die Runde,
Es trippelt zu dem Throne,
Es reichet eine Krone
Dem Könige, des Herze tief erschrickt.*

*Darauf der Zug von dannen strich,
von Morgenluft berauschet,
Die Kerzen flackern wunderlich,
Der Mond am Fenster lauschet;
Der Sohn mit Angst und Schweigen
Zum Vater tät sich neigen, –
Er neiget über eine Leiche sich.*       [E. Mörike, *Die traurige Krönung*]

**Ballad-opera,** die: (engl.) engl. →Singspiel des 18. Jh. mit volkstüml. Liedern, eine Art Anti-Oper.

**Ballad stanza,** die: (engl. Balladenstrophe) →Chevy-Chase-Strophe.

**Bar,** der: Bez. für Liedform der Meistersinger (→Meistersang) seit Ende 15. Jh.; hat mehrere, gewöhnlich drei Gesätze (Strophen), die meist aus zwei →Stollen mit gleicher Melodie u. Metrik u. dem andersartigen →Abgesang bestehen.

**Barbarismus,** der: (von gr. Gebrauch ausländ. Wörter u. Redensarten) Durchsetzung der Sprache mit fremdländ. Elementen, grobe sprachliche Fehler, d.h. Verstümmelung oder Entstellung von Wortformen. (→Metaplasmus)
= *Wann Huzaren Weiber nehmen, So Seindt Sie selten noch dan ein Schus pulver wert; aber Wen er meinte, daß Sie doch guht Würden, So Wolte ich es erlauben.* [Friedrich II. von Preußen auf die Bitte dreier Husarenoffiziere um Heiratserlaubnis]

RICCAUT: *Comment? nok vor vier und swanzik Stund hier logier? Und logier nit mehr hier? Wo logier er denn?*
Oder:
RICCAUT: *Ik hätt ihn zu sprek sehr notwendik. Ik komm ihm bringen eine Nouvelle, davon er sehr frölik sein wird.*
Oder:
RICCAUT: *Nun, die Minister von der Kriegsdepartement. – Da haben ik zu Mittag gespeisen; – ik speisen à l'ordinaire bei ihm, – und da iß man gekommen reden auf der Major Tellheim; et le ministre m'a dit en confidence, car Son Excellence est de mes amis, et il n'y a point de mystères entre nous. – Se. Exzellenz, wil ik sag, haben mir vertrau, daß die Sak von unserm Major sei auf den Point zu enden, und gutt zu enden.*
[Aus: Lessing, *Minna von Barnhelm*]

**Barde,** der: (altgallisch Sänger) keltischer Hofdichter des MA. Verfasser von Götter- u. →Heldenliedern.

**Bardendichtung,** die: (→Barde) unter Einfluß von »Ossian« u. im Anschluß an Klopstocks →Bardiete u. bardische Oden entstandene Moderichtung; pflegte mythol. eingekleidete patriotische Lyrik u. war gegen →Anakreontik gerichtet. (→ossianische Dichtung)
= Vorform im patriot. Bardenlied H. A. v. Abschatz'; H. W. Gerstenberg, *Gedicht eines Skalden* (1766); K. F. Kretschmann, *Klage Ringulphs des Barden* (1768); M. Denis, *Lieder Sineds des Barden* (1772); Hölty, *Bardenlieder* (1773); u.a.

**Bardiet,** der: Bez. für Oden u. Dramen von vaterländ.-nation. Gesinnung; Begriff von Klopstock geprägt in der Annahme, daß *barditus* (= hinter vorgehaltenem Schild erzeugtes u. deshalb bes. wirkungsvolles Schlachtgeschrei bzw. -gesang) mit Barde (→Bardendichtung) zusammenhänge; seine B. (für die Schaubühne) sollten Nachbildungen solcher germ. Dichtungen sein.
= *Hermanns Schlacht* (1769), *Hermann und die Fürsten* (1784), *Hermanns Tod* (1789) u.a.

**Barock,** das bzw. der: (port. unregelmäßige, schiefrunde Perle, dann übertrieben, verzerrt) Bez. für Epoche zwischen 1600 u. 1720 in der europ. Lit.;

Hintergrund Dreißigjähriger Krieg (1618–48), Grundlage christl.-absolutist. Weltbild, gegründet auf den Gedanken des *ordo* u. den autokrat. Absolutismus der Fürstenhöfe; wesentl. Merkmal die Polarität zwischen Diesseits u. Jenseits, Spannung zwischen Lebensfreude u. Todessehnsucht, Wahrheit des Scheins u. Schein der Wahrheit; Grundgefühl *vanitas*: Vergänglichkeit, Nichtigkeit des Irdischen, denn das Dauernde ist das Jenseitige, das sich im Diesseitigen stets neu offenbart; die Lit. des dt. B. ist beeinflußt von Liebesdichtung Petrarcas u. der →Pléjade sowie vom span. →Schelmenroman (u.a.); sie erreichte als eine mit rhet. Schwung beschworene Bilderwelt ihre höchste Vollendung in der Kunst der Gegenreformation u. verwirklichte sich am reinsten im Roman (Grimmelshausen, *Simplicissimus*) u. Drama (→Jesuitendrama, →Welttheater); daneben Pflege von Gesellschafts- u. relig. Lyrik (→Gesellschaftsdichtung, →geistl. Lied), erneuernde Fortführung der Bewegung der →Mystik; starke Neigung zur Überbetonung von Form u. alles Technischen, förderte die Beschäftigung mit →Poetik wie die Bemühung um die Sprache (→Sprachgesellschaften, →Zauberstück).

= Hauptvertreter: J. Bidermann, P. Fleming, Grimmelshausen, Gryphius, Hofmannswaldau, Logau, Lohenstein, Opitz, Angelus Silesius, Weise, Zesen u.a.

> *Es wird der bleiche tod mit seiner kalten hand*
> *Dir endlich mit der zeit umb deine brüste streichen /*
> *Der liebliche corall der lippen wird verbleichen;*
>> *Der schultern warmer schnee wird werden kalter sand /*
>> *Der augen süsser blitz / die kräffte deiner hand /*
> *Für welchen solches fällt / die werden zeitlich weichen /*
> *Das haar / das itzund kan des goldes glantz erreichen /*
>> *Tilgt endlich tag und jahr als ein gemeines band.*
> *Der wohlgesetzte fuß / die lieblichen gebärden /*
> *Die werden theils zu staub / theils nichts und nichtig werden /*
>> *Denn opfert keiner mehr der gottheit deiner pracht.*
> *Diß und noch mehr als diß muß endlich untergehen /*
> *Dein hertze kan allein zu aller zeit bestehen /*
>> *Dieweil es die natur aus diamant gemacht.*

[Hofmannswaldau, *Vergänglichkeit der schönheit*]

**Barsortiment,** das: (bar + lat.-ital. Warenauswahl) Buchgroßhandel.

**Barzelletta,** die: (ital. Witz, Spaß) kurzes scherzhaftes Tanzgedicht in der volkstüml. ital. Literatur des 15. u. 16. Jh., Sonderform der →Ballade.

**Bathos,** das: (gr. Tiefe) Umschlag vom Erhabenen ins Gewöhnliche (A. Pope); allg.. auch übersteigertes →Pathos oder Sentimentalität. (→Parodie, →Travestie)

**Bauerndichtung,** die: Dichtung, die Leben u. Wirken des Bauernstandes behandelt; stammt jedoch meist von Städtern (Bürgern) u. gilt primär dem Verhältnis beider; in der Darstellung des Bauern spiegelt sich histor. Wandel: auf die ma. Verspottung folgte im Zusammenhang mit der Naturverehrung des 18. Jh. (Rousseau) eine Neueinschätzung des Bauerntums u. schließlich im 19. Jh. realistische Gestaltung seiner Lebensverhältnisse. (→Bauernklage, →Dorfgeschichte, →Heimatliteratur, →Heimatroman)
= K. L. Immermann, *Der Oberhof* (1838f., erste eigtl. B.); J. Gotthelf, *Uli der Knecht* (1841), *Geld u. Geist* (1843), *Uli der Pächter* (1849); W. v. Polenz, *Der Büttnerbauer* (1895); L. Thomas, *Andreas Vöst* (1906); A. Seghers, *Der Kopflohn* (1933); A. Scharrer, *Maulwürfe* (1934); u. a.

*Die Kühe in der Riedmatt hatten am Morgen ihre Meisterleute ungern gehen sehen an die Kindstaufe in der Grabenmatt, hatten ihre Häupter bedenklich ihnen nachgeschüttelt; als nun der Donner brüllte und die Wasser brausten, da retteten sie sich in eine Hütte und schauten von da wehmütig übers Wasser nach der Grabenmatt, ob der Meister nicht kommen wolle ihnen zu Rat und Hülfe. Als die Wasser die Hütte zerstießen, da riefen sie gar wehlich nach dem Meister, und vom Wasser fortgerissen, wandten sie ihre stattlichen Häupter immer noch dem erwarteten Meister entgegen, doch umsonst. Es wußtens die Kühe, wie tief ihr Elend dem Meister ins Herz schnitt, der eine der geretteten, aber schwer verletzten Kühe nicht zu schlachten vermochte, weil sie ihm zu lieb war.*
*Während in der Weid die Kühe verlorengingen, stunden im Hause die zurückgebliebene Magd und ein Knabe Todesnot aus. Auf den Brückstock hatten sie sich gerettet und der Knabe das Fragenbuch, in dem er in der Stube gelernt hatte, mitgenommen. Auf dem Brückstock lernte derselbe nun fort und fort in Todesangst und Todesschweiß, bis die Not vorüber war, im Fragenbuch. Das war ein heißes Lernen! Der Knabe nennt es Beten –*
[Aus: J. Gotthelf, *Die Wassernot im Emmental*]

**Bauernklage,** die: sozialkrit. Volkslied, in dem Bauer (oder Bauern) über Bedrückung u. Not klagt; bezieht sich auf versch. histor. u. gesellschaftl. Verhältnisse. B. sind für Deutschland, Österreich u. die Schweiz belegbar, die frühesten erhalt. Beispiele aus →fliegenden Blättern des 17. Jh.; die soziale Klage kann den Inhalt des ganzen Liedes bestimmen oder sich nur in einzelnen Strophen ausdrücken. (→Bauerndichtung, →Mundartdichtung)
= *Ich bin fürwahr ein armer Bauer*
*Das Leben ist mir gänzlich sauer.*
*Ich wollt und wollt und daß ich wär*
*Und daß ich nicht geboren wär!*

*Ich hab vier Pferd, ist keins nix wert*
*Das eine hinkt, das andre stinkt*
*Das dritt, das hat keinen Zahn mehr im Maul,*
*Das viert ist blind, dazu noch faul.*

*Ich hab eine Kuh, ist nur mehr ums halb*
*Dem Metzger gehört schon längst das Kalb*
*Und kommt ein Jud ins Dorf herein,*
*Weiß ich, daß ich sein eigen sein.*

*In meiner Egg sind nur mehr acht Zähn*
*Und ich darf auch nicht mehr zum Wagner gehn,*
*Und ich wett und daß ich wär,*
*Und daß ich nit geboren wär.*

*In meinem Wagen ist nur mehr ein Rad.* [Weiterer Text fehlt.]

**Bearbeitung,** die: Veränderung eines literar. (Original-)Werks durch fremde Hand im Unterschied zur Umgestaltung durch Autor selbst (→Fassung). (→Adaptation, →Bühnenbearbeitung, →Dramatisierung)

**Beat generation,** die: (engl.-am. geschlagene Generation) Gruppe nordam. Schriftsteller (Beatniks), die Mitte der 50er Jahre illusionsloses, nonkonformist. Außenseitertum zu vertreten begannen; als Leitbilder gelten u. a. H. D. Thoreau, W. C. Williams, D. H. Lawrence, D. Thomas. (→Lost generation, →Underground-Literatur)
= A. Ginsberg, J. Kerouac, L. Ferlinghetti u. a.

**Bedeutung,** die: »Sinn« eines Wortes, der deutbar ist; er variiert je nach Verwendung in »Eigen-Bedeutung« oder in »Mit-Bedeutung«, wo der größere Zusammenhang die B. prägt oder verändert; B. ist »usuell«, wenn sie Sprachgebrauch entspricht, »okkasionell«, wenn sie spez. Einzelfall darstellt.
= *ein schönes Buch – eine schöne Bescherung; den Wagen anhalten – um die Hand anhalten; er ging nach Hause – er flüchtete sich in das Haus seiner Gedanken;* u. ä.

**Beiseitesprechen,** das: →ad spectatores (→à part).

**Beispiel,** das: (mhd. zu spel = Rede, Erzählung) als »Bei-Erzählung« gleichnishafte Erwähnung von leicht faßlicher, konkreter Sache bzw. Sachverhalt, meistens zur Verdeutlichung von vorangegangener, schwer faßlicher; häufig in →Rhetorik u. lehrhafter Dichtung. (→Exempel, →Bîspel, →Gleichnis)

**Bekenntnisdichtung,** die: allg.: jede Dichtung, in der (persönl.) Erfahrungen u. Erlebnisse des Schreibers »öffentlich« gemacht werden (im Sinne Goethes als »Bruchstücke einer großen Konfession«); bes.: →Erlebnisdichtung oder autobiograph. Darstellung (→Autobiographie, →Semi-Autobiographie).
= Bes.: G. Hauptmann, *Buch der Leidenschaft* (1930)

allg.: *Die weitschweifige Periode, in welche meine Jugend gefallen war, hatte ich treufleißig in Gesellschaft so vieler würdigen Männer durchgearbeitet. Die mehreren Quartbände Manuskript, die ich meinem Vater zurückließ, konnten zum genugsamen Zeugnisse dienen, und welche Masse von Versuchen, Entwürfen, bis zur Hälfte ausgeführten Vorsätzen war mehr aus Mißmut als aus Überzeugung in Rauch aufgegangen! Nun lernte ich durch Unterredung überhaupt, durch Lehre, durch so manche widerstreitende Meinung, besonders aber durch meinen Tischgenossen, den Hofrat Pfeil, das Bedeutende des Stoffs und das Konzise der Behandlung mehr und mehr schätzen, ohne mir jedoch klarmachen zu können, wo jenes zu suchen und wie dieses zu erreichen sei. Denn bei der großen Beschränktheit meines Zustandes, bei der Gleichgültigkeit der Gesellen, dem Zurückhalten der Lehrer, der Abgesondertheit gebildeter Einwohner, bei ganz unbedeutenden Naturgegenständen war ich genötigt, alles in mir selbst zu suchen. Verlangte ich nun zu meinen Gedichten eine wahre Unterlage, Empfindung oder Reflexion, so mußte ich in meinen Busen greifen; forderte ich zu poetischer Darstellung eine unmittelbare Anschauung des Gegenstandes, der Begebenheit, so durfte ich nicht aus dem Kreise heraustreten, der mich zu berühren, mir ein Interesse einzuflößen geeignet war. In diesem Sinne schrieb ich zuerst gewisse kleine Gedichte in Liederform oder freierem Silbenmaß; sie entspringen aus Reflexion, handeln vom Vergangenen und nehmen meist eine epigrammatische Wendung.*
*Und so begann diejenige Richtung, von der ich mein ganzes Leben über nicht abweichen konnte, nämlich dasjenige, was mich erfreute oder quälte oder sonst beschäftigte, in ein Bild, ein Gedicht zu verwandeln und darüber mit mir selbst abzuschließen, um sowohl meine Begriffe von den äußern Dingen zu berichtigen als mich im Innern deshalb zu beruhigen. Die Gabe hierzu war wohl niemand nötiger als mir, den seine Natur immerfort aus einem Extreme in das andere warf. Alles, was daher von mir bekannt geworden, sind nur Bruchstücke einer großen Konfession, welche vollständig zu machen dieses Büchlein ein gewagter Versuch ist.*

[Aus: Goethe, *Dichtung und Wahrheit*]

**Belletristik,** die: (frz. schöne Wissenschaften) Sammelbez. für »schöne« oder »schöngeistige« Literatur (einschließl. →Unterhaltungsliteratur) im Unterschied zur wissenschaftl. u. Fachliteratur.

**Bergreihen,** der: »Berglied«, volkstüml. Bergmannslied (seit 16. Jh.), auch von Bergleuten gesungenes →Volkslied. (→Ständelied)

**Bericht,** der: (berichten, mhd. in Ordnung bringen, belehren) knappe, sachl. →Beschreibung von Handlungsverlauf, als dicht. Kunstmittel bes. in →Novelle. (→Botenbericht, →Teichoskopie, →Reiseliteratur, →Reportage)
= Erika Mann, *Das letzte Jahr* (1956); C. H. Mostar, *Unschuldig verurteilt* (1956), *Liebe vor Gericht* (1961)

*An den Ufern der Havel lebte, um die Mitte des sechzehnten Jahrhunderts, ein Roßhändler, namens* Michael Kohlhaas, *Sohn eines Schulmeisters, einer der rechtschaffensten zugleich und entsetzlichsten Menschen seiner Zeit. – Dieser außerordentliche Mann würde, bis in sein dreißigstes Jahr, für das Muster eines guten Staatsbürgers haben gelten können. Er besaß in einem Dorfe, das noch von ihm den Namen führt, einen Meierhof, auf welchem er sich durch sein Gewerbe ruhig ernährte; die Kinder, die ihm sein Weib schenkte, erzog er, in der Furcht Gottes, zur Arbeitsamkeit und Treue; nicht einer war unter seinen Nachbarn, der sich nicht seiner Wohltätigkeit, oder seiner Gerechtigkeit erfreut hätte; kurz, die Welt würde sein Andenken haben segnen müssen, wenn er in einer Tugend nicht ausgeschweift hätte. Das Rechtgefühl aber machte ihn zum Räuber und Mörder.*
[Aus: H. v. Kleist, *Michael Kohlhaas*]

**Bertsolari,** der: (bask. Versemacher) bask. →Spielmann oder Volkssänger.

**Berufsschriftsteller,** der: Verfasser literar. Werke (im umfassenden Sinn), der als »freier Schriftsteller« seinen Lebensunterhalt durch »Schreiben« verdient; erster dt. Berufsschriftsteller ist Klopstock, auch wenn er sich noch nicht völlig von privaten »Gönnern«(→Mäzen) unabhängig zu machen vermochte; in der von »Demokratisierung« des Geschmacks bestimmten mod. Konsumgesellschaft tritt freilich an die Stelle des Gönners der marktorientierte Produktionszwang u. führt die Position des Schriftstellers als eines »freien« ad absurdum. (→Dichter)

**Beschreibung,** die: Schilderung von Personen oder Gegenständen durch detaillierte Benennung, die der Einbildungskraft des Lesers präzise Bilder vermittelt. (→Bildgedicht, →Dinggedicht)
= *Wenn sich der Wanderer von der alten Stadt und dem Schlosse Krumau, dieser grauen Witwe der verblichenen Rosenberger, westwärts wendet, so wird ihm zwischen unscheinbaren Hügeln bald hier bald da ein Stück Dämmerblau hereinscheinen, Gruß und Zeichen von draußen ziehendem Gebirgslande, bis er endlich nach Ersteigung eines Kammes nicht wieder einen andern vor sich sieht, wie den ganzen Vormittag, sondern mit eins die ganze blaue Wand, von Süd nach Norden streichend, einsam und traurig. Sie schneidet einfärbig mit breitem, lotrechtem Bande den Abendhimmel, und schließt ein Tal, aus dem ihn wieder die Wasser der Moldau anglänzen, die er in Krumau verließ; nur sind sie hier noch jugendlicher und näher ihrem Ursprung. Im Tale, das weit und fruchtbar ist, sind Dörfer herumgestreut, und mitten unter ihnen steht der kleine Flecken Oberplan. Die Wand ist obgenannter Waldesdamm, wie er eben nordwärts beugt, und daher unser vorzüglichstes Augenmerk. Der eigentliche Punkt aber ist ein See, den sie ungefähr im zweiten Drittel ihrer Höhe trägt.*
*Dichte Waldbestände der eintönigen Fichte und Föhre führen stundenlang vorerst aus dem Moldautale empor, dann folgt, dem Seebache sacht entge-*

*gensteigend, offenes Land; – aber es ist eine wilde Lagerung zerrissener Gründe, aus nichts bestehend als tief schwarzer Erde, dem dunklen Totenbette tausendjähriger Vegetation, worauf viele einzelne Granitkugeln liegen, wie bleiche Schädel von ihrer Unterlage sich abhebend, da sie vom Regen bloßgelegt, gewaschen und rund gerieben sind. – Ferner liegt noch da und dort das weiße Gerippe eines gestürzten Baumes und angeschwemmte Klötze. Der Seebach führt braunes Eisenwasser, aber so klar, daß im Sonnenscheine der weiße Grundsand glitzert, wie lauter rötlich heraufflimmernde Goldkörner. Keine Spur von Menschenhand, jungfräuliches Schweigen.*
*Ein dichter Anflug junger Fichten nimmt uns nach einer Stunde Wanderung auf, und von dem schwarzen Samte seines Grundes herausgetreten, steht man an der noch schwärzeren Seesfläche.* [Aus: A. Stifter, *Der Hochwald*]

**Beschwörung,** die: (beschwören) nachdrückl. Aufforderung, urspr. mit Zaubermitteln, unter Anrufung eines Gottes oder Heiligen (→Zauberspruch); Nennung des Wesens von etwas, seine »B.« im dichter. →Bild.

**Beschwörungsformel,** die: kurzes Gedicht oder Spruch (→Zauberspruch) zur mag. →Beschwörung meist von Naturmächten. (→Carmen)
= *Gang ut, nesso, mid nigun nessiklinon:*
*ut fan themo marge an that ben,*
*ut fan themo bene an that flesg,*
*ut fan themo flesge an that fel,*
*ut fan themo felle an thesa strala.*
*Geh heraus, Wurm, mit neun Würmchen:*
*Heraus vom Mark in den Knochen,*
*Heraus vom Knochen in das Fleisch,*
*Heraus vom Fleisch in die Haut,*
*Heraus von der Haut in diesen Pfeil.*
(Der Pfeil wird dann in den Wald geschossen) [*Wurmsegen*]

*Krr... st! imbi ist hucze! nu fliuc du, vihu minaz, hera fridu frono in godes munt, heim zi comonne gisunt.*
*Krr... st! der Bienenschwarm ist draußen! Nun fliegt, meine Tierchen, her zu mir. Im Frieden des Herrn, in Gottes Schutz sollt ihr heimkommen gesund.*

*Sizi, sizi, bina! inbot dir sancte Maria:*
*hurolob ni habe du, zi holce ni fluc du,*
*noh du mir nindrinnes, noh du mir nintwinnest,*
*sizi vilu stillo, wirki godes willon!*
*Sitze, sitze, Biene! dir gebot es Sancta Maria: Urlaub nicht habe du, in den Wald nicht flieg du, noch sollst du mir entrinnen, noch dich mir entwinden. Sitz ganz stille, wirke Gottes Willen!* [*Bienensegen*]

**Bestiarium,** das: (von lat. Tier) im MA. populäre Form des Tierbuchs, Sammlung allegor. Deutungen der vermeintl. Eigenschaften der Tiere in relig. oder eth. Sinn; stammt aus Frkr.; von Franz Blei in seinem *Großen Bestiarium der modernen Literatur* (1920 bzw. 24) parodiert, indem er Autoren seiner Zeit als »Tiere« satirisch deutete; Heinrich Mann z. B. wird darin als Spezies charakterisiert, deren Flügeldecken »blauweißrot [sind] mit manchmal auftauchenden, doch bei menschlicher Annäherung rasch wieder verschwindenden roten Tupfen, die sich durch leichtes Reiben entfernen lassen«. (→ Tierdichtung)
= Apollinaire, *Le Bestiaire au cortège d'Orphée* (1911)

**Bestseller,** der: (engl. das am besten Verkaufte) Buch, das sich durch bes. hohen Absatz als »Verkaufsschlager« erweist.
= Th. Mann, *Die Buddenbrooks* (1901); H. Hesse, *Narziß und Goldmund* (1930); M. Mitchell, *Gone with the wind* (1936, dt. 1937); G. Grass, *Die Blechtrommel* (1959); H. Böll, *Ansichten eines Clowns* (1963); u. a.

**Bewußtseinsstrom,** der: (Übersetzung von engl. »stream of consciousness«: W. James) aus Quellen von Bewußtsein, Unterbewußtsein u. Unbewußtem gespeister Strom, der vor dem Ich vorbeizieht u. aus dessen wirrer Fülle nach veralteter Vorstellung das Aufmerkvermögen sich einzelne Bilder herausgreift, um sie zu eigtl. Wahrnehmungen zu verarbeiten; seine Darstellung erfolgt durch die Form u. Technik des →inneren Monologs.
= M. Proust, *A la recherche du temps perdu* (1913ff.); J. Joyce, *Ulysses* (1922); H. Broch, *Der Tod des Vergil* (1945); u. a.

**Biblia pauperum,** die: → Armenbibel.

**Bibliographie,** die: (gr. Bücherbeschreibung) a) Lehre von den Bücher- oder Literaturverzeichnissen (Zusammenstellung, Beschreibung, Wertung etc.); b) gedrucktes Bücherverzeichnis selbst. (→ kumulative B.)
= G. Josephson, *Bibliographies of bibliographies* ($^2$1913)

**Bibliolatrie,** die: (gr. Buch + Verehrung) Buch- bzw. Buchstabengläubigkeit.

**Bibliomanie,** die: (gr. Buch + krankhafte Neigung) Büchernarrheit, krankhafte Bücherliebe, Sammelwahn.

**Bibliophage,** der: (gr. Buch + fressen) Bücherfresser, leidenschaftl. Bücherleser.

**Bibliophile,** der: (gr. Buch + Freund) Liebhaber u. Sammler von schönen, kostbaren Büchern.

**Bibliotaph,** der: (gr. Büchergrab) heimlicher, ausleihfeindl. Buchbesitzer.

**Bibliothek,** die: (Buch + Behältnis) Bücherei, Aufbewahrungsort bzw. Sammlung privater oder öffentl. Benutzung dienender Bücher.
= Nation. Zentralbibliotheken in Paris (seit 1735), London (1759), Leipzig (1913), Frankfurt/Main (1948) u. a.

**biblisches Drama,** das: im Unterschied zum →geistl. Drama, das im Dienste des Evangeliums steht u. im MA. gepflegt wurde, ist das z. Z. von →Humanismus u. →Reformation entstandene b. D. mod. Kunstdrama, das lediglich auf bibl. Stoffe zurückgreift; in der 2. Hälfte des 18. Jh. (Klopstock, *Der Tod Adams*, 1757; Bodmer, *Tod des ersten Menschen*, 1763; Lavater, *Abraham und Isaak*, 1776) kurze Blüte, im 1. Viertel des 20. Jh. (→Expressionismus). Versuch zur Erneuerung bei M. Brod (*Die Arche Noahs*, 1913), R. Beer-Hofmann (*Jaákobs Traum*, 1918), F. Werfel (*Paulus unter den Juden*, 1926); u. a.

**Biedermeier,** das: (nach Bez. für Spießbürger, wie er von L. Eichrodt u. A. Kußmaul in Parodie »Gedichte von Gottlieb Biedermeier« [*Fliegende Blätter* 1855–57] geschildert wurde) Bez. für Epoche zwischen 1815 u. 1848, über die noch keine abschließenden Forschungsergebnisse erzielt wurden; als philos. Voraussetzungen gelten Hegels Staatsidee, die den Staat als »erscheinenden Gott« deutet, bestimmt von Sittlichkeit u. Recht, dem der Bürger zu dienen hat, sowie der Einfluß der »Historischen Schule« (Hauptvertreter Leopold von Ranke) mit ihrer Betonung von Tradition u. konservativer Haltung; Merkmale der Epoche: Mäßigung, Bescheidenheit, Ehrfurcht den weltl. Mächten gegenüber, friedl. Zurückgezogenheit, Konservativismus, Passivität, die Tendenz zum Sammeln u. Bewahren; das Lebensgefühl ist bestimmt von »Heiterkeit auf dem Grunde der Schwermut«, von Erkennen u. Hinnehmen der Spannung zwischen Ideal u. einer ihr Recht fordernden Wirklichkeit, die sich nur in der Begegnung mit der Natur löste; aus solcher Gegensätzlichkeit erklärt sich auch Verbindung von entsagendem Heroismus u. kämpferischer Resignation wie Interesse für Natur u. Geschichte; bes. Leistung auf dem Gebiet des →histor. Romans (Stifter, *Witiko*), angeregt von Werken Walter Scotts; Dichtung sonst eher »Kleinkunst«: →Skizze, →Novelle, Stimmungsbild, →Märchen, bei Vorliebe für →Verserzählung u. →Ballade. (→Junges Deutschland)
= Hauptvertreter: A. v. Droste-Hülshoff, Grillparzer, Mörike, Stifter.

*Wie viel weißt du, o Mensch, der Schöpfung König,*
*Der du, was sehbar siehst, was meßbar mißt,*
*Wie viel weißt du! und wieder, ach, wie wenig,*
*Weil, was erscheint, doch nur Äußres ist.*

*Und steigst du in die Tiefe der Gedanken,*
*Wie findest du den Rückweg in die Welt?*

*Du armer König, dessen Reiche schwanken,*
*Der eine Krone trägt, allein kein Zepter hält.*

*Zu dem Gewölb von deinen strengen Schlüssen*
*Stellt sich der Schlußstein nun und nimmer ein,*
*Und die Empfindung, Flügel an den Füßen,*
*Entschwebt der Haft und ruft hinfliegend: Nein!*

*Denn etwas ist, du magst's wie weit entfernen,*
*Das dich umspinnt mit unsichtbarem Netz,*
*Das, wenn du liebst, du aufschaust zu den Sternen,*
*Dich unterwerfend dasteht: das Gesetz.* [F. Grillparzer]

**Bild,** das: (Gestaltetes, Geformtes) a) als Sprach-B. Träger von mehrschichtigem Ausdruck, der verdichteter →Gehalt ist u. durch Interpretation erschlossen werden muß; im B. reicht das Wort (Pl. »Wörter«) über seine Eigenschaft als (eigentliches) Sprachzeichen (→eigentliche Sprache) hinaus in die Offenheit des Denken u. Fühlen aktivierenden (uneigentlich) Symbolhaften (Pl. »Worte«), auf das sich Stilisierung u. Poetisierung gründen (→Gleichnis, →Vergleich, →Symbol, →Emblem, →Metapher, →Katachrese u. ä.); b) dramaturg. Bez. für →Akt, →Szene.

= a) *Zierlich ist des Vogels Tritt im Schnee,*
*Wenn er wandelt auf des Berges Höh:*
*Zierlicher schreibt Liebchens liebe Hand,*
*Schreibt ein Brieflein mir in ferne Land'.*

*In die Lüfte hoch ein Reiher steigt,*
*Dahin weder Pfeil noch Kugel fleugt:*
*Tausendmal so hoch und so geschwind*
*Die Gedanken treuer Liebe sind.* [E. Mörike, *Jägerlied*]

**Bildbruch,** der: →Katachrese.

**Bilderbogen,** der: →Flugblatt mit Bildern und Reimen, das in Spät-MA. auf Messen u. Märkten verkauft wurde; es diente Nachrichtenverbreitung u. Propaganda wie Belehrung u. Unterhaltung.
= *Neuruppiner B.* (seit 1775); *Weißenburger B.* (seit 1831); *Münchner B.* (seit 1844); u. a.

**Bilderbuch,** das: Kinderbuch aus (meist farbigen) Bildern für ca. Zwei- bis Achtjährige, das entweder auf Texte ganz verzichtet oder sie eher Beigabe sein läßt. (→Fibel)
= H. Hoffmann, *Struwwelpeter* (1845); W. Busch, *Max und Moritz* (1865); P. Bichsel, *Kindergeschichten* (1969); S. Lenz, *So war das mit dem Zirkus* (1971); u. a.

**Bilderlyrik,** die: Bez. für Gedichte, deren Verse (Wörter) so angeordnet sind, daß sich gegenständl. Form abzeichnet, die dem Inhalt entspricht; seit Antike gepflegt, in Dichtung von →Renaissance u. →Barock erneuert (Schottel, Zesen, Birken u. a.), in →Kubismus u. →Dadaismus wiederaufgenommen. (→Technopägnion)

= *Mein Wanderer steh still allhier /*
*Es liegt der Tugend-glantz und Zier /*
*Auf dieser schwartzen Todten-Baare /*
*Das Leich-Tuch deckt die muntren Jahre /*
*Jedoch der Nach-Klang / rufft noch aus:*
*Hier ist der Ruh ihr sichres Hauß /*
*Dahin der Seelige den matten Leib verstecket /*
*Biß einsten Sand und Grauß /*
*Wird durch den Lebens-Geist des Höchsten stehn erwecket*
*Da wird der Tod /      Gleich Phoenix Bruth /*
*Und sein Geboth /      frischem Muth /*
*Wie Eyß zergehn /      Itzt bleibt der Ruhm /*
*Er aber stehn /        Sein Eigen-Thum /*
[J. Chr. Männling, *Todten-Bahre*]

**Bildergeschichte,** die: in Bildern bzw. Bildfolgen erzählte Geschichte, deren Text sich auf knappe Hinweise u. im Bild integrierte Dialoge (meist als Sprechblasen) beschränkt. (→Bilderbogen, →Comics)
= W. Busch, *Max und Moritz* (1865); O. E. Plauen, *Vater und Sohn* (1933 ff.); u. a.

**Bildgedicht** bzw. **Gemäldegedicht,** das: aus antikem →Epigramm hervorgegangen, beschreibt das B. bzw. G. nachschöpfend Bild oder Skulptur, ohne die Konturen des Gegenstands, d. h. das, was an ihm abgelesen werden kann, je zu überschreiten; häufig in →Romantik, auch in →Symbolismus; B. schrieben C. F. Meyer, Liliencron, George u. a.; eines der berühmtesten B.: Rilkes Skulpturengedicht *Archaischer Torso Apollos.* (→Dinggedicht)
= *Die Hand, die dieses holde Haupt berührt*
*Und still hinab es zum Geliebten führt,*
*Der leise Hauch, der um die Lippen schwebt*
*Und sanft den Arm und sanft den Busen hebt –*
*Der Blick, der nicht zur Sprache werden kann*
*(Denn Seelen schaun sich ineinander an)*
*Indes sich Herz zum Herzen schüchtern drängt*
*Und Geist an Geist, an Lippe Lippe hängt –*
*Der nur verlangend süßester Genuß*
*Des Wiederfindens seht, ist dieser Kuß.*
*Es schwebt in ihm des Himmels reinstes Glück.*
*Anschauend tretet, tretet still zurück.*          [Herder, *Amor und Psyche*]

*Sie trägt zur Welt ihn: und er schaut entsetzt*
*In ihrer Gräu'l chaotische Verwirrung,*
*In ihres Tobens wilde Raserei,*
*In ihres Treibens nie geheilte Torheit,*
*In ihrer Qualen nie gestillten Schmerz –*
*Entsetzt: doch strahlet Ruh und Zuversicht*
*Und Siegesglanz sein Aug, verkündigend*
*Schon der Erlösung ewige Gewißheit.*

[A. Schopenhauer, *Auf die Sixtinische Madonna*]

**Bildreihengedicht,** das: Gedicht, das sich aus gereihten, auf ein in Titel, Anfang oder Schluß angegebenes Thema anspielenden →Bildern fügt; häufig in →Barock, noch bei Hofmannsthal *(Was ist die Welt?)* oder G. Heym *(Die Ruhigen)*.

= *Was ist die Welt / und ihr berühmtes gläntzen?*
*Was ist die Welt und ihre gantze Pracht?*
*Ein schnöder Schein in kurtzgefasten Gräntzen /*
*Ein schneller Blitz bey schwartzgewölckter Nacht.*
*Ein bundtes Feld / da Kummerdisteln grünen;*
*Ein schön Spital / so voller Kranckheit steckt.*
*Ein Sclavenhauß / da alle Menschen dienen /*

*Ein faules Grab / so Alabaster deckt.*
*Das ist der Grund / darauf wir Menschen bauen /*
*Und was das Fleisch für einen Abgott hält.*
*Komm Seele / komm / und lerne weiter schauen /*
*Als sich erstreckt der Zirckel dieser Welt.*
*Streich ab von dir derselben kurtzes Prangen /*
*Halt ihre Lust vor eine schwere Last.*
*So wirstu leicht in diesen Port gelangen /*
*Da Ewigkeit und Schönheit sich umbfast.* [Hofmannswaldau, *Die Welt*]

**Bildungsroman,** der: Variante des →Entwicklungsromans, deren Held in der Berührung mit kulturgeprägter Umwelt durch Lernen u. Erfahren seine geistig-seel. Anlagen (Entelechie) zu einem charaktervollen harmon. Ganzen ausbildet u. eine best. Bildungsidee verwirklicht; mit Entidealisierung, zunehmendem Wirklichkeitszerfall u. Persönlichkeitsverlust schwinden auch die Voraussetzungen für die Entstehung von Werken dieser für die →Weimarer Klassik charakterist. Gattung.

= Goethe, *Wilhelm Meister* (1795f. bzw. 1821ff.); Jean Paul, *Hesperus* (1795), *Titan* (1800ff.); L. Tieck, *Franz Sternbalds Wanderungen* (1798); Novalis, *Heinrich von Ofterdingen* (1802); u. a.

Bildungsroman *wird er heißen dürfen, erstens und vorzüglich wegen seines Stoffs, weil er des Helden Bildung in ihrem Anfang und Fortgang bis zu einer gewissen Stufe der Vollendung darstellt; zweytens aber auch, weil er gerade*

*durch diese Darstellung des Lesers Bildung, in weiterm Umfange als jede andere Art des Romans, fördert.*
[Karl Morgenstern, auf den Prägung des Begriffs B. zurückgeht (1820)]

**Bilingue,** die: (lat.) zweischriftige oder zweisprach. → Inschrift bzw. → Handschrift.

**Binnenerzählung,** die: → Rahmenerzählung.

**Binnenreim,** der: allg.: →Inreim, →Mittenreim, →Mittelreim, →Schlagreim, →Zäsurreim; bes.: Reim innerhalb von Vers (»innerer Reim«); beliebt in mhd. u. Barockliteratur.
= Bes.: *Was sol ich dame in arken oder in barken [Walther von der Vogelweide] – Die Augen, die bauen die perlene Tauen* [J. Klaj]

**Biobibliographie,** die: (zu gr. Leben + →Bibliographie) Personalbibliographie, bietet neben den Werken der Autoren biograph. Hinweise.
= Kürschner, *Dt. Literatur* (1879ff.), *Dt. Gelehrtenkalender* (1925ff.)

**Biographie,** die: (gr. Leben + schreiben) a) Nachzeichnung des Lebenslaufs eines Menschen, Lebensbeschreibung, als Kunstform Verbindung von Elementen der Geschichtsschreibung u. der Dichtung (→Hagiographie, →Autobiographie); b) Sammelwerk, das kurze Lebensbeschreibungen mit biobibliograph. Angaben unterbaut. (→ Vita, →Memoiren, →Nekrolog)
= a) Boccaccio, *Leben Dantes* (1373); J. Boswell, *Life of Dr. S. Johnson* (1791ff.); H. Laube, *F. Grillparzers Lebensgeschichte* (1884); Golo Mann, *Wallenstein* (1971); u.a.
  b) *Allg. Dt. Biographie* (56 Bde., 1875–1902); *Neue Dt. B.* (1953ff.); u.a.
  a) Rom im Jahre 1755
  *Der Karneval ließ nicht lange auf sich warten; und so sah Winckelmann, dem sich Rom zuerst in der ernsthaften Maske der Adventszeit gezeigt, nun auch dieses für den Nordländer so wundersame Schauspiel der von demselben Priesterregiment gestatteten, ja feierlichst eingeläuteten und autorisierten Saturnalien. Am letzten und tollsten Tage wurde der »Triumph des Bacchus« dargestellt, vier Pferde hintereinander zogen den Wagen, ein zweiter Wagen in Form eines Schiffes mit einer ansehnlichen Kapelle fuhr voran. Eine andere, jetzt längst verschwundene römische Lustbarkeit wurde ebenfalls zur Verherrlichung dieses Karnevals gewährt, die sonst im schwülen August als Trost für die noch in der Stadt Zurückgebliebenen bestimmt war. Es ist die Erfindung aus der goldenen Zeit des römischen Wasserluxus, das divertimento del lago auf Piazza Navona. Die Arena des alten Zirkus (dessen Linie so rein erhalten ist),*

*sonst Gemüse- und Trödelmarkt, wurde an drei Sonntagen unter Wasser gesetzt, in eine Naumachie verwandelt, durch Schließung der Abflüsse jener vier Ströme, die aus Berninis kühn aufgetürmter, wildbewegter Flußgruppe in der Mitte hervorbrausen, von zornschnaubenden Tritonen getrieben. Goldglänzende, verschnörkelte Karossen machten durcheinander mit armseligen, wackligen Kaleschen plätschernd die Runde, während das Volk an den Häusern ringsum Schabernack trieb, und Prinzessinnen und Kardinäle in den Fenstern des Palastes Pamfili saßen und mit ausgesuchten Erfrischungen gelabt wurden.*

*Oder glaubt der geneigte Leser, daß unser gelehrter Freund währenddem nichts als Inschriften kopiert und über dem Pausanias gesessen habe? Mir scheint, daß er, indem er sich der Kontemplation hoher Kunst überließ, doch auch die Befreiung von deutschem Staub und nordischer Starre für einen Teil seiner römischen Ausbildung gehalten habe, besonders indem er sein Gefilde zuweilen mit dem Wein des Landes begoß.*

[Aus: Carl Justi, *Winckelmann und seine Zeitgenossen*]

**biographischer Roman,** der: Lebensbeschreibung von a) histor. Persönlichkeit in romanhafter Form unter freier Verwertung histor.-biograph. Materials, b) fiktivem Helden. (→ Roman)

= a) E. Ludwig; J. Wassermann, *Kaspar Hauser* (1909); Klabund, *Rasputin* (1929); L. Feuchtwanger, *Jud Süß* (1925); St. Zweig, *Marie Antoinette* (1932); P. Härtling, *Hölderlin* (1976).

b) Jean Paul, *Siebenkäs* (1796f.); E. T. A. Hoffmann, *Kater Murr* (1820f.); W. Hildesheimer, *Marbot* (1981); u. a.

**Bîspel,** das: (nhd. Beispiel) kurze Geschichte, bestehend aus knapper Darstellung eines Einzelfalles u. meist ausführl. Ausdeutung, Verallgemeinerung zur sittl. Lehre. (→ Beispiel, → Parabel, → Exempel)

= Verfasser von B.: Konrad von Würzburg, Herrand von Wildonie, Der Stricker (über gottgefälliges Leben, rechte Frömmigkeit, Christi Heilstat etc.) u. a.

*Ein aventiur' hie vor geschach, nu merket, waz er diute:*
*ein blinder man gienc eines nahtes ûf der strâze,*
*dem brande ein blas in sîner hant, dô kâmen sênde liute,*
*die giengen im ze muote. wunder âne mâze*
*Sô nam sie des, waz dirre blinde mit dem blase wolte,*
*der niht ensach.*
*der eine vrâgete in, waz im daz blas getragen solte?*
*der blinde jach:*
*»daz ich gesênden liuten, liuhte, prüevet alle,*
*die wîsen mich ze wege von der graben valle.«* [Rûmzlant von Sachsen]

**Bitterfelder Weg,** der: auf der 1. Bitterfelder Konferenz (1959) formuliertes Aktionsprogramm (→sozialist. Realismus): fordert unter dem Schlagwort »Kumpel, greif zur Feder« bzw. »Dichter in die Produktion« künstler. Widerspiegelung des prakt. Lebens (bes. der Arbeitswelt) der DDR, Integration von Lit. u. Kunst in die (proletarische) Gesellschaft. (→Arbeiterliteratur, →Gruppe 61)
= Brigitte Reimann, *Ankunft im Alltag* (1961); Erik Neutsch, *Spur der Steine* (1964); Werner Bräunig, *Gewöhnliche Leute* (1969); u. a.

*Trumpeter oder Peter Trumm: Kam so daher, ging so dahin, nahm die Parade der separaten Vorgärten ab, der separaten Blumenrabatten und der Einfamilienhäuser beiderseits – es war Sonnabend, also arbeitsfrei, die Leute polierten zärtlich ihre Autos. Aus einem Autoradio kam etwas, das Hanna vermutlich als Bach definiert hätte. Aus einem Vorgarten rief jemand nach einer Beate. Ein Pausenzeichen verkündete: Ja, wenn Reserve Ruhe hat, dann hat Reserve Ruh.*
*Trumpeter ging durch die Siedlung, da nahm er sich Zeit, das kam ihm sehenswert vor. Da er vom Fußball kam, hätte er natürlich mit dem Bus fahren können, der ließ die Siedlung links liegen, aber Trumpeter ging, weil der Mensch gelegentlich gehen muß, durch die Thälmannstraße, durch das Rahnstätter Tor, durch besagten Rosenhof. Anschließend über den Fluß und in die Wälder, über die Taiga und in die Neustadt. Der Weg hinter der Siedlung war ein guter Weg. Die roten Ziegeldächer blieben zurück, die Gärten öffneten sich. Über den Uferwiesen lag der Geruch der Schafgarbe und des Thymians, dessen Samen von den Quendelstöcken in den Vorgärten gekommen waren. Der Löwenzahn färbte die Wiese gelb. Die Weiden seufzten. Kam so daher, ging so dahin...*
[Aus: Werner Bräunig, *Der schöne Monat August*]

**Blankvers,** der: (engl. *blank verse*) ungereimter fünfhebiger →Jambus mit männl. oder weibl. Versschluß; durch Übersetzungen aus dem Engl. (Congreve, Shakespeare) in dt. Dichtung übernommen (18. Jh.); seit Lessings *Nathan* eigtl. Vers des dt. Dramas.
= *Es eifre jeder seiner unbestochnen,*
*Von Vorurteilen freien Liebe nach!*
*Es strebe jeder von euch um die Wette,*
*Die Kraft des Steins in seinem Ring an Tag*
*Zu legen! komme dieser Kraft mit Sanftmut,*
*Mit herzlicher Verträglichkeit, mit Wohltun,*
*Mit innigster Ergebenheit in Gott*
*Zu Hülf! Und wenn sich dann der Steine Kräfte*
*Bei euren Kindes-Kindern äußern:*
*So lad ich über tausend tausend Jahre*
*Sie wiederum vor diesen Stuhl. Da wird*
*Ein weisrer Mann auf diesem Stuhle sitzen*

*Als ich und sprechen. Geht! – So sagte der
Bescheidne Richter.* [Lessing, *Nathan*]

**blaue Blume,** die: aus Novalis' Roman *Heinrich von Ofterdingen* (1802) (→ Romantik) stammendes Symbol für »Unbedingtes«, alles Getrennte einigende »echte Naturanarchie«; das Traumbild der b. B. stellt in seinem Mischcharakter eine auf die Ornamentkunst der ital. Renaissance verweisende → Arabeske (→ Groteske) dar, die sich als Produkt der »experimentellen Operation« der witzigen Vermischung zum Ausdruck romant. Sehnsucht nach »Entgrenzung« verfestigte. (→ Witz)
= *Der Jüngling lag unruhig auf seinem Lager und gedachte des Fremden und seiner Erzählungen. ›Nicht die Schätze sind es, die ein so unaussprechliches Verlangen in mir geweckt haben‹, sagte er zu sich selbst; ›fernab liegt mir alle Habsucht: aber die blaue Blume sehn' ich mich zu erblicken. Sie liegt mir unaufhörlich im Sinn, und ich kann nichts anders dichten und denken‹ [...] Endlich, gegen Morgen, wie draußen die Dämmerung anbrach, wurde es stiller in seiner Seele, klarer und bleibender wurden die Bilder. Es kam ihm vor, als ginge er in einem dunklen Wald allein [...] Was ihn [...] mit voller Macht anzog, war eine hohe, lichtblaue Blume, die zunächst an der Quelle stand und ihn mit ihren breiten, glänzenden Blättern berührte [...] Er sah nichts als die blaue Blume und betrachtete sie mit unendlicher Zärtlichkeit.*
[Aus: Novalis, *Heinrich von Ofterdingen*]

**blindes** bzw. **stumpfes Motiv,** das: in einer Dichtung aufgegriffenes, aber nicht ausgeführtes → Motiv; Strukturelement des → Kriminalromans.

**Blockade,** die: (zu blockieren) durch Blockierung (■) gekennzeichnete fehlende Textstelle im → Satz.

**Blockbuch,** das: Frühform des Buchs (15. Jh.), dessen Blätter aus einseitig bedruckten, gegeneinandergeleimten Holzplatten bestehen.
= Bekanntestes B. der *Donatus* = Auszug aus Sprachlehre des röm. Grammatikers Aelius Donatus (ca. 350 n. Chr.)

**Bloomsbury Group,** die: (engl. nach Londoner Stadtteil Bloomsbury) Freundeskreis von Dichtern, Künstlern u. Gelehrten um Vanessa u. Adrian Stephen bzw. Virginia u. Leonard Woolf (ca. 1907–30).
= G. L. Strachey, E. M. Forster, V. Sackville-West, A. Waley, D. Garnett u. a.

**Blues,** der: (engl., Kurzform von *blue devils* = teufl. Bilder, die Menschen in ekstat. Zustand erscheinen) am. Volkslied, aus Verbindung von afrik. u. europ. (musikal.) Tradition entstanden; besteht aus drei ca. zwölf Takte umfass. Zeilen mit jamb. Pentameter, von denen die ersten beiden identisch sind (u. urspr. mehrmals wiederholt wurden).

= Bessi Smith (1894–1937), Honky Tonk Train (Meade Lux Lewis, geb. 1905) u. a.

*Don't the moon look lonesome, shining through the trees?*
*Don't the moon look lonesome, shining through the trees?*
*Don't a man seem lonesome when his woman packs to leave?*

**Blütenlese,** die: → Florilegium, → Anthologie.

**Bluette,** die: (frz. Witzfunke) kleines geistreiches Bühnenstück. (→ Sketch)

**Blut-und-Boden-Dichtung,** die: Sammelbez. für die von den Nationalsozialisten geforderte u. geförderte völkisch-tendenziöse Variante der Heimatkunst mit ihrer Verherrlichung des Bauern u. seiner Lebensform; Hauptthema Treue zum Boden (Scholle) u. zum Blut (Sippe, Rasse = »Artbewußtsein«). (→ Thing-Spiel, → Heimatliteratur)
+ E. Loewy, *Lit. unterm Hakenkreuz. Das dritte Reich und seine Dichtung* ($^3$1977)
= A. Bartels, J. Berens-Totenohl, H. F. Blunck, H. E. Busse, F. Griese, H. Grimm, H. Anaker, H. Menzel, W. Beumelburg u. a.

*Ich glaube deshalb, daß es gut ist, wenn der Dichter auch hier auf seiten der für ihr Volkstum Sorgenden steht, indem er der rechnenden klugen und klügelnden Ratio, die immer wiederkehren wird, kampffreudiger das Gefühl entgegenstellt, indem er sich alter, magischer Ströme, die Erde, Mensch und Himmel füllen, innefühlt und ihnen innebleibt, indem er der Ehrfurcht vor der Seele und den Wurzeln des Lebens verhaftet lebt.*
[Aus: H. F. Blunck, *Volkstum und Dichtung*]

*O meine Mutter! Manchmal, wenn die Sonne*
*das Blut in meinen Adern gärt und ich*
*der Scholle hingeschmiegter, allen Tieren*
*nur Bruder bin, und atmend süß vertraut*
*so fühl ich plötzlich, wie von Dir zu mir*
*im dunklen Drange und zurück die Schwere*
*und rätselhafte Woge gleichen Blutes*
*uns brückend überströmt, als brausten Stimmen,*
*die ich in Tränen meine Schwestern hieß*
*und stürzten, lang entfremdend uns, die Mauer.*
[Aus: Paul Alverdes, *Mutter*]

**Boerde,** die: (ndl.) mittelndl. erot.-satir. gereimte Schwankerzählung. (→ Schwank, → Posse, → Fabliau)

**Bogen,** der: im Druckgewerbe Papierblatt, das in der Regel nach beidseitigem Bedrucken u. mehrmaligem Falzen auf die Größe der späteren Buchseite gebracht wird. (→ Format)

**Boheme,** die: (frz., im 18. Jh. entlehnt; Grundbedeutung »Böhme« auf Zigeuner übertragen, da diese über »Böhmen« nach Westeuropa einwanderten; Person von unstetem Lebenswandel) seit 1830 Bez. für ungebunden-antibürgerl. Lebensstil von Künstlern u. Schriftstellern bes. der frz. Romantik (G. de Nerval, Th. Gautier u. a.) und für »Künstlerproletariat« (Bohemien). (→ Scapigliatura, → Beat generation)
= Thematisierung der B.-Existenz in Romanen von O. J. Bierbaum (*Stilpe*, 1897), P. Hille (*Mein heiliger Abend*, ca. 1900) u. a.

**Bohnenlied,** das: urspr. bis ins 15. Jh. zurückreichendes schweizer. Volkslied, dann allerlei »Verkehrtem« auf der Welt geltendes Spottlied.

**Bonmot,** das: (frz. gutes Wort) geistreiche Wendung, gelegenheitsgeprägtes → Witz-Wort. (→ Aphorismus, → Konversationsstück)
= *Er trägt seinen Charakter wie eine Knopflochblume*: Bemerkung beim Lesen von Bölls *Ansichten eines Clowns*.

Hegel über die Frz. Revolution: *»solange die Sonne am Firmamente kreist ...war das nicht gesehen worden, daß der Mensch sich auf den Kopf, das ist, auf den Gedanken stellt und die Wirklichkeit nach diesem erbaut.«*

*Lombard... hat... eine Form des Witzes, die mich entwaffnet. Sie wissen doch, sein Vater war* Friseur *und seiner Frau Vater ein* Barbier. *Und nun kommt eben diese Frau, die nicht nur eitel ist bis zum Närrischwerden, sondern auch noch schlechte französische Verse macht, und fragt ihn, was schöner sei:* ›L'hirondelle *frise* la surface des eaux‹ *oder* ›l'hirondelle *rase* la surface des eaux?‹ *Und was antwortet er?* ›Ich sehe keinen Unterschied, meine Teure; l'hirondelle *frise* huldigt *meinem* Vater *und* l'hirondelle *rase* dem deinigen.‹ *In diesem Bonmot haben Sie den ganzen Lombard.*
[Aus: Th. Fontane, *Schach von Wuthenow*]

**Botenbericht,** der: Bericht eines (von außen kommenden) Boten, episches Hilfsmittel zur Einbeziehung von Ereignissen in das Bühnengeschehen, die für den Fortgang der Handlung wichtig, aber aus techn. oder architekton. Gründen auf der Bühne nicht darstellbar sind. (→ Teichoskopie)
= Thekla. Der schwedische Hauptmann. Fräulein Neubrunn
HAUPTMANN (nacht sich ehrerbietig).
*Prinzessin – ich – muß um Verzeihung bitten,*
*Mein unbesonnen rasches Wort – Wie konnt ich –*
THEKLA (mit edelm Anstand).
*Sie haben mich in meinem Schmerz gesehn,*
*Ein unglücksvoller Zufall machte Sie*

*Aus einem Fremdling schnell mir zum Vertrauten.*
HAUPTMANN. *Ich fürchte, daß Sie meinen Anblick hassen,*
   *Denn meine Zunge sprach ein traurig Wort.*
THEKLA. *Die Schuld ist mein. Ich selbst entriß es Ihnen,*
   *Sie waren nur die Stimme meines Schicksals.*
   *Mein Schrecken unterbrach den angefangnen*
   *Bericht. Ich bitte drum, daß Sie ihn enden.*
HAUPTMANN (bedenklich). *Prinzessin, es wird Ihren Schmerz erneuern.*
THEKLA. *Ich bin darauf gefaßt – Ich will gefaßt sein.*
   *Wie fing das Treffen an? Vollenden Sie.*
HAUPTMANN. *Wir standen, keines Überfalls gewärtig,*
   *Bei Neustadt schwach verschanzt in unserm Lager,*
   *Als gegen Abend eine Wolke Staubes*
   *Aufstieg vom Wald her, unser Vortrab fliehend*
   *Ins Lager stürzte, rief: der Feind sei da.*
   *Wir hatten eben nur noch Zeit, uns schnell*
   *Aufs Pferd zu werfen, da durchbrachen schon,*
   *In vollem Rosseslauf dahergesprengt,*
   *Die Pappenheimer den Verhack, schnell war*
   *Der Graben auch, der sich ums Lager zog,*
   *Von diesen stürmschen Scharen überflogen.*
   *Doch unbesonnen hatte sie der Mut*
   *Vorausgeführt den andern, weit dahinten*
   *War noch das Fußvolk, nur die Pappenheimer waren*
   *Dem kühnen Führer kühn gefolgt –*
   (Thekla macht eine Bewegung. Der Hauptmann hält einen Augenblick
   inne, bis sie ihm einen Wink gibt fortzufahren)
   *Von vorn und von den Flanken faßten wir*
   *Sie jetzo mit der ganzen Reiterei,*
   *Und drängten sie zurück zum Graben, wo*
   *Das Fußvolk, schnell geordnet, einen Rechen*
   *Von Piken ihnen starr entgegenstreckte.*
   *Nicht vorwärts konnten sie, auch nicht zurück,*
   *Gekeilt in drangvoll fürchterlicher Enge.*
   *Da rief der Rheingraf ihrem Führer zu,*
   *In guter Schlacht sich ehrlich zu ergeben,*
   *Doch Oberst Piccolomini –*
   (Thekla schwindelnd, faßt einen Sessel)
                              *ihn machte*
*Der Helmbusch kenntlich und das lange Haar,*
*Vom raschen Ritte wars ihm losgegangen –*
*Zum Graben winkt er, sprengt, der erste, selbst*
*Sein edles Roß darüber weg, ihm stürzt*
*Das Regiment nach – doch – schon war's geschehn!*
*Sein Pferd, von einer Partisan durchstoßen, bäumt*

*Sich wütend, schleudert weit den Reiter ab,*
*Und hoch weg über ihn geht die Gewalt*
*Der Rosse, keinem Zügel mehr gehorchend.*
(Thekla, welche die letzten Reden mit allen Zeichen wachsender Angst begleitet, verfällt in ein heftiges Zittern, sie will sinken, Fräulein Neubrunn eilt hinzu und empfängt sie in ihren Armen)

NEUBRUNN. *Mein teures Fräulein –*
HAUPTMANN (gerührt). *Ich entferne mich.*
THEKLA. *Es ist vorüber – Bringen Sies zu Ende.*
HAUPTMANN. *Da ergriff, als sie den Führer fallen sahn,*
*Die Truppen grimmig wütende Verzweiflung.*
*Der eignen Rettung denkt jetzt keiner mehr,*
*Gleich wilden Tigern fechten sie, es reizt*
*Ihr starrer Widersinn die Unsrigen,*
*Und eher nicht erfolgt des Kampfes Ende,*
*Als bis der letzte Mann gefallen ist.*
THEKLA (mit zitternder Stimme).
*Und wo – wo ist – Sie sagten mir nicht alles.*
HAUPTMANN (nach einer Pause).
*Heut früh bestatteten wir ihn. Ihn trugen*
*Zwölf Jünglinge der edelsten Geschlechter,*
*Das ganze Heer begleitet die Bahre.*
*Ein Lorbeer schmückte seinen Sarg, drauf legte*
*Der Rheingraf selbst den eignen Siegerdegen.*
*Auch Tränen fehlten seinem Schicksal nicht,*
*Denn viele sind bei uns, die seine Großmut*
*Und seiner Sitten Freundlichkeit erfahren,*
*Und alle rührte sein Geschick. Gern hätte*
*Der Rheingraf ihn gerettet, doch er selbst*
*Vereitelt' es, man sagt, er wollte sterben.*
NEUBRUNN (gerührt zu Thekla, welche ihr Angesicht verhüllt hat).
*Mein teures Fräulein – Fräulein, sehn Sie auf!*
*O warum mußten Sie darauf bestehn!*
THEKLA. *– Wo ist sein Grab?*
HAUPTMANN. *In einer Klosterkirche*
*Bei Neustadt ist er beigesetzt, bis man*
*Von seinem Vater Nachricht eingezogen.*
THEKLA. *Wie heißt das Kloster?*
HAUPTMANN. *Sankt Kathrinenstift.*
THEKLA. *Ists weit bis dahin?*
HAUPTMANN. *Sieben Meilen zählt man.*
THEKLA. *Wie geht der Weg?*
HAUPTMANN. *Man kommt bei Tirschenreit*
*Und Falkenberg durch unsre ersten Posten.*
THEKLA. *Wer kommandiert sie?*

HAUPTMANN. *Oberst Seckendorf.*
THEKLA (tritt an den Tisch und nimmt aus dem Schmuckkästchen einen Ring).
   *Sie haben mich in meinem Schmerz gesehn,*
   *Und mir ein menschlich Herz gezeigt – Empfangen Sie*
   (indem sie ihm den Ring gibt)
   *Ein Angedenken dieser Stunde – Gehn Sie.*
HAUPTMANN (bestürzt). *Prinzessin –*
   (Thekla winkt ihm schweigend zu gehen und verläßt ihn. Hauptmann zaudert und will reden. Fräulein Neubrunn wiederholt den Wink. Er geht ab) [Schiller, *Wallensteins Tod*, IV, 10]

**Boulevardstück,** das: (frz.) urspr. zum Repertoire der großen Pariser Boulevardtheater gehörendes Stück, dann kurzweilig-geistvoller Unterhaltung dienendes Lustspiel von artistisch glatter Perfektion. (→ Konversationsstück, → Reißer, → Vaudeville)
= G. Feydeau, M. Pagnol; Curt Goetz, A. v. Ambesser u. a.

**Bout rimé,** der: (frz. gereimtes Ende) aufgegebener Reim, Reimsuche als (Gesellschafts-)Spiel.
= Goethe beginnt nach dem Tagebuch »Den 15. Junius 1775. Donnerstags morgen aufm Zürchersee«:

*Ohne Wein kan's uns auf Erden*
*Nimmer wie dreyhundert werden*
*Ohne Wein und ohne Weiber*
*Hohl der Teufel unsre Leiber*

Für die Fortsetzung schreibt er einem Begleiter die Reime »Affen, geschaffen, Laus, Schmaus« vor. Dieser ergänzt:

*Wozu sind wohl Apollos Affen*
*Als wie bouts rimés geschaffen*
*Sie halten oft gleich einer Laus*
*In Clios Haar u. Pomade Schmaus.*

**brachykatalektischer Vers,** der: (gr. kurz + aufhören) Vers, dessen Ende um einen Versfuß bzw. zwei Silben verkürzt ist; Gegs. → hyperkatalektisch. (→ katalektisch)

**Brachylogie,** die: (gr. Kürze im Ausdruck) knappe, gedrängte Ausdrucksweise; Fähigkeit, mit minimalem Wortaufwand ein Maximum an Aussage zu erzielen, als künstler. Gestaltungsmittel typ. bes. für H. v. Kleist. (→ Ellipse, → Aposiopese, → Apokoinu)
= WALTER: *– – – Kann jemand anders hier im Orte nicht – ?*
  ADAM: *Nein, in der Tat –*

WALTER: *Der Prediger vielleicht.*
ADAM: *Der Prediger? Der –*
WALTER: *Oder Schulmeister.* [Aus: Kleist, *Der zerbrochene Krug*]

**Brachysyllabus,** der: (gr. kurz + Zusammenfassung) antiker Versfuß aus kurzen Silben.
= → Pyrrhichius, → Tribrachys u. a.

**Bramarbas,** der: kom. Bühnenfigur des Maulhelden, Prahlhans (bes. prahler. Soldat). (→ Capitano, → Skaramuz)

**Brechung,** die: allg.: → Enjambment, → Hakenstil; bes. B. eines Reimpaars durch syntakt. Zuordnung des 1. Teils zum vorhergehenden Vers, des 2. zum folgenden (seit 12. Jh. häufig).
= *Philippus ûf di tabelen spranc,*
*wande in sîn grôze zorn dwanc;*
*der strît ime niht wol geviel.*
*dô trat er fur baz unde viel,*
*daz ime sîn schenkel zebrach.*
*lasterlîchen er dô lac.*
*in andirhalb fiel di brût.*
*dâ ne wart neheiner gâbe lût*
*nieren nehein spileman.* [Aus: Lamprecht, *Alexanderlied*]

**Bremer Beiträger** (Pl.): Kreis von Mitarbeitern (»Beiträgern«) der Bremer Zs. *Neue Beiträge zum Vergnügen des Verstandes und Witzes* (kurz *Bremer Beiträge*; 1744–48): K. Chr. Gärtner (Hrsg.), J. A. u. J. E. Schlegel, J. A. Cramer, Rabener, Gellert u. a. Die B. B. waren zunächst Anhänger Gottscheds, wandten sich dann aber den freieren Grundsätzen der Schweizer Haller, Bodmer u. Breitinger zu; in den *Bremer Beiträgen* wurden 1748 die ersten drei Gesänge von Klopstocks *Messias* erstveröffentlicht. (→ Epos, → Zürcher Literaturstreit)
= *Genieße, was dir Gott beschieden*
*Entbehre gern, was du nicht hast.*
*Ein jeder Stand hat seinen Frieden,*
*Ein jeder Stand hat seine Last.* [Christian Fürchtegott Gellert]

**Brettllied,** das: → Überbrettl.

**Breviarium,** das: (lat.) kurze Übersicht, Auszug aus einer Schrift.

**Brevier,** das: (lat. Auszug aus größerem Werk, Auswahl) urspr. Auszüge aus Dokumenten u. Rechtsordnungen, auch kath. Gebetbuch (mit Auswahl von → Gebeten u. Andachtsübungen), dann Zusammenstellung wichtiger Texte aus Werk(en) eines Autors; in parodist. Intention bei Brecht.

**Brief,** der: (von lat. kurz) kurzes Schreiben, schriftl. Mitteilung an Abwesende; Kultur des Briefschreibens schon in Antike hoch entwickelt, mit dem Freundschaftskult der →Empfindsamkeit (18. Jh.) gewinnt sie in Deutschland bes. Bedeutung; in Klassik u. Romantik verbindet sich in literar. Form des Briefes Persönliches mit der gelehrten Abhandlung; im 20. Jh. hat der Brief, von Ausnahmen abgesehen (Rilke, Hofmannsthal, Kafka u. a.), mehr und mehr seine Bedeutung als geprägter Ausdruck von geistiger u. seelischer Individualität verloren. (→Briefgedicht, →Briefroman, →Briefsteller, →Literaturbrief, →Epistel)
+ W. Heynen, *Das Buch dt. Briefe* (1957), u. a.
= (Mittel der Problemdarstellung) Pascal, *Lettres à un provincial* (1656f.); Herder, *Briefe zur Beförderung der Humanität* (1793ff.); Schiller, *Briefe über die ästhet. Erziehung des Menschen* (1795); u. a.; (Mittel der Verständigung) B. von Lessing, Winckelmann, Lichtenberg, Goethe, Schiller, Humboldt, Fontane u. a.

An Goethe

*Hochwohlgeborner Herr,*
*Hochzuverehrender Herr Geheimrat,*
*Ew. Exzellenz habe ich die Ehre, in der Anlage gehorsamst das 1. Heft des Phöbus zu überschicken. Es ist auf den »Knieen meines Herzens« daß ich damit vor Ihnen erscheine; möchte das Gefühl, das meine Hände ungewiß macht, den Wert dessen ersetzen, was sie darbringen.*
*Ich war zu furchtsam, das Trauerspiel, von welchem Ew. Exzellenz hier ein Fragment finden werden, dem Publikum im Ganzen vorzulegen. So, wie es hier steht, wird man vielleicht die Prämissen, als möglich, zugeben müssen, und nachher nicht erschrecken, wenn die Folgerung gezogen wird.*
*Es ist übrigens ebenso wenig für die Bühne geschrieben, als jenes frühere Drama: der Zerbrochene Krug, und ich kann es nur Ew. Exzellenz gutem Willen zuschreiben, mich aufzumuntern, wenn dies letztere gleichwohl in Weimar gegeben wird. Unsre übrigen Bühnen sind weder vor noch hinter dem Vorhang so beschaffen, daß ich auf diese Auszeichnung rechnen dürfte, und so sehr ich auch sonst in jedem Sinne gern dem Augenblick angehörte, so muß ich doch in diesem Fall auf die Zukunft hinaussehen, weil die Rücksichten gar zu niederschlagend wären.*
*Herr Adam Müller und ich, wir wiederholen unsre inständigste Bitte, unser Journal gütigst mit einem Beitrag zu beschenken, damit es ihm nicht ganz an dem Glanze fehle, den sein, ein wenig dreist gewählter, Titel verspricht. Wir glauben nicht erst erwähnen zu dürfen, daß die, bei diesem Werke zum Grunde gelegten Abschätzungsregeln der Aufsätze, in einem Falle keine Anwendung leiden können, der schlechthin für uns unschätzbar sein würde. Gestützt auf Ew. Exzellenz gütige Äußerungen hierüber, wagen wir, auf eine Mitteilung zu hoffen, mit der wir schon das 2. Heft dieses Journals ausschmücken könnten. Sollten Umstände, die wir nicht übersehen können, dies unmöglich machen, so werden wir auch eine verzuglose, wenn es sein kann,*

## 82  Briefgedicht

*mit umgehender Post gegebene, Erklärung hierüber als eine Gunstbezeugung aufnehmen, indem diese uns in den Stand setzen würde, wenigstens mit dem Druck der ersten, bis dahin für Sie offenen, Bogen vorzugehn.*
*Der ich mich mit der innigsten Verehrung und Liebe nenne*
*Ew. Exzellenz*
*gehorsamster*<br>*Heinrich von Kleist*

*Dresden, den 24. Jan. 1808*
*Pirnsche Vorstadt, Rammsche Gasse Nr. 123*

Goethe an Kleist

*Ew. Hochwohlgebornen bin ich sehr dankbar für das übersendete Stück des Phöbus. Die prosaischen Aufsätze, wovon mir einige bekannt waren, haben mir viel Vergnügen gemacht. Mit der Penthesilea kann ich mich noch nicht befreunden. Sie ist aus einem so wunderbaren Geschlecht und bewegt sich in einer so fremden Region daß ich mir Zeit nehmen muß mich in beide zu finden. Auch erlauben Sie mir zu sagen (denn wenn man nicht aufrichtig sein sollte, so wäre es besser, man schwiege gar), daß es mich immer betrübt und bekümmert, wenn ich junge Männer von Geist und Talent sehe, die auf ein Theater warten, welches da kommen soll. Ein Jude der auf den Messias, ein Christ der aufs neue Jerusalem, und ein Portugiese der auf den Don Sebastian wartet, machen mir kein größeres Mißbehagen. Vor jedem Brettergerüste möchte ich dem wahrhaft theatralischen Genie sagen: hic Rhodus, hic salta! Auf jedem Jahrmarkt getraue ich mir, auf Bohlen über Fässer geschichtet, mit Calderons Stücken, mutatis mutandis, der gebildeten und ungebildeten Masse das höchste Vergnügen zu machen. Verzeihen Sie mir mein Geradezu: es zeugt von meinem aufrichtigen Wohlwollen. Dergleichen Dinge lassen sich freilich mit freundlichern Tournüren und gefälliger sagen. Ich bin jetzt schon zufrieden, wenn ich nur etwas vom Herzen habe. Nächstens mehr.*
*Weimar, den 1. Februar 1808* *Goethe*

**Briefgedicht,** das: (echter oder fingierter) →Brief in Versen, seit Antike u. noch bei Rilke. (→Epistel, →Heldenbrief, →Minnebrief, →Salut d'amour)
= B. schrieben: Gleim, Rabener, Wieland, Goethe (an Frau v. Stein u.a.), Heine u.a.
→ Siglo de oro

**Briefroman,** der: Form des →Romans, in der, als Abwandlung der Ich-Erzählung (→Ich-Form), eine oder mehrere Briefe schreibende Personen die Rolle des Erzählers übernehmen.
= Goethe, *Werther* (1774); F. H. Jacobi, *Aus Eduard Allwills Papieren* (1775); Tieck, *William Lovell* (1795f.); Hölderlin, *Hyperion* (1797); Wieland, *Aristipp und einige seiner Zeitgenossen* (1800ff.); Ricarda Huch, *Der letzte Sommer* (1910); Luise Rinser, *Nina* (1961); u.a.

**Briefsteller,** der: (Brief + stellen = entwerfen) Leitfaden zum Verfassen wohlausgewogener, der gesellschaftl. Norm entsprechender Briefe mit prakt. Beispielen. (→Formelbuch, →Komplimentierbuch)
= Harsdörffer, *Teutscher Secretarius* (1647); C. Stieler, *Der allzeit fertige Secretarius* (1673); Gellert, *Briefe, nebst einer praktischen Abhandlung von dem guten Geschmacke in Briefen* (1751); u. a.

*Galante briefe sind schreiben / in welchen etwas artiges verborgen stecket / so man weder beschreiben noch nennen kan. Denn es ist zu einem galanten briefe nicht eben allzeit vonnöthen / daß man etwas sonderliches und künstliches ersinne: sondern die freye und ungezwungene manier / deren sich ein cavalier bedienet / und mit einem worte / der artige zug / mit welchem er seinen brief anfänget / fortführet und schlüsset / ist das fürnehmste / was ihn von gemeinen geistern unterscheidet / und seine schreib-art galant / und allen leuten beliebt und angenehm machet.*
*Eigentlich solten alle galante briefe ver-|| liebt seyn. Denn ein galant homme ist bey denen Frantzosen nichts anders / als ein munterer und aufgeweckter kopf / welcher durch seine artige einfälle dem frauenzimmer zu gefallen suchet: durch galanterie aber verstehen sie die schertz-liebe / oder diejenigen süßigkeiten / welche ein galan seiner maitresse zu sagen pfleget...*
*Von wahrhafftig-verliebten briefen sind die galanten darinnen unterschieden / Erstlich: daß man diese öffentlich und ohne scheu / so wol an verheyrathetes als unverheyrathetes frauenzimmer: jene aber nur an solche personen schreibet / welche nicht allein frey seyn / sondern welche wir auch selbst zu ehlichen in willen haben. Zum andern: daß die galanten alles nur schertzend fürbringen / was man hingegen in jenen von hertzen saget.*
*Aus diesem solte man urtheilen / daß || ein galanter brief bey weitem nicht so durchdringend sey / als ein verliebter. Allein es ereignet sich insgemein das wiederspiel. Denn scharffsinnige schreiben erhalten durch ihren schertz offt mehr / als andere mit allem ihren flehen und bitten. Die ursachen sind; daß man erstlich seine neigung darinnen viel freyer eröffnen / und sich nicht schämen darff / wenn man gleich zwey- oder dreymal abgewiesen wird. Und denn: daß man allerhand lustige einfälle und scharffsinnige gedancken einmischt / welche nicht allein die lesende person zum lachen bewegen; sondern ihr auch zugleich ihren verstand zu erkennen geben / und uns bey derselbigen erstlich eine hochachtung / nachgehends freundschafft / und endlich eine wahrhafftige liebe erwerben. Zwar solte man in den schrancken bleiben / und sich bloß in die klugen erfindungen / nicht aber in die person selbst verlieben...* [Benjamin Neukirch, *Anweisung zu Teutschen Briefen*]

**Brighella,** der: (zu ital. intrigieren) Typenfigur des verschmitzten, Intrigen spinnenden Dieners in der →Commedia dell'arte. (→Arlecchino)

**Broschüre,** die: (von frz. heften) leicht gebundene (geheftete) Druckschrift geringen Umfangs, meist aktuellen Inhalts. (→Flugschrift)

**Brouillon,** der: (frz.) →Skizze, →Konzept.

**Bruitismus,** der: (von frz. Lärm, Geräusch) Tongebilde aus simultan erfaßten Umweltgeräuschen; in →Futurismus u. →Dadaismus verwendet als (gewaltsamer) Hinweis auf die Buntheit des Lebens u. zu Kontrastwirkung (→Krippenspiel mit bruitist. Musik). (→Simultaneität)
= So gibt z. B. Marinetti das »Erwachen der Großstadt« durch eine Sammlung von Schreibmaschinen, Kesselpauken, Kinderknarren, Topfdeckeln u. ä. wieder.

**Buch,** das: (urspr. Tafel aus Buchenholz, in die Schriftzeichen [→Runen] geritzt wurden) allg.: größeres Druckerzeugnis (Schriftwerk), das aus einer Anzahl Papier-(Pergament-)Bogen besteht, die zu einem Ganzen vereinigt sind; bes.: Dichtung oder Teil eines Werkes (Goethes *Dichtung und Wahrheit* = 20 Bücher).

**Buchdrama,** das: Drama, das aus dramaturg. Gründen vor allem der Lektüre vorbehalten bleiben muß, auch Gedankendrama genannt.
= Klopstock: →biblisches Drama, →Bardiet; Arnim, *Halle und Jerusalem* (1811); Immermann, *Merlin* (1832); K. Kraus, *Die letzten Tage der Menschheit* (1919); u. a.

**Buchgemeinschaft,** die: Form der Buchverbreitung auf der Grundlage von →Abonnements. Der Verkauf der in Massenauflagen billig produzierten Bücher erfolgt direkt an feste Mitglieder (Abonnenten).
= Deutsche B. (1924); Büchergilde Gutenberg (1924); Wissenschaftl. Buchgesellschaft (1949) u. a.

**Buchmesse,** die: (Buch + Messe = Jahrmarkt) Buchausstellung der Verleger, dient Information u. Verkauf (durch Bestellung) an Buchhändler; als Oster- u. Herbstmesse anfangs in Frankfurt am Main u. Leipzig (Ende 16. Jh.), seit Mitte 18. Jh. nur in Leipzig, seit 1949 wieder in beiden Städten.

**Bücherverbrennung,** die: Vernichtung von Büchern (→Buch) durch Verbrennen auf dem Scheiterhaufen (urspr. von Henkershand) als Folge kirchl. bzw. staatl. Bücherverbots (→Zensur) oder als (meist weltanschaulich motivierter) Protestakt.
= 1722 verbrannten Vertreter des →Göttinger Hain Wielands Werke, 1817 Studenten Bücher A. v. Kotzebues (→Rührstück). Seit 1827 wurde immer wieder die Verbrennung der Werke Heines gefordert; am 10. Mai 1933 kamen sie schließlich zusammen mit den Büchern der von den Nationalsozialisten verfemten Autoren (S. Freud, E. Kästner, H. Mann, Remarque, Tucholsky, A. Zweig u. a.) auf den Scheiterhaufen. (→Exilliteratur, →Blut-und-Boden-Dichtung)

»Feuersprüche zur B.« (1933)
*Gegen dünkelhafte Verhunzung der deutschen Sprache, für Pflege des kostbarsten Gutes unseres Volkes:*
*Ich übergebe dem Feuer die Schriften des Alfred Kempener genannt Alfred Kerr, die Schriften des Heinrich Mann.*
*Gegen seelenzerfasernde Überschätzung des Trieblebens, für den Adel der menschlichen Seele:*
*Ich übergebe dem Feuer die Schriften des Magnus Hirschfeld und van de Velde.*
*Wir wollen abtun jede Unkultur und alles undeutsche Wesen! Das Höchste soll uns sein: die restlose Hingabe an das geliebte deutsche Volk und unser stolzes deutsches Vaterland!*
*Denn wir bekennen uns zu dem Rufe: Deutschland, Deutschland über alles!*

**Büchlein,** das: → Minnebrief, → Minnerede; → Ars moriendi.

**Bühnenanweisung,** die: Bemerkungen des Autors zur prakt. Aufführung (Bühnendarstellung) seines Werkes mit Angaben über Figuren, Ausstattung, Bühnenmusik etc., die in den Sprechtext eingeschoben sind.
= (*Schwarz tritt auf*)
  MOOR (*fliegt ihm entgegen*). Bruder! Bruder! den Brief! den Brief!
  SCHWARZ (*gibt ihm den Brief, den er hastig aufbricht*). Was ist dir? Wirst du nicht wie die Wand?
  MOOR. Meines Bruders Hand!
  SCHWARZ. Was treibt denn der Spiegelberg?
  GRIMM. Der Kerl ist unsinnig. Er macht Gestus wie beim Sankt-Veits-Tanz.
  SCHUFTERLE. Sein Verstand geht im Ring herum. Ich glaub, er macht Verse.
  RAZMANN. Spiegelberg! He, Spiegelberg! – Die Bestie hört nicht.
  GRIMM (*schüttelt ihn*). Kerl! träumst du, oder –?
  SPIEGELBERG (*der sich die ganze Zeit über mit den Pantomimen eines Projektmachers im Stubeneck abgearbeitet hat, springt wild auf*). La bourse ou la vie! (*und packt Schweizern an der Gurgel, der ihn gelassen an die Wand wirft. – Moor läßt den Brief fallen und rennt hinaus. Alle fahren auf*) [Aus: Schiller, *Die Räuber*, I,2]

**Bühnenbearbeitung,** die: Umgestaltung eines Dramentextes durch mehr oder weniger einschneidende → Bearbeitung, um ihn »bühnenfähig«, d.h. spielbar zu machen. (→ Adaptation)
= Goethes *Faust* und *Iphigenie* sowie Lessings *Nathan* durch Schiller; Kleists *Zerbrochener Krug* durch Goethe; Lenz' *Hofmeister* durch Brecht etc.

**Bühnendichter,** der: an großem Theater festangestellter Dramatiker (»Theaterdichter«), bes. in der 2. Hälfte des 18. Jh., zu dessen Aufgaben es gehörte, eine bestimmte Anzahl Stücke zu schreiben u. →Bühnenbearbeitungen vorzunehmen.
= Th. Körner, J. F. Jünger u. a.

**bürgerlicher Realismus,** der: →Realismus.

**bürgerliches Trauerspiel,** das: (»dem gemeinen Leben gemäß« + →Tragödie: »Privat. Trauerspiel« [Wieland]) dramat. Gattung der dt. →Aufklärung; gestaltet nach Vorbild der engl. *bourgeois* oder *domestic tragedy* (G. Lillo, *The London Merchant*, 1731) u. der frz. *tragédie domestique* (Diderot, *Le fils naturel*, 1757, u. *Le père de famille*, 1758), die »unser häusliches Unglück« darstellen, während die herkömmliche *tragédie héroique* zu ihrem Gegenstand »das Unglück der Großen« habe, das trag. Schicksal von Menschen des sich emanzipierenden bürgerl. Standes; Schöpfer des dt. bürgerl. Trauerspiels ist Lessing (*Miß Sara Sampson*, 1755); Höhepunkt Schillers *Kabale und Liebe* (1784), Wendepunkt Hebbels *Maria Magdalene* (1844), wo die Kritik sich gegen das Bürgertum selbst bzw. dessen Sittlichkeitsbegriff wendet. (→soziale Dichtung)
=

*§ 10*
*Die erste Anmerkung: Ein bürgerliches Trauerspiel darf keiner Mordgeschichte ähnlich sehen…*

*§ 11*
*Die zweyte Anmerkung: Wir müssen jederzeit das Erhabene im Auge behalten, ohne dabey den Charakter zu vergessen, dessen die handelnden Personen in einem bürgerlichen Trauerspiele fähig seyn können. Wir müssen niemals vergessen, daß der Kaufmann, der Edelmann, der jetzund spricht, kein Prinz sey. Wir müssen uns aber auch jederzeit erinnern, daß er in einem Trauerspiele spricht…*

*§ 12*
*Die dritte Anmerkung: Man wähle die handelnden Personen niemals aus dem Pöbel. Der Pöbel ist zu einer großen Tugend zu dumm…*

*§ 13*
*Die vierte Anmerkung: Man beobachte eine sorgfältige Wahl der Stücke. Nicht jede gute und schlimme Charaktere schicken sich in das bürgerliche Trauerspiel, weil sie nicht alle des Tragischen fähig sind…*

*§ 14*
*Ich beschlüße diese Anmerkungen mit der fünften: Dem meisten Theile der Zuschauer, wird das Lust = und das heroische Trauerspiel mehr gefallen als das bürgerliche. Warum? das erstere belustiget; das andere zeiget uns Laster, die uns fehlen, und Tugenden die für uns zu groß sind. Das dritte zeiget uns in den schlimmen unser eignes Bildniß, und in dem guten eine Tugend, die*

*wir besitzen könnten, und sie doch nicht besitzen; Was ist natürlicher, als daß wir es hassen.* [Aus: J. G. B. Pfeil, *Vom bürgerlichen Trauerspiele*]

**Buffa,** die : (ital.) → Posse. (→ Opera buffa)

**Bukolik,** die: (von gr. Rinderhirt) → Hirten-, Schäferdichtung, → Arkadische Poesie.
= Theokrit, Vergil; Petrarca, Tasso u. a.

**Bunraku,** das: (jap.) jap. Puppentheater; der berühmteste Dramatiker der Genroku-Periode (ca. 1680–1730), vielleicht des jap. Theaters überhaupt, Chikamatsu Monzaemon, schrieb für das B.-Theater. (→ Puppenspiel)

**Burleske,** die: (ital. Scherz, Schwank) possenhaftes Spiel mit Tendenz, bestimmte Sachverhalte u. menschl. Charakterzüge durch karikierende Verspottung der Lächerlichkeit preiszugeben. (→ Posse, → Commedia dell'arte, → Farce)
= Goethe, *Götter, Helden und Wieland* (1773); F. Th. Vischer, *Einfacherer Schluß der Tragödie Faust* (1862); u. a.

**Burletta,** die: (von → Burleske) im engl. Theater des 18. u. 19. Jh. kleine musikal. Vers- → Posse, als Schöpfer gilt Kane O'Hara (*Midas*, 1762). (→ Travestie)
= *Tom & Jerry! or Life in London* (1821) u. a.

**Bustrophedon,** das: (gr. sich wendend wie der Ochse beim Pflügen) abwechselnd nach rechts u. links laufende Schrift; bes. in frühgr. Zeugnissen. (→ Dexiographie)

**Butzenscheibendichtung,** die: (runde Scheibe Glas nach alter dt. Art + D.) Bez. für epigonale, dem → Münchner Dichterkreis verwandte deutschtümelnde, nachempfindend romantisierende Richtung in der dt. Literatur der 2. Hälfte des 19. Jh.; von Geibel u. Heyse (der den Begriff 1884 prägte) angegriffen, von den Naturalisten (→ Naturalismus) verhöhnt; Werke von geringer Qualität, aber unerhört erfolgreich. (→ historischer Roman)
= Hauptvertreter der von Scheffel (*Trompeter von Säckingen*, 1845) beeinflußten B.: Julius Wolff, Rudolf Baumbach, Friedrich Lienhard u. a.

**Byline,** die: (von russ. Begebenheit) episches → Heldenlied der russ. Volksdichtung; schildert Kämpfe u. Abenteuer bes. des 10.–13. Jh., Blütezeit 16./17. Jh.
= *Igorlied* (12. Jh.)

## 88  Byronismus

**Byronismus,** der: (zu engl. Dichter Lord Byron) Weltschmerzdichtung, von Pessimismus erfüllte Lebens- und Stilhaltung zu Beginn des 19. Jh.

= Vertreter des B.: N. Lenau (*Faust*, 1836, *Savonarola*, 1837); Platen; W. Waiblinger; Grabbe (*Don Juan* u. *Faust*, 1829, *Napoleon*, 1832); u. a.

*Als sich mit Schmerzen*
*In Thränen und stumm*
*Trennten die Herzen,*
*Wer sagt, warum? –*
*Kalt dein Gesicht und blaß,*
*Kälter dein Kuß;*
*O damals ahnt' ich, was*
*Nun kommen muß!*
*(...)*
*Verstohlen besessen,*
*Verstohlen beweint,*
*Daß du mich vergessen,*
*Verrathen den Freund!*
*Nach langem Büßen,*
*Wenn Jahre herum,*
*Wie soll ich dich grüßen?*
*In Thränen und stumm.*

[Lord Byron, *When we two parted*; dt. von Paul Heyse]

**Caccia,** die: (ital. Jagd) volkstüml. ital. Gedicht (14./15. Jh.) mit meist kürzeren Versen, das Jagd bzw. Hetze (Hast) schildert u. klangl. umsetzt; als musikal. Form meist → Kanon. (→ Catch)
= F. Sacchetti, *Donne nel bosco*; Lorenzo de Medici, *La caccia con falcone*; u. a.

**Calembour,** der: (frz. nach der »Geschichte des Pfarrers vom Kalenberg«, 1480) Wortspiel, fauler Witz, → Kalauer.
= *Dieu fit les planètes, et nous faisons le plats nets.* [Rabelais]

*Puisque Corneille est mort, qui nous donna du pain,*
*Nous vivrons de racine, ou nous mourrons de faim.*
*(Seit Corneille tot ist, der uns schaffte Brot,*
*Erwehren wir durch Wurzeln [racines = Racine] uns der Not.)*
[Ein Schauspieler]

**Canción** bzw. **Kanzion,** die: (span. Gesang, Lied) a) ma. C.: zweistrophige C. in Acht- oder Sechssilbern: die 1. Strophe ist halb so lang wie die 2. u. enthält den Grundgedanken, der in der 2. modifiziert u. am Ende mit den gleichen Reimen wiederholt wird; b) aus vier bis zwölf Strophen bestehende Renaissance-C. in Elf- oder Siebensilbern u. mit abschließendem Refrain. (→ Ode, → Kanzone)
= a) relig. u. Liebeslied; b) Cervantes u. Lope de Vega

*Wenn ich unverstanden bliebe,*
*Ohne Gegenstand mein Streben,*
*Keine Liebe mir gegeben,*
*Würd' ich dennoch innig lieben*
*Umso inniger nur leben.*

*Was mein Sehnen lieblich wähnte,*
*Was ich liebesehnend meine,*
*Ist so heiter, lind und reine,*
*Daß kein Sinn sich weiter sehnte,*
*Der gesehn dies einzig Eine,*
*Wenn ich fern von Freuden bliebe,*
*Ohne Gegenstand mein Streben,*

*Keine Liebe mir gegeben,*
*Würd ich dennoch innig lieben*
*Und in heitern Freuden schweben.* [Aus: F. Schlegel, *Fantasie*]

**Canso,** der: (prov.) Liebesgedicht der prov. Literatur. (→Trobador, →Sirventes)
= Vertreter: Bernart de Ventadorn, Gaucelm Faidit, Arnaut Daniel u. a.

**Cantar,** der: (span. Lied) a) span. volkstüml. vierzeilige Strophenform; b) span. →Heldenepos um histor. Ereignis (Kämpfe zwischen Christen u. Mauren) oder sagenhafte Helden. (→Chanson de geste)
= b) *Cantar de mío Cid* (ca. 1140)

**Cantica,** (Pl.): (lat. Lieder) Einzel- u. Wechselgesänge in der röm. Komödie, Gegs. →Diverbia.

**Cantiga,** die: (span.-portug. Lied, Lobgesang) Sammelbez. für Volks- u. Kunstlieder der iber. Halbinsel. (→Canzionere)

**Cantio,** die (Pl. Cantiones): (lat. gesungenes Lied) lat. einstimm., aus mehreren →Stollenstrophen bestehendes geistl. Lied des MA., Blütezeit 14. u. 15. Jh. (→Conductus)

**Canto,** der: (ital.) längerer Abschnitt von epischer Versdichtung, dt. = Gesang.
= Dante, *Divina Commedia*; Klopstock, *Messias*; Byron, *Don Juan*; E. Pound, *Cantos;* u. a.

**Canzionere,** der: (ital. Liederbuch) Sammlung von Liedern oder lyr. Gedichten (span. Cancionero, port. Cancioneiro). (→Kanzone)

**Capitano,** der: Typenfigur des aufschneiderischen Soldaten in der →Commedia dell'arte. (→Skaramuz)

**Capitolo,** das: (ital. Kapitel) a) ital. Gedicht satir.-parodist. Charakters aus gereihten →Terzinen; b) →Kapitel.

**Capriccio,** das: (ital.) a) Laune, Einfall; b) durch E. T. A. Hoffmann von Musik auf Literatur übertragen: launig-kurzweilige Erzählung.
= b) E. T. A. Hoffmann, *Prinzessin Brambilla* (1820); E. Jünger, *Das abenteuerliche Herz* (1938/42); u. a.

**Captatio benevolentiae,** die: (lat. Haschen nach Wohlwollen) Werben um die Gunst (des Zuhörers oder Lesers), meist als Eröffnungsrede. (→Devotionsformel)
= Cervantes, *Don Quijote*; P. Weiss, *Marat/Sade* (→Prolog)

**Caput,** das: (lat. Haupt, Kopf) Hauptstück, →Kapitel eines Buches.
= Heine, *Deutschland, ein Wintermärchen* (nach C. unterteilt)

**Carmen,** das: (lat. Rezitation) a) lat. Kultlied, →Zauberspruch u. ä.; b) in röm. Literatur lyr. Gedicht (→Ode, →Elegie); c) im MA. bes. →Vagantenlied.

**Carmen figuratum,** das: →Figurengedicht.

**Carol,** das: (engl. Lied) allg.: engl. volkstüml. Tanzlied mit Refrain (14. u. 15. Jh.), dem →Virelai verwandt; bes.: Weihnachtslied. (→Lullaby)

**Catch,** der: (engl. Haschen) engl. gesell. Chorlied (→Kanon), meist derbkomischen, heiter-schlüpfrigen Inhalts.
= Sammlungen: J. Playford, *The musicall banquett* (1631); J. Hilton, *C. that c. can* (1652); u. a.

**Cénacle,** der: (frz. Speisesaal) Bez. für versch. Dichterkreise der frz. Romantik; berühmtester um V. Hugo (ab 1828).
= Th. Gautier, A. Briseux, A. de Musset, A. de Lamartine, P. Merimée, G. de Nerval, A. de Sainte-Beuve u. a.

*Noch knirscht der Februar von Schnee und Reif umschauert,*
*Der Regen peitscht das Dach, kalt pfeift's in den Allee'n;*
*Du aber seufzest schon: mein Gott, wie lang das dauert!*
*Wann werden im Gehölz wir Veilchen pflücken gehn! –*
*Kind, Frankreichs Himmel ist ein Tränensieb. Im Pelze*
*Am flammenden Kamin sitzt fröstelnd unser Lenz;*
*Paris vergeht im Schmutz, wenn auf dem grünen Schmelze*
*Der Wiesen sein Geschmeid längst ausgelegt Florenz.*

*Sieh, kahl sind Park und Flur; zu warten gilt's ein Weilchen;*
*Dich hat dein Herz getäuscht, das warm und südlich glüht;*
*Dein blaues Auge nur, sonst giebt's hier noch kein Veilchen*
*Und keinen Lenz, als der auf deiner Wange blüht.*
[Théophile Gautier, *An eine junge Italienerin*;
dt. von E. Geibel u. H. Leuthold]

**Cenáculo,** das: (port. Speisesaal) port. realist. Schriftstellerkreis, 1871 in Lissabon von Mitgliedern der Generation von Coimbra gegr.
= Eça de Queirós u. A. T. de Quental (geistige Führung); J. de Batalha Reis, J. F. de Oliveira Martins, J. Ramalho Ortigão u. a.

**Centiloquium,** das: (lat.) Sammlung von 100 Aussprüchen, →Sentenzen u. ä.

= H. v. Trimberg, *Der Renner*; Fr. Rückert, *Vierzeilen* (»Erstes Hundert«, »Zweites Hundert«)

**Cento,** der: (lat. Flickwerk) Flickgedicht,→ Montage aus Zitaten (Versen, Redewendungen u. ä.), die bekannten Dichtungen entnommen wurden; schon in Antike verbreitet. (→ Quodlibet, → Parodie)
= *Ihr naht euch wieder? In die Ecke, Besen!*
*Luft! Luft! Klavigo! Meine Ruh' ist hin.*
*Der König rief: Ich bin ein Mensch gewesen;*
*Das Ewig-Weibliche, das war mein Sinn.*
*Ein deutscher Mann mag keinen Franzen leiden,*
*Der and're hört von allem nur das Nein.*
*Ich weiß nicht, nur die Lumpe sind bescheiden,*
*Ein Werdender wird immer dankbar sein.*

*Mir graut's vor dir, der Kasus macht mich lachen,*
*Und Mamorbilder steh'n und seh'n mich an;*
*Wer fertig ist, dem ist nichts recht zu machen,*
*Der Morgen kam, kühl bis an's Herz hinan,*
*Prophete rechts – mein Herz, was soll das geben?*
*Du sprichst ein großes Wort gelassen aus;*
*Das Wasser rauscht in's volle Menschenleben,*
*Ich denke dein, so oft er trank daraus...*

**Chanson,** der: (frz. Lied) allg.: in ma. frz. Literatur jedes gesungene (epische oder lyr.) Lied (→ Chanson de geste); bes.: vielstrophiges, ein- oder mehrstimmiges Lied, das mit Instrumentalbegleitung auf Kleinkunstbühne (→ Kabarett) dargeboten wird; meist mit aktuellem Bezug u. witzig aggressiv, aber auch betont lyrisch u. gefühlsbestimmt; Mitte 19. Jh. in Paris entstanden, um Jahrhundertwende in Dtschld. eingeführt. (→ Song, → Couplet)
= W. Mehring, *Der Emigrantenchoral*; K. Tucholsky, *Parc Monceau*; E. Kästner, *Kennst du das Land, wo die Kanonen blühn?*, *Das letzte Kapitel*; W. Biermann, *Ballade vom Preußischen Ikarus*, D. Süverkrüp, F. J. Degenhardt, *Deutscher Sonntag*; u. a.

**Chanson de geste,** die: (frz. Tatenlied) frz. → Heldenepos des MA. mit Stoffen aus nation. Geschichte v. a. der Karolingerzeit (→ Heldensage), in → Laissen-Strophen (→ Vers commun, → Alexandriner), vorgetragen von → Spielmann. (→ Cantar, → Romanze)
= *Chanson de Roland* (zw. 1060 u. 1130); *Chançun de Guillelme* (zw. 1057 u. 1140); *Gormont et Isembart* (zw. 1070 u. 1130); u. a.

**Chansonette,** die: (frz.) kleines Lied, meist komischen oder frivolen Inhalts. (→ Chanson)

**Chansonnier,** der: (frz. Sänger) a) frz. Liederdichter des 12.–14. Jh. (→ Trobador, →Trouvère); b) Sänger von mod. →Chanson; c) Liedersammlung.

**Chant,** der: (frz.) →Lied, meist feierl. Art, Ode, Hymne, auch Abschnitt von →Epos. (→Canto, →Gesang)

**Chantefable,** die: (frz. Singfabel) Prosaerzählung des frz. MA. mit gesung. Verseinlagen.
= *Aucassin et Nicolette* (Anfang 13. Jh.); L. Tieck, *Sehr wunderbare Historia von der schönen Melusine* (1800); u. a.

**Chant royal,** der: (frz. königl. Lied) frz. Sonderform der →Ballade (14.–16. Jh.).
= G. de Machaut, E. Deschamps, J. Froissart u. a.

**Chapbooks** (Pl.): (engl. Handel, Kauf + Bücher) auf der Straße verkaufte Bücher, Hefte oder Bücher kleinen Umfangs mit Gedichten (→Balladen), Traktaten u. ä. (→Volksbücher, →Kolportageliteratur)

**Charakterdrama,** das: (Charakter = Wesensart einer Person + →Drama) Bühnenstück, dessen Handlung sich vorwiegend aus den Gegebenheiten eines Charakters entfaltet; als Gegensatz gilt →Handlungsdrama, das sich jedoch nicht eindeutig zum Ch. abgrenzen läßt. (→Charakterkomödie, -tragödie, →Sturm und Drang)
= Shakespeare, *Hamlet, König Lear*; Goethe, *Götz von Berlichingen*; u. a.

**Charakterisierung,** die: Darstellung (Schilderung) einer Gestalt in ihrer als unverwechselbar angesehenen Eigenart: direkte Ch. durch Äußerungen anderer Figuren über eine Gestalt, indirekte Ch. durch Schlüsse aus ihren Worten u. Taten, beide meist verbunden. (→Charakterdrama)
= KENNEDY. *Ist das ein Schicksal für die Weicherzogne,*
   *Die in der Wiege Königin schon war,*
   *Am üppgen Hofe der Mediceerin*
   *In jeder Freuden Fülle aufgewachsen.*
   *Es sei genug, daß man die Macht ihr nahm,*
   *Muß man die armen Flitter ihr mißgönnen?*
   *In großes Unglück lehrt ein edles Herz*
   *Sich endlich finden, aber wehe tuts,*
   *Des Lebens kleine Zierden zu entbehren.*
 PAULET. *Sie wenden nur das Herz dem Eitlen zu,*
   *Das in sich gehen und bereuen soll.*
   *Ein üppig lastervolles Leben büßt sich*
   *In Mangel und Erniedrigung allein.*
 KENNEDY. *Wenn ihre zarte Jugend sich verging,*
   *Mag sies mit Gott abtun und ihrem Herzen,*
   *In England ist kein Richter über sie.*

PAULET. *Sie wird gerichtet, so sie frevelte.*
KENNEDY. *Zum Freveln fesseln sie zu enge Bande.*
PAULET. *Doch wußte sie aus diesen engen Banden*
  *Den Arm zu strecken in die Welt, die Fackel*
  *Des Bürgerkrieges in das Reich zu schleudern,*
  *Und gegen unsre Königin, die Gott*
  *Erhalte! Meuchelrotten zu bewaffnen.*
  *Erregte sie aus diesen Mauern nicht*
  *Den Böswicht Parry und den Babington*
  *Zu der verfluchten Tat des Königsmords?*
  *Hielt dieses Eisengitter sie zurück,*
  *Das edle Herz des Norfolk zu umstricken?*
  *Für sie geopfert fiel das beste Haupt*
  *Auf dieser Insel unterm Henkerbeil –*
  *Und schreckte dieses jammervolle Beispiel*
  *Die Rasenden zurück, die sich wetteifernd*
  *Um ihrentwillen in den Abgrund stürzen?*
  *Die Blutgerüste füllen sich für sie*
  *Mit immer neuen Todesopfern an,*
  *Und das wird nimmer enden, bis sie selbst,*
  *Die Schuldigste, darauf geopfert ist.*
  *– O Fluch dem Tag, da dieses Landes Küste*
  *Gastfreundlich diese* Helena *empfing.*
KENNEDY. *Gastfreundlich hätte England sie empfangen?*
  *Die Unglückselige, die seit dem Tag,*
  *Da sie den Fuß gesetzt in dieses Land,*
  *Als eine Hilfeflehende, Vertriebne*
  *Bei den Verwandten Schutz zu suchen kam,*
  *Sich wider Völkerrecht und Königswürde*
  *Gefangen sieht, in enger Kerkerhaft*
  *Der Jugend schöne Jahre muß vertrauern. –*
  *Die jetzt, nachdem sie alles hat erfahren,*
  *Was das Gefängnis Bitteres hat, gemeinen*
  *Verbrechern gleich, vor des Gerichtes Schranken*
  *Gefordert wird und schimpflich angeklagt*
  *Auf Leib und Leben – eine Königin!*
PAULET. *Sie kam ins Land als eine Mörderin,*
  *Verjagt von ihrem Volk, des Throns entsetzt,*
  *Den sie mit schwerer Greueltat geschändet,*
  *Verschworen kam sie gegen Englands Glück,*
  *Der spanischen Maria blutge Zeiten*
  *Zurückzubringen, Engelland katholisch*
  *Zu machen, als den Franzmann zu verraten.*
  *Warum veschmäht sies, den Edinburger*
  *Vertrag zu unterschreiben, ihren Anspruch*

## Charakterisierung

*An England aufzugeben, und den Weg*
*Aus diesem Kerker schnell sich aufzutun*
*Mit einem Federstrich? Sie wollte lieber*
*Gefangen bleiben, sich mißhandelt sehn,*
*Als dieses Titels leerem Prunk entsagen.*
**Weswegen** *tat sie das?* **Weil sie den Ränken**
*Vertraut, den bösen Künsten der Verschwörung,*
*Und unheilspinnend diese ganze Insel*
*Aus ihrem Kerker zu erobern hofft.*
KENNEDY. *Ihr spottet, Sir – Zur Härte fügt Ihr noch*
*Den bittern Hohn! Sie hegte solche Träume,*
*Die hier lebendig eingemauert lebt,*
*Zu der kein Schall des Trostes, keine Stimme*
*Der Freundschaft aus der lieben Heimat dringt,*
*Die längst kein Menschenangesicht mehr schaute,*
*Als ihrer Kerkermeister finstre Stirn,*
*Die erst seit kurzem einen neuen Wächter*
*Erhielt in Eurem rauhen Anverwandten,*
*Von neuen Stäben sich umgittert sieht –*
PAULET. *Kein Eisengitter schützt vor ihrer List.*
*Weiß ich, ob diese Stäbe nicht durchfeilt,*
*Nicht dieses Zimmers Boden, diese Wände,*
*Von außen fest, nicht hohl von innen sind,*
*Und den Verrat einlassen, wenn ich schlafe?*
*Fluchvolles Amt, das mir geworden ist,*
*Die unheilbrütend Listige zu hüten.*
*Vom Schlummer jagt die Furcht mich auf, ich gehe*
*Nachts um, wie ein gequälter Geist, erprobe*
*Des Schlosses Riegel und der Wächter Treu,*
*Und sehe zitternd jeden Morgen kommen,*
*Der meine Furcht wahrmachen kann. Doch wohl mir!*
*Wohl? Es ist Hoffnung, daß es bald nun endet.*
*Denn lieber möcht ich der Verdammten Schar*
*Wachstehend an der Höllenpforte hüten,*
*Als diese ränkevolle Königin!*
KENNEDY. *Da kommt sie selbst!*
PAULET. *Den Christus in der Hand,*
*Die Hoffart und die Weltlust in dem Herzen.*

[Aus: Schiller, *Maria Stuart* (I, 1)]

*Der Autor der klaren und mächtigen Prosa-Epopöe vom Leben Friedrichs von Preußen; der geduldige Künstler, der in langem Fleiß den figurenreichen, so vielerlei Menschenschicksal im Schatten einer Idee versammelnden Romanteppich, ›Maja‹ mit Namen, wob; der Schöpfer jener starken Erzählung, die ›Ein Elender‹ überschrieben ist und einer ganzen dankbaren Ju-*

*gend die Möglichkeit sittlicher Entschlossenheit jenseits der tiefsten Erkenntnis zeigte; der Verfasser endlich (und damit sind die Werke seiner Reifezeit kurz bezeichnet) der leidenschaftlichen Abhandlung über ›Geist und Kunst‹, deren ordnende Kraft und antithetische Beredsamkeit ernste Beurteiler vermochte, sie unmittelbar neben Schillers Raisonnement über naive und sentimentalische Dichtung zu stellen: Gustav Aschenbach war also zu L., einer Kreisstadt der Provinz Schlesien, als Sohn eines höheren Justizbeamten geboren. Seine Vorfahren waren Offiziere, Richter, Verwaltungsfunktionäre gewesen, Männer, die im Dienste des Königs, des Staates ihr straffes, anständig karges Leben geführt hatten. Innigere Geistigkeit hatte sich einmal, in der Person eines Predigers, unter ihnen verkörpert; rascheres, sinnlicheres Blut war der Familie in der vorigen Generation durch die Mutter des Dichters, Tochter eines böhmischen Kapellmeisters, zugekommen. Von ihr stammten die Merkmale fremder Rasse in seinem Äußern. Die Vermählung dienstlich nüchterner Gewissenhaftigkeit mit dunkleren, feurigeren Impulsen ließ einen Künstler und diesen besonderen Künstler erstehen.*

*Da sein ganzes Wesen auf Ruhm gestellt war, zeigte er sich, wenn nicht eigentlich frühreif, so doch, dank der Entschiedenheit und persönlichen Prägnanz seines Tonfalls, früh für die Öffentlichkeit reif und geschickt. Beinahe noch Gymnasiast, besaß er einen Namen. Zehn Jahre später hatte er gelernt, von seinem Schreibtische aus zu repräsentieren, seinen Ruhm zu verwalten, in einem Briefsatz, der kurz sein mußte (denn viele Ansprüche dringen auf den Erfolgreichen, den Vertrauenswürdigen ein), gütig und bedeutend zu sein. Der Vierziger hatte, ermattet von den Strapazen und Wechselfällen der eigentlichen Arbeit, alltäglich eine Post zu bewältigen, die Wertzeichen aus aller Herren Länder trug.*

*Ebenso weit entfernt vom Banalen wie vom Exzentrischen, war sein Talent geschaffen, den Glauben des breiten Publikums und die bewundernde, fordernde Teilnahme der Wählerischen zugleich zu gewinnen. So, schon als Jüngling von allen Seiten auf die Leistung – und zwar die außerordentliche – verpflichtet, hatte er niemals den Müßiggang, niemals die sorglose Fahrlässigkeit der Jugend gekannt. Als er um sein fünfunddreißigstes Jahr in Wien erkrankte, äußerte ein feiner Beobachter über ihn in Gesellschaft: »Sehen Sie, Aschenbach hat von jeher nur so gelebt« – und der Sprecher schloß die Finger seiner Linken fest zur Faust –; »niemals so« – und er ließ die geöffnete Hand bequem von der Lehne des Sessels hängen. Das traf zu; und das Tapfer-Sittliche daran war, daß seine Natur von nichts weniger als robuster Verfassung und zur ständigen Anspannung nur berufen, nicht eigentlich geboren war.*

[Aus: Th. Mann, *Der Tod in Venedig*]

**Charakterkomödie,** die: (Charakter + Komödie) → Komödie, deren komische Wirkung vorwiegend auf der Beschaffenheit der zentralen, oft eine einzige menschliche Eigenschaft (Geiz, Heuchelei, Egoismus) repräsentierenden Charakterfigur (Typ) beruht; erste dt. Ch.: *Vincentius Ladislaus* von

Heinrich Julius von Braunschweig (1594), vollendet ausgeformt bei Molière; als Gegensatz gilt spätere Situationskomödie. (→Situationskomik, →Typenkomödie)
= Molière, *Der Menschenfeind* (1667), *Der Geizige* (1668); Lessing, *Der Misogyn* (1748), *Die alte Jungfer* (1748), *Der Freigeist* (1749); Chr. F. Weiße, *Die Poeten nach der Mode* (1751), *Alter hilft für Torheit nicht* (1760); Kleist, *Der zerbrochene Krug* (1811); Hofmannsthal, *Der Schwierige* (1921); u. a.

**Charaktertragödie,** die: (Ch. + →Tragödie) Tragödie, deren Konflikt (→Tragik) sich aus der die Leidenschaften weckenden Spannung zwischen den Gegebenheiten eines Charakters u. der Beschaffenheit der ihnen zugeordneten Umwelt ergibt. (→Sturm und Drang)
= Shakespeare, *Hamlet* (1600f.), *Othello* (1604); Gerstenberg, *Ugolino* (1768); Goethe, *Götz* (1773), *Egmont* (1788); Schiller, *Wallenstein* (1798f.); Kleist, *Prinz von Homburg* (1821); u. a.

**Charonkreis,** der: (nach dem Fährmann der Unterwelt) von Otto zur Linde u. Rudolf Pannwitz 1904 gegr. antinaturalist. Dichterkreis um die Monatsschrift *Charon* (1904–14, 1920–22), dessen frühe Dichtungen auf →Expressionismus vorausweisen.
= R. Paulsen, K. Röttger, B. Otto u. a.

**Chaucer-Strophe,** die: →Rhyme royal.

**Chevy-Chase-Strophe,** die: (engl. Jagd auf den Cheviotbergen = ma. engl. →Ballade) typ. Strophenform der engl. Volksballade, im 15. Jh. entstanden; besteht aus vier Zeilen, von denen die 1. und 3. vier, die 2. und 4. drei Hebungen haben; eine merkbare Pause am Ende steht für eine 4. Hebung in der 3. und 4. Verszeile; wie im Volkslied sind die Senkungen ein- oder zweisilbig. Charakteristisch für die Ch.-Ch.-St. ist bes. der männl. Ausgang aller Verse; im 18. Jh. von Klopstock (*Heinrich der Vogler*, 1749) u. Gleim (*Preuß. Kriegslieder von einem Grenadier*, 1758) in Dtschld. nachgebildet; im 19. Jh. beliebte Form der Kunstballade: Strachwitz, *Das Herz von Douglas*; Fontane, *Archibald Douglas*, *Gorm Grymme*; u. a.
= *Der Weltraum fernt mich weit von dir,*
*So fernt mich nicht die Zeit.*
*Wer überlebt das siebzigste*
*Schon hat, ist nah bei dir.* [Aus: Klopstock, *Das Wiedersehn*]

*»Marsch!« sagte die Gerechtigkeit,*
*Die Ungerechten gehn*
*Auf ihrem Wege viel zu weit,*
*Wir müssen widerstehn!* [Gleim]

**Chiasmus,** der: (gr. nach der Gestalt des Buchstabens Chi = χ) →rhetor. Figur: kreuzweise bzw. spiegelbildartige Stellung von Satzgliedern bes. nach dem Schema a b b a; häufig in Dichtung des →Barock. (→Antithese, →Parallelismus)

= *Was ihr hinein nicht gelegt, ziehet ihr nimmer heraus* [Schiller]

*Die Kunst ist lang und kurz ist unser Leben* [Goethe]

*Sein Wuchs ist schlank, blond ist sein Haar* [Fontane]

**Chiffre,** die: (frz. Ziffer, Zahl) knappes, symbolartiges →Zeichen vor allem in mod. Dichtung, dessen Bedeutung aus dem Zusammenhang zu erschließen ist. (→Symbol)
= *Stadt* bei Trakl: Chaos; *blaues Klavier* bei E. Lasker-Schüler: Lied des Dichters; *Panther* bei Rilke: Los des Menschen; *Tierauge* bei Benn: rein sinnliche Anschauung; *Stadt* bei Y. Goll: den Geist verneinendes Prinzip der Macht etc. oder die Chiffrensprache I. Bachmanns oder H. M. Enzensbergers u. a.

**Chiffre-Gedicht,** das: (→Chiffre) Flickgedicht, das statt der bekannten Dichtungen entnommenen Zitate (→Cento) deren Fundstellen montiert.
= z. B. im Briefwechsel Marianne von Willemers mit Goethe

**Choliambus,** der: (gr. hinkend) Hinkjambus, sechshebiger, jambischer Vers, in dem 6. Jambus durch →Trochäus ersetzt ist.
= *Der Chóliámbe schéint ein Vérs für Kúnstríchter,*
*Die ímmerfórt voll Náseweísheit mítspréchen,*
*Und éins nur wíssen sóllten,*
*Dáß sie níchts wíssen.* [A. W. Schlegel]

*Muß jeder Lust der Trauerbote nachhinken?*
*Geschenkt hat mir der Vater einen Glimmstengel,*
*Die Tochter hat geschenkt mir eine Alprose.*
*Was will ich mehr vom Vater als den Glimmstengel?*
*Was von der Tochter mehr noch als die Alprose?*
*Und herrlich, darf ich sagen, blüht die Alprose;*
*Und also blüht mir auch der Tochter Andenken,*
*Im Herzen, wie die Ros' im Topfe, festwurzelnd.*
*Des Vaters Angedenken will nicht fortglimmen,*
*Weil ausgeglommen sein geschenkter Glimmstengel.*
*Mein ist die Schuld nicht vom so kurzen Andenken:*
*Die Schuld ist sein: was war so kurz sein Glimmstengel?*
*Er hätte, hätt' ich ihn in langem Andenken*
*Behalten sollen, einen langen Glimmstengel*
*Mir schenken sollen, daß daran sein Andenken,*
*Am Stengel, wie die Ros' am Stiele, fortglömme.*

*Zumal da von der Rose gar auch Ableger*
*Zu machen sind, die sich vermehrend fortpflanzen:*
*Wie macht man vom Glimmstengel solche Ableger?*
*Da mag der liebe Vater selbst was ausdenken,*
*Wie zu verlängern sei der kurze Glimmstengel,*
*Wie anzufachen das verglommne Andenken;*
*Damit die liebe Tochter ihn nicht auslache,*
*Wenn seines ausgeht, und das ihre fortblühet.* [Fr. Rückert, *Hinkejamben*]

**Chor,** der: (gr. Tanz, Reigen) Sprecher- oder Sängerkollektiv, repräsentierte in der gr. Tragödie (5. Jh.) das Volk, deutete u. wertete das Handeln des Helden; von Joh. Reuchlin (*Henno*), Schiller (*Braut von Messina*), Goethe (*Faust*), Tieck (*Prinz Zerbino*) sowie von Immermann, Hofmannsthal oder Brecht (*Maßnahme* [Kontrollchor]) verwendet. (→Reyen, →Expressionismus)

= *Und dieses leistet nun der Chor in der Tragödie. Der Chor ist selbst kein Individuum, sondern ein allgemeiner Begriff, aber dieser Begriff repräsentiert sich durch eine sinnlich mächtige Masse, welche durch ihre ausfüllende Gegenwart den Sinnen imponiert. Der Chor verlässt den engen Kreis der Handlung, um sich über Vergangenes und Künftiges, über ferne Zeiten und Völker, über das Menschliche überhaupt zu verbreiten, um die grossen Resultate des Lebens zu ziehen und die Lehren der Weisheit auszusprechen. Aber er tut dieses mit der vollen Macht der Phantasie, mit einer kühnen lyrischen Freiheit, welche auf den hohen Gipfeln der menschlichen Dinge, wie mit Schritten der Götter, einhergeht – und er tut es, von der ganzen sinnlichen Macht des Rhythmus und der Musik in Tönen und Bewegungen begleitet.* [Aus: Schiller, *Über den Gebrauch des Chors in der Tragödie*]

CHOR (nach einem tiefen Schweigen).
*Erschüttert steh ich, weiß nicht, ob ich ihn*
*Bejammern oder preisen soll sein Los.*
*Dies eine fühl ich und erkenn es klar,*
*Das Leben ist der Güter höchstes nicht,*
*Der Übel größtes aber ist die Schuld.*
[Aus: Schiller, *Die Braut von Messina*]

**Choreus,** der: (gr. Tanz) →Trochäus.

**Choriambus,** der: antik. Metrum aus zwei Kürzen zwischen zwei Längen; Versfuß in der →asklepiadeischen Strophe: — ∪ ∪ — (*lauf immer fort*).
= Goethe, *Pandora*; Platen, *Serenade*; I. Weinheber u. a.

*Swéet thĕ / Kiśsĕś ŏf deáth / sĕt oň thý lipś,*
   *Colder are they / than mine;*

> *Colder surely than past kisses that love
> poured for thy lips as wine.* [Swinburne, *Choriambics*]

**Chorlied,** das: für Gesangsvortrag bestimmte lyr. Dichtung, meist als Ausdruck von Denken und Fühlen eines Kollektivs. (→Chor)
= →Hymne, →Päan, →Threnos u. a.

**Chrestomathie,** die: (gr. nützlich + lernen) Sammlung von Texten versch. (Prosa-)Schriftsteller, die für den Unterricht in einer Sprache geeignet sind. (→Anthologie)

**Chrie,** die: (gr. Gebrauch) a) →Sentenz, →Gnome, →Exempel bzw. b) Schema für deren Behandlung in der Rede (Rhetorik).

**Christlich-Deutsche Tischgesellschaft,** die: Dichterkreis der →Romantik, 1811 von A. v. Arnim in Berlin gegr., ab 1816 als Christl.-German. T. von Brentano u. a. weitergeführt; polit. engagiert im Sinne antirevolution., antiliberaler Einstellung.
= Mitglieder: Brentano, Kleist, A. Müller, J. G. Fichte, Eichendorff, Chamisso, Fouqué u. a.

**Christmas-Pantomime,** die: (engl. Weihnachtsrevue) engl. komisches Zauberstück mit satir. Anspielungen, zur Weihnachtszeit aufgeführt. (→Ausstattungsstück, →Pantomime)

**Chronik,** die: (gr. Zeitbuch) Auf- bzw. Nachzeichnung histor. Ereignisse in ihrer zeitl. Folge; als Familien-, Geschlechter-, Städtechronik v. a. im dt. MA. gebräuchlich. (→Reimchronik, →Annalen, →Historie)
= *Sächs. Welt-Ch.* (ca. 1237, vermutl. von Eike v. Repgow, älteste Welt-Ch. in dt. Prosa); *Kaiser-Ch.* (ca. 1150, ältestes dt.-sprach. Beispiel für Gattung Kaiser-Ch.); *Braunschweiger Fürsten-Ch.* (ca. 1300); u. a.
Als künstler. Mittel in Th. Manns *Buddenbrooks* (1901).

**chronikalische Erzählung,** die: E., deren Perspektive in der Figur eines Chronisten gebrochen ist; der Erzähler übernimmt die Rolle des Herausgebers einer alten →Chronik, läßt aber, selber Figur der →Rahmenerzählung, die Chronik sich in der Figur des Chronisten selbst erzählen, wodurch ein durch →Archaismen noch gesteigerter Eindruck schlichter Unmittelbarkeit entsteht; Blütezeit 19. Jh. (→histor. Erzählung)
= Brentano, *Aus der Chronika eines fahrenden Schülers* (1802f.); A. Stifter, *Die Mappe meines Urgroßvaters* (1841); C. F. Meyer, *Das Amulett* (1873); Storm, *Der Schimmelreiter* (1888) (Erzählung). E. T. A. Hoffmann, *Die Elixiere des Teufels* (1815f.); Th. Mann, *Der Erwählte* (1951) (Roman); u. a.

**Chronique scandaleuse,** die: (frz. Skandalchronik) zur Übertreibung neigende Schand- u. Lästergeschichte. (→Chronik)
= Ch. P. Duclos, *Confessions du Comte de\*\*\*, écrits par lui-même à un ami* (1741); M. Sachs, *Ch. sc.* (1965); u. a.

**Chronogramm,** das: (gr. Zeit + Schrift) Darstellung von Zahlen durch Großbuchstaben, die zusammengezählt das Jahr ergeben, von dem im Text die Rede ist. (→Chronostichon)
= *Der hoChLöbLIChen frVChtbrIngenDen geseLLsChaft VrsprVng*
[1617, Harsdörffer]

*LUtetIa Mater natos sVos DeVoraVIt* [1572 = Bartholomäusnacht]

**Chronographie,** die: (gr. Zeit + schreiben) Geschichtsdarstellung nach der Zeitenfolge. (→Chronik)

**Chronostichon** bzw. **Shronodistichon,** das: (gr. Zeit + Vers) →Chronogramm in Versform.
= *GeLLt! ob aVCh rVh, o toLLe VVeLt,*
*FäLLt, VVle sIe MensChen VVahn besteLt.* [1642, Logau]

**Ciceronianismus,** der: (nach röm. Redner u. Schriftsteller Cicero) von der →Renaissance bis ins 19. Jh. lebendige Richtung in →Stilistik u. →Rhetorik, die Ciceros Stil bzw. kunstvollen Periodenbau zum Vorbild nimmt.

**Circumlocutio,** die: (lat. Umschreibung) →Periphrase.

**Cisiojanus,** der: (lat. nach Beschneidung + Januar) Bez. für ma. lat. →Merkvers, von best. Silben-, Wort- oder Verszahl, der das Datum eines best. Festes »merken« half; so erinnert C. daran, daß das Fest der Beschneidung des Herrn auf den 1. Januar fällt.
= Oswald von Wolkenstein; M. Luther, *Ein Betbüchlein mit eym Calender u. Passional* (1529); Ph. Melanchthon; u. a.

**Claque,** die: (frz. Klatscher [Pl.]) bestellte (meist bezahlte) Beifallsklatscher im Theater.

**Clausula,** die: (lat. Schluß) →Klausel, →Cursus.

**Clerihew,** das: (engl. nach E. Clerihew Bentley, seinem Erfinder) dem →Limerick nahestehende Gedichtform aus zwei Reimpaaren, in der (mehr oder weniger) bekannte histor. Persönlichkeiten auf komisch-groteske Weise charakterisiert werden. (→Nonsensdichtung)
= *The people of Spain think Cervantes   An opinion resented most bitterly*
  *Equal to half-a-dozen Dantes:          By the people of Italy.*

## 102 Close reading

*Miss Buss and Miss Beale*      *Miss Beale and Miss Buss*
*Cupid's darts do not feel:*      *Are not made like us.*

**Close reading,** das: (engl. nahes Lesen) →werkimmanente Interpretationsmethode. (→New criticism)

**Cobla,** die: (prov. Vers, Strophe, Lied) Strophe der prov. Lyrik. (→Trobador)

**Cobla esparsa,** die: (prov. Einzelstrophe) spruchartige eigenständige →Kanzonen-Strophe sententiösen oder epigrammat. Charakters; Form der ma. Lehrdichtung. (→Sirventes, →Scheltspruch)

**Coda,** die: (ital. Schweif) a) →Abgesang in prov. u. ital. Dichtung (→Canso, →Kanzone); b) →Geleit im ital. Schweif-Sonett.

**Code,** der: (frz.-engl., von lat. Schreibtafel, Buch, Verzeichnis) Schlüssel (→Informationstheorie), über den Sender u. Empfänger zumindest teilweise verfügen müssen, damit Nachricht übermittelt werden kann. Auch ein literar. Text ist eine kodierte Information (→Semiotik), die der Leser dekodieren soll. (→Enkodierung, →Dekodierung)

**Codex,** der: (lat. Holzklotz) wachsüberzogene hölzerne Schreibtafeln, heftartig zusammengebunden; röm. Vorform des Buches.

**Collage,** die: (zu frz. kleben) aus der Malerei stamm. Begriff, bezeichnet »Zusammenkleben« gegebener Elemente, deren Komposition zu etwas Neuem, in dem den Einzelelementen symbiot. Stellenwert innerhalb eines Ganzen zukommt. (→Montage, →Cento)
= K. Kraus, *Die letzten Tage der Menschheit* (1919); A. Döblin, *Berlin Alexanderplatz* (1929); A. Kluge, *Schlachtbeschreibung* (1964); u. a.

**Colombina,** die: (ital. Täubchen) Typenfigur der →Commedia dell'arte: kokette Dienerin, oft Frau oder Geliebte des →Arlecchino.

**Comedia,** die: (span.) span. dreiaktiges Versdrama ernsten (→Schauspiel) oder heiteren (→Komödie) Inhalts (16. u. 17. Jh.). (→Mantel- u. Degenstück)

**Comédie de mœurs,** die: (frz.) →Sittenstück.

**Comédie de proverbes,** die: (frz. Sprichwortkomödie) Theaterstück, dessen Dialoge primär aus Sprichwörtern bestehen; im 17. Jh. in Frkr. entstanden.

**Commedia erudita** 103

= *Liebe-vermeinte Jungfer* / etc.
*Ob ihr zwar für einen Articule des Glaubens haltet* / *ich habe den Narren an euch gefressen* / *so wisset doch* / *daß es noch um einen gantzen Baurenschuch fehlet. Ich will mir kein Blat fürs Maul nehmen* / *und mit euch das Spiel der unzeitigen Warheit spielen: Ich will euch weisen* / *wo der Hund im Pfeffer lieget: Mit der Bitte* / *ingedenck zu seyn* / *daß ein Freund* / *der sauer sihet* / *besser ist* / *als ein lachender Feind*... [Harsdörffer]

**Comédie larmoyante,** die: (frz. →weinerliches Lustspiel [Lessing]) → Rührstück.

**Comedy of humours,** die: (engl.) engl. Komödienform, deren Charaktere (einseitige) Verkörperung der vier Temperamente (humours = Körpersäfte) sind; als »Temperamentenkomödie« Vorläufer der →Charakterkomödie.
= Ben Johnson, *Every man in his humour* (1598), u. a.

**Comedy of manners,** die: (engl. Sittenkomödie) engl. Form des →Sittenstücks (17. Jh.).

**Comics** bzw. **Comic strips** (Pl.): (engl. komische Bilderstreifen) gezeichnete Bilderfolgen, im Anschluß an die Technik des Kinematographen entstanden; episch mit erläut. Zwischentexten oder dramat. mit textgefüllten Sprechblasen; seit Ende des 19. Jh. in den USA beliebt u. auch in Europa inzwischen weit verbreitet; C. gelten zwar als eine der primitivsten Formen von →Trivialliteratur, begegnen aber wachsendem künstler. u. wissenschaftl. Interesse. (→Bänkelsang, →Bildergeschichte)
= Rudolph Dirks, *Katzenjammer Kids* (1897), u. a.

**Commedia,** die: (ital.) in ma. ital. Literatur urspr. jedes Gedicht in Volkssprache im Unterschied zu lat. Gedichten; dann Bez. für →Drama allg. u.→Komödie im bes.

**Commedia dell'arte,** die: (ital. »Komödie der Schauspielerzunft«) volkstüml. ital. Stegreifkomödie des 16./18. Jh.; da lediglich die Szenenfolge (Szenarium) festgelegt ist, bleibt Ausspielung von Dialog, Mimik u. Witz der Improvisationsgabe des Darstellers überlassen; feststeh. typ. Figuren (Charaktermasken): Pantalone, Capitano, Arlecchino, Dottore, Colombina etc.; bestand bis Anfang 19. Jh.; von Einfluß u. a. auf Gryphius, Wiener →Volksstück (Stranitzky, Raimund, Nestroy), Grillparzer (*Weh dem, der lügt*, 1838), Hofmannsthal (*Rosenkavalier*, 1911); u. a. (→lustige Person)

**Commedia erudita,** die: (ital. gelehrte Komödie) ital. Intrigen- u. Verwechslungskomödie (16. Jh.), von Humanisten für gebildete höf. Laienspieler entwickelt.

= Hauptvertreter: Aretino (*La cortigiana*, 1534f.), Ariosto (*I suppositi*, 1509); Machiavelli (*La mandragola*, ca. 1513), u.a.

**Complaint(e),** die: (frz. Klage) Gedicht, das Elend des Sprechers beklagt; oft weil Geliebte(r) kalt oder abwesend ist; in MA. u. Renaissance verbreitet. (→Klagelied)
= *O happy dames, that may embrace*
  *The fruit of your delight,*
  *Help to bewail the woeful case*
  *And eke the heavy plight*
  *Of me, that wonted to rejoice*
  *The fortune of my pleasant choice;*
  *Good ladies, help to fill my mourning voice.*
  [Earl of Surrey, *Complaint of the absence of her lover being upon the sea*]
→Rime couée

**Complexio,** die (lat. Umfassung) →Symploke.

**Computertext,** der: Sammelbez. für »maschinelle« bzw. »maschinengefertigte« Poesie, d.h. für Texte, die in Fortführung der Tradition der »poésie impersonelle« (Lautréamont) mit Hilfe von Computern (digitalen elektron. Rechenanlagen) hergestellt werden (seit 1959).
= Vertreter: G. Stickel, Th. Lutz, O. Beckmann u.a.

**Conceptismo,** der: (span. zu concepto = →Konzetto) auch Conceptualismo, span. Ausprägung des →Manierismus. (→Gongorismus)

**Concetto,** das: →Konzetto.

**Conductus,** der: (mlat. Geleit) lat. geistl. einstimm. Lied des MA, gesungen bei Gottesdiensten, Prozessionen u.ä., doch ohne liturg. Stellenwert; im 13. Jh. von →Cantio abgelöst.

**Conférence,** die: (frz. Vortrag, entsprechend dt. Fremdwort Konferenz) Ansage durch einen Conférencier, z.B. im →Kabarett.

**Confessio,** die: (lat. Bekenntnis) Bekenntnisschrift, bekenntnishafte →Autobiographie. (→Bekenntnisdichtung)
= Augustinus, *Confessiones* (ca. 400); J.J. Rousseau, *Les confessions* (1782); Th. d. Quincey, *Confessions of an engl. opium-eater* (1821); Azorín, *Las confesiones de un pequeño filosofo* (1904); u.a.

**Conflictus,** der: (lat. Zusammenstoß) →Streitgedicht, →Contrasto, →Tenzone.

**Congé,** der: (frz. Abschied) afrz. Abschiedsgedicht, →Apopemptikon.

**Consolatio,** die: (zu lat. Trost) Trostgedicht, -schrift, röm. Literaturgattung.
= Ovid, *C. ad Liviam*; Boethius, *C. philosophiae* (523); u. a.

**Constructio ad sensum,** die: (lat. Bau nach dem Sinn) →Constructio kata synesin.

**Constructio kata synesin,** die: (lat. Bau + gr. nach dem Sinn) →Synesis.

**Conte,** der: (frz.) a) Erzählung meist kürzeren Umfangs; b) →Dit, →Fabliau.
= a) Marmontel, Balzac, Giraudoux (*Contes d'un matin*, 1952), u. a.

**Contradictio in adiecto,** die: (lat. Widerspruch im Adjektiv) →Oxymoron aus Subst. u. Adj. (→Paradox)
= *der weise Narr; viereckiger Kreis*

*Ein beredsam tiefes Schweigen*
*Ein Versteck, der offen liegt,*
*Ganz ergossen, sich nur eigen,*
*Ein Ergeben, nie besiegt.* [C. Brentano]

**Contrasto,** der: (ital. Gegensatz) ital. →Streitgedicht in (stroph.) Dialogform.
= Ciullo d'Alcamo, Jacopone da Todi u. a.

**Copla,** die: (span. Strophe) span. Strophenformen: a) →Cantar; b) variantenreiche zweiteilige Strophe aus meist acht bis zwölf Achtsilblern (bes. 15. Jh.).

**Copyright,** das: (engl.) am. Verlagsrecht, garantiert als Druckvermerk »C. by...« bzw. © Schutz gegen Nachdruck in den USA. (→Urheberrecht)

**Coq-à-l'âne,** der: (frz. vom Hahn zum Esel = unzusammenhängendes Durcheinander) frz. Gattung der Unsinnspoesie, oft als Deckmantel für polit. →Satire benutzt. (→Nonsensdichtung)
= C. Marot, *L'épistre du Coq en l'Asne à Lyon Jamet de Sansay en Perictou* (1531), u. a.

**Corpus,** das: (lat. Körper) Sammelwerk, auch wissenschaftl. Gesamtausgabe.
= *C. der altdt. Originalurkunden* (1932 ff.)

**Corr. corr. impr.:** (lat. correctis corrigendis imprimatur) nach Ausführung der Korrekturen druckfertig. (→Imprimatur)

**Correctio,** die: (lat. Berichtigung) →rhet. Figur: Selbstberichtigung des Redners zur Verstärkung seiner Aussage; Begriff aus antiker →Rhetorik.
= *Wir haben einen Stein setzen lassen. Etwa ihm zum Denkmal? Uns zum Wahrzeichen! Damit noch unsre Enkel wissen, wo sie hinzuknieen haben.*
[F. Grillparzer, *Rede am Grabe Beethovens*]

*Sie lieben, Madame? Nein, Sie anbeten, auf Händen Sie tragen...*
[H. Heine]

**Corrigenda** (Pl): (lat. zu Verbesserndes) Druckfehlerverzeichnis. (→Errata)

**Coup de théâtre,** der: (frz. Theaterschlag) unerwartete, effektvolle u. »schlagende« Wende im Handlungsverlauf eines Dramas. (→Peripetie)

**Couplet,** das: (frz. von lat. Verbindung [zweier Sätze zu →Strophe]) urspr. Zwischenstrophe, kleines witziges Kehrreimlied (→Kehrreim), meist anzüglich oder satir. aktuellen Inhalts. (→Vaudeville, →Chanson)
= *Wenn uns einer g'fallt und versteht uns nit glei,*
*Was soll man da machen, 's is hart, meiner Treu;*
*A Mann, der hat's leicht, ja, der rennt einer nach,*
*Und merkt sie's nit heut', so merkt sie's in vierzehn Tag'.*
*Er tut desperat, fahrt mit'n Kopf geg'n die Wand,*
*Aber daß er's nit g'spürt, macht er's so mit der Hand;*
*Und's Madel gibt nach, daß er sich nur nix tut.*
*Ja, die Männer hab'n's gut, hab'n's gut, hab'n's gut.*
                    *Lalala –*

*Wenn uns einer kränkt, das is weiter kein Jammer,*
*Was können wir tun? nix, als wanna in der Kammer,*
*Kränken wir einen Mann, tut's ihn nit stark ergreifen,*
*Er setzt sich ins Wirtshaus und stopft sich a Pfeifen;*
*Wir glaub'n, er verzweifelt, derweil ißt er ein'n Kas,*
*Trinkt an Heurigen und macht mit der Kellnerin G'spaß,*
*Schaut im Hamgehn einer andern keck unter'n Hut;*
*Ja, die Männer hab'n's gut, hab'n's gut, hab'n's gut!*

*Hat a Madel die zweite oder dritte Amour,*
*Is ihr Ruf schon verschandelt, und nachher is zur.*
*In dem Punkt is a Mann gegen uns rein a Köni,*
*Wann er fünfzig Madeln anschmiert, verschlagt ihm das weni;*
*Auf so ein Halodri hab'n d' Madeln erst a Schneid,*
*Und g'schieht es aus Lieb nit, so geschieht es aus Neid,*

*Daß man sich um ein'n solchen erst recht reißen tut.*
*Ja, die Männer hab'n's gut, hab'n's gut, hab'n's gut.*
[Aus: Joh. Nestroy, *Der Talisman*]

**Cross-reading,** das: (engl. quer + Lesen) Scherzspiel, bei dem mehrspaltig gedruckter Text über die Spalten hinweg quer gelesen wird, bes. in angelsächs. Ländern. (→Montage, →Collage, →Cut-up-Methode)
= *Gestern disputierte unter dem Vorsitz des Herrn Leibmedicus –*
*Ein Hengstfüllen mit einem weißen Pleß vor dem Kopf.*

*Heute wurde Frau N... von Zwillingen entbunden –*
*Wer auf zehne pränumeriert, kriegt eines umsonst.*
[G. Ch. Lichtenberg, *Nachahmung der engl. C.-r.*]

| | |
|---|---|
| *Starker Mann:* | *Die Ideen –* |
| *Delitio (zu Florismene):* | *Träumend bei der stillen Hürde.* |
| *Altdeutscher Jüngling:* | *Das Turnen –* |
| *Florismene (zu Delitio):* | *Mit der süßen Liebschaftsbürde...* |

[Eichendorff, *Krieg den Philistern*]

**Crux,** die: (lat. Kreuz) unerklärte Textstelle, in →Textkritik durch Kreuz markiert.

**Cuaderna via,** die: (span. vierfacher Weg) span. vierzeilige Strophe aus einreim. (span.) →Alexandrinern (13. u. 14. Jh.).
= Juan Ruiz, *Libro de buen amor* (14. Jh.)

**Cultismo,** der: →Gongorismo.

**Cursus,** der: (lat. Lauf) rhythm. Formeln für Satzschluß in kunstvoller Prosa; Vorläufer →Klausel; nach akzentuierten Silben (→akzentuierendes Versprinzip) sind zu unterscheiden: a) C. planus (gleichmäßiger C.):...x́x / xx́x (*immer Gewitter*; →Adonius); b) C. tardus (langsamer C.):...x́x / xx́xx (*ewig Verlorene*); c) C. velox (rascher C.):...x́xx / xxx́x (*bessere Hypothese*); d) C. trispondiacus (C. aus drei Spondeen):...xx́x / xxx́x (*geliebte Kameraden*; →Spondeus).

**Cut-up-Methode,** die: (engl. Aufschneid-M.) →Montage bzw. →Collage von zwei (längsgefalteten Textseiten zu einer Art →Cross-reading, mit dem Ziel, »die massiven Zwangsmaßnahmen einer offiziellen »Information« & Literatur in Frage zu stellen« (Carl Weissner).

**Dadaismus,** der: (nach Hugo Ball aus dada [= rum.: Ja, ja; frz. Holzpferdchen, Steckenpferd; dt. Stammellaut der Kindersprache] gebildeter Suggestivbegriff für Kunstauffassung der danach benannten Dadaisten) von H. Ball, T. Tzara, R. Huelsenbeck, K. Schwitters, H. Arp u. a., 1916 mit Zürcher »Cabaret Voltaire« entwickelte Kunst- u. Literaturrichtung; beruht auf Synthese u. Radikalisierung von Vorstellungen des →Expressionismus, →Futurismus, →Kubismus u. →Aktionskreises; totale anarchist. Ablehnung des bürgerl. Kunst- u. Gesellschaftsideals, Grundhaltung Provokation, Tendenz zum Abstrakt-Ungegenständlichen, Primitiven, Absurden, zu Experiment, Spiel u. Anti-Kunst, mit Zufall als Stimulans u. Prinzip des künstler. Schaffens; nach Huelsenbeck liegt die Leistung des D. in den drei Prinzipien »des →Bruitismus, der →Simultaneität u. des neuen Materials in der Malerei«. (→Collage, →abstrakte bzw. →akust. Dichtung)

= Auflösung des Zürcher D. nach dem Krieg in Berliner D. (1918–20: Huelsenbeck, Brüder Herzfelde, G. Grosz, R. Hausmann, W. Mehring u. a.), Kölner D. (1919–20: Max Ernst, H. Arp u. a.), Pariser D. (T. Tzara, H. Arp, L. Aragon, A. Breton, P. Eluard u. a.), »Merz« (K. Schwitters →Merz-Kunst)

= *Die Köpfe der Pferde schwimmen auf der blauen Ebene*
 *wie große dunkle Purpurblumen*
 *des Mondes helle Scheibe ist umgeben von den Schreien*
 *der Kometen Sterne und Gletscherpuppen*
 *schalaben schalabai schalamezomai*
 *Kananiter und Janitscharen kämpfen einen großen*
 *Kampf am Ufer des roten Meeres*
 *die Himmel ziehen die Fahnen ein die Himmel ver-*
 *schieben die Glasdächer über dem Kampf der hellen*
 *Rüstungen*
 *O ihr feierlichen Schatten Therebinten und Pfeifenkraut*
 *o ihr feierlichen Beter des großen Gottes*
 *hinter den Schleiern singen die Pferde das Loblied des*
 *großen Gottes*
 *schalaben schalabai schalamezomai*
 [Aus: R. Huelsenbeck, *Schalaben – schalabai – schalamezomai*]

*Die Luft strömt grau ins Mündungs-All.*
*Der Rabe schreit. Der Wald schläft ein.*
*Mich trennt ein rascher Tränenfall*
*Vom Ende und der Flammenpein.* [Aus: F. Hardekopf, *Spät*]

In Yvan Golls Gedicht *In uralten Seen* heißt es:
*In uralten Seen*
*Hausen die traurigen Fische*
*Mit den Augen aus Furcht*
*Indessen die rosa Hügel rundum tanzen*
*Wie die Hügel der Bibel...*

**Daina,** die: (litauisch) Volkslied: überliefert a) als lit. D., = → Volksballade, b) lettische D. = meist troch. oder daktyl. Vierzeiler lyr. bzw. lyr.-ep. Charakters.
= a) *Eine Tochter hatte ihren Geliebten begleitet*
*1. Frühmorgens im Morgelein ging das Sonnlein auf, und*
*unter dem Glasfensterlein saß das Mütterlein.*
*2. Ich wollte dich fragen, Töchterlein, wo bist du herum-*
*gegangen? Und wo hat dein Kränzlein das Nebelein befallen?*
*3. Früh, im frühen Morgelein, ging ich nach Wasserlein, und*
*da hat mein Kränzelein das Nebelein befallen.*
*4. Das ist nicht wahr, Töchterlein, das sind keine wahren*
*Wörtelein! Gewiß, du hast dein Knechtlein über Feld begleitet.*
*5. Ja, das ist wahr, Mütterlein, das sind wahre Wörtelein:*
*Ich hab' mit meinem Knechtelein ein Wörtlein geredet.*
[Nach Philipp Ruhig]

b) *Frühlingslied*
*Komm, o komme Nachtigallchen!*
*Komm mit deinem warmen Sommer;*
*Meine lieben jungen Brüder*
*Wüßten sonst die Saatzeit nicht.*

*Liebes Mütterchen, die Biene,*
*die so vielen Honig hat;*
*Allein giebet sie nicht Honig,*
*doch der Sommer allen Brot.*

*Väter, Väter bahnen Wege,*
*Kinder, Kinder folgen nach;*
*Gebe Gott, daß unsre Kinder*
*Unsern Wegen folgen nach.*

*Füllen mit dem weißen Fuße,*
*Scheust du dich hindurch zu traben?*
*Sohn, du mußt durch alles wandern,*
*Heimzuholen deine Braut.*

*Gestern nicht, es war schon lange,*
*Da die Sonne Braut noch war;*
*Gestern nicht, es war schon lange,*
*Als der erste Sommer ward.* [Nach Herder]

**Daktylus,** der: (gr. Finger) antiker Versfuß aus einer langen (betonten) Silbe und zwei kurzen (unbetonten) (= – ∪ ∪ [*Sturmwetter*]); Gegs. →Anapäst (= ∪ ∪ –). Wurde in der mhd. Lyrik (12. u. 13. Jh.) verwendet, verschwand dann mit dem Minnesang; Opitz erwähnt den D., benutzt ihn aber selbst nicht; Aug. Buchner griff ihn 1638 in seinem Opernballettext *(Ballett [...] von dem Orpheo und der Eurydice)* wieder auf; nach ihm trat bes. Zesen (*Hochdeutscher Helicon* [...], 1641) für seine Verwendung ein. Häufiger Gebrauch in →Sturm und Drang u. in klass. Dichtung (Goethe, Schiller, Hölderlin u.a.); in neuerer Zeit verwendete Paul Celan (*Mohn und Gedächtnis*, 1952) daktylische, antik wirkende Rhythmen. (→Hexameter, →Pentameter)
= *Leidenschaft führt mir die Schale zum Munde.*
*Leidenschaft wirft mir in seliger Stunde*
*her aus dem Himmel den hüpfenden Ball.*
*Wie er die Erde schlägt, Sendling von oben,*
*bin ich ins reichere Dasein erhoben,*
*lobe den Schöpfer und liebe das All.* [Aus: Weinheber, *Der Daktylus*]

**Dandyismus,** der: (zu Dandy = engl. nach ind. Stockträger = hoher Beamter im Indian Civil Service; urspr. extravagant gekleideter, sich entsprech. gebärdender engl. Adliger, dann Modenarr, Geck, Genußmensch) Dandytum, das in engl. u. frz. Romantik zur aristokrat.-elitist. Protesthaltung gegen demokrat. Nivellierungstendenzen hochstilisiert u. auf Dichter übertragen wurde; berühmtester Repräsentant des D. George Brummel (1778–1840). (→Byronismus, →Dekadenzdichtung, →L'art pour l'art)
= D. in Leben u. Werk vertraten: O. Wilde (*The picture of Dorian Gray*, 1890, u.a.); J.-K. Huysmans (*A Rebours*, 1884); St. George, E. Jünger u.a.

*Der Mensch des Reichtums und des Müßiggangs, der, selbst blasiert, keine andere Beschäftigung hat, als dem Glück nachzulaufen; der Mensch, der im Luxus groß geworden und von Jugend auf an die Unterordnung der andern gewöhnt ist; der Mensch endlich, dessen einziger Beruf die Eleganz ist, wird sich immer und in jeder Zeit einer völlig eigenartigen Sonderstellung erfreuen. Der Dandysmus ist eine nicht ausdeutbare, ebenso wunderliche Erscheinung wie das Duell. Uralt, da Cäsar, Catilina, Alkibiades uns schlagende Beispiele dafür liefern...*

[Aus: Ch. Baudelaire, *Der Dandy*; übers.]

**Danse macabre,** die: (frz.) →Totentanz.

**Darmstädter Kreis,** der: Freundeskreis in Darmstadt um J. H. Merck (ca. 1769–73), zu dessen Mitgliedern u. a. Herder, Goethe, F. M. Leuchsenring, Caroline Flachsland (Herders Braut) gehörten; neben Pflege des Freundschafts- u. Gefühlskults der Zeit (→ Empfindsamkeit) Eintreten für Klopstock, Shakespeare, Rousseau u. a.
= *Wie sehr dieser Kreis mich belebte und förderte, wäre nicht auszusprechen. Man hörte gern die Vorlesung meiner gefertigten oder angefangenen Arbeiten, man munterte mich auf, wenn ich offen und umständlich erzählte, was ich eben vorhatte, und schalt mich, wenn ich bei jedem neuen Anlaß das Früherbegonnene zurücksetzte.* [Aus: Goethe, *Dichtung und Wahrheit*]

**Darlegung,** die: Erläuterung (Lehrbuch).

**Datierung,** die: (von lat. Gegebenes) in der Literaturgeschichte Bestimmung von Entstehungszeit u. Erscheinungsjahr eines Werks.

**Débat,** der: (frz. Wortwechsel) didakt. dialog. → Streitgedicht, Nebenform des → Dit.
= Rutebeuf, Villon u. a.

**Deckname,** der: → Pseudonym, → Kryptonym etc.

**Dedikation,** die: (lat.) Widmung, Zueignung eines Werks an best. Person(en).

**Dekadenzdichtung,** die: (frz. Verfall) Dichtung der Krise, des Bewußtseins von Verfall u. Niedergang des bürgerl. Zeitalters (fin de siècle); als »Heldentum der Schwäche« charakterisiert durch Gemütsstimmung von Pessimismus, Weltschmerz; die müde Erfahrung von Ekel u. Überdruß führt zu Selbstisolation u. zur Suche nach verfeinertem »künstlichen« Sinnengenuß, zum Verlangen nach Rausch, Schönheit, schmerzlicher Lust; die D. nahm Ende des 19. Jh. von Frkr. ihren Ausgang (Baudelaire, Huysmans) u. berührte fast alle Literaturen Europas (O. Wilde, H. Bang, Tschechow); der Einfluß auf die dt. Literatur ist nur an einzelnen Werken ablesbar; »dekadente« Züge vor allem in Dichtung des → Impressionismus um 1900 (Wiener Impressionismus) u. der sog. → Neuromantik.
= Th. Mann, *Buddenbrooks* (1901), *Tod in Venedig* (1913); H. Mann, *Im Schlaraffenland* (1900); F. Huch, *Mao* (1907); u. a.

*Und wenn mein Arm den Nacken dir umwindet,*
*Irrt er der Spur vergangner Nächte nach,*
*Und wenn mein Mund den deinen bebend findet,*
*Küßt er ihm kaum vergeßne Küsse wach.*

*Und in den reichsten Stunden, liebesüßen,*
*Umschwelgt uns trunkener Erinnrung Bann;*
*Aus meinem Lächeln und aus meinem Grüßen*
*Schaut ein Gewesnes dich vertraulich an.*

*Und wenn ich mit dem Blick des Hohns dich quäle,*
*Seh ich im Aug dir ein Gedenken glühn.*
*Und was ich löschen will aus deiner Seele,*
*In hellern Farben laß ich dirs erglühn.*

*Und wenn ich mich gemartert von dir wende,*
*Spielt um die Lippen dir ein müder Zug –*
*Der lächelt stumm: ich kenn ja auch das Ende,*
*Wies immer kommt mit Ekel und Betrug.* [Aus: A. Schnitzler, *Ohnmacht*]

*Also spielen wir Theater*
*Spielen unsre eignen Stücke.*
*Frühgereift und zart und traurig,*
*die Komödie unsrer Seele,*
*unsres Fühlen Heut' und Gestern,*
*böser Dinge hübsche Formel.*
*Glatte Worte, bunte Bilder,*
*halbes, heimliches Empfinden,*
*Agonieen, Episoden...*
[Aus: Hofmannsthal: Prolog zu Schnitzlers *Anatol*]

**Dekastichon,** das: (gr. zehn + Vers) Gedicht oder Strophe von zehn Verszeilen.

**Dekasyllabus,** der: (lat. zehnsilb. Vers) a) Vers der →alkäischen Strophe; b) als roman. D. zehnsilb. Vers mit fester Zäsur nach 4. Silbe u. männl. Reim; dt. Nachbildung seit Opitz (17. Jh.). (→ Vers commun)
= →Chanson de geste

**Dekodierung,** die: Entschlüsseln der von Sender in einem →Code übermittelten Nachricht durch Empfänger; wird zusammen mit →Enkodierung als Grundmodell auch des Verstehens von Texten angesehen. (→Informationstheorie)

**Dekonstruktion,** die: (engl. Entkonstruierung) frz.-am. method. Richtung (v. a.) der Literaturwissenschaft, die, davon ausgehend, daß die Schrift nicht für »*einen* Sinn« steht, sondern »*zahlreich*« ist, einem Text durch »dekonstruktive« bzw. »disseminative« Lektüre die »Differenz in der Identität«, das Heterogene des in der Schrift als (selbstidentische) Signifikatsverkrustung Erstarrte zurückzugeben sucht. Umsturz u. »Transgression« bzw. Überschreitung u. Auflösung der hierarch. Oppositionen konstituieren die »doppelte

Gebärde« der D.: Das Signifikat wird wieder zum Signifikanten, der im »Tanz des Bedeutens« aufgehoben ist. Diese Infragestellung des Systems selbst, in dem die je nach →Literarität mehr oder weniger komplexen u. mehrgliedrigen Oppositionen funktionieren, läßt das Lesen nicht Wiederholungs-, sondern Befreiungsakt sein; »Schreiben anderer Texte«, Lesen des »anderen im Selben«. (→Analyse, →Methode)
+ J. Culler, *Dekonstruktion. Derrida und die poststrukturalist. Literaturtheorie*, 1982 bzw. 1988
= Hauptvertreter: J. Derrida, Paul de Man, J. Hillis Miller u. a.

*Die Lektüre [...] muß ein bestimmtes, vom Schriftsteller selbst unbemerktes Verhältnis zwischen dem, was er an verwendeten Sprachschemata beherrscht, und dem, was er nicht beherrscht, im Auge behalten. Dieses Verhältnis ist jedoch nicht durch eine bestimmte quantitative Verteilung von Schatten und Licht, Schwäche oder Stärke gekennzeichnet, sondern durch eine signifikante Struktur, die von der Lektüre erst produziert werden muß.* [Aus: J. Derrida, *Grammatologie*, 1967 bzw. 1974]

**Demuts-** bzw. **Devotionsformel,** die: (lat. Ergebenheit + →Formel) Form der →Captatio benevolentiae. (→Topos)
= *Ihr Diener, Ihr sehr ergebener; Ganz untertänigst*

**Denkspruch,** der: →Apophthegma, →Devise, →Maxime, →Spruchdichtung.

**Denkvers,** oder: →Merkvers, als Einzelvers oder Versfolge unliterar. Gedächtnisstütze für grammat. Regeln oder dergl. (→Abecedarium)
= *A B C, Kopf in die Höh'!*
*D E F, wart, ich treff!*
*G H I, das macht Müh'!*
*J K L, nicht so schnell!*
*M N O, lauf nicht so!*
*P Q R, das ist schwer!*
*S T U, hör mir zu!*
*V W X, mach 'nen Knicks!*
*Y Z, geh zu Bett!*

**Deprecatio,** die: (lat. Anrufung) →rhet. Figur: Anrufung einer (meist abwesenden) Person oder Sache mit der (flehentl.) Bitte um Mitgefühl, Verständnis u. ä. in schwieriger Situation. (→Apostrophe)
= KÖNIGIN: (...) *Wo schaust du hin?*
  HAMLET: *Auf ihn! Auf ihn! Seht ihr, wie blaß er starrt?*
  *Sein Anblick, seine Sache würde Steinen*
  *Vernunft einpredigen. Sieh nicht auf mich,*

*Damit nicht deine klägliche Geberde*
*Mein strenges Thun erweicht; sonst fehlt ihm dann*
*Die ächte Art: vielleicht statt Blutes Thränen.*
KÖNIGIN: *Mit wem bespracht ihr euch?* [Aus: Shakespeare, *Hamlet*]

**Descort,** das: (prov. Zwietracht) frz.-prov. Gedichtform, deren formal u. sprachlich ungleiche Strophen innere Zerrissenheit ausdrücken sollen. (→ Trobador, → Sequenz)
= Aï fals ris! per que traitz avetz
  Oculos meos, et quid tibi feci,
  Che fatto m'hai così spietata fraude?... [Dante]

**Descriptio,** die: (lat.) → Ekphrasis.

**Desiderat,** das: (lat. Gewünschtes) allg.: Lücke, Mangel; bes.: zur Anschaffung in Bibliotheken vorgeschlagenes Buch, auch im Sinne von zu schreibendes Buch gebraucht. (→ Berufsschriftsteller)

**Detektivroman,** der: (lat.-engl. Ermittler + R.) Variante des → Kriminalromans, die statt des Verbrechens dessen Aufklärer in den Mittelpunkt rückt; Konzentration auf die Lösungserwartung führt in den meisten Fällen zur Austrocknung des verbindlichen psychol.-soziol. Gehalts zugunsten der Demonstration neuer Spielart von → positivem Helden. Der für den D. charakteristische, auf E. A. Poe zurückgehende erzählerische Trick, wonach aus der → Perspektive einer mit dem Detektiv befreundeten, aber diesem geistig unterlegenen Person erzählt wird, machte Schule. (→ hypothetisches Erzählen)
= E. A. Poe (*Dupin + Erzähler*), Sir Arthur Conan Doyle (*Sherlock Holmes + Dr. Watson*), Agatha Christie (*Poirot + Hastings*), H. Reinecker (*Kommissar Keller*) u. a. Züge des D. bei Th. Fontane (*Unterm Birnbaum*, 1885), W. Raabe (*Stopfkuchen*, 1891), W. Bergengruen (*Der Großtyrann und das Gericht*, 1935), M. Frisch (*Stiller*, 1954) u. a. Verfasser von D.: D. Hammett, R. Th. Chandler, E. Ambler, E. St. Gardner, M. Spillane, J. H. Chase, P. Highsmith, G. Simenon u. a.

**Deus ex machina,** der: (lat. der Gott aus der [Theater-]Maschine) in gr. Tragödien wird der zur Katastrophe sich zuspitzende Konflikt durch ein Machtwort eines Gottes gelöst, der mit Hilfe der Theatermaschinerie auf die Bühne herunterschwebt. Die Wendung wurde dann sprichwörtlich für jede plötzliche, unmotivierte Lösung im Drama. (→ Lösungsdrama)
= Brecht/Weill, *Dreigroschenoper* (eine Proklamation der Königin Victoria rettet Mackie Messer vorm Galgen)

**Deuteragonist,** der: (gr.) der 2. Schauspieler im gr. Drama im Gegs. zu → Protagonist u. → Tritagonist.

**Deutschordensdichtung,** die: Ordenschroniken u. geistl. Dichtungen in ostmitteldt. u. lat. Sprache, verfaßt von Mitgliedern des Deutschen Ritterordens in Preußen vorwiegend zwischen 13. u. 15. Jh. (Schlacht bei Tannenberg, 1410); Blüte Ende des 13. und im 14. Jh.

= *Livländische Reimchronik*, Ende des 13. Jh.; Paraphrasen über das Leben heldischer Figuren des Alten Testaments wie *Judith*, *Esther*, *Daniel* (erste Hälfte 14. Jh.)

*Diz ist von den abgotin und von dem*
*ungeloubin und sittin der Prûzin.*
  *Di Prûzin nicht irkantin got*
*noch diwedir sîn gebot;*
*tum und einveldic was ir sin,*
*des inmochtin sî nicht in*
*bevân mit der vornumfte grift,*
*und want sî ouch nicht hattin schrift,*
*darin man got pflît irspên,*
*des mochtin sî in nicht irsên*
*mit den ougin der kenntnisse.*
*In was joch sô ungewisse*
*und sô vremde von vornunst*
*der schrifte wîsheit unde kunst,*
*daz sî zum êrstin sundirlich*
*daz dûchte alzû wundirlich,*
*daz ein man dem anderen*
*mit brîven zwischinwanderen*
*mochte hin in vremde lant*
*sînen willin tûn irkant.*
*Und want in got sus was unkunt,*
*dâ von di irrikeit intstûnt,*
*daz sî tumplîchir vûre*
*ein iclîche crêatûre*
*vur got pflâgin betin an:*
*donre, sunne, sterne, mân,*
*vogle, tîr und ouch di crotin*
*wârin in irkorn zu gotin.*
*Ouch sô hattin si velde,*
*wazzere unde welde*
*heilic nâch irme sinne,*
*sô daz sî nicht darinne*
*pflûgin noch vischin torstin,*
*noch houwin in den vorstin.*
                    [Aus: Nicolaus von Jeroschin, *Krônike von Prûzinlant*]

**Deutung,** die: →Interpretation.

**Devětsil,** der: (tschech. Pestwurz = Neunkraft) tschech. Dichterkreis, 1920 in Prag begr., Keimzelle des →Poetismus.

**Devise,** die: (lat. Unterscheidungszeichen) Sinn- oder Wahlspruch einer Persönlichkeit oder Gemeinschaft, der die Maxime eigenen Denkens bzw. Handelns als Bekenntnis oder Aufforderung zusammenfaßt.
= *Feind Gottes, des Mitleids und der Barmherzigkeit* [Werner von Urslingen]

**Devotionsformel,** die: →Demutsformel.

**Dexiographie,** die: (gr. rechts + schreiben) rechtsläufige Schreibweise, wie sie seit gr.-röm. Antike üblich ist. (→Bustrophedon)

**Dezime,** die: (span. Zehntel) span. Strophenform aus zehn vierfüßigen troch. Versen in Reihenfolge ababacdccd (mit Variation ababaccddc); dt. Nachbildungen v. a. in Romantik (L. Tieck, L. Uhland u. a.), Verbindung von vier D. = →Glosse.

**Diachronie,** die: (zu gr. histor., von F. de Saussure eingef. Bez.) Analyse u. Beschreibung des Wandels (Entwicklung) von Struktur oder System (Text, Sprache u. a.), d. h. des Verhältnisses zwischen seinen Einzelelementen in einer best. Zeitspanne im Gegs. zu →Synchronie. (→Strukturalismus)

**Diärese,** die: (gr. Trennung) a) getrennte Aussprache zweier aufeinanderfolg. Vokale (häufig durch ein Trema kenntlich gemacht) bzw. (gr.-lat. →Prosodie) Zerlegung von einsilb. Lautfolge in zwei Silben aus metr. Gründen (Gegs. →Synizese); b) in Metrik Verseinschnitt, bei dem im Gegs. zu →Zäsur Wort- u. Versfußende zusammenfallen; c) →rhet. Figur: →Akkumulation; in →Rhetorik auch Teil der Redevorbereitung: auf Inventio (Stoffsammlung) folgende, zur Dispositio (Stoffordnung) überleitende Aufzählung der zu behandelnden Punkte.
= a) *naïv, Noëmi*; b) nach einer →Dipodie bei jamb., troch. oder anapäst. Versen

**Dialektdichtung,** die: →Mundartdichtung.

**Dialog,** der: (gr. Zwiegespräch) Wechselrede zwischen zwei oder mehreren Personen; a) formales Grundelement des Dramas, Kunstmittel zur Entfaltung von Handlung u. Charakteren; b) selbständige literar. Form, die als philosophischer D. auf Plato zurückgeht u. die Möglichkeit bietet, einen Gegenstand (scheinbar) objektiv von versch. Seiten zu betrachten. (→Monolog, →Gespräch, →Humor)
= b) Ulrich von Hutten, *Dialoge* (1517 ff., *Aula, Fortuna* etc.); Joh. Rist, *Monats-Gespräche* (1663 ff.); Mendelssohn, *Phädon* (1767); Lessing,

*Ernst und Falk* (1778); Herder, *Gott. Einige Gespräche* (1787); Paul Ernst, *Erdachte Gespräche* (1921); u. a.

*Häusliche Szene*

Schlafzimmer. Präzeptor *Ziborius* und seine *junge Frau*. Das Licht ist gelöscht.

*Schläfst du schon, Rike?* »Noch nicht.« *Sag! hast du denn heut die*
                                                                    *Kukumern*
  *Eingemacht?* »Ja.« *Und wieviel nahmst du mir Essig dazu? –*
*»Nicht zwei völlige Maß.« Wie? fast zwei Maß? Und von welchem*
  *Krug? von dem kleinern doch nicht, links vor dem Fenster am Hof?*
»*Freilich.« Verwünscht! So darf ich die Probe nun noch einmal*
                                                                    *machen,*
  *Eben indem ich gehofft schon das Ergebnis zu sehn!*
*Konntest du mich nicht fragen?* »*Du warst in der Schule.« – Nicht*
                                                                    *warten? –*
  »*Lieber, zu lange bereits lagen die Gurken mir da.«*
*Unlängst sagt ich dir: Nimm von Numero 7 zum Hausbrauch –*
  »*Ach wer behielte denn stets alle die Zahlen im Kopf!« –*
*Sieben behält sich doch wohl! nichts leichter behalten als sieben!*
  *Groß, mit arabischer Schrift, hält es der Zettel dir vor. –*
»*Aber du wechselst den Ort nach der Sonne von Fenster zu Fenster*
  *Täglich, die Küche pressiert oft und ich suche mich blind.*
*Bester, dein Essiggebräu, fast will es mich endlich verdrießen.*
  *Ruhig, obgleich mit Not, trug ich so manches bis jetzt.*
*Daß du im Waschhaus dich einrichtetest, wo es an Raum fehlt,*
  *Destillierest und brennst, schien mir das Äußerste schon.*
*Nicht gern sah ich vom Stockbrett erst durch Kolben und Krüge*
  *Meine Reseden verdrängt, Rosen und Sommerlevkoin,*
*Aber nun stehen ums Haus her rings vor jeglichem Fenster,*
  *Halb gekleidet in Stroh, gläserne Bäuche gereiht;*
*Mir auf dem Herd stehn viere zum Hindernis, selber im Rauchfang*
  *Hängt so ein Untier jetzt, wieder ein neuer Versuch!*
*Lächerlich machen wir uns nimm mirs nicht übel!« – Was sagst du?*
  *Lächerlich?* »*Hättest du nur heut die Dekanin gehört.*
*Und in jeglichem Wort ihn selber vernahm ich, den Spötter;*
  *Boshaft ist er, dazu Schwager zum Pädagogarch.« –*
*Nun?* »*Einer Festung verglich sie das Haus des Präzeptors, ein*
                                                                    *Bollwerk*
  *Hieß mein Erker, es sei alles gespickt mit Geschütz!« –*
*Schnödes Gerede, der lautere Neid! Ich hoffe mein Stecken-*
  *Pferd zu behaupten, so gut als ihr Gemahl, der Dekan.*
*Freuts ihn Kanarienvögel und Einwerfkäfige dutzend-*
  *Weise zu haben, mich freuts, tüchtigen Essig zu ziehn. –*

> *Pause. Er scheint nachdenklich. Sie spricht für sich:*
>
> »Wahrlich, er dauert mich schon; ihn ängstet ein wenig die Drohung
> Mit dem Studienrat, dem er schon lange nicht traut.«... [E. Mörike]

**Dialogismus,** der: (gr. Überlegung) →rhet. Figur: Gestaltung von Gedanken u. Gefühlen als Selbstgespräch. (→Ethopoeie, →innerer Monolog)
= *Jetzt ist's also Oßian der Barde im Silbenmaße eines griechischen Rhapsoden. Vielleicht aber wird er dadurch verschönert, und gleichsam klassisch? Er mag es werden: nur er verliert mehr, als er gewinnt,* den Bardenton seines Gesanges. [Herder]

**Dialogroman,** der: →dramat. Roman.

**Diaphora,** die: (gr. Verschiedenheit) in der →Rhetorik a) Darstellung der Verschiedenheit zweier Dinge, b) →rhet. Figur: (emphatische) Wiederholung eines Wortes, wobei dessen Sinn abgewandelt wird. (→Anaklasis)
= a) *Meine einzige Hoffnung ist meine Verzweiflung*
b) *Er ist krank, schwer krank. Das Glück des andern ist mein Glück.*

> MEPH.: *Sie ist die erste nicht!*
> FAUST: ...»*Die erste nicht!*« *Jammer! Jammer!* [Aus: Goethe, *Urfaust*]

**Diatribe,** die: (gr. Zeitvertreib, Gespräch, Unterricht) in Antike entstandene literar. Form der derb-volkstüml., satir. →Predigt gegen Sittenlosigkeit. (→Satire)
= Plutarch, Epiktet, Lukian; von Abraham a Santa Clara in (Moral-)Predigt erneuert.

**Dibrachys,** der: (gr. doppelt + kurz) →Pyrrhichius.

**Dichoreus,** der: (gr.) doppelter →Choreus.
– ∪ – ∪ *(immer wieder)*

**Dichter,** der: (zu ahd. tihtōn = ordnen, herrichten; unter Einfluß von lat. dictare = schreiben dann erweitert zu »darstellen in poet. Form« [Otfried von Weißenburg, 9. Jh.]) Verfasser von Sprachkunstwerken (→Dichtung); Wort in heutiger Bedeutung zuerst im 12. Jh. *(König Rother)*, im Mhd. auch Musiker, Singer, Minnesinger, Meistersinger oder, schließlich, Poet, an dessen Stelle im 18. Jh. wieder D. trat. Heute zunehmend verdrängt durch →Autor, →Schriftsteller, Verfasser, Stückeschreiber (B. Brecht).
= *Der Mann, der den Namen eines Dichters wahrhaftig und in dem eigentlichen Sinn verdienet, der, als ein wahrer Künstler oder Baumeister [...], sowohl Menschen als Sitten schildert, der einer Handlung ihre gehörige*

*Form und ihre Verhältnisse geben kann, ist, wo ich nicht irre, ein [...] anderer* Schöpfer, *ein wahrer Prometheus unter* Jupiter. *Gleich jenem obersten Künstler oder der allgemeinen bildenden Natur, formet er ein* Ganzes, *wohl zusammenhangend, und in sich selbst wohl abgemessen, mit richtiger Anordnung und Zusammenfügung seiner Teile. Er bezeichnet das Gebiet jeder Leidenschaft, und kennet genau jeder derselben Ton und Maß, wodurch er sie mit Richtigkeit schildert; er zeichnet das* Erhabene *der Empfindungen und der Handlung, und unterscheidet das Schöne von dem Häßlichen, das Liebenswürdige von dem Verächtlichen.*

[Aus: Shaftesbury, *Soliloquy*; übers.]

**dichterische Freiheit,** die: auch poet. Lizenz, in dichter. Werken bewußte Abweichung von a) übl. Sprachgebrauch, b) histor. Gegebenheiten, um künstler. Zielsetzung willen.
= a) →Anakoluth, →Enallage, →Hyperbaton u. ä.
 b) Schiller, *Don Carlos*, *Jungfrau von Orleans*, u. a.

**Dichterkrönung,** die: im ital. →Humanismus erneuerte Ehrung eines Dichters durch feierliche Bekränzung; bes. unter den Kaisern Friedrich III. u. Maximilian I. gepflegt. (→Poeta laureatus)

**Dichtung,** die: (zu lat. zum Nachsagen vorsagen, vorsagend verfassen) Bedeutung Dichtkunst, dicht. Werk erst im Nhd.; als Produkt gestaltender Sprachkunst, die aus dem im Wort gegeb. Spannungsverhältnis von Sache u. Sinn die symbol. Form einer eigengesetzl. geistigen Welt schafft, heute höchste Form des Sprachkunstwerks. (→Poesie, →Literatur)
+ H. Rüdiger (Hrsg.), *Literatur und Dichtung. Versuch einer Begriffsbestimmung* (1973)
= *Dichtung ist der Versuch, mit den Mitteln der artikulierten Sprache das darzustellen oder wiederherzustellen, was Schreie, Tränen, Liebkosungen, Küsse, Seufzer usw. dunkel auszudrücken versuchen, und was die Dinge scheinbar ausdrücken wollen in dem, was wir für ihr Leben und ihre Absicht nehmen.*
[Paul Valéry]

**Dichtungswissenschaft,** die: Teil der →Literaturwissenschaft, die ihre Forschungsarbeit auf das rein Dichterische beschränkt, Dichtung als Dichtung zu erfassen sucht u. bei ihrer Bemühung um →Interpretation auf die Berücksichtigung außerkünstler. Gegebenheiten verzichtet. (→werkimmanente Interpretation)

**didaktische Poesie,** die: (zu gr. lehren) →Lehrdichtung.

**Didaskalien** (Pl.): (gr. Lehre) in der Antike a) Regieanweisungen gr. Dramatiker für die Inszenierung ihrer Werke; b) Art Theatertagebuch aus urkundl.

Verzeichnissen der aufgeführten Dramen u. Chordichtungen mit Angaben über Titel, Verfasser, Schauspieler, Aufführungsort u. -zeit u. ä.

**Digest,** der bzw. das: (engl. von lat. Gesammeltes) Zs. mit Auszügen aus oder Kurzfassungen von Büchern bzw. anderweitig veröffentl. Schriften, bes. in den angelsächs. Ländern.
= *Reader's D.; Catholic D.* o. ä.

**Digression,** die: (lat. Abwendung vom Redegegenstand bzw. Abschweifung vom Ablauf des Geschehens (bes. im Roman), oft zur Erhöhung von Aufmerksamkeit u. Spannung. (→Exkurs, →Amplifikation)
= Abschweifung nach Sterneschem Muster (*Tristam Shandy*) als »Disgression« bei J. G. Schummel (*Empfindsame Reise durch Deutschland*, 1770 ff.); Jean Paul, W. Raabe u. a.

**Dijambus,** der: (gr.) doppelter →Jambus.
= ᴗ – ᴗ – *(herbei herbei)*

**di junge:** (jidd. die Jungen) Freundeskreis junger avantgardist. jidd. Schriftsteller um die Zs. *jugend* (1907 ff.); betonte ästhet. Seite der Kunst u. galt deshalb als »dekadent«.
= Vertreter: M. Lejb, Zischa Landau, Reuben Ejsland, J. Opatoschu u. a.

> *Abendsonne.*
> *Und in der Abendkühle sind alle Fliegen*
> *in den Winkeln der Fenster erstarrt,*
> *wenn nicht schon tot.*
> *Auf dem Rand eines Wasserglases ist*
> *die letzte, allein im ganzen Haus.*
> *Ich sage:*
> *»Liebe Fliege,*
> *sing was von deinem fernen Land.«*
> *Ich höre ihr Weinen – ihre Antwort:*
> *Möge ihr rechtes Bein verdorren,*
> *wenn sie die Harfe ergreift*
> *an fremden Wassern,*
> *oder des lieben Misthaufens vergißt,*
> *der einst ihre Heimat gewesen.* [Mani Lejb, *Die letzte*; übers.]

**dikatalektisch:** doppelt →katalektisch, da nicht nur am Versende, sondern auch in der Versmitte eine Silbe zuwenig enthaltend.
= →Hemiepes

**Dikolon,** das: (gr.) aus zwei versch. Versmaßen bestehende Strophe, zweigliedriger Satz. (→Kolon)

**Dikretikus,** der: (gr.-lat.) Doppel- →Kretikus.
= _ ᴗ _ / _ ᴗ _ *(hundsgemein / schniekefein)*

**Diktion,** die: (lat. Vortrag) Ausdrucksweise, Schreibart eines Schriftstellers.

**Diktum,** das: (lat. Gesagtes) pointierter Ausspruch, →Sentenz, →Gnome, →Bonmot.

**Dilettant,** der: (lat.-ital. ergötzen) Nichtfachmann, Halbwissender, Laie (Amateur); von Goethe u. Schiller (*Über den Dilettantismus*, 1799) als überspannter, im Passiv-Subjektiven, Oberflächlich-Leeren sich bewegender, der Neigung der Zeit folgender »Pfuscher«, dem Künstler, »Meister« entgegengesetzt. (→Kitsch)
= *Als ich heut so bitterlich*
  *Tief vor Gott geweinet,*
  *Da ein kleines Vögelein*
  *Meinem Schmerz sich einet;*

  *Flog zu mir bis an den Sims*
  *Meines Fensters treulich:*
  *»Weine nicht, Du Herzensmaid,*
  *Schrecklich ist es freilich«.* [Friederike Kempner]

**Dimeter,** der: (gr. Doppelmaß) in antiker Metrik Vers aus zwei mehrmetr. Einheiten (Versfüßen, Dipodien).
= jamb. D.: ū ᷍ ᴗ ᴗ ᷍ (→Jambus)
ᴗ _ ᴗ _ / ᴗ _ ᴗ _ : *Das Wasser rauscht', / das Wasser schwoll* [Goethe]
(jamb. D.)

_ ᴗ _ / _ ᴗ _ ᴗ: *Arm am Beutel, krank am Herzen* [Goethe]
(troch. D.)

*Freude war in Trojas Hallen,*
*Eh die hohe Feste fiel;*
*Jubelhymnen hört man schallen*
*In der Saiten goldnes Spiel;*
*Alle Hände ruhen müde*
*Von dem tränenvollen Streit,*
*Weil der herrliche Pelide*
*Priams schöne Tochter freit.* [Aus: Schiller, *Kassandra*]

**Dinggedicht,** das: Gedicht, das »Ding« (Gegenstand, Lebewesen) distanziert u. »objektiv« beschreibt; häufig sprachliche Nach- u. Neuschöpfung von Werken der bildenden Kunst; Gültigkeit des Begriffs umstritten, da es sich wohl weniger um Objektivierung als um einfühlende Subjektivierung eines Objekts handelt. (→Bildgedicht, →Epigramm)

= C. F. Meyer, *Der römische Brunnen*; Rilke, *Das Karussell*, *Der Panther*; u. a.

*Das Ding ist bestimmt, das Kunst-Ding muß noch bestimmter sein; von allem Zufall fortgenommen, jeder Unklarheit entrückt, der Zeit enthoben und dem Raum gegeben, ist es dauernd geworden, fähig zur Ewigkeit. Das Modell scheint, das Kunst-Ding ist.* [Aus: Rilke, *Brief*]

*Noch unverrückt, o schöne Lampe, schmückest du,*
*An leichten Ketten zierlich aufgehangen hier,*
*Die Decke des nun fast vergeßnen Lustgemachs.*
*Auf deiner weißen Marmorschale, deren Rand*
*Der Efeukranz von goldengrünem Erz umflicht,*
*Schlingt fröhlich eine Kinderschar den Ringelreihn.*
*Wie reizend alles! lachend, und ein sanfter Geist*
*Des Ernstes doch ergossen um die ganze Form –*
*Ein Kunstgebild der echten Art. Wer achtet sein?*
*Was aber schön ist, selig scheint es in ihm selbst.*
[E. Mörike, *Auf eine Lampe*]

**Dingsymbol,** das: (Ding + →Symbol) Ding (bedeutungsvoller Gegenstand), das in Lyrik (bes. →Ballade) seines Symbolgehalts wegen an wesentl. Stelle leitmotivisch (→Leitmotiv) erscheint; entspricht dem von Paul Heyse für die →Novelle geforderten »Falken« (= »gegenständl. Korrelat«).
= Die *Kraniche* des Ibykus; der *Ring* des Polykrates bei Schiller; die *Pferde* des Michael Kohlhaas bei Kleist; u. a.

**Dionysien** (Pl.): (gr.) (alt)gr. Feste zu Ehren des Dionysos (Gott der Fruchtbarkeit, des Weins u. der Verwandlung = lat. Bacchus), Keimzelle für →Dithyrambus u. →Tragödie.

**dionysisch:** (zu Dionysos, dem Namen des gr. Weingottes) Zustand der ekstatisch-rauschhaften, alle Formen sprengenden Entgrenzung des Individuums u. dessen Vereinigung mit dem »Ur-Einen«, Weltganzen; Gegs. zu →apollinisch; Gestaltung vor allem in →Romantik, →Expressionismus.
= Novalis, *Hymnen an die Nacht* (1797); Kleist, *Penthesilea* (1808); u. a.

*Wir fliegen, aufgehoben königlich durch nachtentrissne Luft, hoch übern*
  *Strom. O Biegung der Millionen Lichter, stumme Wacht,*
*Vor deren blitzender Parade schwer die Wasser abwärts rollen. Endloses*
  *Spalier, zum Gruß gestellt bei Nacht!*
*Wie Fackeln stürmend! Freudiges! Salut von Schiffen über blauer See! Be-*
  *stirntes Fest!*
*Wimmelnd, mit hellen Augen hingedrängt! Bis wo die Stadt mit letzten Häu-*
  *sern ihren Gast entläßt.*
[Aus: E. Stadler, *Fahrt über die Kölner Rheinbrücke bei Nacht*]

**diplomatische Ausgabe,** die: Druckwiedergabe einer Handschrift, behält den genauen Zeilen- u. Seiteninhalt des Originals bei; es werden nur Abkürzungen aufgeschlüsselt. (→kritische Ausgabe)

**Dipodie,** die: (gr. doppelt + Fuß = Doppelfüßigkeit) a) Verschmelzung zweier gleicher, meist jamb. oder troch. Versfüße durch Unterordnung unter *einen* Hauptakzent zu einem einheitl. Verstakt; b) Aneinanderfügen zweier versch. Versmaße wie z. B. →Daktylus und →Trochäus zu →akatalekt. D. (= →adonischer Vers). (→Monopodie)
= (jamb.) *Bei stiller Nácht / Zur èrsten Wácht* [Spee] – *Das Wàsser ráuscht',/ Das Wàsser schwóll* [Goethe] – (troch.) *Àlte Zéiten / lìnde Tráuer* [Eichendorff]

**Diptychon,** das: (gr. doppelt Gefaltetes) Schreibtafel, urspr. aus Holz mit Wachsüberzug.

**direkte Rede,** die: wörtliche, den Wortlaut des Gesagten unverändert wiedergebende Rede. (→indirekte Rede)
= *Er sagte: »Ich geb' auf.« Sie protestierte: »Nein, das darfst du nicht tun!«*

**Dirge,** das: (engl. nach dem lat. Anfangswort der Totenklage »Dirige, Domine« [»Leite, Herr...«]) →Klage.
= *Full fathom five thy father lies;*
    *Of his bones are coral made:*
*Those are pearls that were his eyes:*
    *Nothing of him that doth fade*
*But doth suffer a sea-change*
    *Into something rich and strange.*
    *Sea-nymphs hourly ring his knell:*
*Hark! now I hear them, ding-dong, bell.* [Aus: Shakespeare, *Der Sturm*]

**Diseur,** der, bzw. **Diseuse,** die: (frz. Sprecher) Vortragskünstler bes. in →Kabarett.

**Diskurs,** der: (lat. Umherlaufen, Sich-Ergehen) allg.: Erörterung (Vortrag), Abhandlung über best. Thema; bes.: a) Verständigung zur Begründung des Geltungsanspruchs von Meinung, Behauptung u.ä. (J. Habermas); b) Erzählprozeß als die Art u. Weise, »wie ein Erzähler ein Geschehen in eine Kette von Einzelereignissen« auflöst (J. Schulte-Sasse).

**Dispondeus,** der: (gr.) doppelter →Spondeus.
= – – / – – (*Schönheit, Freiheit*)

**Disposition,** die: (lat.) sachgerechte Anordnung, Gliederung des Materials für Abhandlung, Aufsatz, Rede u. ä. (→ Rhetorik)

**Disputatio,** die: (lat.) öffentl. (gelehrt.) → Streitgespräch, von Bedeutung in spätantiker → Rhetorik; in Reformationszeit als literar. D. gepflegt.

**Dissertation,** die: (zu lat. ausführlich erörtern) schriftl. wissenschaftl. → Abhandlung zur Erlangung der Doktorwürde.

**Distichomythie,** die: (gr. doppelt + Zeile + Rede) Doppelzeilenrede, aus zwei Verszeilen bestehende Dialogform im Versdrama. (→ Stichomythie)

**Distichon,** das: (gr. Doppelvers) Verspaar, meist aus → Hexameter u. → Pentameter bestehende Einheit (→ Elegeion); zuerst in Barockdichtung, dann bei Klopstock, Goethe (*Röm. Elegien*, → *Xenien* [→ =]), Schiller, Hölderlin u. a. (→ Epigramm)
= Im Hexameter steigt des Springquelles flüssige Säule,
   Im Pentameter drauf fällt sie melodisch herab     [Schiller, *Das Distichon*]

*Sei mir gegrüßt, mein Berg mit dem rötlich strahlenden Gipfel!*
  *Sei mir, Sonne, gegrüßt, die ihn so lieblich bescheint!*
*Dich auch grüß ich, belebte Flur, euch, säuselnde Linden,*
  *Und den fröhlichen Chor, der auf den Ästen sich wiegt,*
*Ruhige Bläue, dich auch, die unermeßlich sich ausgießt*
  *Um das braune Gebirg, über den grünenden Wald,*
*Auch um mich, der, endlich entflohn des Zimmers Gefängnis*
  *Und dem engen Gespräch, freudig sich rettet zu dir.*
                              [Aus: Schiller, *Der Spaziergang*]

**distrophisch,** zweizeilig bzw. zweistrophisch = Distrophon.

**Dit,** der: (frz. Spruch, Erzählung) frz. episch-lyr. Kleinform mit satir.-moral. Tendenz. (→ Conte, → Fabliau)
= Rutebeuf, Froissart, G. de Machaut u. a.

**Dithyrambus, -os,** der, bzw. **Dithyrambe,** die: (gr. nach Beiname des Dionysos) urspr. kultisches → Chor- u. Reigen-Lied zur Verherrlichung des Weingotts Dionysos in (unregelmäßigen) Versen u. Strophen; Keimzelle des antiken Dramas; Form schwer gegen die der → Ode abzugrenzen; von Goethe in seiner Sturm-und-Drang-Periode (*Wanderers Sturmlied*), von Hölderlin, Nietzsche (*Dionysos-Dithyramben*), Weinheber, Yvan Goll u. a. verwendet.
= *Nimmer, das glaubt mir, erscheinen die Götter,*
  *Nimmer allein.*
  *Kaum daß ich Bacchus den lustigen habe,*

*Kommt auch schon Amor, der lächelnde Knabe,*
*Phöbus der herrliche findet sich ein.*
   *Sie nahen, sie kommen, die Himmlischen alle,*
   *Mit Göttern erfüllt sich die irdische Halle.*

*Sagt, wie bewirt ich, der Erdgeborne,*
*Himmlischen Chor?*
*Schenket mir euer unsterbliches Leben,*
*Götter! Was kann euch der Sterbliche geben?*
*Hebet zu eurem Olymp mich empor!*
   *Die Freude, sie wohnt nur in Jupiters Saale,*
   *O füllet mit Nektar, o reicht mir die Schale!*

*Reich ihm die Schale! Schenke dem Dichter,*
*Hebe, nur ein!*
*Netz ihm die Augen mit himmlischem Taue,*
*Daß er den Styx, den verhaßten, nicht schaue,*
*Einer der Unsern sich dünke zu sein.*
   *Sie rauschet, sie perlet, die himmlische Quelle,*
   *Der Busen wird ruhig, das Auge wird helle.*   [Schiller, *Dithyrambe*]

**Ditrochäus,** der: (gr.) doppelter →Trochäus.
= – ∪ – ∪ *(einzigartig)*

**Dittographie,** die: (gr.) Doppelschreibung als a) fehlerhafte Wiederholung eines Buchstabens oder b) Vorhandensein doppelter →Lesart (→Fassung).

**Diverbia** (Pl.): (von lat. auseinander + Wort) die gesprochenen (Dialog-) Partien in röm. Drama (→Dialog); Gegs. →Cantica.

**Divan** bzw. **Diwan,** der: (pers. Polsterbank, Versammlung) Gedichtsammlung meist eines best. Dichters; die im Orient gängige Bez. wurde zum festen Begriff in Deutschland durch Goethes *West-östlichen D.* (1819).
= Hafis, *D.* (1306 ff., bekanntester D., ins Dt. übers. von J. von Hammer-Purgstall, 1802 f., von Einfluß auf Goethe); u. a.

**Dizain** bzw. **Dixian,** der: (frz.) frz. Gedicht- oder Strophenform aus zehn acht- oder zehnsilbigen Versen mit der Reimfolge ababbccdcd (= Symmetrie *en miroir*). (→Epigramm)
= *Certain ivrogne, après maint long repas,*
   *Tomba malade. Un docteur galénique*
   *Fut appelé: »Je trouve ici deux cas,*
   *Fièvre adurante et soif plus que cynique.*
   *Or Hippocras tient pour méthode unique*
   *Qu'il faut guérir la soif premièrement.«*

> *Lors le fiévreux lui dit: »Maître Clément,*
> *Ce premier point n'est le plus nécessaire.*
> *Guérissez-moi ma fièvre seulement;*
> *Et pour ma soif, ce sera mon affaire.«* [J.-B. Rousseau]

**Dochmius,** der: (gr.-lat. der Schiefe) variantenreicher fünfgliedr. antiker Versfuß.
= ῡ – – ᴗ – *(Berufungsetat)*

**dörperliche Dichtung,** die: (zu mhd. [aus dem Ndl.] Bauer, Tölpel = der vom Dorf) Bez. für Dichtung Neidharts von Reuenthal und seiner Nachfolger (1. Hälfte 13. Jh.), als bäuerl. Gegenbewegung zum höf. →Minnesang schöpft sie Themen, Motive u. Wortschatz aus der dörfl.-bäuerl. Welt.
= G. von Neifen, Burkart von Hohenfels, Ulrich von Winterstetten u. a.

*1*
*»Sol ich disen sumer lanc*
*bekumbert sîn mit kinden,*
*sô woer ich lieber tôt.*
*Des ist mir mîn fröude kranc,*
*sol ich niht ze der linden*
*reigen, owê dirre nôt!*
 *Wigen wagen, gugen gagen,*
 *Wenne wil ez tagen?*
*minne minne, trûte minne, swîc, ich wil dich wagen.*

*2*
*Amme, nim daz kindelîn,*
*daz ez niht enweine,*
*als liep alse ich dir sî.*
*Ringe mir die swoere mîn:*
*du maht mich aleine*
*mîner sorgen machen frî.*
 *Wigen wagen, gugen gagen,*
 *wenne wil ez tagen?*
*minne minne, trûte minne, swîc, ich wil dich wagen.«*
[Gottfried von Neifen]

**Doggerel,** der: (wahrscheinl. aus ital. Faßdaube) →Knittelverse, auch anspruchsloser, schlechtgebauter Vers; schon bei Chaucer.
= *When civil fury first grew high,*
 *And men fell out, they knew not why;*
 *When hard words, jealousies, and fears,*
 *Set folks together by the ears,*
 *Then did Sir Knight abandon dwelling,*
 *And out he rode a colonelling.* [Aus: Samuel Butler (d. Ä.), *Hudibras*]

**Dokumentartheater** bzw. **Dokumentarstück,** das: (Dokumentation = Auswertung von Dokumenten + Stück = Schauspiel) in der Tradition von →Lehrstück, Tendenzstück u. polit. Revue stehende Form des mod. Theaters; Verfasser gibt den als Dokument ausgewiesenen, mit techn. Mitteln konservierten Stoff im Inhalt unverändert, in der Form für die Bühne eingerichtet unter völligem Verzicht auf ergänzende Erfindung u. Ausdeutung wieder; Parteilichkeit u. Nicht-Objektivität heben den Dokumentationscharakter auf, deshalb P. Weiss' *Lusitanischer Popanz* oder *Viet Nam Diskurs* nur irrtümlicherweise zum Dokumentationstheater gerechnet. (→Tendenzdichtung, →Montage, →Collage)
= Heinar Kipphardt, *In der Sache J. Robert Oppenheimer* (1964); Peter Weiss, *Die Ermittlung* (1965); H. M. Enzensberger, *Das Verhör von Habana* (1970); u.a.

**Dokumentation,** die: (lat. Beweis, das zur Belehrung über eine Sache bzw. zu deren Erhellung Dienliche) allg.: Sammlung, Ordnung u. Nutzbarmachung von Dokumenten bzw. dokumentar. Material für ein best. Interessen- oder Forschungsgebiet; bes.: als literar. Form Zusammenstellung von Dokumenten nach best. Gesichtspunkten u. deren Veröffentlichung zur Demonstration von Quellen. (→Dokumentartheater)

**Dolce stil nuovo,** der: (ital. süßer neuer Stil, Bez. von Dante) durch Umformung u. Weiterentwicklung der Grundkonzeption des prov. →Minnesangs (→Trobador) entstand. philos.-platonist. Liebesauffassung des oberital. Bürgertums u. deren dicht. Gestaltung bes. im 13. Jh.
= Guido Guinizelli, Guido Cavalcanti, Dino Frescobaldi, später Dante (*Vita nova*, 1295) u.a. Von Einfluß auf Petrarca, Michelangelo, Torquato Tasso und sogar noch Ezra Pound.

*All' edle Herzen, die von Lieb' entglommen,*
 *Vor deren Blick erscheinet dies Gedicht*
 *Sich zu erbitten Antwort und Bericht,*
 *Heiß' ich in Amor, ihrem Herrn, willkommen.*
*Des Bogens Drittel hatte schon erklommen*
 *Die Zeit, in der erglänzt der Sterne Licht,*
 *Plötzlich von Amor sah ich ein Gesicht,*
 *Woran zu denken noch mich macht beklommen.*
*Froh schien er mir, mein Herz in seiner Hand,*
 *Und die Gebieterin von ihm getragen,*
 *Schlafend im Arm, gehüllt in ein Gewand.*
*Er weckte Sie; das Herz dann, das entbrannt,*
 *Gab er zur Speise der Demüthigzagen;*
 *Und alsbald sah ich, wie er weinend schwand.*
            [Dante; dt. von K. L. Kannegiesser]

**Donator,** der: (lat.) Schenker, Geber bes. eines Buches.

**Donquichottiade,** die: (zu *Don Quijote* von Cervantes) Sonderform des →Abenteuerromans.
= Wieland, *Don Sylvio von Rosalva* (1764, gilt als beste dt.-sprach. D.); Musäus, *Granidson der Zweite* (1760ff.); J. G. Müller, *Siegfried von Lindenburg* (1778); u. a.

**Doppeldrama,** das: →Mischspiel.

**Doppelreim,** der: →Reim, der zwei aufeinanderfolgende, selbständig reimende Wortpaare miteinander verbindet.
= *lind wiegt: Wind schmiegt* [St. George]

*Nun wird das Meer nicht mehr bitter sein,*
*Auf stiller und wilder Flut*
*Wirst du der seligste Ritter sein.*
  [Aus: C. Brentano, *Das Märchen vom Schulmeister Klopfstock*]

**Doppelroman,** der: Bez. von Jean Paul geprägt im Anschluß an seinen Roman *Flegeljahre*, dessen Helden Vult u. Walt gemeinsam einen Roman zu schreiben beschließen; Kennzeichen des D. wechselnde Autorschaft von Kapitel zu Kapitel; auch gebraucht im Sinne von »Mischroman« (→Mischspiel) wie Immermanns *Münchhausen* (*Der Oberhof*).
= K. A. Varnhagen von Ense, *Die Versuche und Hindernisse Karls* (1808, zus. mit Fouqué u. a.), *Der Roman des Freiherrn von Vieren* (1815, zus. mit Chamisso, E. T. A. Hoffmann, Fouqué u. a.) sowie »Kollektivroman« *Das Gästehaus* (1965)

**Doppelsinn,** der: →Ambiguität, →Amphibolie.

**doppelte Ebene,** die: (doppelt = zweifach + Ebene) allg.: hinter der leicht faßbaren vordergründigen Welt des Gegenständlichen (vor allem in Lyrik u. Drama) sich verbergende, schwer faßbare (hintergründige) Welt von visionärer Schau u. Traumgesicht; bes.: in mod. Lyrik (→Symbolismus) als doppelte Blickrichtung, wo Darstellung u. Reflexion oder lyrische Anrede miteinander abwechseln (Wolfgang Kayser).
= *Kennst du das Land, wo die Zitronen blühn,*
*Im dunkeln Laub die Goldorangen glühn,*
*Ein sanfter Wind vom blauen Himmel weht,*
*Die Myrte still und hoch der Lorbeer steht?*
*Kennst du es wohl?*
      *Dahin! Dahin*

*Möcht ich mit dir, o mein Geliebter, ziehn.*

*Kennst du das Haus? Auf Säulen ruht sein Dach,*
*Es glänzt der Saal, es schimmert das Gemach,*
*Und Marmorbilder stehn und sehn mich an:*
*Was hat man dir, du armes Kind, getan?*
*Kennst du es wohl?*
              *Dahin! Dahin*

*Möcht ich mit dir, o mein Beschützer, ziehn.*

*Kennst du den Berg und seinen Wolkensteg?*
*Das Maultier sucht im Nebel seinen Weg;*
*In Höhlen wohnt der Drachen alte Brut;*
*Es stürzt der Fels und über ihn die Flut,*
*Kennst du ihn wohl? Dahin! Dahin*

*Geht unser Weg! O Vater, laß uns ziehn!*         [Goethe, *Mignon*]

*Zwei Segel erhellend*
*Die tiefblaue Bucht!*
*Zwei Segel sich schwellend*
*Zu ruhiger Flucht!*

*Wie eins in den Winden*
*Sich wölbt und bewegt,*
*Wird auch das Empfinden*
*Des andern erregt.*

*Begehrt eins zu hasten,*
*Das andre geht schnell,*
*Verlangt eins zu rasten,*
*Ruht auch sein Gesell.*         [C. F. Meyer, *Zwei Segel*]

**Dorfgeschichte,** die: Erzählung aus dem Lebensumkreis dörfisch-bäuerlicher Menschen; eingeführt mit *Ruodlieb* (1030 ff.), 1. D.: Wernher der Gartenaere, *Meier Helmbrecht* (zw. 1250 u. 1280), höchste Entfaltung in der Schweiz (J. H. Pestalozzi, J. Gotthelf, G. Keller u. a.); verschmilzt in Deutschland schließlich mit →Heimatroman (19. Jh.). (→Heimatliteratur, →Bauerndichtung, →Idylle)
= Immermann, *Der Oberhof* (1838 f.); Berthold Auerbach, *Schwarzwälder Dorfgeschichten* (1843 ff.); J. Gotthelf, *Uli der Knecht* (1849); Otto Ludwig, *Heiterethei* (1855); L. Anzengruber, *Der Schandfleck* (1877), *Der Sternsteinhof* (1884); u. a.

**Dorfkomödie,** die: ihren Stoff aus Lebensumkreis von Landvolk schöpfende Volkskomödie; meist mit Musik u. Tanzeinlagen, schlicht gefühlvoll u. oft eher anspruchslos. (→Komödie)
= L. Anzengruber, *Der Pfarrer von Kirchfeld* (1869), *Der Kreuzelschreiber* (1872), *Der G'wissenswurm* (1874), u. a.

**Dottore,** der: Typenfigur des lebensfremden Gelehrten (Pedanten) der →Commedia dell'arte.

**Douzain,** der: (frz.) Zwölfzeiler (Gedicht oder Strophe), v. a. in frz. Lyrik des 16. Jh.
= →Pléjade

**Drama,** das: (gr. Handlung, Geschehen) Grundform der Dichtung, die eigene Welt konsequent als Konflikt in spannungsgetriebenem →Dialog u. →Monolog entfaltet u. in der szenisch-theatral. Verkörperung an die Stelle von epischer Darstellung tritt; Anfänge im kult. Gesang u. Tanz, früheste Form →Tragödie, späteste →episches Theater; äußerer Aufbau in →Szene u. →Akt; Gliederung der →Handlung nach Aristoteles in drei Teile (→Exposition, →Peripetie, →Katastrophe), nach Gustav Freytags Schema (→Freytag-Pyramide) in fünf Stufen (→Exposition, →erregende Momente, →Höhepunkt, →fallende Handlung mit retardierendem Moment, →Katastrophe), denen ein Aufbau in fünf Akten entspricht, weswegen es nur bedingt u. nicht auf →analytisches Drama anwendbar ist, da dieses im Gegs. zum →Zieldrama zu Enthüllendes als vor Beginn geschehen voraussetzt u. nur verkürzt faßt; nach Struktur zu unterscheiden zwischen Geschehnisdrama (→Handlungsdrama), Figurendrama (→Charakterdrama), Raumdrama (→histor. Drama) u. a.

= *Das Drama stellt den Lebensprozeß an sich dar. Und zwar nicht bloß in dem Sinne, daß es uns das Leben in seiner ganzen Breite vorführt, was die epische Dichtung sich ja wohl auch zu tun erlaubt, sondern in dem Sinne, daß es uns das bedenkliche Verhältnis vergegenwärtigt, worin das aus dem ursprünglichen Nexus entlassene Individuum dem Ganzen, dessen Teil es trotz seiner unbegreiflichen Freiheit noch immer geblieben ist, gegenüber steht. Das Drama ist demnach, wie es sich für die höchste Kunstform schicken will, auf gleiche Weise an's Seiende wie an's Werdende verwiesen: an's Seiende, indem es nicht müde werden darf, die ewige Wahrheit zu wiederholen, daß das Leben als Vereinzelung, die nicht Maß zu halten weiß, die Schuld nicht bloß zufällig erzeugt, sondern sie notwendig und wesentlich mit einschließt und bedingt; an's Werdende, indem es an immer neuen Stoffen, wie die wandelnde Zeit und ihr Niederschlag, die Geschichte, sie ihm entgegen bringt, darzutun hat, daß der Mensch, wie die Dinge um ihn her sich auch verändern mögen, seiner Natur und seinem Geschick nach ewig derselbe bleibt. Hierbei ist nicht zu übersehen, daß die dramatische Schuld nicht, wie die christliche Erbsünde, erst aus der Richtung des menschlichen Willens entspringt, sondern unmittelbar aus dem Willen selbst, aus der starren eigenmächtigen Ausdehnung des Ichs hervorgeht, und daß es daher dramatisch völlig gleichgültig ist, ob der Held an einer vortrefflichen oder einer verwerflichen Bestrebung scheitert.* [Aus: Friedrich Hebbel, *Mein Wort über das Drama*]

**Dramatik,** die: dramat. →Gattung, die alles für die Bühne Geschriebene umfaßt; 3., spannungsvoll in Rede u. Gegenrede sich entfaltende →»Naturform der Poesie« (Goethe) (→Lyrik, →Epik); auch wenn in der D. lyrische (→Chor), epische (→Botenbericht) u. dramat. (persönl. Handeln auf der Bühne) Elemente zusammenwirken, überwiegt in ihr das Dramatische (→Drama).
= Goethes »Naturformen der Dichtung«. In: *Noten u. Abhandlungen zu besserem Verständnis des West-östl. Divans* (1819); E. Staiger, *Grundbegriffe der Poetik* (1917); u. a.

**dramatischer Roman,** der: extreme, fast ausschließlich aus →Dialogen bestehende Form des (Dialog-)→Romans, die den Erzähler nahezu völlig in seiner Figurenwelt verschwinden läßt.
= J. J. Engel, *Herr Lorenz Stark* (1795 u. 1801); F. T. Hase, *Gustav Aldermann* (1779), *Friedrich Mahler* (1781); u. a.

**Dramatisierung,** die: (zum Drama machen) Umgestaltung (→Bearbeitung) eines epischen (oder auch lyrischen) Werkes zum dramatischen (→Dramatik). (→Bühnenbearbeitung)
= E. T. A. Hoffmanns Erzählung *Die Bergwerke zu Falun* und H. v. Hofmannsthals lyr. Drama *Das Bergwerk zu Falun*; Schillers *Turandot*, Brechts *Mutter Courage*, Hebbels, Ibsens, Wagners Behandlungen des Nibelungenstoffes, Wagners *Parsifal*, *Tristan und Isolde*; u. a.

**Dramatis personae** (Pl.): die in einem Drama auftretenden Personen sowie deren Verzeichnis.

**Dramaturgie,** die: (gr. ein Drama ins Werk setzen) als Teilgebiet der →Poetik die Lehre von Form u. Wirkung des →Dramas (Theaters); Begriff von Lessing (*Hamburgische Dr.*, 1767) geprägt u. von Vertretern literar. Strömungen eigener Zielsetzung entsprechend normativ definiert.(→Literaturtheorie)

**Dramolett,** das: (frz. Diminutiv von →Drama) Bez. für kurzes Bühnenwerk, selten gebraucht. (→Singspiel)
= Goethe, *Des Künstlers Erdewallen* (1773), *Kenner und Künstler* (1776), *Künstlers Apotheose* (1788); Schiller, *Huldigung der Künste* (1805); Benn, *Ithaka* (1914); u. a.

**Drápa,** die: (anord.) anord. Preisgedicht (9.–13. Jh.) besteht im allg. aus mindestens 20 Strophen (→Dróttkvætt) u. unterscheidet sich als Form für den Lobpreis von Königen durch den *stef* (bes. Strophenteil oder eigene unabhängige kleinere Einheit) vom *flokkr*, dem Preisgedicht auf geringere Personen.
= Eysteinn Ásgrinsson (1361 gest.), *Lilja*. Die bekanntesten Beispiele für spätere →Skaldendichtung sind relig. Inhalts, doch der Form nach D.

**Drehbuch,** das: (drehen [Film] + Buch) einer Partitur vergleichbares Textbuch zu einem Film; als genaue Beschreibung aller Einzelheiten (Text, Musik, Geräusche, techn. Details) Arbeitsgrundlage des Regisseurs.
= Veröffentlichte Drehbücher: I. Bergmann, A. Robbe-Grillet u. a.

**Drehbühne,** die: (drehen [im Kreis] + Bühne) Drehscheibe, deren einzelne Sektoren in der Folge jeweils als Bühne dienen, so daß mehrere Szenenbilder nebeneinander aufgebaut u. dem Fortgang der Bühnenhandlung entsprechend durch Drehung ins Blickfeld gerückt werden können.

**Dreiakter,** der: →Drama in drei →Akten. Aufbau: →Protasis bzw. Einleitung, →Exposition, →erregendes Moment = 1. Akt; →Epitasis bzw. Verwicklung = 2. Akt; Konfliktauflösung bzw. →Katastrophe = 3. Akt.
= Cervantes, Ibsen, Garcia Lorca u. a.

**Dreireim,** der: (→Reim) Wiederholung des gleichen Endreims in drei aufeinanderfolg. Zeilen, oft zur Kennzeichnung von Strophen- oder Aktschlüssen.
= *Über Bergen, Fluß und Talen,*
*Stiller Lust und tiefen Qualen*
*Webet heimlich, schillert, Strahlen!*
*Sinnend ruht des Tags Gewühle*
*In der dunkelblauen Schwüle,*
*Und die ewigen Gefühle,*
*Was dir selber unbewußt,*
*Treten heimlich, groß und leise*
*Aus der Wirrung fester Gleise,*
*Aus der unbewachten Brust,*
*In die stillen, weiten Kreise.* [Eichendorff, *Mittagsruh*]

**dreiteilige Strophe,** die: →Meistersangstrophe.

**Drôlerie,** die: (frz. schnurriger Einfall) →Schnurre.

**Droll,** die: (von frz.) engl. (kompilierte) Kurzkomödie, oft mit Tanz, meist auf Jahrmärkten u. Messen aufgeführt (1649–60). (→Farce)

**Dróttkvætt,** das: (anord. Fürstenton) die am häufigsten gebrauchte Strophenform (80%) der →Skaldendichtung; jede Zeile der achtzeiligen, aus vier ähnlich gebauten Verspaaren in troch. Trimetern bestehenden Strophe des anord. Preisgedichts (→Drápa) umfaßt sechs Silben, jedes Verspaar (= *fjǫrðung*) weist drei Beispiele für Alliteration (= *stafr*) auf; die Hauptalliteration (= *hǫfuðstafr*) muß auf die erste betonte Silbe der 2. Zeile fallen, die andern beiden auf betonte Silben der 1. Zeile. Die 1. Zeile des *fjǫrðung* enthält zwei Halbreime (= *skothending*), die 2. Zeile zwei volle Reime (= *aðalhending*). Den unerhörten metrischen Anforderungen des D. war nur durch Beschaffung von Wortvarianten Genüge zu tun, was zur Entwicklung von →Kenning u. →Heiti führte. Eine strophische Variante mit acht Silben pro Zeile, aber ähnlichem Alliterations- u. Reimschema (= *hrynhend*), stammt aus späterer Zeit.

= *Hart stritt man, bis Streitvolks*
*Ständig droh'nder Bänd'ger*
*Aars Klau'n hin drei Hundert*
*Heerleut warf als Beute.*
*Der raubkecke Krieger*
*Konnt' (dem Land zur Wonne) –*
*Treten ob Häuptern der Toten*
*Tatkühn ans Gestade.*

[Aus: Einarr Skálaglamm Helgason, *Vellekla*; dt. von F. Niedner]

**Druckerzeichen,** das: →Signet.

**Dry mock,** der: (engl. trockener Spott) Form des iron. →Witzes, dem →Understatement verwandt, bes. in angelsächs. Literatur.

**Dubitatio,** die: (lat. Zweifel) →rhet. Figur: die Darstellung einleitende zweifelnde Frage des Redners an die Zuschauer, wie er beginnen solle.

**Duma,** die: (Pl. Dumi, Dumen) (russ.) balladenartiges ukrain. Volkslied histor.-heroischen Inhalts. (→Ballade, →Byline)

**Dumb show,** die: (engl. stumme Schau) →Pantomime im älteren engl. Drama, um vor einer Aufführung die zu erwartende Handlung zu verdeutlichen. (→Intermezzo)
= Shakespeare, *Hamlet* (III. Akt), u. a.

**Dumka,** die: (tschech.) schwermütiges slaw. →Volkslied.

**Dunciade,** die: (engl. nach der Satire *Dunciad* [Dummkopfiade] von A. Pope [1728]) satir. Spottgedicht, auch Bez. für dichter. Ergüsse.

**Duodrama,** das: (zu lat. zwei) →Drama, in dem nur zwei Personen auftreten. (→Monodrama)
= Goethe, *Proserpina* (1776); Hofmannsthal, *Der Tor und der Tod* (1899); W. Hasenclever, *Jenseits* (1920); u. a.

**Duplicatio,** die: (lat. Verdoppelung) →rhet. Figur: →Gemination.

**Durch:** naturalist. literar. Verein, 1886 in Berlin von K. Küster, L. Berg u. Eugen Wolff gegr., verdient um theoret. Fundierung des dt. →Naturalismus.

= Mitglieder: A. Holz, J. Schlaf, J. H. Mackay, W. Bölsche (*Die naturwissenschaftl. Grundlagen der Poesie*, 1887), H. u. J. Hart, G. Hauptmann u. a.

**Echogedicht,** das: (gr. Widerhall + G.) aus →Echoreimen bestehendes Gedicht, vor allem im 17. Jh. (→Hirtendichtung), meist als geistr. →Scherzgedicht.
= →Nürnberger Dichterkreis (J. Klaj, S. v. Birken, Harsdörffer u. a.), →Romantik (A. W. Schlegel, L. Tieck, Cl. Brentano u. a.) u. a.

**Echoreim,** der: ganze oder teilweise Wiederholung des letzten Wortes eines als Frage formulierten Verses, um Antwort zu geben oder Inhalt zu kommentieren. (→Schlagreim)
= *Quis Goliathem trucidavit? David!*

*Ach, was bleibt mir nun noch offen? – Hoffen!* [L. Tieck]

*Hier bin ich einsam, keiner hört die Klage.    Klage!*
   *Niemand vertrau' ich mein verzagtes Stöhnen.    Tönen.*
   *Soll ich stets ungeliebt der Spröden fröhnen?    höhnen.*
   *Wie lang harr' ich umsonst, daß es mir tage?    Tage.*

*Mich findet Gunst zu leicht auf ihrer Wage.    wage!*
   *Wem liegt wohl dran, mein Leben zu verschönen?    Schönen.*
   *So wird das holde Glück mich endlich krönen?    Krönen.*
   *Wer gibt mir frohe Kund' auf jede Frage?    frage!*

*Was ist dein Thun dort in den Felsenhallen?    hallen.*
   *Und was ist schuld, daß du nur Laut geblieben?    lieben.*
   *So fühlst du etwas bei Verliebter Schmerzen?    schmerzen.*

*Glaubst du, dein Spiel könn' irgend wem gefallen?    allen.*
   *Wem wird es denn zu lieb mit uns getrieben?    Trieben.*
   *Wer sehnt sich leeren Widerhall zu herzen?    Herzen.*
   [A. W. Schlegel, *Waldgespräch*]

**École fantaisiste,** die: (frz. Schule der Phantasiereichen) vom →Symbolismus beeinflußte Gruppe frz. Lyriker, die sich in den Jahren vor dem Ersten Weltkrieg um den Dichter u. Literaturkritiker F. Carco zusammenfand u. deren Lieblingsthema die Welt von Boheme (Montmartre) war.
= J.-M. Bernard, J. Pellerin, P.-J. Toulet u. a.

**École romane,** die: (frz. romanische Schule) Gruppe junger frz. Dichter (1891 gegr.), die Frontstellung gegen →Symbolismus mit Forderung nach Erneuerung der frz. →Renaissance-Tradition verbanden.
= J. Moréas, Ch. Maurras, M. Du Plessys u. a.

**Écriture automatique,** die: (frz. automatisches Schreiben) surrealist. Schreibtechnik, sucht das zufällige Nebeneinander von alogisch-unbewußten →Assoziationen (»Denkdiktat« [A. Breton]) festzuhalten. (→Surrealismus; →Dadaismus)

**ed.:** (lat. edidit = herausgegeben hat es) Abk., die zus. mit folg. Eigennamen Herausgeber eines Buches bezeichnet.
= *Betrachtungen über die Planeten*, ed. Stimson

**edd.:** (lat. ediderunt = herausgegeben haben es) Pluralform von →ed.

**Editio castigata,** die: (lat. beschränkte Ausgabe) von »anstößigen Stellen« (in relig., polit. u. erot. Hinsicht) gereinigte Ausgabe eines Werkes. (→ad usum delphini)
= Erstausgabe von E. T. A. Hoffmanns *Meister Floh* (1822) u. a.

**Editio definitiva,** die: Ausgabe eines Werkes mit endgültiger, abschließender Textgestalt. (→Ausgabe letzter Hand)

**Edition,** die: (lat.) a) Ausgabe bzw. Reihe (Serie) oder Verlag; b) Herausgabe eines Textes (→Textkritik).

**Editio princeps,** die: (lat.) →Erstausgabe bes. alter, wiederentdeckter Werke.

**Editio spuria,** die: (zu lat. unecht, unehelich) →Nachdruck ohne Zustimmung des Verfassers, →Raubdruck.

**Ehestandsliteratur,** die: moral.-relig. Werke über Sinn u. Aufgabe des (christl.) Ehestands (→Spiegel, →Zucht), beliebt bes. im 15. u. 16. Jh.
= Albrecht v. Eyb, *Ehebüchlein* (1472); J. Fischart, *Das Philos. Ehzuchtbüchlin* (1578); u. a.

*Wann er schreiet,*
*Schweigt er dan,*
*Ist er grimmsinnig*
*Ist er Vilgrimmig,*
*Ist er Stillgrimmig*
*Ist er Vngstümmig,*
*Tobt er aus grimm,*

*Sie nur schweiget,*
*Redt sie jn an,*
*Ist sie Külsinnig,*
*Ist sie stillstimmig,*
*Ist sie Trost-stimmig,*
*Ist sie kleinstimmig,*
*So weicht sie jm,*

*Ist er wütig,*      *So ist sie gütig,*
*Mault er aus grimm,*      *Redt sie ein jm.*
*Er ist die Sonn,*      *Sie ist der Mon,*
*Sie ist die Nacht,*      *Er hat Tagsmacht,*
*Was nun von der Sonnen,*      *Am tag ist verpronnen,*
*Daskült die nacht,*      *Durch des Mons macht,*
*Also wird gstillt,*      *Auch was ist wild.*
*Sonst fern geschicht,*      *Gleich wie man spricht,*
*Zwen harte stain,*      *Maln nimmer klain*
    *Ein gscheid Frau laßt den Man wol wüten,*
    *Aber darfür soll sie sich hüten,*
        *Das sie jn nicht lang maulen lase,*
        *Sonder durch linde weis vnd mase*
    *Vnd durch holdselig freundlich gspräch*
    *Bei zeiten jm den Mund aufprech.*
        [Aus: J. Fischart, *Das Philosophisch Ehzuchtbüchlin*]

**Ehrenrede,** die: Leichenrede zum Lobpreis von verstorb. Fürsten, Ritter oder Dichter; Sonderform der →Heroldsdichtung.
= Hauptvertreter der E. ist Peter Suchenwirt (1353–95).

**Eidformel,** die: (→Formel) →Invokation als Sprachformel zur Bekräftigung eines Schwures.
= *Straßburger Eide* (Bündnisschwur, 842) u. a.

**eigentliche Sprache,** die: (zu eigen = im genauen Sinn) im Gegs. zur →uneigentlichen Sprache das direkte Sagen, in dem Formulierung u. Bedeutung eins sind, da auf tropische Ausdrucksweise (→Tropus) verzichtet wird; Meister der eigentlichen Sprache: B. Brecht.
= Brechts Gedichte *Leichtigkeit, Der Balken, Der Radwechsel, Eisen* u.a.

**Einakter,** der: →Drama in einem →Akt; seit Mitte des 18. Jh.
= Lessing, *Philotas* (1759); Kleist, *Der zerbrochene Krug* (1808); Hofmannsthal, *Gestern* (1891); Schnitzler, *Anatol* (1893, →Zyklus von sieben E.); H. Sudermann, *Morituri* (1897, drei E.); Paul Ernst, *Im Chambre séparée* (1898); E. Stramm, *Sancta Susanna* (1914); dazu Werke von Strindberg, Shaw oder O'Neill. (→Nô-Spiel)

**Einblattdruck,** der: einseitig bedruckte Blätter wie Ablaßbriefe, Kalendarien, →Flugblätter, →Bilderbogen.
= →Romanzero

**Einblendung,** die: Mittel der →Montage, a) Zusammenfügung von Elementen aus verschiedenen Sachbereichen zur Kontrastierung u. Potenzierung; b) in Film- u. Hörwerken als Ineinanderschneiden räuml. u. zeitl. gebundener Szenen.

= a) z. B. in mod. Lyrik, mod. Drama

**einfache Formen** (Pl.): von A. Jolles durch Analyse gewonnene vorliterarische »Sprachgebärden« u. Grundformen volkstüml. Dichtung, auf denen best. literar. Kunstformen beruhen.
= →Legende, →Sage, →Mythe, →Rätsel, →Spruch, →Kasus, →Memorabile, →Märchen, →Witz

> *Das, was in dem Wirrsal der Welt gehäuft liegt, besitzt nicht [...] schon von vornherein eigene Form, sondern, was hier unterscheidend geschieden wird, nimmt erst, während es in der Zerlegung sich zusammenfindet, eigene Form an. Und gerade dieser Vorgang ist es, den wir zu beobachten haben. Gleiches gesellt sich zu Gleichem, aber es bildet hier keinen Haufen von Einzelheiten, sondern eine Mannigfaltigkeit, deren Teile ineinander eindringen, sich vereinigen, verinnigen, und so eine Gestalt, eine Form ergeben – eine Form, die als solche gegenständlich erfaßt werden kann, die, wie wir sagen, eigene Gültigkeit, eigene Bündigkeit besitzt.*
> *Wo nun die* Sprache *bei der Bildung einer solchen* Form *beteiligt ist [...] sie von sich aus noch einmal gestaltet da können wir von* literarischen Formen *sprechen.* [Aus: André Jolles, *Einfache Formen*]

**Einfühlung,** die: intuitives Erfassen eines Kunstwerks im Sinne »geistigen Schauens«, Teilvorgang des Verstehens; seit Romantik Gegenstück von Überlegung (Novalis, F. Th. Vischer, Th. Lipps u. a.). (→Hermeneutik)

**Einheiten** (Pl.): drei E. a) der Handlung (keine Nebenhandlung), b) des Ortes (kein Ortswechsel), c) der Zeit (nicht länger als 24 Std.); dramaturg. Grundregel, deren Beachtung von älterer →Poetik (ausgehend von *Poetik* des Aristoteles) gefordert wurde; bes. von Vertretern des frz. Klassizismus verwirklicht. (→tektonisches Aufbauprinzip)
= Corneille, *Discours sur les trois unités* (1660)

**Einleitung,** die: Einf. in Problematik von literar. oder wissenschaftl. Werk (→Exposition, →Prolog, →Proömium). (→Vorwort)

**Einreim,** der: auch Haufenreim, Reimhäufung, durchgehender Reim oder Tiradenreim, da ein u. derselbe Reim ganze Strophen bzw. Gedichte beherrschen kann; vor allem in mhd. Lyrik (→Minnesang) und bei J. Fischart.
= *Willst du deinen Junkern behagen,*
  *So mußt du dich also betragen:*
  *Im Frieden stets wacker dich plagen,*
  *Im Kriege stets wacker dich schlagen,*
  *Nichts wagen und nie was abschlagen.*
  *Nie fragen, versagen, noch klagen,*
  *Beim Geldgeben nimmer verzagen,*

*Und all deine Wünsche vertagen.*
*Dann hast du nichts weiter zu sagen!* [A. Glaßbrenner, *An den Michel*]

**Ekloge,** die: (gr. Auswahl) in röm. Literatur urspr. ausgewähltes Einzelgedicht, später beschränkt auf → Hirtendichtung. (→ Idylle)
= Calpurnius, Vergil; H. E. Hessus, Enricius Cordus, Petrus Lotichius sec.; Platen, *Die Fischer auf Capri* (1827), u. a.

*Als nechst ein schöner Tag den Himmel ausgekläret /*
*Und neuen Sonnenschein dem Feld und Wald bescheeret /*
*Ist / wo der* Guttalus *sein gelbes Ufer tränckt /*
*Und umb das Rosenthal die breiten Arme schrenckt /*
*Der Schäfer* Tityrus *zu seinem* Damon *kommen /*
*Und haben Raum und Ruh bey einem Baum genommen /*
*Die Gürtel aufgelöst / die Taschen abgelegt /*
*Sich in das Graß gestreckt wie sonst ein Hirte pflegt.*
*Drauff ihre Noth geklagt / wie sie die Liebe frässe /*
*Und als ein nagend Wurm in ihrem Hertzen sässe /*
*Daß weder Noth noch Zeit veränderte die Pein /*
*Und daß die Liebe müst' ein brennend Feuer seyn.*
*Bis endlich* Tityrus *der Liebsten Schönheit preißte /*
*Wie seine* Galathee *sich so holdselig weißte /*
*Als irgend eine mag. Der* Damon *sprach gar wohl /*
*Wir streiten durch ein Lied / wer Seine loben soll.*
*Und drauff sang* Tityrus: *Des Frühlings Rosen bleichen;*
*Der Sommer muß dem Herbst / der Herbst dem Winter weichen.*
*Die Nacht verhüllt den Mond; nur deiner Augen Licht /*
*O schöne* Galathee *schwärtzt keine Wolcke nicht.*
*Kein Apffel färbt sich so / als Lippen / Mund und Wangen /*
*Der Schnee hat sich zugleich umb Brust und Halß gehangen.*
*Und ob des Winters Frost dem Baum die Blätter raubt /*
*So ist der Glieder May mit Kräntzen doch belaubt.*
[Aus: H. Mühlpforth, *Ecloga*]

**Ekphrasis,** die: (gr. Beschreibung) in antiker → Rhetorik detaill. Beschreibung (Person, Sache) oder Schilderung (Ereignisse) aus der Perspektive des Augenzeugen und unter Rückgriff auf → Topoi, Teil der → Epideixis.
= *Auf gemeißeltem Sockel als erster erhob sich der kühne*
*Heros Deïphobos dort, gewaltig, den Helm auf dem Haupte,*
*wie an dem Tage er war, da einst er dem stürmenden Feinde*
*Menelaos am Rand des zertrümmerten Hauses begegnet.*
*Vorwärts schien er zu schreiten; vortrefflich im Schmucke der Waffen*
*bot er die Flanke; vor Ingrimm geduckt und krümmend den Rücken,*
*sammelte wild er die Kampflust; er spähte mit blitzenden Augen,*
*gleichsam als wahrte er sich vor dem Ansturm feindlicher Männer.*

*Hielt seine Linke den mächtigen Schild vor die Brust sich, die Rechte
schwang das Schwert in die Höhe, und eben war ihr Beginnen
voller Wüten, den Stahl ins Fleisch eines Gegners zu stoßen;
doch die Natur erlaubt nicht dem Erz, dem Ingrimm zu folgen.*
  [Aus: Christophodoros, *E. der Statuen in dem öffentl. Gymnasion (...)*]

**Elaborat,** das: (lat. mühevoll ins Wort Gesetztes) schlechte schriftliche Ausarbeitung eines Themas, Machwerk.

**Elativ,** der: (lat. erheben) Superlativ ohne Vergleich als hohe, nicht als höchste Steigerung.
= *Als Wilhelm die aufmerksamste Teilnahme bewies, schlossen sie...*
  [Goethe, *Wilhelm Meister*]

*das zarteste Lächeln der feinsten Geselligkeit schwebt über dem stillen Gemälde*  [F. Schlegel, *Gespräch über Poesie*]

**Elegantia-Ideal,** das: (lat. Gewähltheit, Anmut) als »Zierlichkeit« in Literatur des →Barock Inbegriff von Vollkommenheit sprachl. Formung.
= *Die Worte bestehen in dreierlei, in der eleganz oder Zierlichkeit, in der composition oder Zusammensetzung und in der dignitet und Ansehen*
  [M. Opitz, *Buch von der deutschen Poeterey*, 1624]

**Elegeion,** das: (gr.) elegisches Versmaß, entsteht durch Verbindung von →Hexameter u. →Pentameter. (→Distichon)

**Elegie,** die: (Herkunft unklar, viell. von phryg. Flöte) urspr. aneinandergereihte →Distichen (daher Titel *Römische Elegien* [Goethe]); in Antike allg. Gedicht in Distichen; später (Klage-)Gedicht als Ausdruck von Trauer über Tod, Verlust, Trennung bzw. von Widerspruch zwischen Ideal u. Leben; Schiller grenzt das Elegische ab als »Sehnsucht« nach unerreichbarem Ideal gegen das Idyllische (verwirklichtes Ideal) u. Satirische (Tadel der Realität). (→Epigramm)
= Form der E. verwendet von Fleming, Logau, den Dichtern des →Göttinger Hains, in der Klassik, danach von Grillparzer, Lenau, Platen, Rückert, Mörike, F. von Saar, Grün, Rilke, Werfel, Trakl, Brecht u. a.

*Die Abendglocke tönt den Tag zur Ruh,
Die Herde schleichet blökend vom Revier;
Der Pflüger rudert schwer der Hütte zu,
Und läßt die Welt der Dunkelheit und mir.*

*Der Glanz der Gegend schmilzt nun Zug für Zug,
Und tiefe Feyerstille hält die Luft;
Der Käfer dröhnt nur dort noch seinem Flug,
Wo Schlummerklang zum fernen Pfürche ruft.*

*Nur dort tönts noch durch alte Rudera,*
*Wo es der Eule Murrsinn Lunen klagt,*
*Daß noch ein Wandrer, ihrer Grotte nah,*
*Ihr ödes Heiligthum zu stören wagt.*
        [Th. Gray, *Elegie. Geschr. auf einem Dorfkirchhofe*; übers.]

*Auch das Schöne muß sterben! Das Menschen und Götter bezwinget,*
  *Nicht die eherne Brust rührt es des stygischen Zeus.*
*Einmal nur erweichte die Liebe den Schattenbeherrscher,*
  *Und an der Schwelle noch, streng, rief er zurück sein Geschenk.*
*Nicht stillt Aphrodite dem schönen Knaben die Wunde,*
  *Die in den zierlichen Leib grausam der Eber geritzt.*
*Nicht errettet den göttlichen Held die unsterbliche Mutter,*
  *Wann er, am skäischen Tor fallend, sein Schicksal erfüllt.*
*Aber sie steigt aus dem Meer mit allen Töchtern des Nereus,*
  *Und die Klage hebt an um den verherrlichten Sohn.*
*Siehe, da weinen die Götter, es weinen die Göttinnen alle,*
  *Daß das Schöne vergeht, daß das Vollkommene stirbt.*
*Auch ein Klaglied zu sein im Mund der Geliebten, ist herrlich,*
  *Denn das Gemeine geht klanglos zum Orkus hinab.*        [Schiller, *Nänie*]

**Elegjambus,** der: (gr. elegischer →Jambus) röm. Vers aus daktyl. →Hemiepes u. jamb. →Dimeter.
= $-\cup\cup-\cup\cup-/\cup-\cup-\cup-\cup\overset{\smile}{-}$ (*scribere versiculos amore percussum gravi*
        [Horaz])

**Elfenbeinturm,** der: (nach *Hohes Lied* 7,5) Chiffre für Rückzug von Künstler (Philosoph, Wissenschaftler) aus gesellschaftl.-polit. Leben im Gegs. zu →Engagement.

**Elision,** die: (gr. Herausstoßung) Ausstoßung eines Vokals: im Wortinnern zwischen zwei Konsonanten aus Gründen der Ausspracheerleichterung u. der Metrik, am Wortende vor vokalisch anlautendem Wort zur Vermeidung von →Hiatus. (→Apokope)
= *meint' ich* statt *meinte ich*

*Die Bächlein rauschen in dem Sand*
*Und malen sich und ihren Rand*
*Mit schattenreichen Myrthen:*
*Die Wiesen liegen hart dabei*
*Und klingen ganz vom Lustgeschrei*
*Der Schaf' und ihrer Hirten.*
*Die unverdroßne Bienenschar*
*Zeucht hin und her, sucht hier und dar*
*Ihr' edle Honigspeise:*
*Des süßen Weinstocks starker Saft*        [Paul Gerhardt]

**Ellipse,** die: (gr. Auslassung) →rhet. Figur: Auslassung von Satzgliedern, ohne daß Sinnzusammenhang zerstört wird; bes. bei ekstat. Sprechen; häufig in →Sturm und Drang u. →Expressionismus, wo E. Streben nach Gefühlsunmittelbarkeit, Verknappung des Ausdrucks u. der syntaktischen Verzerrung dient. (→Aposiopese)

= *Ja, alles flieht mich nun. Auch du! Auch du!* [Goethe]

*Ein Ruderschlag: Ein Eratmen; eine Barke: Stütze des Haupts. Fünf eherne Rosse, die Asien gab, und um die Säulen sag es: manchmal eine Stunde, das bist Du; der Rest ist das Geschehn.* [G. Benn]

*Verfluchtes Jahrhundert! Chaotisch! Gesanglos! Ausgehängt du Mensch,*
  *magerster der Köder, zwischen Qual Nebel-Wahn Blitz.*
*Geblendet. Ein Knecht. Durchfurcht. Tobsüchtig. Aussatz und Säure.*
*Mit entzündetem Aug. Tollwut im Eckzahn. Pfeifenden Fieberhorns.*
*Aber*
*Über dem Kreuz im Genick wogt mild unendlicher Äther.*
*Heraus aus Gräben Betrieben Asylen Kloaken, der höllischen Spelunke!*
*Sonnen-Chöre rufen hymnisch auf die Höhlen-Blinden.*
*Und*
*Über der blutigen Untiefe der Schlachten-Gewässer*
*Sprüht ewig unwandelbar Gottes magischer Stern.*

*Du Soldat!*
*Du Henker und Räuber! Und fürchterlichste der Geißeln Gottes!*
*Wann endlich*
*– frage ich bekümmert und voll rasender Ungeduld zugleich –*
*Wann endlich wirst du mein Bruder sein?*
*Wenn*
*Das mörderische Messer restlos von dir in dir abfällt.*
*Du vor den Gräbern und Feinden waffenlos umkehrst:*
*Ein Deserteur! Ein Held! Bedankt! Gebenedeit!*
*Zornig Du in tausend Stücke das verbrecherische Gewehr zerschmeißt.*
*Rücksichtslos dich deiner »verdammten Pflicht und Schuldigkeit« entziehst*
*Und deinen billigen hundsföttischen Dienst höhnisch offen verweigerst allen Ausbeutern, Tyrannen und Lohnherrn...*
 [Aus: J. R. Becher, *Der Mensch steht auf*]

**Eloge,** die: (frz. aus →Elogium) Lobrede, Lobschrift. (→Panegyricus, →Enkomion)
= Fontenelle, *Eloges des académiens* (1812); Saint-John Perse, *E.s* (1911); u. a.

**Elogium,** das: (lat. Aufschrift) in der röm. Antike (lobende) Inschrift auf Grabsteinen, Statuen u. ä. (→Epigramm)

**Emblem,** das: (gr. Eingesetztes, Einlegearbeit) »dreigeteilte«, aus Bild (→Allegorie, →Rätsel), Text (→Diktum, →Motto) u. Unterschrift (→Epigramm) bestehende Kunstform, beliebt in Europa bes. vom 16. bis 18. Jh. (→Barock)
+ A. Henkel u. A. Schöne (Hrsg.), *Emblemata. Handbuch zur Sinnbildkunst des 16. u. 17. Jh.* ($^2$1976)

= In uino ueritas.
*Quisquis eris, domini qui uis secreta latêre,*
*Vel res ipse tuas: acria uina fuge.*
*Nam cùm multa nimis siccâris pocula Bacchi,*
*Effundis, clausam pectore quicquid habes.*
*Namque animus uino turgens arcana tenere*
*Nescit, et os plenum uera referre solet.*

Der Wein redt die warheit.
*Wer will seins Herren gheimnuß schlecht*
*In still erhalten / wie dan Recht*
*Oder sein selbes sachen auch*
*Lůg das er zuuil Weins nitt brauch*
*Dan wan der Wein einschleicht / ohn schertz*
*Eröffnet er dir all dein hertz*
*Redst dan hinauß vnd weist nit drumb*
*Ob es znutz oder zschaden kumb.*
*Dan ye der Wein der kan nitt liegen*
*Er thut aber gar offt betriegen.*
[Aus: M. Holtzwart, *Emblematum Tyrocinia*]

**Emblematik,** die: (→Emblem) Sinnbildkunst.

**Embolima** (Pl.): (gr. Einschübe) im antiken Drama nicht handlungsbezogene, lediglich die Zwischenakte füllende →Chorlieder. (→Stasimon)

**Emendation,** die: (lat. Verbesserung) Berichtigung von verderbt überliefertem Text mit Mitteln der →Textkritik.

**Emigrantenliteratur,** die: (von lat. auswandern) allg.: Werke von Autoren, die aus polit. Gründen ihre Heimat verlassen mußten; bes.: literar. Produktion derer, die nach 1933 gezwungen oder freiwillig den Machtbereich der Nationalsozialisten ihrer polit. Einstellung, Weltanschauung, Volkszugehörigkeit oder Religion wegen verließen; Institute zur Erforschung der Exilliteratur (= E.) bestehen an den Universitäten Stockholm (Schweden) und Hamburg (seit 1969).
+ *Biograph. Handbuch der deutschsprach. Emigration nach 1933.* 2 Bde. 1980/82

= B. Brecht, H. Broch, A. Döblin, H. und Th. Mann, R. Musil, F. Werfel, H. H. Jahnn, C. Zuckmayer u. a.

*Ich hab mein Brot verdient und hab's verzehrt*
*Wie ihr. Ich bin ein Arzt, vielmehr: ich war's.*
*Ob meiner Nase Form, der Farb des Haars*
*Wurd Dach und Brot mir eines Tags verwehrt.*
*[...]*

*Doch bat ich wo um meinen Unterhalt*
*Hieß man mich immer wieder unverschämt*
*Ich bin nicht unverschämt: ich bin verloren.*

[Brecht, *Klage des Emigranten*]

**Empfindsamkeit,** die: (zu »empfindsam« als Übersetzung von engl. »sentimental«) Bez. für literar. Strömung zwischen 1740 u. 1780, die eine der Reaktionen gegen Einfluß des →Rationalismus der →Aufklärung darstellt, dem Verstand das Gefühl, die »Empfindung« entgegensetzt, aber selber als eine »nach innen gewendete Aufklärung« (G. Sauder) gelten kann; vorbereitet durch →Pietismus, stark beeinflußt von engl. Literatur (Samuel Richardson, Lawrence Sterne, Oliver Goldsmith, Edward Young) u. getragen von Gefühlsüberschwang, der sich bis zu tränenseliger Schwärmerei steigern kann; einer der Höhepunkte Klopstocks *Messias* (1748f.) u. Goethes *Werther* (1772/74), ging schließlich auf in →Romantik u. →Sturm und Drang. (→Göttinger Hain)
= Chr. F. Gellert, Sophie von LaRoche, Joh. M. Miller, L. Chr. H. Hölty, Joh. H. Voß, M. Claudius u. a.

*Wie klein ist doch das kleine Theil von unsrer Welt, aus Fluht und Land,*
*Wovon der Mensch der Lehns-Herr ist! Der Rest ist nichts, als*
                    *Wüsteneyen,*
*Als Klippen, schroffe Gegenden, gefrorne Meere, brennend Sand,*
*Von Wunder-Thieren, Gift und Stacheln, von Todt und Mord ein*
                    *Aufenthalt.*
*Dieß ist von unsrer Erden-Charte die melancholische Gestalt,*
*Noch finsterer die Würklichkeit. Derselben Erden wilde Wüste*
*Ist von uns eine Chart', ein Abriß. So nah benachbart sind die Lüste*
*Des übermüht'gen Erden-Herrn mit dem so weiten Reich der Pein,*
*Wo tiefe Plagen uns erschütternd, uns gleichsam drohen zu zerreissen,*
*In welchem laute Sorgen heulen, wo gift'ge Leidenschaften beissen,*
*Ein räuberisches Heer von Elend beständig dreut uns umzubringen,*
*Und ein verrähtrisches Geschick sich öffnet, um uns zu verschlingen.*

[E. Young; dt. von B. H. Brockes]

**Emphase,** die: (gr. Verdeutlichung) allg.: Hervorhebung; bes.: uneigentliche →Umschreibung (→Tropus), d. h. Gebrauch eines umfassenden Begriffs zur

Kennzeichnung von Merkmal (→Synekdoche). (→Diaphora, →Anaklasis)
= Allg.: *Seht, ein Mensch!*
Bes.: *Hier bin ich Mensch, hier darf ich's sein* [Goethe]

**Enallage,** die: (gr. Vertauschung) →rhet. Figur: Beziehungsverschiebung eines Wortes, seine Verbindung mit »falschem« Substantiv.
= *Das rote Lächeln ihres Mundes* statt *das Lächeln ihres roten Mundes*

*Dennoch umgab ihn die gutsitzende Ruhe seines Anzugs.* [R. Musil]

**Enchiridion,** das: (gr. in der Hand [behalten]) Hdb., Lehrbuch, Leitfaden.
= *Diesen Catechismon oder Christliche lere inn solche kleine schlechte einfeltige form zu stellen, hat mich gezwungen und gedrungen die klegliche elende not, so ich newlich erfaren habe, da ich auch ein Visitator war. Hilff lieber Gott, wie manchen iamer habe ich gesehen, das der gemeine man doch so gar nichts weis von der Christlichen lere, sonderlich auff den dörffern, und leider viel Pfarherr fast ungeschickt und untüchtig sind zu leren, Und sollen doch alle Christen heissen, getaufft sein und der heiligen Sacrament geniessen, können ǁ widder Vater unser noch den Glauben odder Zehen gebot, leben dahin wie das liebe vihe und unvernünfftige sewe, Und nu das Evangelion komen ist, dennoch fein gelernt haben, aller freiheit meisterlich zu missebrauchen. O ihr Bischoffe, was wolt ihr doch Christo imer mer antworten, das ihr das volck so schendlich habt lassen gehn und ewr ampt nicht ein augenblick ihe beweiset. Das euch alles unglück fliehe, Verbietet einerley gestalt und treibt auff ewer menschen gesetze, fragt aber die weil nichts darnach, ob sie das Vater unser, Glauben, Zehen gebot odder einiges Gottes wort künden, Ach und wehe uber ewern hals ewiglich.*
[Aus: Luther, *E. Der kleine Catechismus*]

**Endecasillabo,** der: (ital. nach lat.-gr. elf + Silbe) ital. elfsilbiger Vers mit weibl. Reim (→Vers commun), gilt als wichtigster Vers der ital. Dichtung (→Sonett, →Terzine, →Stanze, →Sestine); in Dtschld. bei Wieland, Heine, Goethe u. den Romantikern.
= *Genug gemeistert nun die Weltgeschichte!*
*Die Sterne, die durch alle Zeiten tagen,*
*Ihr wolltet sie mit frecher Hand zerschlagen*
*Und jeder leuchten mit dem eignen Lichte.* [Aus: Eichendorff, *Mahnung*]

**Endecha,** die: (zu span. mit Totenliedern besingen) aus vier siebensilbigen Zeilen bestehende Strophe der span. endechas (Pl.) = Leichengesang bzw. →Totenklage. (→Romanze)

**Endlosverse** (Pl.): Verse, die »endlos« wiederholt werden können; häufig als Kinder- u. Trinklied, aber auch empfohlen als Übung für Schauspieler (B. Brecht). (→Knüpflied)

= *Ein Hund kam in die Küche*
*und stahl dem Koch ein Ei.*
*Da nahm der Koch die Pfanne*
*und schlug den Hund zu Brei.*
*Dann kamen viele Hunde*
*und gruben ihm ein Grab.*
*Sie setzten ihm ein Denkmal,*
*darauf geschrieben stand:*

*Ein Hund kam in die Küche*
*und stahl dem Koch ein Ei...*

**Endreim,** der: (Reim am Ende) Gleichklang zweier oder mehrerer Verse von letzter Hebung an; seit Mitte des 18. Jh. gleichbedeutend mit →Reim. (→Endsilbenreim, →Stabreim)

**endschallender** bzw. **nachhallender Reim,** der: identischer →Doppelreim am Versende.
= *Die Ernt' ist wie die Saat, drum, was ihr sät, seht!*
*Ein Tor, wer früh versäumt hat, und zu spät späht,*
*Wie wer den Braten wegwirft und das Bret brät.*
*Wer nie dem Rater folgt, der was mißrät, rät,*
*Und nie was er gebaut, zerstört, der steht stät,*
*Auf dieser ird'schen Welt, die selbst nicht stät steht.* [Fr. Rückert]

**Endsilbenreim,** der: Reimbindung zwischen unbetonten bzw. nebentonigen Endsilben im Unterschied zu Haupttonsilben- bzw. →Stammsilbenreim.
= *Hagene–degene* [*Nibelungenlied*]; *denn–Furien* [Liliencron]

**Enfants sans soucis** (Pl.): (frz. Kinder ohne Sorgen) frz. fahrende Laienschauspieler, nannten sich *sots* (Narren) u. boten neben →Parodien u. →Pantomimen v. a. →soties (zw. 1485 u. 1594).

**Engagement,** das: (frz. Bindung) die selbstauferlegte, wertbezogene Verpflichtung eines Schriftstellers, eigenes Schaffen in den Dienst einer polit.-sozialen, relig. oder sittl. Idee zu stellen u. mit einer mehr oder weniger auf Veränderung der (Gegenwarts-)Welt gerichteten Tendenz zu verbinden; Gegs. →L'art pour l'art. (→Tendenzdichtung, →Littérature engagée)

**Englische Komödianten** (Pl.): den Kontinent bereisende Truppen von Berufsschauspielern; spielten meist an Fürstenhöfen oder in Städten (anläßlich von Märkten u. Messen), Blütezeit 1590–1620; von Einfluß auf →Schuldrama u. a. (→Wanderbühne, →Pickelhering, →Haupt- und Staatsaktion)

**Englyn,** das: (kymrisch) tradit. Strophenform der kymr.-walis. Lyrik, besteht aus drei bzw. vier Verszeilen mit → Alliteration, → Binnenreim oder Kombination von beiden (Cynghanedd).

**Enigma,** das: → Rätsel.

**Enjambement,** das: (frz. Überschreitung) Überspringen von Satz u. Sinn über Vers- u. Strophenende (Zeilensprung, Versbrechung), um Fluß der Verse zu wahren; virtuose Verwendung bei Rilke. (→ gebrochener Reim, → Hakenstil, → Brechung)
= *Lust und Leid und Liebesklagen*
*kommen so verworren her*
*in dem linden Wellenschlagen.* [Eichendorff]

*Wer, wenn ich schriee, hörte mich*
*denn aus der Engel / Ordnungen...* [Rilke]

**Enklisis** bzw. **Enklise,** die: (gr. Hinneigung) Anlehnung von unbetontem (»gewichtslosem«) Wort (=Enklitikon) an vorangehendes gewichtigeres. (→ Proklisis)
= Die trochäische Verszeile (→ Trochäus) ist »rückwärts«, dem Anfang zugeneigt = enklitisch.

**Enkodierung,** die: Verschlüsseln einer Nachricht mit Hilfe des Sender u. Empfänger gemeinsamen → Codes im Gegs. zu → Dekodierung. (→ Informationstheorie)

**Enkomiologikus,** der: (gr. Preisender [Vers], → Enkomion) aus → Hemiepes u. 1. Teil von jamb. → Trimeter gefügter → archiloch. Vers.
= $- \cup \cup - \cup \cup - / \overline{\cup} - \cup - \overline{\cup}$

**Enkomion,** das: (gr. Lobgedicht, Lobrede) urspr. chor. Preislied; als iron.-satir. Prosa seit Georgias u. Isokrates; in dieser Tradition Erasmus von Rotterdams *Morias enkomion* (*Lob der Torheit*, 1509). (→ Epinikion, → Panegyrikus)

**Ensenhamen,** der: (prov. Unterweisung) prov. Lehrdichtung mit Anstandsregeln u. allg. Verhaltensanweisungen. (→ Tischzucht)

**Enthüllungsdrama,** das: → analyt. Drama.

**Entreakt,** der: (frz.) → Zwischenakt (-musik, -spiel).

**Entremés,** der: (span. Einschub) urspr. zwischen die Hauptgänge eines Hofbanketts eingeschob. komischer → Einakter, dann → Zwischenspiel im mehr-

aktigen Drama u. eigene Gattung v. a. im 16./17. Jh., dann von →Sainete abgelöst.
= Lope de Vega, Calderón, Cervantes u. a.

**Entwicklungsroman,** der: (Bez. von Melitta Gerhard 1926 in Literaturwissenschaft eingeführt) Romantypus, schildert innere u. äußere Entwicklung eines Menschen, den Reifeprozeß seiner Persönlichkeit in ständiger Auseinandersetzung mit den Einflüssen seiner Umwelt; in der erreichten Stufe der »Vollkommenheit« spiegelt sich das (Persönlichkeits-)Ideal des Dichters oder seiner Zeit, oft = →Erziehungsroman. (→Bildungsroman)
= Wolfram von Eschenbach, *Parzival* (nach 1200); Grimmelshausen, *Simplizissimus* (1668); Ch. M. Wieland, *Agathon* (1780); J. C. Wezel, *Hermann u. Ulrike* (1780); A. Stifter, *Der Nachsommer* (1857); G. Keller, *Der grüne Heinrich* (1854f. bzw. 1879f.); A. Döblin, *Berlin Alexanderplatz* (1923); Th. Mann, *Der Zauberberg* (1924) u. *Doktor Faustus* (1947); u. a.

**Enumeratio,** die: (lat. Aufzählung) →rhet. Figur: →Accumulatio.

**Envoi,** der: (frz. Geleit) letzte, kürzere Strophe einer roman. Gedichtform mit der Zueignung. (→Ballade, →Kanzone, →Chant royal)

**Enzyklopädie,** die: (gr. allumfassend + Bildung) Bez. für Werk (seit 17. Jh.), das gesamten Wissensstoff einer Zeit system. gegliedert oder nach Stichwörtern alphabet. gereiht mehr oder weniger ausführlich darstellt; in Deutschland seit Beginn des 19. Jh. von der Sonderform des auf breiten Benutzerkreis zugeschnittenen, Bildung als Information bietenden →Konversationslexikons abgelöst (*Brockhaus* seit 1796).
= J. S. Ersch u. J. G. Gruber, *Allgemeine E. der Wissenschaften und Künste* (1818–90, unvollst., mit 167 Bdn. umfangreichste europ. E.)

**Enzyklopädisten** (Pl.): (→Enzyklopädie) Mitarbeiter an der von Diderot u. d'Alembert hrsg. *Encyclopédie* (1751ff.)
= Rousseau, Holbach, Voltaire, Montesquieu, Marmontel u. a.

**Epanadiplose,** die: (gr. Wiederholung) a) →Anadiplose; b) →Kyklos.

**Epanalepse,** die: (gr. Wiederholung) →rhet. Figur: Wiederholung von Wort oder Wortgruppe innerhalb eines Satzes, jedoch mit Abstand zur Steigerung des Nachdrucks. (→Gemination, →Anadiplose)
= *Geh! Geh! Tu was er sagt! – Flieht, Mortimer! Flieht! – Es wird still, ganz still.* [Schiller]

**Epanodos,** der: (gr. Rückweg) →rhet. Figur: Wiederholung eines Satzes, aber in umgekehrter Wortfolge. (→Chiasmus)

= *Einer für alle, alle für einen. – Das Ende kommt, es kommt das Ende* [Hesekiel 7,6]. – *O Süßigkeit in Schmerzen! O Schmerz in Süßigkeit!* [Spee]

**Epeisodion,** das: (gr. dazukommend, eingeschoben) in gr. Tragödie die zwischen zwei Chorlieder (→Stasimon) eingeschobenen Dialogpartien, Grundlage für →Akt.

**Epexegese,** die: (gr. eingefügte Erklärung) →rhet. Figur: erklärende Beifügung.
= *Drinnen, im Haus; oben, auf dem Dach*

*Eduard, so nennen wir einen reichen Baron... Eduard hatte...* [Goethe]

**Epideixis** bzw. **Epideiktik,** die: (gr. Prunk-, Schaurede) antike Gattung der Festrede (neben Gerichts- u. Staatsrede); wegen ihrer Überbetonung des Rhetorischen oft nur Demonstration von Redegewandtheit (Preis-, Begrüßungs-, →Abschiedsrede). (→Descriptio)

**Epigone,** der: (gr. Nachgeborener; Bez. aus antiker Sage »Sieben gegen Theben« [Söhne = E.]) Nachahmer großer Vorbilder, höchst versiert in handwerkl.-techn., aber ohne eigentliche Originalität in schöpfer. Hinsicht. (→Epigonendichtung)
= *'s ist ja alles nur ein Träumen*
*Nur ein silberweißes Schäumen*
*Von dem Meere, das erst wird.*

*Wie ein Degen der da klirrt,*
*Eh' er aus der Scheide irrt*
*Zu den tatengroßen Räumen.*

*Wie der Aar die Schwingen hebt,*
*Wenn er noch im Neste lebt,*
*Eh' er auf gen Himmel schwebt* [Friederike Kempner]

Der frühe Stadtler imitiert Hofmannsthal in dem Gedicht *Vor Sonnenaufgang*. Der Schluß lautet:
*und weiß: Was da vor mir in blassem Licht*
*der Frühe seltsam schillert ist ein Schatz*
*ein ganzes Leben voller dunkler Wunder*
*glühend wie Sonne lösend wie die Nacht*
*und schwer und bebend wie die frühen Stunden*
*so zwischen Nacht und Dämmer Tag und Traum.*

**Epigonendichtung,** die: (nach Immermanns zeitkrit. Roman *Die Epigonen* [1836], der noch unter Einfluß von →Romantik u. Goethes *Wilhelm Meister* steht u. das »Elend« der »Erb- u. Nachgeborenschaft« beklagt) Bez. für Dichtung der →Epigonen von klass. u. romant. Blütezeit, die sich durch Be-

rufung auf deren Lebenswerte u. Kunstideale u. durch ästhetizistische Nachbildung neben aufkommendem → Realismus zu behaupten suchte. (→ Ästhetizismus)
= F. Geibel, P. Heyse, F. Dahn u. a.

*Wir sind, um in einem Worte das ganze Elend auszusprechen, Epigonen und tragen an der Last, die jeder Erb- und Nachgeborenschaft anzukleben pflegt. Die große Bewegung im Reiche des Geistes, welche unsre Väter von ihren Hütten und Hüttchen aus unternahmen, hat uns eine Menge von Schätzen zugeführt, welche nun auf allen Markttischen ausliegen. Ohne sonderliche Anstrengung vermag auch die geringe Fähigkeit wenigstens die Scheidemünze jeder Kunst und Wissenschaft zu erwerben. Aber es geht mit geborgten Ideen wie mit geborgtem Gelde: wer mit fremdem Gute leichtfertig wirtschaftet, wird immer ärmer...* [Aus: K. L. Immermann, *Die Epigonen*]

**Epigramm,** das: (gr. Aufschrift) in der Antike kurze, präzise erklärende Inschrift (meist in → Distichen) auf Gebäuden, Kunstwerken, Monumenten; später selbständige literar. Gattung (auch → Sinnspruch genannt) überwiegend satir.-pointierenden (→ Pointe) Charakters; Kurzform der → Gedankenlyrik. (→ Witz, → Quatrain)
= Goethe, *Venezianische Epigramme* (1790) (→ Xenie)

*Aliud: Warumb wirdt Amor bloß von Mahlern fürgestalt?*
  *Je nackter ist die Lieb, je minder ist sie kalt.*
[M. Opitz, *Teutsche Poemata*]

*Spruch, Widerspruch: Ihr müßt mich nicht durch Widerspruch verwirren!*
*Sobald man spricht, beginnt man schon zu irren.*
[Goethe, *Epigrammatisch*]

*Kriegsindustrie:* Ein Tal wird abgetragen und
  Ein Loch wird aufgebaut.   [B. Brecht]

**Epigraph,** das: (gr. Aufschrift) antike → Inschrift. (→ Epigramm)

**Epik,** die: (von gr. episch = zum → Epos gehörig) Gattungsbegriff für erzählende Dichtung der distanzierten addierenden Fest- u. Vorstellung; gibt als eine der drei (natürlichen) Grundformen der Dichtung Begebnisse der äußeren u. inneren Welt vom Standpunkt eines Erzählers aus als vergangen, abgeschlossen in Prosa oder Versen wieder. (→ Epos, → Roman, → Erzählung, → Märchen, → Fabel, → Idylle, → Novelle u. ä.)
= Im Anschluß an Goethe (*Noten u. Abhandlungen zum besseren Verständnis des West-östlichen Divans*, 1819) gilt E. als diejenige der drei »Naturformen der Poesie«, die als die »klar erzählende« die Mitte zwischen »enthusiastisch aufgeregter« (→ Lyrik) und »persönlich handelnder« (→ Dramatik) behauptet.

**Epikedeion,** das: (gr. zur Bestattung gehörig) in Antike Trauer- u. Trostgedicht in eleg. Distichen bzw. Hexametern, Grabepigramm (→Epigramm, →Threnos). (→Nänie, →Totenklage)

**Epilog,** der: (gr. Nachwort) Schlußrede; im Drama letzte Worte, mit denen auftretende Figur sich in entschuldigender, mahnender, erklärender oder distanzierender Absicht an die Zuschauer wendet; Gegs. →Prolog. (→Conclusio)
= *Freude dieser Stadt bedeute*
  *Friede sei ihr erst Geläute!*
  *Und so geschah's! Dem friedenreichen Klange*
  *Bewegte sich das Land, und segenbar*
  *Ein frisches Glück erschien: im Hochgesange*
  *Begrüßten wir das junge Fürstenpaar;*
  *Im Vollgewühl, in lebensregem Drange*
  *Vermischte sich die tät'ge Völkerschar,*
  *Und festlich ward an die geschmückten Stufen*
  *Die Huldigung der Künste vorgerufen.*

  *Da hör ich schreckhaft mitternächt'ges Läuten,*
  *Das dumpf und schwer die Trauertöne schwellt.*
  *Ist's möglich? Soll es unsern Freund bedeuten,*
  *An den sich jeder Wunsch geklammert hält?*
  *Den Lebenswürd'gen soll der Tod erbeuten?*
  *Ach! wie verwirrt solch ein Verlust die Welt!*
  *Ach! was zerstört ein solcher Riß den Seinen!*
  *Nun weint die Welt, und sollten wir nicht weinen?*
  [Aus: Goethe, *Epilog zu Schillers Glocke*]

**Epimythion,** das: (gr.) moral. Nutzanwendung am Schluß von Erzählung. (→Exempel, →Gleichnis, →Fabel)

**Epinikion,** das: (gr.) →Preislied der gr. Antike zu Ehren eines Wettkampfsiegers, Sonderform des →Enkomion.
= Simonides, Pindar u. a.

**Epiphanie,** die: (gr.-lat. Erscheinung einer Gottheit) »Offenbarwerden«, Einblick, bei J. Joyce *(Stephen Hero)* die plötzliche geistige Manifestation, zu der Objekt oder Handlung als Ergebnis der Erfassung seiner Bedeutung durch den Beobachter wird.
= *...he felt that the augury he had sought in the wheeling darting birds and in the pale space of sky above him had come forth from his heart like a bird from a turret quietly and swiftly. Symbol of departure or loneliness?*
  [J. Joyce]

**Epiparodos,** die: (gr.) zusätzl. 2. →Parodos.

**Epipher** bzw. **Epiphora,** die: (gr. Zugabe) →rhet. Figur: Wiederholung eines Wortes oder Wortgefüges am Ende aufeinanderfolg. Satzteile oder Sätze; Gegs. →Anapher.
= *Ihr überrascht mich nicht / erschreckt mich nicht* [Schiller]

*O Mutter, was ist Seligkeit? / O Mutter, was ist Hölle? / Bei ihm, bei ihm ist Seligkeit, / Und ohne Wilhelm Hölle!* [G. A. Bürger]

**Epiphrase,** die: (gr. Nachsatz) →rhet. Figur: nachträgl. Anfügung an einen syntakt. abgeschlossenen Satz. (→Amplificatio)
= *Das Herz schlägt mir und das Gewissen. – Er fuhr nach Frankreich und zu ihr. – Feiern will ich mit dir und singen.*

**Epiploke,** die: (gr. Anknüpfung) →rhet. Figur: Wiederaufgreifen des Prädikats eines Satzes durch das Partizip des gleichen Verbums in Folgesatz. (→Polyptoton)
= *Und schließlich machte er sich auf den Weg. Auf den Weg sich machend, dachte er...*

**Epirrhema,** das: (gr. das Dazugesprochene) im gr. Drama (solist.) Sprechpartie, die auf Chorpartie folgt, Bauelement von →Komödie u. →Tragödie. Nachahmung bei Goethe im Sinne von →Rezitativ. (→Parodos, →Parabase)
= *Müsset im Naturbetrachten*
*Immer eins wie alles achten;*
*Nichts ist drinnen, nichts ist draußen:*
*Denn was innen, das ist außen.*
*So ergreifet ohne Säumnis*
*Heilig öffentlich Geheimnis.*

*Freuet euch des wahren Scheins,*
*Euch des ernsten Spieles:*
*Kein Lebendiges ist Eins,*
*Immer ist's ein Vieles.* [Goethe, *Epirrhema*]

**episches Theater,** das: von Bert Brecht ausgearbeitete →Dramaturgie, die der dramat. Darbietung erzählende (epische) Elemente eingliedert, die »Umwelt« selbständig in Erscheinung treten u. Schauspieler wie Publikum (Gefühls-)Abstand zu den dargestellten Figuren halten läßt; Stoff u. Vorgang werden solcherart einem Prozeß der →Verfremdung ausgesetzt, der den Zuschauer vom Betrachter des Selbstverständlichen in einen Beurteiler des Auffälligen verwandelt u. ihm die »Probe aufs Exempel« als Modell bietet; diese nicht- →aristotelische, antiillusionistische, »dialektische« Dramatik, die distanziert-beurteilende Betrachtung überordnet u. Vorstufen bereits im Thea-

ter des MA. hat, ist inzwischen dominierend geworden. (→ Weltanschauungstheater, → Lehrstück, → Tendenzdichtung, → Gestus)
= B. Brecht, *Über eine nichtaristotelische Dramatik* (1933 ff.)

> Der Zuschauer des epischen Theaters sagt: *Das hätte ich nicht gedacht. – So darf man es nicht machen. – Das ist höchst auffällig, fast nicht zu glauben. – Das muß aufhören. – Das Leid dieses Menschen erschüttert mich, weil es doch einen Ausweg für ihn gäbe. – Das ist große Kunst: da ist nichts selbstverständlich. – Ich lache über den Weinenden, ich weine über den Lachenden.*
> [Aus: B. Brecht, *Das epische Theater*]

**Episode,** die: (gr. dazukommend) zu → Epeisodion, heute allg. Nebenhandlung, die in Haupthandlung von Roman, Epos, Drama eingeschoben u. (antithetisch) mit ihr verknüpft ist, aber geschlossene Einheit bildet; selbständige Form erreicht die E. vielfach als → Novelle.
= Max- u. Thekla-E. in Schillers *Wallenstein*; Klingsohrs Märchen in Novalis' *Heinrich von Ofterdingen*; Erzählungen des Mr. White in Max Frischs *Stiller*; u. a.

**Epistel,** die: (gr.-lat. Brief) allg.: dichter. Brief mit Wiedergabe von Ereignissen, Bekenntnissen, Empfindungen; bes.: eine Art → Briefgedicht bzw. Versbrief in der Nähe von → Elegie, → Satire, → Lehrdichtung, bes. in → Humanismus u. → Barock, bis ins 19. Jh. verbreitet. (→ Heroiden)
= E. schrieben J. A. Ebert, Gleim, Goethe; noch bei Erich Kästner, B. Brecht (*E. an die Augsburger*, 1945) oder G. M. Mostar (*In diesem Sinn Dein Onkel Franz*, 1956)

> *Jetzt, da jeglicher liest und viele Leser das Buch nur*
> *Ungeduldig durchblättern und, selbst die Feder ergreifend,*
> *Auf das Büchlein ein Buch mit seltner Fertigkeit pfropfen,*
> *Soll auch ich, du willst es, mein Freund, dir über das Schreiben*
> *Schreibend, die Menge vermehren und meine Meinung verkünden,*
> *Daß auch andere wieder darüber meinen und immer*
> *So ins Unendliche fort die schwankende Woge sich wälze.*
> *Doch so fähret der Fischer dem hohen Meer zu, sobald ihm*
> *Günstig der Wind und der Morgen erscheint; er treibt sein Gewerbe,*
> *Wenn auch hundert Gesellen die blinkende Fläche durchkreuzen.*
>
> *Edler Freund, du wünschest das Wohl des Menschengeschlechtes,*
> *Unserer Deutschen besonders und ganz vorzüglich des nächsten*
> *Bürgers, und fürchtest die Folgen gefährlicher Bücher; wir haben*
> *Leider oft sie gesehen. Was sollte man oder was könnten*
> *Biedere Männer vereint, was könnten die Herrscher bewirken?*
> *Ernst und wichtig erscheint mir die Frage, doch trifft sie mich eben*
> *In vergnüglicher Stimmung. Im warmen, heiteren Wetter*
> *Glänzet fruchtbar die Gegend; mir bringen liebliche Lüfte*

> *Über die wallende Flut süß duftende Kühlung herüber,*
> *Und dem Heitern erscheint die Welt auch heiter, und ferne*
> *Schwebt die Sorge mir nur in leichten Wölkchen vorüber.*
>
> *Was mein leichter Griffel entwirft, ist leicht zu verlöschen,*
> *Und viel tiefer präget sich nicht der Eindruck der Lettern,*
> *Die, so sagt man, der Ewigkeit trotzen...* [Goethe, *Erste Epistel*]
>
> *Schluß mit der Ordensjagd, stolz sei der Könner;*
> *hört auf, Genossen, uns Etiketten aufzukleben.*
> *Ich will nicht mit Originalität auftrumpfen,*
> *ich gebe nur schlicht meine Überzeugung wieder:*
> *die Kommune ist der Ort, wo die Bürokraten schrumpfen*
> *und viel Verse, viel Verse gedeihn und Lieder.*
> *Für ein gelungenes Reimpaar feiern*
> *wir jeglichen Knirps: Genie heißt der Kleine.*
> *Den einen ernennen wir zum roten Byron,*
> *den andern zum tiefdunkelroten Heine.*
> *Eins fürcht ich (für euch und mich): wir würden*
> *dank Seelenversandung und Herzensschwund*
> *bekleiden mit kommunistischen Würden*
> *den Schmachtfetzen-Kitsch und den Schnadahüpfel-Schund.*
> [Majakowski, *Sendschreiben*; übers.]

**Epistolar,** das: (mlat. Sammlung von →Briefen) liturg. Buch (→Lektionar) mit den Abschnitten (→Perikopen) aus den Apostelbriefen (→Evangeliar).

**Epistolographie,** die: (gr. Brief + schreiben) Lehre vom Briefschreiben. (→Briefsteller, →Formelbuch, →Komplimentierbuch)

**Epistrophe,** die: →Epipher.

**Epitaph,** das: (gr. zum Begräbnis gehörig) Grabinschrift in dichter. Form, oft satir. als epigrammat. Miniatur, vor allem in Dichtung des →Barock.
= Hofmannswaldau, *Hundert Grabinschriften* (1663 u. 1686), u. a.

> Grabmahl eines Töpffers.
> *Der hier liegt / der war von Thon / machte nachmals selbst auß Thone*
> *Viel Gefässe die man braucht / theils zu Ehren / theils zu Hohne:*
> *Er auß Thon ist wieder Thon / was auß Thon er macht ist Thon;*
> *Dieser bleibt / er aber steigt zu der Herrligkeit davon.*
>
> An Plutum.
> *Eine Grabschrifft ist von nöthen / nöthig das man Glocken leute /*
> *Geld ist dir zwar zu gestorben / dran hat niemand keine Beute;*
> *Dann du wirst doch keinem helffen / hast es in den Sack vergraben /*
> *Wird / wann du wirst seyn gestorben / erst die Auferstehung haben.*
> [F. v. Logau]

**Epitaphios,** der: (gr. zum Begräbnis gehörig) öffentl. Leichenrede, in der sich Preis, Trost u. Mahnung verbinden. (→ Rede)

**Epitasis,** die: (gr. Anspannung) Höhepunkt der Verwicklung bes. in → Dreiakter (→ Peripetie), mittlere Phase von dramat. Handlung (zwischen → Protasis und → Katastrophe).

**Epithalamium,** das: (lat. von gr. zum Brautgemach gehörig) antikes Hochzeitslied, -gedicht. (→ Feszenninen, → Hymenaeus)
= Sappho, Theokrit, Catull, Ronsard, Spenser (*Epithalamion*, 1595) u. a.

*Bändiger der Herzen, Amor!*
*Der der Berge Gipfel beuget,*
*Komm von deiner Nymphen Spiele,*
*Komm vom Spiel der Aphrodite,*
*Schau ich kniee dir zu Füßen,*
*Höre Kleobulus Wünsche,*
*Und sey seiner Liebe günstig.* [Anakreon; nach Herder]

**Epitheton,** das: (gr. Beiwort, Zusatz) Substantiv oder Namen beigefügtes Adjektiv oder Partizip. Je nach Stufen der Originalität dieses Attributs ist zu unterscheiden zwischen a) typisierendem E. (E. ornans), b) individualisierendem E., c) unerwartetem E. (→ Rhetorik)
= a) *Der grüne Wald; der silberne Mond*
b) *Auf sehr innigem Fuße; aus liederlichem Hause* [Th. Mann]
c) *Das energische Licht* [Schiller]; *ein Meer von blauen Gedanken* [Heine]

**Epitome,** die: (gr. Ausschnitt) → Auszug aus einem Buch. (→ Exzerpt, → Abriß)

**Epitrit(os),** der: (gr. der dritte) aus sieben Moren (→ Mora) bzw. drei Längen u. einer Kürze bestehender Vers.
= $-\cup--$ oder $--\cup-$ (*hingelaufen* bzw. *aufgegessen*)

**Epizeuxis,** die: (gr. Hinzufügung) → rhet. Figur: drei- oder mehrfache Wiederholung von Wort bzw. Wortgruppe. (→ Gemination, → Epanalepse)
= *Röslein, Röslein, Röslein rot* [Goethe]

**Epochalstil,** der: überindividuelles, vielen Autoren gemeinsames Stilbild eines histor. Zeitabschnitts (→ Epoche). (→ Individualstil)
= So hat Goethes *Werther* mit dem sentimentalen Roman der Epoche (→ Empfindsamkeit) stilist. Eigenarten gemeinsam, die sich in seinen späteren Werken (z. B. den *Wahlverwandtschaften*) nicht wiederfinden.

**Epoche,** die: (gr. Hemmung, Anhalten) Zeitabschnitt in der Literaturgesch., der sich durch »Anhalten«, d. h. durch Beginn neuer Entwicklung u. durch best. Eigenheiten bzw. Gemeinsamkeiten in Form u. Idee definiert; Scheidung des scheinbar Auf- u. Auseinanderfolgenden wegen seiner oft engen inneren Verflochtenheit am ehesten in vergleichender Simultanbetrachtung möglich. (→ Periode)
= Naturalismus – Impressionismus – Expressionismus u. ä.

**Epode,** die: (gr. Schluß-, Nachgesang [Zauberspruch]) a) urspr. kurzer Vers, der auf langen folgt (→ Distichon), dann Kombination aus beiden (Archilochos: → archilochische Verse); b) 3. Strophe im gr. Chorlied, die Strophe u. Antistrophe als triadische Komposition ergänzt (→ Abgesang). (→ pindar. Ode, → Triade, → Jambendichtung)
= a) *Ibis Liburnis inter alta navium,*
   Amice, propugnacula,
 Paratus omne Caesaris periculum
   Subire, Maecenas, tuo. [Aus: Horaz, *Buch der Epoden*]

b) Pindar. Oden von Martin Opitz

**Eponym,** das: (gr. einer, nach dem etwas benannt ist, Namensverleiher) von Personennamen abgeleitete Gattungsbezeichnung. (→ Metonymie)
= *Zeppelin* für *Luftschiff;* *Sandwich* für *belegte Doppelschnitte;* *Mansarde* für *Dachzimmer*

**Epos,** das: (gr. Erzählung, Wort, Vers) epische Großform in Versen; Anfang u. Höhepunkt abendländ. Ependichtung um Götter u. Helden, Kampf u. Untergang, zu myth. Dimension sich steigernd, Homers *Ilias* u. *Odyssee* (ca. 700 v. Chr.); als Weltentwurf einer in ihren Realitätsbezügen geschlossenen Gemeinschaft vorgetragen in ruhiger Feierlichkeit von distanziert-gesichertem Standpunkt des Erzählers (→ Rhapsoden, → Barde); Figuren des E. unveränderlich, sie werden vor- u. dargestellt, enthüllt statt entwickelt, deswegen ist das E. als frühe Form epischer Gestaltung ohne Spannung, von Anfang u. Ende her offen wie die Historie; in mod. Zeit durch den → Roman abgelöst. (→ Spielmannsdichtung, → Heldenepos)
= Klopstock, *Der Messias* (1748 ff.); Goethe, *Hermann und Dorothea* (1797); C. F. Meyer, *Huttens letzte Tage* (1871); Th. Däubler, *Nordlicht* (1910 bzw. 1921); A. Döblin, *Manas* (1927); G. Hauptmann, *Till Eulenspiegel* (1927); u. a. In der Tradition von E. u. a. auch Goethe, *Alexis u. Dora* (1796).

**Equivoke,** die: (engl.-frz.) Doppelsinn, Zweideutigkeit, → Wortspiel. (→ Ambiguität)

**Erbauungsliteratur,** die: (erbauen = festigen, bessern durch Andacht) Schriften zur Erweckung relig. Gefühle u. Impulse sowie zu individ. relig.

## Erbauungsliteratur 157

Versenkung; bes. seit der Reformation verbreitet u. bis ins 20. Jh. gepflegt; fand Nachfolgerin z. T in säkularisierter E. des →sozialist. Realismus, der die gleiche festigende, bessernde Wirkung von der Literatur fordert. (→Traktat, →Postille, →Ars moriendi)
= Luther, *Betbüchlein* (1522); Joh. Arndt, *4 Bücher vom wahren Christentum* (1605 ff.); Ch. Scriver, *Seelenschatz* (5 Bde., 1675 ff.); u. a.

Als eines der meistgelesenen Werke der E. gilt Thomas a Kempis, *De imitatione Christi* (1410 ff.)

*Über den / der die feste des Himmel's gegründet / und um deß Willen / der vor sie und uns alle den Tempel seines heiligen Leibes zerbrache / um das himmlische Jerusalem dadurch aufzubauen / wird diß glas zerbrochen. Sie giesset die Balsam-geister über denjenigen / der den Geist GOttes über sie ausgegossen. Sie erquickte / den wiederbringer der himmlischen Erquickung. O glückseeliges Weib! die du also / deine heilige liebes-begierde / an diesem erzliebe-zweck wirklich erweisen können! nicht wunder wäre es gewesen / wann du hättest das herz und innerste zerschmolzen / als du diesen flammen-brunn vor dir gesehen / und ihn zu bedienen / gelegenheit hattest!*

*Ach! daß mir dieses Salbe-glük wäre beschert gewesen! ich hätte vor liebe das leben samt dem balsam ausgeschüttet. Weil ich aber nicht so glüklich seyn sollen / zu deiner Sterb-zeit zu leben / so gib / O allersüßester HErr JEsu! daß ich / in meinem leben / deines Tods eingedenk und bereit seye / meines lebens glas / welchen augenblick es dir gefället / dir zu liebe / zerbrechen zu lassen: aufdaß deine Ehre / der köstliche Paradeis-balsam / durch den ganzen leib deiner Kirche ausgegossen werde. Ach du himmlischer Seeligmacher! laß mich das glas aller irdischen eitelkeit zerbrechen: auf daß ich den balsam deiner wunden riechen könne. Hinweg von mir / du salzige weltwollust / du aschen-öde ehre / du stein-beschwerter geld-geitz / als materien / aus welchen das glas der eitelkeit geblasen wird! ich verwerfe euch / damit ich an jenem tag unverwerflich / und an dem heutigen fähig werde / den ausgeschütteten balsam der heiligen Passion zu riechen.*

*O du allerliebster verliebter! sihe / wie wallet mein herz / wie ringet das geblüte / wie springen die geister / wie zischet mein inwendiges / wann ich dein liebfeuriges Leiden bedenke. Wie gerne (ach! wäre es in meiner macht / und in deinem willen!) wolte ich mein herz-glaß zersprengen / meinen lieb- und lobes-safft auszugiessen! Es thut mir wehe / wie einer mutter die milch / und es schmerzet mich / daß ich ihn behalten soll. O ewige wunder-Weißheit! begieße meinen geist mit himmlischen einflüßen und englischen aussprechungen: daß ich die im herzen empfangene lob-begierde durch die einbildungskrafft fassen und hinaufziehen / durch die vernunft und gedächtnis reinigen / distilliren / und in herrliche lob-worte auflösen könne. Ach! heitze den Geist mit geist und kraft wacker an / daß er feurig und flammend werde. Ob auch das zarte hirn-glas darüber zerspringen solte / so acht ich es doch nicht: wann nur ein einiges herrliches lob-tröpflein aus mir gebrannt würde.*

*Aber / gerechter GOtt! wie soll dir gefallen! / das lob aus dem munde des sünders? Weil ich nun unter deren zahl gehöre / und doch deines Ruhmes begierig bin: ach! so reinige mich von allen meinen Sünden / durch das Blut! dessen vergiessung ich zu preisen verlange. O du Heiland aller welt! heile meine gebrechen. Deine unschuldige Lams-gedult / tilge meine ungedult! deine sanftmütige Langmut / hemme meine übereilende gäheit! deine unerreichliche Freundes-liebe / Überwinde meine bitterkeit und empfindlichkeit! Kurz: alle deine Tugenden / verschlingen alle meine untugenden...*
[Aus: Catharina Regina von Greiffenberg,
*Des Allerheiligst- und Allerheilsamsten JESUS-Leidens / Erste Betrachtung*]

**Eristik,** die: (gr.) Kunst des (Rede-)Streites. (→Dialog, →Streitgespräch)

**Erlebnis,** das: Erfahrung, deren vielschichtige Intensität auf der Aktivierung leiblich-seelisch-geistiger Bereiche beruht; seit 18. Jh. als Voraussetzung u. Anlaß für Entstehung von Dichtung angesehen; These, daß Dichtung Gestaltung bzw. verdichtende »Neuerfindung« von E. sei, heute weitgehend abgelehnt.
+ W. Dilthey, *Das E. und die Dichtung* ($^{14}$1965)

**Erlebnisdichtung,** die: (→Erlebnis) persönl.-subjekt. Erlebnisse eines Autors gestaltende Dichtung: als a) direkte (Gefühls-)Aussprache: →Bekenntnisdichtung, b) indirekte Umsetzung von Erlebtem.
= a) J. Ch. Günther, Klopstock, Goethes Jugendlyrik
  b) Goethe, *Werther* (1774); F. Schlegel, *Lucinde* (1799); Eichendorff, *Ahnung u. Gegenwart* (1815); G. Sack, *Ein Namenloser* (1919); W. Borchert, *Draußen vor der Tür* (1947); P. Weiss, *Abschied von den Eltern* (1961); u. a.

**erlebte Rede,** die: (erleben + Rede) als Mittel epischer Gestaltung die Brechung von Gedanken oder Worten einer Person in die Perspektive des sie erlebenden Bewußtseins; Form zwischen →direkter u. →indirekter Rede, →Monolog und →Bericht. (→innerer Monolog)
= *Der Arzt verließ verärgert den Operationssaal. Um was sollte er sich nicht alles kümmern; keine Frage, er hatte ein Recht, sich diese Dinge vom Hals zu halten.*

*Er hielt den Geländerpfosten fest. Und während er ihn hielt, wußte er, er wollte sich der Strafe entziehen... bestimmt würde er es tun, er wußte schon, wo ein Ausweg war.* [A. Döblin, *Berlin Alexanderplatz*]

**Erörterung,** die: im Sinne von »Abgrenzung«, »Bestimmung« systemat. Untersuchung von Problem (→Essay).
= Grundform wissenschaftl. →Abhandlung wie Element des mod. →Romans (Th. Mann, R. Musil, H. Broch u. a.)

**Erotikon,** das: (gr.) antike Bez. für Liebeslied. (→Liebesdichtung)

**erotische Literatur,** die: im Gegs. zu der Seelisch-Geistiges gestaltenden →Liebesdichtung u. der primär auf Vermittlung sexueller Erregung gerichteten →pornograph. Literatur literar. Werke aller Gattungen, die das Sinnlich-Körperliche der Liebesbeziehung betonen.
= Goethe, *Röm. Elegien* (1788 ff. bzw. 1795), *Venezian. Epigramme* (1795); Schiller, *Venuswagen* (1781 f.); u. a.

*Fünfmal und neunmal auch wohl ist einst es gegangen heut schaff ich's,*
  *Kypris, von abends bis früh knapp noch ein einziges Mal.*
*Ach, und auch das noch vergeht und stirbt mir allmählich. Wie oftmal*
  *starb es mir halb schon hinweg: Termeros' Unheil an mir...*
*Alter, Alter, was dann? Was denkst du, sobald du erst da bist,*
  *zu machen, wenn jetzt meine Kraft schon verwelkt?* [Philodemos; übers.]

*Das Gärtlein still vom Busch umhegt,*
*Das jeden Monat Rosen trägt,*
*Das gern den Gärtner in sich schließt,*
*Der es betaut, der es begießt,*
*Es lebe hoch!*

*Der Bergmann, stark und wohlgenährt,*
*Der ohne Licht zur Grube fährt,*
*Der immer wirkt und immer schafft,*
*Bis er erlahmt, bis er erschlafft,*
*Er lebe hoch.*  [Chr. M. Wieland]

*Jüngst als Lisettchen im Fenster saß,*
*Da kam Herr Filidor*
*Und küßte sie,*
*Umschlang ihr weiches, weißes Knie;*
*Und sagt ihr was ins Ohr,*
*Ich weiß nicht was.*

*Dann gingen beide fort, er und sie,*
*Und lagerten sich hier*
*Im hohen Gras*
*Und triebens frei in Scherz und Spaß;*
*Er spielte viel mit ihr,*
*Ich weiß nicht wie.*

*Zum Spiele hatt er viel Genie,*
*Er triebs gar mancherlei,*
*Bald so, bald so,*
*Da wars das gute Mädel froh,*
*Doch seufzte sie dabei,*
*Ich weiß nicht wie?*

*Das Ding behagt dem Herren baß*
*Oft gings da capo an?*
*Doch hieß es drauf,*
*Nach manchem, manchem Mondenlauf,*
*Er hab ihr was getan;*
*Ich weiß nicht was.* [Novalis, *Ich weiß nicht was*]

**Errata** (Pl.): (lat.) Irrtümer, Druckfehler bzw. Druckfehlerverzeichnis.

**erregendes Moment,** das: (erregen + Moment = entscheidender Umstand) bestimmt nach Gustav Freytags Dramentheorie in der Handlungsentfaltung die 2. Stufe u. verbindet als »Steigerung« →»Exposition« mit »Höhepunkt«. (→Freytag-Pyramide)

**Erstausgabe,** die: Erstveröffentlichung eines Werks sowie das Werk selbst.

**Erstdruck,** der: Druckabzug eines Werkes, nicht für Öffentlichkeit bestimmt i. Gegs. zu →Erstausgabe. (→Inkunabel)

**erweiterter Reim,** der: →Reim, der mehr als zwei Silben u. meist noch die vorletzten Takte in Reimklang einbezieht: →Doppelreim, →rührender Reim, →reicher Reim.

**Erzähler,** der: (erzählen) als Vermittler von Geschehen an Zuhörer bzw. Leser a) Verfasser erzählender Werke (in Prosa); b) von Erzähler unter a) vorgeschobene, fiktive u. mit ihm nicht identische Gestalt (→Narrator), die ein episches Werk aus ihrer Perspektive u. aus bestimmter Haltung (→Erzählhaltung) heraus erzählt. (→auktorialer Roman)
= Jean Paul, *Flegeljahre*: in dieser fiktiven Biographie fungiert der Dichter als testamentarisch gewünschter Biograph; Th. Manns *Doktor Faustus* wird erzählt von Serenus Zeitblom, einem Freund der Titelgestalt; von Th. Manns *Erwähltem* erzählt ein Mönch aus dem Alemannenlande.

**erzählte Zeit,** die: Zeitraum (-volumen), über den sich erzählte Handlung erstreckt.
= Goethe, *Werther*: 4.V.1771–23.XII.1772; Joyce, *Ulysses*: 24 Stunden; Th. Mann, *Buddenbrooks*: 1835–1877

**Erzählung,** die: a) Sammelbez. für epische Gattungen; b) als Gattung schwer definierbare, gering ausgeprägte, bereits durch Reihung von tatsächlichen oder erfundenen Geschehnissen entstehende epische Kurzform (auch in Versen: →Verserzählung), die im allg. weniger kunstvoll gebaut ist als →Novelle. (→Epik)

**Erzählzeit,** die: (Zeit des Erzählens) Zeitspanne, die Reproduktion (Lesen) eines epischen Werkes in Anspruch nimmt.
= Vgl. literar. Schallplatte

**Erziehungsroman,** der: (Roman einer Erziehung) gestaltet als Nebenform des →Entwicklungs- u. des →Bildungsromans den Erziehungsprozeß eines Menschen, betont also die Wirkung der äußeren (pädagogischen) Einflüsse auf die Entwicklung. (→Fürstenspiegel)
= J. Wickram, *Knabenspiegel* (1554); Pestalozzi, *Lienhard und Gertrud* (1780ff.); J. Gotthelf, *Uli der Knecht* (1841), *Uli der Pächter* (1849); Paul Ernst, *Der schmale Weg zum Glück* (1904); u. a.

Erziehung
*Ich wurde in dem Hause des Pfarrers von Hohenfels, als seines Bruders Tochter erzogen. Sobald ich es verstehen konnte, sagte mir der Pfarrer, meine Eltern wären während meiner ersten Kindheit gestorben, aber ich sollte ihn als meinen Vater ansehen. Ich erfüllte dieses Verlangen in seinem vollen Sinn, denn ich fühlte nie, daß meine Eltern mir fehlten. Er war ein seltener Mann, und ich werde in der Geschichte meiner Erziehung ausführlicher sein, als ich vielleicht sollte, weil sich sein Charakter in derselben am besten darstellt. Sein Gemüt war eine reine Harmonie, der sich jeder mit Vergnügen näherte, und ohne es zu suchen, wirkte er auf einen großen Zirkel. Er ließ sich gern und leicht in ein Gespräch ein, und wußte das Gemeinste an die wichtigsten Gegenstände so natürlich und leicht anzuknüpfen, daß er das innere Wesen der Menschen aufschloß.*
*Als mein Verstand reif genug war, um die Menschen gegeneinander zu vergleichen, sagte ich oft meinem Vater, wie hoch über alle andere erhaben er mir erschiene. Mit einem milden Ernst in seinem Blick erwiderte er dann: »Wenige zwang das Schicksal mit so freundlicher Gewalt auf der Bahn des Rechten zu bleiben, als mich. Manche Kraft wird zerstört, ehe sie ihre wahre Richtung empfängt. Ich hatte hohen Genuß und tiefes Leiden, aber die Flamme der reinen Liebe erhielt mein besseres Leben.« Eine Welt von Erinnerungen schien sich bei solchen Äußerungen in seinem Innern zu entwikkeln; sein Auge war gesenkt, er war in sich selbst versunken, aber schnell als von einem neuen Feuer belebt, kehrten sich dann seine Blicke nach mir, er sagte mir ein freundliches Wort, gab mir einen kleinen Auftrag, welchen ich vorzüglich gern befolgte, ich fühlte, daß irgendein Gefühl seinen Busen drängte, welchem er Gewalt antat, und es war mir als schwebte auf seinen Lippen: »Du bist doch mein Liebstes in der Welt!« Über meine Erziehung wachte er mit Sorgfalt, mit der er jede einmal übernommene Pflicht beobachtete. Er beschäftigte sich mit mir in seinen ernsten Stunden, aber ich war auch sein liebstes Spiel in den wenig geschäftlosen Augenblicken, die er sich vergönnte. Ich entsinne mich, daß er mich früh gewöhnte, die Begriffe der Arbeit und Ordnung mit meinen Spielen zu verbinden, das geringste einmal angefangene Geschäft mußte ich vollenden. Ich war weich und liebend gebil-*

*det und konnte auch keine leise Äußerung der Unzufriedenheit von meinem Vater ertragen. Am tiefsten schmerzte mich, wenn er nach einer begangenen Unart mich wenige Stunden von sich entfernte. Das Einkommen, von welchem das Hauswesen bestritten wurde, war sehr mäßig, aber eine weise Einrichtung verbannte mit aller unnützen Verschwendung auf der einen Seite, auch allen Geiz auf der andern. Nichts ging verloren, also war genug da, um ein reines ordentliches Leben zu führen, und meine Jugend war reich an allen kleinen Freuden, die der Wohlstand erzeugt.*
*Diese einfachen Verhältnisse, durch die Kunst meines Vaters geleitet, dienten mir zur Schule des Betragens für das künftige Leben. »Du sollst herrschen und dienen lernen, mein liebes Kind«, sagte er mir zuweilen: »Wenn man beides mit Einsicht und Achtung für sich selbst zu tun versteht, so ist eins so leicht als das andere, aber sicher ist es Quelle mannigfaltiger Schiefheit und Verworrenheit in vielen Verhältnissen...*

[Aus: Caroline v. Wolzogen, *Agnes von Lilien*]

**Esbatement,** der: (zu frz. sich belustigen) Schwankspiel der → Rederijkers, → Klucht.

**Eskapismus,** der: (lat. fliehen) Neigung zur Flucht aus der widerspruchsvollen Realität in meist aufgeschönte (→ Synästhesie), problemlose Scheinwirklichkeit (Irrealität); Kennzeichen v. a. der → Trivialliteratur. (→ Kitsch)

**Espinela,** die: (nach span. Dichter Vincente Espinell) klass. Form der span. → Dezime.

**Essay,** der od. das: (engl.-frz. Versuch; als Gattungsbez. von Montaigne) kürzere verständliche, aber anregend vielseitige u. literar. gestaltete Abhandlung über künstl. oder wissenschaftl. Problem; subjektiver u. lockerer als wissenschaftl. Abhandlung ist er zugleich fundierter u. anspruchsvoller als das → Feuilleton.
= Montaigne, *Les essais* (1580); Fr. Bacon, *The essays on counsels, civil and moral* (1597); Lessing, *Wie die Alten den Tod gebildet* (1769); Herder, *Auch eine Philosophie der Geschichte zur Bildung der Menschheit* (1774); J. J. Engel, *Über die Schönheit des Einfachen* (1776); Fr. Schlegel, *Über die Philosophie* (1800) gilt als einer der ersten »wirklichen« dt. E.
Bedeutende Essayisten des 20. Jh.: P. Valéry, H. v. Hofmannsthal, Th. Mann, G. Benn, W. Benjamin, Th. W. Adorno u. a.
Nach Paul Ernst, selber Essayist, ist der Essay eine Gattung, »die zwischen bloßer Wissenschaft u. bloßem Leben stehend, persönliches Bekenntnis mit objektiver Theorie verbindet, individuelles Dasein an Kultur und Kultur an individuellem Dasein prüft, zu immer neuen Streifzügen durch erforschte und unerforschte Gegenden anhebt, mutig bescheiden jegliches Unterfangen als Versuch unter andere Versuche einreiht und schließlich sich selbst als solchen anerkennt und auch benennt: als Essay.«

*Das Gewissen.*
*Die Folter ist eine gefährliche Erfindung; es sieht so aus, als ob man damit eher die Geduld als die Wahrheit ermitteln könnte. Wer die Qualen der Folter aushalten kann, sagt die Wahrheit nicht, und wer sie nicht aushalten kann, auch nicht: denn warum sollte ich durch Schmerzen eher dazu gebracht werden, etwas zu gestehen, was wirklich gewesen ist, als daß ich durch sie gezwungen werde, etwas auszusagen, was gar nicht geschehen ist.*
*Und umgekehrt: wenn einer, der die Tat, derer er beschuldigt wird, nicht getan hat, so widerstandsfähig ist, daß er diese Qualen aushält, warum soll dann einer, der sie wirklich getan hat, nicht so standhaft sein, wenn ihm doch ein so schöner Lohn winkt, nämlich das Leben? Ich kann mir denken, daß der Gesichtspunkt, der zur Erfindung der Folter geführt hat, der gewesen ist, daß man die Wirkung des Gewissens hoch einschätzte: das Gewissen macht, so scheint es, den Schuldigen schwächer; es unterstützt die Folter bei der Aufgabe, das Geständnis zu erzwingen; und andererseits hilft es dem Unschuldigen gegen die Folter. In Wahrheit ist diese aber ein recht unsicheres und gefährliches Mittel: was sagt man, was tut man nicht alles, um so furchtbaren Schmerzen zu entgehen? »Auch Unschuldige zwingt der Schmerz zu lügen.« So kommt es vor, daß der Angeklagte, wenn der Richter die Folter zur Urteilsfindung heranzieht, um nicht den Tod eines Unschuldigen zu veranlassen, doch verurteilt wird, und zwar unschuldig und zudem noch gefoltert. Tausende haben sich so mit falschen Geständnissen selber belastet. Philotas gehört, glaube ich, zu ihnen; ich muß das annehmen, wenn ich mir den Verlauf des Prozesses überlege, den Alexander gegen ihn anstrengen ließ, und die allmähliche Steigerung bei der Anwendung der Folter.*
*Freilich ist das immerhin das geringste Übel, so heißt es, das bei der menschlichen Schwäche gefunden werden konnte; und doch ist dieser Ausweg, meiner Meinung nach, recht unmenschlich und außerdem recht nutzlos...*
[Aus: Montaigne, *Die Essays*; dt. von A. Franz]

**Estampie,** die: (frz.) »Stampftanz«, auch Tanzlied. (→Descort, →Leich)

**Estilo culto,** der: (span. gepflegter [gelehrter] Stil) →Gongorismus.

**ethnographischer Roman,** der: (gr. Volkstum + schreiben + R.) Bez. für Roman, der als geschichtliches Dokument im Sinne der beschreib. Völkerkunde das Charakterbild eines ganzen Volkes zu bieten sucht.
= Vorbild u. Höhepunkt des e. R.: Ch. Sealsfield, *Das Kajütenbuch* (1841), im Gefolge u. a. F. Gerstäcker, *Die Regulatoren in Arkansas* (1845)

**Ethopoeie,** die: (gr. Charakterdarstellung) →rhet. Figur: Charakterisierung histor. oder fiktiver Gestalten durch fingierte Rede (Brief); Form der →Sermocinatio. (→Prosopopoeie, →Personifikation)
= Ovid, *Metamorphosen* (VI, 170ff.: Niobes Klage), u. a.

**Etym,** das: (zu gr. Etymon = das Wahre) Wurzel- u. Stammwort, etwas Unbewußtes (bes. als sexuelle Intention) fassendes elementares Vor- oder Schlüsselwort, das Tiefendimensionen der Sprache angehört u. sich durch Rückschlüsse ermitteln läßt; Begriff von Arno Schmidt in Anlehnung an Etymon geprägt, in *Der Triton mit dem Sonnenschirm* (1969) beschrieben und *Zettels Traum* (1970) zugrunde gelegt.
= Schmidt definiert die »Etyms« als »so Vieles bündelnde linguistische Grundgewebsgebilde« und »polyvalente Gesellen«.

**Euphemismus,** der: (gr. Worte guter Vorbedeutung gebrauchen) verhüllende, beschönigende Umschreibung einer unangenehmen oder anstößigen Sache, auch zu bewußter Ironisierung genutzt. (→ Periphrase)
= *Entschlafen, verscheiden, heimgehen* für *sterben*; *Beinkleid* für *Hose*; *etwas zu sich nehmen* für *essen*

**Euphonie,** die: (gr. Wohlklang) sprachl. Wohlklang. (→ Hiatus, → Elision)

**Euphuismus,** der: (engl. nach dem Roman *Euphues* [1578f.] von J. Lyly) Schwulststil, manierist. Prosastil der engl. Barockzeit. (→ Manierismus)
= *You see what love is, begon with griefe, continued with sorrowe, ended with death. A paine full of pleasure, a joye replenished with misery, a Heaven, a Hell, a God, a Divell, and what not, that either hath in it solace or sorrowe? Where the days are spent in thoughts, the nights in dreames, both in daunger, either beguylying us of that we had, or promising us that we had not. Full of jealousie without cause, and voyde of feare when there is a cause; and so many inconveniences hanging upon it, as to recken them all were infinite, and to taste but one of them, intollerable.* [Aus: John Lyly, *Euphues*]

**Evangeliar,** das: (lat.) Buch mit den vier Evangelien zum Vorlesen beim (kath.) Gottesdienst; im MA. oft mit kostbarer Buchmalerei versehen. (→ Evangelistar, → Epistolar)
= *Reichenauer E. Ottos III.* (ca. 1000); *Codex Aureus Epternacensis* (ca. 1030); u.a.

**Evangelienharmonie,** die: (gr. frohe Botschaft + Verbindung) aus den vier Evangelien kompilierte Darstellung der Geschichte Jesu. (→ Messiade)
= Tatians E. (ca. 830 = 1. Buch über das Leben Jesu in dt. Sprache [Übers.]); *Heliand* (ca. 830ff. = 1. selbständige dt. E.); Otfried von Weißenburg, *E.* (ca. 870); u.a.

**Evangelistar,** das: (lat. zu den Evangelien gehöriges Buch) → Perikopen-Buch.

**Exclamatio,** die: (lat.) → rhet. Figur: zu Ausruf gesteigerte → Aussage.
= → Apostrophe

**Exegese,** die: (gr. Auseinandersetzen) Auslegung, deutende Erklärung eines Textes. (→ Allegorese, → Hermeneutik, → Interpretation u. ä.)
= Formen der E.: → Glosse, → Scholion, → Kommentar, → Predigt u. a.

**Exempel** bzw. **Exemplum,** das: (lat. Beispiel) kleine Erzählung als positives oder negatives Verhaltensbeispiel im Rahmen von Rede ( → Predigt) oder Text zur Verdeutlichung einer (theol.) Lehre; verzichtet auf Gleichnishaftigkeit u. Analyse; von Einfluß v. a. auf Unterhaltungs- u. → Schwank-Literatur. (→ Bîspel, → Gleichnis, → Parabel, → Fabel)

= *Ez waz ain edle iunckfrow uff ainer burg, die hett die aller grösten begird nach der kinthait vnsers herren, daz si kain rů b in irem herzen het. Daz traib si .vij. iar. Vnd ze ainer zit, wirt an dem hailigen tag ze wichenächt, gieng si in die capell ze mitternacht. Da erschain ir vnser frow vnd hett ir kind in irem arm vnd gab ez der junkfrowen uff iren arm, daz si mit im schimpfoti, vnd sprach: »Nun lauß dir recht ‖ wol mit im sin!« Die iunckfrow hett grosß jubilieren mit dem kind. Daz kindlin sprach: »Ai, wie lieb haustu mich?« Die iunkfrow sprach: »*Ich *hän dich lieber wenn min hertz noch mich selber! Wan ich waiß nit, ob min hertz lebt oder nit!« Vnd drukt daz kindlin an ir hertz vnd verschied glich vor grosser liebin. Nun die jubel vnd die fröd hort daz volk, daz in der festi waz, vnd giengen in die capell. Do funden si die junkfrowen also verschaiden, vnd sie wundroten ser, wie ir geschechen wär, vnd taten ir daz hertz vf. Da funden sy inn geschriben mit guldinen bůchstaben: »Ich hän dich lieber denn mich selber. Warum? Da haustu mich geschaffen, du haust mich erlöst vnd gesichret ewigs leben!« Jr lichnam ward erlich bestattet. Jr sel wart von den engeln gefürt mit fröden vnd jubel in die fröd ewiger säligkait.* [Aus: Unbek. Autor, *E. vom Jesuskind*]


*In eine Barbierstube kommt ein armer Mann mit einem starken schwarzen Bart, und statt eines Stücklein Brotes bittet er, der Meister soll so gut sein, und ihm den Bart abnehmen um Gottes willen, daß er doch auch wieder aussehe wie ein Christ. Der Meister nimmt das schlechteste Messer, wo er hat, denn er dachte: Was soll ich ein gutes daran stumpf hacken für nichts und wieder nichts? Während er an dem armen Tropfen hackt und schabt, und er darf nichts sagen, weil's ihm der Schinder umsonst tut, heult der Hund auf dem Hof. Der Meister sagt: »Was fehlt dem Mopper, daß er so winselt und heult?« Der Christoph sagt: »Ich weiß nicht.« Der Hans Frieder sagt: »Ich weiß auch nicht.« Der arme Mann unter dem Messer aber sagt: »Er wird vermutlich auch um Gottes willen barbiert, wie ich.«*
[Joh. Peter Hebel, *Schatzkästlein des rheinischen Hausfreundes*]

**Exilliteratur,** die: → Emigrantenliteratur.

**Exkurs,** der: (lat. Ausflug, Streifzug) Abschweifung vom Thema in Rede oder in epischem u. wissenschaftl. Werk. (→ Digression, → Amplifikation)

**Exlibris,** das: (lat. aus den Büchern) auf die Innenseite des vorderen Buchdeckels geklebter Zettel mit dem Namen des Buchbesitzers, meist kunstvoll gestaltet.

**Exodium,** das: (gr.-lat.) a) Schluß von antikem →Drama; b) heiteres →Nachspiel zu Tragödie. (→Satyrspiel, →Atellane, →Mimus)

**Exodus,** der: (gr. Auszug) Schlußteil allg. der Tragödie, bes. des Chors in →Dithyrambus u. Tragödie.

**Exordium,** das: (lat. Anfang) als kunstgerechte →Einleitung Glied der antiken →Rede (→Rhetorik). (→Exposition, →Prolog)
= Heute allg. auf die Anrede »*Meine Damen und Herren*« zusammengeschmolzen

**Exotismus,** der: (zu gr. fremdländisch) Vorliebe für fremde Länder als Schauplatz von Dichtung; dichter. Formung der Welt des Exotischen (exot. Roman, exot. »Wüsten- u. Löwen-Poesie«) zur Befeuerung der Phantasie u. zur Erzeugung einer Kritik provozierenden Kontrastwirkung, wobei in der Beschwörung ferner Bereiche der Erde stets Weltschmerz, Fluchtimpuls (→Eskapismus), Sehnsucht nach ursprünglicher, gesteigerter Existenz Ausdruck finden können; der Exotiker ist dem Mystiker verwandt, denn beider Phantasie überwindet Zeit u. Raum, um (in idealer Umgebung bzw. in der Vereinigung mit Gott) das Glück zu suchen. (→Reiseliteratur, →Abenteuerroman)
= A. U. von Braunschweig, *Aramena* ($^2$1678f.); J. G. Schnabel, *Die Insel Felsenburg* (1731ff.); J. J. W. Heinse, *Ardinghello* (1787); Ch. Sealsfield, *Die weiße Rose* (1828); A. Döblin, *Die drei Sprünge des Wang-lun* (1915); u. a.

**Experimentalliteratur,** die: Literatur, die neue Ausdrucksmittel u. -formen erprobt. (→Avantgarde, →konkrete Poesie)
= in diesem Sinn dt. →Romantik bereits E.

*Experimentieren mit Bildern und Begriffen im Vorstellungsvermögen ganz auf eine dem physikalischen Experimentieren analoge Weise. Zusammensetzen, entstehenlassen etc.* [Novalis]

**Explanation,** die: (lat. Ausbreitung) erklärende Auslegung, deutende Erläuterung eines Textes nach inhaltl. Gesichtspunkten. (→Exegese)

**Explication de texte,** die: (frz. Texterklärung) in Frkr. angewandte literaturwissenschaftl. Interpretationsmethode, deren Grundlage Stil- u. →Kontext-Analyse sind. (→Interpretation, →Analyse)

**Explicit,** das: (lat. es ist vollzogen) Kennwort der Schlußformel (→Kolophon) von ma. Handschriften oder frühen Drucken. (→Incipit)

**Explikation,** die: (lat. Ausfaltung) Darlegung, Erklärung, Erläuterung. (→Explanation)

**Exposé,** das: (frz. zu lat. darlegen) Entwurf, skizzenhafte Darlegung eines Sachverhalts, auch Bittschrift.

**Exposition,** die: (lat. Darlegung) nach Gustav Freytag (→Freytag-Pyramide) einführende, die Sachlage darstellende 1. Stufe der Handlungsentwicklung im Drama (meist im 1. Akt = Goethe, *Egmont*, oder als →Prolog = *Faust*, Prolog im Himmel), leitet zur Steigerung durch →»erregendes Moment« über, entfällt im →analytischen Drama.

**Expressionismus,** der: (zu frz. Ausdruck) Sammelbez. für Kunstrevolution in Deutschland zwischen 1910 u. 1925, die alle Gebiete künstler. Schaffens erfaßte u. sich mit den Grundbegriffen Revolte – Wandlung – Steigerung umschreiben läßt; in der Zielsetzung des literar. E. verband sich die Forderung nach Befreiung des Menschen in einer zweckbezogenen, total verwalteten u. technisierten Welt mit jener nach Setzung neuer absoluter Werte u. Normen in Leben u. Kunst; der »neue Rhythmus« sprach sich aus im »neuen Pathos« des »erfühlt-klingenden« wie in der »neuen Skepsis« des »skeptisch-grotesken« Gedichts; indem die Vertreter dieser Bewegung Kunst u. Politik, ästhet. u. eth. Postulate zu verknüpfen suchten, um das Vergangene *in toto* zu überwinden, erlahmte der Aufbruchselan des E. schließlich, zerbrach an seinen inneren Widersprüchen (zwischen der Idee einer »neuen Kunst« u. jener der messian. Erwartung vom »neuen Menschen«, individ. Steigerung u. kollektiver Solidarität, Formpostulat der Kunst u. Formverzicht in der Rhetorik der Botschaft o. ä.); einen wirklich neuen Ansatz hat der E. lediglich auf dem Gebiet der →Epik erbracht (A. Döblin, Carl Einstein), der bis in die Gegenwart fortwirkt; die E.-Diskussion ist noch in vollem Gang. (→Sturmkreis, →Aktivismus, →Futurismus, →Dadaismus)
= Hauptvertreter: Heym, Stadler, Trakl, E. Lasker-Schüler, Stramm (Lyrik); Döblin, Einstein, Edschmid, Sack, E. Weiß (Epik); Hasenclever, Toller, Kaiser, v. Unruh, Barlach, Sorge, Sternheim, Kokoschka (Drama).

Programmat. Charakters sind Gedichte wie *Weltende*: »Dem Bürger fliegt vom spitzen Kopf der Hut« von J. van Hoddis [Hans Davidsohn] oder *Form ist Wollust*: »Form und Riegel mußten erst zerspringen« von E. Stadler u. Anthologie- u. Zeitschriftentitel wie *Die Menschheitsdämmerung, Kameraden der Menschheit* oder *Verkündigung* u. *Die Aktion, Der Sturm, Der Orkan, Neue Blätter, Das neue Pathos, Neue Jugend, Das junge Deutschland, Genius* u. a.

»Wir sind Expressionisten. Es kommt wieder auf den Gehalt, das Wollen, das Ethos an.« [K. Hiller, 1911]
→ Langzeile

**Extrakt,** der: (zu lat. herausziehen) Auszug aus Büchern, Zusammenfassung des Hauptinhalts u. ä.

**Exzerpt,** das: (lat. Herausgehobenes) → Auszug aus einem Werk, knappe Zusammenstellung der Hauptpunkte. (→ Epitome)

**Fabel,** die: (lat. Erzählung) allg.: Handlungsgerüst einer epischen oder dramatischen Dichtung (→ Plot); bes.: als literar. Gattung heitere → Tierdichtung (Vers oder Prosa), in der menschl. Eigenschaften von (charakterlich eindeutig definierten) Tieren oder anderen Lebewesen verkörpert und in bestimmten Situationen vorgeführt werden, um die »Wahrheit« (→ Epimythion) in sicherer Verkleidung darzubieten u. auf distanziert-unterhaltsame Weise erzieher. oder satir. Effekt zu erzielen. (→ Satire, → Gleichnis, → Exempel)
= U. Boner, *Edelstein* (1350, erste dt. Fabelsammlung); Hagedorn, *Versuch in poetischen Fabeln und Erzählungen* (1738); Gellert, *Fabeln und Erzählungen* (1746 ff.); Lessing, *Fabeln. Drey Bücher. Nebst Abhandlungen mit dieser Dichtungsart verwandt. Inhalts* (1759); u. a.

*Ein Mann hatte einen trefflichen Bogen von Ebenholz, mit dem er sehr weit und sehr sicher schoß, und den er ungemein werth hielt. Einst aber, als er ihn aufmerksam betrachtete, sprach er: Ein wenig zu plump bist du doch! Alle deine Zierde ist die Glätte. Schade! Doch dem ist abzuhelfen, fiel ihm ein. Ich will hingehen und den besten Künstler Bilder in den Bogen schnitzen lassen. Er ging hin; und der Künstler schnitzte eine ganze Jagd auf den Bogen; und was hätte sich besser auf einen Bogen geschickt, als eine Jagd? Der Mann war voller Freuden. »Du verdienest diese Zierrathen, mein lieber Bogen!« Indem will er ihn versuchen; er spannt, und der Bogen zerbricht.*
[Lessing, *Der Besitzer des Bogens*]

*»Ach«, sagte die Maus, »die Welt wird enger mit jedem Tag. Zuerst war sie so breit, daß ich Angst hatte, ich lief weiter und war glücklich, daß ich endlich rechts und links in der Ferne Mauern sah, aber diese langen Mauern eilten so schnell aufeinander zu, daß ich schon im letzten Zimmer bin, und dort im Winkel steht die Falle, in die ich laufe.«
»Du mußt nur die Laufrichtung ändern«, sagte die Katze und fraß sie.*
[F. Kafka, *Kleine Fabel*]

**Fabian Society,** die: (nach röm. Feldherrn u. Staatsmann Quintus Fabius Maximus Verrucosus, der wegen seiner bewußten Abwartetaktik »Zauderer« genannt wurde) Vereinigung brit. Sozialreformer (gegr. 1884), die für einen »Sozialismus der kleinen Schritte« eintraten; führende Vertreter u. a. Sidney Webb sowie G. B. Shaw, ihr nahestehend auch H. G. Wells.
= G. B. Shaw, *Fabian Essays* (1889)

**Fabliau** bzw. **Fablel,** der: (frz. »Fabelchen«) afrz. kurze schwankhafte Erzählung in achtsilb. Reimpaaren (12.–14. Jh.). (→Dit, →Fabel, →Exempel, →Schwank)

**Fabula,** die: (lat. Erzählung) Schauspiel, röm. Drama mit den Gattungen F. atellane (→Atellane), F. palliata (→Palliata), F. togata (→Togata) u. a.

**Fachbuch,** das: Lehrbuch zur Aus- oder Fortbildung in best. Beruf. (→Sachbuch)

**Fachprosa,** die: allg.: die Sprache nichtdichter. Abhandlungen; bes.: volkssprachige Prosaliteratur (→Gebrauchsliteratur) des MA., die der Erläuterung der →Freien Künste u. der Eigenkünste (Artes mechanicae: Handwerk, Kriegskunst, Seefahrt, Landbau, Jagd, Heilkünste, Hofkünste) dient.
= *Von den wurczeln, die yn vnsern nucz kummen vnd*
  *der wir gemaniglichen ym wege der speyse brauchen seyn*

*Knoblauch*
*Vnd des ersten von dem knoblach, der da ist, als Auicenna schreibt, warm vnd drucken ym dritten grad biß an den vierden. Von dem wilden schreiben die mayster, das er warm vnd drucken sey ym vierden grad, aber man nüczet seyn nit ym wege der speyse. Man sol erwelen auß dem gart knoblach den, der mynder scharpff ist. Er ist abschneyden die schleymigen feuchtigkeit vnd verczeret die wynde yn dem leib, mer dann alle andre arczteye, als der meyster Serapio schreibt. Er öffent die verstopffung. Er macht wol harmen vnd clärt die stymme vnd ist gut für den husten von kelten. Er tödt die würm vnd zu mal die kurczen, die seyn als die kürbs kern. Auch ist er gut des magen smerczen vnd der därm, wann er von kelten kömt. Er ist eyner bösen vnd kleynen narung vnd schwecht die augen vnd ist schad dem heubt vnd den, die colerici seyn vnd natürlichen warm. Man benymt ym seyn schäden, wann man yn mit essig oder essiger speyse nymt vnd mit krawtern, als wann man yn vor dem essen eyn weyle yn den essig legt. Er ist für mancherleye gyft vnd für die bysse der gyftigen thyer vnd für den bösen luft yn der pestilencze. Darümb Galienus am xij. buch seyner Terape[u]tica: Vnd ich spricht er nenne czu leczten die speyse der bawren tyriaca. Isaac spricht, der knoblach ist gut den, die gyfft bey yn haben vnd kalte kranckheit haben vnd ist als die grosse tyriaca. Er reynigt vnd heylet die wunden und vertreybet die aegel, wo sy an den menschen hangen.*

[Aus: Unbek. Verf., *Groß-Schützener Gesundheitslehre*]

**Fachsprache,** die: (Sonder-)Sprache von Berufsgruppe oder Stand, gekennzeichnet durch Fachvokabular. (→Terminologie)

**Faction-Prosa,** die: (engl. zu Tatsache) →Tatsachenroman.

**Fado,** der: (portug. Geschick) Form des portug. volkstüml. (Tanz-)Lieds, meist mit Gitarrenbegleitung.

**Fahne,** die: im Druck der 1. Korrekturabzug eines Werks; Grundlage für Umbruch in einzelne Seiten.

**Fahrende** (Pl.): (zu mhd. herumziehen) nichtseßhaftes Volk; im MA. die von Stadt zu Stadt ziehenden Gaukler, Taschenspieler, Dichter (Sänger) u. a. (→ Spielmann, → Enfants sans soucis)

**Faksimile,** das: (lat. macht ähnlich!) getreue Nachbildung einer Vorlage, z. B. von Handschriften, älteren Druckwerken, Zeichnungen u. ä.

**Falkentheorie,** die: von P. Heyse nach Analyse von Boccaccios Falkennovelle (9. Geschichte des 5. Tages im *Decamerone*) formulierte Theorie (Einleitung zum *Deutschen Novellenschatz*, 1871), wonach jede → Novelle einen »Falken«, d. h. ein → Leitmotiv, gewissermaßen ein → Dingsymbol haben solle; inzwischen als unhaltbar angesehen, da auf zu starr normativen Voraussetzungen beruhend.
= Tieck, *Des Lebens Überfluß*: Treppe; E. Strauß, *Der Schleier*: Schleier; Hesse, *Heumond*: Blutbuche, Trauerweide; o. ä.

**Fallhöhe,** die: aus Frkr. stammender Begriff der → Dramaturgie; beruht auf der Vorstellung, daß → Tragödie, um wirkliche Erschütterung zu bewirken u. Auswegslosigkeit zu demonstrieren, einer F. bedürfe; diese F. lasse sich am eindringlichsten im Scheitern (Fall) eines Vertreters der höheren, absolute Werte (Erhabenheit, Würde etc.) repräsentierenden Stände darstellen, da das Schicksal (→ Tragik) niederer (bürgerl.) Personen relativ u. somit »machbar« sei. (→ Ständeklausel, → bürgerl. Trauerspiel)

**Familienblatt,** das: wöchentl. erscheinende, meist illustrierte Unterhaltungszs. des 19. Jh.; Vorläufer → Kalender, → Taschenbücher, → moral. Wochenschriften.
= Als das im 19. Jh. am weitesten verbreitete F. gilt *Die Gartenlaube* (382000 Abonnenten 1875)

**Familiendrama,** das: → Rührstück.

**Familienroman,** der: Roman, der seinen Stoff dem Umkreis des Familienlebens von Adel u. Bürgertum entnimmt; Stoffwahl häufig bedingt durch Rückzug aus gesellschaftl. Welt als Folge von äußerem Druck, da Bereich von Familie u. Haus noch über abgeschirmte Eigengesetzlichkeit zu verfügen schien; Ansätze bei Jörg Wickram (*Von guten und bösen Nachbarn*, 1556); nach Absorbierung durch → Abenteuerroman erneuert im empfindsamen Seelenroman des 18. Jh. mit Gellert (*Leben der schwedischen Gräfin von G.*, 1747f.) u.

Hermes (*Sophiens Reise von Memel nach Sachsen*, 1769 ff.); mündet schließlich in die →Unterhaltungsliteratur (A. Kotzebue, H. Clauren u. a.), auch wenn Themen wie Familie, Sippe, Generationsfolge, schicksalhafter Auf- u. Abstieg als elementare Aspekte menschlicher Existenz weiterhin im Roman eine Rolle spielen. (→Heimatroman, →Bauernroman, →Gesellschaftsroman, →Zeitroman)

= Th. Mann, *Die Buddenbrooks* (1901); B. v. Brentano, *Th. Schindler* (1936); Uwe Johnson, *Jahrestage*, 4 Bde., 1970 ff.; H. Böll, *Billard um halb zehn* (1959); u. a.

**Famosschrift,** die: (lat. viel besprochen + Sch.) Schand- u. Schmähschrift während →Humanismus u. →Renaissance. (→Pasquill)

**Fangzeile,** die: Zeile oder Satz, die auffallen, d. h., Aufmerksamkeit erregen sollen (Werbetext). (→Verfremdung, →Reizwort)

**Farce,** die: (frz. Füllsel) frz. Gegenstück zum →Fastnachtsspiel, zunächst derb-effektvolle komische Einlage zu geistl. Schauspielen im Frkr. des MA., dann selbständiges possenhaftes Stück (in Versen); in Deutschland seit 18. Jh. (Sturm und Drang), von Bedeutung bes. als Literatur-F. zur Verspottung literar. Gegner. (→Satire, →Posse)

= *Maistre Pierre Pathelin* (ca. 1465); Goethe, *Ein Fastnachtsspiel vom Pater Brey* (1773), *Götter, Helden und Wieland* (1773); O. Kokoschka, *Sphinx und Strohmann* (1907); M. Frisch, *Die chinesische Mauer* (1947); G. Grass, *Zweiunddreißig Zähne* (1958); u. a.

**Fassung,** die: (fassen = Form geben) best., einem dicht. Werk vom Autor verliehene Gestalt (Wortlaut), aus der sich im Falle einer eingreifenden Überarbeitung eine »zweite« F. oder Neufassung ergibt. (→Adaptation)

= G. Keller, *Der Grüne Heinrich* (1854f. = 1. F.; 1879f. = 2. F.); B. Brecht, *Leben des Galilei* (1938/39 = 1. F.; 1945/47 = 2. F.; 1954/56 = 3. F.)

**Fastnachtsspiel,** das: dt. Gegenstück zur →Farce, zunächst volkstüml. derbwitziges →Drama zur ausgelassenen Fastnachtszeit (14. Jh.); wird durch Meistersinger (Hans Rosenplüt, Hans Folz) literar. Standes- →Satire (15. Jh.); von Pamphilus Gengenbach u. Nik. Manuel in den Dienst der Reformation gestellt; bekanntester u. bedeutendster Verfasser von volkstüml. satir.-moralis. F. Hans Sachs (1496–1576), dem 85 der insgesamt 150 überlieferten F. zugeschrieben werden; Erneuerung in →Sturm und Drang u. →Romantik.

= H. Rosenplüt, *Des Königs von England Hochzeit; Papst, Kardinal, Bischöfe; Des Türken Fastnachtspiel*; H. Sachs, *Der fahrende Schüler im Paradeisz* (1550); *Das Kälberbrüten* (1551); *Der Roßdieb zu Fünsing* (1553); A. W. Schlegel, *Ein schön kurzweilig F. vom alten und neuen Jahrhundert* (1801); u. a.

Die Pewrin gehet ein vnnd spricht:
*Ach wie manchen seufftzen ich senck,*
*Wenn ich vergangner zeit gedenck,*
*Da noch Lebet mein erster Man,*
*Den ich ye lenger lieb gewan,*
*Dergleich er mich auch wiederumb,*
*Wann er war einfeltig vnd frumb.*

*Mit jm ist all mein frewdt gestorben,*
*wie wol mich hat ein andr erworben.*
*Der ist meimb ersten gar vngleich,*
*Er ist karg vnd wil werden Reich,*
*Er kratzt vnd spardt zusam das gut,*
*Hab bey jm weder frewdt noch mut.*
*Gott gnad noch meinem Man, dem alten,*
*Der mich viel freundtlicher thet halten;*
*Kündt ich jm etwas guts noch than,*
*Ich wolt mich halt nit saumen dran.*

Der farendt schuler gehet ein vnnd spricht:
*Ach liebe Mutter, ich kumb herein,*
*Bit, laß mich dir befolhen sein,*
*Mit deiner milten handt vnd gab;*
*Wann ich gar viel der künste hab,*
*Die ich in Büchern hab gelesen.*
*Ich bin in Venus berg gewesen,*
*Da hab ich gsehen manchen Buler;*
*Wiß, ich bin ein farender Schuler*
*Vnd fahr im Lande her vnd hin.*
*Von Pariß ich erst kummen bin*
*Itzundt etwa for dreien tagen.*

Die Pewrin spricht:
*Secht, lieber Herr, was hör ich sagen,*
*Kumbt jr her auß dem Paradeiß?*
*Ein ding ich fragen muß mit fleiß,*
*Habt jr mein Man nicht drin gesehen?*
*Der ist gestorben in der nehen,*
*Doch vast vor einem gantzen Jar,*
*Der so frumb vnd einfeltig war;*
*Ich hoff je, er sey drein gefaren.*

Der farendt schuler spricht:
*Der Seel so viel darinnen waren;*
*Mein fraw, sagt, was hat ewer Man*
*Für kleider mit jm gfürdt daruan?*
*Ob ich jn darbey möcht erkennen.*

Die Pewrin spricht:
*Die kan ich euch gar baldt genennen:*
*Er het ach auff ein plaben hut*
*Und ein leilach, zwar nit vast gut,*
*Darmit hat man zum grab besteht.*
*Kein ander kleidung er sunst het,*
*Wenn ich die warheit sagen sol.*

Farendt schuler spricht:
*O liebe Fraw, ich kenn jn wol,*
*Er geht dort vmb ohn hossn vnd schuch,*
*Vnd hat ahn weder hem noch bruch,*
*Sonder wie man jn legt ins grab;*
*Er hat auff seinen hut blietschplob*
*Vnd thut das leilach vmb sich hüllen.*
*Wenn ander brassen vnd sich füllen,*
*So hat er gar kein pfenning nicht.*
*Als denn er so sehnlich zusicht*
*Vnd muß nur des Almusen leben,*
*Was jm die andern Seelen geben;*
*So ellendt thut er dort vmbgan.*

Die Pewrin spricht:
*Ach, bist so ellendt dort mein Man,*
*Hast nit ein pfenning in ein badt?*
*Nun ists mir leidt, auch jmmer schadt,*
*Das du solt solche armut leiden.*
*Ach, lieber Herr, thut mich bescheiden,*
*Wert jr wider ins Paradeiß?*

Der farendt schuler spricht:
*Morgen mach ich mich auff die reiß,*
*Vnd kumb hienein in viertze tagen.*

Die Pewrin spricht:
*Ach, wolt jr etwas mit euch tragen,*
*Ins Paradeiß bringen meim Man?*

Der farendt schuler spricht:
*Ja, Fraw, ich wil es geren than,*
*Doch was jr thon welt, thut mit eil.*

Die Pewrin spricht:
*Mein Herr, verziecht ein kleine weil,*
*Zu sammen wil das suchen ich.*

Sie geht auß. Der farendt schuler redt mit jm selb vnnd spricht:
*Das ist ein recht einfeltig Viech*

*Vnd ist gleich eben recht für mich,*
*Wenn sie viel gelts vnd kleider brecht,*
*Das wer für mich als gut vnd recht,*
*Wolt mich baldt mit trollen hienauß,*
*Eh wann der Pawer kemb ins Hauß.*
*Er wirt mir sunst mein sach verderben;*
*Ich hoff, ich wöl den alten erben.*


Die Pewrin bringet jhm ein pürlein vnnd spricht:
*Mein Herr, nun seit ein guter pot,*
*Nemet hin die zwölff gülden rot,*
*Die ich lang hab gegraben ein*
*Da aussen in dem Kuestal mein,*
*Vnd nemet auch das pürlein ahn*
*Vnd bringt das alles meinem Man*
*In jene Welt ins Paradeiß . . .*
[Aus: Hans Sachs, *Der fahrende Schüler im Paradeisz*]

**Faszikel,** der: (lat. Bündel) Aktenbündel, Heft; ungebundener Teilband, Lieferung.

**Fatras,** der: (frz. Plunder, Wortschwall) auch Fatrasie, frz. Gedicht aus elfzeiligen Strophen mit Reimfolge aabaabbabab; bietet in Grundform Reihung paradoxer Einfälle. (→ Baguenaude, → Coq-à-l'âne)
= *Les F. d'Arras* (Sammlung von 55 F.)

*Fourmage de laine*
*Porte une semaine*
*A la Saint Remi,*
*Et une quintaine*
*Couroit parmi Saine*
*Sor pet et demi;*
*Li siecles parti parmi.*
*Uns suirons sainiez de vaine*
*Leur dit: »Par l'ame de mi,*
*J'ai repost un mui d'avaine*
*Dedenz le cul d'un fremi.«*


**Fazetie,** die: (lat. Witz, Scherz) Schnurre, kleine heiter-witzige, verspielt-iron., erot. getönte (Schwank-)Erzählung (bes. im Italien des 15. u. 16. Jh.: Poggio); von dt. Humanisten (Aug. Tünger, 1486) nachgebildet; ging schließlich in → Schwank u. → Anekdote auf.
= H. Bebel, *Libri facetiarum iucundissimi* (1509 ff.); Jul. W. Zincgref, *Facetiae Pennalium, das ist, Allerley lustige Schulbossen* (1618); u. a.

*Es war einer vf ein mal mit seiner frawen in einem schiff, das schiff was vberladen, das iederman vber das schiff vsz werffen müst was er het, das das schwerest was, stück für stück, da es an in kam, da sprach er, das schwerest das ich hab das ist meiner frauwen zung, die mag ich noch alle meine nachburen nit ertragen.* [Aus: Joh. Pauli, *Schimpf und Ernst*]

**Feature,** das: (engl. charakterist. Grundzug, [Sonder-]Beitrag) Sendeform, die →Bericht »radiogen« darbietet (Hörbericht), Hörbild, Hörfolge. (→Reportage)

**Feengeschichte,** die: (zu Fee = urspr. Schicksalsgöttin, dann zauberkundige Naturmacht in Frauengestalt) erzähl. Dichtung, die volkstüml. Feenstoff gestaltet; durch Verbindung mit kelt. Artussagenkreis im 12. Jh. erste Blüte (Verserzählungen der Marie de France [→Lai], Romane um König Artus [*Iwein* u. a.]); die Feenmode des 17. Jh. (bes. in Frkr.: Ch. Perrault, *Contes de ma mère l'Oye*, 1697, u. a.) greift im 18. Jh. auf Deutschland über (Ch. M. Wieland, *Don Sylvio* [1764], *Oberon* [1780], u. a.) u. führt v. a. in der Romantik zur Entstehung von F. (L. Tieck, C. Brentano, A. v. Arnim, E. T. A. Hoffmann u. a.). (→Kunstmärchen)
= Verarbeitung alter F. noch im 20. Jh. bei G. Hauptmann (*Die versunkene Glocke*, 1897), I. Bachmann (*Undine geht*, 1973) u. a.

**Féerie,** die: (frz.) opernhaftes Märchendrama, in dessen Mittelpunkt eine Fee steht. (→Zauberstück)
= Shakespeare, *Ein Sommernachtstraum*; Raimund, *Der Barometermacher auf der Zauberinsel*; u. a.

**Félibrige,** der: (zu neuprov. Musensohn) 1854 gegr. Dichterbund zur Erneuerung der prov. Sprache u. Kultur mit dem seit 1855 erscheinenden prov. →Almanach *Armana Prouvençau* als Publikumsorgan; auch Bez. für prov. Renaissance des 19. Jh.

**Feminismus,** der: (frz. zu lat. Frau; Begriff von Charles Fourier Anfang 19. Jh. geprägt) allg.: Frauenbewegung u. deren Theorie; fordert Selbstbestimmung wie Gleichstellung der in der männerdominierten Gesellschaft als »defektes Wesen«, »inferiore Fremde« u. a. diskriminierten u. unterdrückten sozialen Gruppe »Frau«: in diesem Sinn als Patriarchatskritik gegen traditionelle Rollenverteilung zwischen den Geschlechtern gerichtet; bes.: krit. Interpretation, Reflexion u. Wertung literar. Werke im Sinne des F. (allg.); wie in der method. Richtung der →Dekonstruktion sucht der F. die im Sinngebilde des Textes eine Hierarchie bildenden binären Oppositionen, allen voran die (ideolog. fundierte) Wertopposition Mann–Frau, zu beschreiben u. aufzulösen. Ausgehend davon, daß Diskriminierung u. Ausschluß der Frau zur Entwicklung einer eigenen, in Denken u. Sprechen sich äußernden »weiblichen« Sensibilität geführt hat, macht der F. Erfahrungsspektrum u. Körper-

diskurs der »*andern* Hälfte der Menschheit« dem Literaturverständnis fruchtbar u. entwickelt Gegenentwürfe zum Bestehenden, in denen weibl. Standpunkte als von Männern unabhängige Deutung der Lebenszusammenhänge autonom u. gleichberechtigt zum Ausdruck kommen. (→Interpretation, →Analyse, →Methode)
= *Der F. ist eine Theorie, die alle Bereiche des Menschlichen betrifft und den patriarchalischen Gehalt aller kulturellen Hervorbringungen... bloßlegt und kritisiert.* [Luise F. Pusch]

**Fermate,** die: (ital. Stillstand) Schluß einer rhythm. →Periode mit Dehnung, die metrisch nicht gezählt wird.

**Fernsehspiel,** das: durch Verbindung von Elementen des Films u. des Schauspiels entwickelte dramat. Form, die, den Gegebenheiten des relativ kleinen Bildschirms entsprechend, das Geschehen durch Konzentration, Dialog u. aussparende Andeutung zu fassen sucht; als Sendeform, die zunehmend an Bedeutung gewinnt, gestaltet das Medium F. die Stoffe, die »bisher weder in Drama, Epik u. Lyrik noch im Hörspiel oder Spielfilm« ihren Niederschlag fanden (T. Schwaegerl).
= Verfasser von F.: H. v. Cramer, T. Dorst, R. W. Fassbinder, H. Kipphardt, G. Oelschlaegel u. a.

**Festschrift,** die: Gelegenheitsschrift zu best. Ereignis (Geburtstag, Jubiläum etc.), enthält neben Würdigungsartikel diverse (wissenschaftl.) Beiträge.

**Festspiel,** das: a) zu festl. Anlaß (Jubiläum o. ä.) verfaßtes Theaterstück, →Gelegenheitsdichtung; b) Aufführung von Dramen u. ä. im traditionsbest. Rahmen eines Festes oder von Theaterwochen. (→Passionsspiel, →Mysterienspiel)
= a) Conrad Celtis, *Ludus Dianae* (1500, höfisch-allegor. F. mit Musik u. Tanz für Kaiser Maximilian); Simon Dach, *Cleomedes* (1635, F. anläßlich des Besuchs von König Wladislaus); Schiller, *Die Huldigung der Künste* (1804); Goethe, *Pandoras Wiederkunft* (1806ff., unvoll.); u. a.
b) Salzburger F., Bayreuther F.

**Feszenninen** (Pl.): (lat., wahrscheinl. nach etrusk. Stadt Fescennium) derb bäuerliche Festlieder (»Neckgedichte«). (→Hymenaeus)

**Feuilleton,** das: (frz. Blättchen) Begriff im Rahmen von Industrialisierung der Literatur 1800 von Geoffroy (*Journal des Débats*) eingeführt; a) Unterhaltungsteil (-beilage), d. h. der Kunst und Kultur im weitesten Sinn gewidmete Teil einer Zeitung; b) Beitrag zu a) in locker geistvoll-kurzweiliger Form u. witzigem Ton, leicht faßlich, ohne oberflächlich zu sein, u. im besten Fall zum →Essay tendierend.

= Meister des F. in Deutschland Heine, Börne, A. Polgar, H. Bahr, Tucholsky, M. Rychner, D. Sternberger, P. Wapnewski u. a.

*Der Ironiker ist ein Mann, der die Dummheit der Welt mit Lieblichkeit zu bekämpfen sucht. Und weil er die Dummheit bekämpft, deshalb muß er so oft den Vorwurf hören: »Der Hund verspottet alles, was uns heilig ist.«*
*Sokrates, der Sohn der Hebamme, hielt es so. Der ging über den tönenden Markt von Athen und sagte den Bürgern lächelnd die Wahrheit. Hätte er diese Bürger angeschrien und beschimpft, sie hätten ihn verstanden, weil das ihre Art der Verständigung war und immer noch ist; aber da er lächelte, stellten sie fest, daß er die Götter des Staates leugnete, und so mußte er den Schierlingsbecher trinken.*
*Selbst dieses tat er mit Geist und mit Heiterkeit, so daß die Schüler, die seine letzten Reden hörten, oft lächeln oder gar offen lachen mußten...*
[Aus: V. Auburtin, *Der Ironiker*]

**Fibel,** die: (kindersprachl. zu Bibel) a) Kinderlesebuch (mit Texten aus der Bibel); b) Elementarbuch eines Wissensgebietes.
= Als älteste F. gilt Christoph Hueber, *Modus legendi*, 1477 (handschriftl.); als F. in iron.-aufklärer. Sinn B. Brecht, *Kriegsfibel* (1939f.)

**Fiction,** die: (engl. Erdichtetes, Erfundenes [Fiktion]) engl. Bez. für erzählende Literatur, soweit sie »Erdichtung«, d. h. Werk der Einbildungskraft, ist, Gegs. →Nonfiction. (→Fiktion)

**Figur,** die: (lat.) a) →rhet. Figur; b) →Gestalt, bes. in → Drama.

**Figurant,** der: stummer (Neben-)Darsteller.

**Figura etymologica,** die: (lat.) →rhet. Figur: Verbindung zweier Wörter desselben Stammes, um Nachdrücklichkeit zu erreichen u. vollen Bedeutungsgehalt zu aktivieren. (→Paronomasie)
= *Ein Leben leben; einen Kampf kämpfen; betrogene Betrüger*

**Figurengedicht,** das: →Bilderlyrik.

**Fiktion,** die: (lat.) »Als-ob-Wirklichkeit«, erdichtete, »fiktive« Wirklichkeit, die als wirklich erscheint, aber das Ergebnis von »Fiktionalisierung« ist; sie ist (fiktiver) Schein, »Als-Struktur« im Gegs. zum »Fingiertsein«, der Täuschung der »Als-ob-Struktur«, die vorgibt, die Wirklichkeit zu sein (K. Hamburger).
= *Unwillkürlich hat einmal Theodor Fontane diese Definition der literarischen Fiktion gegeben: »Ein Roman... soll uns eine Geschichte erzählen, an die wir glauben«, und meinte damit, er soll uns »eine Welt der Fiktion auf Augenblicke als eine Welt der Wirklichkeit erscheinen lassen...«*
[K. Hamburger, *Die Logik der Dichtung*, ³1977]

**Fin de siècle,** das: (frz. Ende des Jh. nach Titel des Lustspiels von de Jouvenot u. Micard [1888]) → Dekadenzdichtung.

**Finis,** die: (lat. Ende) Schlußvermerk in Druckwerken.

**Fitte,** die: (aengl.) Kompositionseinheit ma. Dichtungen.

**Flamenco,** der: (span. zu ndl. »flämisch«) Gattung von (Tanz-)Liedern bes. Andalusiens, gekennzeichnet u. a. durch schnellen Wechsel von melod. u. rezitativem Vortrag, freiem u. gebund. Rhythmus.
= F. Vogelsang (Hrsg.), *Flamenco-Verse* (1964)

**Flickvers,** der: überflüssiger, zu bloßer Strophenfüllung dienender → Vers.

**fliegende Blätter** (Pl.): → Flugblatt, → Flugschrift
= *Zu Straßburg auf der Schanz,*
  *da ging mein Trauren an,*
  *das Alphorn hört ich drüben wohl anstimmen,*
  *ins Vaterland mußt ich hinüberschwimmen,*
  *das ging nicht an.*

  *Eine Stunde in der Nacht*
  *sie haben mich gebracht:*
  *sie führten mich gleich vor des Hauptmanns Haus,*
  *ach Gott, sie fischten mich im Strome auf,*
  *mit mir ist's aus.*

  *Frühmorgens um zehn Uhr*
  *stellt man mich vor das Regiment;*
  *ich soll da bitten um Pardon,*
  *und ich bekomm doch meinen Lohn,*
  *das weiß ich schon.*

  *Ihr Brüder allzumal,*
  *heut seht ihr mich zum letzten Mal;*
  *der Hirtenbub ist doch nur schuld daran,*
  *das Alphorn hat mir solches angetan,*
  *das klag ich an.*

  *Ihr Brüder alle drei,*
  *was ich euch bitt, erschießt mich gleich;*
  *verschont mein junges Leben nicht,*
  *schießt zu, daß das Blut ›rausspritzt,*
  *das bitt ich euch.*

  *O Himmelskönig Herr!*
  *nimm du meine arme Seele dahin,*

*nimm sie zu dir in den Himmel ein,
laß sie ewig bei dir sein,
und vergiß nicht mein.* [Unbek. Verf., *Der Schweizer*]

**Floiade,** die: (»Flohgedicht«) Gedicht über den Floh, in Frkr. entstanden u. bes. beliebt im 16. Jh.

= *Die weiber mit den flöhen,
die hand ein steten krieg,
sie geben gar auß lehen,
daß mans nur all erschlüg
und ließ ir kein entrinnen,
das wer der weiber rach,
so hettens frid beim spinnen
und in der küchen gmach!*

*Der krieg hebt an am morgen
und wert bis in die nacht,
die weiber tund nicht borgen
und heben an ein schlacht
und so die schlacht facht ane
werfens von in das gewand,
im streit sie nacket stane,
weil sie zu fechten hand.*

*Und het ich allweg bare
ein gulden in der hand,
als oft die weiber faren
nach flöhen unters gwand:
ich würd ein reicher knabe
und het ein köstlichen zoll,
ich wolt bald gülden haben
ein ganze truhe voll!*

*Der bapst der kann nit bannen
die flöh so ungehewr;
sein brief mögen nit gelangen
wider der flöh fegefewr;
bannt er die flöh so böse,
daß sie frid hielten recht,
so würd er noch gelt lösen
von dem weiblichen gschlecht!* [*Flohkrieg*]

→ Volkslied, → fliegende Blätter

**Flores** (Pl.): (lat. Blumen) Stilschmuck der → rhet. Figuren; in antiker u. ma. Literatur Kennzeichen des hohen Stils. (→ Stilarten)

**Florilegium,** das: (lat. Blütenlese) a) → Anthologie; b) Sammlung von »An- und Aufgelesenem« (→ Lesefrüchten, Redeblüten, treffenden Formulierungen u. ä.), das sich als »Schmuck« wiederverwenden läßt.

**Floskel,** die: (lat. Blümchen) Redeblüte, schmückender Ausdruck, nichtssagende Redensart, Phrase. (→ Formel)

**Flugblatt,** das: → Flugschrift, → Einblattdruck.

**Flugschrift,** die: (fliegen = schnell, beweglich sein) meist anonyme oder → pseudonyme Druckschrift geringen Umfangs, oft mit Illustrationen, die als Propagandainstrument dient; Hauptverbreitung als Mittel relig. u. polit. Volksbeeinflussung im 16. u. 17. Jh., wo sie bes. in den Auseinandersetzungen zwischen Anhängern u. Gegnern der Reformation eine große Rolle spielte; als Vorläufer der Zeitung verlor die F. mit deren zunehmender Verbreitung im 18. Jh. an Bedeutung.
= Luther, *An den Christl. Adel dt. Nation* (1520) u. a.; J. E. von Günzburg, *Die 15 Bundesgenossen* (1521); Th. Murner, *Von dem großen Lutherischen Narren* (1522); G. Büchner, *Der Hessische Landbote* (1834); Marx/Engels, *Manifest der kommunistischen Partei* (1848); R. Pannwitz, *Die deutsche Lehre* (1919); u. a.

**Foliant,** der: (lat. Buch in → Folio) sehr großes Buch, → Wälzer.

**Folio,** das: (ital. von lat. Blatt) heute ungebräuchliches Buchformat durch nur einmal gefalzten Bogen (2 Blatt = 4 Seiten). (→ Oktav)

**Folkevise,** die (Pl. Folkeviser): (dän. Volksweise) altdän. erzähler. Tanzlied mit Kehrreim (13./14. Jh.). (→ Kaempevise)
= W. Grimm (Übers.), *Altdänische Heldenlieder, Balladen und Märchen* (1811)

**Folklore,** die: (engl. Wissen des Volkes) a) Sammelbez. für Volksüberlieferung (Lied, Brauchtum u. ä. [→ Volkskunde]); b) → Volkslied, -tanz u. ä.

**Form,** die: (lat. Gestalt) als »lebende Gestalt« Umriß u. Erscheinungsbild eines Kunstwerks, in denen äußere Form (Gestaltverwirklichung des → Gehalts in → Gattung, → Metrum, → Stil) u. innere Form (Gestaltanspruch des Gehalts, d. h. dessen wesensgemäße schöpf. Gestaltung) miteinander verschmelzen.
= *Darin also besteht das Kunstgeheimnis des Meisters,* daß er den Stoff durch die Form *vertilge; und je imposanter, anmaßender, verführerischer der Stoff an sich ist [...] desto triumphierender ist die Kunst, welche jenen zurückzwingt...*
    [Aus: Schiller, *Über die ästhetische Erziehung des Menschen*, 22. Brief]

**Formalismus,** der: (zu lat. →Form) a) in der Philosophie eine Anschauungsweise, die das Äußerlich-Formale zu Lasten des Inhaltlichen überbetont; b) in Literaturwissenschaft der Sowjetunion method. Richtung (1915–30), die durch reine Form- →Analyse die poet. »Kunstgriffe« eines Autors herauszupräparieren u. aus dem Wachstumskoeffizienten des Neuen in histor.-poet. Hinsicht ein Kriterium für literar. Wertung zu gewinnen sucht. (→New criticism)
= b) Vertreter des russ. F.: V. Schklowskij, B. Eichenbaum, B. Tomaschewskij u. a.

**Format,** das: (lat. Geformtes) Größe von Blatt oder Buch (Verhältnis von Länge u. Breite) je nach Faltung des →Bogens.

**Formel,** die: (lat.) festgelegte Wortfolge bzw. Redewendung, die in ihrer Einprägsamkeit allzeit verfügbar ist. (→Sprichwort, →Eidformel, →Redensart, →Phrase, →Gemeinplatz, →Kitsch)
= →Reimformel, →Zwillingsformel

**Formelbuch,** das: Vorlagenbuch, Sammlung von Formblättern (Formularen) für die korrekte Abfassung von Urkunden.

**Fornaldar saga,** die (Pl. f. sögur) (isl. Vorzeitsaga) anord. Prosaerzählung (→Saga) mit Stoff aus →Heldensage der Völkerwanderungszeit u. Frühgeschichte der Wikinger (vor der isländ. Landnahme).

**Fornyrðislag,** das: (anord. Urliedton) vierzeilige Strophe der eddischen Dichtung, besteht aus Langzeilen mit Zäsur; Gedichte in F. sind erzählend, im Gegs. zu denen in →Ljóðaháttr, die hauptsächl. aus Dialog bestehen.
= *Hljóðs bið ek allar nelgar kindir,*
  *meiri ok ninni nǫgu Heimdalar;*
  *vildu, at ek, Valfǫðr vel fyrtelja*
  *fǫrn spjǫll fira, ⸶ au ar fremst um man.* [Vǫluspá]

**Fortsetzungsroman,** der: a) fortsetzungsweise, d. h. in regelmäßig aufeinanderfolg. Teilen, in Zs. oder Zt. abgedruckter →Roman; meist fortlaufend für diese Publikationsform verfaßt u. dem Bereich der →Unterhaltungsliteratur angehörend; b) Vorabdruck eines abgeschlossenen Romans in Fortsetzungen. (→Trivialliteratur, →Kolportage)
= a) Wieland, *Die Abderiten* in *Teutscher Merkur* (1774/80); Schiller, *Die Geisterseher* in *Thalia* (1787+89); F. Gutzkow, *Die Ritter vom Geiste* in *Allg. Dt. Zeitung* (1850f.); u. a.

**Fragment,** das: (lat. Bruchstück) Teil eines Ganzen; a) unvollständig, bruchstückhaft überliefertes Werk; b) unvollendet geblieb. Werk; c) vom Autor bewußt gewählte literar. Form, da in ihr Mißverhältnis zwischen ewiger Be-

wegung des Geistes, Unendlichkeit des »Sinnes« u. endlich begrenzender Gestaltung der »Sache« am reinsten zum Ausdruck kommt; von Romantikern als angemessene Ausdrucksform betrachtet.
= a) *Hildebrandslied* (2. u. 8. Jh.); b) Hölderlin, *Der Tod des Empedokles* (1797ff.); Büchner, *Lenz* (1839); Musil, *Der Mann ohne Eigenschaften* (1930ff.); c) Herder, *F. über die neuere deutsche Literatur* (1767f.); Fr. Schlegel, *Lucinde* (1798f.); Novalis, *Heinrich von Ofterdingen* (1802); u. a.
 b) *Immer, Liebes! gehet*
 *Die Erd und der Himmel hält.* [Hölderlin]
 c) *Das Interessante ist, was mich nicht, um mein selbst willen, sondern nur, als Mittel, als Glied, in Bewegung setzt.* Das Klassische *stört mich gar nicht es affiziert mich nur indirecte durch mich selbst Es ist nicht für mich da, als klassisch, wenn ich es nicht setze, als ein solches, das mich nicht affizieren würde, wenn ich mich nicht selbst zur Hervorbringung desselben für mich, bestimmte anrührte, wenn ich nicht ein Stück von mir selbst losrisse, und diesen Keim sich auf eine eigentümliche Weise vor meinen Augen entwickeln ließe eine Entwicklung, die oft nur einen Moment bedarf und mit der sinnlichen Wahrnehmung des Objekts zusammenfällt so daß ich ein Objekt vor mir sehe, in welchem das gemeine Objekt und das Ideal*, wechselseitig durchdrungen, *nur ein wunderbares Individuum bilden.*
 *Das Individuum interessiert nur. Daher ist alles Klassische nicht individuell. Der Gang der Approximation ist aus zunehmenden Progressen und Regressen zusammengesetzt. Beide retardieren beide beschleunigen beide führen zum Ziel. So scheint sich im Roman der Dichter bald dem Ziel zu nähern, bald wieder zu entfernen und nie ist es näher, als wenn es am entferntesten zu sein scheint.* [Novalis, *Fragmente*]

**Fraktur,** die: (lat. Bruch) Schreib- u. Druckschrift mit gebrochenen Linien, in Italien als Abwandlung der →Antiqua entstanden.

**Frauendichtung,** die: a) Werke (bes. Romane) über Frauen; b) von Frauen verfaßte Dichtung (bes. Romane); mit zunehmender Annäherung an das Ziel gesellschaftl. gleichberechtigter Stellung der Frau vermag auch die F. sich in allen Gattungen, Strömungen u. Moden zu verwirklichen. (→Feminismus)
= a) S. von LaRoche, *Geschichte des Fräuleins von Sternheim* (1771f.); O. Flake, *Hortense* (1933); L. Rinser, *Nina* (1961); Christa Wolf, *Nachdenken über Christa T.* (1968); u. a.
 b) + G. Brinker-Gabler et al., Lexikon deutschsprach. Schriftstellerinnen 1800–1945 (1986)
 →Erziehungsroman

**Frauendienst,** der: (dienen + [einer] Frau) im MA. ritterliche Verehrung einer erwählten, meist verheirateten »Dame« durch Wort (→ Minnesang) u. Tat (Dienst).

**Freie Bühne,** die: (frei = unabhängig + Bühne = Theater) von M. Harden, Th. Wolff, P. Schlenther, O. Brahm u. a. 1889 in Berlin gegr. geschlossener Theaterverein, der durch private Aufführungen von der Zensur verbotener Stücke (Ibsen, G. Hauptmann, Holz/Schlaf u. a.) zum Wegbereiter des naturalist. Dramas wurde. (→ Volksbühne, → Naturalismus)
= Erstaufführungen: Sept. 1889 H. Ibsen, *Gespenster*; Okt. 1889 G. Hauptmann, *Vor Sonnenaufgang*; u. a.

**Freie Künste** (Pl.): (lat. Artes liberales) in Antike Kenntnisse, die freiem Bürger ziemen = neun Gebiete umfassender Kreis der Wissenschaften und Künste; im MA. Grundlage des Bildungswesens und in sieben Disziplinen unterteilt: Trivium (Dreiweg = Grammatik, Rhetorik, Dialektik) u. Quadrivium (Vierweg = Arithmetik, Geometrie, Musik, Astronomie), Vorstufe der mod. Einteilung in Geistes- u. Naturwissenschaften.
= *Die* artes liberales *legen mit dem Wort* liberalis *den Akzent auf die soziale Schicht, für die sie bestimmt waren: sie sind Bildungsgut und Erziehungsprogramm der freien Bürger (...) und werden deshalb auch* téchnai enkýklioi *(...) genannt, wobei das Wort* enkýklios *»im Kreise der freien Bürger als Reihendienst herumgehend, also keine Spezialausbildung erfordernd (von Ämtern); gewöhnlich, alltäglich« auf den allgemein-verbindlich-elementaren (nicht spezialisiert-beruflichen) Charakter dieser* artes *hinweist.*
[Aus: H. Lausberg, *Handbuch der literar. Rhetorik*]

**freie Rhythmen** (Pl.): (von gr. fließen) metrisch freie, ungereimte, rhythmisch stark gegliederte Verszeilen mit meist drei oder vier Hebungen; Begrenzung durch Reim, gleiche Zeilenlänge, gleiche Füllung u. gleiche Strophen aufgegeben; Unterschied zur Prosa erkennbar an Wiederkehr der Hebungen in gleichen Abständen; im Dt. von Klopstock vollendet beherrscht (*Frühlingsfeier*, 1759), verwendet von Goethe, Novalis (*Hymnen an die Nacht*, 1797), Hölderlin (*Der Rhein*, *Der Einzige*, *Patmos*), Heine (*Nordsee*), Nietzsche, Rilke, Stadler, Werfel u. a. (→ freie Verse)
= *Wen du nicht verlässest, Genius,*
  *Nicht der Regen, nicht der Sturm*
  *Haucht ihm Schauer übers Herz.*
  *Wen du nicht verlässest, Genius,*
  *Wird der Regenwolke*
  *Wird dem Schloßensturm*
  *Entgegen singen*
  *Wie die Lerche*
  *Du da droben.* [Aus: Goethe, *Wanderers Sturmlied*]

**freie Verse** (Pl.): (Übersetzung von frz. vers libres) Verse von beliebiger Länge, doch mit Reim u. gleicher metr. Füllung (meist jamb. versch. lange Zeilen); in Deutschland bes. in →Fabel (Gellert, Lessing) sowie in Wielands →Verserzählungen; später weitere Lockerung zu ungleicher Füllung, so daß Unterschied zu →freien Rhythmen nur mehr in der Reimbildung besteht. (→Madrigal)
= E. Stadler, *Vorfrühling*; E. W. Lotz, *Aufbruch der Jugend*; Fr. Werfel, *Lächeln Atmen Schreiten*

**freier Schriftsteller,** der: →Berufsschriftsteller.

**Freiheitslied,** das: von »Freiheitsdichter« verfaßtes Lied, das zum (Freiheits-)Kampf (bes. gegen Napoleon) aufruft u. durch mitreißenden Text (u. ggf. zündende Melodie) Begeisterung für die »vaterländische Sache« erweckt.
= E. M. Arndt, *Lieder für Deutsche* (1813); Th. Körner, *Leier und Schwert* (1814); M. v. Schenkendorf, *Gedichte* (1815); F. schrieben auch Eichendorff, Arnim, Brentano, Kleist, Fr. Schlegel, Rückert u. a.

*Dreiunddreißig Jahre*
*Währt die Knechtschaft schon.*
*Nieder mit die Hunde*
*Von der Reaktion.*

*Blut Blut muß fließen*
*Knüppelhageldick,*
*Damit wollen wir begießen*
*Die freie Republik.*

*Schmiert die Guillotine*
*mit der Pfaffen Fett,*
*Schmeißt die Konkubine*
*Aus des Fürsten Bett.*

*An dem Darm des Pfaffen*
*Hängt den Edelmann,*
*Laßt ihn dran erschlaffen,*
*Bis er nicht mehr kann.*

*Wenn euch die Leute fragen:*
*Lebet Hecker noch?*
*So sollt ihr ihnen sagen:*
*Ja, ja, er lebet noch.*

*Er hängt an keinem Baume,*
*Er hängt an keinem Strick,*
*Er hängt nur an dem Traume*
*Der freien Republik.*                      [*Hecker-Lied*]

**Freilichttheater,** das: allg.: gr.-röm. Theater der Antike, →geistl. Spiel des MA. u. des 16. Jh. (→Humanismus, →Renaissance); bes.: Theater im »lichten« Freien, aber vor geeignetem Hintergrund, meistens mit histor. Bauwerk als Kulisse (Burgruine zu Hersfeld, Domplatz zu Salzburg); knüpft an bei →Hecken- und Gartentheater des 17. u. 18. Jh.

**Freitagsgesellschaft,** die: von Goethe 1791 gegr. privater Diskussionszirkel, in dem (bes. Weimars) Gelehrte, Dichter u. bildende Künstler über eigene oder fremde Arbeiten berichteten.
= Mitglieder: Wieland, Herder, J. J. Ch. Bode, Ch. W. Hufeland, W. v. Humboldt u. a.

**Freytag-Pyramide,** die: fünfstufiges pyramidenförmiges Schema, nach dem G. Freytag (*Die Technik des Dramas*, 1863) die Handlungsentwicklung des (klassischen fünfaktigen) →Dramas aufgliedert. (→Akt)
= a) →Exposition, b) Steigerung durch →»erregende Momente«, c) Höhepunkt: →Peripetie, d) »fallende Handlung« und →retardierendes »Moment der letzten Spannung« u. vorausweisendes Ende als e) →Katastrophe bzw. Lösung.

$$\phantom{aaaa}b\phantom{aa}^c\phantom{aa}d$$
$$a\phantom{aaaaaaaa}e$$

**Fronleichnamsspiel,** das: (mhd. »Leib des Herrn«) im Spät-MA. am Fronleichnamsfest aufgeführtes →geistl. Spiel um die Heilsgeschichte, entstanden aus den Einzelszenen, die an best. Stationen aufgeführt wurden. (→Auto sacramental, →Wagenbühne)
= Als ältestes F. im deutschsprach. Raum gilt das F. von Neustift (Tirol) (1391), das Grundlage des F. von Bozen (ca. 1470) bildet.

**Frontispiz,** das: (frz. v. lat.) Titelbild, dem Titelblatt meist gegenüberstehend. (→Titel)

**Frottola,** die: (ital. Häufungslied) in ital. Lyrik des 14./15. Jh. stroph. u. metr. freies moralis.-parod. Aufzählgedicht (Wortspiele, Sprichwörter, Anspielungen u. ä.). (→Barzeletta)

**Fruchtbringende Gesellschaft** (Palmenorden), die: älteste u. bedeutendste der dt. →Sprachgesellschaften.

**Fugung,** die: →Synaphie

**Füllung,** die: Anzahl u. Verteilung der →Senkungen innerhalb einer →Zeile. Wenn die Senkung aus ein, zwei, drei oder vier Silben besteht oder fehlt (u.

zwei → Hebungen zusammenstoßen), spricht man von einer gänzlich unregelmäßigen Füllung (→ german. Vers, → Knittelvers); wenn sowohl ein- als auch zweisilbige Senkungen innerhalb der Zeile vorkommen, so ist die Zeile unregelmäßig gefüllt (→ Volksliedstrophe, → Hexameter, → Pentameter); ist die Senkung entweder einsilbig (→ Jambus, → Trochäus) oder zweisilbig (→ Daktylus, → Anapäst), handelt es sich um regelmäßige Füllung.

**Fünfakter,** der: aus fünf Akten bestehende tradition. idealtyp. Form des dt. → Dramas, von Gustav Freytag (→ Freytag-Pyramide) theoret. unterbaut u. bis zum → Naturalismus weitgehend Regel.
= Goethe, *Iphigenie, Egmont, Tasso* u. a.; Schiller, *Maria Stuart, Jungfrau von Orleans, Kabale und Liebe* u. a.; Grillparzer, *König Ottokars Glück und Ende, Des Meeres und der Liebe Wellen, Weh' dem, der lügt* oder *Libussa* u. a.

**Fürstenspiegel,** der: (Spiegel[bild] + Fürst) entwirft als »Herrscherlehre« das Idealbild eines Fürsten, indem er dessen Pflichten u. Aufgaben utop.-didakt. auf Verhaltensregeln festlegt; meist in Prosa; Thematik in fiktion. F., d. h. → Staatsroman, aufgenommen. (→ Traktat)
= Joh. von Salisbury, *Policraticus* (1159); Erasmus von Rotterdam, *Institutio Principis Christiani* (1516); Machiavelli, *Il Principe* (1532); u. a.

**Funkerzählung** bzw. **-novelle,** die: für die Verbreitung durch den Rundfunk verfaßte oder bearbeitete → Erzählung (→ Novelle), die sich an einen »Hörer« richtet u. deswegen die epische Form durch dramat. u. akust. Elemente in Richtung des → Hörspiels auflockert.

**Furcht und Mitleid:** Begriffspaar dient in *Poetik* des Aristoteles neben → Katharsis zur Bezeichnung der Wirkung der → Tragödie; Übersetzung der gr. Begriffe nicht völlig adäquat; zutreffender wäre »Schrecken«, »Schauder« u. »Jammer«. Im Widerspruch zur Wirkungsabsicht des Aristoteles setzt Lessing (*Hamburg. Dramaturgie*, 74–78. Stück) das Mitleid an die erste Stelle u. ordnet ihm die Furcht als »notwendiges Ingrediens des Mitleids« unter.
+ W. Schadewaldt, »Furcht u. Mitleid? Zu Lessings Deutung des aristotel. Tragödiensatzes« (in: *Hermes* 83, 1955)
= *Furcht ist ein Schmerz oder eine Verwirrung auf Grund der Erscheinung eines bevorstehenden vernichtenden oder schmerzhaften Übels.« »Mitleid ist ein Schmerz bei der Erscheinung eines vernichtenden oder schmerzhaften Übels, das einen unverdient [nicht im rechten Maßverhältnis] trifft.*
[Aristoteles, *Rhetorik* II. 5 bzw. 8]

**Fußnote,** die: Anmerkung zur Erläuterung eines Textes. (→ Marginalie)

**Futurismus,** der: (zu lat. Zukunft) als »futuristische Bewegung« von Filippo Tommaso Marinetti begründet u. in versch. »Futuristischen Manifesten«

# Futurismus

(1909ff., darunter 1912 eines für Literatur) theoret. unterbaut; betont als radikaler Anti-Traditionalismus den Überraschungseffekt, fordert →Simultaneität (Gleichzeitigkeit), Dynamismus (Bewegung), Destruktion der Syntax, Setzung der »Worte in Freiheit«, »Vernichtung des Ich in der Poesie«; der F. ist antiintellektualist. ausgerichtet, verherrlicht Tat, Kampf, Krieg u. verband sich schließlich mit dem Faschismus; von Einfluß auf →Wortkunst-Theorie u. bes. auf Döblin und Stramm; Benn nannte die Herausgabe der futuristischen Manifeste »Gründungsereignis der mod. Kunst in Europa«. (→Dadaismus, →Surrealismus)

= *1 Wir wollen die Liebe zur Gefahr singen, die gewohnheitsmäßige Energie und die Tollkühnheit.*

*2 Die Hauptelemente unserer Poesie werden der Mut, die Kühnheit und die Empörung sein.*

*3 Wie die Literatur bisher die nachdenkliche Unbeweglichkeit, die Ekstase, den Schlummer gepriesen hat, so wollen wir die aggressive Bewegung, die fiebrige Schlaflosigkeit, den gymnastischen Schritt, den gefahrvollen Sprung, die Ohrfeige und den Faustschlag preisen.*

*4 Wir erklären, daß der Glanz der Welt sich um eine neue Schönheit bereichert hat: um die Schönheit der Schnelligkeit. Ein Rennautomobil, dessen Wagenkasten mit großen Rohren bepackt ist, die Schlangen mit explosivem Atem gleichen, ein heulendes Automobil, das auf Kartätschen zu laufen scheint, ist schöner als der »Sieg bei Samothrake«.*

*5 Wir wollen den Mann preisen, der am Lenkrad sitzt, dessen gedachte Achse die auf den Umkreis ihrer Planetenbahn geschleuderte Erde durchbohrt.*

*6 Der Dichter muß sich mit Wärme ausgeben, mit glanzvoller Verschwendung, um den begeisterten Eifer der Uranfänglichen zu vergrößern.*

*7 Nur im Kampf ist Schönheit. Kein Meisterwerk ohne aggressives Moment. Die Dichtung muß ein heftiger Ansturm gegen unbekannte Kräfte sein, um sie aufzufordern, sich vor den Menschen zu legen.*

*8 Wir sind auf dem äußersten Vorgebirge der Jahrhunderte!... Wozu hinter uns blicken, da wir gerade die geheimnisvollen Tore des Unmöglichen brechen? Zeit und Raum sind gestern dahinaufgegangen. Wir leben schon im Absoluten, denn wir haben schon die ewige, allgegenwärtige Schnelligkeit geschaffen.*

*9 Wir wollen den Krieg preisen, diese einzige Hygiene der Welt, den Militarismus, den Patriotismus, die zerstörende Geste der Anarchisten, die schönen Gedanken, die töten, und die Verachtung des Weibes.*

*10 Wir wollen die Museen, die Bibliotheken zerstören, den Moralismus bekämpfen, den Feminismus und alle opportunistischen und Nützlichkeit bezweckenden Feigheiten.*

[Aus: Marinetti, *Manifest des Futurismus*, übers.]

**galante Dichtung,** die: (zu span.-ital. höf. Festkleidung) nach frz. u. ital. Vorbildern entstandene Moderichtung zwischen →Barock u. →Rokoko (ca. 1680–1715); verwirklichte sich primär in Lyrik als »Produkte der Nebenstunden« (→Sonett, →Ode, →Madrigal, →Kantate, →Epigramm), aber auch im Roman (»Kavaliersroman« oder »galanter Roman«, der von Abenteuern Adliger in höf. Umgebung berichtet); die g. D. ist witzig, doch frivol indiskret u. vordergründig, erfüllt von »galantem« Lebensgefühl u. zur Unterhaltung höf. Publikums bestimmt (→Gesellschaftsdichtung). (→heroisch-galanter Roman)
= (Lyrik) B. Neukirch, *Herrn v. Hofmannswaldau und anderer Deutschen außerlesene und bisher ungedruckte Gedichte* (1695); (Roman) H. A. Langenmantel, *Selinor* (1691, mit galanten Versbriefen), Chr. F. Hunold-Menantes, *Verliebte und galante Welt* (1700); u. a.

*Nun gieng es anfangs gantz indifferent zu und ein jedes mäßigte seine Affecten so / daß man durchgehends eine wohl anständige Freymüthigkeit und nichts als* galantes *Schertzen spürte. Insonderheit war* Louyse, *als eine gar artige* Dame *sehr bemüht / ihren Gästen allerhand Ergätzlichkeiten zu machen / dannenhero regte sie zum Tantzen an / und* Arminde *muste* Renarden *darzu aufffodern. Sie erwiesen beyde / daß sie in dieser Übung nicht ungeschickt waren / und* Arminde *hatte sonderlich ihren Gefallen daran / da sie alles an diesen* Cavallier *vollkommen befande.*
*Nach diesen traff die Reyhe auch die übrigen / und man fuhr darinnen so lange fort / biß sie etwas ermüdet ihren Zeitvertreib in einem andern Spiele suchten.*
*Wie nun der* delicate *Wein die Geister erhitzte / und diese mehr als zu vor zu der Liebe angefeuret wurden / liesse auch* Bellarde *seine* Passion *vor* Arminden *deutlicher blicken / und bediente sie euserst. Diese hingegen suchte sich allezeit mannierlich von ihm loß zu wickeln / üm* Renardens Conversation *theilhafftig zu werden / welcher sich mit* Louysen *in einen* Discours *begeben / indessen daß ihr Liebster als ein lustiger Mann mit einen andern Fräulein kurtzweilete / und wegen* Louysens *bißheriger guter* Conduite *keiner* Chalousie *Raum gab.*
Arminde *wolte demnach* Bellarden *bereden / wie ihr sonderlich diese Qualität an einer Person gefiele / wenn sich selbige gleichgültig in* Compagnie *bezeigte / und das jenige am meisten bediente / welches man am wenigsten lei-*

*den könnte / denn dadurch erwürbe man den Ruhm einer geschickten Herrschafft über seine* Affecten, *und die gesparte Vertraulichkeit sey hernach / wenn man einsam / doppelt wieder einzubringen. Allein ob* Bellarde *diese* Maxime *eines politischen* Amanten *sonsten gleich billigte / konnte er sie doch itzo nicht gelten lassen / weil sie ein gantz wiedriges Absehen hatte / dahero blieb er ihr wenig von der Seiten / und so sie ja einen Augenblick mit* Renarden *allein zu reden / mischte er sich doch gleich wieder drein.*

Louyse *liesse ihr noch weniger Zeit / zu ihren Zweck zu gelangen / und es war also recht artig anzusehen / wie diese drey Verliebten einander so listig zu hinter gehen suchten / und keines doch in seinen Verlangen recht glücklich wurde.*

*Was nun* Renarden *anbelangte / so hatte er meistentheils seine Gedanken bey* Barsinen, *ob er gleich mit* Louysen *euserlich schertzete: wie aber der hitzige Wein seine Sorgen in einem Rausch vergraben / und* Louyse *durch reitzende Minen und Verpflichtungen ihre* Affection *je mehr und mehr zu erkennen gabe / sahe er diese* Damen *ebenfalls mit entzündeten Augen an.*

*Die denen Frantzösischen* Cavallieren *ohne diß eigenthümliche Schmeicheley wurde also auch von* Renarden *nicht gesparet / und seine verliebten Anfälle überwunden die zum* Accord *geneigte* Louyse *ohne Mühe / daß sie sich auch selber zu Vergnügung ihrer Liebe so willfährig erbothe / ihm diese Nacht eine* Visite *in seinen Zimmer zu schencken.*

*Weil sie aber* Bellarden *wegen seiner Gefälligkeit / und das er durch* Armindens *fleißige Bedienung ihr freyern Raum mit* Renarden *verschafft / einen gleichen Dienst erweisen wolte / über diß auch* Arminde *ihrer Wallfahrt hinderlich seyn könnte / weil durch ihr Zimmer der sicherste Weg nach den gienge / das* Renard *zu besserer Bequemlichkeit vor das erste heunte beziehen solte / so stellete sie solches* Renarden *vor / und bathe ihn zu glücklicher Ausführung ihres Vorhabens / er möchte sich doch zum Scherz in* Arminden *verliebt stellen / und sie dahin bereden / daß sie ihm diese Nacht ihre Gewogenheit in seinen Zimmer zu erkennen gäbe: Sie wäre frey und gegen ihn entbrandt / und würde unter der Hoffnung einer Heyrath alles eingehen: An seine Stelle aber als in vorigen Zimmer solte sich* Bellarde *verfügen / und so er die* Person */ wie den nicht zu zweifeln / wohl gespielet / müste sie sich hernach den Betrug selber zu schreiben / daß sie das rechte Zimmer verfehlet / er aber könnte sich zum Schein noch drüber beklagen.*

Renard *nun / den ihre kühne Liebe und die halbe Truncken heit gantz bezaubert / rühmte noch ihre Erfindung / und machte sich darauff an* Arminden; *diese willigte zwar gleich in seine Liebe / aber aus verstellter* honneteté *nicht so leicht in sein Ansuchen; Weil sie aber überlegte / daß er in seiner Hitze am besten dadurch zu fässeln / ehe er aus vor gewidneter Zärtlichkeit gegen sein Fräulein auff andere Gedancken geriethe / versprach sie ihm endlich diese* Affection *als halb gezwungen.*

[Aus: Hunold, *Die Liebens-Würdige Adalie*]

**Galimathias,** der: (frz., von gr. »du rasest«) sinnloses, verworrenes Gerede; schöne Worte ohne Sinn als Spiel. (→Dadaismus)
= *Ungereimte und übel zusammenklappende Reden* [J. Rist]

**Galliambus,** der: (gr.-lat. zu Gallos = Priester der Göttin Kybele) urspr. Kultlied, dann variantenreicher antiker Vers, der als katalekt. Tetrameter aus vier Ioniki a minore besteht.
= →Ioniker

**Gassenhauer,** der: (hauen = gehen, 16. Jh.) urspr. Gassenläufer, »Pflastertreter«, dann Lied oder Tanz des Nachtbummlers; heute im Sinne von beliebtem →Schlager gebraucht, mit dem der G. Einprägsamkeit von Text u. Melodie teilt.

**Gàthas** (Pl.): (altiran. Lieder) 17 relig. →Hymnen, wahrscheinlich in Versform gebrachte →Predigten Zarathustras, ältester Teil des Awesta (= Yasna 28–34, 43–51, 53).

**Gattung,** die: (zu gatten = sortieren) in der →Poetik a) die drei »Naturformen der Poesie« (Goethe): →Lyrik, →Epik, →Dramatik, wobei die Wesensmerkmale der einzelnen Gattungen, lyrisch, episch, dramatisch, nicht immer starr geschieden sind, sondern einander durchdringen können; b) »Dichtarten« (Goethe): Unterklassen (Gattungsformen) der drei Hauptgattungen, definiert nach Form oder Inhalt wie →Ballade, →Novelle, →Staatsroman u. ä.
= Als erster dt. Theoretiker unterschied D. G. Morhof zwischen ep., dram. u. lyr. Dichtung: *Unterricht von der Teutschen Sprache und Poesie* (1682)

**Gattungsstil,** der: für eine →Gattung charakterist. →Stil.

**Gaweda,** die: (poln. Geplauder) kleine volkstüml. →Verserzählung der poln. Literatur.

**Gebände,** das: →Meistersangstrophe.

**Gebäude,** das: →Meistersangstrophe.

**Gebet,** das: (zu bitten) eigtl. Bitte als Hinwendung zu göttl. Wesen, dann jede Anrufung höherer Mächte, Erhebung zu ihnen in Andacht. (→Brevier, →Erbauungsliteratur).
= *Herr! schicke, was du willst,*
  *Ein Liebes oder Leides;*
  *Ich bin vergnügt, daß beides*
  *Aus deinen Händen quillt.*

*Wollest mit Freuden
Und wollest mit Leiden
Mich nicht überschütten!
Doch in der Mitten
Liegt holdes Bescheiden.* [Ed. Mörike, *Gebet*]

**Gebetbuch,** das: (Gebet = fromme Hinwendung zu Gott in lyr. Form) Andachtsbuch für Laien; Grundlage des G. zunächst (lat.) Psalter; seit 14. Jh. u. a. Brevier (= G. des kathol. Klerikers mit Stundengebeten u. ä.); seit 15. Jh. = →Stundenbuch u. »Seelengärtlein«; wandelt sich das G. im Zuge der Reformation durch Einfügung von Kirchenliedern zum (ev.) →Gesangbuch, so trägt die Gegenreformation entscheidend bei zur Ausprägung der Grundform des heutigen (kath.) G. (= Petrus Canisius, F. v. Spee u. a.).

**geblümter Stil,** der: (mhd. mit Blumen schmücken) Bez. des 13. Jh. für Dichtung der →Epigonen Wolframs von Eschenbach, deren gekünstelten, rhet. aufgehöhten, den »dunklen Stil« übersteigenden (Pomp-)Stil; auch allg. für blumenreichen, verschlüsselnden, Formales überbetonenden Stil. (→Rhetorik, →Manierismus)

= *Gevîolierte blüete kunst,
    dîns brunnen dunst
    unt dîn geroeset flammenrîche brunst
    diu hâte wurzelhaftez obez.
  gewidemet in dem boume künste rîches lobes
    hielt wipfels gunst
    sîn list, durchliljet kurc,
  Durchsternet was sîns sinnes himel;
    glanz alse ein vimel,
    durchkernet lûter golt nâch wunsches stimel
  was al sîn bluot, geveimt ûf lop.
  gevult mit margarîten niht ze klein unt grop,
    sîns silbers schimel
    gap gimmen velsen schurc.
  Ach kunst ist tôt! nu klage, armônie,
  planêten tirmen klage niht verzîe,
  pôlus jâmer drîe.
    genâde ím, süeze trinitât,
    maget reine, enpfât:
    ich mein Kuonrât
    den helt von Wirzeburc.*
[Heinrich Frauenlob, *Klage um Konrad von Würzburg*]

*Erhessig, widerwertig und widerstrebend sol ich euch immer wesen, wan ir habt mir den zwelften buchstaben, meiner freuden hort, aus dem alphabet gar freisamlich entzücket. Ir habt meiner wünnen lichte sumerblumen mir aus meinen herzen anger jemerlichen ausgereutet; ir habt mir meiner selden haft, mein auserwelte turkeltauben arglistigen entfremdet; ir habt unwiderbringlichen raub an mir getan!* [Aus: Joh. von Tepl, *Der Ackermann aus Böhmen* (12. Buchstabe = M, d. h., meine Frau ist tot)]

**Gebrauchsliteratur,** die: für Gebrauch, d. h. Verbrauch bei best. Zweck oder Anlaß verfaßte (zweckbestimmte), primär inhaltsorientierte Literatur. (→ Fachprosa)
= → Gelegenheitsdichtung, → Littérature engagée, → Tendenzdichtung

**gebrochener Reim,** der: (auseinanderbrechen) Reimbindung durch eine Silbe im Wortinnern, in verstärkender u. oft humorvoller Absicht. (→ Enjambement)
= *Er kam hin- / ter den Sinn*

*Knarr – da öffnet sich die Tür.*
*Wehe! Wer tritt da herfür?*
*Madam Sauerbrod, die schein-*
*Tot gewesen, tritt her*ein. [Aus: W. Busch, *Abenteuer eines Junggesellen*]

**gebundene Rede,** die: (binden + → Rede) durch → Metrum u. → Rhythmus (nicht notwendigerweise aber Reim u. Strophenform) gehobene Sprache; Gegs. zur ungebundenen → Prosa. (→ Kunstprosa)

**Gedankenfigur,** die: → rhet. Figur.

**Gedankenlyrik,** die: Gedichte, in denen der Gedanke selber poetisch ist, die Idee sich nicht über ein Symbol herstellt, sondern unmittelbar als gestaltetes inneres Erlebnis; faßt als Sprache gewordenes Gedachtes vorwiegend philos. und relig. Grundgehalte, indirekt didaktisch u. »zwecklos« im Gegs. zur direkt didakt. u. zweckbezog. → lehrhaften Dichtung.
= Bed. Vertreter der G.: Walther von der Vogelweide, Freidank, Opitz, Gryphius, Haller, Brockes u. a.; Höhepunkt philos. G. Schillers *Die Götter Griechenlands*, *Das Ideal u. das Leben*, *Der Spaziergang* u. a.

*Wer die Schönheit angeschaut mit Augen,*
*Ist dem Tode schon anheimgegeben,*
*Wird für keinen Dienst auf Erden taugen,*
*Und doch wird er vor dem Tode beben,*
*Wer die Schönheit angeschaut mit Augen!*

*Ewig währt für ihn der Schmerz der Liebe,*
*Denn ein Tor nur kann auf Erden hoffen,*
*Zu genügen einem solchen Triebe:*
*Wen der Pfeil des Schönen je getroffen,*
*Ewig währt für ihn der Schmerz der Liebe!*

*Ach, er möchte wie ein Quell versiechen,*
*Jedem Hauch der Luft ein Gift entsaugen*
*Und den Tod aus jeder Blume riechen:*
*Wer die Schönheit angeschaut mit Augen,*
*Ach, er möchte wie ein Quell versiechen!* [A. v. Platen, *Tristan*]

**Gedankenrede,** die: gedachte →direkte Rede, um dem Leser Einblick in das Denken einer Figur zu geben.
= *Gerade als er in seiner Not gedacht hatte: »Wenn doch nur jetzt das Licht ausginge!« begann die Glühbirne zu zucken, und dann lag alles im Dunkel.*

**Gedicht,** das: →Lyrik.

**geflügelte Worte** (Pl.): (gr. nach Homer) als Worte, die von Mund zu Mund gehen, häufig erwähnte Zitate oder Aussprüche bekannter Persönlichkeiten; Begriff populär geworden durch Büchmanns gleichnamige Sammlung (1864). (→Zitat)
= *»Geflügelte Worte« nenne ich solche Worte, welche, von nachweisbaren Verfassern ausgegangen, allgemein bekannt geworden sind und allgemein wie Sprichwörter angewendet werden.* [G. Büchmann]

**Gegenreformation,** die: Abwehrbewegung des Katholizismus gegen Reformation (→Reformationsliteratur) etwa zwischen 1555 u. 1648; verbindet Bemühung um relig. Erneuerung aus dem Geiste des tradition. Katholizismus mit dem Versuch, die neue Lehre des Protestantismus zu unterdrücken; sie stellt, ihrer Zielsetzung entsprechend, Literatur in Dienst der relig. Idee. (→Jesuitendichtung)
= Wichtige Vertreter: Th. Murner, Ägidius Albertinus, J. Nas u. a.

**Gegenrefrain,** der: regelmäßige Wiederholung ders. Wörter zu Beginn aufeinanderfolg. Verse oder Strophen; Art »gegenüber«stehender →Refrain und der →Anapher ähnlich.
= Cl. Brentano, *Einsam will ich untergehn!*; J. P. Hebel, *Wächterruf*; K. Kraus, *Nächtliche Stunde*; u. a.

**Gegenspieler,** der: zweite, in antithet. Verhältnis zur ersten stehende Hauptperson im Drama. (→Deuteragonist)
= Als Einzelfigur: Franz Moor (Schiller, *Die Räuber*); als Personengruppe: kleinbürgerliche Umwelt (Hebbel, *Maria Magdalene*); als →Alter ego: Marat (P. Weiss, *Marat/Sade*); u. a.

**Gehalt,** der: (halten) was sich in einer →»Gestalt« als wertbildender Sinnzusammenhang verwirklicht, als Gegs. zur äußeren →Form der »geistige« Inhalt.
+ O. Walzel, *G. u. Gestalt im Kunstwerk des Dichters* (²1957)

**Geißlerlied,** das: (geißeln) von Geißlern (Flagellanten) bei ihren Umzügen u. Bußübungen gesungene Lieder; als Wallfahrts- u. Pilgerlied frühe Form des geistl. →Volkslieds. (→Leis)

= *Maria unser frowe*
    *Kyrieleyson!*
*Was in gŏtlicher schowe.*
    *Alleluia!*
    *globet sis du, Maria!*

*Zůz ir wart ain engel gsant,*
*Der waz Gabriel genant.*

*Der wart ir von got gesant.*
*Er grůsd si minneclich zehant.*

*Er sprach: »du bist genade vol.*
*Got ist mir dir, dem gfelst du wol.*

*Dich wil ob allen vrôwen*
*Gŏtlich segen betowen.*

*Du enpfahst und gbirst an kint,*
*Des rich nůmmer dhaîn end gewint.*

*Ås sol Jesus werden genant,*
*All der welt an haîlant.«*

*Vons engels rede ersrak si do*
*Unt waz doch sines grůsses fro.*

*Si vorschat, wie daz gschenhen sŏlt,*
*Won si magd ewclich bliben wŏlt.*

*Der engel sprach und antwurt ir:*
*»Der hailig gaist wurgt daz an dir.«*

[Aus: *Maria unser Vrouwe*, 14. Jh.]

**Geistesgeschichte,** die: wissenschaftl. Betrachtungsweise; versteht die Kulturgeschichte (Geschichte der Gesamtheit menschl. Schaffens u. Wirkens) als Geschichte des menschl. Geistes, der Kultur u. Kulturen hervorbringt; Dichtung interessiert sie vor allem als Ausdruck von Ideen, von geist. Kräften, als Zeugnis für die Selbstentfaltung des Geistes; die geistesgeschichtl. Betrachtungsweise gilt deshalb als einseitig. (→Interpretation)
= Wilhelm Dilthey, *Die Erlebniskraft des Dichters* (1887); Fritz Strich, *Deutsche Klassik und Romantik. Vollendung und Unendlichkeit* (1922); Rudolf Unger, *Literaturgeschichte als Problemgeschichte* (1924); u. a.

**geistliche Dichtung,** die: (geistl. = in christl.-theolog. Sinn auf den Hl. Geist bezogen; Gegs. zu weltlich) von Weltanschauung u. Lebensführung einer Religion geprägte Dichtung; in diesem Sinn hat die g. D. Europas als christl. Dichtung zu gelten; sie ist bestimmt als →geistl. Epik von Bibel u. Heiligen- →Legende, als →geistl. Spiel von Heilsgeschichte, als →geistl. Lyrik von Kirchenjahr, Heiligen- u. v. a. Marienkult. (→Deutschordensdichtung, →Messiade, →Patriarchade)

**geistliche Epik,** die: →Epos, das Bibelstoffe, →Legenden u. ä. gestaltet, Blütezeit im MA. (→geistl. Dichtung)

## 196 geistliche Lyrik

= Frau Ava, *Leben Jesu*; Otto von Freising, *Barlaam*; Klopstock, *Der Messias* (1748 ff.); u. a.

**geistliche Lyrik,** die: Form der religiös. Lyrik, zur christl. Glaubenswelt gehörend u. von deren Dogmenanspruch geprägt; Vorbild lat. g. L. (→ Hymne, → Sequenz); Höhepunkte in → Mariendichtung, → Kreuzzugsdichtung, → Kirchenlied sowie g. L. von → Barock u. → Pietismus; mit Wandel relig. Erlebnisweise Variation des Formkanons.
= P. Gerhardt, P. Fleming, G. Tersteegen, Gellert, A. v. Droste-Hülshoff, R. A. Schröder u. a.

*Die Himmel rühmen des Ewigen Ehre,*
*Ihr Schall pflanzt seinen Namen fort.*
*Ihn rühmt der Erdkreis, ihn preisen die Meere;*
*Vernimm, o Mensch, ihr göttlich Wort!*

*Kannst du der Wesen unzählbare Heere,*
*Den kleinsten Staub fühllos beschaun?*
*Durch wen ist alles? O gib ihm die Ehre!*
*Mir, ruft der Herr, sollst du vertraun.*

[Chr. F. Gellert, *Die Ehre Gottes aus der Natur*]

**geistliches Drama,** das: → geistliches Spiel.

**geistliches Spiel,** das: geistl. → Drama, entstanden im MA. aus zunächst dialog., dann szen. Behandlung liturg. Gesänge (→ Tropus) zu Darstellungen der Heilsgeschichte; seit 12. Jh. auch in dt. Sprache: → Osterspiel, → Weihnachtsspiel, → Fronleichnamsspiel, → Passionsspiel, → Antichristspiel, → Moralität, → Mysterienspiel, → Auto sacramental; seit dem 16. Jh. (→ Renaissance, → Humanismus) selten; durch H. v. Hofmannsthal (*Jedermann*, 1911), Carl Orff (*Comoedia de Christi Resurrectione*, 1956) u. a. erneuert.
= Oberammergauer Passionsspiele (seit 1634) u. a.

**Gelegenheitsdichtung,** die: (Gelegenheit + D.) Produkt der »Bedichtung« best. »Gelegenheiten« (wie Geburt, Heirat, Tod, Königskrönung o. ä.); oft als Auftragsarbeit (→ Gebrauchsliteratur) oder auf Bestellung mit vorgeschriebener Tendenz (→ Tendenzdichtung) entstanden; bes. gepflegt in → Humanismus, → Renaissance u. → Barock. (→ sozialist. Realismus)
= Simon Dach, G. zu Hochzeiten, Geburtstagen, Trauerfällen; Harsdörffer und Klaj, *Pegnesisches Schäfergedicht* (1644, G. zu einer Doppelhochzeit); Weckherlin, *Preislied auf Moritz von Oranien*; J. Chr. Günther, *Preislied auf den Frieden von Passarowitz* (1717, G. auf Prinz Eugen); Grillparzer (→ Stammbuchblatt), Mörike u. a. (→ Festspiel, → Maskenzug, → Genethliakon u. ä.)

*Wenn rohe Kräfte feindlich sich entzweien*
*Und blinde Wut die Kriegsflamme schürt,*
*Wenn sich im Kampfe tobender Parteien*
*Die Stimme der Gerechtigkeit verliert,*
*Wenn alle Laster schamlos sich befreien,*
*Wenn freche Willkür an das Heilge rührt,*
*Den Anker löst, an dem die Staaten hängen,*
*Das ist kein Stoff zu freudigen Gesängen!*

*Doch wenn ein Volk, das fromm die Herden weidet,*
*Sich selbst genug, nicht fremden Guts begehrt,*
*Den Zwang abwirft, den es unwürdig leidet,*
*Doch selbst im Zorn die Menschlichkeit noch ehrt,*
*Im Glücke selbst, im Siege sich bescheidet,*
*Das ist unsterblich und des Liedes wert.*
*Und solch ein Bild darf ich dir freudig zeigen:*
*Du kennsts, denn alles Große ist dein eigen.*
  [Schiller, An Karl Theodor von Dalberg, mit dem »Wilhelm Tell«]

**Gelehrtendichtung,** die: (Gelehrter + D.) Dichtung, in der Bildung bzw. »Buchwissen« des Autors (der meist nicht im eigtl. Sinn »Gelehrter« ist) sich mit schöpfer. Phantasie verbinden, wobei freilich ersteres dominiert; vor allem in → Humanismus, → Barock (mit Opitz an der Spitze), → Aufklärung und in der Gegenwartsliteratur(»Literatenliteratur«); Leistung vorwiegend auf dem Gebiet des → histor. Romans und der Nachdichtung. (→ Poeta doctus)
= → Professorenroman

**Geleit,** das: → Envoi, → Tornada.

**Geleitgedicht,** das: → Propemptikon.

**Gelfrede,** die: (zu mhd. übermütig) Reizrede der germ. Helden vor dem Zweikampf. (→ Streitgedicht)
= *Hildebrandslied*, *Nibelungenlied* u. a.

**Gemäldegedicht,** das: → Bildgedicht.

**Gemeinplatz,** der: (Begriff von Wieland durch Übers. 1770 geprägt) volltönender, aber nichtssagender Ausdruck oder Satz. (→ Phrase, → Floskel)
= *Man kann seinem Schicksal nicht entrinnen. – Sie werden es schon schaffen. – Wer viel lacht, ist glücklich, und wer viel weint, ist unglücklich.*

**Gemination,** die: (lat. Wiederholung) → rhet. Figur: unmittelbare Wiederholung von Wort (= iteratio oder duplicatio) oder Wortgruppe (= repetitio). (→ Epizeuxis, → Epanalepse)

## Genera dicendi

**Genera dicendi** (Pl.): →Stilarten.

**Generation von 98:** (Name von Azorín [José Martinez Ruiz]) Gruppe polit. engagierter span. Schriftsteller, die nach Niederlage von 1898 (Verlust der letzten überseeischen Kolonien) für nationale Erneuerung Spaniens aus Tradition u. Geist Europas eintraten. (→Gruppe 47)
= Hauptvertreter: Azorín, M. de Unamuno, P. Baroja, A. Machado y Ruiz, R. Menéndez Pidal

**Genethiakon,** das: (gr. Geburtstag) Glückwunschgedicht zur Geburtstagsfeier; Form der antiken →Gelegenheitsdichtung.
= *Siehe, Antipatros beut dem Piso zum Fest des Geburtstags*
  *dieses Büchlein, nur klein, Frucht einer einzigen Nacht.*
  *Doch er nehm es in Huld und bleibe dem Dichter gewogen;*
  *wenig Weihrauch gefällt auch dem gewaltigen Zeus.*
      [Antipatros von Thessalonike, *Zu Pisos Geburtstag*; übers.]

**Geniezeit** bzw. **-periode,** die: (zu Genie = genialer Mensch) mit der Abwertung von →Witz (witziger Kopf = bloßes Talent) u. seiner Ersetzung durch Genie (= Schöpfer) entstandene Bewegung in der 2. Hälfte d. 18. Jh., die das Genie als Vollendung des Menschen überhaupt, »Dolmetscher der Natur«, »Sterblicher mit Götterkraft« (Herder) feiert; Höhepunkt von Irrationalismus u. Subjektivismus der Geniebewegung im →Sturm und Drang, von Einfluß auf →Romantik u. die Ausprägung dessen, was dem europ. Verständnis als »deutsch« gilt. (→Vorromantik)

**Genre,** das: (frz.) →Gattung, →Gattungsformen.

**Genrebild,** das: (frz. Gattung + B.) kürzere abgerundete (realist.) Darstellung alltägl., aber als typisch angesehener Zustände u. Ereignisse aus dem Leben eines best. Standes; bes. in volkstüml. Zs. seit 18. Jh. (→Idylle)
= A. v. Chamisso in späten Gedichten; P. Rosegger in *Geschichten aus der Steiermark* (1871); Fontane in *Die Poggenpuhls* (1896); u. a.

**Geonym,** das: (gr. Erde + Name) →Pseudonym aus geograph. Hinweis.
= *Von einem alten Steinheimer*; *von einem Schweizer* (= C. F. Meyer)

**Georgekreis,** der: Kreis von Künstlern u. Wissenschaftlern um den Dichter Stefan George (nach 1890); von großem Einfluß auf Kunst u. Wissenschaft der Zeit.
= Hofmannsthal, Dauthendey, Klages, Gundolf, Wolfskehl, Kommerell u. a.

**Germanistik,** die: Wissenschaft von der dt. Sprache u. Literatur; seit Ende des 19. Jh. unterteilt in Alt-G.: Sprache u. Literatur der Frühzeit u. des MA.

u. Neu-G.: Literatur der Neuzeit; Universitätsdisziplin seit der 1. Hälfte d. 19. Jh. (»Dt. Philologie«).

**Gesamtkunstwerk,** das: (gesamt = ganz, umfassend + K.) Begriff von Richard Wagner geprägt für seine Bühnenwerke; entsteht durch Verschmelzung von Elementen aller Künste (Dichtung, Musik, Malerei etc.) zu einem Ganzen; vorbereitet im gr. Drama, entfaltet im → Barock-Drama; Versuch zur Erneuerung der Idee des G. im Drama von → Expressionismus (Kokoschka, Kandinsky) u. → Dadaismus (Schwitters, »Merzbühne«). (→ kulturmyth. Drama, →Zauberstück)
= Nik. Avancini, *Joseph, Susanna, David* u. a. (1655 ff.); R. Wagner, *Tristan und Isolde* (1859); W. Kandinsky, *Der gelbe Klang* (1912); u. a.

**Gesang,** der a) Abschnitt von → Epos, b) → Canto.

**Gesangbuch,** das: Sammlung volkssprachl. → Kirchenlieder, von zunehmender Bedeutung nach Einführung des Gemeindegesangs durch Luther, der Zusammenstellung ev. G. veranlaßte; ev. G. waren von Einfluß auf Entstehung ähnl. kath. Sammlungen. (→ geistl. Lyrik)
= J. Walther, *Geystliches gesangk Büchleyn* (1524, erstes G. unter Luthers Mitwirkung); Michael Vehe, *Ein neu Gesangbüchlein geistlicher Lieder* (1537, kath.); Joh. Leisentritt, *Geistliche Lieder und Psalmen* (1567, ein Auszug davon wurde 1575 in Bamberg als erstes Diözesan-Gesangbuch eingeführt); u. a.

**Gesangspruch,** der: einstrophige lyrische Form der → Spielmannsdichtung.
= *Ir fürsten, die des küneges gerne woeren âne,*
*die volgen mîme râte: ichn râte in niht nâch wâne.*
*welt ir, ich schicke in tûsent mîle und dannoch mê für Trâne.*
*der helt wil Kristes reise varn; swer in des irret,*
*Der hât wider got und al die kristenheit getân.*
*ir vînde, ir sult in sîne strâze varen lân!*
*waz ob er hie heime iu niemer mêre niht gewirret?*
*Belîbe er dort, des got niht gebe, sô lachet ir.*
*kom er uns friunden wider heim, sô lachen wir.*
*der moere warten beidenthalp, und hânt den rât von mir.*
[Walther von der Vogelweide
(aus den Sprüchen für und gegen Friedrich II.)]

**Geschichte,** die: (geschehen) urspr. Begebenheit, dann »Bericht über eine Begebenheit«; häufig in der Bedeutung von kurzer → Erzählung gebraucht. (→ Kalendergeschichte, → Historie, → Anekdote, → Schwank, → Sage, → Legende)
= R. M. Rilke, *Geschichten vom lieben Gott* (1900 ff.); A. Miegel, *Geschichten aus Alt-Preußen* (1926); u. a.

**Geschichtsdichtung, die:** Dichtung, die ihren Stoff der Geschichte (d.h. historischem Geschehen u. dessen Aufzeichnung) entnimmt (meistens mit Tendenz): →histor. Roman, →Geschichtsdrama, →Heldenlied, →Heldenepos, →Chronik u. ä.

**Geschichtsdrama, das:** →histor. Drama.

**geschlossene Form, die:** →tektonisches Aufbauprinzip.

**Gesellschaftsdichtung, die:** nach dem Geist der »Gesellschaft« bzw. einer Gesellschaftsschicht ausgerichtete, für diese bestimmte u. von deren Wert- u. Weltanschauung getragene Dichtung; Autor ordnet Individualnorm der Gesellschaftsnorm unter. (→höf. Dichtung, → Gesellschaftsroman, →Salonstück)
= →Minnesang, →Hirtendichtung, →galante Dichtung, → Anakreontik, →Gesellschaftslied

**Gesellschaftslied, das:** (Bez. von Hoffmann von Fallersleben) Lied, das Lebensgefühl einer best. Gesellschaftsschicht ausdrückt u. in deren Umkreis gepflegt wird; Höhepunkte in →Barock u. →Rokoko. (→Anakreontik, →Studentenlied)
= *1.*
*Die Liebe lehrt im finstern gehen,*
*sie lehret an der Tühr uns stehen,*
   *sie lehrt uns geben manche Zeichen*
   *ihr süß Vergnügen zu erreichen.*

*2.*
*Sie lehrt auff Kunst-gemachten Lettern*
*zur Liebsten Fenster ein zu klettern,*
   *die Liebe weiß ein Loch zu zeigen*
   *in ein verriegelt Hauß zu steigen.*

*3.*
*Sie kan uns unvermerket führen*
*durch so viel wolverwahrte Tühren*
   *den Tritt kan sie so leise lehren,*
   *die Mutter solt' auff Kazzen schweeren.*

*4.*
*Die Liebe lehrt den Atem hemmen,*
*sie lehrt den Husten uns beklemmen,*
   *sie lehrt das Bette sacht auffheben,*
   *sie lehrt uns stille Küßgen geben.*

*5.*
*Diß lehrt und sonst vielmehr das Lieben.*
*Doch willstu dich im Lieben üben:*

*so muß die Faulheit stehn bey seite,
die Lieb' erfordert frische Leute.*

6.
*Wer lieben wil und nichts nicht wagen,
wer bey dem Lieben wil verzagen:
der lasse Lieben unterwegen.
Der Brate fleugt uns nicht entgegen.*

[Kaspar Stieler, *Frisch bey der Liebe*]

**Gesellschaftsroman,** der: →Zeitroman, der Bild einer Gesellschaft, ihrer Zeit u. ihrer Probleme entwirft, oft in gesellschaftskrit. Absicht; auch sozialer Roman (Sozialroman), bes. in →Realismus. (→Erziehungs-, →Familienroman)
= Hartmann von Aue, *Erec* (ca. 1185), *Iwein* (ca. 1201); Eichendorff, *Ahnung und Gegenwart* (1815); Balzac, *La Comédie Humaine* (1829ff.); E. Zola, *Les Rougon-Macquart* (1871ff.); Fontane, *Effi Briest* (1895); Musil, *Der Mann ohne Eigenschaften* (1930ff.); W. Koeppen, *Das Treibhaus* (1953); u. a.

**Gesellschaftsstück,** das: →Salonstück.

**Gesetz** bzw. **Gesätz,** das: Lied- oder Gedicht- → Strophe. (→Meistersangstrophe)

**Gesetz der drei Einheiten,** das: →Einheiten.

**gespaltener Reim,** der: Form des →reichen Reims, Art →Doppelreim, wobei die 2. Wörter jedoch identisch reimen. (→identischer Reim)
= *Bitter sein: Ritter sein* [Cl. Brentano]; *fein sind: gemein sind* [Heine]

**Gespenstergeschichte,** die: erzähler. Darstellung unheimlicher, furcht- u. entsetzenerregender Erscheinungen (Geister, Gespenster, Dämonen, Teufel, Vampire u. ä.); bes. in Zeiten der Hinwendung zum Irrationalen (→Romantik), doch meist der →Trivialliteratur zuzurechnen. (→Schauerroman)
= E. T. A. Hoffmann, E. A. Poe, G. de Maupassant, G. Meyrink u. a.

**Gespräch,** das: wirkl. Unterhaltung, d. h. unmittelbare sprachl. Verständigung u. ihre Wiedergabe im Gegs. zum →Dialog als literar. Form.
= Luther, *Tischgespräche*; Goethes G. mit Eckermann bzw. Soret, Riemer; G. Janouch, *G. mit Kafka* (1951); u. a.

*Freitag, den 21. November 1823*
*Goethe ließ mich rufen. Ich fand ihn zu meiner großen Freude wieder auf,*

*und in seinem Zimmer umhergehen. Er gab mir ein kleines Buch: »Ghaselen« des Grafen Platen. »Ich hatte mir vorgenommen«, sagte er, »in »Kunst und Altertum« etwas darüber zu sagen, denn die Gedichte verdienen es. Mein Zustand läßt mich aber zu nichts kommen. Sehen Sie doch zu, ob es Ihnen gelingen will, einzudringen und den Gedichten etwas abzugewinnen.«*
*Ich versprach, mich daran zu versuchen.*
*»Es ist bei den ›Ghaselen‹ das Eigentümliche«, fuhr Goethe fort, »daß sie eine große Fülle von Gehalt verlangen; der stets wiederkehrende gleiche Reim will immer einen Vorrat ähnlicher Gedanken bereit finden. Deshalb gelingen sie nicht jedem; diese aber werden Ihnen gefallen.« Der Arzt trat herein, und ich ging.*

*Montag, den 11. Dezember 1826*
*Ich fand Goethe in einer sehr heiter aufgeregten Stimmung. »Alexander von Humboldt ist diesen Morgen einige Stunden bei mir gewesen«, sagte er mir sehr belebt entgegen. »Was ist das für ein Mann! Ich kenne ihn so lange und doch bin ich von neuem über ihn in Erstaunen. Man kann sagen, er hat an Kenntnissen und lebendigem Wissen nicht seinesgleichen. Und eine Vielseitigkeit, wie sie mir gleichfalls noch nicht vorgekommen ist! Wohin man rührt, er ist überall zu Hause und überschüttet uns mit geistigen Schätzen. Er gleicht einem Brunnen mit vielen Röhren, wo man überall nur Gefäße unterzuhalten braucht und wo es uns immer erquicklich und unerschöpflich entgegenströmt. Er wird einige Tage hierbleiben, und ich fühle schon, es wird mir sein, als hätte ich Jahre verlebt.«*

[Aus: J. P. Eckermann, *Gespräche mit Goethe*]

**Gesprächsspiel,** das: in →Barock beliebte literar. Dialogform, die Elemente von Unterhaltung u. Belehrung verbindet; Vorläufer der Familienzs. des 19. Jh. (→Familienblatt, →Dialog)
= Harsdörffer, *Frauenzimmer-Gesprechspiele* (1641 ff.); Chr. Thomasius, *Monatsgespräche* (1663 ff.); Gottsched, *Vernünftige Tadlerinnen* (1725 f.); u. a.

*21. Indem ward sie von den Schäfern ümringet / welche einen Abtrag begehrten / der zuvor-erwiesenen Schmach / da sie sie alle vor Diebe gescholten. Ich widerruffe es! rieffe sie / und wolte damit den Kreis brechen. Es wurde ihr aber die Thür verrennet / und bekame sie manchen guten Zwick / bis sie sich zu einer Straffe verwilligte. Diese soll seyn / (sagten sie) daß ihr uns ein Spiel benennet / und dasselbe anfahet. Wolan dann! (sagte sie) so lasset uns dort im Schatten zusammen sitzen! Dieses beschehen / bedachte sie sich ein wenig / und fienge endlich also an: Weil* ‖ *mir diese Straffe von einem Verlust herkömmet / so soll unser Spiel oder Gesprächspiel heissen /*
*Der willige Verlust:*
*solcher gestalt / daß ein jedes unter uns / etwas benenne / das es gerne verlieren*

wolte. *Und wessen Verlust vor den ungereimtesten wird erkant werden / das soll verbunden seyn / ein Liedchen zu singen.*

*22. Ich zu meinem theil / (fuhre sie fort) wünsche / daß mein Herz seine weiche verlieren / und ganz steinern werden möge: damit es von dem Liebespfeil nicht könne verwundet werden. Ich erinnere mich / (sagte ein Schäfer) der klugen Rede jenes dapfern Griechen / des Themistokles / als ihm einer die Kunst der Gedächtnis / alles / was man höret und liset / zu fassen und zu behalten / lehren wolte: Lehre mich vielmehr / (sagte er wider ihn) die Kunst der Vergessenheit! hinzu setzend / er wisse viel dings / welches er lieber wolte / daß er es nicht wüste. Diesem nach wünsche auch ich / daß ich verlieren möge die Gedächtnis alles dessen / was mir zu wissen / oder mich dessen zu erinnern / schädlich und verdrießlich ist.*

*23. Und ich (sagte Luciana / eine junge Schäferinn / der Charitillis Schwester) wünsche / zu verlieren alle Anmutung zum Bösen. Mein Wunsch ist / (sagte Sireno / die Augen auf Charitillis richtend) daß ich mich selber verlieren / und dargegen diejenige finden möge / die mich verloren gemacht. Und der meinige ist / (sagte ein andere Schäferin) daß ich verlieren möge alle die Mängel und Gebrechen / welche die Weibliche Vollkommenheit an meiner Person entgänzen. Und ich (sagte ein wol-bejahrter Schäfer) verlange zu verlieren / den Mangel der verlornen Jahre / und daß ich zwar am Verstand alt bleiben / aber an Leibeskräften wieder erjungen möge.*

*24. Mopsus / ein nicht so gar witziger Schäfer / wolte seine Stimm auch zum Spiel geben; aber er konte mehr nicht sagen / als dieses: So möchte ich halt verlieren! Ich will euch sagen / (sagte Cupido) was euch vor ein Verlust wol anstehet. Ihr solt wünschen / daß ihr Gehör und Gesicht verlieret / damit / wann eure geschnitzte Höflichkeit die Schäferinnen lachen machet / ihr nicht die Gedult verlieret / und einen Krieg anfahet. Mopsus erzürnte sich hierüber / und schlug nach ihm; der wiche aber aus dem Streich / und sagte: Sagte ichs nicht / daß ihr euch soltet die Augen ausstechen und die Ohren abschneiden lassen / damit ihr nicht ungedultig würdet? Der Lecker machte / mit diesem Schwank / das Lachen wolfeil: wiewol sie es verbissen.*

[Aus: Sigmund von Birken, *Floridans Verliebter und Geliebter Sireno*]

**Gesta** (Pl.): (zu lat. Kriegstat) histor. →Geschichten, die Leben u. Wirken bedeutender Menschen in moral.-didakt. Absicht beschreiben, aber wegen mangelnder Objektivität u. starker rhetor. Ausschmückung keine zuverlässige Information bieten. (→ Annalen, →Chronik)
= *G. Karoli Magni Imperatoris* (9. Jh.); *G. Romanorum* (13./14. Jh., eines der bedeutendsten Quellenwerke für die europ. Literatur)

*Von drein suenen vnd von einem edeln stain in dem C.*
*Ain chuenich hiet drei suen . vnd ein edeln stain. Nu chriegten di prueder vnter einander. Doch hiet der vater ainen lieber dann den andern . vnd da von hiezz er machen . dreye vingerl . vnd in zway vingerl . hiezz er legen zway gleser . die geleich worn dem edeln stain. Vnd daz vingerl mit dem edeln*

*stain . gab er dem liebsten sun. Den andern zwain suenen rueft er. Vnd gab yeglichem ein vingerl vnd do si von dem vater chomen . do wont yeglicher . er hiet daz vingerl mit dem gueten stain. Daz hort ein weiser maister vnd sprach . wir wellen ver-suechen . welhez vingerl siechtum vertreibt . daz selb ist mit dem gueten stain . daz taten si vnd die zway vingerl worchten nichtz . nicht . nur daz dritt vingerl vertraib siechtum . da erschain daz . daz der vater den lieber het . dem er daz besser vingerl gegeben hiet.*
*Nu pei den drein suenen verste wir dreye volkh die gotez sun sint mit der geschepfd . daz sint Juden . Sarraten vnd christen. Ez ist aber offenbar . welhen sun er lieber hat gehabt . den selben gab er daz pesser vingerl. daz die plinten erloeucht siechtum hailt . vnd die toten erchukct . aber pei den vngelaubhaftigen sind nicht soeliche zaichen noch tugent . als der salter spricht . wir haben nicht zaichen gesehen vnd dar vmb gelauben wir nicht.*

[Aus: *Gesta Romanorum*]

**Gestalt,** die: äußere → Form als der Anschauung gegebene Ganzheit, (selbständiges) Gebilde, dessen Teile sich gegenseitig bestimmen u. tragen; aufs engste verbunden mit der G. ist der sich in ihr verwirklichende → Gehalt.

**Geste,** die: (→ Gestus) Gebärde als »Rede mit den Händen«.

**Gestus,** der. (lat. Gebärde des Schauspielers) Gestik, besteht aus einer Anzahl von → Gesten, die innere Einheit bilden u. best. Verhaltensweisen ausdrücken; Brecht nennt diese »Gesamthaltung« einen »Komplex von Gesten, Mimik und für gewöhnlich Aussagen, welche ein oder mehrere Menschen an einen oder mehrere Menschen richten«. (→ episches Theater)

**Ghasel,** das oder die: (arab. Gespinst) von den Arabern geformte, von Persern, Türken, Indern dann übernommene u. in der dt. Lit. von Fr. Schlegel als erstem (1803) nachgebildete Gedichtform; besteht aus nicht festgelegter Anzahl von Verspaaren (330), deren erstes (Königshaus = Beit) gereimt ist u. den Reim aller geraden Zeilen bestimmt, während die ungeraden reimlos bleiben ( aa ba ca da); steht Reim innerhalb einer Zeile, können nach dem 1. Reim dann gleiche Wörter verwendet werden: »verrauschte lauschte berauschte vertauschte«; gepflegt u. a. von Goethe, Rückert, Platen, aber in dt. Dichtung nicht heimisch geworden.

= *Wohl endet der Tod des Lebens Not,*
*Doch schauert Leben vor dem Tod.*
*Das Leben sieht die dunkle Hand,*
*Den hellen Kelch nicht, den sie bot.*
*So schauert vor der Lieb ein Herz,*
*Als wie von Untergang bedroht.*
*Denn wo die Lieb erwachet, stirbt*
*Das Ich, der dunkele Despot.*
*Du laß ihn sterben in der Nacht*
*Und atme frei im Morgenrot.* [Fr. Rückert]

*Der Strom, der neben mir verrauschte, wo ist er nun?*
*Der Vogel, dessen Lied ich lauschte, wo ist er nun?*
*Wo ist die Rose, die die Freundin am Herzen trug,*
*Und jener Kuß, der mich berauschte, wo ist er nun?*
*Und jener Mensch, der ich gewesen, und den ich längst*
*Mit einem andern Ich vertauschte, wo ist er nun?* [A. v. Platen]

**Ghostword**, das: (engl. Gespensterwort) a) aus Schreib-, Druck- oder Aussprachefehler entstandenes neues Wort; b) Wort, das nur in Wörterbüchern existiert. (→ Mot rare, → preziöse Literatur)
= a) *Hamsun* aus *Hamsund*

**Ghostwriter**, der: (engl. Gespensterschreiber) Schriftsteller, der unter dem Namen eines Auftraggebers Bücher oder Reden verfaßt.
= Der junge Tieck schrieb als G. für F. E. Rambach u. a. das letzte Kapitel von Bd. II seiner → Chronik *Thaten und Feinheiten renomirter Kraft- und Kniffgenies* (»Matthies Klostermeyer oder der Bayrische Hiesel«) sowie die Erzählung »Adalbert und Emma«.

**Gleichnis**, das: (→ Vergleich) literar. Form, die als erweiterter Vergleich eine Beziehung zwischen zwei zu vergleichenden Bereichen herstellt, denen ein wesentliches Drittes (→ tertium comparationis) gemeinsam ist; zur Erklärung u. Verdeutlichung von Gedanken, »Wahrheit«, Moral, Lehrsatz u. ä. stehen Sachhälfte u. Bildhälfte nebeneinander (so... wie), was das G. von → Parabel unterscheidet, da diese das Bild statt der Sache setzt u. seine Erschließung dem Leser überläßt; G. wird auch gleichbedeutend mit → Parabel verwendet.
= *Also durchherrschte er ordnend das Heer, und zurück zur Versammlung*
*Stürzten von neuem die Völker, hinweg von den Schiffen und Zelten,*
*Tosend: gleichwie die Woge des stürmisch brandenden Meeres gegen das*
*Felsengestade brüllt, und es dröhnen die Fluten.*
[Homer, *Das Gleichnis von der Meereswoge*]

ANTONIO. *Und wenn du ganz dich zu verlieren scheinst,*
  *Vergleiche dich! Erkenne, was du bist!*
TASSO. *Ja, du erinnerst mich zur rechten Zeit!*
  *Hilft denn kein Beispiel der Geschichte mehr?*
  *Stellt sich kein edler Mann mir vor die Augen,*
  *Der mehr gelitten, als ich jemals litt,*
  *Damit ich mich mit ihm vergleichend fasse?*
  *Nein, alles ist dahin! Nur eines bleibt:*
  *Die Träne hat uns die Natur verliehen,*
  *Den Schrei des Schmerzes, wenn der Mann zuletzt*
  *Es nicht mehr trägt Und mir noch über alles*
  *Sie ließ im Schmerz mir Melodie und Rede,*

> *Die tiefste Fülle meiner Not zu klagen:*
> *Und wenn der Mensch in seiner Qual verstummt,*
> *Gab mir ein Gott, zu sagen, wie ich leide.*
> ANTONIO (tritt zu ihm und nimmt ihn bei der Hand).
> TASSO. *O edler Mann! Du stehest fest und still,*
> *Ich scheine nur die sturmbewegte Welle.*
> *Allein bedenk' und überhebe nicht*
> *Dich deiner Kraft! Die mächtige Natur,*
> *Die diesen Felsen gründete, hat auch*
> *Der Welle die Beweglichkeit gegeben.*
> *Sie sendet ihren Sturm, die Welle flieht*
> *Und schwankt und schwillt und beugt sich schäumend über.*
> *In dieser Woge spiegelte so schön*
> *Die Sonne sich, es ruhten die Gestirne*
> *An dieser Brust, die zärtlich sich bewegte.*
> *Verschwunden ist der Glanz, entflohn die Ruhe.*
> *Ich kenne mich in der Gefahr nicht mehr*
> *Und schäme mich nicht mehr, es zu bekennen.*
> *Zerbrochen ist das Steuer, und es kracht*
> *Das Schiff an allen Seiten. Berstend reißt*
> *Der Boden unter meinen Füßen auf!*
> *Ich fasse dich mit beiden Armen an!*
> *So klammert sich der Schiffer endlich noch*
> *Am Felsen fest, an dem er scheitern sollte.* [Aus: Goethe, *Tasso*, V, 5]

**gleitender Reim,** der: (Übers. von ital.) dreisilbiger Reim, bei dem auf (letzten) betonten Vokal noch zwei unbetonte folgen. (→ reicher Reim, → Rime riche, → Doppelreim)
= *Einige – Seinige*; *Sterblichen – erblichen*; *blühende – glühende*

**Glossar,** das: (zu → Glosse) a) Sammlung von Glossen; b) Wörterverzeichnis (mit Erklärungen).

**Glosse,** die: (gr. Zunge, Ausdruck) a) urspr. erläuterungsbedürftige Wörter, dann deren Erklärung selbst als 1. Interlinearglosse: Erklärung zwischen den Zeilen, 2. Marginalglosse: Erklärung am Rande; gehört zu den ältesten ahd. Sprachdenkmälern; b) aus Spanien stammende, von den Romantikern nachgebildete Gedichtform, in der jeweils eine Zeile des meist vierzeiligen Mottos als Schlußvers einer der aus vier → Dezimen bestehenden Strophen erscheint; alle Schlußverse zusammen machen eine gereimte Strophe (→ Vierzeiler) aus, die das »Thema« ergibt (G. = »Variationen« dazu) und als → Motto dem Ganzen vorangestellt ist; c) polem. feuilletonist. Kurzkommentar zu aktuellen Ereignissen (Presse, Rundfunk u. ä.).
= a) *Vocabularius St. Galli* (776); *Kasseler Glossar* (Glossensammlung, ca. 800)

b) *Liebe läßt sich suchen, finden,*
*Niemals lernen oder lehren;*
*Wer da will die Flamm entzünden,*
*Ohne selbst sich zu versehren,*
*Muß sich reinigen der Sünden.*
*Alles schläft, weil er noch wacht;*
*Wann der Stern der Liebe lacht,*
*Goldne Augen auf ihn blicken,*
*Schaut er trunken von Entzücken*
*Mondbeglänzte Zaubernacht.*

*Aber nie darf er erschrecken,*
*Wenn sich Wolken dunkel jagen,*
*Finsternis die Sterne decken,*
*Kaum der Mond es noch will wagen,*
*Einen Schimmer aufzuwecken.*
*Ewig steht der Liebe Zelt,*
*Von dem eignen Licht erhellt;*
*Aber Mut nur kann zerbrechen,*
*Was die Furcht will ewig schwächen,*
*Die den Sinn gefangen hält.*

*Keiner Liebe hat gefunden,*
*Dem ein trüber Ernst beschieden;*
*Flüchtig sind die goldnen Stunden,*
*Welche immer den vermieden,*
*Den die bleiche Sorg umwunden:*
*Wer die Schlange an sich hält,*
*Dem ist Schatten vorgestellt;*
*Alles, was die Dichter sangen,*
*Nennt der Arme, eingefangen,*
*Wundervolle Märchenwelt.*

*Herz, im Glauben auferblühend,*
*Fühlt alsbald die goldnen Scheine,*
*Die es lieblich in sich ziehend*
*Macht zu eigen sich und seine,*
*In der schönsten Flamme glühend.*
*Ist das Opfer angefacht,*
*Wird's dem Himmel dargebracht;*
*Hat dich Liebe angenommen,*
*Auf dem Altar hell entglommen*
*Steig auf in der alten Pracht!*

*Mondbeglänzte Zaubernacht,*
*Die den Sinn gefangen hält,*
*Wundervolle Märchenwelt,*
*Steig auf in der alten Pracht!* [L. Tieck, *Wunder der Liebe*]

**Glossographie,** die: (gr. Zunge, Sprache + schreiben) Aufzeichnen, Sammeln u. Erläutern von →Glossen; Vorstufe der →Lexikographie.

**Glykoneus,** der: (nach gr. Dichter Glykon) antikes achtsilbiges Versmaß; Grundform dient als Schlußvers der →asklepiadeischen Strophe.
= ´ ‿ ´ ‿ ´ υυ ´ υú   (*Wandl' ich traurig von Busch zu Busch* [Hölty])

**Gnome,** die: (gr. Spruch, Meinung) Denkspruch; aus dem Orient stammende, durch gr. u. röm. Literatur vermittelte Form des →Sinnspruchs (in Vers oder Prosa), die Grundsatz, Lebensregel o. ä. enthält. (→Maxime, →Sentenz)
= Rückert, *Weisheit des Brahmanen* (1836 ff.); Stefan George, *Stern des Bundes* (1914); u. a.

*Mit Unvollkommenheit zu ringen ist das Los*
  *Des Menschen, ist sein Wert und nicht sein Mangel bloß.*
*Was unvollkommen ist, das soll vollkommen werden.*
  *Denn nur zum Werden, nicht zum Sein, sind wir auf Erden.*
            [Aus: Rückert, *Die Weisheit des Brahmanen*]

*Alles wird uns Genuß, so schön ist das Leben gerundet,*
  *Selbst der Tod, denn der Schlaf ist der genossene Tod.*
            [Aus: Fr. Hebbel, *Der Schlaf*]

**Göttinger Hain,** der: (Bez. von J. H. Voß nach Klopstock, dessen Ode »Der Hügel und der Hain« dem gr. Parnaß den germ. Götter- u. Bardenhain gegenüberstellt) auch Göttinger Dichterbund, Hainbund gen.; 1772 gegr. Freundeskreis junger, meist an der Göttinger Universität studierender Dichter, die ihre Gedichte zuerst in dem von Boie u. Gotter hrsg. *Göttinger Musenalmanach* (1772–74) veröffentlichten; die Mitglieder (J. M. Miller, J. Fr. Hahn, L. H. Ch. Hölty, Voß u. a., später auch G. A. Bürger, M. Claudius u. a.) verehrten Klopstock, lehnten den Rationalismus der →Aufklärung ab, verabscheuten Wieland als »Sittenverderber«, begeisterten sich für Freiheit, Vaterland u. Natur; der G. H. löste sich zwar bereits ab 1775 wieder auf, erlangte jedoch Bedeutung durch Erneuerung von volksnaher Schlichtheit u. naiver Unmittelbarkeit für Dichtung. (→Empfindsamkeit, →Sturm und Drang, →Romantik)
= Bürger, *Lenore* (1774); Miller, *Siegwart* (1776); Leisewitz, *Julius von Tarent* (1776); Voß, *Luise* (1783 f.); u. a.

*Wann der silberne Mond durch die Gesträuche blinkt*
*Und sein schlummerndes Licht über den Rasen streut,*
  *Und die Nachtigall flötet,*
    *Wandl' ich traurig von Busch zu Busch.*

*Selig preis ich dich dann, flötende Nachtigall,*
*Weil dein Weibchen mit dir wohnet in einem Nest,*

*Ihrem singenden Gatten*
*Tausend trauliche Küsse gibt.*

*Überhüllet von Laub, girret ein Taubenpaar*
*Sein Entzücken mir vor; aber ich wende mich,*
*Suche dunklere Schatten,*
*Und die einsame Träne rinnt.*

*Wann, o lächelndes Bild, welches wie Morgenrot*
*Durch die Seele mir strahlt, find ich auf Erden dich?*
*Und die einsame Träne*
*Bebt mir heißer die Wang herab!* [L. Hölty, *Die Mainacht*]

**Goldene Latinität,** die: »Goldenes Zeitalter« der röm. Lit. u. Sprache (von Cicero [80 v. Chr.] bis zum Tode des Augustus 14 n. Chr.), in ihm erreicht Poesie höchste objektive Ausdruckskraft und eine neue »erweiterte und vertiefte Art geistiger Aktualität« (W. Schmid); als ihre künstler. reifste Leistung gilt die Odendichtung des Horaz. (→ Ode, → Silberne Latinität)
= Hauptvertreter (neben Horaz): Cicero, Catull, Properz, Vergil, Ovid u. a.

*Nacht war's, ohne Gewölke der Himmel, es strahlete Luna,*
    *Umringt von Sternen, hell herab,*
*Als du, Ohr und Auge der heiligen Götter zu täuschen,*
    *Mit schlanken Armen mich umfingst,*
*Dichter als Epheu dem Stamm der ragenden Eiche sich anschmiegt,*
    *Und mir auf meine Worte schwurst,*
*Schwurst: so lange den Schafen der Wolf, den Schiffern Orion,*
    *Des Meeres Wüthrich, furchtbar ist,*
*Und in Apollo's wallendem Haar die Lüfte noch spielen,*
    *Bestehe dieser Liebesbund!*
*Ach, Neära, wie wird einst Flaccus' Kälte die kränken,*
    *Der's länger nicht unmännlich trägt,*
*Daß dem neuen Vertrauten die Nächte du schenkest, und bald sich*
    *Durch eine beß're Liebe rächt,*
*Er, auf dessen Entschluß verhaßte Reize nicht wirken,*
    *Nachdem man ihn so schwer verletzt.*
*Aber, du Glücklicher, wer du auch bist, der jetzt im Triumphe*
    *Hinschreitet über meinen Schmerz,*
*Ob du mit Heerden gesegnet, ob reich an Gefilden du prangest,*
    *Ob ein Paktolus für dich fleußt,*
*Ob dir die Lehren des zweimalgebornen Pythagoras kund sind,*
    *Und Nireus an Gestalt dir weicht:*
*Ach, wie bald wirst auch du die verlorene Liebe beweinen!*
    *Ich aber lache dann wie du.*
                [Horaz, *An Neära*, dt. von Eduard Mörike]

**Goliard(e),** der: (frz. Herkunft unklar) fahrender frz. Kleriker u. Scholar: →Vagant.

**Gongorismus,** der: (span. nach Dichter Luis de Góngora y Argote) span. Schwulststil des 17. Jh., auch →Estilo culto bzw. «cultismo» genannt. (→Schwulst, →Manierismus)
= *Weil noch der Sonne Gold mit allen Strahlen weichet*
    *Dem ungemeinen Glanz auf deinem schönen Haar.*
    *Weil noch vor deiner Stirn der Lilien Silber-Schar*
*In blasser Furcht und Scham die weißen Segel streichet.*
*Weil noch das Sehnen nach den Nelken sich nicht gleichet*
    *Der brünstigen Begier nach deiner Lippen Paar.*
*Ja weil dem Halse noch des Marmors blanke Wahr*
*Mit allem Schimmer nicht einmal das Wasser reichet /*
*Laß Haare / Hals und Stirn und Mund gebrauchet sein /*
    *Eh' das was in dem Lentz der Jugend war zu ehren*
    *Vor Gold / vor Lilien / vor Nelken / Marmorstein /*
*Sich wird in Silber-grau und braune Veilgen kehren.*
    *Ja eh' du selber dich mit dem Hochmuth dieses Lichts*
    *Verkehrst in Erde / Koht / Staub / Schatten / gar in Nichts.*
                                    [Góngora; dt. von Chr. H. Postel]

**Gothic novel,** die: →Schauerroman.

**Grabinschrift,** die: →Epitaph.

**Gracioso,** der: (span.) Figur des lustigen, seinen Herrn parodierenden Bedienten in span. Komödie. (→Hanswurst, →Commedia dell'arte)

**Gradation,** die: (lat. Steigerung) →rhet. Figur: Abstufung nach oben (→Klimax) oder nach unten (→Antiklimax).
= *Gefährlich ist's, den Leu zu wecken,*
*Verderblich ist des Tigers Zahn;*
*Jedoch der schrecklichste der Schrecken,*
*Das ist der Mensch in seinem Wahn.*                    [Schiller]

**Graduale,** das: (lat. Stufe) liturg. Gesangbuch mit den Meßgesängen.

**Gradualismus,** der: (zu lat. Stufe) von Günther Müller (*G. Eine Vorstufe zur altdt. Literaturgeschichte*, 1924) in Literaturwissenschaft eingeführter Begriff zur Erklärung von scheinbar Unvereinbarem beim gleichen Autor (z. B. Marien- und Minnelyrik).
= *Wieder ist festzustellen, daß die Gesamtheit der Weltwirklichkeit weder als unterschiedslose, monistische Einheit, noch als unverträgliche Zweiheit erscheint, sondern als Organismus, in dem die absolut gesehen unvereinbaren*

*Gegensätze durch Einbettung in die Realität relativiert und als dienende Glieder gesehen sind. Der Grundbegriff, mit dem das geschieht, ist der einer »Gradualität«. Die Welt ordnet sich in Realitätsschichten oder -stufen. Und diese Schichtigkeit ist wieder theozentrisch bestimmt...*

[Aus: G. Müller, *G.*]

**Gradus ad Parnassum,** der: (lat. Stufen zum → Parnaß) Titel von praktischen Einführungen in die lat. oder gr. Verskunst. (→ Reimlexikon)
= P. Aler (Hrsg.), *G. a. P.* (1702)

**Gräberpoesie,** die: auch Kirchhofspoesie, von Grab u. Tod handelnde Dichtung; gefühlvolle Klage über Verlorenes u. melanchol. Betrachtung über Vergänglichkeit. (→ Empfindsamkeit, → Göttinger Hain, → Romantik)
= Klopstock, *Die frühen Gräber*; Novalis, *Hymnen an die Nacht*; u. a.

**Gral poetry,** die: (engl. Gralsdichtung) mündl. Epos der schriftlosen Kelten u. dessen Erforschung. (→ Artusdichtung, → höfischer Roman)

**Graffito,** der (Pl. Graffiti): (ital. Schraffierung) in die Wand eingekratzte → Inschrift.

**grammatischer Reim,** der: Reimfolge aus versch. Wortbildungs- u. Flexionsformen eines Wortstammes (= → Polyptoton), beliebt bes. in → Minnesang u. → Meistersang.
= *Ich liebe, du liebst, er liebet das lieben,*
*Was liebet, wird alles vom lieben getrieben,*
*Wir lieben, ihr liebet, sie lieben zusammen.*
*Drum kommet, ihr Nympfen, und kühlet die flammen.*

[Hofmannswaldau]

**Graserlied,** das: dt. Sonderform der → Pastorelle.
= Oswald von Wolkenstein u. a.

**Grazie,** die: (lat.) → Anmut, Liebreiz; das »vernünftig Gefällige« (Winckelmann) als Verbindung von sinnl. Reiz u. Geist, Gefühl u. Vernunft. (→ Anakreontik, → Rokoko)
= *Die Stofflosigkeit, die solcherart in den Stoff eingeht, ist das, was man Grazie nennt.* [H. Bergson]

**Grazien** (Pl.): (lat. die Anmutigen) Göttinnen der Anmut in röm. Mythologie, denen bei den Griechen die drei Chariten entsprechen.
= *Aglaia – Prunk*; *Euphrosyne – Frohsinn*; *Thalia – Glück*

**Grobianismus,** der: (zu grob) als »grobianische Dichtung« vornehmlich im 16. Jh. Literaturgattung; sucht durch ironische Umkehrung bürgerl. → Tisch-

## Grobianismus

zuchten u. Anstandsregeln ins Grobianische, d.h. Unanständig-Unflätige, abschreckend erzieherisch zu wirken.

= S. Brant, *Narrenschiff* (1494, ihm entstammt der Name »Grobianus«); F. Dedekind, *Grobianus* (1549, lat.); Kaspar Scheidt, *Grobianus* (1551, unerhört erfolgreich, Neudrucke, Nachahmungen etc. bis ins 18. Jh.); Fischart, *Geschichtsklitterung* (1582); m. E. G. Grass, *Blechtrommel* (1959); u. a.

*Das erste Capitel, von auffstehen, anziehen,*
*langem hare, vnd geelen zenen*

*Hie lern ein jeder schueler mein*
   *Der niemands wil gehorsam sein,*
*Noch thon was man jn weiß vnd sag,*
   *Hierinn er bald ergreiffen mag*
*Was jm zu grobheit noch gebrist,*
   *So er ein wenig fleissig ist.*
*Zum ersten, soltu mich verstehen,*
   *Des morgens so du wilt auff stehen,*
*Das doch gar selten sol geschehen*
   *Eh du den disch gedeckt magst sehen.*
*Den ueltern wünsch kein gueten tag,*
   *Der wunsch sie doch nichts helffen mag:*
*So spar dein wort nach grobem sitt,*
   *Vnd blaß das kraut vnd mueß darmit.*
*Das hembd thue an, vnd lauff daruon,*
   *Daß du nit muest am kalten ston.*
*Nimm fluchs die kleider an den arm,*
   *Lauff in die stuben also warm,*
*Vnd zeuch dich bey dem offen an,*
   *Da dir die kelt nicht schaden kann.*
*Laß dich nicht hindern, ob dabey*
   *Junckfrawen oder weiber sey:*
*Vnd mach dein fadenrecht für dich.*
   *Laßt jemandt das verdriessen sich,*
*So sprich, Wer mich nit geren sicht,*
   *Der geh hinauß vnd jrr mich nicht.*
*Auch wiltu vor junckfrawen brangen,*
   *So laß ein weil die hosen hangen*
*Biß auff die schwartzen knie hinab,*
   *Daß man dein auch zu lachen hab.*
*Dir werden die junckfrawen holt,*
   *Ein jede dich gern haben wolt.*
*Naem dich in solcher abenthewr*
   *Ein reichs weib, wer dir auch ein stewr.*
*Kein gürtel bind nit vmb die lenden,*
   *Man moecht dirs sonst zur hoffart wenden.*

*Das har struel nit, huet dich bey leib,*
  *Har auff zupflantzen zimpt eim weib.*
*Ein manßbild sol sich nit auffbutzen,*
  *Als sich die jungen bueler mutzen.*
*Dir aber ists ein hoffzucht zwar,*
  *Wann dir vol federn hangt das har,*
*Darauß kan jederman erwegen*
  *Daß du nicht seist im stro gelegen.*
*Das har laß allzeit wachsen lang,*
  *Daß es dir auff die achseln hang:*
*Obs schon dem scherer nicht gefelt,*
  *Es ist dir guet für winters kelt.*
*Die alten truegen auch vor zeitten*
  *Lang har, wie das die buecher deuten,*
*In langen haren hettens ehr,*
  *Jetz acht man keiner einfalt mehr.*
*Auch zimpt es deinen sitten nicht,*
  *Zu weschen hend vnd angesicht.*
*Dann deiner grobheit wol anstat*
  *So beides hangt vol wuest vnd kat.*
*Laß weschen wem es wol gefelt,*
  *Acht nit wie sich ein ander stelt.*
*Wer vnlust hat an deiner weiß,*
  *Der geh vom disch, such ander speiß.*
*Spricht jemandt zu dir: Waesch dir zeen.*
  *So sprich: Was thuet es dich angehn?*
*(Mit kaltem wasser ist nit gesundt*
  *Zu waeschen deine zeen vnd mundt)*
*Was hast an meinen zeenen feel?*
  *Ist dann nicht auch der saffran geel?*
*Die farb hat auch das koestlich golt,*
  *Dem jetzund sind all menschen holt,*
*Das koestlichst vnder alln Metallen,*
  *(Drumb laß dir geele zeen gefallen.)*
     [Aus: Friedr. Dedekind, *Grobianus*; dt. von Kaspar Scheidt]

**Großkritiker,** der: im Zuge wachsender Beeinflussungsmöglichkeit durch die →Massenmedien entstandene hypertrophe Form des Kritikers: »Literaturpapst«, der sein krit. Geschäft mit tyrann. Gebärde als Zensurenverteilung u. Aburteilung betreibt. (→ Literaturkritik)

**grotesk:** (zu ital. Wandmalerei in »Grotten«) urspr. im Sinne von »wie auf ornamentaler Wandmalerei in Grotten«, d. h., aus pflanzlichen *und* tierischen Elementen bestehend; von hier der Sinn verzerrt, überspannt, Natürlichkeit des Naturwidrigen, Gestalt der Ungestalt, in der die Welt verfremdet, zu Hei-

ter-Phantastischem geöffnet wie von Unheimlich-Abgründigem durchwaltet in Erscheinung tritt; charakterisiert durch die willkürlich spielerische Verbindung von, strenggenommen, Unvereinbarem, wie Tragischem u. Komischem, Banalem u. Ungeheuerlichem. (→Tragikomödie, →absurdes Theater, →schwarzer Humor, →Dadaismus)
+ W. Kayser, *Das G.* ($^2$1961)
= W. Busch, Chr. Morgenstern, Paul Scheerbart, A. Ehrenstein, K. Schwitters, G. Benn u. a. (Lyrik); E. T. A. Hoffmann, E. A. Poe, Mynona, Carl Einstein, Kafka, Grass u. a. (Erzählung); Wedekind, Schnitzler, Sternheim, Brecht, Dürrenmatt u. a. (Drama)

*Das glaube mir so sagte er*
*Die Welt ist mir zuwider,*
*Und wenn die Grübelei nicht wär,*
*So schöß ich mich darnieder.*

*Was aber wird nach diesem Knall*
*Sich späterhin begeben?*
*Warum ist mir mein Todesfall*
*So eklig wie mein Leben?*

*Mir wäre doch, potzsapperlot,*
*Der ganze Spaß verdorben,*
*Wenn man am Ende gar nicht tot,*
*Nachdem daß man gestorben.*  [W. Busch, *Dilemma*]

(Ein Kaufmann gerät durch Unvorsichtigkeit in den maschinellen Prozeß der Margarineherstellung:)
*Der Prozeß wickelt sich in rasender Eile auf rein technischem Weg ab und gibt erst das fertige Produkt wieder. So kam auch Vater wieder zum Vorschein, regelrecht verarbeitet. Eine Ausscheidung war nicht möglich. Die Kraft des Farbstoffes ist zu gewaltig – auch der Margarine war nichts anzusehen. Die Fabrik telegraphierte uns sofort und hielt die Ware in kulantester Weise vom Verkauf zurück. Wir schickten eine Gegendepesche ab, in der wir um Reservierung des ganzen Blocks baten [...] So erhielten wir wenigstens auf dem Wege der Kalkulation Vater zurück [...] Wir ließen den neun Zentner schweren Block als Eilgut deklariert als Margarine überführen [...] Würde es Sie nun – als Bekenner des christlichen Auferstehungsgedankens – abstoßen, daß mit meinem Vater noch siebeneinhalb Zentner Margarine [...] unter dem Hügel ruhen?*  [Aus: Georg Kaiser, *Der Zentaur*]

**Grotesque strip,** der: (frz. grotesk + [Bild-]Streifen) Bez. für Beschreibungstechnik in P. Weiss' »Mikro-Roman« *Der Schatten des Körpers des Kutschers* (1960); Begriff von Charles Gloussier geprägt; der G. s. erreicht durch inventarisierende Kombination von film. (dynam.) u. zeichner. (stat.) Elementen grotesken Effekt einer verzerrten Übergenauigkeit, der sich die von Lessing in *Laokoon* dargelegten Antinomien zunutze macht. (→ut pictura poiesis)

**Gruppe 47,** die: (Name geht zurück auf G. Brenner [= Parallelbildung zu Gruppe 98: →Generation von 98]) am 10. Sept. 1947 in München gegr. Kreis von Schriftstellern u. Publizisten um H. W. Richter, der sich nach eig. Meinung auf seinen Tagungen einmal jährlich durch gegenseitiges Vorlesen u. krit. Stellungnahmen um Setzung literar. Normen bemühte; keine geschlossene Gruppe mit fester Mitgliedschaft, eher Interessengemeinschaft, die sich als *pressure group* u. »Institut der literarischen Marktprognose und vorausschauenden Marktdetermination« (D. Wellershoff) etablierte u. Teil des Nachkriegs-»Establishments« bildete; sie verlor in dem Maße Monopol u. Bedeutung, wie der Widerspruch zwischen Kunst u. Markt sich verschärfte; die Annahme, daß sie die dt. Literatur nach 1945 repräsentierte, ist irrig, das angewandte krit. Verfahren der mündl. Spontankritik höchst fragwürdig.
= I. Aichinger, A. Andersch, I. Bachmann, H. Bender, H. Böll, G. Eich, H. M. Enzensberger, G. Grass, H. Heißenbüttel, W. Hildesheimer, W. Höllerer, W. Jens, W. Schnurre, M. Walser, G. Wohmann u. a.

**Gruppe 61,** die: Arbeitskreis von Schriftstellern, Kritikern u. Journalisten, als eine Art Gegenbewegung zu →Gruppe 47 von F. Hüser 1961 in Dortmund gegr.; fordert programmat. die »literarisch künstlerische Auseinandersetzung mit der industriellen Arbeitswelt der Gegenwart und ihrer sozialen Probleme«. (→Werkkreis Literatur der Arbeitswelt)
= M.v.d. Grün, C. F. Delius, A. Mechtel, J. Reding, G. Wallraff u. a.

*Die G. 61 will unter Benutzung aller Kommunikationsmöglichkeiten Sachverhalte der Ausbeutung ins öffentliche Bewußtsein bringen. Die Angehörigen der Gruppe verfolgen dieses Ziel unter Ausnutzung aller geeigneten literar. u. journalist. Formen...*
[Aus: Neuformulierung des Programms der G. 61, 1971]

*Der Maschine habe ich immer mißtraut. Kalt und glitschig wie ein Fisch gleitet der Hobel die Kohlenwand auf und ab, und die Nabe, an der sich der Dreizack dreht, leuchtet auf, wenn der Lichtkegel unserer Lampen darüberhuscht. Der Hobel liegt immer auf der Lauer; er läßt sich zwar bändigen, in seine Ketten pressen, wehe aber, wenn er ausbricht, dann sind Schmerz- und Entsetzensschreie die Lautbahn, in der er sich bewegt.*
*Wir hassen diese Maschine, wir spucken sie bei Schichtbeginn an, wir decken sie mit wüsten Worten ein und mit kalten Flüchen, die aus der Angst geboren werden. Welch herrliches Schauspiel, den Hobel in seiner Kraft zu beobachten, aber welch eine Geißel, wenn man mit ihm zu tun hat: Er treibt unsere Gedanken fort und höhnt mit knirschenden Ketten:... weiter... wei-ter... wei-ter...* [Aus: Max v. d. Grün, *Irrlicht und Feuer*]

**Guckkastenbühne,** die: (zu gucken = schauen) auch →Illusionsbühne, in →Renaissance entwickelte, noch heute übliche illusionsfördernde Bühnenform, deren wie ein riesiges Fenster zum Publikum hin offene Seite durch einen Vorhang verschlossen werden kann. (→Shakespearebühne)

**Guide,** der: (frz.) Wegweiser, Reiseführer oder -handbuch, Leitfaden.

**Guignol,** der: (frz.) a) →lustige Person des frz. Marionettentheaters; b) frz. Puppentheater u. seine Spiele. (→Puppenspiel)

**Häufung,** die: →Tautologie, →Pleonasmus, →Priamel, →Manierismus u. ä.

**Hagiographie,** die: (gr. heilig + schreiben) Beschreibung von Heiligenleben wie wissenschaftl. Beschäftigung mit deren Überlieferung. (→Vita, →Martyrologium)

**Hagionym,** das: (gr. heilig + Name) →Pseudonym aus Heiligennamen, auch Ascetonym oder Hieronym.
= *Bonaventura* für *Johannes Fidanza*; *Abraham a Santa Clara* für *Ulrich Megerle*

**Haiku,** das: (jap. Kettengedicht) jap. Gedichtform aus 17 Silben in drei Zeilen mit der Silbenverteilung fünf sieben fünf; kürzeste Form der jap. Dichtung. (→Imagismus)
= Nachdichtungen von A. Holz, R. Dehmel, St. George, Klabund, M. Hausmann (*Liebe, Tod und Vollmondnächte*, 1951), u. a.

*Der uralte Teich.*
*Von dem Laubfroschsprung erzeugt:*
*Wasser-plitsch-platsch-laut.* [Matsuo Bascho]

**Hainbund,** der: →Göttinger Hain.

**Hakenstil** bzw. **-vers,** der: in germ. Langzeile Auseinanderfallen von metr. u. syntakt. Einheit, da Sinneinschnitt ans Ende der 1. Halbzeile (Versmitte) fällt; in zwei aufeinanderfolgenden →Langzeilen erscheinen die 2. Hälfte der 1. u. die 1. Hälfte der 2. deshalb als eigene »hakenförmige« Einheit; oft in *Heliand* und in *Hildebrandslied*; Gegs. →Zeilenstil. (→Enjambement)
= *sagde im thô te sôdan, quad that thie sâlige uuârin,*
 *man an thesoro middilgardun, thie hêr an iro môde uuârin*
 *arme thurh ôdmôdi: »them is that êuuana rîki,*
 *suuîdo hêlaglîc an hebanuuange*
 *sinlîf fargeben.« Quad that ôc sâlige uuârin*
 *mâdmundie man: »thie môtun thie mârion erde,*

*ofsittien that selbe rîki.« Quad that ôc sâlige uuârin,
thie hîr uuiopin iro uuammun dâdi; »thie môtun eft uuillion gebîdan,
frôfre an iro frâhon rîkia. Sâlige sind ôc, the sie hîr frum gilustid,
rincos, that sie rehto adômien . . .* [Aus: *Heliand* (Bergpredigt)]

**Halbreim,** der: → unreiner Reim.

**Hallesche Dichterkreise:** a) Älterer H. D., entstanden aus der von S. G. Lange u. J. J. Pyra 1733 gemeinsam gestifteten, pietistisch geprägten »Gesellschaft zur Förderung der dt. Sprache, Poesie und Beredsamkeit«; Lange, der sich mit Pyra gegen Gottsched stellte, versuchte den →Reim durch antike Versmaße zu ersetzen u. wurde vor allem bekannt durch seine metrische Übersetzung der *Horazischen Oden* (1747), die Lessing scharf kritisierte; b) Jüngerer H. D., Bez. für Kreis anakreont. Dichter um Gleim, Uz, Götz. (→Anakreontik, →Rokoko)

**Hamartia,** die: (Gr. Irrtum) Irrtum im Urteil, sei es durch Unwissen oder moralisches Versagen, Ursache für die Verwicklung in der gr. →Tragödie (Aristoteles). (→Hybris)
= *Der Irrtum des Oedipus ist ein zweifacher: aus Ungestüm erschlägt er seinen Vater, aus Unwissen heiratet er seine Mutter.*

**Hamâsa,** die: (arab. Tapferkeit) Titel arab. →Anthologien (bes. mit Preisliedern der Tapferkeit).
= *Abû Tamân* (dt. von Rückert 1846)

**Handlung,** die: Geschehnisfolge als dem Menschen eigene Umsetzung eines Zweckes in die Realität (Tat); konstituiert Geschehen in epischer u. dramat. Dichtung. (→Plot, →Einheiten)
= *Ist H. primär bestimmend* = Haupthandlung, *sekundär* = Nebenhandlung (→Episode); *Abfolge der Ereignisse* = äußere Handlung; *Seelisches und Geistiges umfassende Tiefenhandlung* = innere Handlung.

**Handlungsdrama,** das: Geschehensdrama (W. Kayser), →Drama, das sich nicht aus der Charakteranlage der Personen entwickelt (→Charakterdrama), sondern aus deren situationsbedingtem Handeln.

**Handschrift,** die: a) handgeschriebenes Buch (bis nach 1450 = Erfindung des Buchdrucks); b) →Manuskript; c) →Autograph.

**Hanswurst,** der: (Hans als Bez. des Narren + Wurst als Bild des Dicken) als Hans Worst schon bei Brant u. Luther, auf der Bühne in →Fastnachtsspiel u. später in →Lustspiel als →lustige Person, die ihre Späße meist aus dem Stegreif machte; unter Einfluß der →Commedia dell'arte wandelt sich der H. zum →Harlekin, der sich im 17. u. 18. Jh. äußerster Beliebtheit erfreute; von

Gottsched bekämpft, von Lessing verteidigt, von Joh. Laroche zum Kasper im →Puppenspiel umgeformt, von J. A. Stranitzky u. F. Raimund für das Altwiener Barock- u. Volkstheater zu eigenständiger Charakterfigur stilisiert. (→Zauberstück).
= F. Raimund, *Der Barometersucher auf der Zauberinsel* (1837, H. = Quecksilber); P. Weiss, *Wie dem Herrn Mockinpott das Leiden ausgetrieben wird* (1963 ff., H. = Wurst); u. a.

**Hanswurstiade,** die: →Hanswurstspiel.

**Hanswurstspiel,** das: Stegreif- →Posse um Figur des →Hanswurst, von Stranitzky, Raimund, Nestroy u. schließlich P. Weiss erneuert; lebt auch im →Puppenspiel fort. (→Pickelhering, →Haupt- und Staatsaktion, →Kasperltheater)

**Haplologie,** die: (von gr. einfach + Wort) Silbenschichtung, »Vereinfachung« zweier gleicher oder ähnlicher Silben durch Aussprechen von nur einer; auch Haplographie.
= *Adaption* statt *Adaptation*; *Ruderin* statt *Rudererin*

**Happening,** das: (engl. Ereignis, Geschehen) Kunstrichtung (seit ca. 1962), die dem Teilnehmer durch seine Einbeziehung in ein »Ereignis«, d. h. in eine provokative (Kunst-)Veranstaltung, ein schockierendes Erlebnis zu vermitteln sucht; solche Rückführung der Kunst auf das Leben im »Erleben« betont zugleich die Rolle des Zufalls als Kompositionsprinzip. (→aleator. Dichtung, →Stegreifdichtung, →Dadaismus, →Popliteratur u. ä.)

**Happy-End,** das: (engl. glückliches Ende) (unerwartet) guter Ausgang in Roman, Drama, Film etc. (→Deus ex machina)

**Harlekin,** der: (ital. →Arlecchino) →lustige Person der →Commedia dell'arte, im dt. Theater seit Ende des 17. Jh. anstelle des →Hanswurst in ernsten Spielen; auch in eigenen Possen = Harlekinaden.

**Haskala,** die: (hebr. Erkenntnis, Verstand) jüdische →Aufklärung, Reformbewegung, die im Sinne der Forderungen Moses Mendelssohns das moderne Kulturleben mit der jüd. Geistestradition zu verschmelzen suchte. Eines der Ergebnisse der H. war Neubelebung u. Aufwertung der jidd. Sprache sowie die Entstehung einer jidd. Literatur von Weltgeltung.
= Isaak Ber Lewinson, Menachem Mendel Lewin, Hejkel Hurwitz, M. A. Günzburg, Israel Aksenfeld u. a.

**Haupt- und Staatsaktion,** die: kritisch-abwertende Bez. Gottscheds für die aus einer »Hauptaktion« (im Gegs. zum komischen Nachspiel) u. (staats-)polit.-histor. Inhalt (»Staatsaktion«) bestehenden, meist wenig wertvollen

Stücke des Repertoires der dt. Wanderbühnen; in diesem Sinn noch heute gebraucht. (→ Hanswurst)
= → Wanderbühne

**Hebung,** die: (Übers. von gr. arsis = Heben) die betonte, d. h. durch rhythm. Nachdruck hervorgehobene Silbe (→ Iktus) im Vers im Gegs. zu → Senkung; bestimmt im dt. Vers den → Versfuß. (→ Arsis, → Tonbeugung)
= Metr. Bez. von H. [– oder x́ oder ´ u. a (Haupt-H.), `(Neben-H.)] z. B. *ánmùtig, Háustòr*

Zweihebig: *Feiger Gedanken* — υ υ — υ
*Bängliches Schwanken* — υ υ — υ

Dreihebig: *Komm, lieber Mai, und mache* — υ υ — υ — υ (— υ — υ — υ)
*Die Bäume wieder grün* υ — υ — υ —

Vierhebig: *Zum Kampf der Wagen und Gesänge* υ — υ — υ — υ — υ
*Der auf Korinthus' Landesenge* υ — υ — υ — υ — υ

Fünfhebig: *Der Morgen kam. Es scheuchten seine Schritte*
υ — υ — υ — υ — υ — υ
*Den leisen Schlag, der mich gelind umfing*
υ — υ — υ — υ — υ —

**Hebungsspaltung,** die: in → alternierenden Versmaßen die Aufspaltung einer → Hebung (= langen Tonsilbe) in zwei kurze Silben. (→ Kadenz)

**Heckentheater,** das: (Hecke = Einfriedigung aus Dornsträuchern) Theaterraum u. -aufführung zwischen »Hecken« im Garten oder Park, vor allem im → Rokoko; auch Gartentheater (→ Freilichttheater).
= Dresden; Schwetzingen; Darmstadt

**Heimatkunst,** die: → Heimatliteratur.

**Heimatliteratur,** die: (Heimat = best. landschaftl. Raum mit meist ländl.-bäuerl. [d. h. bodenständiger] Daseinsform) allg.: Literaturtyp, der Erfahrungsraum von Heimat u. ländl. Gemeinschaft gestaltet; bes.: als »Heimatkunst« Bez. für um 1900 von F. Lienhard zus. mit A. Bartels, H. Sohnrey u. T. Kröger begründete Bewegung gegen die Großstadtkunst des → Naturalismus, um die Literatur wieder auf die »Urkräfte« Volkstum, Stammesart u. Landschaft zurückzuführen; konnte deshalb leicht im Dritten Reich in → Blut-und-Boden-Dichtung übergehen; die von der H. hervorgebrachten Werke sind fast durchwegs der → Trivialliteratur zuzurechnen.
= Allg.: Anzengruber, Gotthelf, P. Rosegger, G. Hauptmann, Clara Viebig, L. Thoma u. a. (→ Dorfgeschichte, → Bauerndichtung, → Mundartdichtung); bes.: T. Kröger, G. Frenssen, H. Löns, R. Herzog, H. H. Ewers, L. v. Strauß und Torney, P. Keller u. a.

Bes.: *Wir verlangen nicht eine zierliche Stimmungskunst für Künstler, sondern eine machtvolle Volkskunst für die Nation; voll Unerschrockenheit, Glut und Größe, mit würdigen Gegenständen, getragen von der Eigenart unserer Gaue, auf dem Boden unsrer Landschaften, von der Kühnheit echten Deutschtums durchlodert; voll Freude an der Gegenwart und voll Kenntnis unsrer Vergangenheit. Will der Künstler den zerrissenen Zusammenhang mit dem Volkstum wiederherstellen, so darf er nicht, ein markloser Verarbeiter, jedweden Stoff zurechtdrechseln, nicht abgeschlossen im Zimmer, vereinzelt im großstädtischen Gewühl schaffen; vielmehr muß er, wandernd oder seßhaft, mit Gefühl und Denkart in die Volksgemeinschaft eintauchen und aus ihr heraus gestalten.* [Aus: E. Wachler, *Läuterung*]

*Und nun schweiften wir, ein Hesse, zwei Braunschweiger aus der Weltstadt – und ein Elsässer, die wir im heißen Mittagssonnenschein auf Hohkönigsburg lagen, philosophierend in die Allgemeinheit und gaben der Anschauung Ausdruck: Es wird und muß in ganz Deutschland Überzeugung werden, daß nur dann sich wieder sieghafte Lebenskraft zutage drängen wird, wenn das ganze Reich* mit allen *seinen Stämmen und Gauen eingreift in die jetzige Kultur. Eingreift zur wurzelhaften Vertiefung unseres Kulturlebens aus der Überkultur der Großstadt! Fürst Bismarcks Reden vom Sommer 1893 an die einzelnen Abordnungen deutscher Städte, Stände und Gaue atmeten alle den einen Gedanken: Betätigt euch* alle! *Laßt euch keine Bevormundung des einen rührigen Berlins gefallen! Dezentralisation! Wir wünschen in Deutschland um keinen Preis eine zentralistische Wirtschaft, wie sie Frankreich kennt mit seinem alles beherrschenden, durch eine ganz andere und ältere Geschichte emporgewachsenen Paris. Nur der kann mit gesundem Selbstbewußtsein sich als Mann fühlen und von da aus die Welt überblicken bis in die Tiefen der Ewigkeit, der sich auch innerhalb seines alldeutschen Volkes als eigenartiger und doch großdeutscher Rheinländer, Sachse, Thüringer, Egerländer, Hamburger, als ein wurzelfester Baum in dem einen großen Walde fühlt. Mit diesem Wurzeltum kann der »Internationalismus«, d. h. farblose Vaterlandsmißachtung, allerdings nichts anfangen. Aber wir verlangen das auch nicht. Die Frage ist eine trockene Machtfrage. Entweder Verflachungsgeist führt das Wort wie bisher oder die Gaue drücken umgekehrt der Hauptstadt und der Kopfweisheit dieser Zeit ihr Gepräge auf, und zwar so nachdrücklich, daß Berlin und alle äußeren Errungenschaften der Gegenwart ins Künftige nichts weiter sind als Sammelpunkte für unseren Gehalt, als Gefäße, denen unsere* Gesamtheit erst *Inhalt gibt.*

[Aus: Fr. Lienhard, *Wasgaufahrten*]

**Heimatroman**, der: Roman, der dörfl. Leben harmonisierend-idyllisierend, d. h. unter Aussparung der Lebensprobleme mod. Zivilisations- u. Industriewelt, schildert; meist der →Trivialliteratur zuzurechnen. (→Heimatliteratur)
= B. Auerbach, *Barfüßele* (1856); P. Rosegger, *Der Gottsucher* (1883), *Erdsegen* (1900); L. Ganghofer, *Schloß Hubertus* (1895); u. a.

**Heiti** (Pl.): (anord. Name) Umschreibung eines Begriffs durch eingliedrige Benennung in anord. Dichtung; Gegs. →Kenning. (→Skaldendichtung)
= *Was für einfache Namen* (= heit) *hat das Meer? Es heißt See, Ägir, Gymir, Hlér, Haff, Seegang, Weiher, Salzflut, Nass, Sturzsee.*
   [Snorri Sturluson, *Die jüngere Edda*; dt. von G. Neckel u. F. Nieder]

**Held,** der: Hauptgestalt oder -rolle in epischer oder dramat. Dichtung. (→Antih., →mittlerer H., →negativer H., →passiver H., →positiver H.)

**Heldenbrief,** der: →Heroiden.

**Heldenbuch,** das: handschriftl. oder gedruckte Sammlung von →Heldenepen (Spät-MA.).
= *Das Dresdener H.* (1472); *Ambraser H.* (zw. 1504 u. 1516); u. a.

**Heldenepos,** das: aus →Heldenlied durch Dehnung, Erweiterung u. Verknüpfung (Episierung) entstandene schriftl. überlieferte epische Großform mit anonym. Verfasser u. der germ. →Heldensage entstammendem Stoff; später Auflösung des mhd. H. in die Prosa der →Volksbücher. (→Epos)
= *Nibelungenlied* (ca. 1203); *Kudrun* (ca. 1240); Dietrich-Epen (*Dietrichs Flucht*, *Rabenschlacht* u. a.) u. a.

**Heldenlied,** das: im 3.–7. Jh. ausgebildete episch-balladenartige Liedform in →Langzeilen mit Stoffen aus der germ. →Heldensage, zum Preis von Heldentum in mündl. Vortrag bestimmt; erhalten *Hildebrandslied* (ca. 800), Heldenlieder der *Lieder-Edda* (z. T. wohl vor 800, z. T. bis ca. 1400).

**Heldensage,** die: auf vor- u. frühgeschichtl., mündl. oder schriftl. Überlieferung beruhende, dicht. ausgestaltete Erzählung von Ereignissen u. Personen; Grundelement des →Heldenliedes; durch Verknüpfung versch. H. entstanden Sagenkreise um einen Helden.
= Dietrich von Bern (ostgot.), Siegfried (burgund.), Rother (langobard.), König Arthus (kelt.) u. a.

**Helming,** der: (anord. Hälfte) Halbstrophe in anord. Metrik.

**Hemiepes,** der: (gr. halb + Vers) halber →Hexameter, daktyl. →Trimeter mit einsilb. Katalexe. (→Pentameter)
= $-\cup\cup-\cup\cup\stackrel{\smile}{-}$ *(klingende, singende Welt)*

**Hemistichion,** das: (gr. halb + Vers) a) Halbvers (→Zäsur); b) Halbzeilenrede = Redeanteil einer Figur in →Stichomythie.

**Hendekasyllabus,** der: (gr. elf + Silbe) elfsilbiger Vers, bes. in →sapphischer u. →alkäischer Strophe. (→Endecasillabo)

= *Eine duftende wohlgerucherfüllte*
  *Blume nicht, denn ein Spiel für Fraun sind Blumen;*
  *Eine duftende wohlgerucherfüllte*
  *Pflanze, solche, die Männernasen kitzelt,*
  *Wie olympische Götternasen Weihrauch,*
  *Ward vom männlichen Freunde mir zu letzter*
  *Abschiedsgabe gereicht vom Reisewagen,*
  *Mir dieselbe zum Opfer anzuzünden,*
  *Und in Liebe dabei zu denken seiner.*
  *Wie die Pflanze sich nennt? Der Pflanze Namen,*
  *Nennt ihn, zierliche Hendekasyllaben!*
  *In der Form, wie der Freund sie mir gereicht hat,*
  *(Am bequemsten ist die zum Nasenopfer,*
  *Weil sie Opfer und Opferherd zugleich ist)*
  *Heißt die Pflanze, die teure Wunderpflanze*
  *Heißt so sagt's doch, ihr Hendekasyllaben!:*
  *Im landüblichen Kauderwelsch Cigarre,*
  *Doch Glimmstengel berlinerisch verneudeutscht.*
  
  [Fr. Rückert, *Hendekasyllaben*]

**Hendiadyoin,** das: (gr. eins durch zwei) → rhet. Figur: drückt einen Begriff durch zwei gleichwertige, einander nebengeordnete Wörter (meist Subst.) aus.
= *ihre Röte und ihre Wangen* statt *ihre Wangenröte*; *flehen und bitten* statt *flehentlich bitten*; *Glück und Stern* für *Glücksstern* [Goethe]

**Hending,** die: → Dróttkvætt.

**Hephthemimeres,** die: (gr. sieben + halb + Teil) in daktyl. → Hexameter, jamb. → Trimeter u.a. Einschnitt (→ Zäsur) nach vierter Hebung (siebter Halbfuß). (→ Penthemimeres, → Trithemimeres)
= $-\cup\cup/-\cup\cup-\cup\cup//\cup\cup/-\cup\cup/-\overline{\cup}$
*Klein ist die / Bitte, gering nur die Frist // Sie baten den König*

[Goethe, *Reinecke Fuchs*]

$\overline{\cup}-\cup-/\overline{\cup}-\cup//-\overline{\cup}-\cup-$
*Doch mir umschwebt / ein zarter // lichter Nebelschweif*
*[...]*
*Nun steigt es leicht / und zaudernd // hoch und höher auf*

[Goethe, *Faust II*]

**Heptameter,** der: (gr. sieben + Maß) siebenfüßiger Vers.

**Heptastichon,** das: (gr. sieben + Vers) Strophe aus sieben Zeilen.

**heraldische Dichtung,** die: Wappendichtung, beschreibt fürstl. Wappen u. deutet sie allegorisch (13.–15. Jh.). (→Heroldsdichtung)

**Hermeneutik,** die: (gr. auslegen, erklären, übersetzen) a) Auslegung, Deutung von Schrift oder Rede (→Interpretation, →Literaturkritik); Auslegungslehre, b) als Text-H.: →Allegorese, →Schriftsinn-Lehre, Bibel-Exegese sowie »Kunstlehre des Verstehens schriftl. fixierter Lebensäußerungen« (W. Dilthey), d.h. (geisteswissenschaftl.) Verfahren des sinngemäßen Erklärens u. Verstehens von Texten.
= b) H.-G. Gadamer, *Wahrheit u. Methode* (1962)

**Hermetismus,** der: (zu hermetisch = fest verschlossen) bes. Richtung der mod. ital. Lyrik zw. 1920 u. 1950, die in Nachfolge des frz. →Symbolismus die Elemente der realen Welt in bewußt dunkler, »hermetischer« Aussage zum Rätselhaften, Ambivalenten, zur magisch-myst. »Korrespondenz« hin transzendiert.
= Rimbaud, Mallarmé; Ungaretti, Quasimodo, Montale; St. George, G. Benn, G. Trakl, P. Celan u.a.

Eine Gauner- und Ganovenweise
Gesungen zu Paris Emprès Pontoise
von Paul Celan
aus Czernowitz bei Sadagora

> Manchmal nur, in dunkeln Zeiten,
> *Heinrich Heine, An Edom*

*Damals, als es noch Galgen gab,*
*da, nicht wahr, gab es*
*ein Oben.*
*Wo bleibt mein Bart, Wind, wo*
*mein Judenfleck, wo*
*mein Bart, den du raufst?*

*Krumm war der Weg, den ich ging,*
*krumm war er, ja,*
*denn, ja,*
*er war gerade.*

*Heia.*

*Krumm, so wird meine Nase.*
*Nase.*

*Und wir zogen auch nach Friaul.*
*Da hätten wir, da hätten wir.*
*Denn es blühte der Mandelbaum.*
*Mandelbaum, Bandelmaum.*

*Mandeltraum, Trandelmaum.*

*Und auch der Machandelbaum.*
*Chandelbaum.*

*Heia.*
*Aum.*

Envoi.

*Aber,*
*aber er bäumt sich, der Baum. Er,*
*auch er*
*steht gegen*
*die Pest.* [Aus: P. Celan, *Die Niemandsrose*]

**Heroic couplet,** das: (engl. heroisches Reimpaar) Reimpaar aus jamb. →Pentameter (= heroic verse: Vorform des →Blankverses), bedeutendste metr. Form der engl. Dichtung.

**Heroiden** (Pl.): (gr. zu Heros = →Held) Heldenbriefe, fiktive →Briefgedichte berühmter Heroen; beliebte, festen Regeln gehorchende Dichtungsform des →Barock; Erneuerungsversuche von Wieland, Platen u. a.
= H. E. Hessus, *Heroides* (1514, Briefe christl. Heldinnen); Hofmannswaldau, Lohenstein u. a.

Eginhard an Emma
*Des grossen Carles Knecht ist die Gedult entrissen /*
*Ich schreibe was vielleicht mein Leben kosten kan /*
*Doch darf ich nur einmahl dein schönes Auge küssen /*
*So trett ich wohl vergnügt hernach die Marter an.*
*Dein hoher Purpur läst mich nicht vom Tode dencken /*
*Die steiffe Zuversicht streicht allen Kummer hin:*
*Beliebt dir einen Blick auf meinen Brief zulencken /*
*So mein ich / daß ich schon der Sonne gleiche bin.*
*Mein Fräulein straffe nicht mein eyfriges Beginnen /*
*Und reiß das treue Blat nicht vor der Zeit entzwey /*
*Erwege vor die Noth und Schwachheit meiner Sinnen /*
*Hernach mach einen Spruch / ob ich zutadeln sey.*
*Ich weiß / das meine Glutt sich denckt zu hoch zuheben /*
*Und daß mein Kieselstein zu Diamanten wil /*
*Doch die Erfahrung wird vor mich die Antwort geben /*
*Der Stände gleichheit ist der Liebe Possenspiel;*
*So bindet Gold an Stahl und Garn zu weisser Seyde*
*Macht daß ein Nesselstrauch die edle Rose sucht /*
*Zu Perlen legt sie Graus / zu Kohlen legt sie Kreyde /*

*Und pfropft auf wilden Baum offt eine süsse Frucht.*
*Sie lachet / was die Welt von Blutverwandnüß saget /*
*Diß was man Ehlich heist / hemmt ihre Pfeile nicht /*
*Der Keyser wird ihr Knecht / der Jäger wird erjaget /*
*Man spührt wie ihre Macht / in Stock und Closter bricht;*
*Ich schreibe / was ich muß / ich steh itzund gebunden /*
*Die Zeile / so du siehst / will selbst nicht meine seyn /*
*Der Gott der alles kan / der hat sie auch erfunden /*
*Ich aber liefre sie dir nur gezwungen ein [...]*

Emma an Eginhard
*Wär Ich / mein Eginhard / was Ich zuvor gewesen /*
*Und müst Ich nicht itzund in Brand und Banden stehn /*
*So soltest du ein Wort von meinen Händen lesen /*
*Das auch dem Donner würd an Würckung gleiche gehn;*
*Ich schriebe: kahler Knecht / dein Hals ist nun verlohren /*
*Was Purpur fleckigt macht / das fällt dem Tod anheim /*
*Es hat des Himmels Schluß zum Feuer dich erkohren /*
*Vor Wespen / gleich wie du / ist nicht mein Honigseim;*
*Was aus dem Scepter sprost / das soll kein Knecht entführen /*
*Und Keyser Kronen seyn vor deinen Garten nicht /*
*Du solt des Keysers Brief / doch nicht sein Kind berühren /*
*Es muß was höhers seyn / so hier ein Siegel bricht.*
*Auff dieser hohen Bahn wirstu den Todt erjagen /*
*Wenn Wachs zur Sonne kompt / so wird es bald verzehrt /*
*Die Hoffnung die du hast / soll dich zu Grabe tragen /*
*Auch nur ein Traum davon ist aller Hencker werth.*
*Des Keysers Schreiber soll des Keysers Tochter küssen /*
*Wie / leß ich? schlaf ich halb? wer irrt? ich oder du?*
[Aus: Hofmannswaldau, *Liebe zwischen Eginhard und Fräulein Emma*]

**heroisch-galanter Roman,** der: Bez. für dt. Sonderform des höf. Romans (17. Jh.); demonstriert an Hauptfiguren fürstl. Herkunft »heroische« Bewährung (Stoizismus) in galanter Situation (Liebesversuchung), deshalb charakt. für ihn Verbindung von Unterhaltung u. Belehrung bzw. Darbietung von Kurzweil u. Gelehrsamkeit. (→ galante Dichtung)
= Opitz, *Johann Barclayens Argenis* (1626, aus Lat. übersetzt, erster h.-g. R. in Dtschld.); A. U. von Braunschweig, *Die durchleuchtige Syrerin Aramena* (1669ff.); Grimmelshausen, *Dietwald und Amelinde* (1670); Lohenstein, *Großmüthiger Feldherr Arminius* (1689f., Gipfel des h.-g. R.); u. a.

**Heroldsdichtung,** die: (Ausrufer) lehrhafte Wappendichtung des 13.–15. Jh.; verbindet Beschreibung fürstlicher Wappen u. deren allegorisierende Deutung mit preisender Huldigung.
= Hauptvertreter: Peter Suchenwirt, Rosenplüt u. a.

**Hexameron,** das: (gr. Sechstagewerk) Titel für Sammlungen von →Novellen, die an sechs Tagen erzählt werden.
= Wieland, *H. vom Rosenhayn*, u. a.

**Hexameter,** der: (gr. sechs + Maß) antiker Vers aus sechs Füßen (meist →Daktylus), deren letzter um eine Silbe gekürzt ist; außer der stets zweisilbigen nach der 5. Hebung können Senkungen ein- oder zweisilbig gefüllt werden; mit Verwendung durch Klaj, Fischart, Birken (einzelne Versuche), Klopstock *(Messias)*, Voß (Idyllen, Homer-Übersetzung), Goethe *(Hermann und Dorothea)*, Schiller (→Gedankenlyrik), H. v. Kleist, Hebbel *(Mutter und Kind)*, A. Wildgans *(Kirbisch)*, G. Hauptmann *(Anna, Till Eulenspiegel)*, R. A. Schröder in dt. Dichtung heimisch. (→Pentameter, →Distichon)
= ´ ⌣⌣ / ´ ⌣⌣ / ´ ⌣⌣ / ´ ⌣⌣ / ´ ⌣⌣ / ´ ×
  *Sing, unsterbliche Seele, der sündigen Menschen Erlösung,*
  *Die der Messias auf Erden in seiner Menschheit vollendet*
[Klopstock, *Messias*]

**Hexastichon,** das: (gr. sechs + Vers) Strophe aus sechs Zeilen.

**Hiatus,** der: (lat. Kluft) Aufeinandertreffen des Schlußvokals eines Wortes mit dem Anfangsvokal des folg., meist durch →Elision ausgeglichen. Manche Dichter haben den H. bewußt vermieden (z. B. Storm), andere ihn bewußt verwendet, so daß er zu einem Stilmerkmal werden konnte (z. B. Droste-Hülshoff), bei anderen wieder kommt er häufig vor u. wirkt störend (z. B. in der Lyrik Hebbels). (→Aphärese, →Krasis, →Synalöphe)

**Hinkjambus,** der: →Choliambus.

**Hintertreppenroman,** der: →Kolportageroman, der von Hausierern an der »Hintertreppe« (= Dienstboteneingang) angeboten wurde. (→Kitsch)

**Hippogryph,** der: (ital.) geflügeltes Fabeltier mit Pferdeleib u. Greifenkopf, von ital. Dichtern der →Renaissance (Ariost, Bojardo) als Sinnbild dicht. Phantasie erfunden. (→Pegasus)
= *Das ist das Flügelpferd mit Silberschellen,*
  *Das heitere Gesellen*
  *Emporhebt über Heidekraut und Klüfte,*
  *Daß durch den Strom der Lüfte,*
  *Die um den Reisehut melodisch pfeifen,*
  *Des Ernsts Gewalt und Torenlärm der Schlüfte*
  *Als Frühlingsjauchzen nur die Brust mag streifen;*
  *Und so im Flug belauschen*
  *Des trunknen Lieder-Gottes rüstge Söhne,*
  *Wenn alle Höhn und Täler blühn und rauschen,*
  *Im Morgenbad des Lebens ewge Schöne,*

*Die, in dem Glanz erschrocken,*
*Sie glühend anblickt aus den dunklen Locken.* [Eichendorff, *Hippogryph*]

**Hippokrene,** die: (gr.-lat. Roßquelle) Musenquelle, Quelle der Begeisterung für den Dichter, nach der Sage aus dem Hufschlag des →Pegasus entstanden.

= *Nicht in dem* Roßquell [Hippokrene] *hab' ich mir den Mund*
*Gebadet; auf dem gipflichen Parnaß*
*Entsinn' ich mich gar keines Traumes, der*
*Mich plötzlich zum Poeten schuf...* [Persius; dt. von Herder]

**hipponakteische Strophe,** die: (nach gr. Dichter Hipponax) antike vierzeilige Strophe, besteht aus katalekt. troch. →Dimeter im Wechsel mit katalekt. jamb. →Trimeter.

= $-\cup-\cup-\cup\breve{-}$
$\cup-\cup-\breve{-}\,/\,-\cup-\cup-\breve{-}$
$-\cup-\cup-\cup\breve{-}$
$\cup-\cup-\breve{-}\,/\,-\cup-\cup-\breve{-}$

*Non ebur neque auream*
*Mea reniddet in domo lacunar,*
*Non trabes Hymettiae*
*Premunt columnas ultima recisas.*

*Nicht von Gold und Elfenbein*
*Erglänzt in meinem Haus des Zimmers Decke,*
*Nicht Hymettos Marmor trägt*
*Die Säule, fern in Afrika geschnitten* [Horaz, *Oden*]

**Hipponakteus,** der: (nach gr. Dichter Hipponax) antiker Vers, Grundmaß der äolischen Lyrik.

= $\overline{\cup\cup}-\cup\cup-\cup-\overline{\cup}$ *(steter himmlischer Segen und Wink)*

**Hirtendichtung,** die: Dichtung, die verhüllendes Bild einer naiv-idealisierten, friedvoll-glücklichen Welt beschwört, das zu Evasion aus der brutalen Wirklichkeit einlädt (u. der Sehnsucht nach »Natürlichkeit« wie der Neigung zur Maskerade entsprang); in Deutschland u. a. seit →Barock, wo sich die H. in allen Gattungen verwirklichte. (→Idylle, →Schäferroman, →Ekloge, →Pastorelle)

= Vertreter: M. Opitz, H. Buchner, Harsdörffer, G. R. Weckherlin, P. Fleming u. a.

*Als sie nun solchem Geschrey nachgiengen / funden sie in der Nähe die Melancholische Schäferin Pamela / die ihr sicherlich einbildete / sie were das arme und in letzten Zügen liegende Teutschland. In dieser Raserey ließ sie sich vernemen nachfolgender Schwarmreden:*

*Es schlürfen die Pfeiffen / es würblen die Trumlen /*
*Die Reuter und Beuter zu Pferde sich tumlen /*
  *Die Donnerkartaunen durchblitzen die Lufft /*
  *Es schüttern die Thäler / es splittert die Grufft /*
*Es knirschen die Räder / es rollen die Wägen /*
*Es rasselt und prasselt der eiserne Regen /*
  *Ein jeder den Nechsten zu würgen begehrt /*
  *So flinkert / so blinkert das rasende Schwert.*
*[...]*
*Sie befunden sich nun auf einer aus der Massen lustigen und von der Vogel hellzwitscherenden und zitscherenden Stimlein erhallenden / Wiesen Reyhenweise besetzet mit gleichaufgeschossenen / krausblätrichten / dikbelaubten hohen Linden / welche / ob sie wol gleiches Alters / schienen sie doch zu streiten / als wenn eine die andere übergipflen wolte. Unter denselben waren drey hellqwellende Springbrunnen zusehen / die durch das spielende überspülen ihres glatschlüpfrigen Lägers lieblich platscheten und klatscherten. Bey solchem Spatzierlust sange Klajus:*
*Hellgläntzendes Silber / mit welchem sich gatten*
*Der astigen Linden weitstreiffende Schatten /*
*Deine sanfftkühlend-beruhige Lust*
  *Ist jedem bewußt.*
*Wie solten Kunstahmende Pinsel bemahlen*
*Die Blätter? die schirmen vor brennenden Strahlen /*
*Keiner der Stämme / so grünlich beziert /*
  *Die Ordnung verführt.*
*Es lisplen und wisplen die schlupfrigen Brunnen /*
*Von jhnen ist diese Begrünung gerunnen /*
*Sie schauren / betrauren und fürchten bereit*
  *Die schneyichte Zeit.*

[Aus: Harsdörffer und Klaj,
*Pegnesisches Schäfergedicht in den Berinorgischen Gefilden*, 1644]

**Histörchen,** das: anekdotenhaftes Geschichtchen, kleine pikante Erzählung. (→ Anekdote)

**Historie,** die: (gr. Wissen, Erzählung) a) weitverbreitete, kurze, unterhaltsam abenteuerliche Erzählung in Vers u. Prosa, die sich auf »wahre« Begebenheit beruft; Wort lange Zeit zur Beglaubigung erfundener H. verwendet, deshalb in Bedeutung verkehrt (→ Histörchen); b) elisabethan. → Geschichtsdrama mit Shakespeares H. als Höhepunkt (→ Geschichtsdichtung). (→ Historiendrama)
= a) oft im Sinne von → Schwank (→ Volksbuch)

  Von einem Münch, der die Lutherischen mit einem Pantoffel wollt geworfen han

*In einer Stadt, im Etschland gelegen, war ein Observanzer-Münch im
Barfüßerkloster, welcher allweg ein groß Geschrei auf der Kanzel treib
und allen Menschen kunnte, wie man sagt, ein Spettlin anhenken, und
verdroß ihn sehr übel, wann man nit zu seiner Predigt wollt gohn, derhalben
ihm alle Menschen, die nicht zu seiner Predigt kamen, mußten lutherische
Ketzer sein. Es waren aber zween ehrlicher Burger in der Stadt,
welche von Unfalls wegen in Schaden kommen waren, also daß der ein
auf der Fechtschul war um ein Aug kummen, der ander von einer Büchsen,
die zersprungen war und ihm ein Schenkel hinweggeschlagen hatt,
derhalben er auf einer Stelzen gohn mußt. Als nun dieser Münch aber an
die lutherischen Ketzer kam und sich sehr wild stellt, begab es sich, daß
diese zween von ungeschicht auch in die Kirchen kamen, vielleicht daß sie
sein seltsame Weis hören wollten. Das markt dieser Münch, und sobald er
sie sicht zu der Kirchtür hineingohn, fing er behend ein solche Materi an
und sprach: »Lieben Fründ, ihr sehen, wie es ein Ding um die lutherischen
Ketzer ist, daß sie sich von der Mutter, der heiligen christlichen
Kirchen, und dem Heiligen Stuhl zu Rom hand abgeteilt und gesündert,
welches der recht Leib und Körper des heiligen christlichen Glaubens ist
und wir sind die Glieder. So wir uns nun von diesem Körper absundern
und in die lutherisch Ketzerei fallen, so hand wir je den Körper geschändt;
als nimm ein Exempel: wann ein gesunder Mann um ein Schenkel
kummt, ist nit sein ganzer Leib geschändt? oder so ein schöner Mann
ein Aug verliert, ist ihm nit sein ganz Angesicht verderbt? Darum, lieben
Fründ, gohnt der lutherischen Ketzerei müßig. Ich weiß wohl, daß ihr
etlich hierinnen sind, wiewohl sie es nit gestohn wöllen.« Und mit diesen
Worten zeucht er geschwind ein Pantoffel von seinem Fuß und spricht:
»Was gilt's, ich will ihr dort einen treffen?« und holt ein Wurf, als ob er
wollt werfen; und als ein jeder forcht, er treffe ihn, druckten sich ihren viel
und ward ein Gelächter in der Kirchen. Also sprach der Münch: »Ach,
daß Gott erbarme! ich straf und lehr euch alle Tag, aber noch will es
nichts erschießen, weil ich sihe, daß noch so viel lutherischer Ketzer hie
sind.« Also ließen sie den Münch auf der Kanzel toben und wüten und
gingen alle Menschen aus der Kirchen zu Haus.*

[Aus: J. Wickram, *Das Rollwagenbüchlein*]

**Historienbibel,** die: erzählende Wiedergabe der Bibel, bes. des Alten Testaments, um apokryphe u. profangeschichtl. Texte erweitert; Grundlage meist Vulgata, Reimchroniken (→ Weltchronik) sowie Übersetzungen u. Bearbeitungen der *Historia scholastica* des Petrus Comestor (ca. 1170); Blütezeit im 15. Jh. (→ Historie)

**Historiographie,** die: (gr.) Geschichtsschreibung: → Chronik, → Annalen, → Weltchronik u. a.

**Historiendrama,** das: im Gegs. zum eigenkünstl., aber tatsachengetreuen bzw. geschichtsnahen →hist. Drama gekennzeichnet durch tendenziöse Gestaltung (z. B. bei polit. oder relig. Zielsetzung) histor. Stoffe. (→Bardiete, →Ritterdrama)
= Uhland, *Ernst, Herzog von Schwaben* (1819); F. Lienhard, *Luther* (1906); Hanns Johst, *Schlageter* (1933); P. Weiss, *Trotzki im Exil* (1970); u. a.

**Historiographie,** die: (gr.) Geschichtsschreibung: →Chronik, →Weltchronik, →Annalen u. ä.

**historische Erzählung** bzw. **Novelle,** die: als Erzählung durch kleineren Umfang, als Novelle auch durch strafferen Bau von →histor. Roman unterschieden; bes. seit der →Romantik (Kleist, *Michael Kohlhaas,* 1810; E. T. A. Hoffmann, *Das Fräulein von Scuderi,* 1818, u. a.), weitere Höhepunkte: G. Keller, *Zürcher Novellen* (1878); C. F. Meyer, *Das Amulett* (1882) u. a.; Hofmannsthal, *Reitergeschichte* (1899); Fr. Fühmann, *Das Judenauto* (1968); u. a. (→chronikal. Erzählung)

**historischer Roman,** der: gründet Fabel auf histor. Persönlichkeiten oder Geschehnisse bzw. benutzt histor. Überlieferung als Hintergrund für fiktive Handlung; Entfaltung u. Ausbreitung in Deutschland mit Weckung des »Geschichtsbewußtseins« im →Sturm und Drang; nach zeitweisem Rückgang durch Konkurrenz des vom →Jungen Deutschland geförderten →Zeitromans neue Blüte im →Realismus des 19. Jh. (→Professorenroman); heute mehr u. mehr vom →Sachbuch verdrängt.
= A. v. Arnim, *Die Kronenwächter* (1812ff.); H. Zschokke, *Das Goldmacherdorf* (1817); Tieck, *Der Aufruhr in den Cevennen* (1826); Hauff, *Lichtenstein* (1826); Stifter, *Witiko* (1865ff.); Gutzkow, *Hohenschwangau* (1867ff.); G. Freytag, *Die Ahnen* (1872ff.); Döblin, *Wallenstein* (1920); K. Mann, *Alexander* (1930); H. Mann, *Henri Quatre* (1935ff.); u. a.

**historisches Drama,** das: dramat. Gestaltung eines histor. Stoffes bei möglicher Wahrung der Authentizität von Geschichte gewordenem menschlichem Schicksal u. seiner Bedingtheit durch die Kausalitäten des Geschichtlichen. (→Historie, →Moralität, →Ritterdrama, →Revolutionsdrama)
= Goethe, *Götz* (1773); Schiller, *Wallenstein* (1798f.), *Maria Stuart* (1800); Platen, *Die Liga von Cambrai* (1833); H. Laube, *Die Karlsschüler* (1846); Wildenbruch, *Heinrich und Heinrichs Geschlecht* (1895); G. Hauptmann, *Florian Geyer* (1896); F. v. Unruh, *Prinz Louis Ferdinand* (1914); u. a.

**historisches Lied,** das: (→Volks- oder Kunst-) →Lied um histor. Persönlichkeit oder Ereignis; balladenhaft berichtend, stimmungsvoll u. gefühlsbezogen, meist den histor. Anlaß überwuchernd u. anonym.
= *Prinz Eugen; Zu Mantua in Banden; Zu Straßburg auf der Schanz*

*Die Schlacht vor Pavia*
*Herr Görg zu Fronsperg,*
*Herr Görg zu Fronsperg,*
*Der hat die Schlacht vor Pavia gewunnen,*
*Gewunnen hat er die Schlacht vor Pavia in eim Tiergart,*
*In neunthalben Stunden gewunnen Land und Leut.*

*Der König aus Frankreich,*
*Der König aus Frankreich,*
*Der hat die Schlacht vor Pavia verloren,*
*Verloren hat er die Schlacht vor Pavia in eim Tiergart,*
*In neunthalben Stunden verlor er Land und Leut.*

*Im Blut mußten wir gan,*
*Im Blut mußten wir gan,*
*Bis über, bis über die Schuch:*
*Barmherziger Gott, erkenn die Not!*
*Barmherziger Gott, erkenn die Not!*
*Wir müssen sonst verderben also.*

*Lermen, lermen, lermen,*
*Lermen, lermen, lermen!*
*Tät uns die Trummel und die Pfeifen sprechen;*
*Her her her, ihr frummen teutschen Landsknecht gut!*
*Laßt uns in die Schlachtordnung stan,*
*Laßt uns in die Schlachtordnung stan,*
*Bis daß die Hauptleut sprechen: iezt wollen wirs greifen an!* [1525]

**historisch-kritische Ausgabe,** die: Ausgabe mit den versch. authent. →Fassungen eines Textes im Unterschied zu →krit. Ausgabe.

**Histrione,** der: (lat.) Schauspieler.

**Hochzeitsgedicht,** das: →Epithalamium, →Hymenaeus, →Feszenninen.

**Hofdichtung,** die: von →Hofdichter als Auftragsarbeit (→Gelegenheitsdichtung) geschaffene Werke.
= →Panegyrikus, →Eloge, →Enkomion, →Epideixis u. ä.

**höfische Dichtung,** die: a) von höf.-ritterl. Geist u. Kultur geprägte mhd. →Gesellschaftsdichtung (1150–1250), Ausdruck der neuen, aus Frkr. stammenden Formkultur, als höf. Lyrik (→Minnesang) u. höf. Roman; b) Dichtung des →Barock, die noch als Hofkunst gilt, obwohl sie bereits von Bürgerlichen getragen wird. (→Heldenepos)
= a) Hauptkennzeichen der ma. h. D.: idealische Wirklichkeitsferne, aristokrat. Exklusivität, Formstrenge; →heroisch-galanter Roman

**höfischer Roman,** der: weitausholender Versroman (meist vierhebige Reimpaare); in Frkr. entstandene, aus fremden Sagenkreisen schöpfende wichtigste Form der →höf. Dichtung; in Deutschland eigene große Leistungen nach frz. Anregung u. Vorbild; durch Hartmann von Aue (*Erec*, ca. 1180/1185 = erster Artusroman in Deutschland; *Iwein*, ca. 1202/1205), Gottfried von Straßburg (*Tristan und Isolt*, 1200/1210), Wolfram von Eschenbach (*Parzival*, 1200/1210) Vertiefung des h. R. ins Religiöse, zur Verkörperung eines ritterl. Lebensideals, das von »Weltehre« u. »Gotteshuld« bestimmt ist; als Musterbeispiel der höf. Epik gilt Hartmann von Aues *Iwein*.

= *Swer an rehte güete*
*wendet sîn gemüete,*
*dem volget saelde und êre.*
*des gît gewisse lêre*
*künec Artûs der guote,*
*der mit rîters muote*
*nâch lobe kunde strîten.*
*er hât bî sînen zîten*
*gelebet alsô schône*
*dô truoc und noch sîn name treit.*
*des habent die wârheit*
*sîne lantliute:*
*si jehent, er lebe noch hiute.*
*er hât den lop erworben:*
*ist im der lîp erstorben,*
*sô lebt doch iemer sîn name.*
*er ist lasterlîcher schame*
*iemer vil gar erwert,*
*der noch nâch sînen site vert.*

[Aus: Hartmann von Aue, *Iwein* (Brunnenabenteuer)]

**Hörspiel,** das: (hören + Spiel) durch das Medium Rundfunk entstandene Literaturgattung, die völlig auf akust. Effekten (Sprache, Geräusch, Musik) aufbaut. Das Nachkriegshörspiel war auf Auffächerung des Szenischen zur spiegelnden Erschließung tiefer Seelenschichten angelegt; die experimentellen Autoren machten hingegen Sprachformen u. Sprechweisen durch →Montage bzw. →Collage selbst zum Gegenstand, entwickelten im Hörspiel eine genuine Form.

= Günter Eich, *Träume* (1951); I. Bachmann, *Der gute Gott von Manhattan* (1958); Jandl/Mayröcker, *Fünf Mann Menschen* (1968); Franz Mon, *das gras wies wächst* (1969); G. Rühm, *Ophelia und die Wörter* (1960); u. a.

Nach A. P. Frank (*Das H.*, 1963) ist ein H. ein »*original für den Hörfunk abgefaßtes, in sich geschlossenes und in einer einmaligen Sendung von in der Regel 30–90 Minuten Dauer aufgeführtes, überwiegend sprachliches Werk, das [...] in keinem anderen Medium ohne entscheidende Strukturveränderungen existieren kann*«.

**Hofdichter** bzw. **Hofpoet,** der: an einem (Fürsten-)Hof fest angestellter Berufsdichter, der als Hofbeamter die höf. Feste zu organisieren u. mit Texten (Gelegenheitsgedichte, Spiele u. ä.) zu versorgen hatte; vor allem Ende 17., Anfang 18. Jh., wo die H. durch Streben nach Klarheit u. nüchterner Mitteilsamkeit in der Dichtung nicht wenig zur Förderung der poet. Normen der →Aufklärung beitrugen. (→Gelegenheitsdichtung)
= Berlin: F. R. v. Canitz, *Neben-Stunden unterschiedener Gedichte* (1700); J. v. Besser, *Schriften* (1718, enthält auch »Wirtschaften« = →Maskenspiele); B. Neukirch, *Auserlesene Gedichte* (1744). Dresden: J. H. v. König, *Opern und Singspiele* (1719ff.). Wien: K. G. Heräus, *Vermischte Nebenarbeiten* (1715); u. a.

**Hoftheater,** das: mit Fürstenhof verbundenes Theater, erstes seßhaftes Theater mit festem Ensemble, da Mitglieder Hofbeamte waren u. vom Fürsten Pension bezogen; in Deutschland seit 18. Jh.
= *Weimarer Hoftheater; Wiener Burgtheater* u. a.

**Hofzucht,** die: in Versform (meist kurzen Reimpaaren) zusammengefaßte höf.-weltl. Sitten- u. Anstandsregeln (13.–15. Jh.); Form der →lehrhaften Dichtung. (→Tischzucht)
= Thomasin von Zerklaere, *Der welsche Gast* (1215/16)

*Ein ander lêre suln diu kint*
*behalten, die dâ edel sint:*
*si suln lachen niht ze vil,*
*wan lachen ist der tôren spil.*
*bi ir rede ist niht grôzer sin,*
*swâ zwêne lachent under in.*
*dâ von mac ein ieglîch man,*
*der sich wol verstên kan,*
*lâzen ân nît, hoert er niht,*
*des ein man lachende giht.*
*dehein man sol hân den muot,*
*daz er ze sîme gesellen muot',*
*daz er im diu tougen sîn*
*ûf tuo, daz ist diu lêre mîn.*
*man sol sich vast vor dem bewarn,*
*der sîn tougen wil ervarn,*
*wan man dicke gerne seit,*
*des man sô genôte vreit.*

*Ein iegelîch juncherre guot*
*sî sîner zühte sô behuot,*
*swaz im sîn geselle sage,*
*daz erz mit triuwen wol verdage.*
*seit erz unde wirt ers inn,*

*er getrout im immer min.*
*daz man tougenlîchen seit,*
*daz wirt dicke ûz gebreit.*
*ich wil iu sagen, swelich man*
*mit sinne niht erahten kan,*
*von wem, ze wem, waz, wie und wenne*
*er rede, ez schadet im etwenne.*
*man sol sehen, von wem man seit:*
*der vrum ist von dem boesen gescheit.*
[Aus: Th. von Zerklaere, *Der welsche Gast*]

**Hokku,** das: → Haiku.

**Holograph,** der: (von gr. ganz + schreiben) völlig mit eig. Hand geschrieb. Schriftstück, »eigenhändiges« → Manuskript.

**Homeride,** der: (zu Homer) urspr. Glied eines nach dem gr. Dichter benannten alten Sängergeschlechts; später der die Homerischen Gedichte vortragende → Rhapsode.

**Homiliar,** das: (lat.) Sammlung von Homilien (= erbaulichen Bibelauslegungen) u. → Predigten.

**Hommage,** die: (frz.) Huldigung, Widmung, ehrerbietiges Geschenk.
= *H. für Peter Huchel* (1968)

**Homograph** bzw. **Homogramm,** das: (gr. gleich + schreiben) Wort, das andern Wörtern äußerlich gleicht, sich aber in Bedeutung bzw. Herkunft u. Aussprache von diesen unterscheidet. (→ Homonyme)
= *modern – modern; gebet – Gebet; kosten – kosten; Legende – legende*

**Homoiarkton,** das: (gr. gleich anfangend) → rhet. Figur: Gleichklang der Anfangssilben zweier aufeinanderfolg. Sätze, Satzglieder oder Wörter; Gegs. → Homoioteleuton. (→ Anapher, → Alliteration)
= *Komm Kühle, komm küsse den Kummer, / süß Sein sehnt von sinnender Stirn...* [C. Brentano]

**Homoioprophoron,** das: (gr. Gleichlautendes) mehrfache Wiederholung von gleichem Konsonanten oder gleicher Silbe in Wortgruppe. (→ Alliteration)
= O *Tite, tute, Tati, tibi, tanta, tyranne, tulisti* [Ennius]

**Homoioptoton,** das: (gr. gleich fallend) → rhet. Figur: Gleichklang der Flexionsformen bei mehreren Periodengliedern (→ Isokolon). (→ Homoioteleuton)
= *Maerentes, flentes, lacrimantes, commiserantes* [Ennius]

**Homoioteleuton,** das: (gr. gleich endigend) →rhet. Figur: Gleichklang der Endsilben mehrerer Periodenglieder (→Isokolon), Satzteile oder kürzerer Sätze (→Reim); Gegs. →Homoiarkton.
= *audaciter territas, humiliter placas; nolens volens; wie gewonnen, so zerronnen*

**Homonyme** (Pl.): (zu gr. Gleichnamigkeit) gleichlautende Wörter ungleicher Bedeutung u. Herkunft, auch →Homographen genannt. (→Wortspiel, →Witz)
= Waise – Weise; Lerche – Lärche; Kanker (Spinne) – Kanker (Krebs an Baum oder Menschen); Heide (Landschaft) – Heide (Nichtchrist)

*Bei diesem ew'gen Rüsten*
*Wird's so mit uns bald stehn:*
*Ein Teil des Volks wird fechten,*
*Der andre fechten gehn.* [A. Glassbrenner]

**Horen** (Pl.): (lat. Stunde) a) Stundengebete der kath. Kirche; Prachthandschriften des späten MA.; b) welterhaltende (sittl.) Ordnung (= gr. Göttin der Jahreszeiten).
= a) *Très riches heures du Duc de Berry;* b) So benennt Schiller seine lit.-ästhet. Zeitschrift *Die Horen* (1795–97)

**Horologium,** das: (gr. Stundenzeiger) Buch mit den Stundengebeten (→Horen) in der orthodoxen Kirche.

**Horrorliteratur,** die: (engl. Schrecken) →Schauerroman.

**Huitain,** der: (von frz. acht) Strophe oder Gedicht aus acht- oder zehnsilbigen Zeilen, meist Achtsilbern, Reihenfolge abab bcbc oder abba acca.
= *Lorsque Maillart, juge d'Enfer, menoit*
 *A Monfaucon Samblançay l'âme rendre,*
 *A vostre advis, lequel des deux tenoît*
 *Meilleur maintien? Pour le vous faire entendre,*
 *Maillart sembloit homme qui mort va prendre;*
 *Et Samblançay fut si ferme vieillard*
 *Que l'on cuidoit, pour vray, qu'il menast pendre*
 *A Monfaucon le lieutenant Maillart* [C. Marot]

**Humaniora** (Pl.): (lat. das Menschlichere) gr.-röm. Literatur, klass. Studien.

**Humanismus,** der: (zu lat. menschlich) von Italien ausgehende Bildungsbewegung im 15. u. 16. Jh., die geistige Erneuerung des Menschen, seine Erziehung zur »Menschlichkeit« als ihr höchstes Ziel ansah; Studium u. Wiederentdeckung von Geist u. Kultur der Antike, bes. ihrer Sprachdenkmäler, führte zur Entstehung eines neuen eigengesetzl. Lebensgefühls, zum Erwachen des Gedankens der Wissenschaft u. einer freien Religiosität, die individ. diesseitige Entfaltung der menschl. Persönlichkeit nicht ausschließt (→Scholastik); neben →Renaissance u. →Reformation dritte große Geistesbewegung an der Schwelle zur Neuzeit; in Deutschland vor allem philolog.-gelehrte Beschäftigung mit antiker Dichtung u. von Einfluß auf das Schulwesen (J. Wimpheling u. a.); bei der Pflege einer antiken Vorbildern nacheifernden Dichtung in lat. Sprache (→Schuldrama) dominiert die gelehrte Lit.; erster Kreis dt. Humanisten am Prager Hof um Karl IV. (u. a. Joh. v. Tepl, *Der Ackermann aus Böhmen*, 1400); Zentren des H. sind Städte wie Augsburg, Nürnberg, Ulm, Universitäten wie Basel, Straßburg, Heidelberg, Tübingen.

= Albrecht v. Eyb, Pirkheimer, Niklas v. Wyle, Celtis, S. Brant, Reuchlin, Erasmus von Rotterdam, Melanchthon, Ulrich v. Hutten u. a.

*Mein Lob kennt kein Ziel und keine Grenze, und doch muß die Rede einmal ein Ende haben. Ich will also Schluß machen, zuvor aber noch kurz darauf hinweisen, daß viele bedeutende Schriftsteller mich in ihren Darstellungen und in ihrem Verhalten hervorgestrichen haben; es soll ja keiner glauben, ich würde mir nur nach Torenart selbst um den Bart fahren, und die Gesetzkrämer sollen nicht zischeln, ich könne mich auf nichts berufen. Wir berufen uns auf ihr eigenes Beispiel und machen immerzu viel Lärm um nichts. Alle Welt ist überzeugt, daß, wie es im Sprichwort heißt, Vorspiegelung das beste ist, wo die sachliche Voraussetzung fehlt. Deshalb prägt man den Kindern gleich mit Recht folgenden Vers ein: Sich im richtigen Augenblick töricht zu stellen, ist die höchste Weisheit. Erwägt doch selbst, wie wertvoll die Torheit ist, deren trügerischer Schatten und bloße Nachahmung bei den Gelehrten noch so viel Anerkennung findet. Das ansehnlich fettglänzende rundliche Schwein aus der Herde Epikurs rät, allen Überlegungen Torheit beizumischen, einen Schuß Torheit, wie es nicht gerade glücklich einschränkt. Gleichwohl heißt es an anderer Stelle bei dem gleichen Horaz: Es ist angenehm, im rechten Augenblick verrückt zu sein. Wieder an anderer Stelle möchte er lieber blöde und ungeschickt erscheinen als weise und verärgert sein. Schon bei Homer wird Telemach, den der Dichter bei jeder Gelegenheit lobt, wiederholt unmündig genannt, und das gleiche Beiwort gebrauchen die tragischen Dichter gewissermaßen in auszeichnendem Sinn gern für Kinder und junge Leute, wie um sie als Glückspilze darzustellen. Was ist denn die erhabene Ilias anders als ein Getobe von törichten Königen und Völkern? Wie unumschränkt ist Ciceros Anerkennung: Alles sei durchsetzt von Torheit. Wer wollte aber abstreiten, daß jedes Gut um so bedeutender ist, je verbreiteter es ist?*

[Aus: Erasmus von Rotterdam, *Lob der Torheit*; dt. von A. J. Gail]

## 238 Humanistendrama

**Humanistendrama,** das: lat. →Drama der (dt. u. ndl.) Humanisten des 15. u. 16. Jh., das röm. Vorbild (Terenz, Plautus) folgt u. als Schuldrama pädagog.-didakt. Zielsetzung dient; von Bedeutung bes. für Ausformung eines Literaturdramas. (→Reformationsdrama)
= Hauptvertreter des protest. lat. H.: G. Gnaphaeus/W. de Volder, *Acolastus* (1529: Geschichte des verlorenen Sohnes); G. Macropedius/J. van Langveldt, *Hecastus* (1539: Jedermann-Spiel); Th. Naogeorgus/Kirchmeyer, *Pammachius* (1538: Antichristspiel); u. a.

**Humor,** der: (lat. Feuchtigkeit, Saft = in der Antike gesunde Mischung der Körpersäfte als Vorbedingung für »gute Stimmung«) Gemütsverfassung, die nach Fontane »das Darüberstehen, das heiter souveräne Spiel mit den Erscheinungen des Lebens« ermöglicht; sucht als distanzierende positive Grundeinstellung zum unzulänglichen Leben noch in widriger Wirklichkeit Harmonie herauszuhören, d. h., das Liebenswerte zu erkennen, da es »für ihn keine einzelne Torheit, keine Toren, sondern nur Torheit und eine tolle Welt gibt und vor der Unendlichkeit alles gleich ist und nichts« (Jean Paul); als »Gabe des Herzens« u. »komischer Weltgeist« gewährt der H. »dem Menschen Freilassung«, Leichtigkeit, Flucht; er ist also »Sache des Betrachters« (N. Hartmann); das verstehende Ertragen, die resigniert-lächelnde Abwehrgeste des H. deshalb als Ausdruck von Sympathie zu unterscheiden vom verletzenden Spott der →Satire, der kritischen →Ironie u. der eher derben →Komik; Blütezeit des Humors als Aspekt des →Komischen eingeleitet von Jean Paul, der auch als erster Theoretiker des H. gilt. (→Witz)
= J. Paul, G. Keller, W. Raabe, Th. Fontane, Th. Mann u. a.

*Der Humor, als das umgekehrte Erhabene, vernichtet nicht das Einzelne, sondern das Endliche durch den Kontrast mit der Idee. Es giebt für ihne keine einzelne Thorheit, keine Thoren, sondern nur Thorheit und eine tolle Welt; er hebt – ungleich dem gemeinen Spaßmacher mit seinen Seitenhieben – keine einzelne Narrheit heraus, sondern er erniedrigt das Große, aber ungleich der Parodie – um ihm das Kleine, und erhöht das Kleine, aber ungleich der Ironie – um ihm das Große an die Seite zu setzen und so beide zu vernichten, weil vor der Unendlichkeit Alles gleich ist und Nichts.*
[Aus: Jean Paul, *Vorschule der Ästhetik*]

*Es handelt sich beim Humor um ein charakterlich bedingtes Ethos des ganzen Blickes ins Leben; dieses Ethos steht hinter dem Sinn für die Komik, und wahrscheinlich treibt es ihn erst hervor.*
[Aus: N. Hartmann, *Ästhetik* (1953)]

*Früher, da ich unerfahren*
*Und bescheidner war als heute,*
*Hatten meine höchste Achtung*
*Andre Leute.*
*Später traf ich auf der Weide*

*Außer mir noch mehre Kälber,*
*Und nun schätz ich, sozusagen,*
*Erst mich selber.* [W. Busch]

*Es ist halt schön,*
*Wenn wir die Freunde kommen sehn.*
*Schön ist es ferner, wenn sie bleiben*
*Und sich mit uns die Zeit vertreiben.*
*Doch wenn sie schließlich wieder gehn,*
*Ist's auch recht schön.* [W. Busch]

**Humoreske,** die: (→ Humor) urspr. harmlos-heitere Geschichte (Anfang 19. Jh.), dann auch auf (histor.) Roman u. ä. angewandt u. schließlich zur Allzweckbez. verflacht.

**Hybris,** die: (gr.) frevelhafter Hochmut, der den gr. trag. Helden die Warnungen der Götter überhören u. rächende Strafe auf sich ziehen läßt. (→ Nemesis, → Tragödie)
= Als Überschreitung der göttl. u. menschl. Ordnung aus Übermaß befindet sich die H. im Widerspruch zur Norm des Maßes, dem Grundgedanken des delphischen Orakels.

**Hymenaeus,** der: (gr. Hochzeitsgott) antikes → Hochzeitsgedicht. (→ Fesenninen, → Epithalamium)

**Hymnar,** das: (zu → Hymne) Hymnenbuch.

**Hymne,** die: (gr. Lied, Festgesang) urspr. Weihe- u. Preisgesang zu Ehren eines Gottes; in → Humanismus u. → Barock von relig. Begeisterung getragen u. eins mit → Ode; in Klopstocks → freien Rhythmen erfährt das Ekstatische Vertiefung, Erweiterung zum patriot. Enthusiasmus hin. Im 20. Jh. schrieben Hymnen St. George, Th. Däubler, Franz Werfel, J. R. Becher, Gertrud von Le Fort (*Hymnen an die Kirche*, 1923) u. a.
= Klopstock, *Dem Allgegenwärtigen*; Goethe, *Wanderers Sturmlied, Prometheus*; Hölderlin, *Germanien, Friedensfeier*; u. a.

*Muß immer der Morgen wiederkommen?*
*Endet nie des Irdischen Gewalt?*
*Unselige Geschäftigkeit verzehrt*
*Den himmlischen Anflug der Nacht?*
*Wird nie der Liebe geheimes Opfer*
*Ewig brennen?*
*Zugemessen ward*
*Dem Lichte seine Zeit*
*Und dem Wachen –*
*Aber zeitlos ist der Nacht Herrschaft,*

*Ewig ist die Dauer des Schlafs.*
*Heiliger Schlaf!*
*Beglücke zu selten nicht*
*Der Nacht geweihte –*
*In diesem irdischen Tagwerk*
*Nur die Toren verkennen dich*
*Und wissen von keinem Schlafe*
*Als dem Schatten,*
*Den du mitleidig auf uns wirfst*
*In jener Dämmrung*
*Der wahrhaften Nacht.*
*Sie fühlen dich nicht*
*In der goldnen Flut der Trauben,*
*In des Mandelbaums*
*Wunderöl*
*Und dem braunen Safte des Mohns.*
*Sie wissen nicht,*
*Daß du es bist,*
*Der des zarten Mädchens*
*Busen umschwebt*
*Und zum Himmel den Schoß macht –*
*Ahnden nicht,*
*Daß aus alten Geschichten*
*Du himmelöffnend entgegentrittst*
*Und den Schlüssel trägst*
*Zu den Wohnungen der Seligen,*
*Unendlicher Geheimnisse*
*Schweigender Bote.* [Novalis, *Hymne an die Nacht*]

**Hymnode,** der: (gr. H. + →Ode) Verfasser und Sänger von →Hymnen.

**Hypallage,** die: (gr. Vertauschung) →rhet. Figur: a) Vertauschung von attribut. Adjektiv mit Substantiv und umgekehrt; b) →Enallage; c) →Metonymie.
= a) *germanist. Vokabular = Vokabular der Germanistik*

**Hyperbasis,** die: →Hyperbaton.

**Hyperbaton,** das: (gr. Übersteigendes) →rhet. Figur: Abweichung von der gebräuchlichen Wortstellung durch Aufbrechen syntaktischer Strukturen u. Zwischenschaltung von nicht an diese Stelle Gehörendem. (→Inversion, →Tmesis)
= *Wenn er ins Getümmel mich von Löwenkriegern reißt* [Goethe] – *Und mit des gewaltigen Donners Getöse versucht er zu erschüttern des Berges Grund und Seiten* [J. Gotthelf]

**Hyperbel,** die: (gr. Darüberhinauswerfen) → Tropus: Übertreibung (positive u. negative), um (schwer meßbare) Gefühlsintensität maximal wiederzugeben u. über die Glaubwürdigkeit hinaus zu verfremden; diese Steigerung des Bildes kann zu kom. Effekt führen (Jean Paul) wie auch Ausdruck vitalist. Ekstase sein (K. Edschmid). (→ Hyperoche)
= *Der Balken im Auge; für die Dauer einer kleinen Ewigkeit; blitzschnell*

*Das bedeutete den absurden Versuch, das viel Größere am zweifellos Großen, aber ganz unvergleich Kleineren zu messen, weshalb ich mir erlaubte, von einer maßvergessenen Art von Messung zu sprechen.*
[Th. Mann, *Die Stellung Freuds in der modernen Geistesgeschichte*]

**hyperkatalektischer Vers,** der: (gr. über + aufhören) Vers, der durch eine oder mehrere überzählige Silben am Schluß gekennzeichnet ist; Gegs. → brachykatalektisch. (→ katalektisch)

**Hypermeter,** der: (gr. übermäßig) Vers, dessen letzte, auf einen Vokal auslautende Silbe → hyperkatalektisch ist u. mit dem vokal. Anlaut der Anfangssilbe des folg. Verses durch → Elision verschmolzen wird.

**Hyperoche,** die: (gr. Übermaß) → rhet. Figur: Übersteigerung des Lobes eines Gegenstandes zum Einmaligen, Unvergleichbaren hin; Sonderform der → Hyperbel.
= Charakteristisch für Sprache der Werbung: *einmalige Gelegenheit*; *das Beste vom Besten*; u. ä.

**Hyphärese,** die: (gr. Wegnahme) Wegfall eines kurzen Vokals vor einem andern Vokal. (→ Aphärese)

**Hyphen,** das: (gr. in eins zusammen) urspr. Zusammenziehung zweier Wörter zu → Kompositum, dann dazu dienender Bindestrich (-).

**Hypokrites,** der: (gr. der Antwortende) der Schauspieler im gr. → Drama. (→ Protagonist)

**Hypomnema,** das: (gr. Erinnerung) Nachtrag, Bericht, Denkschrift, → Kommentar.

**Hypophora,** die: (gr. Vorwand, Einwurf) in → Rhetorik die Anführung der gegnerischen Behauptung; auch Bez. für Häufung → rhet. Fragen u. Antworten.

**Hyporchem,** das: (gr.) heiter-bewegtes, bes. dem Apollo geweihtes gr. Tanz- und → Chorlied. (→ Päan)

**Hypotaxe,** die: (gr. Unterordnung) im Gegs. zur →Parataxe die Satzverknüpfung durch Unterordnung, d. h. kunstvolle Fügung aus Haupt- u. Nebensätzen; charakterist. für Kleist u. a. (→Periode)
= *Es traf sich, daß der Kurfürst von Sachsen auf die Einladung des Landdrosts, Grafen Aloysius von Kallheim, der damals an der Grenze von Sachsen beträchtliche Besitzungen hatte, in Gesellschaft des Kämmerers Herrn Kunz und seiner Gemahlin, der Dame Heloise, Tochter des Landdrosts und Schwester des Präsidenten, andrer glänzenden Herren und Damen, Jagdjunker und Hofherren, die dabei waren, nicht zu erwähnen, zu einem großen Hirschjagen, das man, um ihn zu erheitern, angestellt hatte, nach Dahme gereist war ...* [Aus: Kleist, *Michael Kohlhaas*]

**hypothetisches Erzählen,** das: (auf unbewiesener Vermutung beruhend + E.; Begriff von B. Allemann geprägt) Erzählstil, der sich auf raffinierte Weise Mehrdeutigkeiten zunutze macht, um Leser wie (Haupt-)Figur im Ungewissen über das Erzählte zu lassen; charakteristisch für F. Kafka. (→personaler Roman)
= *Jemand* mußte [!] *Joseph K. verleumdet haben* [Kafka, *Der Prozeß*]

**Hysterologie,** die: →Hysteron proteron.

**Hysteron proteron,** das: (gr. hinterst-zuvorderst) rhet. Figur: Verkehrung der log., dem Geschehnisablauf folg. Ordnung der Rede.
= *Laßt uns sterben und mitten unter die Feinde stürzen* [Vergil] – *Nehmet, esset; das ist mein Leib* [N. T.] – *Vögel würgen und fangen* [Wolfram von Eschenbach]

**ibidem:** (lat.) ebenda, d.h., in der bereits zitierten Schrift; abgek. ibid.

**Ich-Form, die:** erzählende Darstellungsform der epischen Dichtung (Ich-Roman, -Erzählung), in der ein Ich »sich selbst erzählt« bzw. von einem Rollenerzähler Geschehnisse als selbsterlebt wiedergegeben werden, die es im Gegs. zur (echten) →Autobiographie aber nicht sind; heute eine der meistgebrauchten Erzählformen, deren Wahl auf der Einsicht beruht, daß epische »Allwissenheit«, Objektivität nicht mehr möglich sind und, wenn überhaupt, Welt nur noch in der »Teilwissenheit« als Ausschnitt faßbar ist. In der Ich-Form der lyr. Dichtung ist zu unterscheiden zwischen persönl. (»echten«) Ich u. »lyr. Ich«. (→innerer Monolog, →Tagebuch, →Rollenlyrik)
= A. Stifter, *Nachsommer* (1857); Th. Mann, *Felix Krull* (1954); H: Böll, *Ansichten eines Clowns* (1963); u.a.
→Erziehungsroman

**Idealismus, der:** (zu Ideal) allg.: Streben nach Verwirklichung von (eth. u. ästhet.) Idealen; Neigung, Wirklichkeit nicht zu betrachten, wie sie (nach Meinung des Realisten) ist, sondern wie sie sein sollte; bes.: auf Plato und Plotin zurückgehende Lehre, wonach Raumzeitwelt unserer Erfahrung nur Scheinwelt (Erscheinung) ist, hinter der eine geistige Wirklichkeit steht. (→Klassik, →Romantik)

**Ideendrama, das:** →Drama, in dem Figuren u. Handlung der versinnlichenden Darstellung einer zentralen, als gültig angesehenen »Idee« dienen, d.h. dieser untergeordnet sind und sie tragen; zweckbestimmte verengende Akzentuierung der Absicht zu Lasten des Künstlerischen führt zu Tendenzdrama. (→Tendenzdichtung)
= Lessing, *Nathan der Weise*, 1779 (Toleranz); Schiller, *Don Carlos*, 1787 (Freiheit); Goethe, *Iphigenie*, 1787 (Humanität); Hebbel, *Agnes Bernauer*, 1852 (Opfer der Notwendigkeit); Kaiser, *Die Bürger von Calais*, 1914 (der neue Mensch, der sich für die Gemeinschaft opfert); u.a.

**identischer Reim, der:** (lat. dasselbe) R., in dem gleicher Klang Entsprechung in gleicher Bedeutung findet. (→rührender Reim)
= *In Berlin*, sagt er,
  *Mußt du sein*, sagt er,

*Und gescheit, sagt er,*
*Immer sein, sagt er;*
*Denn da habens, sagt er,*
*Viel Verstand, sagt er,*
*Und ich bin dort, sagt er,*
*Schon bekannt, sagt er.* [Aus: K. v. Holtei, *Ein Wiener in Berlin*]

**Idiotikon,** das: (gr. einen einzelnen betreffend) Mundartwörterbuch, Zusammenstellung des einer Sprache eigenen Wortgutes.

**Idiotismus,** der: (gr. Benehmen des gemeinen Mannes) »Lieblingsausdruck« als Besonderheit in Sprache oder Schreibweise.
= *Or* statt *oder* (Bürger); *betauern* statt *bedauern* (Lessing)

**Idylle,** die, bzw. **Idyll,** das: (gr. Bildchen, kleines Gedicht) gedrängtes, in sich gerundetes →Genrebild, das paradies. ländl. Leben einfacher harmlos-freundl. Menschen (Goldenes Zeitalter) in teils epischer, teils dramat. Form (auch in Verschmelzung beider) u. in Vers oder Prosa beispielhaft schildert; in Griechenland entstanden (Theokrit), nachgeahmt in der röm. Dichtung von Vergil, dessen →Eklogen (*Bucolica*: →Bukolik) der →Hirtendichtung Europas bis ins 18. Jh. als Vorbild dienten; verschmolz schließlich, nach (Neu-)Deutung durch Schiller als sentimentalische, die verlorene Einheit von Natur u. Geist wiederherstellende Form, mit der →Dorfgeschichte.
= Geßner, *Idyllen* (1756); Voß, *Luise* (1783 f., Anregung für Goethes *Hermann und Dorothea*); Hebbel, *Mutter und Kind* (1859); daneben I. von Tieck, Platen, Mörike, C. Spitteler, G. Hauptmann, Th. Mann u. a.

*Bei der Postille beschlich den alten christlichen Walter*
*Sanft der Mittagsschlummer in seinem geerbeten Lehnstuhl*
*Mit braunnarbigtem Jucht voll schwellender Haare bepolstert.*
*Festlich prangte der Greis in gestreifter kalmankener Jacke:*
*Denn er feierte heute den siebzigsten frohen Geburtstag;*
*Und ihm hatte sein Sohn, der gelahrte Pastor in Marlitz,*
*Jüngst vier Flaschen gesandt voll alten balsamischen Rheinweins*
*Und gelobt, wenn der Schnee in den hohlen Wegen es irgend*
*Zuließ', ihn zu besuchen mit seiner jungen Gemahlin.*
*Eine der Flaschen hatte der alte Mann bei der Mahlzeit*
*Ihres Siegels beraubt und mit Mütterchen auf die Gesundheit*
*Ihres Sohnes geklingt und seiner jungen Gemahlin,*
*Die er so gern noch sähe vor seinem seligen Ende!*
*Auf der Postille lag sein silberfarbenes Haupthaar,*
*Seine Brill und die Mütze von violettem Sammet,*
*Mit Fuchspelze verbrämt und geschmückt mit goldener Troddel.*
  *Mütterchen hatte das Bett und die Fenster mit reinen Gardinen*
*Ausgeziert, die Stube gefegt und mit Sande gestreuet,*

*Über den Tisch die rotgeblümte Decke gebreitet*
*Und die bestäubten Blätter des Feigenbaums gereinigt.*
*Auf dem Gesimse blinkten die zinnernen Teller und Schüsseln;*
*Und an den Pflöcken hingen ein paar stettinische Krüge,*
*Eine zierliche Ell, ein Mangelholz und ein Desem.*
*Auch den eichenen Schrank mit Engelköpfen und Schnörkeln,*
*Schraubenförmigen Füßen und Schlüsselschilden von Messing*
*(Ihre selige Mutter, die Küsterin, kauft' ihn zum Brautschatz)*
*Hatte sie abgestäubt und mit glänzendem Wachse gebohnert.*
*Oben stand auf Stufen ein Hund und ein züngelnder Löwe,*
*Beide von Gips, Trinkgläser mit eingeschliffenen Bildern,*
*Zween Teetöpfe von Zinn und irdene Tassen und Äpfel.*
  *Jetzo erhob sie sich vom binsenbeflochtenen Spinnstuhl*
*Langsam, trippelte leis auf knirrendem Sande zur Wanduhr*
*Hin und knüpfte die Schnur des Schlaggewichts an den Nagel,*
*Daß den Greis nicht weckte das klingende Glas und der Kuckuck;*
*Sah dann hinaus, wie der Schnee in häufigen Flocken am Fenster*
*Rieselte, und wie der Sturm in den hohen Eschen des Hofes*
*Rauscht' und verwehte die Spuren der hüpfenden Krähn an der Scheune.*
*»Aber mein Sohn kommt doch, so wahr ich Elisabeth heiße«,*
*Flüsterte sie, »denn seht, wie die Katz auf dem Tritte des Tisches*
*Schnurrt und ihr Pfötchen leckt und Bart und Nacken sich putzet!*
*Dies bedeutet ja Fremde nach aller Vernünftigen Urteil!«*
[Aus Joh. Heinr. Voss, *Der siebzigste Geburtstag*]

**Ikon,** das: (engl. von gr. Bild) Umschreibung von Person oder Gegenstand durch →Metaphern. (→Emblem, →Bild; →Barock)

= *Her neck like to a stately tower*
    *Where Love himself imprison'd lies,*
  *To watch for glances everey hour*
    *From her divine and sacred eyes:*
      *Heigh ho, fair Rosaline!*
*Her paps are centers of delight,*
    *Her breasts are orbs of heavenly frame,*
  *Where Nature moulds the dew of light*
    *To feed perfection with the same:*
      *Heigh ho, would she were mine!* [Th. Lodge, *Rosaline*]

*Was ist die Welt und ihre ganze Pracht?*
*Ein schnöder Schein in kurz-gefaßten Grenzen,*
*Ein schneller Blitz bei schwarz-gewölbter Nacht;*
*Ein buntes Feld, da Kummer-Disteln grünen;*
*Ein schön Spital, so voller Krankheit steckt.*
*Ein Sklavenhaus, da alle Menschen dienen,*
*Ein faules Grab, so Alabaster deckt.* [Hofmannswaldau]

**Iktus,** der: (lat. Schlag) Verston, Versakzent, der die auf Senkung folg. →Hebung markiert.
= *Es wár ein Kőnig in Thúle*


**Illuminator,** der: (zu lat. ausmalen) ma. Ausmaler von Handschriften, Miniatur- u. Buchmaler.


**Illusionsbühne,** die: (Täuschung + B.) aus der →Guckkastenbühne der →Renaissance entwickelte Bühnenform, in der Vortäuschung des Schauplatzes Perfektion erreicht; Gegs. →Stilbühne.


**Illustrator,** der: (lat. Erläuterer, Verschönerer) Künstler, der ein gedrucktes Buch mit bildl. Schmuck (Holzschnitt, Kupferstich, Radierung o. ä.) versieht.


**Imaginisten** (Pl.): (von lat. imago = Bild) Moskauer Dichterkreis (1919–24), der für Spracherneuerung, Weltrevolution des Geistes eintrat u. das expressive dichter. Bild (Metapher) zum ästhet. Selbstzweck erhob. (→Futurismus, →Symbolismus)
= Hauptvertreter: S. A. Jessenin (*Beichte eines Hooligan*, 1921), A. Mariengof, A. Kusikow, A. Scherschenjewitsch u. a.

*Keine Halme mehr, kein Blatt.*
*Feuchtigkeit und Dunst vom Teiche.*
*Berge, blau. Das Sonnenrad.*
*Lautloses Hinab der Speichen.*

*Aufgeweichter Feldweg. Er*
*hat geträumt und folgt den Träumen:*
*nicht mehr lange, lang nicht mehr*
*wird der Graukopf Winter säumen.*

*Gestern, ach, mir klang der Busch,*
*sah ich, da die Nebel glitten:*
*Mond, das Füllen, Mond, der Fuchs,*
*spannte sich vor unsern Schlitten.*

[Sergej Jessenin, *Keine Halme mehr*; dt. von Paul Celan]


**Imagismus,** der: (von lat. Bild) von einer Gruppe engl. u. bes. am. Dichter zwischen 1909 u. 1917 vertretene Stilrichtung in der Lyrik, gekennzeichnet durch Streben nach größtmöglicher Präzision in der Bildwahl bei höchster Ökonomie des Ausdrucks, absoluter Freiheit in der Stoffwahl, Sachnähe u. Rückgriff auf die Alltagssprache; von Einfluß bes. auf T. S. Eliot.
= E. Pound, A. Lowell, F. S. Flint, H. Doolittle, R. Aldington u. a.
  E. Pound (Hrsg.), *Des Imagistes* (1914); A. Lowell (Hrsg.), *Some Imagist Poets* (1915)

*Whirl up, sea*
*Whirl your point pines;*
*Splash your great pines*
*On our rocks,*
*Hurl your green over us,*
*Cover us with your pools of fir.* [H. Doolittle, *Oread*]

**Imitation,** die: (lat.) → Nachahmung des als Norm angesehenen Vorbilds großer Autoren; in Antike u. MA. selbstverständl. Forderung, als Empfehlung noch bei Opitz u. Gottsched. (→ Mimesis, → Epigonendichtung)

**Imprese,** die: (ital. Unternehmen) Kombination von Sinnspruch u. Bild (→ Devise). (→ Concetto, → Emblem)

**Impressionismus,** der: (lat. Eindruck) Begriff stammt aus der frz. (Freilicht-) Malerei, wo er im 19. Jh. subjektiv-individuelle Wiedergabe von »Eindrükken« u. Stimmungen (»Eindruckskunst«) meint; nicht eigtl. Epochenbez. oder Stilbewegung, sondern Name für Verfahren u. dessen Niederschlag als Stilelement (zwischen 1890 u. 1910): Welt des Gegenständl. wird in fein nuancierte, höchst differenzierte Schilderung der (persönl.) Augenblicksempfindung u. seel. Regung aufgelöst; Pflege vor allem von Lyrik u. kleinerer epischer Form, bevorzugte Mittel: → Klangmalerei, → Synästhesie, sorgsam abwägender Gebrauch von Bildern u. Adjektiven o. ä.; Gegs. → Naturalismus.
= Hauptvertreter: Baudelaire, Verlaine, Liliencron, Dehmel, der junge Hofmannsthal, der junge Rilke (Lyrik); Huysmans, J. P. Jacobsen, Bang, der junge Th. Mann (Epik); Schnitzler (Drama) u. a.

*Wenn die Felder sich verdunkeln,*
*fühl ich, wird mein Auge heller;*
*schon versucht ein Stern zu funkeln,*
*und die Grillen wispern schneller.*

*Jeder Laut wird bilderreicher,*
*das Gewohnte sonderbarer,*
*hinterm Wald der Himmel bleicher,*
*jeder Wipfel hebt sich klarer.*

*Und du merkst es nicht im Schreiten,*
*wie das Licht verhundertfältigt*
*sich entringt den Dunkelheiten.*
*Plötzlich stehst du überwältigt.* [Richard Dehmel, *Manche Nacht*]

**Impressum,** das: (lat. Ausgedrücktes) Druckvermerk, Angabe von Verlag, Drucker, Buchbinder o. ä. (meist auf der Rückseite des Titelblatts eines Buches).

**Imprimatur,** das: (lat. es werde gedruckt) vom Autor nach letzter Korrektur erteilte Druckerlaubnis.

**Impromptu,** das: (frz. von lat. in Bereitschaft) Stegreifgedicht oder -rede. (→Improvisation)

**Improvisation,** die: (zu lat. unvorhergesehen, unvermutet) aus dem Stegreif, d.h. ohne Vorbereitung, Geschöpftes u. Dargebotenes. (→Stegreifdichtung)
= Goethe, *Concerto dramatico* (1773)

*Wolke Kleid*
*Und Blume ihr Gesicht.*
*Wohlgerüche wehn,*
*Verliebter Frühling!*
*Wird sie auf dem Berge stehn,*
*Wage ich den Aufstieg nicht.*
*Wenn sie sich dem Monde weiht,*
*Bin ich weit,*
*Verliebter Frühling...*          [Li-taipe, *Improvisation*; dt. von Klabund]

**Incipit,** das: (lat. es beginnt) Anfangsformel von ma. titellosen Werk (Handschrift, früher Druck); wenn ein von Autor oder Schreiber verfaßter Titel fehlt, steht es für diesen. (→Explicit)

**Incrementum,** das: (lat. Wachstum, Steigerung) →rhet. Figur der →Amplifikation: graduell aufsteigende Bezeichnungsreihe (→Synonyme, →Antithesen u.ä.) für Gegenstand. (→Gradation, →Klimax)
= *Sie gab ihm den Finger, er nahm ihre Hand; sie reichte ihm den Arm, er nahm ihr Leben.*

*Wenn sie vergiftet, tot ist, eingesargt, verscharrt, verwest, zerstiebt...* [Kleist]

**Index,** der: (lat. Anzeiger) Inhaltsverzeichnis oder alphabet. geordnetes Namens- bzw. Sachverzeichnis. (→Register)

**indirekte Rede,** die: indirekte, d.h. von übergeordnetem Vers abhängige, den Wortlaut des Gesagten durch Transposition in dritte Person u. Konjunktiv verändernde Wiedergabe des Gesagten. (→direkte Rede)
= *Sie sagte, sie sei gerade angekommen* bzw. *daß sie gerade angekommen sei.*

**Individualdichtung,** die: (Individuum) von Eigenpersönlichkeit geprägte u. deshalb unverwechselbare, aber nicht »subjektive« Dichtung im Gegs. zur →Gesellschaftsdichtung; in reinster Form persönlich-intimer →Brief oder →Tagebuch.

**Individualstil,** der: Persönlichkeitsstil, von schöpferischer Eigenpersönlichkeit des Dichters geprägter individueller →Stil, der sich durch best. typische Merkmale vom →Epochalstil (Zeitstil) u. gattungsbestimmten Stil unterscheidet.

**Ineditum,** das: (lat.) noch nicht herausgeg., d. h. unveröffentl. Schrift.

**Informationstheorie,** die: Theorie von den Gesetzmäßigkeiten des Nachrichtenaustauschs bzw. der Informationsübermittlung und -verarbeitung; Grundlagendisziplin auch für Linguistik u. Textanalyse. (→Code, →konkrete Dichtung)

**Inhalt,** der: (zu halten = fassen) was die →Form füllt (in ihr »enthalten« ist) u. von ihr »umschlossen« wird, also das erzählbare Was (→Stoff, →Motiv u. ä.) im (zu ihm dialekt. sich verhaltenden) Wie der Dichtung. (→Gehalt)

**Initia** (Pl.): (lat. Anfänge) Anfangswörter von Texten als →Incipit.

**Initiale,** die: (lat. Anfang) Anfangsbuchstabe, meist durch Größe, Farbe u. Verzierung hervorgehoben.

**Initialwort,** das: →Akronym.

**Inkonzinnität,** die: (zu lat. ungeschickt, ungereimt) syntakt.-stilist. Unebenheit eines Textes, Mangel an →Konzinnität; kann als Kunstgriff wie Fehler gewertet werden. (→Parallelismus)

**Inkunabel,** die: (lat. Windel, Wiege) Wiegendruck, Frühdruck: Bücher sowie →Einblattdrucke.

**innere Emigration,** die: von Frank Thieß 1933 geprägte Bez. für die polit.-geist. Haltung der nichtemigrierten, d. h. während der Zeit des Dritten Reichs in Dtschld. gebliebenen u. dem Nationalsozialismus Widerstand entgegensetzenden Schriftsteller; Begriff dann von *anti*nationalsozialist. zu *nicht*nationalsozialist. verallgemeinert (»verwässert«). (→Emigrantenliteratur)
= W. Bergengruen, *Der Großtyrann u. das Gericht* (1935); R. Schneider, *Las Casas vor Karl V.* (1938); E. Jünger, *Auf den Marmorklippen* (1939); F. Thieß, *Das Reich der Dämonen* (1941); u. a.

**innerer Monolog,** der: unmittelbare Umsetzung des inneren Daseins einer erzählten Figur in Sprache als Wiedergabe von (unausgesprochenen) Gedanken, Vorstellungen, Erinnerungen, Assoziationen durch eine Form der Rede, in der das »Es« des →Bewußtseinsstroms selber zu Worte kommt u. Zugang zu seelisch-geistigen Tiefenbereichen ermöglicht. (→erlebte Rede, →Simultantechnik)

= Schnitzler, *Fräulein Else* (1924); Döblin, *Berlin Alexanderplatz* (1929); Th. Mann, *Lotte in Weimar* (1939); Böll, *Billard um halbzehn* (1959); u. a.

*Wie lange wird denn das noch dauern? Ich muß auf die Uhr schauen... schickt sich wahrscheinlich nicht in einem so ernsten Konzert. Aber wer sieht's denn? Wenn's einer sieht, so paßt er gerade so wenig auf, wie ich, und vor dem brauch' ich mich nicht zu genieren... Erst viertel auf zehn?... Mir kommt vor, ich sitz' schon drei Stunden in dem Konzert. Ich bin's halt nicht gewohnt... Was ist es denn eigentlich? Ich muß das Programm anschauen... Ja, richtig: Oratorium? Ich hab' gemeint: Messe. Solche Sachen gehören doch nur in die Kirche. Die Kirche hat auch das Gute, daß man jeden Augenblick fortgehen kann. Wenn ich wenigstens einen Ecksitz hätt'! – Also Geduld, Geduld! Auch Oratorien nehmen ein End'! Vielleicht ist es sehr schön, und ich bin nur nicht in der Laune. Woher sollt' mir auch die Laune kommen? Wenn ich denke, daß ich hergekommen bin, um mich zu zerstreuen... Hätt' ich die Karte lieber dem Benedek geschenkt...*
[Aus A. Schnitzler, *Leutnant Gustl*]

*Aber wenn einer mich fragt: die Angaben zur Personalbeschreibung müssen mal verbessert werden. Gesine (Rufname unterstrichen) Lisbeth Cresspahl. Na ja. Der Name ist hier üblich kommt vor, Lisbeth hat die Mutter geheißen. Lisbeth Cresspahl, gestorben 1938. Das Grab dicht bewachsen mit Efeu, nicht eingefriedet, und da sind sehr aufwendige Gitter in der Nähe. Auf dem Stein nur der Name (nicht Elisabeth), nicht der Mädchenname, kein Bibelzitat, kein Kreuz, nur die Lebenszeit. Also Gesine Lisbeth.*
[Aus: U. Johnson, *Mutmassungen über Jakob*]

**Inreim,** der: ein Wort im Versinnern reimt mit dem Wort am Versende. (→Binnenreim, →Zäsur)
= *O Sonne der Wonne* [Fleming]

*Eine starke schwarze Barke*
*segelt trauervoll dahin*
*Die verstummten und vermummten*
*Leichenhüter sitzen drin.* [H. Heine]

**Insichisten,** die: (Gruppe »In-sich«) Kreis jidd. Lyriker, deren Schaffen in den Jahren nach 1920 das Bild der am.-jidd. Lyrik bestimmte; in ihrer Bemühung um Verbindung von größtmöglicher Bildhaftigkeit mit extremer Sachnähe, der Ersetzung des Metrums durch musikal. Rhythmus dem engl.-am. →Imagismus verwandt.
= Hauptvertreter: J. Glatschtejn, Aaron Glanz-Lejeles, N. B. Minkow u. a.

*ss'trojern ojf mir singendike erter,*
*sej schteln sich ojss un wern werter*
*fun farzejchnte memuarn (Erinnerungen).*

*schwarz ojf wajss farschribn,*
*mit a sikorn (Chronik) a licht-getunktn.*
*ch'ken sich gornit narn.*

*a lebn zusamen geschtelt fun schtiker geografie.*
*gassn un schtiber,*
*lompn un betn,*
*penemer (Gesichter) uns siluetn*
*sajnen di komass un punktn*
*fun majn biografie.* [J. Glatschtejn, *Biographie*]

**Institutio,** die: (lat. Anweisung) Einführung in ein Wissensgebiet; häufig in röm. Literatur. (→Isagoge)
= Quintilian, *I. oratoria* (1. Jh.)

**Inszenierung,** die: (gr.-lat.-frz.»in Szene Setzung«) Einrichtung u. Einstudierung von Bühnenstück (Schauspiel, Oper) für Aufführung. (→Regie)

**Intelligenzblatt,** das: (von lat. einsehen) urspr. in regelmäßigen Zeitabständen von Fürstenkanzlei u. Amtsstellen hrsg. Inseratenblatt (»Wöchentliche Frag- und Anzeigungsnachrichten«) mit Monopol für Anzeigengeschäft; im 18. Jh. auch als amtl. Publikation für Bekanntmachungen; in →Zeitung u. →Zeitschrift aufgegangen.
= Das 1. dt. I. erschien in Frankfurt/Main 1722; es folgten Hamburg 1724, Hanau 1725 u. Berlin 1727 u. a.

**Interjektion,** die: (lat. Einwurf) →rhet. Figur: Ausruf innerhalb von Satzzusammenhang.
= *Spricht die Seele, so spricht, ach! schon die Seele nicht mehr* [Schiller]

**Interlinearversion,** die: (zwischen + Zeile + Übersetzung) wörtl. Übersetzung zwischen den Zeilen des Urtextes zur Erleichterung des Verständnisses. (→Glosse)

**Interlude,** das: (engl.) →Zwischenspiel, engl. Komödiengattung (15./16. Jh.) a) als unterhaltsame, aber ernst moralisierende Einlage bei den Banketten der Aristokratie; b) als volkstüml. farcenhaft derbes Spiel; Bez. gelegtl. auch angewandt auf kom. Episoden im ma. Drama.
= a) Medwall, *Fulgens and Lucres* (1495); b) Heywood, *The Play of the Weather* (1533); u. a.

**Interludium,** das: (lat.) →Zwischenspiel.

**Intermedium,** das: (lat.) →Intermezzo.

**Intermezzo,** das: (ital. von lat.) →Zwischenspiel in Drama u. Oper; aus der Zwischenaktunterhaltung entstanden, umfaßt es kleine komische →Singspiele, aufwendige Ballette u. folklor. Typenstücke (→Typenkomödie). (→Entremés, →Interlude)

**Interpolation,** die: (lat.) Einschaltung von Wörtern oder Sätzen in überlieferte Texte; vielfach Fälschung (→Textkritik). (→Glosse)

**Interpretation,** die: (lat. Auslegung) allg.: aufschlüsselnde Textauslegung (-erklärung) im Sinne »kunstmäßigen Verstehens schriftlich fixierter Lebensäußerung« (Dilthey) (→Hermeneutik); bes.: →Methode der literaturwissenschaftl. Tätigkeit (→Literaturwissenschaft); unterliegt diversen Einflüssen, so daß das Spektrum der I.-Methoden (»Methodenpluralismus«) von der Werkimmanenz (→werkimmanente I.) bis zur Unterordnung unter außerdichter.-histor. Aspekte reicht. (→Analyse)

**Interpunktion,** die: (lat.) Setzung von Satzzeichen; die drei Gliederungszeichen: Komma, Kolon, Punkt haben sich mit der Ausbildung der neuen Technik des Lesens zur Zeit des →Humanismus eingebürgert.
= Wyles Interpunktionsregeln

*Wyle ich aber dise translatze nǎch dem latine so gnäwist ich mocht, vnd so ferre sich ouch gepürt, gemachet hab⸵ So ist nott wer disz büchlin recht schriben lesen oder versteen wil⸵ das der acht hab vnd merck vf die virgel puncten vnd vnderschaide die also hierInne gesetzet werden etc., ⸵.? [...]. danne das klain erst strichlin, betütt ain schlechte sundrung ains wortes oder einer oratz von der andern ǎne volkomenhait ainches gantzen sines. Aber die virgel also stende⸵ gibt zemercken ainen vnderschaide zwüschen den geschriften vor vnd nǎch gende, also doch, daz die vorder geschrift dennoch ouch nit ainchen volkomen sine hǎt⸵ danne daz z des volkomenhait etwas mer hernǎch folgen ms. Aber der punckt also stende. gibt zeerkennen daz daselbs ain volkomner sine beschlossen wirt. So betüttet diser punckt also gesetz? daz die geschrift dar vor stende In fräg wyse zermercken ist. Wo aber ain geschrift mit zwyen krummen strichlin ingezogen wirt als hie (Jhesus cristus) so wirt die gehaissen parentesis nǎch dem latine oder interposicio. vnd ist ain zaichen daz das so her nǎch folget dienet vnd gelesen werden mag vf das, so vor der ingezogen schrifte geschriben stee⸵ glycher wyse, als ob diese ingezogen schrifte nienert alda geschriben stünd. Also habe ich mich dises punctirens hier jnne gebrucht wiewol etlich für disen schlechten puncten der also steet. setzent peryodum also gefiguriert;.*

[Aus: Niklas von Wyle, *Transzlatzion oder tütschungen*]

**Intertextualität,** die: (lat. zwischen + Textualität = Textcharakter) Gesamtheit der intertextuellen (= zwischentextlichen), d. h. vom Autor bewußt angestrebten, Bedeutung stiftenden Relationen zwischen Texten (→Text); Art

»intertextueller Ahnentradition« (Umberto Eco), holt mit Textstellen, die auf andern Autor anspielen ( →Anspielung), außertextliche (= extratextuelle i. Gegs. zu intratextuellen = innertextlichen) Beziehungen sprachlicher Elemente in das Werk hinein; nach M. Bachtin ist I. als dialog. Beziehung zwischen Text u. fremdem Text bzw. Wort u. fremdem Wort eines der entscheidenden Charakteristika von Sprachkunstwerken. (→Motiv, →Zitat, → Interpretation)

**Intrige,** die: (frz. Verwicklung) »Ränkespiel«, das im Drama die →Handlung begründet u. zu Untergang (Tragödie) oder glückl. Ende (Komödie) führt.

**Invektive,** die: (lat. jem. anfahren) Schmährede, Schmähschrift. (→Satire, →Pasquill)
= Antike Literatur: Sallust, Juvenal, Varro u. a.

Freuden des jungen Werthers
*Ein junger Mensch, ich weiß nicht wie,*
*Starb einst an der Hypochondrie*
*Und ward denn auch begraben.*
*Da kam ein schöner Geist herbei,*
*Der hatte seinen Stuhlgang frei,*
*Wie's denn so Leute haben.*
*Der setzt' notdürftig sich aufs Grab*
*Und legte da sein Häuflein ab,*
*Beschaute freundlich seinen Dreck,*
*Ging wohl eratmet wieder weg*
*Und sprach zu sich bedächtiglich:*
*»Der gute Mensch, wie hat er sich verdorben!*
*Hätt er geschissen so wie ich,*
*Er wäre nicht gestorben!«*

Die Leiden des jungen Werthers an Nicolai
*Mag jener dünkelhafte Mann*
*Mich als gefährlich preisen:*
*Der Plumpe, der nicht schwimmen kann,*
*Er will's dem Wasser verweisen!*
*Was schiert mich der Berliner Bann,*
*Geschmäcklerpfaffenwesen!*
*Und wer mich nicht verstehen kann,*
*Der lerne besser lesen.*

[Goethe (als »stille und unverfängliche Rache« für Nicolais Satire *Freuden des jungen Werthers...*)]

**Inversion,** die: (lat. Umkehrung) allg.: Veränderung der regelmäßigen Wortfolge; bes.: →rhet. Figur: Umkehrung der Subjekt-Prädikatfolge im Satz, meist zur Hervorhebung best. Wörter, Erhöhung der Eindringlichkeit. (→Epanodos, →Hyperbaton)

= Bes.: *Niemand hat Anzeige erstattet* statt *Anzeige hat niemand erstattet*

**Invokation,** die: (lat.) Anrufung Gottes, Heiliger etc. (am Anfang von Urkunden) oder einer →Muse (Calliope, Urania u. a.) zu Beginn einer Dichtung. (→Apostrophe)

= *Sing, Heavenly Muse, that on the secret top*
*Of Oreb, or of Sinai, didst inspire*
*That Shepherd, who first taught the chosen seed,*
*In the beginning how the Heavens and Earth*
*Rose out of Chaos; or if Sion Hill*
*Delight thee more, and Siloa's brook that flowed*
*Fast by the oracle of God, I thence*
*Invoke thy aid to my adventurous song,*
*That with no middle flight intends to soar*
*Above the Aonian mount.* [Aus: John Milton, *Paradise Lost*]

**Inzision,** die: (lat. Einschnitt) →Zäsur, bes. des →Pentameters.

**Ioniker** bzw. **Ionikus,** der: (gr. ionischer Vers) antiker Versfuß aus zwei Längen u. zwei Kürzen; je nach Kombination ist dabei zu unterscheiden zwischen I. a maiore ($-\ -\ \cup\ \cup$) und I. a minore ($\cup\ \cup\ -\ -$). (→Anakreonteus, →Galliambus)

= *Uf'm Bergli*
*Bin i gsässe,*
*Ha de Vögle*
*Zugeschaut;*
*Hänt gesunge,*
*Hänt gesprunge,*
*Hänt's Nästli*
*Gebaut.* [Aus: Goethe, *Schweizerlied*]

**Ironie,** die: (gr. Verstellung, Vorwand) »Die Ironie kann man definieren als eine Verstellungskunst in Worten und Handlungen« (Theophrast); sie ist in bestimmter »verstellter« Redeweise (Verwendung des dem Gemeinten entgegengesetzten Ausdrucks) sich äußernde geistige Haltung, die scheinbar von Tadel oder Beifall zeugt, jedoch das Gegenteil meint; als spöttische »Verstellung« im Gegs. zum →Humor eher kritisch, aggressiv u. auf komische Weise vernichtend, weshalb höchste Form der Ironie das Spiel ist, in dem der Autor sich unauffällig vom Gesagten distanziert; als romantische Ironie die Fähigkeit, sich über alles, auch über die »eigene Kunst, Tugend oder Genialität« zu erheben (F. Schlegel) u. sie in Freiheit wieder aufzuheben (Tieck, *Der gestiefelte Kater*, 1797); bei Th. Mann Art der Weltbetrachtung, welche die positive Einstellung zum Gegenstand der Beschreibung durch spielerische Demonstration seiner Verfügbarkeit in der Schwebe hält. (→Litotes; →Satire, →Parodie)

= *Es ist angenehm zu bemerken, wie viel eine gewisse parteilose ruhige Kälte gegen die Poesie, welche man unsern bessern Kunstrichtern nicht absprechen darf, dazu beiträgt, sie aufmerksamer auf die Dichter selber zu machen, so daß sie ihre Freunde und Feinde unbefangner schätzen und ausfinden ohne die geringste Einmischung poetischer Neben-Rücksicht. Ich finde sie hierin, insofern sie mehr der Mensch und Gärtner als dessen poetische Blume besticht, nicht sehr von den Hunden verschieden, welche eine kalte Nase und Neigung gegen Wohlgerüche zeigen, desgleichen gegen Gestank, die aber einen desto feinern Sinn (wenn sie ihn nicht durch Blumen abstumpfen, wie Hühnerhunde auf den Wiesen) für Bekannte und für Feinde und überhaupt für Personen (z. B. Hasen) beweisen anstatt für Sachen.*

[Jean Paul, *Vorschule der Ästhetik*]

*Warum willst du sorgenvoll*
*Länger noch dich quälen,*
*Fragend; »Welche Farbe soll*
*Ich zum Banner wählen?«*

*Schwarzweiß, schwarzgelb, schwarzrotgold*
*Welche Musterkarte*
*Liegt vor Deutschland aufgerollt!*
*Warte, Teurer, warte!*

*Sei kein Hippopotamus,*
*Freund, und lern' verstehen:*
*Eine gute Fahne muß*
*Sich vor allem drehen.*

[Aus: G. Herwegh, *Guter Rat, gegeb. im Juni 1866*]

**Ironym,** das: (gr. sich verstellen + Name) → Pseudonym, das aus ironischer Wendung besteht.
= *Einer, der es besser wissen sollte*

**Irrationalismus,** der: (zu lat. unvernünftig) geist. Standpunkt bzw. philos. Richtung, die in Gefühl, Intuition, Instinkt u. ä., d. h. in vom Verstand nicht Begreifbaren (»Verstandeslosen«), die Quelle der Erkenntnis sieht (→Mystik); im 18. Jh. Gegenströmung zum →Rationalismus der →Aufklärung. (→Empfindsamkeit, →Sturm und Drang, →Romantik u. a.)

**Irreime** (Pl.): willkürlich verteilte →Reime.
= *Wir armen Menschen hie im Leben*
  *Wir irren hier und dort herum /*
  *Durch Glück und Unglück mancherley:*
  *Wir machen ob von Ruhe sey*

*In dieser trüben Zeit zufinden;*
*Wir werden immer mehr und mehr*
*Bald in die läng' und in die krümm'*
*Und hie und dort herumgeschmiesen.*
*Wer hie nach steter Ruh wil streben /*
*Wil eine Kett aus Sande binden:*
*Man wird vom Winde weggerissen*
*Wir schweben in dem wüsten Meer.* [Schottel]

**Isagoge,** die: (gr.) Einführung, Einleitung in eine Wissenschaft. (→Institutio)

**Isokolon,** das: (gr. gleich + Glied) →rhet. Figur: Gleichgliedrigkeit, gleiche (oder fast gleiche) Länge mehrerer koordinierter Glieder einer →Periode. (→Parallelismus)
= *Sic accipietur, sic invenietur, sic aperietur* [Augustinus, *Confessiones*]

*die Kerzen leuchten, / die Glocke tönt, der Weihrauch ist gestreut*
[Schiller, *Maria Stuart*]

**Isometrie,** die: (gr. gleich + Maß = Gleichheit des Metrums im Gegs. zu Heterometrie [gr. ungleich] = Ungleichheit des Metrums) in Verslehre Bez. für Strophe aus in Silben- u. Taktzahl gleichen Versen (= isometr. Str.) im Unterschied zu Strophe aus Versen unterschiedl. Länge (= heterometr. Str.).

**Iteration,** die: (lat. Wiederholung) Verdoppelung einer Silbe oder eines Wortes. (→Gemination)
= *Nana! – Soso!*

**Ithyphallikus,** der: (zu gr. Phallus) antiker Kurzvers, gilt als Teil des katalekt. jamb. →Trimeters wie als troch. →Tripodie. (→Archilochius)
= : $\_\cup\_\overline{\cup}\_\stackrel{\prime}{\_}\_$ *(Hirten als Gefangene)* [Goethe]

**Itinerarium,** das: (zu lat. Reise) antike Form des Reiseführers, dann Pilger- bzw. Wallfahrerbuch; auch Titel von Erbauungsschrift.

**Jahrbuch,** das: periodisch erscheinende Veröffentlichung best. literar. Gesellschaften, enthält meist Aufsätze, Forschungsbericht u. ä.

**Jambelegus,** der: (gr.) aus einem jamb. →Dimeter u. einem →Hemiepes bestehender antiker Vers. (→Elegiambus, →Enkomiologikus)

**Jambendichtung,** die: (zu →Jambus) gr. volkstüml. Dichtungsgattung (Spott-, Schmäh- u. Schimpfgedichte) in jamb. Maßen, von Jambographen (Jambenschreibern) gepflegt, nachgebildet in Deutschland von F. L. v. Stolberg (1784) u. a. (jamb. →Trimeter, troch. →Tetrameter, →Epode)
= Horaz, *Epoden* (= »Iambi«)

**Jambus,** der: (zu gr. schleudern) antiker Versfuß aus einer kurzen u. einer langen Silbe (∪ −́: *heráus*), Gegs. →Trochäus (−́ ∪), in dt. Nachbildung eine unbetonte u. eine betonte Silbe. Fünfhebige J. werden im →Drama (→Blankvers) u. in der →Lyrik (→Stanze, →Terzine, →Sonett, →Sestine) am häufigsten verwendet (in neuerer Zeit von E. Strittmatter, *Katzgraben*, 1953), aber auch der sechshebige J. ist beliebt (z. B. Mörike, Goethe *[Faust II, Pandora]*; als →Alexandriner bes. in →Barock u. →Aufklärung gepflegt. (→Vers commun, →Endecasillabo; →Choliambus)
= *Zum Kampf der Wagen und Gesänge,*
*Der auf Korinthus' Landesenge*
*Der Griechen Stämme froh vereint,*
*Zog Ibykus, der Götterfreund.*
*Ihm schenkte des Gesanges Gabe,*
*Der Lieder süßen Mund Apoll;*
*So wandert er an leichtem Stabe*
*Aus Rhegium, des Gottes voll.* [Aus: Schiller, *Die Kraniche des Ibykus*]

*Nehm ich es bei der Hand, wächst dem Gedicht*
*hör, wie es ruhig atmet! noch im Klang*
*der ärmsten Sprache Welt zu und Gewicht.*
*(Die g r o ß e Sprache krönte ich schon lang'.)*

*Wie s i e mich vorstellt, stell ich mich vor sie*
*und stell sie vor. Schon wirkt die Wechselkraft.*

*Mög es, bei Gott, ein Schauspiel voll Magie,*
*ein Hörbild sein gelassner Leidenschaft!*

[Aus: Weinheber, *Der Jambus*]

**Jargon,** der: (frz.) Sprache einer best. Berufsgruppe oder Gesellschaftsschicht; auch (abwertend) für Mischsprache. (→ Naturalismus)
= *Bulle* für *Polizist* (Gaunerjargon). *Macker* für *Freund* (Teenagerjargon). *Hurenkind* für *überhängende Zeile* (Setzerjargon)
J. als Stilmittel: A. Döblin, *Berlin Alexanderplatz* (1929); H. Fallada, *Wer einmal aus dem Blechnapf frißt* (1934); u. a.

**Jean Potage:** (frz. Hans Suppe) frz. → Hanswurst.

**Jeremiade,** die: (zu Klageliedern des Propheten Jeremias im Alten Testament) → Klage.
= → Lamento

**Jesuitendichtung,** die: Dichtung von Angehörigen des Jesuitenordens (1550 bis ca. 1700); lyr. u. dramat. Werke (überwiegend → Gebrauchsliteratur) im Dienste der Ausbreitung des kath. Glaubens, bes. des Kampfes gegen Reformation (→ Gegenreformation) u. Heidentum. (→ Barock)
= F. v. Spee, *Trutznachtigall* (1649); Angelus Silesius, *Der cherubinische Wandersmann* (1675) (Lyrik); → Jesuitendrama

**Jesuitendrama,** das: aus Schulunterricht an Jesuitengymnasien entstandenes, beim → Humanistendrama anknüpfendes → Schuldrama in lat. Sprache, meist von (Rhetorik-)Lehrern verfaßt u. von deren Schülern bei versch. Gelegenheiten aufgeführt; als eigene bes. aufwendige Form des → Barock-Theaters diente es Glaubensverbreitung u. Bekehrungsarbeit, pädagog.-didakt. Zielsetzung verschmolz mit der propagandistischen, der *propaganda fidei*; von Einfluß auf → schlesische Dichterschule.
= Bedeutende Verfasser von J. in Deutschland: Jakob Bidermann, *Cenodoxus* (1602); Jakob Balde, *Jephtias* (1645); N. Avancini, *Pietas victrix* (1659); u. a.

*Christus sampt den anderen Richtern. Spiritus deß Doctors Seel. Panurgus der Teufel.*
*Christus / nach dem er dem Sünder sein Vndanckbarkeit mit einer scharpfen Red verwisen / verdambt er jhn mit dem erschröcklichen Vrthel zu den ewig vnd jmmerwehrenden Peynen.*
Christ. *Ruefft wider her den Schalck so znicht /*
*Vnd stellet jhn dar / fürs Gericht /*
*Das Vrthel streng zu hören an /*
*Das jhm werd sein verdienter Lohn /*
*Die ewigwehrend Höllisch-Peyn /*

> *Zu welcher er verdambt mueß seyn.*
> Om. *Es ist dem Bößwicht nach seim Sinn*
> *Lang gnueg vngstraffet gangen hin.*
> Christ. *Komb her du Gottvergessner Mann /*
> *Empfang da dein verdienten Lohn.*
> Spir. *O Richter höchster Miltigkeit /*
> *Straff nit nach strenger Grechtigkeit.*
> Christ. *Du Schalck / wo hast doch hingedacht /*
> *Daß du mich also hast veracht?*
> *Daß du so gar vermessenlich*
> *Hast meinem Feind ergeben dich?*
> *Was hab ich dir doch böses thon?*
> *Was hat dir mein Feind guets gethon?*
> *Nun / du Vndanckbarer / wolan /*
> *Wir wöllen drüber Rechnung han;*
> *Auß Staub / auß Aschen hab je ich /*
> *Ja gar auß nichts erschaffen dich /*
> *Damit du also solst gewohn /*
> *Mein Willen vnd Befelch zuthon /*
> *Dir aber doch gefiel vilmehr*
> *Zufolgen deß Betriegers Lehr /*
> *Vnd thetest mein Gebett außschliessen /*
> *Das dannoch mich nit thet verdriessen /*
> *Hab noch bey solcher gstalt vnd massen*
> *Dir guets zuthuen nit nachgelassen...*
>
> [Aus: Bidermann/Meichel, *Cenodoxus*]

**Jig,** die: (engl.-frz. rascher Tanz) → Posse mit Gesang u. Tanz als Abschluß von Theateraufführungen im Elisabeth. England; auch engl. Tanzlied (16. Jh.).

**Joc partit** bzw. **Jeu parti,** der: (prov. bzw. frz. geteiltes Spiel) → Tenzone.

**Joculator,** der: (mlat. Gaukler) → Spielmann (= Gaukler + fahrender Sänger).

**Journal,** das: (frz.) a) → Tagebuch (von skizzenhafter Nüchternheit); b) → Zeitung, → Zeitschrift.

**Jüngstes Deutschland,** das: allg.: Bez. für Vertreter der Gegenströmungen zum Naturalismus (→ Impressionismus, → Symbolismus u. a.); bes.: auf H. u. J. Hart zurückgehende Bez. für Vertreter des → Naturalismus. (*Dt. Monatsblätter*, 1878)

**Jugendstil,** der: (Bez. nach der seit 1896 in München ersch. Zeitschrift *Jugend*) Stilrichtung der bildenden Kunst zwischen 1895 u. 1905, erstrebte Syn-

**Junges Deutschland**

these von Kunst u. Leben, hoher u. angewandter Kunst; Form von schwungvollem, vor allem Pflanzenmotive verarbeitendem Ornament bestimmt, von großem Einfluß auf Buchdruck (Illustration, Schutzumschlag u. ä.); auch auf Literatur angewandt, die bestimmt ist von Vorliebe für Ambivalentes ausdrückende Metaphern (Springbrunnen u. a.), für Personentypen wie »femme fatale« oder »femme enfant« oder Themen wie »Tanz und Taumel«, »künstliche Paradiese« u. ä.; angesichts seiner verschwimmenden Konturen Begriff nur beschränkt tauglich für literar. Bereich, wo er sich bes. auf die Lyrik bezieht ( Rilke, Hofmannsthal, E. Lasker-Schüler u. a.).

= *Dem Jugendstil liegt die Urangst vor der Wirklichkeit mit ihren Forderungen zugrunde. Die Wirklichkeit ist in der Jugendstilzeit das Fremde schlechthin, das Andere, das essentiell Feindliche; eine Auseinandersetzung und Kraftprobe mit ihr kann nur in eine vernichtende Niederlage münden.*

[Aus: Dominik Jost, *Lit. Jugendstil*]

*Scheidesonne überm See,*
*An dem Ufer schöne Frauen,*
*Die im Spiegel ruheklar*
*Müde lächelnd ihr Bild beschauen...*

*Lösen zögernd sich des Schleiers*
*Wallend Weiß. Ein letztes Winken –*
*Und sie schreiten in die Flut*
*Leise schauernd.. und... versinken...* [E. A. Hermann, *Müder Abend*]

*Siehe die Nacht hat silberne Saiten*
*In die träumenden Saaten gespannt!*
*Weiche verzitternde Klänge gleiten*
*Über das selig atmende Land*
*Fernhin in schimmernde Weiten.*

*Sanft wie eine segnende Hand*
*Tönt und vertönt ihre Weise*
*Leise... so leise... so leise...*

*Und die Seele hebt ihre Schwingen*
*– Silberne Klänge sind ihre Flügel –*
*Weit über duftumsponnene Hügel*
*Durch der Täler verdämmernden Schein*
*Schwebt sie auf sehnsuchtgewiesener Reise*
*Still ins strömende Mondlicht hinein...* [St. Zweig, *Nocturno*]

**Junges Deutschland,** das: (Name erstmals 1834 in L. Wienbargs *Ästhetischen Feldzügen*) literar. Bewegung in Deutschland zwischen ca. 1830 u. 1848; Zusammenschluß ihrer zunächst nur in lockerer Verbindung zueinander stehenden Vertreter zur Gruppe unter äußerem Druck (Verbot der Schriften Gutzkows, Wienbargs, Laubes u. Mundts u. Verwarnung der Jungdeutschen

Schriftsteller durch den Dt. Bundestag); Forderung, daß Kunst mehr als ästhet. Phänomen zu sein u. der moral., polit. u. soz. Erneuerung zu dienen habe; Eintreten für Freiheit des Geistes, für Individualismus, Emanzipation der Frau u. der jüdischen Mitbürger, für Verfassung u. demokrat. Staatsordnung; als Folge dieser Politisierung der Literatur rückt an die Stelle der »schönen«, »zweckelosen« Dichtung die zweck- u. zielgerichtete: →Essay, →Feuilleton, Reisebild, polemisch-witzig mit satir. Intention, tendenziös, aber antidogmatisch. Die Bewegung des J. D. markiert das Ende des Idealismus u. den Sieg der Kräfte, die mit der Französ. Revolution auf den Plan traten, also einer Art Liberalität aus dem Geiste der →Aufklärung. (→Vormärz)

+ A. Estermann, *Polit. Avantgarde 1830–40. Dokumentation zum J. D.*, 2 Bde., 1974

= Hauptvertreter: Heine, Börne, Gutzkow, Th. Mundt, Herwegh, F. Freiligrath, G. Weerth u. a.

*Von jeher hat es Männer gegeben, die über dem Kampfe der Parteien erst den wahren Mittelpunkt ihres Lebens finden wollten. Sie suchten das Außerordentliche, weil entweder ihre Bildung eigentümlicher gestaltet war oder der Drang ihrer Überzeugung sie trieb. Sie bedurften der Masse, aber nur des Gegensatzes und der Folie wegen. Der eine suchte einen tieferen Frieden des Gemüts, den er im Lärm des Marktes nicht finden konnte, der andere war Egoist aus Eitelkeit oder aus Reflexion. Diese Leute verlangen von der Wahrheit, daß sie auch immer neu, von ihrer Darstellung, daß sie jedem überraschend scheine. Daher verschmähen sie eine Gemeinde, wo der Schüler vom Meister nur durch den Unterschied des Alters getrennt wird. Wir Deutsche würden mehr Verteidiger der politischen Freiheit aufweisen können, wenn sie mit unserer Kunst, Wissenschaft und Literatur inniger zusammenhinge. Weil sich die politische Wirksamkeit selbst in den Weg treten würde, wenn sie tiefer eindränge als in die Durchschnittsintelligenz des Volkes, so sind ihre Begriffe und Terminologien einfach.*

*Es gibt in Preußen Leute, die sich schämen, das Wort Konstitution in den Mund zu nehmen, und es sind sonst die schlechtesten noch nicht! In Frankreich hält die Politik und der Kampf der Parteien alle Richtungen des dichtenden und denkenden Geistes zusammen. Dort sind die Helden des Tages auch Helden des Jahrhunderts. Wir Deutsche, bisher allem öffentlichen Leben entfremdet, haben von den Goldminen der Wissenschaft nie geahnt, daß sie unter dem Boden des Staatslebens sich fortziehen. Unser politisches Streiten ist demokratisch, wir sind aber gewohnt, nie die Feder zu greifen als im Geiste unserer literarischen Aristokratie. All diese kleinen Momente unseres früheren Lebens, auf die uns eignes und fremdes Urteil stolz gemacht hat, sollten von großartigeren Triebfedern nun ersetzt werden müssen? Die Notwendigkeit der Politisierung unserer Literatur ist unleugbar.*

[Aus: K. Gutzkow, *Briefe eines Narren an eine Närrin*]

**Junges Polen,** das: Dichtergruppe in Polen (ca. 1900) um Zs. *Zycie* (1897 begr.); verband Eintreten für die nationale Wiedergeburt mit der Forderung nach einer zweckfreien Kunst. (→ L'art pour l'art)
= St. Przybyszewski, St. Żeromski, K. P. Tetmajer, J. Kasprowicz u. a.

**Jung-Wien,** das: Auch Wiener Moderne, Junges Österreich; Wiener avantgardist. Dichterkreis um H. Bahr (ca. 1890–1900); trat ein für Gegenströmungen zum Naturalismus (→ Symbolismus, → Impressionismus, → Neuromantik).
= Vertreter: H. v. Hofmannsthal, A. Schnitzler, F. Salten, R. Beer-Hofmann, P. Altenburg u. a.

**Kabarett** bzw. **Cabaret,** das: (frz. Schenke, Wirtshaus) Kleinkunstbühne mit Programm aus zeit- u. sozialkrit. →Chansons, Gedichten, →Sketches u. a. meist humorist.-satir. Art; zunächst als Kneipe der Bohemiens (→Boheme) in Paris (»*Chat noir*« auf dem Montmartre), dann als Unternehmen mit festem Programm etabliert; Blütezeit zwischen 1920 u. 1930. (→Couplet, →Revue, →Parodie)
= »Überbrettl« (Berlin, 1901: E. v. Wolzogen), »Schall und Rauch« (Berlin, 1902: M. Reinhardt); »Elf Scharfrichter« (München, 1901: Wedekind); »Cabaret Voltaire« (Zürich, 1916: H. Ball, H. Arp u. a.); »Schaubude« (München, 1945: Ursula Herking); »Insulaner« (Berlin, 1947: G. Neumann u. a.); »Mausefalle« (Stuttgart u. Hamburg, 1948: W. Finck); u. a.

Benze von Benzenhofen
*(Literarischer Rapport an meine erlauchte B. B. B. V. in Hannover)*

*»›Die Augen meiner Ahnen sehn herab*
*Aus jenem Reiche auf mein irdisch Tun‹*
*So sprachen Allerhöchstdieselben jüngst.«*
Benze von Benzenhofen *(Hymne an Kaiser Wilhelm I.)*

*»Prinz Heinrich aber hat die Flott' erkoren*
*Und ist zum Admirale wie geboren.«*
Benze von Benzenhofen

*Welches ist der höchste Dichter*
*In dem neuen deutschen Reiche?*
*Solches ist der edle Freiherr*
*Benze Benz von Benzenhofen.*

*Solcher edle Feiherr Dichter*
*Benze Benz von Benzenhofen*
*Hat gedichtet auf drei Maje-*
*Stäten majestät'sche Strophen.*

*Und die höchsten deutschen Dichter*
*In dem neuen deutschen Reiche*
*Können nicht das Wasser reichen*
*Benzen Benz von Benzenhofen.*

*Poesie in hohem Stile
Stilen viele, doch im Aller-
Höchsten Stile stilet einzig
Benze Benz von Benzenhofen.*

*Allerhöchstderselbe Dichter
Benze Benz von Benzenhofen
Ist zum Flottenadmiral der
Deutschen Dichter wie geboren.*

*Auf Karton in Prachtausstattung,
Im Verlag von Moritz Münzel
Zu Wiesbaden, ist erschienen
Benze Benz von Benzenhofen.* [Karl Henkell]


*Auf seinen Nasen schreitet
einher das Nasobēm,
von seinem Kind begleitet.
Es steht noch nicht im Brehm.*

*Es steht noch nicht im Meyer.
Und auch im Brockhaus nicht.
Es trat aus meiner Leyer
zum ersten Mal ans Licht.*

*Auf seinen Nasen schreitet
(wie schon gesagt) seitdem,
von seinem Kind begleitet,
einher das Nasobēm.* [Chr. Morgenstern, *Das Nasobēm*]

**Kabuki,** das: (jap. Verrenkung) »klassisches« volkstüml. japan. Theater; hervorgegangen aus Tempeltanz, verbindet das K. Tanz, Puppenspiel u. Elemente des →Nō zu einer Art »Tanz-, Sing- u. Sprechtheater«; Blütezeit im 18. Jh., von Einfluß auf mod. europ. Theater (→episches Theater).
= Bedeutendster Autor Kawatake Mokuami (1816–93); von Einfluß u. a. auf P. Weiss

**Kadenz,** die: (zu lat. fallen) in der →Metrik als Gegs. zu →Auftakt Form des Versendes (»Abtakts«); im allg. a) stumpf oder männl.: *Hut – gut*, b) klingend oder weibl.: *haben – laben*.
= a) *Dann überläßt ihr ihn der Pein* [Goethe]
   b) *Manche freilich müssen drunten sterben* [Hofmannsthal]
   a) + b) *Aug, mein Aug, was sinkst du nieder?*
         *Goldne Träume, kommt ihr wieder?*
         *Weg, du Traum! so gold du bist;*
         *Hier auch Lieb und Leben ist.* [Goethe]

**Kaempevise,** die (Pl. Kaempeviser): (dän. Heldenlied) dän. u. schwed. →Ballade mit Dialog u. Kehrreim (13./14. Jh.); Gattung der →Folkeviser.

**Kalauer,** der: (zu schles. Stadt Kalau) →Calembour, fauler (Wort-) →Witz. (→Paronomasie)
= *Du bist jetzt zweiunddreißig, oder doch beinah, da muß der mit der Fackel kommen; aber du fackelst (verzeih den Kalauer; ich bin eigentlich gegen Kalauer, die sind so mehr für Handlungsreisende), also du fackelst, sag' ich, und ist kein Ernst dahinter.*
*Ich aber sage Ihnen, meine Herrschaften, ein Kohlenstrich von Cornelius ist mehr wert als alle modernen Paletten zusammengenommen, und die Tuba, die dieser Tubabläser da an den Mund setzt – verzeihen Sie mir altem Jüngling diesen Kalauer – diese Tuba wiegt alle Tuben auf, aus denen sie jetzt ihre Farben herausdrücken.* [Aus: Fontane, *Der Stechlin*]

**Kalender,** der: (zu lat. Monatserster) Verzeichnis der Tage, Wochen u. Monate eines Jahres; zur Angabe der Festtage, astronom. u. meteorolog. Daten traten nach Erfindung des Buchdrucks betrachtende u. belehrende Aufsätze, sowie Erzählungen u. ä. (→Kalendergeschichte, →Almanach)
= *Lahrer Hinkender Bote* (seit 1801)

**Kalendergeschichte,** die: zum Abdruck in →Kalender bestimmte Geschichte, volkstüml.-unterhaltsam; oft derb-schwankhaft, mit Tendenz zur Belehrung; seit 18. Jh. stärkere Betonung des Didaktischen. (→Anekdote, →Schwank, →Legende)
= Grimmelshausen, *Ewigwährender Kalender* (1670); J. P. Hebel, *Schatzkästlein des Rheinischen Hausfreundes* (= bad. literar. Kalender, 1811); O. M. Graf, *K.n* (1929); B. Brecht, *K.n* (1949); E. Strittmatter, *Schulzendorfer Kramkalender* (1969); u. a.

*Man darf nie weniger geschwind tun, wenn etwas geschehen soll, als wenn man auf die Stunde einhalten will. Ein Fußgänger auf der Basler Straße drehte sich um und sah einen wohlbeladenen Wagen schnell hinter sich hereilen. »Dem muß es nicht arg pressieren«, dachte er. »Kann ich vor Torschluß noch in die Stadt kommen?« fragte ihn der Fuhrmann. »Schwerlich«, sagte der Fußgänger, »doch wenn Ihr recht langsam fahrt, vielleicht. Ich will auch noch hinein.« »Wie weit ist's noch.« »Noch zwei Stunden.« »Ei«, dachte der Fuhrmann, »das ist einfältig geantwortet. Was gilt's, es ist ein Spaßvogel.« »Wenn ich mit Langsamkeit in zwei Stunden hineinkomme«, dachte er, »so zwing ich's mit Geschwindigkeit in anderthalben und hab's desto gewisser.« Also trieb er die Pferde an, daß die Steine davonflogen und die Pferde die Eisen verloren. Der Leser merkt etwas. »Was gilt's«, denkt er, »es fuhr ein Rad vom Wagen?« Es kommt dem Hausfreund auch nicht darauf an. Eigentlich aber, und die Wahrheit zu sagen, brach die hintere Achse. Kurz, der Fuhrmann mußte schon im nächsten Dorf über Nacht bleiben. An Basel war nimmer zu denken. Der Fußgänger aber, als er nach einer Stunde durch das Dorf ging und ihn vor der Schmiede erblickte, hob er den Zeigfinger in die Höhe. »Hab ich Euch nicht gewarnt«, sagte er, »hab ich nicht gesagt: Wenn Ihr langsam fahrt?«*

[J. P. Hebel, *Der verachtete Rat*]

**Kanevas,** der: (frz. gitterartiges Gewebe für Stickereien) in Akte u. Szenenbilder eingeteiltes Handlungsschema der →Commedia dell'arte. (→Szenarium)

**Kanon,** der: (gr. Richtschnur, Maßstab) Norm, Regelsystem: a) Gesamtheit der für ein best. Gebiet verbindl. Werke bzw. geltenden Regeln; b) Verzeichnis mustergült. Schriftsteller, von den alexandrin. Grammatikern aufgestellt u. als verbindlich angesehen.
= a) Kanon. Texte des Alten u. Neuen Testaments im Gegs. zu den Apokryphen;
b) K. der drei Tragiker Äschylos, Sophokles, Eurypides

**Kantate,** die: (ital. Singstück) mehrteil., vorwiegend lyr. Gesangswerk für Solostimme oder Chor mit Instrumentalbegleitung; Form um 1600 entstanden, gepflegt vor allem im 17. u. 18. Jh. (höchste Ausformung durch J. S. Bach), Bedeutung primär auf musikal. Gebiet; metrisch verwendet die K. →Madrigal-Verse (z. B. im Rezitativ) u. stroph. oder nichtstroph. Verse (z. B. im Chor oder in den Solo-Arien); meist →Gelegenheitsdichtung.
= Textdichter: Gerstenberg, *Ariadne auf Naxos* (1767); Goethe, *K. zum Reformationsjubiläum und Denkmal für Luther* (1817, Entwurf für Zelter); Brecht, *K. zu Lenins Todestag* (1939); u. a.

*Dem heitern Himmel ewger Kunst entstiegen,*
*Dein Heimatland begrüßest du,*
*Und aller Augen, alle Herzen fliegen,*
*O Herrlicher, dir zu!*

Frauen

*Des Lenzes frischen Segen,*
*O Meister, bringen wir,*
*Betränte Kränze legen*
*Wir fromm zu Füßen dir.*

Männer

*Der in die deutsche Leier*
*Mit Engelstimmen sang,*

*Ein überirdisch Feuer*
*In alle Seelen schwang;*

*Der aus der Muse Blicken*
*Selige Wahrheit las,*
*In ewgen Weltgeschicken*
*Das eigne Weh vergaß;*

Frauen

*Ach, der an Herz und Sitte*
*Ein Sohn der Heimat war,*
*Stellt sich in unsrer Mitte*
*Ein hoher Fremdling dar.*

*Doch stille! Horch! – Zu feierlichem Lauschen*
*Verstummt mit eins der Festgesang: – –*
*Wir hörten deines Adlerfittigs Rauschen*
*Und deines Bogens starken Klang!*
[Ed. Mörike, *K. bei der Enthüllung der Statue Schillers*]

**Kanzion,** die: →Canción.

**Kanzleistil,** der: (Amtsstube + Stil) →Stil, in dem (unliterar.) formelhaft zeremonielles Element breiten Raum einnimmt.

**Kanzone,** die: (ital. aus lat. gesungenes Lied) allg.: mehrstroph. Gedicht oder (gesungenes) Lied belieb. Inhalts (= freie K.); bes.: Lied oder Gedicht in »stolliger«, d. h. zweiteiliger Form (→Stollenstrophe) (= klass. K.); Anfänge in prov. Trobadorlyrik (→Canso), von dt. →Minne- u. →Meistersang übernommen u. bei Dante, Petrarca (→Dolce stil nuovo) u. a. variationsreich vollendet; die klass. Form besteht aus fünf bis sieben Strophen von je 13 bis 21 Versen aus Elf- und Siebensilblern (7. u. 10. Zeile) u. einem →Abgesang (Coda), der meist in zwei symmetr. Perioden (Volten) zerfällt; Nachbildung der von Alfieri, Manzoni, D'Annunzio u. a. wiederbelebten Form in Dtschld. durch A. W. Schlegel, J. Chr. v. Zedlitz (*Totencränze*, 1828), Platen, Rückert (*Canzonetten*, 1818) u. a.

= *Swelch frouwe sendet lieben man*
  *mit rehtem muote ûf dise vart,*
  *diu koufet halben lôn daran,*
  *ob si sich heime alsô bewart*
  *daz si verdienet kiuschiu wort.*
  *sî bete für sî beide hie,*
  *sô vert er für sî beide dort.* [Hartmann v. Aue]

*Wenn in des Himmels stille Nachtbahn treten*
*Die lichten Wesen, die hier Sterne heißen*

*Und ewgen Glanz durch Thaten schon empfangen:*
*Pflegt sich auf Au'n, in Wäldern, Dörfern, Städten*
*Länger der Fluth des Schlafs nicht zu entreißen*
*Der Sinn, der in dem Menschen weilt gefangen.*
*Nach Ruhe überwogt sie das Verlangen,*
*Die Müden werfend auf der Erde Bette,*
*Schließend ihr Aug' dem Anblick jener Geister;*
*Und wie von ihnen dann die Flur verwaister,*
*So heller sich die goldne Strahlenkette*
*Zur nachtbethauten Stätte*
*Hernieder schwingt, und wen'ge nur erfahren,*
*Wenn hier erschienen Himmelsgeisterscharen*

*Jedoch der Jüngling, dem die Brust bewegt*
*Das Glimmen des noch nicht entbrannten Funken,*
*Der in ihm soll den Heldengeist befreien,*
*Fühlt sich zur nächtgen Stund' erst angereget*
*Und sieht dann in den goldnen Sternen trunken*
*Die Waffen hängen, die den Helden weihen.*
*Hinan sich schwingen will er jene Reihen,*
*In denen angeschirret strahlt der Wagen,*
*Zum Zug ihn rufend nach entfernten Reichen.*
*Im Himmel nie erlöschen ihm die Zeichen,*
*Die ihn noch soll'n zu mancher Kriegsthat tragen,*
*Daß er sonst kein Behagen*
*Als nur zu schirren jenen Wagen kennet,*
*Auch bald sein Fahrzeug zu betrachten brennet.*

*Nicht kann ich ihn, den Sternenhimmel schauen,*
*Daß ich nicht müßt' an arge Feinde denken,*
*An dichte Schaaren, muthig zu durchbrechen,*
*Und will Gestirnen, wie dem Schwert vertrauen,*
*Will kühn das Roß in seine Streitbahn lenken,*
*Dem Gegner dunkeln Bluts Wunden zu stechen;*
*So wie ich auch auf Schlachtgefildes Flächen*
*Nie noch gesehen Schwert und Schilde blinken,*
*Daß ich nicht Sterne hätte müssen ahnen;*
*Denn gleich Gestirnen glänzen hoch die Fahnen,*
*Die zu der kühnen Feldschlacht leuchtend winken;*
*Und gern einst will ich sinken*
*Im Schlachtgewühl, wenn ich nur fallend sehe,*
*Daß ich geblieben war in ihrer Nähe.*

*O was doch ist's, das bald in lichten Sternen*
*Und bald ich wieder auch in wilden Kämpfen*
*Als einen Durst will dämpfen,*

*Den ich in mir so oft muß wonnig fühlen,*
*Daß ich nie ganz im Innern ihn will kühlen?*
[Aus: W. v. Schütz, *Beim Sternenhimmel*]

**Kanzonette,** die: (ital. Liedchen) urspr. →Kanzone volkstüml. Inhalts u. von einfacher Form (→Stollenstrophe aus Sieben- bis Achtsilblern).

**Kapitel,** das: (lat. Köpfchen) urspr. stichwortart. Inhaltsangabe als Überschrift für Abschnitt oder Teil eines Werkes; heute Bez. für diese Teile selbst. (→Argument, →Lemma, →Titel)

**Kapuzinade,** die: (zu Angehöriger des Kapuzinerordens) Kapuzinerpredigt, volkstüml. Strafpredigt, geharnischte, derb abkanzelnde →Rede; am bekanntesten K.n Abraham a Sancta Claras (17. Jh.). (→Predigt)
= *Was steht ihr und legt die Hände in Schoß?*
*Die Kriegsfuri ist an der Donau los,*
*Das Bollwerk des Bayerlands ist gefallen,*
*Regenspurg ist in des Feindes Krallen,*
*Und die Armee liegt hier in Böhmen,*
*Pflegt den Bauch, läßt sichs wenig grämen,*
*Kümmert sich mehr um den Krug als den Krieg,*
*Wetzt lieber den Schnabel als den Sabel,*
*Hetzt sich lieber herum mit der Dirn,*

*Frißt den Ochsen lieber als den Oxenstirn.*
*Die Christenheit trauert in Sack und Asche,*
*Der Soldat füllt sich nur die Tasche.*
*Es ist eine Zeit der Tränen und Not,*
*Am Himmel geschehen Zeichen und Wunder,*
*Und aus den Wolken, blutigrot,*
*Hängt der Herrgott den Kriegsmantel runter.*
[Aus: Schiller, *Wallensteins Lager*]

**Karikatur,** die: (zu ital. be-, überladen) Zerr-, Spottbild, das Charaktermerkmale von Menschen u. Sachen übertrieben, d. h. in einem Mißverhältnis zum Ganzen, wiedergibt, um komischen oder satir.-krit. Effekt zu erzielen; in Literatur Element von →Schwank-Dichtung u. als Charakter-K. vor allem in →Charakterkomödie. (→Satire, →Parodie)
= →Bramabas, →Capitano u. a.
Carl Sternheim, *Aus dem bürgerl. Heldenleben* (1911 ff.), u. a.

**Kasperltheater,** das: (K. = von J. Laroche im 18. Jh. in Wien geschaffene Version des →Hanswurst) (Hand-)Puppenspiel mit dem Lustigmacher Kasperl als Hauptfigur.
= F. Pocci, *Neues Kasperl-Theater* (1885); A. Schnitzler, *Zum großen Wurstel* (1906); M. Kommerell, *Kasperlespiele für große Leute* (1948); u. a.

Erster Akt

Gemach des Sultans.

Sultan Schurimuri sitzt auf dem Thron und raucht aus einer langen Pfeife.

FAGOTSCHI. ... vernimm, erhabener Sultan: Soeben haben deine Wachen einen Fremdling arretiert, der in dem sultanischen Hofgarten aufgefunden wurde. Man fürchtet, es sei ein Spion. Vielleicht gewährt es dir einige Unterhaltung, ihn vor deinen allerdurchlauchtigsten Augen strangulieren zu lassen.

SCHURIMURI. Gut! schleppt ihn herbei, damit ich einen Spaß habe auf meinen vielen Ärger. Schnell, schnell!

(Fagotschi ab.)

SCHURIMURI. Ich wollte mir heute ein sanftes, stilles Vergnügen veranstalten; allein es scheint, daß Muhammed, der große Prophet, es anders bestimmt hat. Gut! So will ich Blut sehen! Ah, da kommt der Fremdling; zuvor will ich mich mit ihm unterhalten.

KASPERL (wird hereingestoßen). Das bitt ich mir aus! das ist keine Manier, einen Reisenden so zu behandeln! –

SCHURIMURI. Wie kömmst du hieher! Wer hat dir gestattet, meinen Hofgarten zu betreten?

KASPERL. Wie ich herkomm? No, das sehn S'ja. Man hat mich verirritiert. Und in Ihren Hopfengarten bin [ich] hineinkommen, ich weiß nit wie. So auf einem Spaziergang am Phosphorus hintennüber und vornherein ums Eck.

SCHURIMURI. Wer bist du, Hund? was wolltst du hier?

KASPERL. Erhabener Türkenkopf, nix will ich hier. Naus möcht ich wieder.

SCHURIMURI. Du scheinst mir ein englischer Spion. Eine rote Jacke und gelbe Hosen sind englische Uniform.

KASPERL. Die hab ich schon mit auf die Welt bracht, wie mir meine Mama g'sagt hat.

SCHURIMURI. Ha! Verstellung! diplomatischer Kniff!

KASPERL. Was? ein zipflomatischer Pfiff?

SCHURIMURI. Weise deinen Paß vor!

KASPERL. Einen Spaß kann ich gleich vorweisen. (Macht dem Sultan eine Verbeugung von rückwärts.)

SCHURIMURI. Was soll dies heißen? Ist dies englische Sitte?

KASPERL. Das heißt man bei uns ein Kompliment von der Schokoladiseiten, verstanden?

SCHURIMURI. Aha! du hast dich verraten. Lady ist ein englisches Wort. Schurke, gestehe, oder ich lasse dich strangulieren! Wer bist du? Ich lasse dich mit glühenden Zangen zwicken.

KASPERL. Zwicken spiel ich nit ungern, aber Tarocken ist mir noch lieber.

SCHURIMURI (beiseite). Ha! er spricht von Marokko? (Laut.) Edler Prinz! seid Ihr vielleicht der Fürst von Marokko, den ich längst zum Besuche erwarte?

KASPERL. Oho! jetzt wär' ich gern ein Prinz. (Beiseite.) Aber ich muß ihm doch was sagen, sonst könnt's wenigstens Prügel absetzen. (In Positur und

affektiertem Tone.) *Erhabener Großtürke, ich bin kein Prinz, sondern ein reisender Professor à la botanique, ich mache in Blumen! Ich bin Doktor der Blimiblamisophie!*
SCHURIMURI. *Darüber bin ich sehr erfreut. Ich habe längst einen Botanikus gesucht, zur Aufsicht über meine Hofgärten, Treibhäuser und Hollanderkästen.*
KASPERL. *Ja, ich habe mich auch sehr auf die Mistbetteln gelegt, busonders habe ich mich mit der Kultur der Sommerradi buschäftigöt.*
SCHURIMURI. *Diese Pflanze ist mir neu. Erklären Sie mir.*
KASPERL. *Diese Pflanze oder Radi ist ein Worzelgewächs, welches sehr gut zum Bier schmeckt. Man schnoidet dasselbe in Schoiben, wölche man mit Salz zu guniessen pflegt.*
SCHURIMURI (für sich). *Dieser Fremdling scheint wirklich große Kenntnis der Botanik zu besitzen.* (Zu Kasperl.) *Wenn Sie wollen, Herr Professor, so nehme ich Sie als Hofgartenbostandschi?*
KASPERL. *Bostandschi! Was ist das für ein Tier?*
SCHURIMURI. *Sie haben die Leitung der sämtlichen Gärten und stehen im Range eines Paschas von zwei Roßschweifen mit weißem Turban!*
KASPERL. *Ich wünschte lieber einen Federbuschen!*
SCHURIMURI. *Meine Beamten tragen keine Federbüsche, sondern nur Roßschweife.*
KASPERL. *Auch gut, allein ein Eichkatzlschweif würde mich noch mehr freuen.*
SCHURIMURI. *Nun, von heute an bist du mein Diener!*
KASPERL. *O sehr ja! allein vorderhand empfinde ich ein loises Gefühl von bedoitendem Hunger.*
SCHURIMURI. *Beim großen Propheten! Dein gemeiner Trieb soll gestillt werden. Man führe den Hofgartenbostandschi in die Hofküche und füttere ihn. Marsch! dann wieder zu mir herauf!* (Kasperl ab.) *Jetzt mein Glockenspiel! Ich will etwas schlummern!*
(Der Vorhang fällt.)
Ende des ersten Aufzugs
[Aus: F. Pocci, *Kasperl in der Türkei*]

**Kasside,** die: (arab.) arab. Preisgedicht bzw. Totenklage in Form des → Ghasels, aber im ganzen länger. (→ Tendenzdichtung, → Klage)

**kastalische Quelle,** die: (nach der gr. Nymphe Kastalia) den Musen geweihte Quelle am → Parnaß, Sinnbild dicht. Begeisterung. (→ Pathos)

**Kasus,** der: (lat. Fall) aus Rechtswissenschaft u. Morallehre stamm. Begriff; bezeichnet als → einfache Form (nach Jolles) Vorkommnis, in dem sich der Konflikt versch. Normen spiegelt, und die abwägende Betrachtung des spannungsvollen Wechselverhältnisses von Leben und (Urteils- bzw. Gesetzes-) Norm. (→ Novelle)

= *Ein Taschendieb stiehlt mir im Gedränge der Großstadt meine Brieftasche, in der hundert Mark in kleinen Scheinen waren. Mit seiner Geliebten, der er von dem glücklichen Fang erzählt, teilt er seine Beute. Werden beide gefaßt, so wird die Geliebte als Hehlerin bestraft.*
*Angenommen, ich hatte in der Brieftasche nur einen Hundertmarkschein. Der Dieb läßt das Geld wechseln und gibt dann erst der Frau fünfzig Mark, so ist sie straffrei. Denn Hehlerei ist nur an den unmittelbar durch die strafbare Handlung erlangten Sachen möglich, nicht an den gewechselten Scheinen.*

[Aus: André Jolles, *Einfache Formen*]

**Katabasis,** die: (gr. Abstieg) »absteigende«, d. h. auf →Peripetie folg. »fallende« Handlung.

**Katachrese,** die: (gr. Mißbrauch) a) uneigentl., b) unrichtiger Gebrauch eines Wortes: a) als Übernahme von Aushilfsbezeichnung aus anderem Bedeutungsfeld, b) als Verbindung von nicht Zusammengehörendem.
= a) *Bein eines Tisches; Bart eines Schlüssels*
b) *über jeden Dorn im Fleisch breitet sich einmal der Schleier des Vergessens*

**Katalekten** (Pl.): (zu gr. aufhören) Bruchstücke, →Fragmente.

**katalektisch:** (gr. aufhörend) Bez. für Vers, der unvollständig ist, da im letzten Takt die →Senkung fehlt u. Eindruck von Dehnung oder Pause entsteht. (→brachy-, →di-, →hyper-, →akatalektisch)
= *Nimmer, das glaubt mir, erscheinen die Götter* [Schiller] (= daktylisch)
– ∪ ∪ / – ∪ ∪ / – ∪ ∪ / – ∪
*Ein zu Tod gehetztes Wild* [C. F. Meyer] (= trochäisch)
– ∪ / – ∪ / – ∪ / –

**Katalog,** der: (gr. Aufzählung) Verzeichnis von Büchern, Manuskripten, Bildern u. ä. (→Didaskalien, →Merkdichtung)

**Katastase,** die: (gr. Aufstellung) Höhepunkt der Verwicklung in → Epos u. →Drama, Vorstufe der →Katastrophe.

**Katastrophe,** die: (gr. Umkehr, Wendung) Wendepunkt im Drama, der die Handlung zum lösenden Schluß öffnet: als Untergang des Helden in →Tragödie, als humorvolle Entwirrung in →Komödie.

**Katechismus,** der: (zu gr. mündl. belehren) relig. Lehrbuch, meist in Frage u. Antwort.

**Katene,** die (meist Pl.): (lat. Kette, Reihe) Sammlung von älteren, dem Text als »kettenartige Aneinanderreihung« folg. Bibelkommentaren. (→Scholien)

**Katharsis,** die: (gr. Reinigung) zentraler Begriff in Aristoteles' *Poetik*, wonach Ziel der →Tragödie eine K. = Reinigung der Seele sei; die Frage, ob »Läuterung *der* Leidenschaften« oder »Läuterung *von den* Leidenschaften« durch »Erregung von Furcht und Mitleid« (»Schauder und Jammer«) blieb lange umstritten; nach Forschung der letzten Jahrzehnte ist der Begriff der K. der Medizin entlehnt, wo er purgierende Aktivität des Körpers bedeutet: die »reinigende« Wirkung der Tragödie besteht demnach in »einer mit Lust verbundenen Erleichterung von den in ihr erregten Affekten« (A. Lesky).
= →Furcht und Mitleid

**Kāvya,** das: (sanskr.) Gedichtform der klass. ind. Hofdichtung.

**Kehrreim,** der: →Refrain.

**Kenning,** die (Pl. Kenninger): (anord. Kennzeichnung) →rhet. Figur: in anord. u. agerm. Dichtung Umschreibung von Begriff durch zweigliedrige Nominalverbindung (Meer = Ymirs Blut) oder Kompositum (Kampf = fleinbrak [Pfeilgetöse]); hochentwickelt bes. in →Skaldendichtung. (→Heiti)

**Kettenreim,** der: a) Terzinenreim als äußerer K., Endreime nach dem Schema aba bcb... (→Terzine); b) innerer K., verbindet nach best. Schema Wörter von Versanfang, -innerm u. -ende (z. B. a... b... a/c... b... c) (→Inreim).
= a) Dante, *Göttliche Komödie*; b) K. v. Würzburg; G. Neumark: Streue *deinen goldnen* Regen *auf dies Paar und sie* erfreue / Schaue *sie in vollem* Segen *und mit Nektar sie* betaue

*Wenn langsam Welle sich an Welle* schließet
*Im breiten Bette* fließet *still das* Leben,
*Wird jeder Wunsch* verschweben *in den einen:*
*Nichts soll des Daseins* reinen *Fluß Dir* stören.
*Läßt Du dein Herz* bethören *durch die* Liebe,
*So werden alle* Triebe, *losgelassen,*
*Der Kraft in vollen Massen sich* entladen,
*Daß unten tief sich* baden *die* Gefühle,
*Im buntesten* Gewühle *wilder* rauschen,
*Bis ferne Männer* lauschen *und voll* Bangen
*Das nah' zu seh'n* verlangen, *was mit* Grausen
*Die Seel' erfüllt im* Sausen *solcher* Wogen,
*Die manchen schon be*trogen, *und nicht* ruhten,
*Bis tiefer in die* Fluthen *ew'ger* Leiden
*Verschlungen sie die* Beiden, *die ver*einet
*Im Silberschaum den süßen Tod be*weinet.

[Fr. Schlegel, *Der Wasserfall*]

**Keulenvers,** der: (nach der Form) Vers bestehend aus fünf Wörtern, die fortschreitend um eine Silbe zunehmen. (→ Hexameter)

= *Rem tibi confeci doctissime dulcisonoram* [Zit. bei Servius]

**Kinderlied,** das: einfaches, für Kinder gesungenes oder rezitiertes Lied, durch kurze Strophen u. einprägsame Reime gekennzeichnet; häufig aus mündl. Tradition stammend u. in Mundart abgefaßt. Darunter sind → Wiegenlieder (*Müde bin ich, geh' zur Ruh', schließe meine Äuglein zu...*), Lieder für Spiele (*Hoppe, hoppe Reiter... ; Backe, backe Kuchen...*), Tierlieder (*Eia, popeia, was raschelt im Stroh?...*) oder Zungenbrecher (*Wir Wiener Wäscherweiber...*) und → Abzählverse. Als literar. Form bes. in → Romantik u. → Biedermeier beliebt: z. B. Claudius, Rückert u. a.; im 20. Jh. Dehmel u. a.

= Schlaflied von den Schäfchen
*Schlaf, Kindlein, schlaf*
*Der Vater hüt' die Schaf*
*Die Mutter schüttelt's Bäumelein,*
*Da fällt herab ein Träumelein.*
*Schlaf, Kindlein, schlaf!*
*[...]*

Gute Nacht, mein Kind!
*Guten Abend, gute Nacht,*
*Mit Rosen bedacht,*
*Mit Näglein besteckt,*
*Schlupf unter die Deck;*
*Morgen früh, wenn Gott will,*
*Wirst du wieder geweckt.*

= *Ringel, Ringel, Reihe!*
*Sind der Kinder dreie,*
*Sitzen auf dem Holderbusch,*
*Schreien alle musch, musch, musch!*

Butzemann
*Es tanzt ein Butzemann*
*in unserm Haus herum di dum,*
*Er rüttelt sich, er schüttelt sich,*
*Er wirft sein Säckchen hinter sich,*
*Es tanzt ein Butzemann*
*in unserm Haus herum.* [Aus: Des Knaben Wunderhorn]

**Kinder- und Jugendliteratur,** die: allg.: Literatur, die für Lektüre von Kindern u. Jugendlichen als geeignet gilt; bes.: für Kinder u. Jugendliche eigens verfaßte Literatur. (→ Kinderlied, → Fibel, → Bilderbuch, → Kalender, → Almanach)

+ *Lexikon der K.- u. J.*, 3 Bde. u. 1. Erg. Bd., hrsg. v. K. Doderer (1975ff.)
= Allg.: Cervantes, *Don Quijote* (1605ff.); Defoe, *Robinson Crusoe* (1719); Swift, *Gullivers Reisen* (1726); u.a.; bes. H. Hoffmann, *Der Struwwelpeter* (1845); W. Busch, *Max u. Moritz* (1865); Mark Twain, *Tom Sawyer* (1876); D. L. Stevenson, *Treasure Island* (1883); E. Kästner, *Emil u. d. Detektive* (1929); u.a.

**Kirchenlied,** das: Zur Gestaltung des christl. Gottesdienstes dienendes geistl. Lied; neben lat. Kirchengesang dt. Lieder, sog. →Leisen, seit 13. Jh. (bei Wallfahrten, Bittprozession u.ä.); erst mit Reformation wird K. zum festen Bestandteil des Gottesdienstes u. in →Gesangbüchern gesammelt; eigtl. Schöpfer des protest. K. Luther *(Ein feste Burg, Aus tiefer Not)*; Blütezeit in →Barock. (→Hymne, →Psalm, →Sequenz)
= Th. Müntzer, M. Luther, P. Schede-Melissus, A. Lobwasser (ev.); Angelus Silesius, F. v. Spee u.a. (kath.)
*Petrus-Lied* (Ende 9. Jh.) ältest. dt. K.; erstes von Luther eingeführtes K. *Nu freut euch lieben Christen gemein* (1523); Höhepunkte P. Gerhardt *O Haupt voll Blut u. Wunden*; Martin Rinckart *Nun danket alle Gott*, Neander *Lobe den Herrn*; u.a.

*1.*
*Mir nach / spricht Christus unser Held /*
*Mir nach / jhr Christen alle:*
*Verläugnet euch / verlaßt die Welt /*
*Folgt meinem Ruff und Schalle:*
*Nehmt euer Kreutz und Ungemach*
*Auff euch / folgt meinem Wandel nach.*

*2.*
*Ich bin das Licht / ich leucht' euch für*
*Mit heilgem Tugend-Leben;*
*Wer zu mir kommt und folget mir /*
*Darff nicht im finstern schweben:*
*Ich bin der Weg / ich weise wol /*
*Wie man wahrhafftig wandeln sol.*
[Aus: Angelus Silesius, *Sie vermahnet zur Nachfolgung Christi*]

*III.*
*Gloria sey dir gesungen /*
*Mit Menschen und Englischen Zungen /*
*Mit Harpffen und mit Cymbaln schön:*
*Von zwölf Perlen sind die Pforten*
*An deiner Statt / wir sindt Consorten*
*Der Engel hoch vmb deinen Thron /*
*Kein Aug hat je gespürt /*
*Kein Ohr hat mehr gehört /*

*Solche Frewde.*
*Deß sindt wir fro / jo / jo*
*Ewig in dulci iubilo.* [Aus: Philipp Nicolai, *Ein Geistlich Braut-Lied*]

**Kitsch,** der: (von schwäb. Kitsch bzw. elsäss. oder rotwelsch Ketsch → Kolportage) → Trivialliteratur, demokratisierte »Kunst« im Zeitalter der Reproduzierbarkeit als konsumierbare Nachahmung von »Kunst«; wie Kunst ist K. ein Produkt von »Können« u. »Machen«, aber im Gegs. zu jener erreicht K. als Schein-Kunst, machbar nach Rezept, keine Eigen- u. Persönlichkeitswirklichkeit, die Kunstbegegnung im Gegenüber von Subjekt u. Objekt stattfinden läßt; K. wird »erlebt« in der Objektivierung des subjektiven sentimentalen Selbstgenusses u. ist gekennzeichnet durch totale Erlebbarkeit, Widerstandslosigkeit, synästhetische Verschmelzung von Stimmungsmomenten zum willig zu konsumierenden »Schönen« (Ludwig Giesz); wegen seiner Einfühlungsoffenheit bietet er sich dem Betrachter als Pseudobehausung, die von idyll. Schein u. entdämonisierender Tendenz bestimmt ist; K. hat als Massenkunst u. Kunst für die Masse, die Ausdruck einer dem Menschen immanenten Möglichkeit ist, im Zeichen von Massen- u. Konsumgesellschaft u., letztlich, Demokratisierung auch der Kunst u. des Kunsterlebnisses unerhörte Bedeutung erlangt; selber fragwürdig, hat der K. den überlieferten Kunstbegriff fragwürdig werden lassen.

= *Das schwarze Lockenköpfchen schirmte ein großer italienischer Strohhut, an dem ein Strauß von frischen Wiesenblumen schwankte; zwei lange blaßblaue Bänder flatterten von der breiten Krempe bis zur Hüfte herab. In den großen blauen Augen spiegelte sich die sanfteste Freundlichkeit, die arglöseste Kindlichkeit, die fromme Liebe selbst. Herrlich wölbten sich, über diesen stillen Sprechern der Seele und des Herzens, die schwarzen Bogen der Augenbrauen, und die langen seidnen Wimpern brachen den Feuerstrahl ihres glühenden Blickes. Jugend und Gesundheit blühten im Grübchen der Wange, auf den Purpurlippen und in der Fülle ihres ganzen schönen Körpers.*
[Aus: Clauren, *Mimili*]

*Hold wie sein Name war Hölderlin und hell wie Apoll der Jüngling aus Schwaben, der bei dem Kaufmann Gontard in Frankfurt Hauslehrer wurde; schön war Susette, die sittige Hausfrau, edel an Geist und Gestalt und aller Sehnsucht Vollendung: der helle Gott fand die Göttin.*
*Die aber in göttlicher Ferne ihm vorbestimmt war, stand in der irdischen Nähe durch Pflicht und Neigung dem Kreis verbunden, darin sie die Hausfrau und Mutter und für den armen Lehrer die reiche Herrin vorstellte.*
*Sie sah das Licht der eigenen Ferne in seinen Augen gespiegelt, sie hörte den Klang seiner Stimme, wie ein Wanderer die Glocken der Heimat vernimmt, sie ging den Wolkenweg seiner Gedanken Hand in Hand; Schwester und Mutter war sie dem Jüngling, aber sie ließ seine Leidenschaft nicht über die Schwelle des Hauses, darin sie die Frau war...*
[Aus: W. Schäfer, *Die dreizehn Bücher der deutschen Seele*]

**Kladde,** die: (ndl. Schmutz) Schmierheft, Entwurf »ins Unreine«. (→ Brouillon)

**Klage,** die: Dichtung, deren zentrales Thema Trennung, Verlust, Vergänglichkeit u. der damit verbundene Schmerz ist: → Totenklage, → Epikedeion, → Threnos, → Nänie, → Elegie, → Complainte, → Planh, → Planctus, → Dirge, → Propemptikon, → Lamento.
= *Western wind, when will thou blow*
  *The small rain down can rain?*
  *Christ, if my love were in my arms*
  *And I in my bed again!*
   [Unbek. Verf., *The lover in winter plainetts for the spring*]

**Klammervers,** der: Versfolge (→ Versus concordantes), in der die identischen Teile der gleichartig gebauten Zeilen nur einmal erscheinen u. mit den nichtidentischen durch Klammer verbunden sind; Form der Scherzdichtung. (→ Parallelismus)

|   | | | |
|---|---|---|---|
| = Nicht { | fragen, beurteilen, glauben, sagen, machen, geben } | alles was man { | vergaß, sieht, hört, weiß, kann, hat } denn es erscheint als { Neugier, Vorwitzigkeit, Leichtfertigkeit, Dummheit, Hochmut, Verschwendung |

Ergibt nacheinander gelesen:
Nicht fragen, alles was man vergaß, denn es erscheint als Neugier; nicht beurteilen...

**Klanggedicht,** das: nicht auf → Klangmalerei, → Klangsymbolik, sondern auf Klangmusikalität, d. h. melod. Effekt, aufbauendes Gedicht; »Verse ohne Worte« oder Lautgedichte, in denen das Gedicht von jedem Inhalt u. das Wort von jeder Bedeutung gelöst ist; als Dichtung des »Außer-Sinnes« vor allem in → Dadaismus gepflegt (Ball, Arp, Schwitters).
= *Man verzichte mit dieser Art Klanggedichte in Bausch und Bogen auf die durch den Journalismus verdorbene und unmöglich gewordene Sprache. Man ziehe sich in die innerste Alchimie des Wortes zurück, man gebe auch das Wort noch preis, und bewahre so der Dichtung ihren letzten und heiligsten Bezirk. Man verzichte darauf, aus zweiter Hand zu dichten...*
   [Aus: H. Ball, *Flucht aus der Zeit*]

*gadji beri bimba*
*glandridi lauli lonni cadori*
*gadjama bim beri glassala*

*glanridi glassala tuffm i zimbrabim*
*blassa galassasa tuffm i zimbrabim...*
[H. Ball]

weh unser guter kaspar ist tot
wer trägt nun die brennende fahne im zopf. wer dreht die kaffeemühle. wer lockt das idyllisch reh.
auf dem meer verwirrte er die schiffe mit dem wörtchen papapluie und die winde nannte er bienenvater.
weh weh weh unser guter kaspar ist tot. heiliger bimbam kaspar ist tot...
[H. Arp]

*Der Flügelflagel gaustert*
*durchs Wiruwaruwolz,*
*die rote Fingur plaustert,*
*und grausig gutz der Golz.* [Chr. Morgenstern, *Gruselett*]

**Klangmalerei,** die: mehr oder weniger kunstvolle Nachbildung von Klangwirkungen durch Sprachmittel (Silbe, Wort, Satz); charakterist. für Vertreter des →Nürnberger Dichterkreises u. a. (→Klangsymbolik)
= *Es gischen die gläser, es zischet der zukker:*
*man schwenkt sie und schenkt sie euch allen vol ein.*
*Es klukkert verzukkert dem schlukker fein lukker,*
*fein munter hinunter der Rheinische wein.*
*So klinkern und flinkern und blinkern die flöhten,*
*so können die sinnen entrinnen aus nöhten.* [Ph. v. Zesen]

*Und es wallet und siedet und brauset und zischt,*
*Wie wenn Wasser mit Feuer sich mengt,*
*Bis zum Himmel spritzet der dampfende Gischt,*
*Und Flut auf Flut sich ohn Ende drängt,*
*Und will sich nimmer erschöpfen und leeren,*
*Als wollte das Meer noch ein Meer gebären.* [Aus: Schiller, *Der Taucher*]

*Klingling, bumbum und tschingdada,*
*Zieht im Triumph der Perserschah?*
*Und um die Ecke brausend bricht's*
*Wie Tubaton des Weltgerichts,*
*Voran der Schellenträger.* [Aus: D. v. Liliencron, *Die Musik kommt*]

**Klangreim,** der: →Reim, der, im Gegs. zum →Sinnreim, primär das »Ohr« befriedigt u. klangl. Effekt dient. (→erweiterter Reim)
= *Es sang vor langen Jahren*
*Wohl auch die Nachtigall,*
*Das war wohl süßer Schall,*
*Da wir zusammen waren.*

*Ich sing' und kann nicht weinen*
*Und spinne so allein*
*Den Faden klar und rein*
*So lang der Mond wird scheinen.*

[Aus: C. Brentano, *Der Spinnerin Nachtlied*]

→ Schlagreim

**Klangsymbolik,** die: symbol. Deutung von Klängen, ihre Verbindung mit best. Vorstellungen u. Begriffen (Farben); nach Plato bedeutet »i« das Klare, »a« das Große; nach Rimbaud steht »a« für schwarz, »e« für weiß, »i« für rot u. ä. (→ Symbol, → Klangmalerei)

= »i« als Laut der Lockung: *Du liebes Kind, komm, geh mit mir! / Gar schöne Spiele spiel ich mit dir* [Goethe, *Erlkönig*]

*A. ist derer, die nicht wollen.*
*E. ist derer, die nicht sollen.*
*I. ist derer, die da zagen.*
*O. ist derer, die da klagen.*
*U. ist derer, die da plagen.* [F. v. Logau]

*Des Vokals belebend Wunder,*
*Ehegeheimnis der Diphthonge*
*Und der Konsonanten Hunger*
*Lernt er draus zu Worten kochen.*
*In dem A den Schall zu suchen,*
*In dem E der Rede Wonne,*
*In dem I der Stimme Wurzel,*
*In dem O des Todes Odem,*
*In dem U des Mutes Fluchen*
*hat er aus dem Bauch geholet*
*Gottes Gnad in ihn gegossen.*

[C. Brentano, *Ehegeheimnis der Diphthonge*]

→ Nürnberger Dichterkreis

**Klappentext,** der: die »Klappen« des Schutzumschlags eines Buches füllender Werbetext mit informierenden Hinweisen auf Verfasser u. Werk (Inhalt, Stellenwert, Vergleichbares u. ä.). (→ Waschzettel)

**Klapphornverse** (Pl.): Form der → Nonsensdichtung, dem Kinderreim ähnlich; die Form wird zurückgeführt auf die Eingangszeilen eines Gedichts von Friedr. Daniel, das am 14. Juli 1878 in den *Fliegenden Blättern* erschien u. durchaus ernst gemeint war. Charakterist. für K. sind überraschende Reime und Wortverrenkungen.

= *Zwei Knaben gingen durch das Korn,*
  *Der andere blies das Klappenhorn.*

## Klassik

*Er konnt es zwar nicht ordentlich blasen,
Doch blies er's wenigstens einigermaßen.*

*Zwei Knaben gingen durch die Nacht,
Der eine leis, der andre sacht.
Man konnte sie weder sehen noch hören – –
Wenn sie's nun garnicht gewesen wären?*

(Diese »Unsinns-«Verse sind gekennzeichnet durch feststehende erste Zeile, wobei Reimwort »Korn« ersetzt werden kann; später wurde auch erste Zeile variiert):
*Zwei Knaben stiegen auf einen Baum,
Sie fanden weder Apfel noch Pflaum,
Sie fanden auch keine Orange,
Denn es war eine Telephonstange.*

**Klassik,** die: (zu klassisch-lat. der höchsten Steuerklasse zugehörig, mustergültig, dann antik sowie unübertrefflich, vorbildlich); allg.: Kulturepoche, deren Leistungen im Rückblick als vorbildhaft, normbildend (→ Kanon) eingeschätzt werden; bes.: → Weimarer K., auch dt. Hochklassik, eine v. a. von Goethe u. Schiller geprägte Richtung der dt. Literatur- u. Geistesgeschichte zwischen Goethes ital. Reise (1786) u. Schillers Tod (1805), entspricht also, strenggenommen, dem Schaffen der beiden großen »Klassiker« Schiller u. Goethe; als Kennzeichen der Dichtung dieser Periode gilt die von Subjektivität freie, von der Ausgewogenheit der »Mitte« bestimmte geschlossene Form, in der Typisches, Normatives »gestaltet« in Erscheinung tritt; im Gegs. zu der auf »Unendlichkeit« gerichteten »Universalpoesie« der → Romantik sucht die K. Vollendung, Statik, Schönheit als Harmonie zwischen sinnlichem Trieb u. den Gesetzen der Vernunft; Individuelles verbindet sich mit Universellem, Besonderes mit Allgemeinem, Willkürliches mit Gesetzlichem zu überzeitlichem Geltungsanspruch, der Ausdruck des Einklangs von Welt- u. Menschenbild ist; zum Ideal der Humanität, der stetigen Persönlichkeitsbildung u. zum sittlichen Idealismus tritt der Glaube an die Möglichkeit freier Selbstbestimmung u. -vollendung, der in der Idee des Guten, Wahren, Schönen wegweisende Symbole findet; Harmonie zwischen Leiblichem u. Geistig-Seelischem, zwischen Natur u. Kunst, Übereinstimmung von Gemüt u. Verstand (Kant), Versöhnung von Sittlichkeit u. Vernunft in ästhet. Zusammenklang sind die Grundpostulate der klass. Zeit u. ihrer Dichtung, deren philosoph. Fundament geschaffen wurde von Kant, dem Vollender u. Überwinder der → Aufklärung. (→ Klassizismus)
= Goethe, Schiller, Hölderlin, A. v. Humboldt, Jean Paul (m. E.)

*Edel sei der Mensch,
Hilfreich und gut!
Denn das allein
Unterscheidet ihn*

*Von allen Wesen,*
*Die wir kennen.*

*Heil den unbekannten*
*Höhern Wesen,*
*Die wir ahnen!*
*Ihnen gleiche der Mensch!*
*Sein Beispiel lehr uns*
*Jene glauben.*

*Denn unfühlend*
*Ist die Natur:*
*Es leuchtet die Sonne*
*Über Bös und Gute,*
*Und dem Verbrecher*
*Glänzen wie dem Besten*
*Der Mond und die Sterne.*

*Wind und Ströme,*
*Donner und Hagel*
*Rauschen ihren Weg*
*Und ergreifen*
*Vorüber eilend*
*Einen um den andern.*

*Auch so das Glück*
*Tappt unter die Menge,*
*Faßt bald des Knaben*
*Lockige Unschuld,*
*Bald auch den kahlen*
*Schuldigen Scheitel.*

*Nach ewigen, ehrnen,*
*Großen Gesetzen*
*Müssen wir alle*
*Unseres Daseins*
*Kreise vollenden.*

*Nur allein der Mensch*
*Vermag das Unmögliche:*
*Er unterscheidet,*
*Wählet und richtet;*
*Er kann dem Augenblick*
*Dauer verleihen.*

*Er allein darf*
*Den Guten lohnen,*
*Den Bösen strafen,*
*Heilen und retten,*

*Alles Irrende, Schweifende*
*Nützlich verbinden.*

*Und wir verehren*
*Die Unsterblichen,*
*Als wären sie Menschen,*
*Täten im großen,*
*Was der Beste im kleinen*
*Tut oder möchte.*

*Der edle Mensch*
*Sei hilfreich und gut!*
*Unermüdet schaff er*
*Das Nützliche, Rechte,*
*Sei uns ein Vorbild*
*Jener geahneten Wesen!* [Goethe, *Das Göttliche*]


*Drei Worte nenn ich euch, inhaltsschwer,*
*Sie gehen von Munde zu Munde,*
*Doch stammen sie nicht von außen her,*
*Das Herz nur gibt davon Kunde;*
*Dem Menschen ist aller Wert geraubt,*
*Wenn er nicht mehr an die drei Worte glaubt.*

*Der Mensch ist frei geschaffen, ist frei,*
*Und würd er in Ketten geboren,*
*Laßt euch nicht irren des Pöbels Geschrei,*
*Nicht den Mißbrauch rasender Toren;*
*Vor dem Sklaven, wenn er die Kette bricht,*
*Vor dem freien Menschen erzittert nicht.*

*Und die Tugend, sie ist kein leerer Schall,*
*Der Mensch kann sie üben im Leben,*
*Und sollt er auch straucheln überall,*
*Er kann nach der göttlichen streben;*
*Und was kein Verstand der Verständigen sieht,*
*Das übet in Einfalt ein kindlich Gemüt.*

*Und ein Gott ist, ein heiliger Wille lebt,*
*Wie auch der menschliche wanke,*
*Hoch über der Zeit und dem Raume webt*
*Lebendig der höchste Gedanke;*
*Und ob alles in ewigem Wechsel kreist,*
*Es beharrt im Wechsel ein ruhiger Geist.*

*Die drei Worte bewahret euch, inhaltsschwer,*

*Sie pflanzet von Munde zu Munde,*
*Und stammen sie gleich nicht von außen her,*
*Euer Innres gibt davon Kunde;*
*Dem Menschen ist nimmer sein Wert geraubt,*
*Solang er noch an die drei Worte glaubt.* [Schiller, *Die Worte des Glaubens*]

**Klassizismus,** der: (lat.) allg.: jegliche Art antikisierender, d. h. antike Formen u. Stoffe nachahmender Dichtung; bes.: dt. Literatur der →Aufklärung; der K. ist im Vergleich zur →Klassik weniger eigenschöpferisch u. eher epigonal, da auf »Richtigkeit« bedacht u. primär von wägendem Verstand geprägt; frz. Klassik von großen Einfluß auf dt. K., der von Opitz eingeleitet wurde (frühbarocker K.) u. sich mit Gottscheds kritisch-theoret. Arbeiten zur Gegenströmung gegen →Schwulst des Spät-Barocks entfaltete; Kennzeichen sind Einfachheit u. Klarheit, die sich in der Dichtung des →Rokoko (Wieland) mit Schönheit u. Zierlichkeit verbinden; durch Lessings literaturkrit. u. -theoret. Bemühungen, seine Auseinandersetzungen mit der frz. Klassik u. der Poetik des Aristoteles gewann der dt. K. höchste Formbewußtheit u. -strenge, die nach dem Wendepunkt von Winckelmanns Griechenland-Erlebnis, seinen Visionen von der reinen Form schließlich unmittelbar zum idealistisch-antiken Kunstideal in Beziehung gesetzt wurde u. mit der Bewegung von →Sturm und Drang die dt. Klassik einleitete. (→Bremer Beiträger, →Anakreontik)
= Gottsched, Lessing, Sulzer, Wieland u. a.
Gottsched setzt das kulturelle Folgeverhältnis von Griechen u. Römern in Analogie zu dem von Franzosen u. Deutschen u. schreibt: es bestehe *eine besondere Ähnlichkeit zwischen den Griechen und den Franzosen; so wie zwischen den Deutschen und den Römern. Die Griechen... hatten alle Künste und Wissenschaften erfunden, oder doch sehr verbessert; und die Römer hatten viel von ihnen gelernt. Da haben wir ein Bild der Franzosen. Die Römer waren... ein Volk, welches sich zum Herren der Welt gemacht, aber Künste und Wissenschaft etwas zu spät zu treiben angefangen hatte; ob es gleich Geschick genug hatte, die Griechen in allem zu übertreffen. Das ist ein Abriß unserer Deutschen.*
[Aus: Gottsched, Anm. zu s. dt. Ausg. des *Bayleschen Wörterbuchs*]

**Klassizität,** die: (lat.) klassisches Ansehen, Musterhaftigkeit. (→Klassik)

**Klausel,** die: (lat. Schluß) Formel für Satzschluß in kunstvoller Prosa der Antike, geregelt nach Silbenquantitäten (→quantitierendes Versprinzip), vom →Cursus abgelöst; als beliebteste K. gilt →Kretikus u. →Trochäus: $- \cup - - \cup$ (*obeam lubens* bzw. *hintereinander*). (→Kunstprosa)

**Klimax,** die: (gr. Leiter) →rhet. Figur: Reihung von Wörtern oder Sätzen mit steigender Aussageintensität, um Effekt zu verstärken, oder mit fallender, um ihn abzuschwächen (→Antiklimax).

= *Er hat das Vieh hinweg: Das Brot ist doch verblieben.*
*Er hat das Brot auch fort: Der Tod wird keinen Dieben.*
*Er hat dein Geld graubt: Behalt du nur den Mut.*
*Er hat dich selbst verwundt: Die Tugend gibt kein Blut...* [M. Opitz]

*Geld verloren etwas verloren! Ehre verloren viel verloren! Mut verloren alles verloren* [Goethe]

**klingender Reim,** der: →weiblicher Reim.

**Klinggedicht,** das: →Sonett.

**Klischee,** das: (frz. Druckstock) abgegriffene Redewendung (→ Redensart), »Denk- u. Ausdrucksschema« (→Topos), Abklatsch, platte Nachahmung. (→Trivialliteratur)

**Klopfan,** der: (zu anklopfen) Stegreifspruch beim Anklopfen in den sog. »Klöpfelnächten«, meist vier- bis zehnzeilig u. paargereimt; von Nürnberger Handwerkerdichtern (Rosenplüt, Hans Folz u. a.) gepflegt.
= *Klopff an mein aller liebste zart,*
*Wan mir kein Clopfen liber wart.*
*All engel in des himmels tron*
*Die sein dar vun dein solt vnd lon.*

**Klucht,** die: (ndl.) erot.-satir. →Posse, vom späten MA. bis zum 17. Jh. in Holland gepflegt; →Nachspiel zu →Abelespel. (→Rederijkers)

**Knittelvers** bzw. **Knüttelvers,** der: (Knüttel = Knorriges + Reimvers; Bez. urspr. abschätzig, da Form als holprig angesehn) vierhebiger paarweise gereimter dt. Vers mit voller →Kadenz; entweder mit freier Füllung u. sechs bis 15 Silben (freier K.: H. Rosenplüt, Th. Murner u. a.) oder mit acht Silben bei männl., neun Silben bei weibl. Kadenz (strenger K.: H. Sachs, J. Fischart u. a.); seit 17. Jh. nur mehr freier K.
= Goethe, *Urfaust* (1774) u. *West-östl. Divan* (1819ff.); Schiller, *Wallensteins Lager* (1800); Hofmannsthal, *Jedermann* (1911); G. Hauptmann, *Festspiel in dt. Reimen* (1913); P. Weiss, *Nacht mit Gästen* (1963) oder *Marat/Sade* (1964); u. a.

*Werd's rühmen und preisen weit und breit*
*Daß Plundersweilern dieser Zeit*
*Ein so hochgelahrter Docktor ziert*
*Der seine Collegen nicht cujonirt.*
*Habt Dank für den Erlaubnißschein,*
*Hoffe, ihr werdet zugegen seyn*
*Wenn wir heut Abend auf allen Vieren*
*Das liebe Publikum amüsiren.*

*Ich hoff' es soll euch wohl behagen*
*Gehts nicht von Herzen, so gehts vom Magen.*
[Aus: Goethe, *Jahrmarktsfest zu Plundersweilern*]

*Vater, es wird nicht gut ablaufen,*
*Bleiben wir von dem Soldatenhaufen.*
*Sind Euch gar trotzige Kameraden;*
*Wenn sie uns nur nichts am Leibe schaden.*
[Aus: Schiller, *Wallensteins Lager*]

**Knüpflied,** das: Lied, dessen Erzählsubstanz von Strophe zu Strophe (kurzgefaßt) wiederholt u. zugleich erweitert wird, wodurch der Stoff immer mehr anschwillt; bekanntestes K. das *Lied vom Jockel*. (→Endlosverse)
= A. Glaßbrenner, *Der brave Untertan*; Tucholsky, *Was ist im Innern einer Zwiebel*; Peter Hacks, *Die dicke Familie*; u. a.

*In der Rosenlaube saß ich,*
*Eine kleine Taube aß ich.*
*Rosenlaube,*
*Kleine Taube,*
*O, wie ist die Welt so schön!*

*Und im Abendsonnenscheine*
*Trank ich goldnen Wein vom Rheine.*
*Sonnenscheine,*
*Wein vom Rheine,*
*Rosenlaube,*
*Kleine Taube,*
*O, wie ist die Welt so schön!*

*Neben mir saß Krugwirts Käthchen,*
*War im Dorf das schönste Mädchen.*
*Krugwirths Käthchen,*
*Schönstes Mädchen,*
*Sonnenscheine,*
*Wein vom Rheine,*
*Rosenlaube,*
*Kleine Taube,*
*O, wie ist die Welt so schön!*

*Ei, nun kommt wohl was vom Küssen?*
*Wer kann's sagen, wer kann's wissen?*
*Was vom Küssen,*
*Wer kann's wissen,*
*Krugwirths Käthchen,*
*Schönstes Mädchen,*
*Sonnenscheine,*

*Wein vom Rheine,*
*Rosenlaube,*
*Kleine Taube,*
*O, wie ist die Welt so schön!* [Aus: H. Seidel, *Die Rosenlaube*]

**Kodex,** der: (lat. Baumstamm, Holzklotz) mit Wachs überzogene hölzerne Schreibtafel, antike Vorform des Buches, später →Handschrift.

**Kölner Schule,** die: im Anschluß an W. Höllerers Proklamation eines »See-and-taste«-Realismus (1965) entstandener Autorenkreis um den Schriftsteller u. Verlagslektor Dieter Wellershoff in Köln, der für einen »Neuen Realismus« eintritt: »An Stelle der universellen Modelle des Daseins, überhaupt aller Allgemeinvorstellungen über den Menschen tritt der sinnlich konkrete Erfahrungsausschnitt, das gegenwärtige (...) Leben in einem begrenzten Bereich.« Wellershoff fordert demonstrierende, am Film geschulte Beschreibung der »gesperrten und verstümmelten Kapazitäten des Menschen« u. die Nutzung der Möglichkeiten einer gesellschaftskrit. angewandten Psychoanalyse für die Literatur. (→Nouveau roman)
= G. Herburger, *Eine gleichmäßige Landschaft* (1964); R. D. Brinkmann, *Die Umarmung* (1965); D. Wellershoff, *Ein schöner Tag* (1966); u. a.

**Königsberger Dichterkreis,** der: Freundeskreis von Dichtern u. Komponisten um Robert Robertin in Königsberg (Ostpreußen) während der ersten Hälfte des 17. Jh.; Leistung vor allem auf Gebieten der geistl. →Gelegenheitsdichtung mit Gedichten von sangbar-schlichter, gefühlsechter Art wie *Anke von Tharau*. Emblem des K. D.: Kürbis (»Kürbishütte«).
= Simon Dach, Heinrich Albert, Joh. Peter Titz u. a.

*Ännchen von Tharau ist's, die mir gefällt,*
*Sie ist mein Leben, mein Gut und mein Geld.*

*Ännchen von Tharau hat wieder ihr Herz*
*Auf mich gerichtet in Lieb und in Schmerz.*

*Ännchen von Tharau, mein Reichtum, mein Gut,*
*Du meine Seele, mein Fleisch und mein Blut.*

*Komm'n alle Wetter gleich auf uns zu schlahn,*
*Wir sind gesinnt, beieinander zu stahn.*

*Krankheit, Verfolgung, Betrübnis und Pein*
*Soll unsrer Liebe Verknotigung sein.*

*Recht als ein Palmenbaum über sich reift,*
*Je mehr ihn Hagel und Regen angreift:*

*So werd die Lieb in uns mächtig und grot,*
*Durch Kreuz, durch Leiden, durch allerlei Not.*

*Würdest du gleich einmal von mir getrennt,*
*Lebtest da, wo man die Sonne kaum kennt:*

*Ich will dir folgen durch Wälder und Meer,*
*Durch Eis, durch Eisen, durch feindliches Heer.*

*Ännchen von Tharau, mein Sonne, mein Schein,*
*Mein Leben schlag ich in deines hinein.*

[Unbek. Dichter (S. Dach?)]

**Körner** (Pl.): (zu Korn = Samenkorn) Bez. aus der Terminologie der Meistersinger für Verse, die nicht innerhalb der gleichen Strophe, sondern mit best. Verszeile einer anderen Strophe reimen u. damit wie eine Klammer zwischen den Strophen wirken. (→ Meistersang, → Waise)

= *1*

*Ich fröu mich maneger bluomen rôt,*
*die uns der meie bringen wil.*
*Die stuonden ê in grôzer nôt:*
*der winter tet in leides vil.*
*Der mei wils uns ergetzen wol*
*mit manegem wünneclîchen tage:*
*des ist diu welt gar fröuden vol.*

*2*

*Waz hilfet mich diu sumerzît*
*und die vil liehten langen tage?*
*Mîn trôst an einer frouwen lît,*
*von der ich grôzen kumber trage.*
*Wil sî mir geben hôhen muot,*
*dâ tuot si tugentlîchen an,*
*und daz mîn fröude wirdet guot.*

*3*

*Swann ich mich von der lieben scheide,*
*sô muoz mîn fröude ein ende hân.*
*Owê, sô stirbe ich lîht von leide,*
*daz ich es ie mit ir began.*
*Ichn weiz niht, frou, waz minne sint.*
*mich lât diu liebe sêre engelten,*
*daz ich der jâre bin ein kint.*

[Aus: Gottfried von Neifen, *Der junge König Konrad* (→ Minnesang)]

**Kollation**, die: (lat. Zusammentragen) Vergleich einer Abschrift mit dem Original zur Überprüfung der Richtigkeit u. Feststellung von Varianten. (→ Lesarten)

**Kollektaneen** (Pl.): (zu lat. angesammelt) Sammlung von Auszügen aus (literar. oder wissenschaftl.) Werken, Lesefrüchte. (→Analekten, →Exzerpt)

**Kolon,** (gr. körpergliederartiges Gebilde) Sprecheinheit (Einzelwort bzw. Wortgruppe) in Prosa oder Vers, durch Atempausen geformt, tragendes Element des →Rhythmus u. dem →Metrum gegenüber selbständig; als wiederkehrende Grundfigur eine Art rhythm. →Leitmotiv; »Wortfuß« bei Klopstock. (→Periode)

= *Bei stiller Nacht / zur ersten Nacht*
  *Ein Stimm sich gunt zu klagen.*
  *Ich nahm in acht, / was die doch sagt;*
  *Tat hin mit Augen schlagen.*

[Aus: F. Spee, *Traurgesang von der Not Christi*]

**Kolophon,** das: (gr. Gipfel, Abschluß) Schlußvermerk ma. Handschriften u. Drucke mit Angaben über Verfasser, Druckort u. -jahr. (→Impressum, →Explicit)

= *Hie endet sich herr Tristrant Getrucket zuo Augpu(r)g von Anthonio Sorg im MCCCC vnd LXXXJJJ. Jare*

**Kolportage(-Literatur),** die: (frz. Hausierhandel) Bez. für literar. Produkte, die kolportiert, d.h. (vom Hausierer) als Ware herumgetragen u. einem eher anspruchslosen Publikum feilgeboten werden; wegen ihres meist minderen Wertes zur →Unterhaltungs-, →Trivial- oder Schundliteratur zu rechnen; als →Hintertreppenroman aus →Ritter- u. →Räuberroman des 18. Jh. (→Sturm und Drang) entstanden. (→Kitsch)

**Kolumne,** die: (lat. Säule) als senkrechte Reihe: Druckseite, Spalte.

**Komik,** die: (gr. Umzug nächtl. Zecher mit Musik, dörfl. Fest) als Effekt, der auf best. Sehweise u. Beleuchtung beruht, ist K. etwas, das Lachen oder Lächeln erregt, durch Kontrast erheiternd oder befremdend wirkt; im Gegs. zum →Humor, der subjekt- u. charaktergebunden ist, sich aus der Befindlichkeit des Weltbetrachters ergibt, ist die K. eher zuständlich u. objektbezogen, da sie in Erscheinung tritt als Widersinn u. Ungereimtheit der Welt, Mißverhältnis zwischen Schein u. Sein, Aufwand u. Leistung, Erwartung u. Erscheinung; als literar. Verkörperung gelten a) der niederen K. →Mimus, →Fastnachtsspiel (→Farce), →Parodie, b) der höheren Komik die antike →Komödie (v.a. in →Klassik) u. überhaupt die seit der →Aufklärung sich vielgestaltig ausprägende kom. Dichtung. (→Lustspiel, →Witz)

= Im Komischen als Einheit von Gegensinnigem (H. Plessner) erweist sich das Kontrastierende, Inkongruente u. Entgegenstehende als mit der (lustvollen) Positivität des Lebensgefühls vereinbar (W. Preisendanz).

> *Eine Situation ist immer dann komisch, wenn sie gleichzeitig an zwei Ereignisreihen teil hat, die voneinander völlig unabhängig sind, und wenn sie auf zwei völlig verschiedene Weisen gedeutet werden kann.*
>
> [Aus: H. Bergson, *Das Lachen*]

**komische Person,** die: →lustige Person.

**komisches Epos,** das: Epos, das durch Kontrast zwischen geringfügig-unbedeutendem Inhalt u. erhabener Form komisch wirkt u. sich selber lächerlich macht; auf die Anregung von Boileaus *Le lutrin* (1674) u. Popes *The rape of the lock* (1712) gehen die dt. »scherzhaften Heldengedichte« des 18. Jh. zurück, von wo die Entwicklung über den kom. Roman zum humorist. Roman führen dürfte. (→Persiflage, →Burleske, →Travestie)
= Zachariä, *Der Renomiste* (1764); A. Glaßbrenner, *Neuer Reineke Fuchs* (1846); F. v. Saar, *Pincelliade* (1897); u. a.

**Komma,** das: (gr. Ein-, Abschnitt) gilt als kleinste metr. Einheit von ein bis sechs Silben, in die das →Kolon zerfällt; in Neuzeit Bez. für Satzzeichen.
= *Es glühte / der Tag // es glühte / mein Herz,*
   *Still / trug ich / mit mir herum / den Schmerz.*

[Aus: H. Heine, *Traum und Leben*]

**Kommentar,** der: (lat. Notizen, Tagebuch) Erläuterung, Auslegung eines Textes in Anmerkungen; Bemerkung. (→Hypomnema, →Scholien)

**Kommersbuch,** das: (lat. Verkehr + B.) Sammlung festl. u. gesell. →Studentenlieder, wie sie bei »Kommersen« gesungen wurden; ältestes dt. K. von Kindleben 1781; weiteste Verbreitung des K. in Zeit des →Biedermeier.
= *Lahrer allg. dt. K.* (1858, ca. 900 Lieder, eines der erfolgreichsten Werke der Gattung)

**Kommos,** der: (von gr. schlagen) urspr. im →Wechselgesang vorgetragene rituelle Totenklage der gr. Tragödie, dann allg. von Chor u. Schauspieler wechselweise dargebotener →Threnos.

**Komödie,** die: (gr. Umzug bzw. Dorf + Gesang) aus antikem Dionysoskult hervorgeg. Dramenform, gestaltet im Gegs. zu →Tragödie u. ernstem Schauspiel komische Situationen u. Charaktere (→Komik), zeigt den Menschen in seiner Unzulänglichkeit, löst Konflikte in heiter-erhabener Gelassenheit oder humorvoller Überlegenheit; die →Situationsk. lebt aus der kom. Situation (Kleist, *Der zerbrochene Krug*; G. Hauptmann, *Der Biberpelz*), die →Charakterk. aus der kom. Wirkung übertrieben typisierter Charaktere (Lessing, *Der junge Gelehrte*) u. die Intrigenk. aus überraschender Lösung scheinbar unlösbarer Komplikationen (Lenz, *Die Freunde machen den Philosophen*). (→Intrige, →Lustspiel, →Ständeklausel)
= H. Arntzen / K. Pestalozzi (Hrsg.), *Komedia. Dt. Lustspiele [...]* (1962ff.)

**Kompendium,** das: (lat. Ersparnis, Abkürzung) Abriß, kurzes zusammenfassendes Lehrbuch eines Wissensgebiets, Handbuch. (→ Repertorium)

**Kompilation,** die: (lat. Plünderung) Zusammentragen von Materialien aus versch. Quellen u. Produkt dieser Tätigkeit; letzteres häufig bloße Stoffsammlung, d. h. ohne schöpferische Betätigung des Geistes zustande gekommenes, literar. Eigenwertes ermangelndes Werk, beliebt bes. in Spätantike und MA.

**Komplimentierbuch,** das: (lat. Ergänzung, Anhang) Lehrbuch der Galanterie, Sammlung von Redensarten, Artigkeitsformeln u. Grußwendungen aus Romanen u. ä. zur Wiederverwendung, beliebt bes. in →Barock. (→Tischzucht)
= Ch. Weise, *Polit. Redner* (1677); C. F. Hunold, *Manier höfl. und wohl zu Reden und zu Leben* (1710); A. v. Knigge, *Über den Umgang mit Menschen* (1788); u. a.

**Komposition,** die: (lat. Zusammensetzung) formaler →Aufbau eines sprachl. Kunstwerks, die überlegt sinnvolle Fügung der Einzelelemente zu einheitl. Ganzen. (→Form)

**Konflikt,** der: (lat. Zusammenstoß) Streit, Zusammenprall von Gegensätzlichem als Widerstreit antithet. Werte wie Pflicht u. Neigung etc.; Wesenselement wie häufiges Thema von →Drama. (→Katastrophe)
= Liebe – (übersteigerte) Ehre (Lessing, *Minna v. Barnhelm*). – Liebe – Auftrag (Schiller, *Jungfrau v. Orleans*). – Recht des Einzelnen – Interesse der Gesellschaft (Hebbel, *Agnes Bernauer*)

**Konjektur,** die: (lat. Vermutung) wahrscheinl. →Lesart verderbter Texte, meist vom Herausgeber vorgeschlagen. (→Textkritik)

**Konkordanz,** die: (lat. übereinstimmen) alphabet. Verzeichnis a) aller in einem Werk vorkommenden Wörter mit jeweil. Belegstellen, b) aller einem best. Gedanken oder Gegenstand geltenden Stellen.

**konkrete Dichtung,** die: (zu lat. gegenständlich; Bez. von Eugen Gomringer, 1955) Richtung in mod. Lyrik, die das konkrete Sprachmaterial »synthetisch-rationalisierend« zu Konstellationen (= »Gruppen von Wörtern«) gestaltet, in denen bezeichnete Sache u. bezeichnendes Wort sich durch einander ausdrücken; Vorstufen bei Arno Holz (*Phantasus*, 1898), in →Dadaismus (Kurt Schwitters, Hugo Ball u. a.) u. ital. →Futurismus.
= E. Gomringer definiert die k. D. als eine »*ordnungseinheit..., deren aufbau sich durch die zahl der worte und buchstaben und durch eine neue strukturelle methode bestimmt*«.

| | | |
|---|---|---|
| *schweigen* | *schweigen* | *schweigen* |
| *schweigen* | *schweigen* | *schweigen* |
| *schweigen* | | *schweigen* |
| *schweigen* | *schweigen* | *schweigen* |
| *schweigen* | *schweigen* | *schweigen* |

[E. Gomringer, *Schweigen*]

**Konspekt,** der: (lat. Überblick) parodist. Kurzfassung von bekanntem Gedicht. (→ Parodie)
= *Vater und Kind*
*Reiten durch Nacht und Wind.*
*Töchter von Erlkönig*
*Necken das Kind ein wenig.*
*Kind schreit,*
*Vater rei't,*
*Kommen nach Haus in Not.*
*Vater lebendig, Kind tot!* [= *Erlkönig*]

**Konstruktivismus,** der: (lat.) Richtung der russ. Literatur zwischen 1924–30; definierte die Aufgabe der Kunst als Feier von techn. Fortschritt u. bolschewist. Revolution, forderte die Unterordnung alles Formalen unter diese theoret. Priorität.
= K. L. Selinski, E. G. Bagrizki, Wera M. Inber u. a.

**Kontamination,** die: (lat. verschmelzen) Verschmelzung a) von zwei versch. Quellen bzw. Werken zu etwas Neuem, b) von mehreren Handschriften zu neuem Text. (→ Textkritik)

**Kontext,** der: (lat. Verknüpfung) der übergreifende Zusammenhang, in dem ein Wort oder Satz steht; erst aus dem K. ergibt sich der genaue Sinn, weshalb er bei der Deutung mitzubeachten ist. (→ Interpretation)

**Kontextglosse,** die: (→ Kontext) → Glosse, die in den Text (einer Handschrift) eingefügt ist.

**Kontrafaktur,** die: (lat. gegen + Verfertigung) geistl. Umdichtung eines weltl. Liedes u. umgekehrt unter Beibehaltung der Melodie (→ Parodie); als geistl. Tageweise oft dem → Tagelied des → Minnesangs nachgebildet.
= Peter v. Arberg, *Ich wahter, ich solt wecken den sünder*; H. v. Laufenberg, *Ich wölt, dasz ich doheime wär*; Luther, *Vom Himmel hoch* aus *Aus fremden Landen komm ich her*.

Innsbruck, ich muß dich lassen
(Lied und Kontrafaktur)

*1*

*Isbruck ich muß dich lassen    ich far dohin mein strassen
in fremde landt do hin    mein freud ist mir genomen    die
ich nit weiß bekummen    wo ich im elend bin.*

*Groß leid muß ich yetz tragen    das ich allein thu klagen
dem liebsten blen mein,    ach lieb nun laß mich armen im
hertzen dein erbarmen    das ich muß von dannen sein!*

*Meyn trost ob allen weyben    dein thu ich ewig pleyben
stet trew der eren frumm    nun muß dich Gott bewaren in aller thugent sparen    biß das ich wider kumm!*          [Heinrich Isaac]

2

Innsbruck, ich muß dich lassen, christlich geändert

*O welt, ich muß dich laßen
und far dahin mein straßen
ins vaterland hinein.
irdisch freud ist mir gnommen,
die ich nicht mer bger zu bekommen,
weil ich in elend bin.*

*Groß leid muß ich jetzt tragen,
das ich allein tu klagen
dem liebsten herren mein:
ach Got, nu laß mich armen
im herzen dein erbarmen,
weil ich so arm muß sein!*

*Mein trost in allen leiden,
von dir sol mich nicht scheiden
kein not in diser welt,
kein armut sein so schwere,
mein sin und all mein bgere
zu dir allein gestellt*                                              [Heinrich Knaust]

**Konversationslexikon,** das: (lat. Verkehr, Umgang + L. = Wort) alle Wissensgebiete umfass. Nachschlagewerk.
= Die ersten dt. K.: *Brockhaus K.* 6 Bde. (1796–1808), 2 Nachtragsbde. (1809–1811); *Pierers Encyklopäd. Wörterbuch der Wiss., Künste und Gewerbe,* 26 Bde. (1824–36); *Meyers Großes K.* 46 Bde. (1840–55); *Herders Conversations-Lexikon* 5 Bde. (1854–57); u. a.

In der »*Vorrede*« schreibt F. A. Brockhaus 1808 zu dem von ihm übernommenen Konversationslexikon »*mit vorzügl. Rücksicht auf die gegenwärt. Zeiten*«, es werde dieses Werk, »*welches eine Art Schlüssel sein soll, um sich den Eingang in gebildete Cirkel und in den Sinn guter Schriftsteller zu eröff-*

*nen, aus den wichtigsten Kenntnissen... bloß diejengien enthalten, welche ein jeder als gebildeter Mensch wissen muß, wenn er an einer guten Conversation teilnehmen und ein Buch lesen will...«*

**Konversationsstück,** das: Gesellschaftsstück (→ Salonstück), das seit der 2. Hälfte des 19. Jh. die europ. Bühnen beherrscht; im Milieu der gepflegten Gesellschaft spielend, wird es getragen von unterhaltsam geistvollem, aber oft plätschernd unverbindl. Dialog über Themen des Tages; stellt den Versuch dar, die seit Mitte des 18. Jh. deutlich erkennbare Krise des Dramas mit »gutem Dialog« zu überspielen, u. erreicht durch Verbindung mit → Charakterkomödie die höchste literar. Ausformung bei Hofmannsthal (*Der Schwierige*, 1921).

= O. Wilde, *Lady Windermeres Fächer* (1891); Bauernfeld, *Bürgerlich und romantisch* (1839); W. Bahr, *Das Konzert* (1909); F. Molnár, *Der Teufel* (1907), *Eins, zwei drei* (1929); u. a.

**Konvolut,** das: (lat. Zusammengerolltes) Art Sammelband aus versch. Büchern, Schriften o. ä.

**Konzept,** das: (lat. kurz Abgefaßtes) Entwurf, erste Fassung einer Rede oder Schrift.

**Konzetto,** der: (ital. Begriff) unvorhergesehene witzige Wendung (→ Wortspiel), die auf gesucht-gekünstelte Weise Gegensätze überraschend in höherer Einheit aufhebt, bes. in Literatur des → Barock. (→ Manierismus, → Schwulst, → Rätsel)

=   *Hier liegt das grosse haupt / so itzt wird ausgelacht;*
    *Viel wissen mehr von mir / als ich iemahls gedacht.*
*Doch wust ich / daß ein stein nicht leicht ein stern kan werden /*
*Ein stein / wie hoch er steigt / fällt endlich zu der erden.*
                      [Hofmannswaldau, *Grabschrift auf Wallenstein*]

  *Und so der himmel uns nicht allen fürsatz bricht /*
*So wollen wir ein haus von zuckerrosen bauen.*
  *Doch weil du rose bist, so will ich biene seyn /*
*Die bienen mögen sich in blätter ja verstecken;*
  *Vielleicht fällt dir / wie mir / noch der gedanken ein /*
*Dass bienen zwar ein blatt berühren, nicht beflecken...*
                      [Aus: Hofmannswaldau, *Versbrief an Flavia*]

**Konzinnität,** die: (zu lat. kunstgerecht, harmonisch) syntakt. Ebenmäßigkeit, harmon. Abrundung eines Textes, stilist. Eleganz. Gegs. → Inkonzinnität.

**Korpus,** das: (lat. Körper) vollst. Sammelwerk.

**Korrektur,** die: (von lat. verbessern, berichtigen) Berichtigung des Drucksatzes durch Kenntlichmachung der Fehler auf den Korrekturbogen anhand festgelegter Korrekturzeichen. (→ Erstdruck; → Revision)

**Korrespondenz,** die: (frz. v. lat. antworten) a) Briefwechsel, Schriftverkehr; b) Übereinstimmung, Wechselbeziehung von Teil u. Ganzem (→ Hermetismus).
= b) z. B. Zeile u. Strophe o. ä.

**Korrigenda** (Pl.): (lat. zu Verbessernde) Druckfehlerverzeichnis.

**Korruptel,** die: (lat. verdorben) verderbte Textstelle, durch → Konkjektur zu verbessern.

**Koryphaios,** der: (gr.) Vorsänger bei Aufführung des → Dithyrambus u. Chorführer im gr. → Drama.

**Kothurn,** der: (gr.) mit Bändern geschnürter hochsohliger Stiefel, von Äschylos als Bühnenschuh für die Schauspieler der Tragödie eingeführt; im Hellenismus stelzenähnlich; übertragen für erhaben pathet. Stil (→ Pathos).

**Krasis,** die: (gr. Mischung) Verschmelzung der Schluß- bzw. Anfangsvokale zweier aufeinanderfolg. Wörter, so daß ein einziges Wort entsteht.
= mhd. *daz ist* zu *deist, dêst*; *daz ich* zu *deich*

**Kretikus,** der: (gr.-lat. kretischer [Vers]) dreisilbiger antiker Versfuß, Gegenstück zum → Amphibrachys; die Längen des K. können auch in Kürzen aufgelöst werden; urspr. in kret. Liedern.
= $-\cup-$ bzw. $\smile\smile\cup\smile\smile$ *(Tal bis Höh)*

**Kreuzfahrerlied** bzw. **Kreuzlied,** das: Art geistl. Propaganda- → Lied, Aufruf zum Kreuzzug sowie Abschiedslied des der Minne entsagenden Ritters, der seine Pflicht als Kreuzfahrer erfüllt.
= Fr. von Hausen, Hartmann von Aue, W. von der Vogelweide u. a.

*Si welnt dem tôde entrunnen sîn,*
*die gote erliegent sîne vart.*
*dêswâr, êst der geloube mîn,*
*daz si sich übel hânt bewart.*
*swerz kriuze nam und sich gespart,*
*dem wirt doch got ze jungest schîn,*
*swann im diu porte ist vor verspart,*
*die er tuot ûf den liuten sîn.* [Friedrich von Hausen, *Kreuzzugslied*]

**Kreuzreim,** der: → Reim, durch Reimfolge ababcdcd definiert; häufige Verwendung im → Volsklied u. in volksliedartiger Lyrik des 19. Jh.

= *Füllest wieder Busch und Tal*
  *Still mit Nebelglanz,*
  *Lösest endlich auch einmal*
  *Meine Seele ganz.* [Goethe]

**Kreuzzugschronik,** die: Darstellung histor. Kreuzzugsereignisse in Versform.
= *Ludwigs des Frommen Kreuzfahrt* (1301); Joh. von Würzburg, *Wilhelm von Österreich* (1314); u. a.

**Kreuzzugsdichtung,** die: Sammelbez. für im MA. entstandene dicht. Gestaltung der Kreuzzugsidee (Kreuzzug = Krieg zur Ausbreitung des Christentums, bes. zur Eroberung des Hl. Landes) in Verbindung mit der Darstellung eines christl. Ritterideals. (→ Kreuzfahrerlied, → Kreuzzugschronik)

**Kriminalroman,** der, bzw. **Kriminalerzählung, -novelle,** die: (zu lat. Verbrechen) aus → Schelmen- u. → Räuberroman entstanden, schildert K. Planung, Ausführung u. Aufklärung von Verbrechen; weitaus die meisten K. sind der → Trivialliteratur zuzurechnen, auch wenn der um Seelenanalyse bemühte K. seit Schillers *Verbrecher aus verlorner Ehre* (1785) als eigene Kunstgattung gelten kann. (→ Detektivroman)
+ J. Vogt (Hrsg.), *Der K.* 2 Bde. ($^2$1980/81)
= Kleist, *Michael Kohlhaas* (1810); E. T. A. Hoffmann, *Das Fräulein von Scudéri* (1819); C. Brentano, *Geschichte vom braven Kasperl* (1817); Fontane, *Unterm Birnbaum* (1885); W. Bergengruen, *Der Großtyrann und das Gericht* (1935); Dürrenmatt, *Der Richter und sein Henker* (1952) u. a.

**Krippenspiel,** das: → Weihnachtsspiel.

**Krisis,** die: (gr. Entscheidung) in dramat. → Konflikt der Augenblick der Entscheidung, die Umschwung der Handlung (→ Peripetie) einleitet.

**kritische Ausgabe,** die: Ausgabe eines nicht im Original erhaltenen Texts. (→ Textkritik, → Konjektur, → Lesart, → histor.-krit. Ausgabe)

**kritischer Realismus,** der: der Theorie des → sozialist. Realismus zufolge repräsentieren jene Vertreter des → bürgerlichen Realismus einen k. R., deren Werk die Widersprüche der bürgerl. Gesellschaft aufzeigt u. deshalb als »Erbe« positiv zu bewerten ist.
= Balzac, Gogol, Tolstoj u. a.

**Krokodil,** das: → Münchner Dichterkreis.

**Kryptogramm,** das: (gr. verborgen + Schrift) eigtl. Geheimschrift, d. h. in einem Text (meist Versen) verborgene Worte oder Daten, die zum Vorschein kommen, sobald best. Buchstaben daraus hintereinander gelesen werden; Verfertigung u. Entschlüsselung von K. u. a. in → Barock und → Anakreontik beliebtes Spiel. (→ Akrostichon, → Akroteleuton, → Telestichon)

**Kryptonym,** das: (gr. verborgen + Name) Form des → Pseudonyms: Verfassername erscheint a) als → Kryptogramm, b) in verkürzter oder neugeordneter Silbenfolge (→ Anagramm) u. c) reduziert auf Anfangsbuchstaben.
= b) Kuba = Kurt Bartels; Celan = Antschel

**Kubismus,** der: (zu lat. Würfel) Richtung der Malerei, die Gegenständliches in kubische geometrische Grundformen (Würfel, Zylinder, Kugel, Kegel) zerlegt, als Theorie formuliert von Albert Gleizes u. Jean Metzinger; Prinzipien von Guillaume Apollinaire auf Dichtung übertragen, indem er mit Typographie experimentiert u. Dinge mit Worten, Buchstaben nachbildet (→ Bildgedicht); Entdeckung u. Bekanntmachung der Negerkunst (Carl Einstein) wird auf Einwirkung des K. zurückgeführt; auch von Einfluß auf Kunsttheorie des → Sturmkreises (→ Wortkunst); kubistisch nennt man literar. Werke, die entstanden sind durch → Montage- bzw. Collage-Technik, in der Heterogenes spielerisch-bewußt zusammengefaßt wird, so daß die entstandene freie Komposition einem von der konventionellen Wirklichkeit völlig abgetrennten Bereich angehört; als literar. »Kubisten«, die eine Lösung der Dinge vom Zweck, ihre Befreiung u. Entmaterialisierung erstrebten, »reine Literatur«, d. h. »Literatur an sich«, zu schaffen suchten, gelten (zumindest zeitweise) Paul Scheerbart, Yvan Goll, Carl Einstein, Schwitters, Georg Kaiser (*Gas II*), Chr. Morgenstern, ohne daß es eine Literaturtheorie des K. gäbe. (→ Dadaismus)
= *Drei Hasen tanzen im Mondschein*
*im Wiesenwinkel am See:*
*Der eine ist ein Löwe,*
*der andre eine Möwe,*
*der dritte ist ein Reh.*

*Wer fragt, der ist gerichtet,*
*hier wird nicht kommentiert,*
*hier wird an sich gedichtet;*
*doch fühlst du dich verpflichtet,*
*erheb sie ins Geviert,*
*und füge dazu den Purzel*
*von einem Purzelbaum,*
*und zieh aus dem Ganzen die Wurzel*
*und träum den Extrakt als Traum.*

*Dann wirst du die Hasen sehen,*
*im Wiesenwinkel am See,*
*wie sie auf silbernen Zehen*
*im Mond sich wunderlich drehen*
*als Löwe, Möwe und Reh.* [Chr. Morgenstern]

**Kudrunstrophe,** die: (nach Verwendung im Kudrunlied) Abwandlung der →Nibelungenstrophe.

**Künstlerdrama,** das: →Drama, das Problematik der Künstlerexistenz mit ihrer konfliktreichen Spannung zwischen geistig.-seel., auf Schöpfertum beruhendem Eigenmaß des Künstlers, seiner »Sendung«, u. der konformist. Lebensform der Gesellschaft (u. a.) dichterisch gestaltet.
= Goethe, *Torquato Tasso* (1790); Grillparzer, *Sappho* (1818); G. Hauptmann, *College Crampton* (1892); G. Grass, *Die Plebejer proben den Aufstand* (1966); P. Weiss, *Hölderlin* (1971); u. a.

**Künstlerroman,** der, bzw. **-novelle,** die: epische Parallelerscheinung zum →Künstlerdrama; seit →Sturm und Drang, wo Entstehung durch Geniebegriff der Zeit bedingt ist, u. bes. in →Romantik gepflegt.
= Künstlerroman: W. Heinse, *Ardinghello* (1787); Goethe, *Wilhelm Meister* (1795 ff.); Novalis, *Heinrich von Ofterdingen* (1802); E. Mörike, *Maler Nolten* (1832); G. Keller, *Der grüne Heinrich* (1854f.); Th. Mann, *Dr. Faustus* (1947). Künstlernovelle: W. H. Wackenroder, *Joseph Berglinger* (1796); E. T. A. Hoffmann, *Das Fräulein von Scudéri* (1819); E. Mörike, *Mozart auf der Reise nach Prag* (1857); Th. Mann, *Tod in Venedig* (1912); u. a.

**Kürze,** die: in der antiken Metrik (→ quantitierendes Versprinzip) der mit kurzer Silbe gefüllte Versteil, Gegs. Länge. (→Hebung, →Senkung)

**kulturmythisches →Drama,** das: Bez. für Dramentyp (→Drama), dessen Stoff aus epochenbestimmender geschichtl. Übergangsphase (Wandel vom Heiden- zum Christentum, Übergang von der Klassengesellschaft zur klassenlosen etc.) genommen u. zu einem die Elemente Wort, Gebärde u. Musik verbindenden →Gesamtkunstwerk verarbeitet ist; angeregt von Calderón u. als Dramenform in Deutschland vor allem in →Romantik gepflegt; als Versuch, das k. D. zu erneuern, können P. Weiss' Stücke *Gesang vom Lusitanischen Popanz* und *Viet Nam Diskurs* gedeutet werden.
= Tieck, *Heilige Genoveva* (1799f.); Z. Werner, *Kreuz an der Ostsee* (1806); C. Brentano, *Gründung Prags* (1815); u. a.

**kumulative** bzw. **kumulierende Bibliographie,** die: (zu lat. anhäufen) regelmäßig erscheinendes Bücherverzeichnis, in dem das Neue jeweils in das Alte bzw. bereits Aufgeführte eingearbeitet ist.

**Kunstballade,** die: →Ballade als Werk von best., namentl. bekanntem Verfasser im Unterschied zur anonymen →Volksballade.
= Cl. Brentano, *Gockel, Hinkel u. Gackelaia* (1811ff.); E. T. A. Hoffmann, *Der goldene Topf* (1814); H. v. Hofmannsthal, *Das Märchen der 672. Nacht* (1895); u. a.

**Kunstmärchen,** das: (zu →Märchen) als Werk best. Dichters übernimmt das K. Motive u. Erzähltechnik von Volksmärchen; Anfänge in der Rokoko-Dichtung Frkr. (*Cabinet des Fées*), von der Wieland, Musäus u. a. beeinflußt sind; in →Romantik wesentl. Form der Dichtung. (→Novelle, →Legende, →Feengeschichte)

**Kunstprosa,** die: (Bez. von E. Norden) antike Form der →Prosa zwischen Verssprache u. sachl.-zweckgebund. Ausdrucksweise; nähert sich durch kunstmäßige Gestaltung (→rhet. Figur, →Klausel u. ä.) der →gebundenen Rede, der sie denn auch zugerechnet wird; von Bedeutung bes. im MA., →Humanismus, →Barock.

= Meister der K. Joh. v. Neumarkt (14. Jh.) u. dessen Schüler Joh. v. Tepl (*Der Ackermann aus Böhmen*, ca. 1400) u. a.

*Ich bins genant ein ackerman, von vogelwat ist mein pflug, und wone in Behemer lande. Erhessig, widerwertig und widerstrebend sol ich euch immer wesen, wan ir habt mir den zwelften buchstaben, meiner freuden hort, aus dem alphabet gar freissamlich enzücket. Ir habt meiner wünnen lichte sumerblumen mir aus meines herzen anger ‖ jemer lichen ausgereutet; ir habt mir meiner selden haft, mein auserwelte turkeltauben arglistiglichen entfremdet; ir habt unwiderbringlich raub an mir getan! Weget es selber, ob ich icht billich zürne, wüte und klage: von euch bin ich freudenreiches wesens beraubet, tegelicher guter lebetage enterbet und aller wünnebringender rente geeußert. Frut und fro was ich vormals zu aller stund; kurz und lustsam was mir alle weile tag und nacht, in gleicher maße freudenreich, geudenreich sie beide; ein jegliches jar was mir ein genadenreiches jar. Nu wirt zu mir gesprochen: schab ab! Bei trübem getranke, auf dürrem aste, betrübet, sware und zeherend beleibe ich und heule one underlaß! Also treibet mich der wind, ich swimme dahin durch des wilden meres flut, die tunnen haben überhand genomen, mein anker haftet ninder. Hierumb ich one ende schreien wil: Ir Tod, euch sei verfluchet!* [Aus: Tepl, *Ackermann*]

**Kursive,** die: (lat. zu Lauf) schrägliegende lat. Druckschrift, oft zur Hervorhebung verwendet. (→Antiqua)

**kursorische Lektüre,** die: (zu lat. Lauf + →Lektüre) fortlaufendes, nicht durch Erläuterung oder Interpretation unterbrochenes Lesen eines Textes; Gegs. →statarische Lektüre.

**Kurzgeschichte,** die: (Übers. von am. *short story*) Wort u. Begriff seit ca. 1920 in dt. Literatur nachweisbar; bez. kurze, mit →Novelle, →Skizze, →Anekdote verwandte Erzählform in Prosa, die, geradlinig entwickelt, hart gefügt, punktuell-ausschnitthaft gedrängt, ein Geschehen schlaglichtartig der selbstverständl. Alltäglichkeit enthebt u. es, ohne es auszudeuten, als Ereignis geprägt in einem unerwarteten, unausweichlichen, pointierten Schluß wie-

der zurück in seinen gewohnten Rahmen sinken läßt; Vorläufer dieser durch formale Komprimierung und inhaltl. Verkürzung charakterisierten Form in Deutschland →Schwank, →Fazetie, →Kalendergeschichte, →Anekdote.
= K. schrieben; W. Borchert, G. Eich, F. Dürrenmatt, H. Böll, S. Lenz, W. Schnurre, K. Kusenberg, I. Aichinger, G. Wohmann u. a.

**Kurzvers,** der, bzw. **Kurzzeile,** die: Vers von acht Silben (im Durchschnitt) mit vier Hebungen bei wechselnden Senkungen; Verbindung zweier K. ergibt →Langzeile; bei Otfried von Weißenburg, in →höf. Dichtung, später als →Knittelvers. (→Paarreim)

= *Wólt er tho bigínnan     zi Hierusalém sinnan,*
   *tház er thaz biwúrbi,     bi únsih thar irstúrbi.*
   *Thaz was fínf dagon ér,     er er thúlti thaz sér,*
   *er iz zi thîu irgîangi,     tház man nan gifîangi.*
   *Gistúant er tho gibíatan,     want ér thar wolta rítan,*
   *tház sie thes gizílotin,     imo einan ésil holetin.*

   *Da wollte er beginnen,     nach Jerusalem zu ziehen,*
   *Damit er dies leistete,     daß er für uns dort stürbe.*
   *Das war fünf Tage zuvor     ehe er die Qual erduldete,*
   *Ehe es dazu kam,     daß man ihn gefangen nahm.*
   *Er hob an zu gebieten,     weil er dorthin reiten wollte,*
   *Daß sie sich darum bemühten,     ihm einen Esel zu holen.*

[Aus: Otfried von Weißenburg,
*Evangelienbuch IV, Der Einzug in Jerusalem*]

**Kyklos,** der: (gr. Kreis) →rhet. Figur: Einrahmung, Wiederkehr des Anfangsworts eines Satzes (Verses) als dessen Schlußwort. (→Polyptoton)
= *Gedenk des März, der Iden des März gedenk* [Shakespeare] – *Entbehren sollst du, sollst entbehren* [Goethe]

**Länge,** die: in quantitierender antiker →Metrik (= Wechsel von Länge u. Kürze) lange Silbe (= zwei Moren [→Mora]). (→ quantitierendes Versprinzip)

**Lai,** der: (afrz. Lied, Vers) a) afrz. →Verserzählung mit Stoff aus Artuswelt; b) Liedgattung (→Descort, →Leich).
= a) bedeutendste L.-Dichterin: Marie de France
   b) G. Machaut, J. Froissart, E. Deschamps

**Laienspiel,** das: Theaterstück für Laien, d. h. nicht profession. Schauspieler, u. dessen Aufführung; sucht primär ethisch-künstler. Ziele zu verwirklichen u. erfuhr wesentliche Förderung durch die Jugendbewegung (ca. 1912). (→Fastnachtsspiel, →geistl. Spiel, →Meistersinger, →Liebhabertheater)
= Hauptvertreter der L.-Bewegung R. Mirbt, M. Luserke, G. Haaß-Berkow, H. Holtorf u. a.

**Laisse,** die: (afrz.) Abschnitt (Versgruppe) in →Chanson de geste, durch →Assonanz und später →Tiradenreim zur Einheit gebunden.

**Lake School,** die: (engl. Seeschule) engl. romant. Dichterkreis, 1797 in Westmoreland gegründet u. nach dessen Seen benannt.
= Wordsworth, Coleridge, Southey u. a.

*O Ankömmling, dein freu' ich mich,*
*Den hörend ich erkenne;*
*O Kuckuck, ob ich Vogel dich,*
*Ob Wanderlaut nur nenne.*

*Indeß im Gras ich liege, hallt*
*Dein Ton mir in den Ohren,*
*Der ganz den Kreis der Luft durchhallt*
*Auch fernab unverloren.*

*Du rufst dem Wald, den Fluren zu*
*Von Blumen und von Sonne;*
*Mir aber, mir verkündest du*
*Geheime Seherwonne.*

*Liebling des Frühlings, Willkomm dir,*
*Für mich was du gewesen;*
*Kein Vogel, ein Geheimniß mir,*
*Ein Laut, ein Geisterwesen.*


*Dasselbe, dem als Knabe sonst*
*Ich horcht', dasselbe Rufen*
*Das mich ihm nach so oft umsonst*
*Hierhin, dorthin gerufen.*


*Dich zu entdecken, streif' ich da*
*Durch Busch und Thal und Höhen;*
*Der Sehnsucht, Hoffnung schienst du nah,*
*Doch bliebst du ungesehen.*


*Und so kann ich noch horchen heut,*
*Kann in dem Grase liegen*
*Und horchen, bis die goldne Zeit*
*Kommt neu heraufgestiegen.*


*Dann, sel'ger Vogel, scheint mir gleich,*
*Die Erd', auf der wir gehen,*
*Wie sonst ein luft'ges Feenreich,*
*Zur Heimath dir ersehen.*
 [William Wordsworth, *An den Kuckuck*; dt. von J. G. von Reinhold]

**Lakonie,** die: (gr.-lat. zu Lakedämonier) Knappheit u. Schlagfertigkeit im Ausdruck, oft ironisch bis zynisch. (→ Understatement, → Ironie, → Zynismus)
= Sieben*mal*
*Siehst du nicht her*
*Aber beim* achten *Mal*
*Verdammst du sofort.* [B. Brecht]

**Lakune,** die: (lat.) Lücke in einem Text. (→ Konjektur)

**Lamento,** das: (lat.-ital.) Weh- → Klage, Klagelied.
= *Gedenke, Herr, wie es uns geht; schaue und siehe an unsre Schmach!*
*Unser Erbe ist den Fremden zuteil geworden und unsre Häuser den Ausländern.*
*Wir sind Waisen und haben keinen Vater; unsre Mütter sind wie Witwen.*
*Unser Wasser müssen wir um Geld trinken; unser Holz muß man bezahlt bringen lassen.*
*Man treibt uns über Hals; und wenn wir schon müde sind, läßt man uns doch keine Ruhe.* [Aus den Klageliedern Jeremias]

**Landstreicherroman,** der: auch Vagabundenroman, Sonderform des → Abenteuerromans, dessen nonkonformist. Held sich bewußt außerhalb der Gesellschaft stellt. (→Schelmenroman, →Heimatliteratur)

= H. Hesse, *Knulp* (1915); Klabund, *Bracke* (1918); K. Hamsun, *Landstreicher* (1928ff.); u.a.

**Langvers,** der: →Langzeile.

**Langzeile,** die: in germ. Stabreim-Dichtung (*Hildebrandslied*) rhythm. Einheit aus zwei →Kurzzeilen (mit je zwei Hebungen); seit Otfried (*Evangelienharmonie*) ersetzt durch binnen- u. (später) endgereimte L. (mit je zwei Hebungen) u. schließlich durch vierhebige Reimpaare; noch in frühem →Minnesang, im *Nibelungenlied* (→Nibelungenstrophe) u. in Wolframs *Titurel*.

= *1. Uns ist in alten moeren    wunders vil geseit*
*von helden lobeboeren,    von grôzer arebeit,*
*von fröuden, hôchgezîten,    von weinen und von klagen,*
*von küener recken strîten    muget ir nu wunder hoeren sagen.*

*2. Ez wuohs in Burgonden    ein vil edel magedîn,*
*daz in allen landen    niht schoeners mohte sîn,*
*Kriemhilt geheizen:    si wart ein scoene wîp.*
*dar umbe muosen degene    vil verliesen den lîp.*

*3. der minneclîchen meide    triuten wol gezam.*
*ir muoten küene recken,    niemen was ir gram.*
*âne mâzen schoene    sô was ir edel lîp.*
*der juncvrouwen tugende    zierten anderiu wîp.*

[Aus dem *Nibelungenlied*]

In frühexpressionistischer Lyrik dient eine offenere Form der Langzeile dem Ausdruck von Ekstase u. Hingerissensein, Schrei u. Entgrenzung. (→Expressionismus)

*Einmal schon haben Fanfaren*
   *mein ungeduldiges Herz blutig gerissen,*
*Daß es, aufsteigend wie ein Pferd,*
   *sich wütend ins Gezäum verbissen.*
*Damals schlug Tambourmarsch*
   *den Sturm auf allen Wegen,*
*Und herrlichste Musik der Erde*
   *hieß uns Kugelregen.*
*Dann, plötzlich, stand Leben stille.* [E. Stadler]

**Lapidarium,** das: (zu lat. Stein) »Steinbuch«, Sammlung allegor. Deutungen von (vermeintl.) Eigenschaften der Edelsteine in relig. u. eth. Sinn. (→Bestiarium)

= Marbold von Rennes, *Liber lapidum* (ca. 1095); Volmar, *Steinbuch* (Mitte 13. Jh.); u. a.

**Lapsus calami,** der: (lat. Ausgleiten der Rohrfeder) Schreibfehler.

**L'art pour l'art,** das: (frz. die Kunst um der Kunst willen) von dem frz. Philosophen V. Cousin stammende Formel für die Autonomie der Kunst (*Du vrai, du beau et du bien*, 1836); als zweckfreie u. eigengesetzl. Darstellung des Schönen habe die Kunst keinerlei außerkünstler. Maßstäben zu gehorchen. (→ Ästhetizismus, → Dekadenzdichtung, → Symbolismus, → Formalismus, → Boheme)
= Anhänger des L.p.l.-Prinzips G. Flaubert, Ch. Baudelaire, O. Wilde, George-Kreis u. a.

**Latinismus,** der: (lat.) Nachbildung syntakt. oder idiomat. Eigentümlichkeit des Lateinischen in anderer Sprache.
= Im Dt. z. B. Endstellung des Verbs oder Partizipialkonstruktionen wie in Goethes berühmter Novellendefinition: »*eine sich ereignete unerhörte Begebenheit*«.

**Lauda,** die: (Pl. Laude; lat.-ital.) ital. volkstüml. geistl. Lobgesang, häufig in Dialogform u. als kleines → geistl. Spiel (Prozessionsspiel).
= Bekanntester Dichter von L. Jacopone da Todi; wohl berühmtestes Beispiel *Des heiligen Franziskus Sonnengesang* (ca. 1224)

*Laudato sie, mi Signore, cum tuncte le tue creature*
*spetialmente messor lo frate sole,*
*lo qual' è iorno, et allumini per lui;*
*et ellu è bellu e radiante cum grande splendore:*
*de te, Altissimo, porta significatione.*

*(Gelobt seist Du, mein Gott, mit all Deiner Kreatur*
*Erstlich unserer Schwester, der Sonne,*
*Die am Tag Du entzündest für uns*
*Und die schön ist und strahlet mit großem Glanze:*
*Von Dir, Erlauchtester, trägt sie Bedeutung.)*
[Aus: Franz v. Assisi, *Sonnengesang*]

**Laudatio,** die: (lat.) Lob, Lobrede auf eine Person. (→ Epitaphios, → Elogium, → Eloge)
= Lobrede auf Preisträger, auf Verstorbene (*L. funebris*: Leichenrede im alten Rom)

**Laureat,** der: (lat. mit Lorbeer bekränzt) ein mit dem Lorbeerkranz gekrönter Dichter. (→ Poeta laureatus)

**Laut...:** →Klang...

**Lay,** der: (engl. von afrz. →Lai) im 14. Jh. engl. Bez. für jede Art kürzeren Erzählgedichts, das dem afrz. Lai ähnelt; als berühmtester L. gilt Chaucers *Franklin's tale* aus den *Canterbury tales*, dessen →Prolog beginnt:
= *This olde gentle Britouns in hir dayes*
  *Of diverse aventurs maden layes,*
  *Rymeyed in hir firste Briton tongue;*
  *Whiche layes with hir instrumentz they songe.*

**Layout,** das: (engl. Plan, Grundriß) Entwurf bzw. Skizze zu Aufmachung u. Ausstattung von Buch, Zs. o. ä.

**Lazzo,** der: (ital.) Stegreifscherz (meist mimischer Art).

**lebendes Bild,** das: Darstellung von Bildern aus Mythos, Bibel oder Historie durch lebende Person. (→Tableau)

**Leberreim,** der: (urspr. von dem, der beim Abendessen die Leber bekam) kurzes Stegreifgedicht zur gesell. Unterhaltung; stammt aus dem 16. Jh., Blüte im 17. Jh., hält sich auf dem Land vereinzelt bis ins 19. Jh.; die Anfangszeile des L. (Reim bedeutet hier Vers) »*Die Leber ist von einem Hecht und nicht von einem...*« muß vollendet u. durch eine zweite reimende Zeile (Vers) ergänzt werden.
= Hoffmann v. Fallersleben, *Weinbüchlein* (1829)

Fontane beginnt das Spreewaldsmahl des Hechts mit:
  *Die Leber ist von einem Hecht und nicht von einer Schleie,*
  *Der Fisch will trinken, gebt ihm was, daß er vor Durst nicht schreie.*
und endet es:
  *Die Leber ist von einem Hecht und nicht von einem Störe,*
  *Es lebe Lehrer Klingenstein, der Kantor der Kantöre.*
  [Fontane, *Wanderungen durch die Mark Brandenburg*]

**Lectio difficilior,** die: (lat. schwierigere →Lesart) Grundsatz in →Textkritik, wonach schwierigere Lesart als original gelten kann.

**LEF,** die: (Abk. für russ. linke Front [der Kunst]) Moskauer Schriftstellergruppe um Majakowski (1923 begr.), trat ein für eine »Literatura fakta« (Tatsachenliteratur [Faktographie]). (→Futurismus)
= Hauptvertreter: W. Chlebnikow, B. Pasternak, N. Assejew u. a.

**Legendar,** das: (zu →Legende) Legendenbuch, Sammlung von Heiligenlegenden.
= *Das mittelfränkische Legendar* (mfr. 1130–1150), *Das Väterbuch* (ca. 1280), *Das Passional* (ca. 1300) u. a.

**Legende,** die: (lat. zu lesende [Abschnitte]) urspr. Lesung aus dem Leben eines Heiligen an seinem Jahrestag, dann allg. volkstüml.-erbaul., lehrhaft-unterhaltsame Erzählung in Vers oder Prosa um das wunderbare Leben u. Wirken eines Heiligen. (→einfache Form)

= Georgs-Lied (ca. 900, erste erhaltene L.); Hartmann von Aue, *Gregorius* (ca. 1187–1189), *Der arme Heinrich* (ca. 1195); Jacobus de Voragine, *Legenda aurea* (ca. 1270); von Jesuiten gesammelte *Acta sanctorum* (1643–1794); Martin von Kochem, *Legenden der Heiligen* (1705); G. Keller, *Sieben Legenden* (1872); R. G. Binding, *Legenden der Zeit* (1909); M. Mell, *Apostelspiel* (1923); u. a.

*An einem rauhen Herbsttage endlich hieß es, die Heilige liege im Sterben. Sie hatte sich das dunkle Bußkleid ausziehen und mit blendend weißen Hochzeitgewändern bekleiden lassen. So lag sie mit gefalteten Händen und erwartete lächelnd die Todesstunde. Der ganze Garten war mit andächtigen Menschen angefüllt, die Lüfte rauschten und die Blätter der Bäume sanken von allen Seiten hernieder. Aber unversehens wandelte sich das Wehen des Windes in Musik, in allen Baumkronen schien dieselbe zu spielen, und als die Leute emporsahen, siehe, da waren alle Zweige mit jungem Grün bekleidet, die Myrten und Granaten blühten und dufteten, der Boden bedeckte sich mit Blumen und ein rosenfarbiger Schein lagerte sich auf die weiße zarte Gestalt der Sterbenden.*

*In diesem Augenblicke gab sie ihren Geist auf, die Kette an ihren Füßen sprang mit einem hellen Klang entzwei, der Himmel tat sich auf weit in der Runde, voll unendlichen Glanzes, und jedermann konnte hinein sehen. Da sah man viel tausend schöne Jungfern und junge Herren im höchsten Schein, tanzend im unabsehbaren Reigen. Ein herrlicher König fuhr auf einer Wolke, auf deren Rand eine kleine Extramusik von sechs Engelchen stand, ein wenig gegen die Erde und empfing die Gestalt der seligen Musa vor den Augen aller Anwesenden, die den Garten füllten. Man sah noch, wie sie in den offenen Himmel sprang und augenblicklich tanzend sich in den tönenden und leuchtenden Reihen verlor.*

[Aus: G. Keller, *Das Tanzlegendchen*]

**lehrhafte Dichtung,** die: a) indirekte l. D.: D. mit »unmerklich« belehr. Elementen (Rückert, *Weisheit des Brahmanen*), am ausgeprägtesten in →Gedankenlyrik (Schiller, *Spaziergang*); b) direkte l. D.: von didakt. Zwecksetzung best. D., vermittelt Wissensstoff in künstler. Form. (→Lehrstück, →Parabel, →Sinnspruch, →Tischzucht, →Kalender)

= a) Wolfram von Eschenbach, *Parzival* (1200/1210); Goethe, *Wilhelm Meisters Wanderjahre* (1821); G. Keller, *Der grüne Heinrich* (1854f.); Musil, *Der Mann ohne Eigenschaften* (1930ff.); u. a.

b) Freidank, *Bescheidenheit* (13. Jh.); Opitz, *Vesuvius* (1633); Goethe, *Metamorphose der Pflanzen* (1790); u. a.

a) *Hier will ich mit aller Sorgfalt die Vögel des Himmels aufzählen:*
*Habicht, Sperber, Falke und Storch, Specht,*
*Elster, Turmfalke, Möwe und Baumpicker, Ibis,*
*so Reiher und Turtel wie Uhu, Dohle, Geier.*
*Diesen geselle sich der Adler, der Zaunkönig und Wildfalke.*
*Von Natur aus gleich seien hier genannt Taube, Hagtaube,*
*der gefräßige Rabe, Krähe, Wiedehopf, Schnepfe, Rebhuhn,*
*Eule, Fink und Nachtreiher, Goldammer,*
*Weih und auch Meise, Dommel, Gans und Häher,*
*Schwan, Elbis, Star, Taucher und Drossel, Misteldrossel,*
*Wachtel mit Amsel, Fasan und Wachtelkönig,*
*Kranich und Pelikan, Pfau und Ente, Steinadler,*
*Eisvogel, Rotkehlchen, Grasmücke und Würger.*
*Die Dohle darf nicht fehlen, der Dorndreher sei genannt,*
*Haselhuhn, Birkhuhn, Haselgans und Strauß,*
*wie auch Kuckuck, Bläßhuhn, wie auch Sittich und Grille.*
*Euch, Fledermaus und Schwalbe, will ich nicht vergessen.*
*Bringe mir noch, schneller Merlinfalk, die süßklingende Nachtigall!*
*Keine Lerche entgeht, und kein Glühwürmchen, deiner Gier!*
*So fängst du auch den armen Sprosser samt den Bachstelzen!*
*Kein Sperling entrönne dir, seis, daß ein Gehölz ihn beschützt!*
*Nur der Distelfink nicht im Vers steht, dem er entflieht!*
[Aus: *Carmina Burana. Die Namen der Vögel*; dt. von Carl Fischer]

*1. Ein jeder, der das Wachstum der Pflanzen nur einigermaßen beobachtet, wird leicht bemerken, daß gewisse äußere Teile derselben sich manchmal verwandeln und in die Gestalt der nächstliegenden Teile bald ganz, bald mehr oder weniger übergehen.*
*2. So verändert sich, zum Beispiel, meistens die einfache Blume dann in eine gefüllte, wenn sich, anstatt der Staubfäden und Staubbeutel, Blumenblätter entwickeln, die entweder an Gestalt und Farbe vollkommen den übrigen Blättern der Krone gleich sind, oder noch sichtbare Zeichen ihres Ursprungs an sich tragen.*
*3. Wenn wir nun bemerken, daß es auf diese Weise der Pflanze möglich ist, einen Schritt rückwärts zu tun, und die Ordnung des Wachstums umzukehren; so werden wir auf den regelmäßigen Weg der Natur desto aufmerksamer gemacht, und wir lernen die Gesetze der Umwandlung kennen, nach welchen sie Einen Teil durch den andern hervorbringt, und die verschiedensten Gestalten durch Modifikation eines einzigen Organs darstellt.*
*4. Die geheime Verwandtschaft der verschiedenen äußern Pflanzenteile [...] welche sich nach einander und gleichsam aus einander entwickeln, ist [...] im allgemeinen längst erkannt [...] worden, und man hat die Wirkung, wodurch ein und dasselbe Organ sich uns mannigfaltig verändert sehen läßt,* die Metamorphose der Pflanzen *genannt.*
[Aus: Goethe, *Die Metamorphose der Pflanzen. Einleitung*]

**Lehrstück,** das: reinste Verkörperung der Wirkungsziele des →epischen Theaters; dient a) der Demonstration von Verhaltensweisen im Sinne der marxist.-leninist. Lehre (Brecht), der »Wiedergabe asozialer Handlungen und Haltungen« zur Erzielung erzieherischer Wirkung (Döblin), b) der schauspielerischen Einübung von Nichtidentität mit Rolle, ermöglicht durch distanzierende Reflexion im Sinne von Brechts Dramaturgie. (→ Verfremdung)
= Brecht, *Der Jasager und der Neinsager, Die Maßnahme, Die Ausnahme und die Regel* (1930); Döblin, *Die Ehe* (1931); sowie P.Hacks, H. Müller u. a.

Nach Brechts »*Zur Theorie des Lehrstücks*« lehrt das Lehrstück dadurch, daß es gespielt, nicht dadurch, daß es gesehen wird. Es bedarf grundsätzlich keines Zuschauers. Brecht geht von der Erwartung aus, daß der Spielende durch Ausführung bestimmter Handlungen, »*Einnahme bestimmter Haltungen*« bzw. »*Wiedergabe bestimmter Reden*« gesellschaftlich beeinflußt werden kann.

**Leich,** der: (mhd. Weise, Melodie) in mhd. Literatur nach Vorbild der →Sequenz gebautes Gedicht mit frei wechselnden, aber meist korrespondierenden Strophen; neben relig. L. (z. B. Marienl.) auch Minne- und Tanzl.; Blütezeit des mhd. L. 13. Jh. (→Lai)
= Hauptvertreter O. von Botenlaube, U. v. Liechtenstein, U. v. Winterstetten, Tannhäuser, Frauenlob, Reinmar v. Zweter, K. v. Würzburg u. a.

*Swer nu daz crûce nimet,*
*wie wol daz helden zimet!*
*daz kumt von mannes muote.*
*got der guote in sîner huote*
*si zallen zîten hât.*
*der niemer si verlât.*

*Sô sprichet lîhte ein bœser man,*
*der mannes herze nie gewan,*
*›wir sun hie heime vil sanfte belîben,*
*die zît wol vertrîben vil schône mit wîben.‹*

*Sô sprichet diu der er dâ gert*
*›gespile, er ist nieht bastes wert:*
*waz schol er dánne ze friuntschefte mir?*
*vil gerne i'n verbír.‹ ›gespil, daz rât ich dir.‹*

*Fiu daz er ie wart geborn!*
*nu hât er beidinthalb verlorn,*
*wande er vórhte daz got im gebôt,*
*durch in ze lîden die nôt und den tôt.*

[Aus: Heinrich von Rugge, *Kreuzleich*; nach 1390: ältest. Beispiel für Kreuzl. in Dtschld.]

→Paarreim, →Tanzlied (= Tanzleich)

**Leichenrede,** die: →Trauerrede.

**Leis,** der: (aus mhd. kirleis[e] = gr. Refrain *Kyrie eleison*: Herr, erbarme dich) älteste Form des dt. geistl. →(Volks-)Lieds, Bittgesang bei Wallfahrten u. Prozessionen, aus →Litanei entstanden. (→Kirchenlied)

= *Es gingen drei heilige Frauen*
*Zu morgens in dem Tauen.*
*Sie suchten den Herrn Jesum Christ,*
*Der von dem Tod erstanden ist.*
*Kyrie eleison.*

*Maria, du reine,*
*Du hast gar heiß geweinet*
*Um unsern Herrn Jesum Christ,*
*Der von dem Tod erstanden ist.*
*Kyrie eleison.*

*Maria, du zarte,*
*Du bist ein Rosengarte,*
*Den Gott selber gezieret hat*
*Mit dem, der von dir geboren ward.*
*Kyrie eleison.*
*...*

**Leitmotiv,** das: a) musikal. Motiv, das zur Charakterisierung best. Personen, Gegenstände etc. wiederholt wird (K. M. von Weber, R. Wagner); b) →Motiv bzw. typ. Situation, Formulierung, Gegenstand, deren ständige Wiederkehr der Charakterisierung und dem Erinnern dient; als Element verspannender Gliederung auch techn. Mittel des →Aufbaus. (→Dingsymbol)

= Goethe, *Wahlverwandtschaften*: Trinkglas mit den Initialen E und O; Grillparzer, *Des Meeres und der Liebe Wellen*: Lampe; Th. Mann, *Buddenbrooks*: Johann Buddenbrooks wiederholtes *Kurios! Kurios!* oder Herrn Stengels *infolgedessen*; Th. Mann, *Tonio Kröger*: Tonios Vater wird beschrieben als ein *langer, sorgfältig gekleideter Herr mit sinnenden, blauen Augen, der immer eine Feldblume im Knopfloch trug*, wobei sich diese leitmotivische Charakterisierung dann mit leichter Variation wiederholt; Th. Mann, *Der Zauberberg*: Bild des Großvaters mit der span. Halskrause; H. Böll, *Und sagte kein einziges Wort*: Reklameslogan.

**Lektion,** die: (lat. [Vor-]Lesen) urspr. gottesdienstl. Lesung, dann Gelesenes: Bibelabschnitt (gesammelt in →Lektionar) sowie allg. Text- u. Lernabschnitt; auch Unterrichtsstunde (»Zurechtweisung«).

**Liebesdichtung,** die: Sammelbez. für Dichtungen, die direkt (Goethe, Bürger u. a.) oder indirekt (→Abenteuerroman, →Bildungsroman) Liebesthema als geist.-seel. oder erot.-körperl. Beziehung gestalten. (→erotische Literatur, →Erlebnisdichtung, →Minnesang, →Erotikon, →Liebesgruß)

**Lektionar,** das: →Lektion, →Epistolar.

**Lektor,** der: (lat. Leser) Mitarbeiter von Verlag, der zur Veröffentlichung angebotene Werke prüft u. ggf. bearbeitet; Fachberater der Verlagsautoren.

**Lektüre,** die: (frz.) a) Lesen von Text (→kursorische L., →statarische L.); b) Lesestoff.

**Lemma,** das: (gr. Empfangenes) a) Stich-, Merkwort; b) Titel u. Inhaltsanzeige eines Werks. (→Argument, →Emblem)

**leoninische Verse** (Pl.): (nach ma. Dichter Leo) →Hexameter u. →Pentameter, deren Mitte u. Ende sich reimen. (→Zäsurrein)
= *Gott, hoch im Himmel,    verehren, die seiner in Liebe begehren.*
  *Gürte die Lenden, du Krieger,    des lüsternen Fleisches Besieger.*
  *Immer am meisten begehre,    was immer und ewig dir währe.*
  *Nie dich die Augen verführen,    wenn deine Herrschaft sie spüren.*
  *Wolle nicht zögernd verweilen,    kannst du bekehren und heilen.*
  *Dumme nur eines erstreben,    mit Gleichen sich gleich zu erheben.*
  *Was da gerecht ist, besinge    als das höchste der Dinge.*
  *Siehe, die Münder, die lügen,    wollen die Seele betrügen.*
  *Lenke und leite im Grunde    dein Herz zu jeglicher Stunde.*
  *Die da sich täglich irren,    müssen sich stets korrigieren.*
              [Otloh von St. Emmeran; dt. von Carl Fischer]

**Leporello,** der: (nach Gestalt aus Mozarts *Don Giovanni*) Faltprospekt; als L.-Album eine harmonikagleich zusammenfaltbare Bilderreihe.

**Lesart,** die: Abweichung vom (gesicherten) Text einer Dichtung; in →krit. Ausgaben verzeichnet. (→Apparat, →Textkritik)

**Lesedrama,** das: →Buchdrama.

**Lesefrucht,** die: »Angelesenes«, im allg. als Anregung oder Erkenntnis (zumindest teilweise) absorbiert. (→Intertextualität)

**Lesegesellschaft,** die: Kreis von Bücherliebhabern, die sich einem Buchhändler gegenüber verpflichteten, monatl. Bücher abzunehmen u. das Privileg genossen, die Neuerscheinungen einzusehen; Bez. im 18. Jh. gebräuchlich. (→Aufklärung, →Lektüre)
= *In den Lesekabinetten abonniert man sich monatlich, oder man bezahlt für jeden Besuch oder auch für jede einzelne Zeitung. Man findet dort alle Pari-*

*ser, und in den bessern auch alle ausländischen Blätter. In dem Kabinette, welches der Buchhändler Galignani hält, das meistens von Engländern besucht wird, finden sich nicht bloß alle englischen, schottischen und irländischen Zeitungen, sondern auch die aus den ost- und westindischen Kolonien. Der lange Tisch, worauf die englischen Zeitungen liegen, gleicht mit seinen Riesenblättern einer aufgehobenen Speisetafel, die mit hingeworfenen Servietten in Unordnung bedeckt ist. An Größe übertreffen die englischen Zeitungen alle übrigen europäischen; nach ihnen kommen die spanischen, dann die französischen, auf diese folgen die deutschen, und die italienischen kommen zuletzt. Ich wollte schon den Satz aufstellen, daß man an dem Format der politischen Blätter den Umfang der bürgerlichen Freiheit jedes Landes abmessen könne, als mich die Frankfurter Ober-Postamts-Zeitung, die in Folio erscheint, von dieser falschen Theorie noch zeitig abhielt. In mehreren Lesekabinetten fehlt es auch nicht an deutschen Blättern; man nimmt aber einiges daran wahr, was einen Deutschen nicht wenig schmerzt. Die Allgemeine Zeitung etwa.* [Aus: L. Börne, *Schilderungen aus Paris*]

**Letrilla,** die: (span. Buchstabe, Schrift) span. scherzhaftes Gedicht in Kurzversen mit →Refrain.
= Hauptvertreter: Góngora, Quevedo u. a.

*Soy garridica*
*y vivo penada*
*por ser mal casada.*

*Yo soy, no repuno,*
*hermosa sin cuento,*
*amada de uno,*
*querida de ciento,*
*No tengo contento*
*ni valgo ya nada*
*por ser mal casada.*

*Con estos cabellos*
*de bel parecer*
*haría con ellos*
*los hombres perder.*
*Quien los puede haber*
*no los tiene en nada*
*por ser mal casada.* [Juan de Timoneda, *Letrilla VI*]

**Letter,** die: (lat.-frz.) allg.: Buchstabe; bes.: zum Drucken verwendetes viereckiges Metallstäbchen mit seitenverkehrten Buchstaben auf der oberen Endfläche (Kopf), Schriftkörper.

**Letterwechsel,** der: →Logogriph.

**Lettrismus**, der, bzw. **Lettrie**, die: (von frz. Buchstabe) »Buchstabismus«, frz. avantgard. literar. Bewegung, begr. von Isidore Isou, führte Bestrebungen des →Dadaismus fort, indem sie Buchstaben bzw. Laute zu sinnfreien →Klanggedichten zusammensetzte. (→konkrete Dichtung)

**Lexikographie**, die: (gr. Wort + schreiben) Lehre von der sachgemäßen Zusammenstellung von Wörterbuch bzw. Nachschlagewerk. (→Lexikon)

**Lexikon**, das: →Enzyklopädie.

**Libell**, das: (lat. Büchlein) Schmähschrift. (→Famosschrift)

**Libretto**, das: (ital. Büchlein) Textbuch von →Singspiel, →Oper, →Oratorium etc., von Librettisten für Komponisten verfaßt.
= Berühmte Libretti bzw. Librettisten: *Dafne* (A. Schütz) nach Rinuccini übers. von Opitz; *Rosenkavalier* (R. Strauß) Hofmannsthal; *Der junge Lord* (H. W. Henze) I. Bachmann (bzw. Hauff); u. a.

**Liebesgruß**, der: Lied, das man der Geliebten (als Gruß) vorsang oder schickte; auch →Minnebrief. (→Büchlein)
= *Sie sprach (zum Boten): »Sag ihm von mir, aus*
*meinem treuen Herzen,*
*soviel an ›Liebem‹, wie an ›Laub‹ wächst,*
*und wieviel ›Wonnen‹ der Vögel sind, soviel sag*
*ihm meine ›Minne‹,*
*auch wieviel Gras und Blumen sind, sag ihm*
*an Ehren.«* [Aus: *Ruodlieb*, 11. Jh.( erster dt.-lat. L.)

**Lied**, das: a) als sangbare, stroph. gegliederte, gereimte Kurzform schlichtester u. unmittelbar reinster Ausdruck des Lyrischen; im frühen MA. aus Marienlied u. Kirchen- →Hymne entstanden, in weltl. und →geistl. Lied geschieden; Blütezeit in →Romantik (Brentano, Eichendorff u. a.); b) als musikal. Kunstwerk die Vertonung von Gedicht mit stimmungsvoller, sangbarer Melodie, Verschmelzung von Wort u. Ton findet höchste Vollendung bei Schubert (*Die Winterreise, Die schöne Müllerin*). (→Kirchenlied, →Volkslied, →Kinderlied, →Soldatenlied, →Studentenlied, →Gesellschaftslied, →Anakreontik, →Göttinger Hain)
= 1
*Im wunderschönen Monat Mai,*
*Als alle Knospen sprangen,*
*Da ist in meinem Herzen*
*Die Liebe aufgegangen.*

*Im wunderschönen Monat Mai,*
*Als alle Vögel sangen,*

*Da hab' ich ihr gestanden*
*Mein Sehnen und Verlangen.*

2
*Aus meinen Tränen sprießen*
*Viel blühende Blumen hervor,*
*Und meine Seufzer werden*
*Ein Nachtigallenchor.*

*Und wenn du mich lieb hast, Kindchen,*
*Schenk' ich dir Blumen all,*
*Und vor deinem Fenster soll klingen*
*Das Lied der Nachtigall.* [H. Heine]

**Liederbuch,** das: (→Lied) handschriftl. oder gedruckte Sammlung von Volks- oder Gesellschaftsliedern.
= *L. der Clara Hätzlerin* (15. Jh.); *Ambraser L.* (1582); *Groß-L.* (1599); u. a.

**Limerick,** der: (nach ir. Grafschaft bzw. Stadt) volkstüml. einstroph. Gedicht von fünf Versen komischen Inhalts mit Reimschema aa bb a; die Endzeile bringt meist groteske, oft unsinnige Wendung; Form durch Edward Lears *Book of Nonsense* (1846) popularisiert. (→Nonsensdichtung)

*There was a young lady of Lucca,*
*Whose lovers completely forsook her;*
   *She ran up a tree,*
   *And said »Fiddle-de-dee!«*
*Which embarrassed the people of Lucca.* [Edward Lear]

= *Stets trug nur ein Tuch statt des Wamses,*
*Auch bei Regen, der selige Ramses.*
   *Der Arzt warnt ihn sehr,*
   *Doch er fand kein Gehör,*
*Zuletzt sprach er nur noch: »Da ham Se's!«* [Carl Peiser]

**Lipogramm** bzw. **Leipogramm,** das: (gr. Fehlen + Buchstabe) Wortfolge (Prosatext oder Gedicht), in der best. Buchstabe bewußt ausgespart bleibt; zunächst ästhetisch begründet, dann bloßes Spiel.
= *Die man nach uns Geschöpfe Gottes nennt:*
*Das edle Wild, kann es nicht sagen,*
*Wie Jagd und Hunde ihm behagen!*
*Und wenn man den Hals des Fisches sticht,*
*Denkt man, die Fische empfinden's nicht?*
[Aus: Fr. Kempner, Das weise Vieh (ohne r)]

*Sprachmacht alt, im Atta unsar braust*
*noch dein Ur-Teil groß, als da das Volk*
*Mark von Got war und, am Knauf die Faust,*
*Mann in Mann drang, frei wie Wind und Wolk.*

[Aus: Weinheber, *Ohne e*]

**Literalsinn,** der: (zu lat. litera = Buchstabe) buchstäbl. bzw. wörtl. Sinn einer Textstelle i. Gegs. zu metaphorischem (allegor.) Sinn. (→Exegese)

**Literarhistoriker,** der: Kenner u. Erforscher von Literarhistorie. (→Literaturgeschichte)

**literarische Gesellschaft,** die: Vereinigung von Fachleuten u. Laien zur Verbreitung u. Erschließung literar. Werke. (→Sprachgesellschaft)
= Goethe Gesellschaft (gegr. 1885), Dt. Schiller-Gesellschaft (gegr. 1895) u. a.

**Literarität,** die: als »Literarisches« die Gesamtheit der Qualitäten, die einen Text als →Literatur zu definieren erlauben.

**Literary criticism,** der: (engl. Literaturkritik) Begriff umfaßt in England u. Amerika neben →Literaturkritik auch →Literaturwissenschaft.

**Literat,** der: (lat. schriftkundig, gelehrt) hauptberufl. Schriftsteller (zuweilen abwertend gebraucht). (→Berufsschriftsteller)

**Literatur,** die: (lat. Buchstabenschrift) allg.: Sammelbez. für ges. Vorrat an schriftl. Fixiertem; bes.: →Belletristik; häufig auch in der Bedeutung →Sekundärliteratur gebraucht. (→Dichtung)
= *Literatur ist Sprache, die mit Sinn geladen ist. Große Literatur ist einfach Sprache, die bis zur Grenze des Möglichen mit Sinn geladen ist.*

[Ezra Pound]

**Literaturatlas,** der: kartograph. Werk, das Herkunft u. Wirkungsort von Dichtern verzeichnet u. den Anteil der Landschaften am literar. Schaffen der versch. Epochen veranschaulicht.
= *Dt. Kulturatlas*, hrsg. von G. Lüdtke u. L. Mackensen (6 Bde., 1928–40); *dtv-Altas zur dt. Literatur*, hrsg. von H. D. Schlosser (1983)

**Literaturbriefe** (Pl.): literaturtheoret. Erörterung (Polemik) in Form fingierter →Briefe; erstmalig bei J. J. Bodmer (*Critische Briefe*, 1746), dann u. a. bei Lessing (*Briefe, die neueste Literatur betreffend*, 1759/60); Herder (*Briefwechsel über Ossian*, 1773); u. a.
= *»Niemand, sagen die Verfasser der Bibliothek, wird leugnen, daß die deut-*

*sche Schaubühne einen großen Teil ihrer ersten Verbesserung dem Herrn Professor* Gottsched *zu danken habe.«*
*Ich bin dieser Niemand; ich leugne es geradezu. Es wäre zu wünschen, daß sich Herr* Gottsched *niemals mit dem Theater vermengt hätte. Seine vermeinten Verbesserungen betreffen entweder entbehrliche Kleinigkeiten, oder sind wahre Verschlimmerungen.*
*[...]*
*Er hätte aus unsern alten dramatischen Stücken, welche er vertrieb, hinlänglich abmerken können, daß wir mehr in den Geschmack der Engländer, als der Franzosen einschlagen; daß wir in unsern Trauerspielen mehr sehen und denken wollen, als uns das furchtsame französische Trauerspiel zu sehen und zu denken gibt; daß das Große, das Schreckliche, das Melancholische, besser auf uns wirkt aus das Artige, das Zärtliche, das Verliebte; daß uns die zu große Einfalt mehr ermüde, als die zu große Verwickelung etc. Er hätte also auf dieser Spur bleiben sollen, und sie würde ihn geraden Weges auf das englische Theater geführt haben.*
[Aus: Lessing, *Briefe, die neueste Literatur betreffend. 17. Brief*]

**Literaturgeschichte,** die: zeitliche Abfolge, d. h. histor. Gang u. Lebenszusammenhang der die →Literatur ausmachenden »Schriftwerke« einer Gemeinschaft oder Zeit sowie deren Darstellung (am einfachsten als zeitl. Aneinanderreihung). (→Literaturwissenschaft)
= G. G. Gervinus, *Geschichte der poet. Nationallit. der Deutschen* (1835–42); H. Hettner, *L. des 18. Jh.* (1855 ff.); H. de Boor/R. Newald, *Geschichte der dt. Lit.* (1949 ff.); V. Zmegač, Z. Škreb, L. Sekulić, *Geschichte der dt. Lit. von den Anfängen bis zur Gegenwart* (1981); u. a.

**Literaturkritik,** die: kritische Erfassung, →Interpretation u. Wertung der Literatur; Bereich der →Literaturwissenschaft.

**Literaturlexikon,** das: Nachschlagewerk zur Literatur, das als Autoren-, Werk-, →Real-, →Stoff- und Motivlexikon u. ä. Gesamtbereich der Literatur aufzuschlüsseln sucht.

**Literatursatire,** die: →Satire, die literar. Werke, Autoren u. Richtungen der Literatur durch →Epigramm, →Brief, →Gedicht u. ä. verspottet; reicht von heiter-sanfter Anzüglichkeit bis beißend-scharfer Verhöhnung u. gilt als eine der wirksamsten Waffen in der Auseinandersetzung mit Überkommenem u. Neuem. (→Anspielung, →Parodie, →Cento)
= Goethe, *Götter, Helden und Wieland* (1774); Tieck, *Der gestiefelte Kater* (1797); Hauff, *Der Mann im Mond* (1826); Platen, *Der romant. Ödipus* (1829); Wedekind, *Junge Welt* (1889); u. a.

**Literatursoziologie,** die: Sammelbez. für eine um 1900 entstandene Forschungsrichtung, die als literatursoziolog. Betrachtungsweise die Wechselwirkung zwischen Dichtung u. Gesellschaft zu erhellen sucht; ihre Analysen gelten primär der Rolle der Dichtung (u. des Dichters) im sozialen Leben u. deren Beeinflussung durch die gesellschaftl. Verhältnisse.

= H. N. Fügen, *Die Hauptrichtungen der L. u. ihre Methoden* ($^6$1974); A. Hauser, *Sozialgeschichte der Kunst u. Literatur* ($^3$1967); L. L. Schücking, *Soziologie der literar. Geschmacksbildung* ($^3$1961); u. a.

**Literatursprache,** die: als Sprache der Literatur u. damit auch der der diese Produzierenden ist L. auf Hochsprache u. →Schriftsprache beruhende Dichtersprache; sie ist in diesem Sinn immer Teil u. Ausdruck einer hochentwickelten Kulturform; z. B. mhd. Dichtersprache zur Zeit der Staufer, nhd. Schriftsprache in der →Klassik. (→Stil)

**Literaturstreit,** der: als ästhet. oder literaturtheoret. Diskussion jede Art von Auseinandersetzung zwischen Vertretern versch. Auffassungen von Literatur; 1. folgenreicher L. die sog. »Querelle des Anciens et des Modernes« (2. Hälfte 17. Jh.) um die Frage der Relativität des Schönen. (→Streit der Alten u. der Neueren, →Zürcher L.)

= Gottsched – Bodmer/Breitinger; Lessing/Herder – Klotz; Vertreter des Sturm u. Drang – Klotz; u. a.

**Literaturtheorie,** die: (Neuprägung des 20. Jh. parallel zu ähnl. Zusammensetzungen) dem Charakter von Theorie als Zusammenfassung der Einzelerkenntnisse unter allg. Gesetze, ihre Ordnung nach Prinzipien entsprechend, ist L. auf übergeordnete Kategorien, allgemeinverbindl. Erkenntnisse zum Phänomen →Literatur, d. h. auf literaturwissenschaftl. Universalien gerichtet; in diesem Sinne gilt sie als Nachfolgedisziplin u. a. von →Poetik (→Rhetorik, →Stilistik).

= *Es ist wohl das beste, [...] daß wir das Studium der Prinzipien der Literatur, ihre Kategorien, Kriterien und dergleichen als »L.« bezeichnen und beim Studium konkreter Kunstwerke zwischen »Literaturkritik« (in der Methode vorwiegend statisch) und »Literaturgeschichte« unterscheiden. »Literaturkritik« wird natürlich häufig in dem Sinne gebraucht, daß alle Literaturtheorie darin einbegriffen ist. Aber dieser Gebrauch übersieht eine nützliche Unterscheidung. Aristoteles war ein Theoretiker, Sainte-Beuve vor allem Kritiker.* [Aus: Wellek-Warren, *Theorie der Literatur*]

**Literaturwissenschaft,** die: Gesamtheit der Wissenschaft von der Literatur; umfaßt neben →Dichtungswissenschaft die Bereiche von →Literaturgeschichte, →Literaturtheorie, →Literaturkritik; zus. mit →Sprachwissenschaft Kern der →Philologie.

**Litotes,** die: (gr. Einfachheit) Steigerung eines Begriffs durch Abschwächung oder Verneinung seines Gegenteils; rhet. Stilmittel, →Tropus, Mittel der →Meiosis. (→Emphase)

= *nicht schlecht* für *gut*; *nicht unwahrscheinlich* für *recht wahrscheinlich*; oft ironisierend: *eine der Schönsten ist sie nicht* für *sie ist häßlich*.

*Er hielt sie fest und drückte sie an sich. Erst auf einem Rasenabhang ließ er sie nieder, nicht ohne Bewegung und Verwirrung.* [Goethe]

**Littérature engagée,** die: (frz., Begriff von Jean-Paul Sartre geprägt) engagierte, d. h. im Dienste außerkünstler. Zielsetzung stehende »Literatur der Praxis«. (→Engagement, →Tendenzdichtung)
= *Mit Hilfe der* [engagierten] *Literatur [...] geht die Gemeinschaft zur Reflexion und zum Nachdenken über; sie bekommt ein schlechtes Gewissen...*
[Jean-Paul Sartre]

**Living Newspaper,** das: (engl. lebende Zeitung) Form des →Lehrstücks, das in den 30er Jahren am New Yorker »Federal Theatre« produziert wurde; es behandelte aktuelle soziale u. ökonom. Probleme u. bezog dabei Zirkus, Tanz, Pantomime, Film, polit. Rede u. Zeitungsausschnitt als Mittel in Darstellung ein.

**Living Theatre,** das: New Yorker Theatertruppe (gegr. von Julian Beck u. Judith Malina); suchte, anknüpfend u. a. beim polit.-agitator. Theater E. Piscators u. dem →Theater der Grausamkeit, die Trennung von Kunst u. Leben in »lebendigem Theater« aufzuheben.

**Ljóðaháttr,** der: (anord. Spruchton) vierzeilige Strophe der eddischen Dichtung, besteht aus einem Langzeilenpaar mit Zäsur im Wechsel mit dreihebigem Zeilenpaar ohne Zäsur; Gedichte in L. meist →Dialog, im Gegs. zu eher erzähler. →Fornyrðislag.
= *Deyr té, deyja froendr,*
*deyr sjálfr it sana;*
*ek veit einn, at aldri deyr:*
*Dómr um dauðan nvern.* [*Hávamál*]

**Loa,** die: (span. Lob) Lobgedicht, →Prolog bzw. →Vorspiel zu einer span. Dramenaufführung mit Lobpreis von Autor, Publikum u. ä.

**Lobgedicht,** das: Gelegenheits- oder Auftragsgedicht zum Lobpreis von Person oder Sache; vor allem als →Drápa, als →Elegie (dt. → Humanismus: Hutten, Balde), als →Ode (→Barock: Weckherlin, Opitz) u. a. (→Enkomion, →Epinikion, →Preislied, →Panegyrikus, →Laudatio, →Hymne, →Eloge)
= *Der Neu-sprossende teutsche Palmbaum* (1668, L. auf die »Fruchtbringende Gesellschaft« mit Mitgliederverzeichnis)

*Die Könige gezeugt / die Königlich gebohren /*
*Die Könige geliebt / die bey noch zartem Jahr*

*Ein König jhr vermählt / die Könige gebahr /*
*Nach dem drey Kronen sie / zur Königin erkohren:*

*Die Fraw' auff welche sich viel tausend Mann verschworen /*
  *Vehaßt bey jhrem Volck / geacht bey frembder Schaar*
  *Bey Nachbarn sonder lust / bey Freunden in gefahr /*
*Verjagt ins Vaterland / vermißt doch nicht verloren:*

*Die gegenwertig schreckt: abwesend hefftig krigt:*
  *Die Helden niederwirfft / vnd in der Senfften ligt*
*Wirst du erfrew't Angiers / in tieffem kummer schawen /*
  *Schaw' an die Majestät die in den Augen spielt*
  *Das Antlitz das entdeckt / die sorgen die es fühlt /*
*Vnd lerne / das was hoch / auch schmacht' in höher grawen.*
    [Andreas Gryphius, *Auff den Einzug der Königin Mariae Henriettae*]

**loco citato** (lat. an der angeführten Stelle [eines Buchs]) in Anmerkungen und Quellenverweisen l. c. oder loc. cit. abgekürzt.

**Locus amoenus**, der: (lat. angenehmer Ort) formelhaft stilisierter Lustort, als →Topos »Hauptmotiv der Naturschilderung« (E. R. Curtius) in der europ. Literatur von der röm. Kaiserzeit bis zum 16. Jh.; noch im 20. Jh. weiterverwendet. (→Idylle, →Ekloge, → Anakreontik)

= *Über feuchtem Rasen wölbte sich der Hain, von Tau benetzt.*
*Viele Bächlein sprudeln murmelnd hier und dort aus reichem Quell,*
*Strömen, gleiten, fluten, perlen in der Tropfen Lichterspiel.*
*Moose kleiden aus die Grotten, grüner Efeu rankt sich hin,*
*Aller Vögel süße Lieder tönten durch den Schatten dort:*
*Mit des Stromes Murmelrede klang es aus dem Laub in eins,*
*Denn des Zephyrs Muse hatte Melodienstrom erregt.*     [Tiberianus]

   *Under der linden*
*an der heide,*
*dâ unser zweier bette was,*
*Dâ mugt ir vinden*
*schône beide*
*gebrochen bluomen unde gras.*
*vor dem walde in einem tal,*
   *tandaradei,*
*schône sanc diu nahtegal.*     [Aus: Walther von der Vogelweide]

*Es war ein Platz voll Licht und Schatten, still und wie der Zeit entrückt, voll Ruhe und gelindem Rauschen: dem Murmeln des Wassers, das im Fließen die Palmen befeuchtet und von Baum zu Baum flüchtet, dem leisen Laut der Tauben...*     [Aus: A. Gide, *Der Immoralist*, 1902, dt. 1925]

**Locus communis,** der: →Gemeinplatz.

**Lösungsdrama,** das: Drama, in dem es vor Hereinbrechen der →Katastrophe zu einer überraschenden Lösung des →Konflikts kommt. (→Deus ex machina)
= Goethe, *Iphigenie* (1787); Kleist, *Prinz von Homburg* (1821); B. Brecht, *Der gute Mensch von Sezuan* (1943); u. a.

**Logbuch,** das: (engl.-dt.) →Tagebuch.

**Logion,** das: (gr.) überlieferter Ausspruch, →Sinnspruch.

**Logograph,** der: (gr. Wort + schreiben) Vertreter frühester gr. Geschichtsschreibung.
= Kadmos von Milet, Pherekydes von Leros, Charon von Lampsakos u. a.

**Logogriph,** der: (gr. Wort + Rätsel) Buchstabenrätsel, dessen Lösungwort durch Hinzufügen, Weglassen oder Ändern eines Buchstabens zustande kommt. (→Anagramm, →Rätsel)
= *Das erste gibt mir Lust genug,*
*Das zweite aber, das macht mich klug.* (Lösung: Scharade Schade [Goethe])

*Nimm nur ein Nu,*
*So bleib ich ein Nu.*       (Lösung: Monument-Moment [Schleiermacher])

**Lokalstück,** das: Theaterstück, das Eigentümlichkeiten (Typen, Spracheigenheiten, Sitten u. ä.) einer best. Lokalität (Stadt, Landschaft) verarbeitet; Blütezeit →Vormärz, bes. in Wien (Nestroy), Berlin (A. Glaßbrenner u. a.), Darmstadt (E. E. Niebergall), Hamburg (J. U. David u. a.). (→Posse, →Volksstück, →Volkstheater)

**Longseller,** der: Buch mit »lang« anhalt. Verkaufserfolg. (→Steadyseller)

**Lost generation,** die: (engl. verlorene Generation) von Gertrude Stein geprägte Bez. für Gruppe skept.-negativist. eingestellter junger am. Schriftsteller der 20er Jahre, die im Weltkriegserlebnis Bindungen u. Illusionen verloren; Bez. dann auf europ. Schriftsteller mit vergleichbarer Biographie übertragen (E. M. Remarque, L. Aragon, A. Huxley u. a.).
= E. E. Cummings, John Dos Passos, F. S. Fitzgerald, E. Hemingway u. a.

**Ludlamshöhle,** die: (nach A. G. Oehlenschlägers Theaterstück) Wiener Kreis von Dichtern, Musikern u. Schauspielern (1817 gegr.); wegen angebl. staatsgefährdender Tätigkeit 1826 von Polizei aufgelöst.
= Mitglieder u. a. F. Grillparzer, Holtei, Bauernfeld, C. M. v. Weber

**Ludus,** der (Pl. Ludi): (lat. Spiel) öffentl. Kampf- (lat. circensis) u. Theaterspiel (lat. scaenicus) im antiken Rom; später auch →geistl. Spiel.
= Lat. →geistl. Spiele des MA (L paschalis = →Osterspiel; l. de Antichristo = →Antichristspiel

**Lügendichtung,** die: auf der elementaren Freude am Übertreiben (»Aufschneiden«) beruhende, heitere Täuschung, aber auch satir. Effekt intendierende phantast. Dichtung in Prosa (u. Vers), dem →Märchen, →Schwank, →Abenteuerroman verwandt; schon in Antike gepflegt, begegnet die L. in Deutschland als volkstüml. niedere wie kunstvolle höhere L., bes. in →Spielmannsdichtung, →Volksbüchern u. Dichtung des →Barock (Gryphius, Chr. Reuter); älteste L. auf dt. Boden: *Modus Florum* (ca. 1000, lat.). (→Münchhauseniade)
= *Eulenspiegel* (1515 ges.); *Der Finkenritter* (1560); Chr. Reuter, *Schelmuffsky* (1696); Bürger, *Münchhausen* (1786); M. Walser, *Lügengeschichten* (1964); u. a.

*Ich zohe fůrt / da begegneten mir erstlich drey gesellen / der eine was nackend / der ander blind / der dritt gieng auff einer Steltzen / ‖ Der Blind der sahe ein Hasen / der auff der steltzen erlieff jhn / vnnd der nacket schobe jhn inn bůsen / Auch zeyget mir der Blinde den Hasen / dem kaufft ich ab vmb zwen Basler Binger angster / gůter gewerter Saphoyer müntz / der Nackend aber zohe den Seckel auß dem bůsen / thet das Gelt in die Bulgen / vnnd gabs den Blinden / der kauffte ein schweinen Kalb / ein beltzinen schmaltz tigel / vnd ein hůltzen schůreysen darumb / damit so zündet er seinen gesellen / Vnnd wise sie den weg hinauß / daß sie dester bas gesehen möchten / Aber der auff der steltzen lieff gar weit vor jhnen hin / vnnd bestalt die Herberg / wiewol er strauchelt / vnnd sich fast vbel an die fersen stieß / das jhm die Steltz hefftig blůtet. Der Nackend zohe sich auß / das er jhnen wol gefolgen mchte / vnnd lihe dem verwundten seinen mantel / dem Blinden seinen ‖ rock / vnd zohe er in hosen vnd beltz mit blossem haberkernen daher.*

[Aus: *Der Fincken* (= Herumtreiber) *Ritter. Die dritte Tagreyse*]

*Ich will euch erzählen und will auch nicht lügen:
Ich sah zwei gebratene Ochsen fliegen,
Sie flogen gar ferne;
Sie hatten den Rücken gen Himmel gekehrt,
Die Füße wohl gegen die Sterne.*

*Ein Amboß und ein Mühlenstein,
Die schwammen bei Köln wohl über den Rhein;
Ein Frosch verschlang sie alle beid'
Zu Pfingsten wohl auf dem Eise.
[...]*

*In Straßburg stand ein hoher Turm,
Der trotzte Regen, Wind und Sturm*

*Und stand fest über die Maßen;*
*Den hat der Kuhhirt mit seinem Horn*
*Eines Morgens umgeblasen.*

*So will ich hiermit mein Liedlein beschließen,*
*Und sollt's auch die werte Gesellschaft verdrießen,*
*Will trinken und nicht mehr lügen;*
*Bei mir zu Land sind die Mücken so groß*
*Als hier die größesten Ziegen.* [*Lügenlied*]

**Lullaby,** das: (engl. nach Kehrreim »Lully my child«) engl. →Wiegenlied, Form des →Carols.
= *Sweet and low, sweet and low,*
*Wind of the Western sea,*
*Low, low, breathe and blow,*
*Wind of the Western Sea!*
*Over the rolling waters go,*
*Come from the dying moon, and blow,*
*Blow him again to me;*
*While my little one, while my pretty one, sleeps.*

[Aus: Tennyson, *The Princess*]

**lustige Person,** die: komische Bühnenfigur; Erscheinungsformen: →Hanswurst, →Mimus, →Pickelhering, →Arlecchino, →Guignol u. ä.; Auftreten dient a) Erheiterung der Zuschauer, ihrer »Anheizung«, b) Aufhebung der Bühnenillusion (→Beiseitesprechen) sowie c) Kontrastierung u. Relativierung des Geschehens. (→Fastnachtsspiel, →Stegreifdichtung, →engl. Komödianten, →Commedia dell'arte, →Zauberstück)

**Lustspiel,** das: (seit 1536 für Komödie) teilt mit →Komödie den Beleuchtungswinkel des Komischen, doch im Gegs. zum komischen Drama, das als satirischer, bewegter gilt, von ungebrochenem, aber zurückhaltendem Übermut u. eher von der Haltung des versöhnl. →Humors bestimmt; Begriff häufig gleichbedeutend mit Komödie gebraucht, denn Differenzierung problematisch.
= Gryphius, *Herr Peter Squentz* (1657); Lessing, *Minna von Barnhelm* (1767); Brentano, *Ponce de Leon* (1804); Büchner, *Leonce und Lena* (1842); Gutzkow, *Zopf und Schwert* (1844); Hofmannsthal, *Der Schwierige* (1921); Zuckmayer, *Der fröhliche Weinberg* (1925); u. a.

**Lyrik,** die: (gr. Leier; urspr. von der Leier begleiteter Gesang) Dichtungsgattung, innerhalb derer die lyrische, d. h. seelenhaft »erinnerte« Aussage den ihr angemessenen Ausdruck findet u. als deren Hauptmerkmale →Rhythmus, →Metrum, →Vers, →Reim, →Bild u. ä. gelten. Die europ. Bezeichnungen *Poesie, poésie, poetry*, die einst Dichtkunst insgesamt meinten, verweisen auf eine urspr. Auffassung von L. als dem eigtl. Dichterischen. Im Vorgang des »Benennens« als »monologischer Darstellung eines Zustands« (E. Staiger), Gestaltung des Ineinander von Subjekt u. Objekt setzt L. persönl. Gestimmtsein u. Fühlen wie objektivierendes Reflektieren um in eine künstler. geformte autonome Bildwelt. Die L. gilt als wandlungs- u. entwicklungsfähigste der poet. →Gattungen (→Epik, →Dramatik = →»Naturformen der Poesie«). Im 20. Jh. (im 19. Jh. schon bei Rimbaud) werden ihre Merkmale zunehmend aufgehoben durch Verselbständigung einzelner Elemente zu autochthonen Strukturen. Nach Hegel läßt L. sich beschreiben nach drei Wirkungs- und Intentionskategorien: als stimmungshaft-gefühlsgerichtet, reflexiv-gedanklich u. als wirklichkeits-sachorientiert (*Ästhetik*).

= *Wenn die Idee des Lyrischen als ein und dieselbe allen bisher beschriebenen Stilphänomenen zugrunde liegt, so muß sich dies Eine als solches erweisen und nennen lassen. Einheit der Musik der Worte und ihrer Bedeutung, unmittelbare Wirkung des Lyrischen ohne ausdrückliches Verstehen (1); Gefahr des Zerfließens, gebannt durch den Kehrreim und Wiederholungen anderer Art (2); Verzicht auf grammatischen, logischen und anschaulichen Zusammenhang (3); Dichtung der Einsamkeit, welche nur von einzelnen Gleichgestimmten erhört wird (4): Alles bedeutet, daß in lyrischer Dichtung keinerlei Abstand besteht.* [E. Staiger, *Grundbegriffe der Poetik*]

**lyrisches Drama,** das: Dramenform, in der Qualität des Lyrischen (→Lyrik) stark ausgeprägt ist. (→Mono-, →Duodrama)
= Maeterlinck, *Les aveugles* (1890); Hofmannsthal, *Der Tor u. der Tod* (1893); Hasenclever, *Der Sohn* (1913f.); u. a.

**Lysiodie,** die: (nach gr. Dichter Lysis) Form des →Mimus, von derb-erot., oft obszöner Komik u. von Pauken bzw. Flötenmusik begleitet (auch Hilarodie).

**Madrigal,** das: (ital. Schäfergedicht) urspr. Hirtenlied u. musikal. wie dicht. Form, seit ital. Renaissance einstroph. Gedicht mit freier Silben-, Vers- u. Reimfolge (4–20 regellos verbundenen jamb., troch. oder daktyl. Zeilen [auch →Waisen]) sowie ländl.-idyll. Motiven, vorgetragen zunächst mit Musikbegleitung, später ohne (17. Jh.); seit 16. Jh. in Deutschland nachgebildet, wo die vereinheitlichte, meist aus (unterschiedl. langen) jamb. Zeilen (ohne Waisen) bestehende Form bei witzigen oder satir. Inhalten epigramm. Charakter annahm u. für die Klang- u. Reimspiele der →Hirtendichtung Bedeutung erlangte; findet sich, wie in Italien, oft in den Rezitativen von →Singspiel, →Oratorium u. →Oper; verwendet u. a. von B. Neukirch, Hagedorn, Gellert, A. W. Schlegel, Uhland, Eichendorff (→freie Verse = M.vers).
= Goethe, *Neue Lieder* (1770); →Anakreontik

> *Ich kann hier nicht singen,*
> *Aus dieser Mauern dunklen Ringen*
> *Muß ich mich schwingen*
> *Vor Lust und tiefem Weh.*
> *O Freude, in klarer Höh*
> *Zu sinken und sich zu heben,*
> *In Gesang*
> *Über die grüne Erde dahin zu schweben,*
> *Wie unten die licht' und dunkeln Streifen*
> *Wechselnd im Fluge vorüberschweifen,*
> *Aus der Tiefe ein Wirren und Rauschen und Hämmern,*
> *Die Erde aufschimmernd im Frühlingsdämmern,*
> *Wie ist die Welt so voller Klang!*
> *Herz, was bist du bang?*
> *Mußt aufwärts dringen!*
> *Die Sonne tritt hervor,*
> *Wie glänzen mir Brust und Schwingen,*
> *Wie still und weit ist's droben am Himmelstor!* [Eichendorff, *Die Lerche*]

**Madrigalvers,** der: →freie Verse.

**männlicher Reim,** der: einsilbiger, auf Hebung endender →Reim.
= *Hut – gut* [→weibl. Reim]

**Märchen**, das: (mhd. Kunde, Nachricht; dt. Bez. als *terminus technicus* in andere Srpachen übernommen; daneben engl. *folklore*, frz. *légende*, ital. *fiaba*, schwed. *saga* u. ä.) Form epischer (Prosa-)Dichtung, deren einheitl., allg. akzeptierte Definition noch aussteht. Als »von den Bedingungen der Wirklichkeitswelt mit ihren Kategorien Zeit, Raum und Kausalität unabhängige Erzählung wunderbaren Inhaltes, die keinen Anspruch auf Glaubwürdigkeit hat«, definiert K. Ranke das M. Übereinstimmung herrscht darüber, daß allg. menschl. Konflikte u. Situationen (Kampf, Mord, Tücke, Hilfe, Heilung, Befreiung, Rettung, Werbung, Heirat u. ä.) im M. gestaltet werden, Ort u. Zeit unbestimmt bleiben (»Es war einmal...«, »In einem Königreich...«), die Handlung einsträngig ist (d. h. ohne Nebenhandlungen) u. in Zweier- oder Dreierrhythmus verläuft. Viele M. sind zweiteilig, doch wird das Geschehen auch dreiteilig dargestellt. Sämtliche Figuren (Dinge) sind auf Held oder Heldin ausgerichtet u. nicht individuell gekennzeichnet: Sie repräsentieren allg. Figuren (der König, die Prinzessin, Hans) u. werden streng in gut u. böse, schön u. häßlich geschieden. Dementsprechend schlicht ist die Moral des M.: Das Gute wird belohnt, das Böse bestraft. Die Sprache des M. ist einfach, anschaulich u. formelhaft (»Wer's nicht glaubt, zahlt einen Gulden«); zu direkter Rede treten bisweilen kurze Verse. Im Anschluß an die ausgedehnte Sammlertätigkeit, die mit →Romantik einsetzte, beschäftigte sich die Märchenforschung zunächst hauptsächlich mit den Fragen von Ursprung und Sinndeutung des M. Die Meinungen über das Verhältnis von Kunstdichtung u. Volksmärchen sind geteilt u. umstritten wie jene über Entstehung u. Funktion der Gattung M.; nachweisbar ist allerdings jene immer wieder eintretende Wechselwirkung zwischen Märchen u. Hochliteratur (→Kunstmärchen; →einfache Form).

+ K. Ranke, H. Bausinger u. a. (Hrsg.), *Enzyklopädie des M.* (1977 ff. Bd. 1–3)
= Sammlungen: J. u. W. Grimm, *Kinder und Hausmärchen* (I 1812, II 1815); L. Bechstein, *Deutsches Märchenbuch* (1845); u. a.

*Es war einmal im Winter und schneiete vom Himmel herunter, da saß eine Königin am Fenster von Ebenholz und nähte, die hätte gar zu gerne ein Kind gehabt. Und während sie darüber dachte, stach sie sich ungefähr mit der Nadel in den Finger, so daß drei Tropfen Blut in den Schnee fielen. Da wünschte sie und sprach:* »*Ach, hätte ich doch ein Kind, so weiß wie diesen Schnee, so rotbackigt wie dies rote Blut und so schwarzäugig wie diesen Fensterrahm!*«
*Bald darnach bekam sie ein wunderschönes Töchterlein, so weiß wie Schnee, so rot wie Blut, so schwarz wie Eben, und das Töchterlein wurde Schneeweißchen genannt. Die Frau Königin war die allerschönste Frau im Land, aber Schneeweißchen war noch hunderttausendmal schöner, und als die Frau Königin ihren Spiegel fragte:*
»*Spieglein, Spieglein an der Wand,*
*wer ist die schönste Frau in ganz Engelland?*«

*so antwortete das Spieglein: »Die Frau Königin ist die schönste, aber Schneeweißchen ist noch hunderttausendmal viel schöner.«*
*Darüber konnte es die Frau Königin nicht mehr leiden, weil sie die Schöneste im Reich wollte sein. Wie nun der Herr König einmal in den Krieg verreist war, so ließ sie ihren Wagen anspannen und befahl, in einen weiten dunkeln Wald zu fahren, und nahm das Schneeweißchen mit. In demselben Wald aber standen viel gar schöne rote Rosen. Als sie nun mit ihrem Töchterlein daselbst angekommen war, so sprach sie zu ihm: »Ach, Schneeweißchen, steig doch aus und brich mir von den schönen Rosen ab!« Und sobald es, diesem Befehl zu gehorchen, aus dem Wagen gegangen war, fuhren die Räder in größter Schnelligkeit fort, aber die Frau Königin hatte alles so befohlen, weil sie hoffte, daß es die wilden Tiere bald verzehren sollten.*
*Da nun Schneeweißchen in dem großen Wald mutterallein war, so weinete es sehr und ging immer weiter fort und immer fort und wurde sehr müd, bis es endlich vor ein kleines Häuschen kam. In dem Häuschen wohnten sieben Zwerge, die waren aber gerade nicht zu Haus, sondern ins Bergwerk gegangen. Wie das Schneeweißchen in die Wohnung trat, so stand da ein Tisch, und auf dem Tisch sieben Teller und dabei sieben Löffel, sieben Gabeln, sieben Messer und sieben Gläser, und ferner waren in dem Zimmer sieben Bettchen. Und Schneeweißchen aß von jedem Teller etwas Gemüs und Brot und trank dazu aus jedem Gläschen einen Tropfen und wollte sich endlich aus Müdigkeit schlafen legen. Es probierte aber alle Betterchen und fand ihm keines gerecht bis auf das letzte, da blieb es liegen.*
*Als nun die sieben Zwerge von ihrer Tagesarbeit nach Hause kehrten, so sprachen sie, jedweder:*

> *»Wer hat mir von meinem Tellerchen gegessen?*
> *Wer hat mir von meinem Brötchen genommen?*
> *Wer hat mit meinem Gäbelchen gegessen?*
> *Wer hat mit meinem Messerchen geschnitten?*
> *Wer hat aus meinem Becherchen getrunken?«*

*Und darauf sagte das erste Zwerglein: »Wer hat mir nur in mein Bettchen getreten?« Und das zweite sprach: »Ei, in meinem hat auch jemand gelegen.« Und das dritte auch und das vierte ebenfalls, und so weiter, bis sie endlich im siebenten Bett Schneeweißchen liegen fanden. Es gefiel ihnen aber so wohl, daß sie es aus Erbarmung liegen ließen, und das siebente Zwerglein mußte sich mit dem sechsten behelfen, so gut es konnte.*

[Aus: Jakob Grimm, *Schneeweißchen*]

**Märchendrama,** das: Bühnenstück (→Drama), das Märchenstoff bzw. -motiv gestaltet.
= Schiller, *Turandot* (1802); Tieck, *Der gestiefelte Kater* (1797); Büchner, *Leonce u. Lena* (1842); G. Hauptmann, *Die versunkene Glocke* (1897); Tankred Dorst, *Merlin* (1980); u. a.

**Märe,** das: (mhd. Kunde, Erzählung) allg.: im MA. →Heldenepos, →höf. Roman; bes.: mhd. paarweise gereimte →Verserzählung.

**Märtyrerdrama,** das: Drama um Leiden u. Tod standhafter Märtyrer; beliebte Dramenform des →Barock. (→geistl. Spiel, →Jesuitendrama, →Mirakelspiel)
= J. Bidermann, *Philemon Martyr* (1618); A. Gryphius, *Catharina von Georgien* (1647); J. Ch. Hallmann, *Marianne* (1669); u. a.

**Mäzen,** der: (lat. nach Maecenas, dem Gönner der Dichter Horaz, Vergil u. a.) freigiebiger Kunstfreund, Förderer der Künste u. Wissenschaften.

**Magazin,** das: (arab. Warenlager) regelmäßig erscheinende Zs. mit »gemischten« Beiträgen meist zu best. Themen; entsprechend auch Bez. für Rundfunk- u. Fernsehsendungen.
= Kultur-, Literatur-, Wirtschafts-, Nachrichten-M. (z. B. *Der Spiegel*, 1947 ff.)

**magischer Realismus,** der: (geheimnisvoll, zauberhaft + R.) in den zwanziger Jahren entstandene, auf den →Expressionismus folgende Form des →Realismus, die über den Einblick in die Wirklichkeit hinaus wesensenthüllenden Durchblick zum Über- u. Außersinnlichen gewährt u. der die Erscheinungen als bildkräftige →Chiffre, →Symbol für einen hinter ihnen verborgenen geheimnisvollen (»magischen«) Sinnzusammenhang dienen; Nebenströmung zur →Neuen Sachlichkeit. (→Surrealismus)
= H. Kasack, *Die Stadt hinter dem Strom* (1946); E. Langgässer, *Das unauslöschliche Siegel* (1946); sowie Werke von E. und G. F. Jünger, H. E. Nossak u. a.

*Münchhausens Horn ist aufgetaut,*
*Zerbrochene Gefangenschaft!*
*Erstarrter Ton wird leise laut,*
*In Holz und Stengel treibt der Saft.*
[Aus: W. Lehmann, *Ahnung im Januar*]

*Unter der Wurzel der Distel*
*Wohnt nun die Sprache,*
*Nicht abgewandt,*
*Im steinigen Grund.*
*Ein Riegel fürs Feuer*
*War sie immer...* [P. Huchel]

**Maikäferbund,** der: (nach Vereinsabzeichen) rhein. Schriftstellerbund in Bonn 1840–46.
= Mitglieder neben den Begründern J. G. u. J. Kinkel u. a. A. Kaufmann, K. Simrock u. a.

*An den Rhein, an den Rhein, zieh nicht an den Rhein,*
*Mein Sohn, ich rate dir gut:*
*Da geht dir das Leben zu lieblich ein;*
*Da blüht dir zu freudig der Mut!*

*Siehst die Mädchen so frank und die Männer so frei,*
*Als wär es ein adlig Geschlecht,*
*Gleich bist du mit glühender Seele dabei:*
*So dünkt es dich billig und recht.*

*Und im Strome, da taucht die Nix aus dem Grund,*
*Und hast du ihr Lächeln gesehn,*
*Und sang dir die Lurlei mit bleichem Mund,*
*Mein Sohn, so ist es geschehn:*

*Dich bezaubert der Laut, dich betört der Schein,*
*Entzücken faßt dich und Graus;*
*Nun singst du nur immer: Am Rhein, am Rhein!*
*Und kehrst nicht wieder nach Haus.*

[Karl Simrock, *Warnung vor dem Rhein*]

**Majuskel,** die: (lat. etwas größer) Großbuchstabe, im Gegs. zur →Minuskel. (→Versal)

**Makame,** die: (arab. Versammlung) arab. kunstvolle Dichtungsform in →Reimprosa mit Verseinlagen; meist gereihte Schelmengeschichten, von deren Held der Erzähler berichtet; die M. zeichnet sich aus durch Witz, Einfallsreichtum sowie überraschende Pointensetzung u. ist von Einfluß auf Entwicklung des →Schelmenromans; die bedeutendsten M. stammen von al-Harīrī (1054–1122), dessen *Verwandlungen des Abu Seid von Serug* Rückert übersetzte (1826).
= Die beiden Gulden. Hareth Ben Hemmam erzählt:
*Mich hielt mit frohen Genossen – ein trauter Kreis umschlossen, – von welchem eingeschlossen war Geselligkeit – und Gefälligkeit, – und ausgeschlossen Mißhelligkeit. – Und während wir nun die Fäden der Reden hin und wieder spielten, – und im Schwanken der Gedanken uns unterhielten – mit Geschichten – und Berichten – und Gedichten; – trat herein ein Mann mit gebrechlichem Mantel – und schwächlichem Wandel, – der den einen Fuß schleifte, – und auf einen Stab sich steifte; – der sprach: O ihr köstlichen Steine der Schreine! – o ihr tröstlichen Scheine der Reine! – Froh gehen euch auf die Tage – und unter ohne Klage! – Freundlich weck' euch der Frühschein, – und lieblich schmeck' euch der Frühwein! – Seht einen Mann, der einst besessen – Haus und Hof, Esser und Essen, – Weiden und Weidende, – Kleider und zu Kleidende; – Gabe, zu schenken, – Labe, zu tränken, – Äkker und Äste, – Feste und Gäste. – Doch es schnob der Sturm des Leides, – und es grub der Wurm des Neides, – und der Einfall der Unfälle – brach über*

*des Glückes Schwelle; – bis mein Hof leer ward, – und dünne mein Heer ward, – mein Brunnen erschöpft, – mein Wipfel geköpft, – mein Lager staubig, – mein Barthaar straubig, – mein Gesinde murrend, – meine Hunde knurrend; – im Stalle kein Rossegestampf, – in der Halle kein Feuerdampf; – daß mir der Neider – ward zum Mitleid, – und der Schadenfroh – vor meinem Schaden floh. – In des Unglücks Klammer, – in der Armut Jammer – ward unser Schuh die Schwiel' am Fuß, – und unsre Speise der Verdruß. – Wir schnürten knapp den Leib zusammen, – um zu ersticken des Hungers Flammen. – Ausging uns des Stolzes Befiederung, – und wir wohnten in der Niederung. – Statt Rosse blutig zu spornen, – gingen wir uns wund auf Dornen. – Der Tod bleibt unsere Zuflucht vor Bedrängnis; – wir klagen an das säumende Verhängnis. – Oder ist hier ein Beirätiger, – Menschenfreundlicher, Gutthätiger, – der einen Kraftlosen, Haftlosen stütze, – ein Tröpflein der Milde auf einen Saftlosen spritze? – Bei dem, der mich hat entsprossen lassen von Kaile! – der den Mangel mir gab zu Teile! – ich habe nicht, wo ich die Nacht verweile.*
Hareth Ben Hemmam *spricht: Um seine Notdurft zu letzen, – und zugleich seinen Witz auf eine Probe zu setzen, – nahm ich ein Goldstück und wies es, – und sagte: Dein ist dieses, – wenn du uns in Versen sein Lob lässest hören. – Und auf der Stelle ließ er sprudeln seine Brunnenröhren:*

*Gesegnet sei der Gelbe mit dem lichten Rand,*
*Der wie die Sonne wandelt über Meer und Land,*
*In jeder Stadt daheim, zu Haus an jedem Strand,*
*Gegrüßt mit Ehrfurcht, wo sein Name wird genannt.*
*Er geht als wie ein edler Gast von Hand zu Hand,*
*Empfangen überall mit Lust, mit Leid entsandt.*
*Er schlichtet jedes menschliche Geschäft gewandt,*
*In jeder Schwierigkeit ist ihm ein Rat bekannt.*
*Er pocht umsonst nicht an die taube Felsenwand,*
*Und etwas fühlt für ihn ein Herz, das nichts empfand.*
*Er ist der Zaubrer, dem sich keine Schlang' entwand,*
*Der Schöne, welchem keine Schönheit widerstand,*
*Der Held, der ohne Schwertstreich Helden überwand:*
*Der Schwachen Kräfte giebt, und Thörichten Verstand,*
*Und Selbstvertraun einflößet, das mit Stolz ermannt.*
*Wer ihn zum Freund hat, ist den Fürsten anverwandt,*
*Wenngleich sein Stammbaum auf gemeinem Boden stand.*
*Der trifft des Wunsches Ziel, dem er den Bogen spannt.*
*Er ist des Königs Kron' und seiner Herrschaft Pfand,*
*Er ist der Erde Kern, und alles sonst ist Tand.*
*Und wie er war am Ende, – streckte er seine Hand nach der Spende – und rief: Wer verspricht, muß segnen; – Die Wolke, die donnert, muß regnen. – Da gab ich ihm das Goldstück hin, – und sprach: Sei es dir zum Gewinn! – Er schob es in seinen Mund, – und sprach: Gott erhalte mir's gesund! – Dann macht' er sich auf, von dannen zu wanken, – mit Grüßen und Danken. –*

[...]
Hareth Ben Hemmam *spricht: Mir sagte das Herz, es sei* Abu Seid, *– und seine Lahmheit ein angelegtes Kleid. – Ich hielt ihn an und rief: Bei Gottes Gnade! – dein Witz verriet dich; warum gehst du nicht grade! – Er sprach: Und bist du der* Hareth? *– so bleibe mir ewig schwarz gehaaret, – der Lust gepaaret, – den Frohen und Edlen gescharet! – Ich sprach: Ich bin der* Hareth Ben Hemmam; *– wie geht es mir dir und deinem Kram? – Er sprach: Bald frisch, bald lahm; – ich segle mit zweierlei Winden, – gelinden und ungelinden. – Ich sprach: du solltest dich schämen, – Zuflucht zu einem Gebrechen zu nehmen. – Da verfinsterten sich seine Mienen, – und er sprach: Laß dir dienen!*

*Ich hinke, doch nicht aus Vergnügen am Hinken,*
*Ich hink' um zu essen, ich hink' um zu trinken.*
*Ich hinke, wo Sterne der Hoffnung mir winken,*
*Ich hinke, wo Gulden entgegen mir blinken.*
*Was man nicht erfliegen kann, muß man erhinken.*
*Viel besser ist hinken, als völlig zu sinken.*
*Die Schrift sagt:* Es ist keine Sünde, zu hinken.

[Aus: Harīrī, *Zweite Makame*; dt. von Rückert]

**Makarismus,** der: (gr.) Seligpreisung, bes. als Teil der Bergpredigt.
= *Selig sind, die da geistlich arm sind; denn das Himmelreich ist ihr.*
*Selig sind, die da Leid tragen; denn sie sollen getröstet werden.*
*Selig sind die Sanftmütigen, denn sie werden das Erdreich besitzen.*
*Selig sind, die da hungert und dürstet nach der Gerechtigkeit;*
*denn sie sollen satt werden.* [Aus: Matthäus 5,3–10]

**makkaronische Dichtung,** die: (nach *Carmen maccaronicum* von Tifi degli Odasi [1490], dessen Held Makkaronihersteller ist) komische Dichtung, deren Wirkung auf der spieler. Verschmelzung zweier Sprachen beruht; meist Latein die bestimmende, das grammat. u. syntaktische Gerüst liefernde Sprache; erste Ansätze zu m. D. in Dtschld. in Satiren von Th. Murner (*Von dem großen luther. Narren*, 1522) u. J. Fischart, der in *Geschichtsklitterung* (1590) m. D. mit »Nuddelverse« (Nudelverse) verdeutscht. Schon in Fastnachtsspielen von H. Sachs. (→Parodie, →Satire, →Vers entrelardé)
= 1. größere m. D. in Deutschland Gripold Knickknack (Pseudonym) *Flöia, cortum versicale des flois* (1593), knüpft an bei Fischarts *Flohhatz* und parodiert Vergils *Aeneis*. (→ *Floiade*)

*Se bilden sick veel in, un willen gröter syn,*
*Als am Frantzöschen Hof Cardinal Mazarin.*
*In so gedanem Respect was de darvan ick rede.*
*Eenmals reep he den Kock, un also tho em sede:*
*Escoute Cuisinier, van mynen Cameraden,*
*Hab ick zwey oder drey zum desjeuner geladen,*

*Mach mir een gut Potage, mit alle apertenence,*
*Wie man es á la Cour dressiren pflegt en France,*
*á la nouvelle mode, du solt incontinent*
*Für dieses dein travail haben ein gut Present.*
*Ich wil á la pareille dein Freund seyn en effait.*
*Mach mir die Supp nur so wie ich habe geredt.*
[Aus: J. W. Lauremberg, *De Vaget und sin Kock*]

**Makulatur,** die: (zu lat. beflecktes Stück) Fehldruck, beim Druck beschädigte oder sonst fehlerhafte →Bogen.

**Málaháttr,** der: (anord. Redeton) Strophenmaß der eddischen Dichtung aus vier Langzeilen, Variante des →Fornyrðislag.
= *Múndak mildingi, ⁊ á er Moera hilni*
*fluttak fjǫgur kvæði, fintán stórgjafar;*
*nvar viti áðr orta neð oeðra hoetti*
*moerð of menglǫtuð maðr und himins skantum?*
[Aus: *Snorra-Edda* (einziges Beispiel)]

**Manier,** die: (frz. Art und Weise) allg.: gesellschaftl. Sitte, gutes Benehmen; bes.: →Stil, künstler. Eigenart; auch abwertend als Künstelei (»Manieriertheit«), bloße Nachahmung (→Epigone). (→Manierismus)

**Manierismus,** der: allg.: künstler. Strömungen zunächst in bild. Kunst, dann auch in Lit. u. Musik, die durch Abweichung von den Normen der →Renaissance gekennzeichnet sind; bes.: auf Lit. übertragen, bez. Begriff Phase des Übergangs von →Renaissance zu →Barock (1530–1630) bzw. den veräußerlichten, zum schmuckhaften Selbstzweck gewordenen Stil, der als subjektiv-willkürl. Übersteigerung der Form meist zu Lasten des Gehalts geht: →Schwulst, →Gongorismus, →Euphuismus, →preziöse Literatur.
= Dem M. verpflichtet G. Ph. Harsdörffer (*Poetischer Trichter*, 1647ff.), 2. →schles. Dichterschule (Lohenstein, Hofmannswaldau u. a.)

**Manifest,** das: (zu lat. offenkundig) öffentl. Erklärung. Programm einer Strömung (Bewegung) bes. in Kunst u. Lit.; als Grundsatzerklärung definiert durch Kampfhaltung u. Aufrufcharakter.
= M.e von Dadaismus (Tristan Tzara, Franz Jung, George Grosz, Marcel Janco u. a.), Futurismus (F. T. Marinetti), Expressionismus (K. Edschmid), Surrealismus (A. Breton) u. a.

*Dran, dran, dyeweyl das feuer hayß ist. Lasset euer schwerth nit kalt werden, lasset nit vorlehmen! Schmidet pinkepanke auf den an- ‖ bossen Nymroths, werfet ihne den thorm zu bodem! Es ist nit mugelich, weyl sie leben, das ir der menschlichen forcht soltet lehr werden. Mann kan euch von gotte nit sagen, dieweyl sie uber euch regiren. Dran, dran, weyl ir tag habt, gott gehet euch*

*vor, volget, volget! Die geschichte stehen beschrieben Matt. 24, Ezech. 34, Danielis 74, Esdre 16, Apoca. 6, welche schriefft alle Ro. 13 ercleret.*
*Darumb last euch nit abschrecken. Gott ist mit euch, wie geschrieben 12. Paralip. 2° c. Dits sagt gott: »Ir solt euch nit forchten. Ir solt diese grosse menge nit scheuen, es ist nit euer, sondern des herrn streyt. Ir seyt nit dye da streiten, stellet euch vor mennlich. Ir werdet sehen dye hulfe des herren uber euch.« Da Josaphat diese wort horette, da fiel er nyder. Also thuet auch und durch gott, der euch sterke ane forcht der menschen im rechten glauben, amen.*
*Datum zu Mulhausen im jhare 1525.*
        *Thomas Muntzer, eyn knecht gottes wider dye gottloßen.*
        [Aus: Th. Müntzer, *An die Allstedter*]
→Futurismus, →Surrealismus, →Expressionismus

**Mantel- und Degenstück,** das: (span.) span. Komödientyp (→Comedia, →Sittenstück) mit Figuren (Mantel u. Degen tragende Caballeros) u. Stoffen aus span. Alltagsleben (17. Jh.).
= Hauptvertreter Lope de Vega, Calderon, Tirso de Molina u. a.

**Manuskript,** das: (lat. mit der Hand Geschriebenes) a) allg.: Schriftwerk in Hand- oder Maschinenschrift, bes.: das mit der Hand geschriebene »Buch« vor Erfindung des Buchdrucks; b) Urschrift, Druck- bzw. Satzvorlage.

**Marginalglosse,** die: (lat. Rand + G.) an den Rand der Seite geschriebene bzw. gedruckte →Glosse.
= Vom rechten Beten
*Christen wissen, das recht beten das höchste schwereste werck auff erden, höchster Gottes dienst und ubung des glaubens ist. Darumb ist rechtem ‖ gebet kein zeit, stell, regel noch mas zu setzen, aber nicht deste weniger, so das fleisch schwach ist, der Teuffel nicht feiret noch schlefft, recht gebet mit höchster list und aller macht zu hindern, ist dis ein nützlicher trost, beide, vor die starcken und schwache Christen. Bis gewarnet, bis gewarnet, sage ich, las dich nicht leicht hindern vom gebet [...]*
*Wirff dein anliegen auff den Herrn, und der wird dich versorgen.*
        [M. Luther, *Ein kurtzer trostzedel*
        (vom Verf. als lat. M. in seinen Handpsalter eingetragen)]

**Marginalie,** die: (lat. Rand) →Anmerkung am Rand von Handschrift oder Buch (= Randbemerkung).

**Mariendichtung,** die: aus Marienkult der gr. Kirche entstandene Dichtung um Gestalt u. Leben Marias, die als Gottesmutter u. Fürsprecherin im MA. bes. Verehrung genoß; die M. besteht vor allem aus Liedern, Gebeten, Klagen, Grüßen, Legenden, Traktaten, Mirakelspielen u. ä. (→Marienpreis, Mariengebet, →Marienleben, →geistl. Spiel)

= Beiträge zur M. noch von Herder, Novalis, Brentano, Droste-Hülshoff, Rilke, R. J. Sorge, R. Schneider, F. Werfel u. a.

*An dem Tage, da du der Erd', o Jungfrau,*
*Dich entschwingend, hin über die Gestirne*
*Stiegst, da neigete sich, bestreut mit Blumen,*
                    *Dir der Olympus;*

*Und ein süßer Gesang, als Du hineintratst,*
*Scholl den Himmel hindurch dir laut entgegen:*
*»Wer ist Sie, die aus wilden dunkeln Hainen*
                    *Glänzend hervorgeht?*

*Eine Göttin, in Sich, o ganz in Sich schön,*
*Ueberfließend an Reiz, und süßen Freuden;*
*Um sie duftet der Aether; lieblich lehnt sie*
                    *An den Geliebten*

*Ihre holde Gestalt. So tritt in seine*
*Stillen Reiche der Mond; so blickt die Sonne*
*Auf am Morgen; es küßt ihr Blick auf, alle*
                    *Thränen Aurorens.«*

*Unter solchen Gesängen hobst du höher*
*Dich, o Mutter im Arm des Sohns, und über-*
*Stiegest Alles was Gott nicht ist und tauchtest*
                    *Dich in der Gottheit*

*Glanz. O selige, Gnadenreiche Jungfrau,*
*Laß vom Meere der Freuden, laß aus deinem*
*Vollen Becher, auch nur ein Tröpflein stillen*
                    *Unsere Thränen.*
                    [J. Balde, *Die Himmelfahrt*, dt. v. Herder]

**Marienleben,** das: ausschmückende lyrische oder epische Schilderung von Leben, Tod u. Himmelfahrt der Jungfrau Maria auf der Grundlage der Apokryphen (= von der Kirche nicht anerkannter Evangelienberichte). (→Legende)
= Priester Wernher, *M.* (1172); Konrad v. Heimesfurt, *Von unserer vrowen hinvart* (1220); *Grazer M.*; u. a.

**Marienpreis,** der: →Lobgedicht auf die Jungfrau Maria (Marienlob). (→Mariendichtung, →Sequenz, →Hymne, →Leich, →Leis)
= *Marja klar, vil hohgeloptiu frowe süeze,*
   *hilf mir durh dines kindes ere deich min sünde gebüeze.*
   *du flüetic fluot barmunge tugende und aller güete,*
   *der süeze gotes geist uz dinem edeln herzen blüete:*
   *er ist din kint, din vater, unde din schepfoere.*

*wol uns des daz du in geboere!*
*den hoehe tiefe breite lenge umbegrifen mohte nie,*
*din kleiner lip mit süezer kuische in umbevie.*
*kein wunder mohte dem gelichten ie:*
*der engel küneginne, du trüeg in an alle swoere.*

[Walther von der Vogelweide]

**Marinismus,** der: (ital.) nach G. Marino (1569–1625; *L'Adone*, 1623) benannte ital. Variante des →Manierismus (17. Jh.); kennzeichnend für M. virtuoses Spiel mit der Form u. kunstvoller Verwendung des →Konzetto (Konzettismus).

= *Quel neo, quel vago neo,*
  *Che fa d'amate fila ombra vezzosa*
  *A la quancia amorosa,*
  *Un boschetto è d'Amore.*
  *Ah! fuggi, incauto core,*
  *Se pure cogliervi brami o giglio o rosa!*
  *Ivi il crudel si cela, ivi sol tende*
  *Le reti e l'arco, e l'alme impiaga e prende.*  [Aus: G. Marino, *L'Adone*]

**Marionettentheater,** das: (frz. Dim. von Marie) Art des →Puppenspiels mit bewegl. Gliederpuppen, die an Schnüren oder Drähten hängen u. von oben geführt werden; Marionettenspiel seit 12. Jh. bezeugt; Element des →Fastnachtsspiels; zunächst von → Wanderbühnen gespielt, seit Anfang 18. Jh. feste M.

**Martyrologium,** das: (gr. Märtyrer + Wort) liturg. Buch, das die Märtyrer bzw. Heiligen u. deren Feste verzeichnet. (→Hagiographie)

**Maskenspiel, -fest**, das, bzw. **Maskenzug,** der: Art höf. Kostümfest mit Umzug u. Spiel, oft als allegor. »Einkleidung« best. Leitgedanken; auch »Wirtschaft« (→Wirtschaften) genannt; seit Renaissance in Europa verbreitet, bes. in Italien u. England. (→Trionfi, →Masque, →Schönbartspiel, →Skizze)
= Goethe, *Pantomimisches Ballett, Planetentanz, Romantische Poesie* u. a.

**Masque,** die: (frz.) engl.-frz. Ausprägung des →Maskenspiels (16. u. 17. Jh.); Veranstaltung aufwendiger M. von Aristokratie als »Sport« angesehen; groteskes →Nachspiel der M. = Antimasque.
= Libretti u. a. von Ben Johnson *(The M. of Blacknesse* oder *The M. of Queens).* Heute wohl bekannteste M. →Spiel im Spiel in Shakespeares *Der Sturm.*

**Massenmedien** (Pl.): Massenkommunikationsmittel Presse, Film, Funk, Fernsehen u. ä.

**Matière de Bretagne,** die: (frz.) →Artusdichtung.

**Mauerschau,** die: →Teichoskopie.

**Maxime,** die: (lat. höchster Grundsatz) Lebensregel, subjekt. (sittl.) Leitsatz, →Denkspruch. (→Aphorismus)
= *Es ist eine große Narrheit, allein weise sein zu wollen. Die alten Narren sind närrischer als die jungen. Es gibt keine beschwerlicheren Dummköpfe als die jungen.* [La Rochefoucauld]

*Dummköpfe benützen Leute von Geist wie Kleingewachsene hohe Absätze.*

*Der Dumme ist wie das Volk, das sich von wenig reich dünkt. Ruhm und Dummheit verstecken den Tod, ohne über ihn zu triumphieren.*
[Vauvenargues]

**Mediaevistik,** die: (zu lat. mittel + Zeitalter) Sammelbez. für die Wissenschaftszweige, die sich mit Erforschung des MA. (Geschichte, Literatur, Kunst u.ä.) beschäftigen.

**Mehrdeutigkeit,** die: →Amphibolie, →Ambiguität, →Homonymie.

**Meininger,** die: (nach dt. Stadt) Schauspielensemble des Meininger Hoftheaters (1874–1890), berühmt wegen perfekten Zusammenspiels u. epochemachend wegen geradezu wissenschaftl. Exaktheit in Bühnenbild, Kostümen u. Requisiten; durch die zahlreichen Gastspiele der Schauspieltruppe unter Leitung des Herzogs Georg II. v. Sachsen-Meiningen wurde der Meininger Bühnenstil in Europa bekannt u. nachgeahmt als »Bühnen-→Gesamtkunstwerk«.

**Meiosis,** die: (gr. Verkleinerung) →rhet. Figur: Erniedrigung, Verkleinerung durch Verwendung von Wörtern, die weniger als das scheinbar Ausgedrückte besagen, negative Übertreibung. (→Litotes, →Ironie, →Euphemismus, →Emphase)
= *Die Nachricht von meinem Ableben war weit übertrieben.* [Mark Twain]

**Meistersang** bzw. **Meistergesang,** der: (Gesang der [Handwerks-]Meister) bürgerl. Liddichtung des 14.–16. Jh., im Handwerklichen erstarrte Fortsetzung des →Minnesang; da Kunst den Vertretern des M. als erlernbar galt, wurde sie in feste Regeln gefaßt (→Tabulatur) u. an Singschulen geübt; Glanzzeit um 1500, als 250 Meistersänger, u.a. Hans Sachs, Hans Folz, H. Rosenplüt, in Nürnberg wirkten; schulmäßige Ausübung bis ins 19. Jh.; letzte Schulen in Ulm bis 1839, in Meiningen bis 1852. (→Meistersangstrophe, →Merker, →Ton)
= Beschreibung von Theorie und Praxis des M. in A. Puschman, *Gründtlicher Bericht des Deutschen Meistergesanges* (1571 bzw. 1888); C. Spangenberg,

*Von der Musica und den Meistersängern* (1598 bzw. 1861); J. Ch. Wagenseil, *Von der Meister-Singer holdseligen Kunst* (1697); u. a.

*O cristenn mensch, betracht*
*Das inprunstig beweynenn*
*Maria der vill reynen,*
*Do sie ir kinth*
*Hoch an dem creucz sach hangenn*

*Unnd solich groß onmacht*
*Sich an ym thet erscheinen*
*Unnd aller trost het keinenn.*
*O mensch, besint*
*Das muterlich verlangenn*

*Des junckfreuliches herczenn ir,*
*Wie sie mit flammender begir*
*Gedacht: »ach das ich hing pey dir,*
*So wer mir woll.*
*O sun, wie sol*
*Ich ansehenn den schmerczenn*
*Deines betrubtenn herczenn?«*
*Wo pleib do, meit, dein schmerczenn*
*Des trostes vol,*
*Als do er noß dein spunne?*
*Sag wes du hie begunne,*
*Do er vol alles kumers dol*
*Was an dem creucz umbfangenn*
    [Hans Folz, *In meister hans volczen passional »lied« Nr. 17*]

*Ein Schulkunst vorher zu singen wenn man Schul helt, darinnen angezeiget*
*der vrsprung dieser Kunst, wer, wie, wenn vnd warumb sie erfunden*
*Mit angehefften Schulregister oder Straffartickel*

*Ein gefünfft lied in den 4. Gekrönten Haupt-Thönen der 4. Gekrönten Meister*

*Das erste Gesetz: Im langen Thon Doctor Müglings*

   *Sancte Spiritus mit dein Gaben zu vns kum,*
*Et reple corda tuorum fidelium,*
*Endtzund in ihn das Fewer Deiner liebe,*
   *Per Christum salutorem nostrum te rogo*
*Steh Du mir auch jetzt bey mit Dein Gaben also*
*Mit Gsang Gott zu loben nach Deim getriebe,*
   *Wie du halffst dem Psalmist Dauid,*
*Der sang die schönsten lieder auff der Erden*
*In seinem psalterio in fried,*

*Vermant er vns zu singen ohn geferden*
*Sein acht vnd Neuntzigst Psalm spricht fein:*
*Jauchtzett dem Herrn all Welt, thut lobsingen*
*Rhümet vnd lobt den Herrn rein,*
*Die Psalmen last auff Seitenspiel erklingen.*
*Sollches alles hat verursacht*
*Vnser vorfahrer weise*
*Die Tichten Gott zu lob vnd danck*
*Meistergesang,*
*Der waren ir Zwelff an der zal,*
*Auff die höret gar leise.* [Adam Puschmann]

**Meistersangstrophe,** die: (auch Gebäude, Gebände, Gesetz oder Gesätz genannt) dreiteilige, aus mhd. Dichtung (→Minnesang) übernommene Strophenform, besteht aus einem →Aufgesang mit zwei gleichgebauten →Stollen u. einem →Abgesang.

= *Ach Gott*
*Mein Nott*
*Dir*
*hir*
*mit Zagen*
*(1. Stollen)*

*Und Schmertz*
*mein Hertz*
*Zart*
*hart*
*thut plagen*
*(2. Stollen)*

*Der will*
*in still*
*ich*
*mich*
*beklagen.*

(Im allg. unterscheidet sich der Abgesang freilich metrisch, reimerisch u. melodisch scharf von den Stollen = Aufgesang.)
[A. Metzger, *Überkurze Senfkörnleinweise*]

**Melik,** die: (gr. Lied) melische Dichtung, gesungene →Lyrik, Lieddichtung, d. h. für Begleitung auf der Lyra oder Flöte geschriebene Verse; Blütezeit der gr. M. zwischen 7. u. 5. Jh. v. Chr. (→Chorlied, →Hymne, →Ode)
= Sappho, Anakreon, Pindar u. a.

**Melodrama,** das: (gr. Lied + Drama) als musikal.-dramat. Mischform Sonderform des →lyr. Dramas; durch Verbindung von Rezitation (Gedicht) u. Musik (Klavier, Orchester) im 18. Jh. als Konzert-M. entstanden; um Monopolanspruch der »lizensierten« (Sprech-)Bühnen zu umgehen, in England u. Frkr. zur eigenen Dramenform ausgebildet (→Romantik); M. verhält sich zu Tragödie wie Farce zu Komödie. (→Rührstück)
= Als Vorbild gelten Schillers *Räuber* (1781); von Einfluß u. a. auf Grillparzer, *Die Ahnfrau* (1817), und V. Hugo, *Hernani* (1830)

**Melos,** das: (gr. Lied, Gedicht, Melodie) Sprachmelodie, Musikalität einer Dichtung. (→Alliteration, →Assonanz, →Reim, →Klangmalerei)

**Memoiren** (Pl.): (frz.) Lebenserinnerungen, Denkwürdigkeiten, zwischen →Autobiographie u. Geschichtsschreibung sich bewegende, oft rechtfertigende Darstellung eig. Tuns, die sich mit der Beschreibung selbsterlebter histor. Begebenheiten verbindet.
= M. schrieben: Brantôme, Richelieu, Kardinal Retz, Mme. de Staël; Casanova; Friedrich II. von Preußen, Gentz, Varnhagen, Bismarck, Immermann, Adenauer, Zuckmayer u. a.

**Memorabile,** das: (lat. denkwürdig) →einfache Form (nach Jolles); denkwürdiges Ereignis, das in seiner histor. Tatsächlichkeit u. Einmaligkeit konkretisiert wird u. damit das Gegenteil zum verallgemeinernden, nach der Norm wägenden →Kasus bildet.

**Memorabilien** (Pl.): (→Memorabile) Denkwürdigkeiten, Erinnerungen. (→Memoiren)
= Xenophon v. Athen, *Apomnemoneumata Sokrateus* (4. Jh. v. Chr.); Immermann, *M.* (1840ff.); u. a.

**Memorandum,** das: (lat. zu Erinnerndes) Denkschrift. (→Pro memoria)

**Memorial,** das: (frz.-engl. aus lat.) →Tagebuch, Erinnerungsbuch.

**Ménestrel,** der: (prov.-frz.) altprov. u. afrz. →Spielmann, →Joculator, →Minstrel.

**Menippea,** die: (nach Begründer Menippos von Gadera) Form der antiken →Satire; verspottet allg. menschl. Schwächen.

**Merker,** der: (mhd. Aufpasser) a) im →Minnesang (seit dem Kürenberger u. bis Walther) Figur des Voyeurs, Aufpassers u. Verleumders (»lügenære«), der die Liebenden an der Begegnung hindert; b) Kunstrichter im →Meistersang.

= *Sô wê den merkæren! die habent mîn übele gedâht:*
*sie habent mich âne schulde in eine grôze rede brâht.*
*si woenent mir in leiden, sô si sô rûnent under in.*
*nu wizzen algelîche, daz ich sîn friundinne bin;*
*âne nâhe bî gelegen: des hân ich weizgot niht getân.*
*stoechen si ûz ir ougen!*
*mir râtent mîne sinne an deheinen andern man.* [Meinloh von Sevelingen]

**Merkdichtung,** die: Gedächtnisstütze in Versen, auch Katalogdichtung, zum Memorieren von Wissensstoff (Götter, Könige, Dichter u. ä.: →Denkverse); gilt als archaische Dichtungsform. (→Katalog, →Abecedarium)
= Eine der berühmtesten M. (Kataloge): Wolfram von Eschenbachs Edelstein-Katalog in *Parzival* (→Lapidarium).

**Merz-Kunst,** die: (Abk. vom Kommerz) von Kurz Merz Schwitters geprägter Begriff zur Definition seines künstler. Ziels eines →Gesamtkunstwerks (»Merz-Gesamtkunstwerk«), das, auf dem »Selbstbestimmungsrecht des Künstlers« beruhend, »alle Kunstarten zusammenfaßt zur künstler. Einheit«. (→Dadaismus, →Collage)
= *Die Merzdichtung ist abstrakt. Sie verwendet analog der Merzmalerei als gegebene Teile fertige Sätze aus Zeitungen, Plakaten, Katalogen, Gesprächen usw. mit und ohne Abänderung. [...] Diese Teile brauchen nicht zum Sinn zu passen, denn es gibt keinen Sinn mehr. [...] Es gibt auch keinen Elefanten mehr, es gibt nur noch Teile des Gedichtes. [...] Und Ihr? [...] Bestimmt es selbst, was Gedicht und was Rahmen ist.*
[Aus: K. Schwitters, *Selbstbestimmungsrecht der Künstler*]

**Mesodos,** der: (gr. Zwischengesang) zwischen Strophe u. Antistrophe des →Chorlieds eingeschobener Abschnitt. (→Epode, →Proodos)

**Mesostichon,** das: (gr. mitten + Vers) Gedicht, bei dem bestimmte in der Versmitte stehende Buchstaben von oben nach unten gelesen Wort oder Satz ergeben. (→Akrostichon, →Telestichon)
= H. Weis, *Bella Bulla* ($^2$1952)

**Messiade,** die: (zu Messias = der Gesalbte, der im Alten Testament verheißene Heilskönig) Leben u. Leiden Jesu Christi schilderndes →geistl. Epos. (→Evangelienharmonie)
= *Heliand* (ca. 830); Otfried von Weißenburg, *Krist* (*Evangelienbuch*, vor 870); Klopstock, *Messias* (1748ff.); u. a.

**Metabole,** die: (gr. Wechsel) unerwarteter Wechsel (→Variation) in Syntax oder Wortwahl, von antiker →Rhetorik gefordert. (→Inkonzinnität)

**Metalepse,** die: (gr. Vertauschung) →Tropus: Verwendung eines → Synonyms, das dem Kontext nicht angemessen ist. (→Wortspiel, →Metonymie, →Kalauer, →Witz)
= *Er ist ein Gesandter, aber kein geschickter*

**Metanoia,** die: (gr. Meinungsänderung) →Correctio.

**Metapher,** die: (gr. Übertragung) uneigentl. sprachl. Ausdruck, Form der indirekten Bildlichkeit (→Tropus): als »verkürzter →Vergleich« (Quintilian) Übertragung einer Bildvorstellung auf eine andere, um diese zu bereichern, zu verdeutlichen u. lebendiger zu machen; die evokative, über alltägliche Wirklichkeit »hinübertragende« Kraft der M. beruht mithin auf Prinzip der (mehr oder weniger bewußten) Ersetzung, weshalb zu unterscheiden ist zwischen »verblaßter«, »konventioneller« u. »kühner« M. (→Allegorie, →Emblem, →Symbol, →Personifikation, →Epitheton ornans)
= *Wort in einem Kontext, durch den es so determiniert wird, daß es etwas anderes meint, als es bedeutet.* [H. Weinrich]

*Eine Metapher ist ein Verfahren des Geistes, vermittels dessen es uns gelingt, etwas zu erfassen, das unserem begrifflichen Vermögen ferner liegt. Mit Hilfe des nächsten, das wir am besten meistern, können wir zu einem Verständnis des Entlegenen und schwer Beherrschbaren gelangen.* [Ortega y Gasset]

*das Haupt der Familie; das Licht der Wahrheit; das Kupfer ihres Hauptes*

*Zarathustra aber sahe das Volk an und wunderte sich. Dann sprach er also:*
*Der Mensch ist ein Seil, geknüpft zwischen Tier und Übermensch, ein Seil über einem Abgrunde.*
*Ein gefährliches Hinüber, ein gefährliches Auf-dem-Wege, ein gefährliches Zurückblicken, ein gefährliches Schaudern und Stehenbleiben.*
*Was groß ist am Menschen, das ist, daß er eine Brücke und kein Zweck ist: was geliebt werden kann am Menschen, das ist, daß er ein Übergang und ein Untergang ist.* [Aus: Nietzsche, *Also sprach Zarathrustra*]

**Metaphrase,** die: (gr. nächst + Wort) a) wortgetreue Übertragung von Versdichtung in Prosa, b) erklärende Wiederholung von Wort durch →Synonym.
= *Der Kleine, das Kind...*

**Metaphysical Poets** (Pl.): (engl. metaphysische Dichter) Gruppe engl. Lyriker des frühen 17. Jh., deren Gedichte durch witzige, höchst gelehrte, bisweilen weithergeholte Bildlichkeit u. eine Vorliebe für das »metaphysische«, d. h. unähnliche Bilder gewaltsam zusammenjochende →Konzetto charakterisiert sind. (→Manierismus, →Euphuismus)
= John Donne, G. Herbert, R. Crashaw, A. Cowley u. a.

*Du holder Tag, so kühl, so still, so labend,*
*Von Erd' und Himmel bräutlich Aufgebot,*
*Ein holder Thau weint um dich schon am Abend:*
   *Du gehst zum Tod!*

*Du holde Rose, kühne Lenzesgabe,*
*Des Auges Schmerz in deinem Flammenroth,*
*Mit deiner Wurzel stehst du schon im Grabe:*
   *Du gehst zum Tod!*

*Du holder Lenz voll holder Tag' und Rosen,*
*Ein Balsamkelch von Räuberhand bedroht,*
*Es klagt mein Lied: auch du bist bald verstoßen,*
   *Du gehst zum Tod!*

*Die reine nur, die lichtgeborne Seele,*
*Gleich frischem Holz in Flammen nie verglüht,*
*Und wird die Erde ein Aschenhöhle,*
*Vom Feuer erst das Leben jene zieht.*
      [George Herbert, *Tod und Leben*; dt. von Friedrich Notter]

**Metaplasmus,** der: (gr. Umformung) Umbildung eines Worts aus Gründen des Wohlklangs, der →Metrik o. ä.
= →Apokope, →Diärese, →Synizese, →Synalöphe, →Synkope, →Aphärese, →Systole u. a.

**Metastase,** die: (gr. Umstellung, Veränderung) →rhet. Figur: Redner überträgt Verantwortung für Gesagtes auf andere Person.

**Methode,** die: (gr. das Nachgehen) der zur Lösung einer wissenschaftl. Frage eingeschlagene Weg, Untersuchungsweise. (→Analyse, →Interpretation)

**Metonomasie,** die: (gr. Umnennung) Veränderung eines Eigennamens durch Übersetzung in fremde Sprache. (→Traductionym)
= *Melanchthon* für *Schwarzerd*; *Paracelsus* für *Hohenheim* u. a.

**Metonymie,** die: (gr. Umbenennung) →Tropus: im Gegs. zur →Metapher, die Benennung durch ersetzenden (Vergleichs-)Sprung gewinnt, entsteht die »Umbenennung« der M. durch Vertauschung begrifflich verwandter, aber semantisch nicht voll übereinstimmender Ausdrücke. (→Synekdoche)
= U.a. Autor für Werk: *Goethe lesen* – Person für Sache: *Cäsar zog an den Rhein* – Besitzer für Besitz: *der Nachbar ist abgebrannt* – Rahmen für Inhalt: *Köpfchen haben, ein Glas trinken, sich Bacchus ergeben – das 18. Jh. glaubte*; u. a.

**Metrik,** die: (zu gr. Maß) Teil der Wissenschaft vom →Vers, Verslehre; beschäftigt sich mit Erfassung u. Systematisierung der Gesetzmäßigkeiten der Verssprache (→Reim, →Alliteration u. ä.). (→Prosodie)
+ H. Paul/J. Glier, *Dt. M.* ($^6$1966)

**Metrum,** das: (gr. Maß) Versmaß, Gleichmaß der Wortbewegung, das sich nach →Quantität (Zeitdauer) oder →Akzent (Betonung) bestimmt (→Rhythmus), sich als Schema eingebürgert hat u. den →Versfuß als kleinste metr. Einheit besitzt; in diesem Sinn hat der →freie Rhythmus zwar ein eigenes Metrum, aber kein (metr.) Schema.
= W. Kayser sieht das metrische Schema als »*Canevas, das selber unter der vollendeten Arbeit verschwindet, aber doch die Länge, Dicke und Richtung der einzelnen Stiche bestimmt hat*«. [*Kl. dt. Versschule*]

**Milieu,** das: (frz. Mitte) Umwelt, Lebenskreis bzw. -umstände eines Menschen. (→Naturalismus)

**Milieudrama,** das: (→Milieu) →Drama, das Mensch u. Schicksal als Produkt sozialer Bindungen begreift, a) seine Handlung aus dem Einfluß der Umwelt (Milieu) auf die Figuren ableitet (bes. im →Naturalismus: Hauptmann, *Vor Sonnenaufgang*, 1889) oder b) ein Milieu (d. h. Kollektiv) u. seine vielschichtigen sozialen u. psychologischen Verhältnisse vorführt (Hauptmann, *Die Weber*, 1892).
= J. M. R. Lenz, *Die Soldaten* (1776); Schiller, *Wallensteins Lager* (1800); G. Büchner, *Woyzeck* (1879); G. Hauptmann, *Der Biberpelz* (1893); u. a.

**Mimesis,** die: (gr. Nachahmung) nachahmende Darstellung; Nachahmung der Natur, ihre Wiedergabe als »dargestellte Wirklichkeit« ist nach Aristoteles (*Poetik*) das Wesen der Dichtkunst; erst in der Romantik kam diese Definition, die Eingang in die Poetiken und, bes. in →Renaissance, →Klassizismus u. →Klassik, große Beachtung gefunden hatte, aus dem Gebrauch; durch Erich Auerbach wurde der Begriff der M. um die Jahrhundertmitte neu bewertet u. für die Realismus-Diskussion genutzt. (→Imitation, →Widerspiegelungstheorie)
= Lessing, *Laokoon* (1766); K. Ph. Moritz, *Über die bildende Nachahmung des Schönen* (1788); Erich Auerbach, *Mimesis Dargestellte Wirklichkeit in der abendländischen Literatur* ($^3$1971); u.a.

**Mimiamben** (Pl.): (gr.) Gedichte im →Choliambus, meist als satir. Dialog.
= Spottgedichte des Hipponax von Ephesos (6. Jh. v. Chr.) u. a.

**Mimus,** der: (gr. Possenspiel[er]) Bez. für Person wie improvisierte Darbietung des Possenreißers, meist drastisch realist. Alltagsszenen; lebt fort im Spiel der →Fahrenden, in →Pantomime, →Farce, →Entremés, →Fastnachtsspiel, →Hanswurstiade u. ä.

**Miniatur,** die: (lat. Mennige = Material zur Herstellung roter Farbe) Bild, Zeichnung als Illustration von Handschrift oder Buch; im Sinne von »kleines Bild« auf Literatur übertragen.
= Strindberg, *Historiska miniatyrer* (1905), *Svenska miniatyrer* (1905); Stefan Zweig, *Sternstunden der Menschheit. Histor. Miniaturen* (1927); u. a.

**Ministeriale,** der: (neulat. Diener) Angehöriger des ma. Dienstadels, vielfach Autor. (→Minstrel)
= Friedrich von Hausen, Hartmann von Aue, Wolfram von Eschenbach, Walther von der Vogelweide u. a.

**Minneallegorie,** die: (mhd. Liebe + →Allegorie) durch Auffächerung in Dialoge, ausmalende Erweiterung zum Allegorischen hin aufgehöhte moralisierende →Minnerede; Rat u. Regel für minnegemäßes Verhalten verbindet sich in M. mit epischen Motiven, die Minne erfährt als »Frau Minne« allegor. Personifizierung; die M. entstammt dem geistl. Bereich u. gewann im 13. Jh. weltl. Ausprägung; reichste Entfaltung zwischen 14. u. Mitte des 15. Jh. (→geblümter Stil)
= Joh. von Konstanz, *Der werden minne lere* (ca. 1300); Hadamar von Laber, *Die Jagd* (ca. 1335f.); *Kloster der Minne*; *Minneburg* (ca. 1350); u. a.

*Von glimmender mynne zunder,*
*Von flammender mynnen lunder,*
*Die mir in dem hertzen wechelt,*
*Wart mit senen ich durch hechelt,*
*Daz ich in jamer slupfet.*
*Daz leit mich noch durch stüphet,*
*Daz ich min selbes niht entzüb.*
*Die mynne mir daz hertz uff hüb,*
*Daz es von senender lüste*
*Fur schockent in der bruste*
*Und wagend sam ein aspe.*
*Da nu der mynnen raspe*
*Mich so gentzlich uber wühs*
*Und auch der mynnen zucker müs*
*Mich do so gar durch spiset*
*Da wuchs in mir durch ryset*
*Der sußen mynnen zederbaum,*
*Daz mich betwang der mynnen saum*
*Und auch dez fures brasteln,*
*Daz mir daz hertze krasteln*
*Wart sam ein durrer spach.*
*Von senen, twingen, ach*
*Wil ich in clagenden jamer tief,*
*Daz ich hin von den luten lief*

> *Vor sorgen jamers irge*
> *Gar in ein hoch gebirge,*
> *Dar inne ich wirdiclichen vant*
> *Vor einer hohen felses want*
> *Zwey menschen bilde sitzen,*
> *Die do der mynnen kritzen*
> *Kerten, wo sie wolten hin:*
> *Ein kunig und ein kunigin,*
> *Hern Amor und Venusen.* [Aus: *Die Minneburg*]

**Minnebrief,** der: Minnelied in Buchform; →Liebesgruß als Briefgedicht (→Reimpaar); zunächst in epischen Werken, seit Spät-MA. eigene Gattung.
= Hugo von Montfort u. a.

**Minnerede,** die: (gesprochene) Sonderform der spätma. →Reimrede, v. a. Minnelehre.
= Hartmann von Aue, *Büchlein* (Ende 12. Jh.)

**Minnesang,** der: (mhd Liebe + Gesang) Liebeslyrik der höf.-ritterl. Zeit (12.–14. Jh.), die in Wort u. Ton den Dienst an der unerreichbaren, weil verheirateten Frau verherrlicht. Ihre Form folgt u. a. frz.-prov., auf arab. u. lat. (→Vagantendichtung) Vorbilder zurückgehenden Mustern: die dreigeteilte, kunstvoll gereimte Liedstrophe des M. besteht aus zwei gleichgebauten →Stollen u. einem dritten abweichenden Teil, dem →Abgesang (→Meistersangstrophe). Höhepunkte 1190–1230 mit Reinmar von Hagenau, Heinrich von Morungen und Hartmann von Aue. (→Trobador, →Tagelied, →Wechsel)
+ F. H. v. d. Hagen (Hrsg.), *Minnesinger. Dt. Liederdichter des 12., 13. u. 14. Jh.*, 4 Teile (1838 bzw. 1963)
= *Vil süeziu, senftiu tôterinne,*
*war umbe welt ir tôten mir den lîp,*
*Und i'uch sô herzeclîchen minne,*
*zewâre, frouwe, gar für elliu wîp?*
*Wênet ir ob ir mich tôtet,*
*daz ich iuch danne niemer mê beschouwe?*
*nein, iuwer minne hât mich des ernôtet,*
*daz iuwer sêle ist mîner sêle frouwe.*
*sol mir hie niht guot geschên*
*von iuwerm werden lîbe,*
*sô muoz mîn sêle iu des verjên,*
*dazs iuwerr sêle dienet dort*
*als einem reinen wîbe.* [Heinrich von Morungen]

→Körner

**Minnesänger** bzw. **Minnesinger,** der: Dichter, Komponist u. Vortragender mhd. Minnelyrik: →Minnesang. (→Trobador, →Trouvère)
= Als ältester M. gilt Kürenberg (Mitte 12. Jh.), als einer der letzten Oswald von Wolkenstein (1377–1445).

**Minstrel,** der: (engl. von afrz.) fahrender Sänger im ma. England, →Spielmann, →Joculator.

**Minuskel,** die: (lat. etwas kleiner) allg.: Kleinbuchstabe, Gegs. →Majuskel; bes.: Schriftart, deren Buchstaben z. T. Ober- u. Unterlängen aufweisen.

**Mirakelspiel,** das: (zu lat. Wunder) →geistl. Spiel des MA. um Wundertaten der Jungfrau Maria u. der Heiligen (→Legende).
= Rutebeuf, *Le miracle de Théophile* (ca. 1260); Dietrich Schernberg, *Spiel von Frau Jutten* (1480); u. a.

**Mischprosa,** die: aus lat. u. dt. Wörtern gemischte Prosa, um dem Leser den Zugang zu den Schriftstellern der Antike zu erleichtern.
= *De Heinrico* (ca. 1000, 1. Halbzeile lat., 2. dt.); Notker von St. Gallen, Williram von Ebersberg (11. Jh.); u. a.

**Mischspiel,** das: aus zwei kontrapunktisch einander zugeordneten Handlungen (zwei Haupthandlungen oder eine Haupthandlung mit →Zwischenspiel) bestehendes →Drama; in Italien entstanden, bes. in Dichtung des dt. →Barock gepflegt.
= Joh. Rist, *Irenaromachia* (1630, Haupthandlung: Ringen zwischen Friedensgöttin Irene u. Mars, Zwischenspiel realist. Bauernszenen in niederdt. Dialekt); A. Gryphius, *Verlibtes Gespenste* u. *Die gelibte Dornrose* (1669, galant-höf. Gesangspiel u. urwüchsig-bäuerliches →Scherzspiel in schles. Dialekt sind ineinandergefügt).

**Missale,** das: (lat.) liturg. Buch, Meßbuch. (→Lektionar, →Graduale)

**Miszellaneen** bzw. **Miszellen** (Pl.): (lat. Vermischtes) vermischte Schriften, Sammlung kleinerer Beiträge.

**Mittelreim,** der: Form des →Binnenreims, der Wörter im Innern aufeinanderfolg. Verse reimen läßt.
= *Nu muoz* ich ie *min alten nôt*
 *[...]*
 *ir gruoz* mich vie, *diu mir gebôt*
 *[...]* [Reinmar der Alte]

**Mittenreim,** der: →Reim zwischen Versende u. einem Wort in vorangehendem oder nachfolgendem Vers.

= *Wâ vund man sament sô manic liet?*
  *man vunde ihr niet im künicrîche*  [Hadloub]

**mittlerer Held,** der: (Bez. von G. Lukács im Anschluß an Poetik des Aristoteles eingeführt) »mehr oder weniger mittelmäßiger, durchschnittlicher« Mensch, der einem »mittleren Weg« folgt, wie ihn W. Scott in seinen Romanen gestaltet hat. In Psychologie u. Schicksal der engl. Mittelklasse angehörend, ist der m. H. als (fortschrittlicher) histor.-sozialer Typus ein Repräsentant der gesellschaftl. (Zentral-)Strömungen seiner Zeit; als »werdender« H. auf dem Weg zum → positiven H. (→ Antiheld, → negativer Held)

**modern**: (zu lat.-frz. neu) a) das M.ne: im Selbstverständnis bes. von → Jungem Deutschland Bez. für das am Eigenen in künstler.-gesellschaftl. Hinsicht als emanzipator.-neuzeitl. Empfundene; b) die M.ne: von E. Wolff (→ Durch) geprägter Begriff für naturalist. Bewegung (→ Naturalismus). (→ Streit der Alten u. der Neueren)

**Modernismo,** der: (span. Modernismus) lateinam.-span. literar. Strömung zw. 1895 u. 1925; lehnt Realismus ab u. tritt im Anschluß an frz. → Symbolismus ein für → L'art pour l'art. (→ Parnassiens)
= Hauptvertreter: Rubén Darió (*Cantos de vida y esperanza*, 1905) u. a.

**Modewort,** das: begrenztem Bereich angehörendes Wort, das plötzlich auf weitere Bereiche übergreift u. »Mode« wird. Ende der sechziger Jahre wurde das wohl auf Nietzsche zurückgehende Verb »hinterfragen« zum M. Meist steht es im Kontext mit Ideologiekritik u. sucht hinter die scheinbar sachliche Motivation zurückzugehen (»-zufragen«), um »falsches« Bewußtsein zu entlarven. Auch Ausdrücke wie »thematisieren« bzw. »thematisch werden«, »festschreiben«, »abheben auf« oder »auf den Punkt bringen« sind hier zu nennen. Sie wurden zum M. nicht nur in der Fachsprache (→ Jargon) der Germanistik.
= *fabelhaft, erstklassig, anregend, Spitze, super,* »*schöne Seele*« (M. zwischen 1765 u. 74), → Rollenprosa

   *Entzückend, fand Sabeth, das sei kein Wort für ein solches Relief; sie fand es*
   *toll, geradezu irrsinnig, maximal, genial, terrific.*   [M. Frisch, *Homo Faber*]

**Modus,** der: (lat. Weise, Melodie) allg.: urspr. feststehende Melodie (→ Weise), dann untergelegter Text (→ Sequenz); bes.: Gedicht mit meist zweizeiligen Strophen.

**Monatsreim,** der: an Monatsnamen anknüpfende bäuerliche Wetterregel. (→ Merkvers)
= *Im ganzen April*
  *Kann's wettern, wie's will.*

*Ist der Mai kalt und naß,*
*Füllt's dem Bauern Scheur und Faß.*

**Monodie,** die: (gr. Einzelgesang) agr. zu Instrumentalbegleitung vorgetrag. Sololied: a) Einzelgesang (→Elegie); b) Element des antiken Dramas (Gegs. →Chorlied).

**Monodistichon,** das: (zu gr. allein) Einzel-→Distichon (= Zweizeiler); häufig als →Epigramm.
= Czepko, *Monodisticha Sapientium* (1640ff.); Angelus Silesius, *Geistreiche Sinn- und Schlußreime* (1657); u. a.

Nicht in dir
*Schau alle Ding in Gott und Gott in allen an.*
*Du siehst, daß alles sich in ihm vergleichen kann.*

Jedes durchs andere
*Die Ewigkeit durch Zeit, das Leben durch den Tod,*
*Durch Nacht das Licht und durch den Menschen seh ich Gott.*

Je weniger, je besser
*Soviel du nimmst, soviel mußt du zugleich verlieren,*
*Wohl dem, der nichts bedarf; denn ihn kann nichts berühren.*
[Daniel Czepko]

Man weiß nicht was man ist
*Ich weiß nicht, was ich bin; ich bin nicht, was ich weiß:*
*Ein ding und nit ein ding, ein stüpffchin und ein Kreiß.*   [Angelus Silesius]

**Monodrama,** das: (gr. allein + →Drama) Ein-Personen-Stück, Form des lyr. Dramas. (→Duodrama, →Melodrama)
= J. Chr. Brandes, *Ariadne auf Naxos* (1772); Gotter, *Medea* (1775); Goethe, *Proserpina* (1778); u. a.

**Monogrammist,** der: (gr. allein + Buchstabe) Künstler, von dem nur Monogramm, nicht voller Name bekannt ist.

**Monographie,** die: (gr. einzel + schreiben) Einzeldarstellung, in sich abgerundete wissenschaftl. Untersuchung von Einzelgegenstand bzw. -erscheinung.

**Monolog,** der: (gr. allein + Rede) Selbstgespräch einer Person im Gegs. zum Zwiegespräch (→Dialog); im Drama a) als epischer M. zur Beschreibung nicht darstellbarer Situationen oder vorausgegangener Handlungen, b) als betrachtender M. deutender Kommentar der Figuren zur Lage; Funktion ähnlich der des antiken →Chors, c) als Konfliktm. räsonierendes, auf Klärung u. Entscheidung gerichtetes, abwägendes Streitgespräch des Helden mit sich selbst auf dem Höhepunkt der Handlung; von bes. Bedeutung für Drama des →Expressionismus, das im ekstatischen M. Wandlung der Wirklichkeit beschwört (Hasenclever, Sorge, Kornfeld u. a.). (→innerer Monolog)

= c) Goethe, *Iphigenie*; Schiller, *Wallenstein*; Grillparzer, *Des Meeres u. der Liebe Wellen*; u. a.

*Noch immer Krieg der Leidenschaften und Empörungen längst besiegter Begierden! – Gott, wann wird's Friede in meiner Seele!*
*Und meine Vernunft, was für ein langsamer Streiter! Wie lang muß ich nach ihr rufen, wenn ich sie brauche! Ich verlange von meiner Philosophie, was mir mein Augenlid leistet. Es ist schon geschlossen, wenn mein Stäubchen von fern kömmt.*
*Immer steht das Gespenst meiner verstorbnen Unschuld vor mir. Der Himmel weiß, hat es je einen Körper bewohnt? Ist es von Anfang der Schöpfung ein Gespenst, oder der Dunst des gestrigen Abendessens, der in den Höhlen meines Gehirns irrt?*
*Nun gern will ich an allem zweifeln. Untersuchung sei der Kräusel der Philosophen, und der meinige.*
*Wahrheit sei das, was der Witz will! Für ihn nichts, als eine Wolke, um seine farbigen Strahlen darin spielen zu lassen! Allein es ist Tugend; und schrecklich, immer vom Guten zum Bösen, und wieder zurückgewirbelt zu werden! An einem Tage dreimal ein Heiliger und dreimal ein Schurk zu sein!*
*Warum bin ich verdammt, die Harmonie eines Charakters zu kennen, und jeden Mißton zu fühlen, wenn mein Leben ein Gemisch von Tönen ist, die am Marke der Gebeine kratzen? Verflucht sei der Adlerblick in sein Innres, wo man immer etwas sieht, was man lieber nicht gesehn hätte!*
*Wie beneid ich den Sklaven seines Magens und seines Bauches, der sein Leben verschnarcht, und dem in diesem Schlafe gar träumt, er sei tugendhaft!*
*Wann werd ich ruhig! Kömmt auch einmal ein Tag, der, schwanger mit Lohn und Strafen, für die Taten itziger Zeit noch im Schoße der Zukunft schläft? Und, wenn er kömmt, was wird der ewige Richter in die andre Waagschale gegen meine Taten legen? Mein Bestreben zum Guten, oder ewige moralische Schönheit? Die Tugend, oder meine Tugend? Ach! der Morgen verweilt lange.*
[Joh. Anton Leisewitz, *Selbstgespräch eines starken Geistes in der Nacht*]

**Monometer,** der: (gr. einzig + Maß) Vers aus nur einer metr. Einheit (z. B. →Dipodie); meist als →Klausel.
= ´ ∪ ´ ∪̄ *(Meereswellen)*

**Monopodie,** die: (gr. einzig + Fuß) Maßeinheit für Versfüße, die nur einzeln (»allein« = monopodisch), d. h. nicht zu →Dipodien zusammengefaßt, gemessen werden.
= →Daktylus (´∪∪), →Kretikus (´∪´), →Choriambus (–∪∪–) u. a.

**monostichisch**: (gr. allein + Vers) aus metrisch gleichen Einzelversen bestehend im Gegs. zu distichisch (→Distichon).
= Hexameter, Alexandriner, Blankvers u. a.

*König und Herrscher auf Erden   kann heute der Mammon nur werden.*
*Mammon die Weisen verblendet,   Klarsicht in Blindheit er wendet.*
*Mammon ist wahrlich zu preisen,   er macht die Dummen zu Weisen.*
[Aus: *Carmina Burana*; dt. von Carl Fischer]

**monostrophisch**: (gr. allein + Strophe) a) einstrophiges Gedicht; b) Dichtung aus gleichförmigen Strophen.
= b) *Nibelungenlied*; Wieland, *Oberon*; u. a.

**Monosyndeton**, das: (gr. einmal + Zusammengebundenes) Aufzählung mit nur einem Bindewort. (→Asyndeton, →Polysyndeton)
= *Bächlein, Lerchen, Wald und Feld*   [Eichendorff]

**Montage**, die: (frz. Zusammenbauen) aus Bereich der Filmtechnik übernommener Begriff für Akt u. Produkt des Zusammenfügens von heterogenem eigen- bzw. vorgefertigten sprachl. Material (»Eigenelementen« statt der »Fremdelemente« der →Collage), um →Verfremdungseffekt zu erzielen (Brecht), eine neue Totalität zu erreichen (Benn) oder einfach zu schockieren (→Dadaismus). (→Cento, →Cross-reading)
= J. Dos Passos, *Manhattan Transfer* (1925), Döblin, *Berlin Alexanderplatz* (1929); P. Weiss, *Marat/Sade* (1964); u. a.

**Mora**, die: (lat. Verweilen, Verzögerung) metr. Einheit, kleinste Zeiteinheit im Verstakt, umfaßt eine kurze Silbe. (→Länge, →Metrik)
= Zwei Moren (⏑ ⏑) entsprechen einer Länge (–).

**Moral**, die: (lat.-frz. Sitte, Sittenlehre) »Lehre«, »Lektion«, die ein literar. Werk ausgesprochen oder unausgesprochen enthält u. erzieherisch wirken läßt. (→moralische Wochenschriften)

**moralische Wochenschriften**, die: Zeitschriften mit moralisierender, d. h. die Sitten bessernder Zielsetzung; in England entstanden (*Tatler* 1709, *Spectator* 1711, *Guardian* 1713), von Dtschld. übernommen als Mittel der sittl. Erziehung u. Belehrung des Bürgertums (auch in Fragen des Geschmacks) aus dem Geiste der →Aufklärung; Blütezeit zwischen 1710 u. 1780, von Einfluß auf Entstehung des →Rührstücks.
= Joh. Matthison, *Vernünftler* (1713–14, erste dt. m. W.); Bodmer u. Breitinger, *Discourse der Mahlern* (1721–22); Gottsched, *Die Vernünftigen Tadlerinnen* (1725–27); M. Claudius, *Der Wandsbecker Bote* (1771–75); u. a.

**Moralität, die:** (lat.-frz.) relig. Schauspiel des Spät-MA. u. der Frührenaissance (bes. in Frkr., England, Italien u. den Niederlanden), worin Tugend u. Laster personifiziert auftraten u. die Seele der Zentralfigur (»Jedermann«) für sich forderten; in diesem Sinn dramatisierte →Allegorie.

= *Everyman* (15. Jh.); Pamphilus Gengenbach, *Die X alter dyser welt* (ca. 1515); Th. Naogeorg, *Mercator* (1549); Wiederbelebung durch H. v. Hofmannsthal (*Jedermann*, 1903 ff.)

**Moritat, die:** (aus Mordtat oder mlat. moritas = Moralpredigt) Lied des Bänkelsängers (→Bänkelsang), das, von Drehorgelmusik begleitet, schaurige Begebenheiten schildert; in mod. Literatur als »Kunst-Moritat« bei Brecht, P. Weiss, Wolf Biermann u. a.

= Brecht, *Haifisch-Song* (*Dreigroschen-Oper*)

Rinaldo Rinaldini
*In des Waldes finstern Gründen*
*Und in Höhlen tief versteckt*
*Ruht der Räuber allerkühnster,*
*Bis ihn seine Rosa weckt.*

*»Rinaldini!« ruft sie schmeichelnd,*
*»Rinaldini, wache auf!*
*Deine Leute sind schon munter,*
*Längst schon ging die Sonne auf!«*

*Und er öffnet seine Augen,*
*Lächelt ihr den Morgengruß.*
*Sie sinkt sanft in seine Arme*
*Sie erwidert seinen Kuß.*

*Draußen bellen laut die Hunde,*
*Alles flutet hin und her;*
*Jeder rüstet sich zum Streite,*
*Ladet doppelt das Gewehr.*

*Und der Hauptmann, wohl gerüstet,*
*Tritt nun mitten unter sie:*
*»Guten Morgen, Kameraden,*
*Sagt, was gibts denn schon so früh?«*

*»Unsre Feinde sind gerüstet,*
*Ziehen gegen uns heran.«* –
*»Nun wohlan, sie sollen sehen,*
*Ob der Waldsohn fechten kann.«*

*»Laßt uns fallen oder siegen!«* –
*Alle rufen: »Wohl es sei!«*
*Und es tönen Berg' und Wälder*
*Rundherum vom Feldgeschrei.*

**Morolf-** bzw. **Moroltstrophe,** die: nach →Spielmannsepos *Salman und Morolf* (vor 1200) benannte Strophenform der mhd. Epik, besteht aus fünf vierhebigen Zeilen, von denen die 1. mit der 2., die 3. mit der 5. reimen, während die 4. reimlos (Waise) ist (a a b z b); fand vom 15./16. Jh. an auch Verwendung im →Volkslied. (→Tirolstrophe)

= *Gott gnad dem großmechtigen Kaiser frumme,*
*Maximilian! bei dem ist aufkumme*
*Ein Orden, durchzeucht alle Land*
*Mit Pfeifen und mit Trummen:*
*Landsknecht sind sie genannt.*

*In Wammes und Halbhosen muß er springe,*
*Schnee, Regen, Wind, alles achten geringe*
*Und hart liegen für gute Speis*
*Mancher wollt gern schwitzen,*
*Wenn ihm möcht werden heiß.* [Aus einem Landsknechtslied]

**morphologische Literaturwissenschaft,** die: (zu gr. Gehalt, Form) Richtung der L., die im Anschluß an Goethes morphol. Denkweise Dichtung als organ., von innen heraus gewachsenes »Gestaltganzes« versteht.
= G. Müller, *M. Poetik* (1944); H. Oppel, *M. L.* (1947)

*Ein Einzelwerk kann niemals allgemeinverbindliches Muster sein. Aber jedes wahrhaft dichterische Einzelwerk kann hinleiten zu dem Bereich, wo die formenden, bildenden Kräfte walten. Nur von diesen und von ihren ursprünglichen Gestaltungsgesetzen können allgemeine Regeln abgelesen werden, und solche »Regeln« werden zunächst einmal den Blick für Art und Gliederung dichterischer Wirklichkeit schärfen. Die neue Poetik, zu der sich die europäische Literaturwissenschaft an den verschiedensten Stellen und Fragen rüstet, wird in diesem Bezirk einfacher Gestaltungsgesetze beheimatet sein müssen.*

[Aus: G. Müller, *Morphologische Poetik*]

**Motiv,** das: (lat. antreibend, bewegend) als »Beweg-Grund« typische Situation, geprägt prägendes Grundschema, die im sprachl. Kunstwerk ihre individuelle Ausformung erfahren u. somit erst durch Abstraktion faßbar werden; je nach Wichtigkeit für die Handlung zu unterscheiden zwischen Zentralm. bzw. Leitm., Füllm. bzw. Nebenm. u. unerheblichem »blinden« M. (→Leitmotiv, →Stoffgeschichte, →Locus amoenus)

= Nach E. Frenzel bezeichnet das M. *»mit seinen anonymen Personen und Gegebenheiten lediglich einen Handlungsansatz (...), der ganz verschiedene Entfaltungsmöglichkeiten in sich birgt«.* (*Motive der Weltliteratur*, [4]1976)

Mann zwischen zwei Frauen oder umgekehrt (Goethe, *Werther*; Hauptmann, *Buch der Leidenschaft*), Liebe der Kinder feindlicher Geschlechter (Shakespeare, *Romeo und Julia*; Keller, *Romeo und Julia auf dem Dorfe*), die feindlichen Brüder (Klinger, *Die Zwillinge*; Schiller, *Die Räuber*, *Die Braut von Messina*; Grabbe, *Herzog Theodor von Gothland*); u. ä.

**Mot juste,** der: (frz. das rechte Wort) Wort, das im Zusammenhang Eigenwert u. Frische gewinnt. (→ Mot propre)

**Mot propre,** der: (frz. das eigtl. Wort) das genau zutreffende, durch kein anderes zu ersetzende Wort.
= *Der gewöhnliche Mensch schreibt massenhaft hin, was ihm gerad in den Sinn kommt; der Künstler, der echte Dichter sucht oft vierzehn Tage lang nach einem Wort.* [Fontane]

**Mot rare,** der: (frz.) das seltene, bedachtsam gewählte »kostbare« Wort. (→ Symbolismus, → Ästhetizismus, → L'art pour l'art)
= St. George: *Flor, laben, Kürbisnapf, Stapfe, Gemarke, Gestade* o. ä.

**Mot vulgaire,** der: (frz.) bewußt gebrauchtes ordinäres Wort *(verbum sordium)*, um zu schockieren, Ggs. → Mot rare.
= *aus eben dem Ofen geschossen* statt *von derselben Mutter geboren*; *gemacht* statt *gezeugt*; *geschmissen* statt *geworfen*; u. ä.

**Motto,** das: (ital. Leitspruch) → Zitat (→ Sprichwort o. ä.), das einem Werk oder Teil von ihm (Kapitel etc.) vorangestellt ist u. hindeutet auf Inhalt u. Intention.
= *»Sieh, darum ist es so schwer, sich selbst zu wählen, weil in dieser Wahl die absolute Isolation mit der tiefsten Kontinuität identisch ist, weil durch sie jede Möglichkeit, etwas anderes zu werden, vielmehr sich in etwas anderes umzudichten, unbedingt ausgeschlossen wird.«*
*»-: indem die Leidenschaft der Freiheit in ihm erwacht (und sie erwacht in der Wahl, wie sie sich in der Wahl selber voraussetzt), wählt er sich selbst und kämpft um diesen Besitz als um seine Seligkeit, und das ist seine Seligkeit.«*
*(Kierkegaard, »Entweder-Oder«)* [Motto zu M. Frisch, *Stiller*]
→ Glosse

**Muckracker,** der: (engl. Schmutzwühler, nach John Bunyans *The pilgrim's progress*, 1678 ff.) Journalist oder Schriftsteller, der Korruptionsfälle in Verwaltung u. Wirtschaft aufdeckt u. der breiten Öffentlichkeit bekanntmacht, »Sensationshai«. (→ Reportage)
= Upton Sinclair, *The Jungle* (1906); D. G. Phillips, *The treason of the Senate* (1906, Artikelserie); u. a.

**Münchhauseniade,** die: → Lügendichtung, die an die histor. Persönlichkeit des »Lügenbarons« v. Münchhausen (1720–97) u. dessen Aufschneidereien

anknüpft, wie sie (17 Geschichten) 1781 erstmals anonym im *Vademecum für lustige Leute* erschienen; älteste M. in Deutschland: *Der Lügenschwab* (Anf. 11. Jh.).
= Bürger, *Baron Münchhausens Erzählungen seiner wunderbaren Reisen und Kriegsabenteuer in Rußland* (1786); Immermann, *Münchhausen* (1838f.); Scheerbart, *Münchhausen und Clarissa* (1906); u. a.

**Münchner Dichterkreis,** der: literar. »Gesellschaft der Krokodile« (1852–83, nach Gedicht von H. Lingg), die epigonalem klassisch-romantischen Kunstideal huldigte; nahm gegensätzl. Position ein zu →Junges Deutschland, →Realismus, →Naturalismus. (→Epigone)
= Hauptvertreter: E. Geibel, P. Heyse u. a.

*Im heil'gen Teich zu Singapur*
*Da liegt ein altes Krokodil*
*Von äußerst grämlicher Natur*
*Und kaut an einem Lotosstiel.*

*Es ist ganz alt und völlig blind,*
*Und wenn es einmal friert des Nachts,*
*So weint es wie ein kleines Kind,*
*Doch, wenn ein schöner Tag ist, lacht's.* [H. Lingg, *Das Krokodil*]

**Muiderkring,** der: (ndl. Muiderkreis) holländ. Freundeskreis um Dichter u. Historiker P. C. Hooft auf Schloß Muiden (1. Hälfte 17. Jh.); repräsentativ für ndl. →Renaissance.
= C. v. Barlaeus, G. Vossius u. a.

**Mundartdichtung,** die: (Mundart = Dialekt) Dichtung, die sich einer bestimmten Mundart (nach Landschaft variierender Sprache im Gegs. zur Schriftsprache) bedient; zu unterscheiden ist zwischen Dichtung in landschaftsgebundener Mundart (Gryphius, *Gelibte Dornrose*: Schlesisch, erstes bedeutendes Zeugnis; Klaus Groth, Fritz Reuter: Plattdeutsch; Friedrich Stoltze: Hessisch; F. v. Kobell, Karl Stieler, Georg Queri, L. Thoma: Bairisch) u. Einbeziehung von Dialektelementen als Stilmittel (→Naturalismus, →Milieu; G. Hauptmann: *Die Weber, Der Biberpelz*, u. a.).
= *Loset, was i euch will sage!*
*D'Glocke het Zehni gschlage.*

*Jez betet und jez göhnt ins Bett,*
*Und wer e rüeihig G'wisse het,*
*Schlof sanft und wohl! Im Himmel wacht*
*E heiter Aug die ganzi Nacht.*

*Loset, was i euch will sage!*
*D'Glocke het Ölfi gschlage.*

> *Und wer no an der Arbet schwitzt,*
> *Und wer no bi de Charte sitzt,*
> *Dem bieti jez zum letzemol, –*
> *'s isch hochi Zit! und schlofet wohl!*
>
> *Loset, was i euch will sage!*
> *D'Glocke het Zwölfi gschlage.*
> *Und wo no in der Mitternacht*
> *E Gmüet in Schmerz und Chummer wacht,*
> *Se geb der Gott e rüeihige Stund*
> *Und mach di wieder froh und gsund!*
>
> *Loset, was i euch will sage!*
> *D'Glocke het Eis gschlage.*
> *Und wo mit Satans G'heiß und Not*
> *E Dieb uf dunkle Pfade goht,*
> *– I will's nit hoffe; aber gschieht's –*
> *Gang heim! Der himmlisch Richter sieht's!*
>
> *Loset, was i euch will sage!*
> *D'Glocke het Zwei gschlage.*
> *Und wem scho wieder, eb's no tagt,*
> *Die schwere Sorg am Herze nagt,*
> *Du arme Tropf, di Schlof isch hi'!*
> *Gott sorgt! Es wär nit nötig gsi.*
>
> *Loset, was i euch will sage!*
> *D'Glocke het Drü gschlage.*
> *Die Morgestund am Himmel schwebt,*
> *Und wer im Friede der Tag erlebt,*
> *Dank Gott und faß e frohe Muet*
> *Und gang ans G'schäft und – halt di guet!*
>
> [J. P. Hebel, *Wächterruf* (alemannisch)]

**Musen** (Pl.): in gr. Mythologie Göttinnen der Künste u. Wissenschaften.
= Klio: *M. der Geschichte*; Kalliope: *M. der erzählenden Dichtung*; Melpomene: *M. der Tragödie*; Thalia: *M. des Lustspiels*; Urania: *M. der Sternkunde*; Terpsichore: *M. des Tanzes*; Erato: *M. der Liebesdichtung*; Euterpe: *M. der Tonkunst*; Polyhymnia: *M. des Gesanges*.

**Musenalmanach,** der: (Muse = gr. Göttin der Künste + →Almanach = arab. Erzählung, Kalender) jährlich ersch. →Anthologie von bis dahin ungedruckten Gedichten, Erzählungen, Dramenauszügen u.ä. nebst einem Kalendarium; nach Vorbild des frz. *Almanach des Muses* (1765–1833) und bis Ende 19. Jh. beliebt.
= Ch. Boie u. F. W. Gotter, *Göttinger M.* (1770–1804; erster dt. M. →Göttinger Hain); Schillers *M.* (1796–1800); A. W. Schlegel u. L. Tieck, *M. für*

*das Jahr 1802*; A. v. Chamisso u. K. A. Varnhagen, *Grüner M.* (1804–06; →Nordsternbund); u. a.

**Muwaššaha,** das: (arab.) arab. Gedichtform aus zwei meist reimgebundenen Einleitungsversen u. zwei Strophen zu je vier Zeilen, von denen die ersten drei untereinander reimen, während die 4. den Reim der Einleitung wiederholt; in Spanien entstanden u. in nachklass. arab. wie span. Literatur gepflegt.

**Mysterienspiel,** das: (Mysterium = Geheimnis im Sinne christl. Glaubenswahrheit) seit 14. Jh. Bez. für aus Liturgie entstand. →geistl. Spiel um das Leben Christi; bis ins 20. Jh. vielfach erneuert (z. B. G. H. Mostar, *Die Geburt*, 1947). (→Mirakelspiel)

**Mystifikation,** die: (gr.-lat.) Vorspiegelung, Täuschung. (→Pseudonym, →Kryptonym u. ä.)
= Angebl. Übersetzung: Romane von W. v. Gersdorf (*Redwood*, 1826, u. a.) = J. F. Cooper; Gedichte K. E. Krämers (1952f.) = Nachlaß des Fremdenlegionärs George Forestier; angebl. Autorschaft: Macpherson, *Gesänge Ossians* (1760ff.) = Ossian; W. Hauff, *Der Mann im Mond* (1826) = H. Clauren; u. a.

**Mystik,** die: (zu gr. Augen u. Lippen schließen) Form der Frömmigkeit, in der Vereinigung der Seele mit Gott durch Versenkung in das eigene Ich erreicht wird; von dt., in langer internat. Tradition stehender M. ausgeformt (12. Jh.); erreicht Gipfelpunkte in Meister Eckhart (1260–1327) u. Dichtung des →Barock (J. Böhme, D. Czepko, A. v. Franckenberg); entscheidende Wirkung auf die Literatur v. a. durch Entfaltung sprachschöpfer. Kräfte. (→Pietismus, →Empfindsamkeit, →Romantik)
= *Unser herre spricht in dem êwangeliô: »ein edel mensche vuor ûz in ein verrez lant enpfâhen im ein rîche und kam wider«. Unser herre lêret uns in disen worten, wie edel der mensche geschaffen ist in sîner natûre und wie götlich daz ist, dâ er zuo komen mac von gnâden und ouch, wie daz der mensche dar zuo komen sol. Ouch ist in disen worten gerüeret ein grôz teil der heiligen geschrift.*
*Man sol ze dem êrsten wizzen und ist ouch wol offenbâr, daz der mensche hât in im zweierhande natûre: lîp und geist. Dar umbe spricht ein geschrift: swer sich selben bekennet, der bekennet alle crêatûren, wan alle crêatûren sint eintweder lîp oder geist. Dar umbe spricht diu geschrift von dem menschlîchen, daz in uns ist ein mensche ûzerlich und ein ander mensche innerlich. Ze dem ûzerlichen menschen hoeret allez, daz der sêle anehaftende ist, begriffen und vermischet mit dem vleische, und hât ein gemeine werk mit einem und in einem ieglîchen gelide lîphafticlîche als daz ouge, daz ôre, diu zunge, diu hant und des glîche. Und daz nemmet diu geschrift allez den alten menschen, den irdischen menschen, den ûzern menschen, den vîentlîchen menschen, einen dienstlîchen menschen.*

*Der ander mensche, der in uns ist, daz ist der inner mensche, den heizet diu geschrift einen niuwen menschen, einen himelschen menschen, einen jungen menschen, einen vriunt und einen edeln menschen. Und daz ist, daz unser herre sprichet, daz »ein edel mensche vuor ûz in ein verrez lant und enpfienc im ein rîche und kam wider«.*
[Aus: Meister Eckhart, *Von den edeln Menschen*]

**Mythe,** die: (gr. Geschichte) bez. als →einfache Form auf →Mythos zurückgehendes Ereignis.

= W. Tell: Apfelschuß – *rettendes* (höheres) *Wesen* [A. Jolles]

**Mythos,** der: (gr. Wort, Erzählung) allg.: →Dichtung (Sage) von Göttern, Helden u. Geistern der Urzeit eines Volkes als »Verdichtung« best. Urerlebnisse; bes.: nach Aristoteles *(Poetik)* »Nachahmung der Handlung« u. neben »Charakter, Rede, Absicht, Szenerie und Musik« wichtigster, weil charakteristischer Bestandteil der →Tragödie.

= *Mit Mythos ist ursprünglich das wahre Wort, die unbedingt gültige Rede gemeint, die Rede von dem, was ist. Daher gilt Mythos hauptsächlich von den göttlichen Dingen, die keines Beweises bedürfen, sondern unmittelbar gegeben oder geoffenbart sind. Daß dasselbe Wort späterhin gerade umgekehrt das Fabelhafte, also nicht eigentlich Wahre bezeichnete, nämlich, als man anfing, die ursprünglichen, göttlichen Wahrheiten zu bezweifeln, ist wohl zu verstehen.* [Aus: W. F. Otto, *Die Sprache des Mythos*]

**Nachahmung,** die: →Mimesis, →Imitatio, →Pastiche.

**Nachdichtung,** die: freiere, eher eigenschöpferische →Übersetzung.
= *The moon's greygolden meshes make*
  *All night a veil,*
  *The shorelamps in the sleeping lake*
  *Laburnum tendrils trail.*

  *The sly reeds whisper to the night*
  *A name her name*
  *And all my soul is a delight,*
  *A swoon of shame.* [James Joyce, *Alone*]

  *Goldgrauer Mond, der Schleier flicht*
  *in jede Nacht,*
  *schlafspiegelnd kränzt das Uferlicht*
  *den See goldregenhaft.*

  *Ein Name weht durchs Uferried*
  *O Gott, ihr Nam'!*
  *und in der Seele Quellenlied*
  *aufquillt entzückte Scham.* [H. Broch, *Allein*]

**Nachdruck,** der: a) unveränderter Neudruck eines Werkes; b) widerrechtl. Vervielfältigung eines bereits gedruckten Werkes (→Urheberrecht).
= b) Horkheimer/Adorno, *Die Dialektik der Aufklärung* (1947); A. Schmidt, *Zettels Traum* (1970); u. a.

**nachgelassene Werke** (Pl.): zum Nachlaß eines Autors gehörende, noch unveröffentlichte Werke.

**Nachlese,** die: postum hrsg. Sammlung von Werken eines Autors, die nicht in die gesammmelten Werke aufgenommen waren oder sich im Nachlaß fanden.
= Th. Mann, *N.* (1956), u. a.

**Nachspiel,** das: der (Haupt-)Aufführung eines dramat. Werks folgendes kurzes, possenhaftes Spiel. (→Satyrspiel, →Atellane, →Farce, →Klucht, →Entremés, →Commedia dell'arte)

**Nachtrag,** der: Ergänzung a) zu einem in Syntax u. Sinngefüge abgeschlossenen Satz wegen Reim u. Rhythmus, b) zu einem abgeschlossenen literar. oder wissenschaftl. Werk, um im Laufe der Arbeit gewonnene Erkenntnis »nachzutragen«. (→Paralipomena)
= a) *Ich seh' dein Angesicht erglüh'n im Rosenscheine noch* [Lenau]

**Nadrealismus,** der: (serb. Überrealismus) jugoslaw. Sonderform des →Surrealismus, von Gruppe junger Schriftsteller 1930 in Belgrad begr., tritt ein für Reduktion von tradition. revolutionärem Individualismus zugunsten marxist. polit. →Engagements.

**Nänie,** die: (lat. Totenklage, Leichengesang) Grabgedicht, Trauergesang, →Klage-Gedicht in röm. Antike. (→Elegie, →Laudatio funebris, →Threnos, →Epikedeion)
= *Auch von des höchsten Gebirgs beeisten, zackigen Gipfeln*
  *Schwindet Purpur und Glanz scheidender Sonne hinweg.*
*Lange verhüllt schon Nacht das Tal und die Pfade des Wandrers,*
  *Der am tosenden Strom auf zu der Hütte sich sehnt,*
*Zu dem Ziele des Tags, der stillen hirtlichen Wohnung;*
  *Und der göttliche Schlaf eilet gefällig voraus,*
*Dieser holde Geselle des Reisenden. Daß er auch heute*
  *Segnend kränze das Haupt mir mit dem heiligen Mohn!*
*Aber was leuchtet mir dort vom Felsen glänzend herüber*
  *Und erhellet den Duft schäumender Ströme so hold?*
*Strahlt die Sonne vielleicht durch heimliche Spalten und Klüfte?*
  *Denn kein irdischer Glanz ist es, der wandelnde, dort.*
*Näher wälzt sich die Wolke, sie glüht. Ich staune dem Wunder!*
  *Wird der rosige Strahl nicht ein bewegtes Gebild?*
*Welche Göttin nahet sich mir? und welche der Musen*
  *Suchet den treuen Freund selbst in dem grausen Geklüft?*
*Schöne Göttin, enthülle dich mir, und täusche, verschwindend,*
  *Nicht den begeisterten Sinn, nicht das gerührte Gemüt.*
*Nenne, wenn du es darfst vor einem Sterblichen, deinen*
  *Göttlichen Namen, wo nicht: rege bedeutend mich auf,*
*Daß ich fühle, welche du seist von den ewigen Töchtern*
  *Zeus', und der Dichter sogleich preise dich würdig im Lied.*
*»Kennst du mich, Guter, nicht mehr? und käme diese Gestalt dir,*
  *Die du doch sonst geliebt, schon als ein fremdes Gebild?*
*Zwar der Erde gehör ich nicht mehr, und trauernd entschwang sich*
  *Schon der schaudernde Geist jugendlich frohem Genuß;*
*Aber ich hoffte mein Bild noch fest in des Freundes Erinnrung*

*Eingeschrieben und noch schön durch die Liebe verklärt.*
*Ja, schon sagt mir gerührt dein Blick, mir sagt es die Träne:*
*Euphrosyne, sie ist noch von dem Freunde gekannt.*
*Sieh, die Scheidende zieht durch Wald und grauses Gebirge,*
*Sucht den wandernden Mann, ach! in der Ferne noch auf;*
*Sucht den Lehrer, den Freund, den Vater, blicket noch einmal*
*Nach dem leichten Gerüst irdischer Freuden zurück.*
*Laß mich der Tage gedenken, da mich, das Kind, du dem Spiele*
*Jener täuschenden Kunst reizender Musen geweiht.*
*Laß mich der Stunde gedenken und jedes kleineren Umstands.*
*Ach, wer ruft nicht so gern Unwiederbringliches an!*

[Aus: Goethe, *Euphrosyne*]

**naive und sentimentalische Dichtung,** die: (frz. angeboren, natürlich + frz. empfindsam, gefühlvoll) auf Schillers Abhandlung *Über naive und sentimentalische Dichtung* (1795 f.) zurückgehende Typologie: Der naive Dichter sucht »möglichst vollständige Nachahmung des Wirklichen«, er ist realistisch, unreflektiert, während der sentimentalische »Ideen auf die Wirklichkeit« anwendet, den Zwiespalt zwischen sich u. der Natur durch die Darstellung des Ideals zu überwinden sucht.
= Als repräsentativ für die Grundhaltung des Naiven gelten Homer, Shakespeare u. Goethe, für jene des Sentimentalischen Euripides, Horaz, Schiller sowie Dichter der Moderne.

**Narodniki** (Pl.): →Populisten.

**Narration,** die: (lat.) Erzählung, Bericht. (→Narrator)

**Narrativik,** die: (lat. erzählen) Erzählforschung, beschäftigt sich mit Erzählkunst in umfassendem, d. h. Theorie, »Bauformen« u. ä. einschließendem Sinn. (→Literaturtheorie, →Epik, →Perspektive)

**Narrator,** der: (lat. erzählen) →Erzähler als vermittelnde Zwischenfigur in der Dichtung.
= Serenus Zeitblom in Th. Mann, *Doktor Faustus*; Friedrich Jakobs in W. Jens, *Der Mann, der nicht alt werden wollte*; Stefan Schneider bzw. Arno Breckwaldt in W. B. Nossack, *Der jüngere Bruder*; u. a.

**Narrenliteratur,** die: (zu narren = necken, Possen reißen, zum besten haben) Sammelbez. für Literatur um die Gestalt des Narren, die satir.-didakt. Effekt erzielt, indem sie die Welt als Narrenpanoptikum schildert oder Wahrheiten, die der Zeitgenosse nicht auszusprechen wagt, einem Narren in den Mund legt; Narrenmotiv weit u. wirksam verbreitet durch Sebastian Brants *Narrenschiff* (1494), dem Beginn u. Gipfelpunkt der N.; im Anschluß daran Blütezeit 1. Hälfte des 16. Jh. (Murner, Gengenbach, Erasmus von Rotterdam) u.

Nachblüte im 17. Jh. (J. M. Moscherosch, *Philander von Sittewald*, 1640; Abraham a Santa Clara, *Judas, der Ertz-Schelm*, 1686 ff.); Motive der N. fanden bis in die neuere Literatur (Brecht, *Schweyk im zweiten Weltkrieg*, 1944) satirisierende Gestaltung. (→Fastnachtsspiel, →Humanismus, →Satire)

= Th. Murner, *Narrenbeschwörung* (1512); P. Gengenbach, *Gouchmat der Buhler* (1521); H. Sachs, *Das Narren Schneiden* (1558); J. Beer, *Narren-Spital* (1681); u. a.

welche in des grosen narren bauch sitzen
*Ich bin von grosen narren schwanger.*
    Wolt got, sie stünden an dem branger,
*Oder legen in dem mer,*
    Das ich ir doch nur ledig wer!
*O Lieber vetter, wan du doch wist,*
    Wavon mein bauch geschwollen ist.
*Es würd dich groß wunder nemen,*
    Was narren darinnen sessen zemen,
*Das so vil darin möchten bleiben.*
    Ach, möchtestu sie mir heruß treiben,
*So thetstu mir ein dienst daran!*
    Die leng ich sie nit tragen kan.
*Wie wol ich in der hoffnung bin,*
    Du werdest erdencken einen sin,
*Wie du sie möchtst heruß beschwern;*
    Ich mag sie gar nit me ernern.
*Du hast mich also hart beschworen,*
    Das ich verschwetzen wil die doren.
*Fünfftzehen sein ir al zusamen,*
    Wie wol ir keiner hat kein namen.
*Es sein die recht dicken, grosen,*
    Und heissen die fünfftzeh buntgnossen.
*Ir ieder fürt ein besundere klag,*
    Wie man alle ding gebessern mag;
*Ein regiment gemachet hand*
    In allen der geistlichen stand,
*Und haben es bei eim quintlin ermessen*
    Und vberal gantz nichtz vergessen,
*Was zü güten sachen drit,*
    Das felt in vmb ein härlin nit;
*Sie haben es als artieuliert,*
    Wie man den grosen narren siert.
*Ein warmen anschlag, muß ich iehen!*
    Freilich in der badstuben beschehen!

                [Aus: Thomas Murner, *Von dem großen Lutherischen Narren*
                                        (→Streitschrift)]

**Nasīb,** das: (arab.) Einleitung von →Kasside oder →Ghasel.

**Naturalismus,** der: (zu Natur) Bez. für Richtung der europ. Literatur zwischen 1880 und 1900; fordert als gesteigerter →Realismus objektive u. (natur-)getreue Wiedergabe (→Imitation) der Wirklichkeit (Natur = Welt der sinnl. Erscheinungen); in weltanschaulicher Hinsicht ausgehend vom Positivismus (= Philosophie des »Positiven« = Gegebenen, Tatsächlichen, Unbezweifelbaren), deutet der N. die Natur des Menschen mit naturwissenschaftl. Mitteln als Produkt der Faktoren Erbe (Rasse), →Milieu u. geschichtliche Konstellation; Aufgabe der Literatur soll sein: Darstellung der Wirklichkeit (= Wahrheit) des Menschen u. seiner Umwelt mit höchster Akribie (→Sekundenstil), Sichtbarmachung der Kausalbezüge, die sie beherrschen; charakteristisch für dt. N., angeregt in entscheidendem Maße von Frkr. (Zola: »Die Kunst ist ein Stück Natur, gesehen durch ein Temperament«), soziales Engagement, sozialrevolutionärer Erneuerungswille, die sich mit dem Bemühen um unbestechliche Dokumentation verbinden.

= W. Bölsche, *Die naturwissenschaftlichen Grundlagen der Poesie* (1887); A. Holz, *Die Kunst. Ihr Wesen und ihre Gesetze* (1891) (Programmschriften). A. Holz/J. Schlaf, *Papa Hamlet* (1889); G. Hauptmann, *Vor Sonnenaufgang* (1889), *Die Weber* (1892); A. Holz, *Phantasus* (1898f.) (Werke)

*An einem ersten, blauen Frühlingstag,*
*in einer Königlich preußischen, privilegierten Apotheke zum*
*Schwarzen Adler,*
*bin ich geboren. Vom nahen Georgenturm,*
*über den alten Markt der kleinen, weltentlegenen Ordensritterstadt,*
*zwischen dessen buntlich rundholprigem Pflaster*
*noch Gras wuchs,*
*durch die geöffneten Fenster,*
*läutetendie Sonntagsglocken.*
*Niemand – »ahnte« was.*
*Zu Mittag*
*gab's Schweinebraten und geschmorte Backpflaumen,*
*zum Kaffee schon*
*war ich*
*da.*
*Noch heut,*
*so oft sie's mir erzählt,*
*lacht meine Mutter!*
[Aus: Arno Holz, *Phantasus*]

**Naturformen der Poesie** (Pl.): Bez. Goethes in *Noten und Abhandlungen zu besserem Verständnis des West-östl. Divans* (1819) für »die drei Dichtarten« (Grundgattungen): »die klar erzählende, die enthusiastisch aufgeregte und die persönlich handelnde: *Epos*, *Lyrik* und *Drama*«, von den N. d. P. zu unterscheiden sind die (Unter-)Gattungen (→Textsorten) wie Ballade, Elegie u. a. (→Gattung). (→Arabeske)

**negativer Held,** der: (verneinend) Gegenteil des →positiven H., »Versager« (aus der Perspektive der bestehenden oder erstrebten Gesellschaft), der kein »Bewegender«, sondern nur ein »Bewegter«, Getriebener ist; er versagt sich zersetzend u. selbstzerstörerisch der von ihm als übermächtig angesehenen Gesellschaft, scheitert also an ihren Normen. (→passiver Held, →mittlerer Held)
= Goethe, *Werther* (1774); L. Tieck, *William Lovell* (1795 f.); Brecht, *Leben des Galilei* (1943); Böll, *Ansichten eines Clowns* (1963); u. a.

**Négritude,** die: (zu frz. Neger) »Negrität«, auf A. Césaire zurückgehender Begriff für das kulturelle Selbstverständnis der Schwarzafrikaner (»Afrikanität«).

**Negro Spiritual,** der bzw. das: (engl.-am). Negerhymnus, geistl. →Volkslied der Schwarzen in den USA, ähnlich weltl. →Blues.
= *Joshua fit de battle of Jericho,*
   *Jericho, Jericho,*
   *Joshua fit de battle of Jericho,*
   *And de walls come tumbling down.*

   *You may talk about yo' king of Gideon*
   *Talk about yo' man of Saul,*
   *Dere's none like good old Joshua*
   *At de battle of Jericho.*

   *Up to de walls of Jericho,*
   *He marched with spear in hand;*
   *»Go blow dem ram horns«, Joshua cried,*
   *»Kase de battle am in my hand.«*

   *Den de lamb ram sheep horns begin to blow,*
   *Trumpets begin to sound,*
   *Joshua commanded de chillen to shout,*
   *And de walls come tumbling down.*

   *(Dat morning,)*
   *Joshua fit de battle of Jericho,*
   *Jericho, Jericho,*
   *Joshua fit de battle of Jericho,*
   *And de walls come tumbling down.*

**Nekrolog** der: (gr. Leichnam + Rede) a) Nachruf auf einen Verstorbenen, meist mit Nachzeichnung u. Würdigung von Lebenslauf; b) Totenbuch, kirchl. Totenregister als Grundlage der liturg. Fürbitte.

**Nemesis,** die: (gr. Tadel, Unwille) als gr. Rachegöttin die Wahrerin des rechten Maßes, strafende Gerechtigkeit, die Unrecht mißbilligend verfolgt u. frevelhaften Übermut im Glück (→Hybris) bestraft; zentraler Begriff in Schillers Geschichtsdenken und Dramenkonzeption.
= Nach Herder ist die N. »*die Entscheiderin, die Zunge auf der Lebenswaage des Menschen, keine Rach- und Plagegöttin, sondern eine hohe Rechtvertheilerin, eine Unbeträgliche, die nach dem eignen Betragen des Menschen den Erfolg seiner Thaten abwäget*«.

**Neologismus,** der: (gr. neu + Wort) »Neuwort«, neugebildeter sprachl. Ausdruck für neue Begriffe u. Sachen; N. werden gebildet durch a) Kombination vorhandener Elemente; b) Bedeutungsübertragung; c) Entlehnung bzw. Übersetzung aus anderen Sprachen.
= a) Entsorgung, Leidenschaft, kriegsversehrt, Lustgewinn, Problembewußtsein; b) Linse, Strom, Marktlücke; c) kidnappen, empfangen, Aufklärung

**Neorealismo,** der: (ital. Neurealismus) ital. sozialkrit. engagierte literar. Richtung nach Zweitem Weltkrieg; von E. Vittorini begründet, verbindet Erneuerung des →Verismo (deshalb auch *Neo*verismo) mit Rezeption am. Vorbilder (J. Dos Passos, J. Steinbeck, E. Hemingway, W. Faulkner u. a.); das sozialkrit. Engagement der Vertreter des N. zielt auf schonungslose Darstellung der Gesellschaftsverhältnisse in faschist. u. nachfaschist. Italien.
= Hauptvertreter V. Pratolini, C. Levi, C. Pavese u. a.

**Neoteriker** (Pl.): (gr. die Neueren) röm. Dichterkreis im 1. Jh. v. Chr., vertrat einen neuen, artist. Feinheit mit handwerkl. Sauberkeit verbindenden literar. Stil u. pflegte bes. die kleine Form: →Epyllion, →Elegie, →Epigramm.
= Valerius Cato, C. Licinius Calvus, Gaius Valerius Catullus u. a.

*O Sirmio, du Perlchen alles Dessen, was*
*Neptun in Landsee'n oder großen Meeren hegt,*
*Halbinseln oder Inseln, froh, wie herzlich froh*
*Besuch' ich dich! Noch glaub' ich es mir selber kaum,*
*Daß ich der Thyner und Bithyner Flur nunmehr*
*Entflohen bin, dich wieder sehe ungestört.*
*Wie selig macht doch überstandne Drangsal uns,*
*Wenn endlich man den Busen lüftet sorgenbaar,*
*Der Arbeit in der Fremde satt, zum eignen Haus*
*Zurückkehrt, wieder im erwünschten Bette ruht!*
*Und dieß ist auch mein ganzer Lohn für all' die Müh'.*
*Sey denn gegrüßt, o schönes Sirmio! nun freu'*
*Dich deines Herrn! Ihr Wellen meines regen Sees,*
*Seyd fröhlich! all' ihr Scherze meines Hauses, lacht!*
                                    [Catull; dt. von Eduard Mörike]

**Neudruck,** der: →Nachdruck mit Verbesserungen.

**Neue Sachlichkeit,** die: umstrittene, der bild. Kunst entlehnte Bez. für künstler. Gegenbewegung zu subjektiv-gefühlsbezogenem Pathos u. utopisch-idealist. Geistbetonung des →Expressionismus; seit etwa 1920 spürbar als erneute (ernüchterte) Hinwendung zur »objektiven« Wirklichkeit, zu Tatsache u. dinglich Gegebenem; findet eine Fortsetzung in der Dokumentationsliteratur (→Dokumentartheater). (→magischer Realismus)
= Vertreter: Erich Kästner, J. Ringelnatz u.a. (Lyrik); Döblin, Fallada, Feuchtwanger, Kesten, A. Zweig u.a. (Epik); Ferd. Bruckner, C. Zuckmayer (auch Goll, Hasenclever, Toller in nachexpression. Phase) (Drama)

Die Forderung nach Sachlichkeit, Nüchternheit u. Genauigkeit statt »verlogenen Gefühls«, da sie »erlebter«, »erschütternder« wirkten als alle Einfälle der Dichter, führte zur Entstehung eines »Tatsachenstils«, wie er auch für die Lyrik von Brecht, Kästner oder Tucholsky charakteristisch ist.

*Im bleichen Sommer, wenn die Winde oben*
*Nur in dem Laub der großen Bäume sausen*
*Muß man in Flüssen liegen oder Teichen*
*Wie die Gewächse, worin Hechte hausen.*
*Der Leib wird leicht im Wasser. Wenn der Arm*
*Leicht aus dem Wasser in den Himmel fällt*
*Wiegt ihn der kleine Wind vergessen*
*Weil er ihn wohl für braunes Astwerk hält.*
　　　　　[Aus: B. Brecht, *Vom Schwimmen in Seen und Flüssen*]

*Als sie einander acht Jahre kannten*
*(und man darf sagen: sie kannten sich gut),*
*kam ihre Liebe plötzlich abhanden.*
*wie andern Leuten ein Stock oder Hut.*
　　　　　[Aus: E. Kästner, *Sachliche Romanze*]

**Neuhumanismus,** der: (neu + Humanismus) Bez. für wiedererwachende Beschäftigung mit der Antike u. Erneuerung des Humanitätsideals z. Zt. der →Klassik Ende des 18./Anfang des 19. Jh.
= Winckelmann, Lessing, Herder, Goethe, Schiller, W. von Humboldt u. a.

**Neuklassik,** die, bzw. **Neuklassizismus,** der: (neu + →Klassik) Strömung der dt. Literatur um 1900, die wieder an die klass. Kunsttradition anzuknüpfen suchte. Die N. stellte der Literatur der Zeit (→Naturalismus, →Impressionismus, →Dekadenzdichtung u. ä.) ein neues, an den Idealen des Guten, Wahren u. Schönen orientiertes Wertbewußtsein u. eine in Sprachzucht u. Formstrenge gebändigte »klassische« Dichtung entgegen; blieb als unzeitgemäßer Versuch bis auf Ausnahmen (I. Kurz, R. G. Binding u. a.) Theorie.

= Theorie: P. Ernst, *Weg zur Form* (1906); S. Lublinski, *Bilanz der Moderne* (1905)

**neulateinische Dichtung,** die: lat. Dichtung der Neuzeit, die Tradition der römischen Antike fortführt u. primär Gelehrtendichtung ist. (→Humanismus, →Reformation)
= *Illa quam fueram beatus hora,*
*inter basia et osculationes,*
*contrectans teneras Hasae papillas,*
*et me nunc gremio inferens venusto,*
*nunc stringens teneris suum lacertis*
*pectus, languidulo gemens amore.*
*quod me in reciproco fovebat aestu,*
*cogens deinde suos meare in artus,*
*dum nostros animos per ora mixtos*
*cum vinclis adamantinis ligavit*
*Diva ex caeruleo creata ponto.*

*o nox perpetuis decora stellis,*
*quae divum facies levas coruscas,*
*et fessis requiem refers salubrem.*
*nunc stes Herculeo velut sub ortu,*
*aut qualis Suetiis soles sub oris,*
*dum Phoebus pluvium revisit Austrum,*
*nullam per spatium bimestre lucem*
*fundit, perpetuas ferens tenebras,*
*sic fervens satiabitur voluptas.*
  [C. Celtis, *De nocte et osculo Hasilianae erotice*: →erot. Dichtung]

**Neuphilologie,** die: (→Philologie) Sammelbez. für Lit.- u. Sprachwissenschaft, die sich mit neuzeitl. europ. Sprachen u. Literaturen befaßt (im Unterschied zur Altphilologie, deren Interesse der gr.-röm. Antike gilt).

**Neuromantik,** die: seit 1905 in Deutschland gebräuchliche problematische Sammelbez. für um 1900 einsetzende literar. Strömungen, die sich weniger durch gemeinsame Ausdrucksform u. Herkunft als durch gegensätzliche Zielsetzung zum →Naturalismus definieren; der Begriff ist deshalb eher negative Abgrenzung als positive Bestimmung, die einseitig die erneuernde Aufnahme von Kunstanschauungen der dt. →Romantik betont, die Verarbeitung der wirkungsmächtigeren Anregungen des frz. →Symbolismus unberücksichtigt läßt; deshalb geht man mehr u. mehr dazu über, die Literatur der N. dem →Symbolismus zuzuordnen. (→Impressionismus, →Jugendstil, →Dekadenzdichtung)
= A. Miegel, B. v. Münchhausen u. a. (Lyrik [Ballade]); R. Huch, B. Stukken, H. Hesse (Epik); E. Hardt (Drama) u. a.

**New criticism,** der: (engl. neue Kritik) anglo.-am. lit.-wissenschaftl. Richtung, die als Gegenbewegung zur positivist.-soziolog. Literaturwissenschaft seit den 20er Jahren dafür eintritt, Dichtung »primarily as poetry and not another thing« (T. S. Eliot) zu betrachten, »the autonomy of the work itself as existing for its own sake« (J. C. Ranson) anzuerkennen: →werkimmanente Interpretation. (→Formalismus)
= Grundlage: I. A. Richards, *Principles of literary criticism* (1924); *Science and poetry* (1926); u. a.
Hauptvertreter: T. S. Eliot, C. Brooks, R. P. Warren, A. Tate, R. P. Blackmuir u. a.

**New humanism,** der: (engl. neuer Humanismus) Neuhumanismus, philos.-literar. Strömung in den USA um 1920; wendet sich gegen Überbetonung von (romant.) Individualismus u. Realitätsbezogenheit des Naturalismus, tritt ein für Erneuerung traditioneller humanist.-ethischer Wertvorstellungen.
= I. Babbitt, P. E. More, N. Foerster (*Humanism and America*, 1930), T. S. Eliot u. a.

**Nibelungenstrophe,** die: (Bez. nach Verwendung in *Nibelungenlied*) wichtigste Versart des dt. →Heldenepos; besteht aus vier →Langzeilen zu je zwei Kurzzeilen; die 1. Kurzzeile (Anvers) jeder Langzeile hat vier Hebungen u. klingende→Kadenz; die 2. Kurzzeile (Abvers) hat vier Hebungen u. stumpfe Kadenz; in der 4. Langzeile hat auch die 4. Hebung volle Kadenz. Lebt fort im kirchl. (»O Haupt voll Blut und Wunden«) und weltl. →Lied.
= 2. *Ez wuohs in Burgonden ein     vil edel magedîn,*
*daz in allen landen     niht schoeners mohte sîn,*
*Kriemhilt geheizen:     si wart ein scoene wîp.*
*dar umbe muosen degene     vil verliesen den lîp.*

[Aus: *Nibelungenlied*]

**Niemand,** der: (aus Polyphemsage = Nemo) zur Person erhobenes Wort, Allegorie des Unsinns; in den seit dem 13. Jh. nachgewiesenen Nemogedichten u. -geschichten »hantiert der Unsinn virtuos mit den Schalthebeln der Logik« (U. Beinlein). (→Nonsensdichtung)
= Ulrich von Hutten, Grimmelshausen u. a.

*Hört zu! hört zu! und secht euch für,*
*hie kombt ein verachte creatur,*
*die vil schaden hat getan,*
*und sein nam heißt Niemant.*
*Er ist behender als der wind,*
*an allen orten man in findt,*
*er ist auch alzeit fertig zu weg,*
*man sing, man sag, man frag,*
*was an allen orten geschicht,*

*hat Niemant getan, ist ausgericht.*
*Alles unglük er anfacht:*
*in einer stund hat er gemacht*
*unglük an tausend enden ...*

**Nō,** das: (jap. Fertigkeit, Kunst) klass. japan. Drama, in dem sich Dichtung, Musik u. Tanz zu einem einheitlichen Kunstwerk von vergeistigter Strenge u. subtiler Stilisierung verbinden; urspr. während der Pausen in langen Zeremonien aufgeführtes Tempeltheater, unter Einfluß des Zen-Buddhismus entwikkelt; im Gegs. zum →Kabuki für aristokrat. Publikum bestimmt.
= Kan'ami Kiyotsugu (1333–84) u. Zeami Motokiyo (1363–1443) u. a.; Form in engl. Literatur verwendet von W. B. Yeats; dt. Nachdichtung: B. Brecht, *Der Jasager und Der Neinsager* (1930). (→Lehrstück)

**Nom de guerre,** der: (frz. Kriegsname) →Deck- bzw. Künstlername. (→Pseudonym)

**Nom de plume,** der: (frz. Schreibfedername) →Pseudonym eines Schriftstellers, als Fachausdruck in diesem Sinn nur im Engl. gebräuchlich; frz. bedeutet N. d. p. einfach Schriftstellername, d. h. Name eines »homme de plume«.
= George Orwell: N. d. p. von Eric Blair; Peter Panter, Theobald Tiger: N. d. p. von Kurt Tucholsky

**Nomenklatur,** die: (lat. Namensverzeichnis) Liste bzw. Verzeichnis der Fachausdrücke eines Wissenschaftszweigs. (→Terminus)

**Nominalkatalog,** der: (lat. Name + gr. Verzeichnis) alphabet. Namenkatalog einer Bibliothek; Gegs. →Realkatalog.

**Nominalstil,** der: (lat.) Stil, der durch (übertriebene) Verwendung von Substantiven (Nomina) geprägt ist; typisch für Sprache der Gegenwart; Gegs. →Verbalstil.
= *Eine Anerkennung dieses Faktors der Unruhe des menschlichen Geistes als allgemeine Triebkraft für den geschichtlichen Wandel führt zur selbsttätigen Lösung vieler Probleme der Sprachwissenschaft.*
[Zit. nach H. Seiffert, *Stil heute*]

**Nonarime,** die: (ital. Neunreim bzw. -vers) um eine Zeile ergänzte →Stanze; Reimfolge abababccb.

**Nonfiction,** die: (engl. Nichterfundenes bzw. -erdichtetes) eher durch negative Abgrenzung zu definieren: als nicht der →Fiction zuzurechnende Literatur.

**Nonsensdichtung,** die: (zu engl. Unsinn, absurdes, unlogisches Gerede) paradox-absurdes Ergebnis von Wort- u. Klangspielen, bes. in Werken von Chr. Morgenstern, Paul Scheerbart, J. Ringelnatz u. den Dadaisten (→Dadaismus).
= →Klanggedicht, →Limerick, →Coq-à-l'âne, →Baguenaude, →Fatras, →Frottola, →Klapphornvers, →Clerihew, →Niemand

*Ick sitze da und esse Klops.*
*Uff eemol kloppts.*
*Ick warte, staune, wundre mir,*
*Uff eemol geht sie uff, die Tür.*
*Nanu denk ick, ick denk nanu!*
*Jetzt ist sie uff, erst war sie zu.*
*Ick jehe raus und kiecke,*
*Und wer steht draußen? Icke!* [Unbek. Verfasser]

*Die ausgestorbne Seekuh Naus*
*erschien in Madam Müllers Haus.*
*Und schrieb auf ein Papier mit Blei:*
*Ja! (Daß sie ausgestorben sei).*
*Man gab das Blatt herum im Saal.*
*Worauf die Seekuh sich empfahl.* [Chr. Morgenstern, *Séance*]


**Nordsternbund,** der: Berliner Dichterkreis der →Romantik um den *Grünen Almanach* (1804–06) u. die Berliner Vorlesungen A. W. Schlegels.
= Mitglieder: Varnhagen, Chamisso, Fouqué u. a.


**normative Poetik,** die: (lat.-gr. maßgebend + →P.) Regelpoetik; P., die Literatur u. deren Erscheinungsformen (Gattungen etc.) nach festen, d. h. normativen, auf dem Grundsatz von der Lern- und Lehrbarkeit der Dichtkunst beruhenden Regeln definiert; »regelmäßig« bedeutet hier der Regel bzw. Norm entsprechend.
= Snorri Sturluson, *Snorra Edda* (1222ff. entst.); J. C. Scaliger, *Poetices libri septem* (1561); M. Opitz, *Buch von der deutschen Poeterey* (1624); G. Ch. Harsdörffer, *Poetischer Trichter* (1647ff.); J. G. Gottsched, *Critische Dichtkunst* (1730); u. a.


**Nota,** die: (lat. Zeichen) textkrit. Zeichen.
= z. B. Sternchen (Asteriskus) als Hinweis auf unvollständige Überlieferung oder für Anmerkung.


**Notarikon,** das: (gr.) Geschriebenes, das (zusätzliche) Wörter als Gruppe von Anfangsbuchstaben best. integrierter Wörter enthält; schon in lat. Dichtung. (→Kryptogramm)

*= Der welt drei abgöttinne*
*Reichtum, ehr, wollust, seind drei*
*in der welt gotgleich erhaben*
*deren erste drei buchstaben*
*lehren, zwar zu spate, rew.* [G. R. Weckherlin]

*Wer Lust haben will zu Bett und Tische*
*Der verheyrathe sich an eine FRISCHE;*
*i. e. fromm, reich, innig, schön,*
*ceusch, häuslich, ehrlich.* [J. W. Zincgref (nach J. W. Weidner)]

*Liebe, Unschuld, Inbrunst, Sitte, Ehre,*
*Sind der Züge fünf, die ich verehre;*
*Und die fünfe hab' ich, schön verbunden,*
*In der Freundin Namenszug gefunden.* [Rückert]

**Nouveau roman,** der: (frz. neuer →Roman) Bez. für Form des R., wie sie sich in den fünfziger Jahren in Frankreich herausgebildet hat u. von M. Butor, R. Pinget, N. Sarraute, Claude Simon u. a. gepflegt wird; sie ist als »Dingroman« gekennzeichnet durch Verlust von Fabel, Figur u. Kontinuität im herkömml. Sinn, d. h. durch Verwerfung der »pananthropischen Idee« (Robbe-Grillet); Destruktion u. Wahrnehmung führen zu Inventarisierung best. als undurchdringlich empfundener Bereiche, um der Kunst eine von Psychoanalyse u. Soziologie noch nicht »verwaltete« Wirklichkeit zu erschließen; Einflüsse des N. r. wurden wirksam bei U. Johnson, M. Walser, Th. Bernhard, Jürgen Becker u. a. (→Antiroman)

**Novelle,** die: (ital. Neuigkeit) schwer zu definierende Erzählform, meist straff gebaute, auf das Wesentliche konzentrierte, im Psycholog. u. Soziolog. verkürzte, pointierte u. objektivierte Prosaerzählung (»mittlerer Länge«) mit Symbolcharakter (→Dingsymbol, →Leitmotiv, →Falkentheorie) um eine »sich ereignete unerhörte Begebenheit« (Goethe), dem →Drama verwandt u. wie dieses pyramidenförmig zu einer →Peripetie hin gebaut. (→Rahmenerzählung, →Kurzgeschichte)
+ K. K. Polheim (Hrsg.), *Theorie und Kritik der dt. N. von Wieland bis Musil* (1970)
= Goethe, Kleist, Tieck, Eichendorff, E. T. A. Hoffmann, A. v. Droste-Hülshoff, Mörike, G. Keller, C. F. Meyer, Stifter, Storm, Heyse; häufig im →Expressionismus (Benn, Döblin, Edschmid u. a.)

*Von einer Novelle, der wir einen künstlerischen Wert zuerkennen, verlangen wir wie von jeder wirklichen dichterischen Schöpfung, daß sie uns ein bedeutsames Menschenschicksal, einen seelischen, geistigen oder sittlichen Konflikt vorführe, uns durch einen nicht alltäglichen Vorgang eine neue Seite der Menschennatur offenbare. Daß dieser Fall in kleinem Rahmen energisch abgegrenzt ist, wie der Chemiker die Wirkung gewisser Elemente, ihren*

*Kampf und das endliche Ergebnis »isolieren« muß, um ein Naturgesetz zur Anschauung zu bringen, macht den eigenartigen Reiz dieser Kunstform aus, im Gegensatz zu dem weiteren Horizont und den mannigfaltigen Charakterproblemen, die der Roman vor uns ausbreitet. Je gehaltvoller die Aufgabe ist, je tiefere Probleme in dieser äußeren Beschränkung gelöst werden, desto ergreifender und nachhaltiger wird die Wirkung sein, desto wichtiger aber auch die Sorge des Dichters, keinen störenden Zug in das kleine Bild hineinzubringen.* [Aus: P. Heyse, *Meine Novellistik*]

**Novellenkranz,** der: Bez. für Folge von →Novellen, die durch eine Rahmenhandlung verbunden sind. (→Rahmenerzählung)
= Isolde Kurz, *Stadt des Lebens* (1902), *Nacht im Teppichsaal* (1933)

**Novellette,** die: (ital. Dim. von Novelle) kurze →Novelle; in England auch Bez. für Novelle überhaupt. (→short novel)
= Peter Hille, *Herodias* (1893)

**Novität,** die: (lat. Neuheit) Neuerscheinung, Neuheit auf dem Buchmarkt bzw. im Theaterrepertoire.

**Novum,** das (Pl. Nova): (lat. das Neue) Neuerscheinung(en) des Buchhandels.

**Nürnberger Dichterkreis der »Pegnitzschäfer«, »Pegnesischer Blumenorden« oder »Löblicher Hirten- und Blumenorden an der Pegnitz«,** der: Vereinigung dt. Barockdichter, 1644 von Harsdörffer u. Klaj gegründet zur Pflege von Sprache (→Sprachgesellschaften) u. Dichtung (→Hirten-, →Gesellschaftsdichtung). (→Barock)
= Mitglieder: v. Birken, Rist, Schottel, Moscherosch u. a.

Ein Hochzeitswunsch von Strefong
*Die Sonne begrünet beblümet die Felder /*
*bewaset die Wiesen / bebäumet die Wälder /*
*sie kochet in Bergen verborgen das Erz /*
*vergüldet / versilbert der Erden ihr Herz.*
*Sonne / Wonne dieser Erden!*
*laß ein güldnes Leben werden*
*zwischen diesem lieben Paar.*
*Streue Gold in ihre Kästen /*
*die mit Reichtum zu belästen.*
*Ihre Tage mache klar.*
*Es bestreue sie mit Wonne /*
*Himmel! deine Gnadensonne.*

*Es gehen und wehen die Lüftlein in Lüften.*
*Die Bisem und Balsam der Blümlein erdüften.*

*Die Fittichpoeten die schwimmen herüm /*
*erheben in Liebe die liebliche Stimm.*
   *Lüfte! thauet lauter Segen /*
   *lasset triefen / wie der Regen /*
      *Glück auf dieses wehrte Paar.*
   *Keine Wolke lasset wittern /*
   *keinen stürmerwind verbittern*
      *ihrer süßen Jahre Schaar.*
   *Himmel! laß sie / aus den Lüften /*
   *keinen bösen hauch vergiften.*

*Die lisplend- und wisplende Bächelein wudeln /*
*die wellen-geflügelte Fluten erstrudeln.*
   *Najaden die baden und waten am Rand.*
   *Die Schuppen-einwohner beleichen den strand.*
     *Wasser! wasche / Sorg' und Leiden*
     *aus den Hertzen / lasse Freuden*
        *überschwemmen dieses Paar.*
     *Für die Trehnen-wassergüße /*
     *Wein und Wonne auf sie fließe /*
        *und verläng' ihre Jahr.*
     *Himmel! laß sie allzeit baden*
     *in dem Brunnen deiner Gnaden.*

*Die Ceres beähret die wangen der Erden /*
*Die Halmen begilbter und güldener werden.*
   *Pomona belästet die Äste mit lust /*
   *dort bindet man Fässer zum künftigen Must.*
     *Erde! fülle Küch' und Keller /*
     *und belege Tisch' und Teller /*
        *diesem neugetrauten Paar.*
     *deine Schoß die soll gebären /*
     *alles was sie nur begehren:*
        *bis sie liegen auf der Baar /*
        *bis sie / doch spat / in der Erden*
        *Staub und Asche werden werden.*

[Aus: Gg. Ph. Harsdörffer, *Pegnesis oder der Pegnitz Blumgenoß-Schäfere Feldgedichte in Neun Tagzeiten*]

→ Hirtendichtung

**Numerus,** der: (lat. Zahl, Reihe) a) Prosa-N.: durch Akzente, Pausen u. Sprachmelodie geprägter → Rhythmus des Satzes; b) poet. N.: in gesetzmäßig gegliederten Silbenfolgen faßbare metrische Regelmäßigkeiten (→ Versfuß).

**Numerus currens,** der: (lat.) laufende Nummer, unter der ein Buch in der Bibliothek eingereiht wird.

**Nyland-Kreis,** der: Dichterkreis »Bund der Werkleute auf Haus Nyland [westfäl. Bauernhof]«, 1912 in Bonn von J. Winckler, W. Vershofen, J. Kneip u. a. um Zs. *Quadriga* (1912–14) bzw. *Nyland* (nach 1918) gegr., behandelte Stoffe u. Motive aus Wirtschaftsleben u. techn.-industrieller Arbeitswelt. (→ Arbeiterdichtung)
= *Von Schweiß, Äther, Dunst entwölkten ich verfluchte*
  *Mich als Gezeichneten und Volk, das meine Hilfe suchte,*
  *Mich knechtete mit unermeßner Krankheits-Not und doch*
  *Trost hub mein Herz, Triumph die Seele hoch:*
  *Ja, Du, als Erster, hast erobert neue Werkwelt voll Dämonen*
  *Im Industrie-Gesang, stiegst ganz ins Arbeits-Volk, kein Ziel*
  *Als Bändigung der Zeit, Verkünder ihrer Kronen,*
  *Du glaubtest, wo noch andre mörderische Angst befiel!*
                                    [Aus: Josef Winckler, *Das Mutterbuch*]

**Obsequiale,** das: (lat.) liturg. Buch für die (kath.) Totenmesse. (→Requiem)

**obszöne Literatur,** die: (zu lat. nicht [auf der Bühne] zeigbar, anstößig) literar. Werke, die als anstößig gelten, da sie, wie das Strafgesetzbuch definiert, »geeignet« sind, »das Scham- und Sittlichkeitsgefühl eines normalen Menschen zu verletzen«; die Schwierigkeit, o. L. zu definieren u. gegen →pornographische Literatur abzugrenzen, beruht auf der gesellschaftl. Relativität der Moralbegriffe. (→erot. Literatur)

**Ode,** die: (gr. Gesang, Lied) allg.: stroph. gegliederte, meist reimlose, klar konturierte Form lyr. Dichtung; innerlich u. äußerlich geprägt von Erhabenheit, Feierlichkeit, Würde, Gedankenschwung u. Gefühlstiefe; bes.: aus der gr. Lyrik übernommene Strophenmaße (→Odenstrophen); 1. Höhepunkt dt. Odendichtung Klopstocks O. voll enthusiastischem, oft hymnisch ausgreifendem Schwung, 2. Hölderlin, dessen strenge, von tragisch sehnsuchtsvoller Grundstimmung getragene O. Ausdruck der Spannung zwischen Ideal u. Wirklichkeit sind; O. schrieben außerdem Weckherlin, Opitz, R. A. Schröder, Weinheber, J. R. Becher u. a. (→Hymne, →Göttinger Hain, →Münchner Dichterkreis)
= Allg.: Zwote Ode

> *Du gehst! Ich murre.*
> *Geh! Laß mich murren.*
> *Ehrlicher Mann,*
> *fliehe dieses Land.*
>
> *Tote Sümpfe,*
> *dampfende Oktobernebel*
> *verweben ihre Ausflüsse*
> *hier unzertrennlich.*
>
> *Gebärort*
> *schädlicher Insekten,*
> *Mörderhülle*
> *ihrer Bosheit.*

*Am schilfigten Ufer*
*liegt die wollüstige,*
*flammengezüngte Schlange,*
*gestreichelt vom Sonnenstrahl.*

*Fliehe sanfte Nächtgänge*
*in der Mondendämmerung,*
*dort halten zuckende Kröten*
*Zusammenkünfte auf Kreuzwegen.*

*Schaden sie nicht*
*werden sie schrecken.*
*Ehrlicher Mann,*
*fliehe dieses Land!* [Goethe, *Oden an meinen Freund*]

Bes.: →alkäische Ode, →pindar. Ode

**Odenstrophen** (Pl.): wichtigste antike O. im Dt. →alkäische, →archilochische, →asklepiadeische, →sapphische Strophe. (→pindar. Ode)

**Œuvre,** das: (frz.) Werk, Lebenswerk, Gesamtwerk.

**offene Form,** die: →atektonisches Aufbauprinzip.

**Offizin,** die: (lat. Werkstätte) Buchdruckerei.

**Ohrenreim,** der: Reim zwischen Wörtern gleicher Aussprache, aber unterschiedlicher Schreibung. (→Augenreim)
= *Soldatenchor – Freikorps; Weise – Waise; wieder – wider*

**o. J.:** Abk. für »ohne Jahr«, d. h. Buch ohne Angabe des Erscheinungsjahres.

**Oktameter,** der: (lat. acht + Maß) acht Metren (→Metrum) umfassende Verszeile.

**Oktav,** das: (lat. der Achte) Buchformat in Achtelbogengröße, d. h., Format, bei dem der Bogen in 8 Blatt = 16 Seiten gefaltet ist.

**Oktave,** die: (lat. der Achte) →Stanze.

**Oktett,** das: (ital.) achtzeilige Strophe, auch die beiden →Quartette des →Sonetts zusammen.

**Oktonar,** der: (lat. aus acht bestehend) antiker Vers aus acht Füßen (z. B. jamb. akatalekt. →Tetrameter); in Übersetzungen aus dem Lat. u. in Platens Literaturkomödien.

→Parabase
= υ ‿ υ ‿ υ ‿ υ ‿ / υ ‿ υ ‿ υ ‿ υ ‿ *(und sieh ein Mann mit hoher Stirn / er kommt herein und hebt die Hand)*

**Oktostichon,** das: (gr. acht + Vers) Strophe von acht Zeilen.

**Omnibus,** der: (lat. für alle[s]) Sammelband mit Werken eines Autors oder aus einem Themenkreis.

**Onomastikon,** das: (gr. Nenner) a) alphabet. geordnetes Namen- oder Wörterverzeichnis in Antike u. MA.; b) kürzeres Gedicht auf Namenstag. (→Carmen)

**Onomatopöie** bzw. **Onomatopoiesis,** die: (dazu onomatopoietisch) →Klangmalerei, -nachahmung.

**o. O.**: Abk. für »ohne Ort«, d. h. Buch ohne Angabe des Erscheinungsorts.

**Oper,** die: (ital. *opera* = [Musik-]Werk) musikal. Bühnenwerk, bei dem Gesang, Schauspielkunst u. Instrumentalmusik zusammenwirken. (→Singspiel, →Gesamtkunstwerk, →episches Theater, →Intermezzo)

**opisthographisch**: (gr.) auf beiden Seiten beschrieben bzw. bedruckt im Gegs. zu →anopisthographisch.

**Opposition,** die: (lat. Entgegensetzung) a) →Antithese (Gegensatz); b) →rhet. Figur: der Verstärkung dienende Negation in Verbindung mit Affirmation des Gegenteils.
= →Litotes, →Amplifikation

**Optimus codex,** der: (lat. der beste →Codex) überlieferte Handschrift eines literar. Textes mit den besten →Lesarten. (→Textkritik)

**Opus,** das (Pl. Opera): (lat.) Werk.

**Opusculum,** das (Pl. Opuscula): (lat.) kleines Werk, kleinere Schriften.

**Oraison funèbre,** die: (frz.) frz. Form der →Trauer-, →Leichenrede. (→Laudatio funebris)

**Oratio,** die: (lat.) →Rede, Redeweise.
= *o. obliqua*: indirekte Rede; *o. directa*: direkte Rede

**Oratorium,** das: (lat. Bethaus) mehrteil. Musikwerk für Chor, Solostimmen u. Orchester auf der Grundlage eines geistl. oder weltl. Textes; entstanden

Ende des 16. Jh. in Italien; das O. bietet als Theater ohne Szene nicht Ereignisse an sich dar (meist aus Bibel u. Heiligenviten), sondern zeigt sie gebrochen, verfremdet als berichtete Handlung, ergänzt von betrachtendem Kommentar; wegen dieser Spaltung in »episch«, d. h. von einem Erzähler (»Testo«, »Historicus«) vermittelte Handlung, u. kommentierende Betrachtung konnte das O. Bedeutung für →episches Theater gewinnen; Vorform des dicht. O. bei Klaj (→Barock), später bei Benn (*Das Unaufhörliche*, 1931), völlige Reduktion auf gesprochenes Wort bei P. Weiss (*Die Ermittlung*, 1965).

**Orbis pictus,** der: (lat. gemalte Welt) Titel zahlreicher beliebter Unterrichts- u. Unterhaltungsbücher, die Begriff u. Anschauung zu verbinden suchen (17./18. Jh.).
= Comenius, *Orbis sensualium pictus* (1657)

**Orchestra,** die: (gr. Tanzplatz) im klass. gr. Theater die zwischen Bühnenhaus (gr. Skene) u. der ansteigenden Zuschauertribüne (gr. theatron) gelegene Spielfläche, wo →Chor seinen Platz hatte, nach Verdrängung des Chors u. Verlegung des Spiels v. a. auf →Proskenion neue Funktion.

**Ordo artificilis,** : der: (lat. künstl. Ordnung) bewußt ungewöhnl. Ausdrucksfolge in Satz oder Text. (→Verfremdungseffekt)

**Ordo naturalis,** der: (lat. natürl. Ordnung) natürl. Ausdrucksfolge in Satz oder Text.

**Organ,** das: (gr.) Stimme; Zeitung, Zeitschrift.

**Organon,** das: (gr. Werkzeug) logische Schrift als »Werkzeug« des Denkens, nach zusammenfassender Bez. für die log. Schriften des Aristoteles; von B. Brecht als Bez. für sein theoret. Hauptwerk verwendet.
= Brecht, *Kleines Organon für das Theater* (1948)

**orientalisierende Dichtung,** die: Dichtung, die Motive u. Formen aus der Kulturwelt des Orients übernimmt; vor allem Vertreter der →Romantik erhofften sich von der Beschäftigung mit den dichter. Werken Indiens, Persiens u. Arabiens eine Erneuerung u. Bereicherung der Poesie; eingeleitet durch Herder (*Stimmen der Völker in Liedern*, 1807) u. F. Schlegel (*Über Sprache und Weisheit der Inder*, 1808); bedeutendstes Zeugnis: Goethe, *West-östlicher Divan* (1819); außerdem Rückert, *Östliche Rosen* (1822), *Sieben Bücher Morgenländischer Sagen und Geschichten* (1837); Platen, *Ghaselen* (1821); im 20. Jh. Klabund, Th. Mann, Hesse, Brecht u. a. (→Ghasel, →Kasside, →Makame, →Haiku, →Kabuki, →Nō, →Exotismus u. ä.)
= Z. B. China: A. Döblin, *Die drei Sprünge des Wang-lun* (1915); F. Kafka, *Beim Bau der chines. Mauer* (1918/19); H. Hesse, *Das Glasperlenspiel*

(1943); M. Frisch, *Bin oder die Reise nach Peking* (1945), *Die chines. Mauer* (1946); B. Brecht, *Der gute Mensch von Sezuan* (1942); u. a.

Dschemils Liebesklage
Nach dem arabischen Versmaß
∪ – – ∪ – – – ∪ – – ∪ – ∪ – ∪ –

*Was ist mir? ich weine nicht? und etwas im Walde seufzt?*
*Und ach, mich verlassen hat vom Wuchse die Feine!*
*Wie? weinet die Taub' im Wald den Abschied von ihrem Freund,*
*Und ich halt' es aus? nicht halt' ich's aus, o Botheine!*
*Ich schwör's, dich vergeß ich nie, solang' eine Sonne tagt,*
*Solang' eine Wüste glänzt im Mittagesscheine;*
*Solang' an dem Himmel aufgehangen ein Stern erglänzt,*
*Solang' eines Sprosses Blätter sprossen im Haine.*
*Der Nacht in dem Balsamstauden denk' ich, wie dort ich stand*
*Und legte des glanzgeaugten Monds Hand in meine.*
*Ich wollte, und konnt' es nicht, den Drang hemmen gegen sie,*
*Im Rausch floß die Thräne auf meine Halswirbelbeine.*
*O wüßt' ich, ob eine Nacht ich zubringen werde noch*
*Wie dort unsre Nacht bis zu des Frührotes Scheine.*
*Wo ich des Gespräches Füll' ihr spendet', und wiederum*
*Sie mir spendet' ihres Mundes Fülle, die reine.*
*O wollte mein Gott, daß er einmal das verhängte mir!*
*Mein Herr sollte sehn, wie ich ihm dankte das Eine!*
*Und wenn sie mir fordert' ab mein Leben, ich gäb' es ihr*
*Und opfert' es ihr, wofern es wäre das meine.*

[Aus: Fr. Rückert, *Dschemil und Botheina*]

**Original,** das: (lat.) a) Urfassung, Urtext, b) Sonderling.
= a) Goethe, *Urgötz* (1771), *Urfaust* (1773), *Urwerther* (1774); G. Keller, *Der Grüne Heinrich* (1854f.) u. a.; b) als Romanfigur bei Dickens, Balzac; Jean Paul, Raabe, G. Keller u. a.

**Originalausgabe,** die: (zu lat. ursprünglich) →Ausgabe eines Werkes in der vom Verfasser bestimmten Form, meist →Erstausgabe.

**Ornatus,** der: (lat. Schmuck) Schönheit, »Luxus« der sprachl. Äußerung durch Gebrauch best. Stilmittel (→Tropus, →rhet. Figuren, →Numerus); in antiker Rhetorik Teil der »Elocutio« (sprachl. Formulierung u. Stilisierung) der durch »Inventio« (Stoffsammlung) gefundenen u. in der »Dispositio« (Stoffordnung) organisierten Gedanken; zu unterscheiden zwischen »o. facilis« (leichter Schmuck) und »o. difficilis« (schwerer Schmuck).

**Orthographie,** die: (gr. richtig + schreiben) Rechtschreibung, Lehre von der richtigen bzw. regelgerechten Schreibung der Wörter.

= Als Grundlage für die heutige O. bzw. Rechtschreibung können die in der jeweils neuesten Auflage des *Duden* gebotenen Regeln dienen.

**Orthonym,** das: (gr. richtig + Name) wahrer Name des Autors u. Veröffentlichung eines Werkes unter ihm; Gegs. →Pseudonym, →anonym o. ä.

**ossianische Dichtung,** die: Sonderform der →Heldendichtung, entstanden in anlehnender Nachahmung von James Macphersons genialer Neudichtung (Fälschung) der Gedichte u. Epen des sagenhaften →Barden »Ossian« (1760) in →Sturm und Drang u. Früh-→Romantik; entsprach als »Volkspoesie«, in nächtig-stürmischer Berglandschaft spielend u. von Kampf, Treue u. Heldentod handelnd, dem damaligen Ideal höchster Kunst. (→Mystifikation)
= Übersetzungen: Denis (1768 f.), Goethe (in *Werther*, 1774), Herder (1782), Stolberg (1806) u. a.

*Es ist Nacht; – Ich bin allein verloren auf dem stürmischen Hügel. Der Wind braust zwischen dem Berge. Der Wasserfall saust den Felsen hinab. Keine Hütte nimmt mich vorm Regen auf. Ich bin verloren auf dem stürmischen Hügel.*
*Tritt, o Mond! hervor hinter deiner Wolke; Sterne der Nacht, erscheint. Ist denn kein Licht das mich führe zum Platz wo mein Liebster ausruht von der Mühe der Jagd! Sein Bogen neben ihm ohngespannt. Seine Hunde schnobend um ihn her. Aber hier muß ich allein sitzen, an dem Felsen des moosigen Stroms. Und der Strom und der Wind saust, und ich kann nicht hören die Stimme meines Geliebten.*
*Und wie, mein Salgar, wie, der Sohn des Hügels, hält sein Versprechen nicht? Hier ist der Felsen und der Baum, und hier der wilde Strom. Du versprachst mit der Nacht hier zu sein. Ach! wohin ist mein Salgar gangen. Mit dir wollt ich meinem Vater entfliehn; mit dir meinem stolzen Bruder. Unsre Stämme sind lange schon Feind, aber wir sind nicht Feinde, o Salgar. Ruh eine Weile, o Wind! Strom, sei eine Weile still, daß meine Stimm' über die Heide schalle, und mich mein Wandrer höre. Salgar! Ich bin's das ruft. Hier ist der Baum und der Fels. Salgar mein Liebster! ich bin hier. Warum zögerst du zu kommen?*
*Sieh! der Mond erscheint, die Flut glänzt in dem Tal. Die Felsen sind grau an dem Hange des Hügels. Aber ich seh ihn nicht auf dem Pfad. Keine Hunde vor ihm her verkünden daß er kommt. Hier muß ich sitzen allein.*
*Aber wer sind die, die vor mir auf der Heide liegen? Ist's nicht mein Liebster und mein Bruder? Redet, o meine Freunde! Sie antworten nicht. Ach, ich fürchte – Ah! Sie sind tot. Ihre Schwerter sind rot vom Gefecht. O mein Bruder! mein Bruder! warum hast du meinen Salgar erschlagen? warum, o Salgar, hast du meinen Bruder erschlagen? Lieb wart ihr mir beide! Was soll ich zu euerm Ruhm sagen? Du warst schön auf dem Hügel unter Tausenden; er war schröcklich in dem Gefecht. Redet; hört meine Stimme, Söhne meiner Liebe. Aber ach! sie sind stumm; stumm für ewig, ihr Busen ist kalt wie das Grab.*

*Oh! von dem Felsen des Hügels; von dem Gipfel des windigen Berges, redet ihr Geister der Toten! Redet ich will nicht erschröcken. – Wohin seid ihr zu ruhen gegangen? In welcher Höhle des Hügels kann ich euch finden? Keine schwache Stimme vernehm ich im Wind, keine halbverwehte Antwort in den Stürmen des Hügels.*

*Ich sitze in meinem Jammer. Ich erwarte den Morgen in meinen Tränen. Erhebt das Grab, ihr Freunde der Toten; aber schließt es nicht bis Colma kommt. Mein Leben fliegt weg wie ein Traum: wie könnt ich zurückbleiben? Hier will ich mit meinen Freunden ruhn, an dem Strom des schallenden Fels. Wenn die Nacht über den Hügel kommt; wenn der Wind über die Heide bläst; dann soll mein Geist im Winde stehn, und meiner Freunde Tod betraurn: Der Jäger höret mich unter seinem Reiserdach, und fürchtet meine Stimme und liebet sie. Denn süß soll meine Stimme sein um meine Freunde, denn lieb waren sie beide mir.* [Aus: Goethe, *Die Gesänge von Selma*]

**Osterlied,** das: aus lat. →Hymnus, →Sequenz u. →Antiphon im MA. entstandenes beliebtes →Kirchenlied zur Feier der Auferstehung Christi; der österl.-liturg. Grundvers »Surrexit Christus, spes mea« fand im Lauf der Jh. immer neue abwandelnde liedhafte Gestaltung.

= Luther, *Christ lag in Todesbanden* (1524); P. Gerhardt, *Auf, auf mein Herz mit Freuden* (1647); Angelus Silesius, *Nun danket alle Gott* (1657); Klopstock, *Preis dem Todesüberwinder* (1769); u. a.

*Christ ist erstanden*
*Von der Marter alle.*
*Des solln wir alle froh sein;*
*Christ will unser Trost sein.*
*Kyrieleis.*

*Wär er nit erstanden,*
*Die Welt, die wär zergangen.*
*Seit daß er erstanden ist,*
*So freut sich alles, was da ist!*
*Kyrieleis.* [Aus: *Erstes dt. O.*]

**Osterspiel,** das: älteste Form des →geistl. Spiels im MA., aus Osterliturgie bzw. Osterlegenden (*Unser Frauen Klage*, Ende 13. Jh.) hervorgeg.; stellt Auferstehung, Höllenfahrt Christi u. a. dar. (→Passionsspiel, →Osterlied)
= *Osterspiel von Muri* (Schweiz, 13. Jh.); *Innsbrucker Osterspiel* (14. Jh.); *Rheinisches Osterspiel* (Mainz, 15. Jh.)

**Ottaverime,** die: (ital. Achtreim) →Stanze.

**Oxymoron,** das: (gr. scharf + dumm = scharfsinnige Dummheit) →rhet. Figur: Verbindung zweier Begriffe, die sich dem Wortsinn nach widersprechen u. gegenseitig ausschließen (contradictio in adiecto = Widerspruch im Bei-

## Oxymoron

wort: →Paradox); häufig in Sprache von →Mystik u. →Manierismus, um (unsagbar) Umfassendes in einen Begriff zu zwingen. (→geblümte Rede, →Aprosdoketon)

= *bittersüß* [Schottel]; *traurigfroh* [Hölderlin]; *jauchzender Schmerz* [Heine]; *schwarze Milch* [Celan]

> *O* reiche Armuth! Gebend, *seliges* Empfangen!
> *In* Zagheit Muth! *in* Freiheit *doch* gefangen.
>
> *In* Stummheit Sprache,
> *Schüchtern bei Tage,*
> *Siegend mit zaghaftem Bangen.*
>
> Lebendiger Tod, *im Einen sel'ges Leben*
> Schwelgend *in* Noth, *im* Widerstand ergeben,
> Genießend schmachten,
> *Nie satt betrachten*
> *Leben im Traum und doppelt Leben.* [Karoline von Günderode]

*Heinrich beobachtete über diese Nacht ein sehr redendes Stillschweigen, und Firmian verriet sich umgekehrt durch ein stummes Jagen und Reden.*
[Aus: Jean Paul, *Siebenkäs*]

**P.**: Abk. für →Pagina.

**Paarreim,** der: gleicher Endreim zweier aufeinanderfolg. Verse (Paar), auch Parallelreim genannt: aa bb cc usw.; einfachste und häufigste Reimbindung.
= *Ich lîde grôze swoere,*
  *wie kûme ich ir enboere!*
  *Swie sî des niht geloubet,*
  *diu mich der sinne roubet,*
  *die ich doch iemer gerne dol.*
    *si tuont mîme herzen wol,*
      *daz ich ir holdez herze trage,*
        *dâ mite ich ir genâden jage.*
                    [Aus einem →Leich Rudolfs von Rotenburg]

**Päan,** der: (gr. der Heilende = Beiname Apollos) gr. feierl. Dank- u. →Preislied, urspr. zu Ehren des Apoll, dann auch anderer Götter sowie Heroen u. (außergewöhnl.) Menschen.
= *Du gepriesener Bakchos, du der Kadmostochter*
  *Stolz, du Sohn des Donnerers Zeus!*
  *Du schirmst die Flur Italiens*
  *Uns, die berühmte, hütest im Eleusistale die Flur,*
  *Aller Hort. Bakchos, der Bakchen Herr,*
  *In Theben, der Mutterstadt,*
  *Am Ismenosgestad,*
  *Dem feuchten Strom, wo ja die Saat*
  *Des wilden Drachen aufgLng.*
  *Es begrüßt dich auf Bergeshöhen der Qualm der Fackeln,*
  *Leuchtend, wenn beim bakchischen Fest*
  *Die Nymphen ihren Reigen drehn*
  *An der Kastalschen Quelle.*
  *Und Euboias bergiger Hang,*
  *Efeugrün, saftig frisch, traubenreich,*
  *Er sendet dich her zur Feier.*
  *Und der göttliche Sang*

*Hallt wieder, wenn jubelnd das Volk
In Thebens Gassen jauchzet.*
[Aus: Sophokles, *Antigone*; dt. von H. Weinstock]

**Pägnium,** das: (lat. zu gr. Spiel) in der Antike kleines, meist scherzhaft-erot. Gedicht. (→ Technopägnium)

**Päon,** der: (gr.) im → Päan verwendeter gr. Versfuß aus drei Kürzen u. einer (verschiebbaren) Länge.
= – ∪∪∪ : 1. P.; ∪ – ∪∪ : 2. P.; ∪∪ – ∪ : 3. P.; ∪∪∪ – : 4. P.

**Pageant,** das: (engl. Gerüst für szenische Darstellung, auch Darstellung selbst) bes.: urspr. Szene von ma. engl. → geistl. Spiel (→ Mysterienspiel), dann bewegl. Bühne oder Plattform, auf der dieses dargeboten wurde (→ Wagenbühne); allg.: histor. Schau, Festzug u. ä.

**Pagina,** die: (lat.) (Buch-)Seite; dazu paginieren = mit Seitenzahlen versehen.

**Paitan** bzw. **Peitan,** der: (hebr. von gr.) jüd. liturg. Dichter des MA. (→ Pijut)

**Paläographie,** die: (gr. alt + schreiben) Wissenschaft bzw. Lehre von den Formen u. Mitteln der Schrift.

**Palimbacchius,** der: → Antibacchius.

**Palimpsest,** der bzw. das: (gr. wieder + geschabt) Handschrift (meist Pergament-), deren urspr. Text aus Gründen der Sparsamkeit getilgt u. überschrieben wurde; bes. im MA.

**Palindrom,** das: (gr. rückläufig) Laut- oder Wortfolge (Vers), die vor- u. rückwärts gelesen den gleichen Sinn oder überhaupt einen Sinn ergibt. (→ Rätsel)
= *Reliefpfeiler, Otto; Regen, Gras.*
  *Ein Neger mit Gazelle zagt im Regen nie; Madam, I'm Adam; Able was I, I saw Elba*

*Ich suecht gedicht in sinnes* chor
*Und sprach: got mir gelükch* geb.
*Mich daucht, ich trüg der frewden* roch,
*Do ich chom auf der chunste* beg.
*Den eylt ich nach für einen tan,*
*Do vand ich ein tzerprochen sib,*
*Daz hefft ich tzů mit einer* nat
*Und schreib ez von mir auf ein bis...*
[Peter Suchenwirt]

*Man spricht, ich will schon morgen*
*Vor meiner Seele sorgen,*
*Das sieht gefährlich aus!*
*Das GRAS steckt voller Tücke,*
*Liest man das Wort zurücke,*
*So kommt ein SARG heraus.* [Stammbuchvers]

**Palinodie,** die: (gr. Widerrufslied) dichter. Zurücknahme eines eigenen Werks, indem das Gesagte in einer Gegendichtung mit den gleichen formalen Mitteln (Metrum, Reim, Strophenbau) aufgehoben wird; bes. in →Humanismus u. →Barock.

= *Asterie mag bleiben, wer sie wil,*
*Ich weiß nichts mehr von ihr*
*Und ihrer Huld, ein sehr viel höher Ziel*
*Hab ich anjetzt vor mir;*
*Ich will mich weiter schwingen*
*Als durch den Erdenkreiß*
*Und nur alleine singen*
*Der Tugend Ehr' und Preiß.*

*Wie selig ist, wer in Vollkommenheit*
*Der Weißheit sich verliebt,*
*Die süsse Gifft der schnöden Eitelkeit*
*Ihn nimmermehr betriebt;*
*Er weichet von den Wegen*
*Der Ueppigkeit der Welt,*
*Darauff zuvor erlegen*
*Manch freyer kühner Heldt.*

*Die Schönheit zwar veracht' ich gäntzlich nicht,*
*Weil sie von oben kömpt,*
*Das sag' ich nur, daß sie gar leichte bricht*
*Und bald ein Ende nimpt;*
*Der rote Mund, die Wangen,*
*Der schönen Augen Glantz,*
*Ja alle Pracht und Prangen*
*Ist wie ein Rosenkrantz.*

*Wer Tugend liebt, der stirbet nimmermehr,*
*Er dringt durch alle Noth,*
*Durch alle Welt erklingt sein Lob und Ehr,*
*Er bleibt und lebet todt:*
*Drumb wil ich nichts mehr schreiben*
*Von zeitlicher Begiehr,*
*So wird mein Lob bekleiben*
*Und grünen für und für.*

*Weg, Venus, weg, du Pest der jungen Zeit,*
*Ich selbst vergesse mein;*
*Ich wil jetzt gehn den Lauff der Ewigkeit*
*Und auff der süssen Pein*
*Verwirten Bahn nicht wallen,*
*Die Tugend ist mein Ziel;*
*Asterie sampt allen*
*Mag bleiben, wer sie wil.* [M. Opitz (als Absage an Liebe und Welt)]

**Palliata,** die: (lat. Griechenmantel) Gattung der röm. →Komödie, die dem Vorbild der gr. neuen Komödie folgt u. in Stoff u. Kostümierung »griechisch« ist. (→Togata)
= Hauptvertreter: Plautus u. Terenz

**Pamphlet,** das: (frz. nach volkstüml. Gedicht »Pamphilus« [12. Jh.]) in persönl. Ton gehaltene, stark aggressive →Flug- u. →Streitschrift. (→Satire, →Invektive; →Libell; →Pasquill)
= Dunkelmännerbriefe (1515ff.); Milton; Defoe; W. Majakowski, *Eine Ohrfeige für den öffentlichen Geschmack* (1912, P. für →Futurismus in Rußland); P. Handke, *Die Literatur ist romantisch* (1967, vom Autor als P. bezeichnet); u. a.

**Panegyrikos, -us,** der: (gr. auf Festversammlung gehaltene lobende Rede) Lobrede oder -spruch, →Lobgedicht. (→Gelegenheitsdichtung, →Gebrauchslyrik, →Hofdichter, →Eloge, →Enkomion)
= S. v. Birken, *Ostländischer Lorbeerhain* (1657, zu Ehren des Hauses Österreich), *Hochfürstlich Brandenburgischer Ulysses* (1669, über Reisen des Markgrafen Christian Ernst) u. a.

**pangrammatisch**: (gr. all + Buchstabe) p. Verse →Tautogramm.

**Pansilenz,** die: (gr. all + lat. Schweigen) Allschweigen, von Iser Carbonus geprägter Begriff für Vorstellung, daß der Himmel leer u. der Mensch in Einsamkeit auf einer von Schweigen umschlossenen Erdkugel lebt; darauf beruhendes Angstgefühl kann durch den »Schrei« als »existenzstiftendes u. -steigerndes Movens« überwunden werden; Vorstellung möglicherweise von Einfluß auf →Sturm und Drang sowie →Expressionismus. (→Pantragismus)

**Pantalone,** der: (ital.) Typenfigur der →Commedia dell'arte: der geizige und verliebte ältliche Kaufmann.

**Pantomime,** die: (gr. alles nachahmend) auf absolutem mimischen Ausdruck beruhendes, sprachloses szenisches Spiel; meist verbunden mit Musik u. Tanz; schon in Antike gepflegt, später von Einfluß auf Entstehung der Ballettkunst; im 18. Jh. erneuert; Basis von Stummfilm, Element im Theater

Brechts, P. Weiss' sowie in Theater des →Expressionismus u. →absurdem Theater. (→Commedia dell'arte, →Dumb show)
= Carl Einstein, *Nuronihar* (1913); Hofmannsthal, *Die grüne Flöte* (1916); u. a.

**Pantragismus,** der: (gr. all + Tragik) Vorstellung, daß trag., unüberwindbares Weltgesetz über dem Leben waltet, menschl. Existenz geprägt ist von Konflikt zwischen individ. Willen u. allg. Weltwillen, der zu ausweglosem Schuldigwerden führt; von Einfluß bes. auf Tragödien Hebbels. (→Realismus)
= *In der Maßlosigkeit liegt die Schuld, zugleich aber auch, da das Vereinzelte nur darum maßlos ist, weil es, als unvollkommen, keinen Anspruch auf Dauer hat und deshalb auf seine Zerstörung hinarbeiten muß, die Versöhnung, soweit im Kreise der Kunst danach gefragt werden kann. Diese Schuld ist eine uranfängliche, von dem Begriff des Menschen nicht zu trennende und kaum in sein Bewußtsein fallende, sie ist mit dem Leben selbst gesetzt. Sie zieht sich als dunkelster Faden durch die Überlieferungen aller Völker hindurch und die Erbsünde selbst ist nichts weiter, als eine aus ihr abgeleitete, christlich modifizierte Konsequenz. Sie hängt von der Richtung des menschlichen Willens nicht ab. Sie begleitet alles menschliche Handeln, wir mögen uns dem Guten oder dem Bösen zuwenden...*
[Aus: Fr. Hebbel, *Mein Wort über das Drama*]

**Paperback,** das: (engl. Papierrücken) kartoniertes, meist klebegebundenes Buch, in Herstellung preisgünstiger als konservative Bindeverfahren. (→Taschenbuch)

**Parabase,** die: (gr. Abschweifung) in gr. →Komödie direkte Hinwendung des Chors zum Publikum (nach Demaskierung in der Mitte oder gegen Ende des Stückes); Abschweifung, um satir. oder polit. Scheltrede zu halten, die Intentionen des Dichters darzulegen oder die Götter zu preisen; als eigtl. P. gilt Ansprache des Chorführers in anapäst. Tetrametern, die deswegen auch »Anapäste« genannt wird; in abgewandelter Form Element des →epischen Theaters.
= SCHMUHL: *Nun beginnt, ihr Anapäste!* (Er tritt vor.)
*Sein Abschiedswort thut euch durch mich der Komödienschreiber zu wissen,*
*Der oftmals schon, im Laufe des Stücks, vortrat aus seinen Coulissen!*
*Uebersehet huldreich die Gebrechen an ihm, laßt euch durch's Gute bestechen!*
*Man liebt ein Gedicht, wie den Freund man liebt, ihn selbst mit jedem Gebrechen;*
*Denn, wolltet ihr was abziehen von ihm, dann wär' es derselbe ja nicht mehr,*
*Und ein Mensch der nichts zu verzeihen vermag, nie seh' er ein Menschengesicht mehr!*
*Wohl weiß der Poet, daß dieses Gedicht ihm Tausende werden verketzern,*

*Ja, daß es vielleicht Niemanden gefällt, als etwa den Druckern und Setzern:*
*Es verleidet ihm auch wohl ein Freund sein Werk, und des Kritikers Laune verneint es,*
*Und der Pfuscher meint, er könne das auch; doch irrt sich der Gute, so scheint es.*
*Durch Deutschland ist, die Latern' in der Hand, nach Menschen zu suchen so mißlich;*
*Wohlwollende triffst du gewiß niemals, kurzsichtige Tadler gewißlich.*
*Zwar möchte das Volk, aus eitler Begier, an poetischen Genien reich sein,*
*Doch sollen sie auch Bußprediger, ja, Betschwestern und Alles zugleich sein!*
*[…]*
*Nicht wirkungslos bleibt dieses Gedicht, das glaubt nur meiner Betheurung,*
*Und der wahren Komödie Sternbild steht im erfreulichen Licht der Erneuerung.*
*Der Aesthetiker wird's, da es nun da ist, als ganz alltäglich ermessen,*
*Doch bitt' ich das Ei des Columb, ihr Herrn, in dem Anschlag nicht zu vergessen!*
*Liebhaber jedoch, gern werden sie mir's anhören, und gern es in Lettern Anschauen sofort, auch würden sie gern es vernehmen herab von den Brettern;*
*Laut heischten sie dann, mit Heroldsruf, nach Weise der alten Thesiden:*
*Es erscheine der Chor, es erscheine der Chor des geliebten Aristophaniden!*
*Wie bedarf es des Ruhms und der Liebe so sehr, im Bewußtsein gährender Triebe,*
*Ihm werde zum Ruhm der Befreundeten Gunst; denn Ruhm ist werdende Liebe.*
*Nun sei es genug! Stets reiht an die Zeit des musikaufwirbelnden Reigens Sich die Stunde des Ruh'ns, und ich lege sogleich an die Lippe den Finger des Schweigens:*
*Denn die Zeit ist um, nun schlendert nach Haus, doch ja nicht rümpfet die Nasen,*
*Und begnügt euch hübsch mit dem Lustspiel selbst, und den zierlichen Schlußparabasen.* [Aus: A. v. Platen: *Die verhängnisvolle Gabel*]

**Parabel,** die: (gr. Nebeneinanderwerfen, Gleichnis) zur (lehrhaften) Erzählung erweiterter →Vergleich, der von prägnantem Einzelfall ausgeht; Definition schwierig, dient meist als »Beweisstück der Rede« der Argumentation u. Erhellung allg. Wahrheit; im Unterschied zu →Gleichnis, das im »So wie« mit einer Reihe von Vergleichspunkten direkt auf gemeinten Sachverhalt verweist, bietet die P. nur *einen* Vergleichspunkt (Wort oder Zeichen), von dem aus Gemeintes erst durch Analogie zu erschließen ist. Die Tradition der P. verweist auf Antike sowie buddhist. u. hebr. Literatur.

= Berühmte P.: Menenius Agrippa (Livius II, 33); Boccaccio (*Decamerone* I, 3), Lessing (*Der Besitzer des Bogens*), Schiller (*Fiesco* II, 8); Kafka (*Vor dem Gesetz*), u. a.

FIESCO (der sich niedersetzt). *Genueser – Das Reich der Tiere kam einst in bürgerliche Gärung, Parteien schlugen mit Parteien, und ein* Fleischerhund *bemächtigte sich des Throns. Dieser, gewohnt, das Schlachtvieh an das Messer zu hetzen, hauste hündisch im Reich, klaffte, biß und nagte die Knochen seines Volkes. Die Nation murrte, die Kühnsten traten zusammen, und erwürgten den fürstlichen Bullen. Itzt ward ein Reichstag gehalten, die große Frage zu entscheiden, welche Regierung die glücklichste sei? Die Stimmen teilten sich dreifach. Genueser, für welche hättet ihr entschieden?*

ERSTER BÜRGER. *Fürs Volk. Alle fürs Volk.*

FIESCO. *Das Volk gewanns. Die Regierung ward demokratisch. Jeder Bürger gab seine Stimme.* Mehrheit *setzte durch. Wenige Wochen vergingen, so kündigte der Mensch dem neugebackenen Freistaat den Krieg an. Das Reich kam zusammen. Roß, Löwe, Tiger, Bär, Elefant und Rhinozeros traten auf und brüllten laut: Zu den Waffen! Itzt kam die Reih an die übrigen. Lamm, Hase, Hirsch, Esel, das ganze Reich der Insekten, der Vögel, der Fische ganzes menschenscheues Heer alle traten dazwischen und wimmerten: Friede! Seht, Genueser! Der Feigen waren* mehr *denn der Streitbaren, der Dummen* mehr *denn der Klugen* Mehrheit *setzte durch. Das Tierreich streckte die Waffen, und der Mensch brandschatzte sein Gebiet. Dieses Staatssystem ward also verworfen, Genueser, wozu wäret ihr itzt geneigt gewesen?*

ERSTER UND ZWEITER. *Zum Ausschuß! Freilich, zum Ausschuß!*

FIESCO. *Diese Meinung gefiel! Die Staatsgeschäfte teilten sich in mehrere Kammern.* Wölfe *besorgten die Finanzen,* Füchse *waren ihre Sekretäre.* Tauben *führten das Kriminalgericht,* Tiger *die gütlichen Vergleiche,* Böcke *schlichteten Heuratsprozesse. Soldaten waren die* Hasen, *Löwen und Elefant blieben bei der Bagage, der Esel war Gesandter des Reichs, und der Maulwurf Oberaufseher über die Verwaltung der Ämter. Genueser, was hofft ihr von dieser weisen Verteilung? Wen der Wolf nicht zerriß, den prellte der Fuchs. Wer diesem entrann, den tölpelte der Esel nieder, Tiger erwürgten die Unschuld; Diebe und Mörder begnadigte die Taube, und am Ende, wenn die Ämter niedergelegt wurden, fand sie der Maulwurf alle unsträflich verwaltet die Tiere empörten sich. Laßt uns einen Monarchen wählen, riefen sie einstimmig, der Klauen und Hirn und nur einen Magen hat – und einem Oberhaupt huldigten alle – einem, Genueser – aber* (indem er mit Hoheit unter sie tritt) *es war der Löwe.*

ALLE (klatschen, werfen die Mützen in die Höh). *Bravo! Bravo! das haben sie schlau gemacht!* [Aus: Schiller, *Fiesco*]

**Paradigma,** das: (gr. Beispiel) →Exempel.

**Paradiesspiel,** das: →geistl. Spiel um Erschaffung des Menschen, Sündenfall u. Vertreibung aus dem Paradies; seit 16. Jh. als selbständiges Spiel.

= Bekannteste P.: P. aus Oberufer bei Preßburg (»Oberuferer« Spiel: →Weihnachtsspiel) u. aus Trieben (Steiermark); u. a.

**Paradoxon,** das: (gr. Unerwartetes) scheinbar widersinnige Aussage (→Sentenz, →Aphorismus), die sich in Analyse als sinnvoll erweist, da z. B. gegensätzliche Begriffe für höhere Wahrheit stehen (→Konzetto, →Oxymoron), häufig in →Manierismus, →Barock, →Mystik, →Nonsensdichtung.
= M. Luther, *Paradoxa* (1518); S. Franck, *Paradoxa ducenta octoginta* (1534); Angelus Silesius, *Geistliche Sinn- und Schlußreime* (1657); u. a.

*Wer sein Leben findet, der wird es verlieren* [Matt.X,39]

*Der wahre Bettler ist allein der wahre König* [Lessing]

*... Küsse, Bisse. / Das reimt sich, und wer recht von Herzen liebt, /*
*Kann schon das eine für das andre greifen* [Kleist, *Penthesilea*]

**Paränese,** die: (gr. Zuspruch) Ermahnungs-, Ermunterungsschrift oder -rede, auch Mahnpredigt u. deren Nutzanwendung. (→Protreptik)

**Paragramm,** das: (gr. Verschreibung) sinnverdrehender Austausch von Buchstaben in einem Wort, als scherzendes oder spottendes Wortspiel.
= *Kümmert sich mehr um den Krug als den Krieg* [Schiller]; *Segenschauer* statt *Regenschauer nach langer Trockenheit*; *Biberius* (Trunkenbold) statt *Tiberius*, *traduttore* statt *traditore*.
→Paronomasie

**Paragraph,** : (gr. dazuschreiben) urspr. gr. für →nota, dann nur für § = Bez. von Abschnitt, Strophe u. ä. in literar. Werk.

**Parakataloge,** die: (gr. die gesprochene Rede streifend) rezitative Vortragsform antiker →Lyrik, »Sprechgesang« zwischen Rede u. Gesang.

**Paraklausithyron,** das: (gr.) Klagelied des ausgeschlossenen Liebhabers, antike Gattung der Liebeslyrik.
= Alkaios, Aristophanes; Catull, Horaz u. a.

*Lyce, wärest du gleich eines Barbaren Weib,*
*Tränkst vom äußersten Don, wahrlich, dir ging's ans Herz,*
*Mich so liegen zu sehn vor der verschlossnen Tür,*
  *Vom dort hausenden Nord umbraust!*

*Hörst du nicht, wie das Tor bang in der Angel stöhnt,*
*Wie das Wäldchen im Hof deines Palastes heult,*
*Wie es stürmt und der Schnee, welcher die Erde deckt,*
  *Friert und knirscht bei der klaren Luft?*

*Sei nicht spröde! Es liebt Venus die Spröden nicht.*
*Treib das Rad nicht zu weit, daß es nicht rückwärts spult!*
*Bist tyrrhenisches Blut, keine Penelope,*
  *Die ohn' Ende die Freier quält.*

*Wenn denn Flehn und Geschenk, nichts mir Erhörung schafft,*
*Nicht die Wange, vor Harm wie die Levkoje blaß,*
*Noch der Gatte, der siecht nach der piërischen*
  *Dirne öffne aus Mitleid nur!*

*Sieh, ich knie vor dir! Härter als Eichenholz*
*Ist dein Herz, wie die Brut maurischer Nattern kühl.*
*Immer werde ich nicht so an der Schwelle stehn,*
  *So geduldig bei Schnee und Eis!* [Horaz, *Ständchen*, übers.]

**Parakletikos,** der: (gr.) Trost- und Erbauungsrede oder -predigt in Antike u. frühchristl. Zeit. (→Consolatio)

**Paralipomena** (Pl.): (gr. Beiseitegelassenes, Übergangenes) im Zusammenhang mit einer Hauptarbeit entstandene, später publizierte Nebenarbeit; in diesem Sinn auch →Nachtrag zu einem früher ersch. literar. Werk.
= Goethe, *P.* zu div. Werken; Schopenhauer, *Parerga und Paralipomena* (1851)

**Paralipse,** die: (gr. Auslassung, Übergehung) →rhet. Figur: Hervorhebung einer Sache, indem man durch Bekundung der Absicht, sie übergehen zu wollen, die Aufmerksamkeit auf sie lenkt; der →Ironie verwandt. (→Präterition)
= *Ich möchte diesen Punkt übergehen. – Hierzu wäre viel zu sagen, aber lassen wir das! – Reden wir nicht davon! – Dazu sage ich gar nichts!*

**Parallelismus,** der: (gr. gleichlaufend) allg.: Wiederholung von Person, Situation, Geschehnis als strukturales Kompositionselement in epischen (Roman, Märchen u.ä.) u. dramat. Werken; bes.: →rhet. Figur (p. membrorum): Gleichlauf syntakt. Elemente durch Wiederkehr derselben Wortreihenfolge mit ungefähr der gleichen Wortzahl, wobei der zweite Teil den ersten variiert u. verstärkt. (→Isokolon, →Anapher, →Epipher, →Symploke, →Homoioteleuton)
= *Was ihr nicht tastet, steht euch meilenfern;*
*Was ihr nicht faßt, das fehlt euch ganz und gar;*
*Was ihr nicht rechnet, glaubt ihr, sei nicht wahr;*
*Was ihr nicht wägt, hat für euch kein Gewicht;*
*Was ihr nicht münzt, das, meint ihr, gelte nicht.* [Aus: Goethe, *Faust II*]

*Nacht ist es: nun reden lauter alle springenden Brunnen.*
*Und auch meine Seele ist ein springender Brunnen.*

*Nacht ist es: nun erst erwachen alle Lieder der Liebenden.*
*Und auch meine Seele ist das Lied eines Liebenden.*

[Aus: Nietzsche, *Zarathustra*]

**Paramythie,** die: (gr. Ermunterung, Ermahnung) auf Herder *(Kind der Sorge)* zurückgehende Gattung der Lehrdichtung, die Deutung eines →Mythos oder Verarbeitung eines Mythenmotivs mit sittl. oder relig. Belehrung verbindet.

= F. A. Krummacher, *Apologen u. P.n*; F. Gleich, *P.n*; Rückert, *Die gefallenen Engel*; u. a.

*Als Minerva, jenen Liebling,*
*Den Prometheus, zu begünst'gen,*
*Eine volle Nektarschale*
*Von dem Himmel niederbrachte,*
*Seine Menschen zu beglücken*
*Und den Trieb zu holden Künsten*
*Ihrem Busen einzuflößen,*
*Eilte sie mit schnellen Füßen,*
*Daß sie Jupiter nicht sähe;*
*Und die goldne Schale schwankte,*
*Und es fielen wenig Tropfen*
*Auf den grünen Boden nieder.*

*Emsig waren drauf die Bienen*
*Hinterher und saugten fleißig;*
*Kam der Schmetterling geschäftig,*
*Auch ein Tröpfchen zu erhaschen;*
*Selbst die ungestalte Spinne*
*Kroch herbei und sog gewaltig.*

*Glücklich haben sie gekostet,*
*Sie und andre zarte Tierchen!*
*Denn sie teilen mit dem Menschen*
*Nur das schönste Glück, die Kunst.*    [Goethe, *Die Nektartropfen*]

**Paraphrase,** die: (gr. Danebenreden, Hinzufügung zu einer Rede) (erweiternde) Umschreibung, d. h. abwandelnde Wiedergabe einer Textvorlage.
= E. Young, *Paraphrase on part of the book of job*, 1719

*Moving of th'earth brings harms and fears;*
  *Men reckon what it did and meant;*
*But trepidation of the spheres,*
  *Though greater far, is innocent.*

*An earthquake causes a great deal of destruction and arouses fear. Men assess the damage it did and speculate about its significance. However, a move-*

*ment of the heavenly bodies, though a phenomenon far more vast, does not show itself so directly or appear to have such terrible consequences.*
[John Donne, *A Valediction: Forbidding mourning* und eine P. dazu]

**Parasit,** der: (gr. Mitspeisender) Typenfigur der antiken Komödie: an den Tischen reicher Häuser wegen seiner Schmeicheleien gern geduldeter Schmarotzer.
= M. Frisch, *Herr Biedermann u. die Brandstifter* (1958); u.a.

**Parataxe,** die: (gr. Danebenstellen) im Gegensatz zur →Hypotaxe die Satzverknüpfung durch Nebenordnung, d.h. Reihung von Hauptsätzen, charakteristisch für volkstüml. Dichtung (da den unterordnenden log. Konjunktionen *denn, weil, daß* abgeneigt) sowie für Prosastil des →Expressionismus.
= *Gegen Abend lahmte das Pferd. Baptiste stieg ab, massierte das Bein. Der Marquis stieg auf. Er ritt zweimal im Kreis, dann jagte er in den eigenen Spuren zurück. Gegen Abend kamen sie an den Hügel, später durch das Dorf. Die Sonne ging unter. Links lag das Sommerschloß. Sie ritten direkt darauf zu. Sanft stiegen über die Mauern die hellen Bogen der Springbrunnen. Aus der einstöckigen Front schimmerten die vielen bis zum Boden gesenkten Fenster. Die Kieswege, angelegt für die Zärtlichkeit von Frauenschenkeln, lagen träumerisch im Schein des südlichen Abends. Der Marquis ließ Baptiste vorreiten. Er ritt in den Bügeln stehend, die Mauer war hoch.*
[K. Edschmid, *Die achatnen Kugeln*]

**Parechese,** die: (gr. Lautnachahmung) Zusammenstellung gleich- oder ähnlichlautender Wörter von versch. Bedeutung u. Herkunft. (→Alliteration, →Paronomasie)
= *Den wird man für* erlaucht *erkennen,*
*Der von dem Recht* erleuchtet *ist,*
*Den wird man einen* Ritter *nennen,*
*Der nie sein* Ritterwort *vergißt.*
*Den* Geistlichen *wird man verehren,*
*In dem sich regt der freie* Geist,
*Der wird als* Bürger *sich bewähren,*
*Der seine* Burg *zu schirmen weiß.*
[Aus: L. Uhland, *Den Landständen zum Christophstag 1817*]

**Parekbasis,** die: (gr. Seitenweg) →Exkurs.

**Parenthese,** die: (gr. Einschub) Einfügung eines selbständigen, von Gedankenstrichen, Klammern oder Kommas begrenzten Satzes (auch »Gastsatz« genannt) in geschlossene, abgerundete Satzkonstruktion.
= *Wer noch einigermaßen beweglich war und wer ließ sich nicht durch ihre*

*reizenden Zudringlichkeiten in Bewegung setzen? , mußte herbei, wo nicht zum Tanz, doch zum lebhaften Pfand-, Straf- und Vexierspiel.*
[Aus: Goethe, *Wahlverwandtschaften*]

**Parerga** (Pl.): (gr. Beiwerke) kleinere Schriften; Sammlung vermischter Schriften. (→ Paralipomena)

**Parison,** das: (gr. fast Gleiches) → Isokolon.

**Parnaß,** der: (gr.) mittelgr. Gebirgszug, Apoll u. den → Musen heilig; im übertr. Sinn: Musenberg, Reich der Dichtkunst, deren Bewohner der »Parnassien« ist.

**Parnassiens** (Pl.): (frz. nach dem Buchtitel *Der zeitgenössische Parnaß*) frz. Dichterkreis in der zweiten Hälfte des 19. Jh., dessen Vertreter, im bewußten Gegensatz zu den Romantikern, für das Kunstwerk Gegenstandstreue, Formstrenge, Entsubjektivierung u. ä. forderten. (→ L'art pour l'art)
= Leconte des Lisle (Haupt), J. M. de Hérédia, Sully Prudhomme u. a.

*Hoch spannt des blauen Himmels Baldachin*
*sich über Tarsus leuchtend und den Nil.*
*Weihrauch verschwebt, der Flöten schmelzend Spiel*
*wogt um die silberne Galeere hin,*

*die, königlicher als der Hermelin,*
*ein Schwan die dunklen Fluten teilt. Dem Kiel,*
*der gleitend die Lagide trägt zum Ziel,*
*wallend vom Deck folgt Seide und Musseline.*

*Vorm Purpurzelt, am Bug, wo äugend spreitet*
*die Fittiche der Sperber, Beute spähend*
*Kleopatra, ein großer goldner Geier.*

*Wie sie die ambrabraunen Arme breitet,*
*sehnend in Lust, senkt ihr zu Häupten wehend*
*sich langsam schon des Todes schwarzer Schleier.*
[José-Maria de Hérédia, *Der Cydnus*; dt. von Richard Schaukal]

**Parodie,** die: (gr. Neben-, Gegengesang) Trennung der Form eines literar. Werkes von seinem Inhalt u. dessen Ersetzung durch einen anderen, nicht dazu passenden, wodurch komischer Kontrast zwischen Inhalt u. Form entsteht; je größer die Diskrepanz zwischen Original u. Nachahmung, desto wirkungsvoller die in krit., satir. oder polit. Absicht verfaßte P. (→Travestie, →Literatursatire, →Pritsche, →Grobianismus, →Narrendichtung)
= Heinrich Wittenweiler, *Der Ring* (ca. 1400); Musäus, *Grandison der Zweite* (1760ff.); Nicolai, *Freuden des jungen Werthers* (1775); W. Hauff, *Der Mann im Mond* (1826); Platen, *Der romantische Ödipus* (1829); F. Th.

Vischer, *Faust. Der Tragödie dritter Teil* (1862); O. E. Hartleben, *Der Frosch* (1889); Th. Mann, *Felix Krull* (1954, P. auf dt. →Bildungsroman u. auf →Autobiographien Rousseaus u. Goethes); u. a.

*Ehret die Frauen! Sie stricken die Strümpfe,*
*Wollig und warm, zu durchwaten die Sümpfe,*
*Flicken zerrißne Pantalons aus;*
*Kochen dem Mann die kräftigen Suppen,*
*Putzen den Kindern die niedlichen Puppen,*
*Halten mit mäßigem Wochengeld haus.*
  *Doch der Mann, der tölpelhafte,*
  *Find't am Zarten nicht Geschmack.*
  *Zum gegornen Gerstensafte*
  *Raucht er immerfort Tabak;*
  *Brummt, wie Bären an der Kette,*
  *Knufft die Kinder spat und fruh;*
  *Und dem Weibchen, nachts im Bette,*
  *Kehrt er gleich den Rücken zu. usw.*
                              [Aus: A. W. Schlegel, *Schillers Lob der Frauen*]

*In allen Firmen ist Ruh.*
*Von deinen Forderungen spürest du*
*Kaum einen Hauch.*
*Die Kunden stottern und borgen.*
*Warte nur, morgen*
*Stotterst du auch.*                                             [Nach Goethe]

*Das Schnee- und Hagelwittchen fällt*
*Wie Fallsucht und von Fall zu Fall*
*Sie fällt weil es gefällig ist*
*Und jedesmal mit lautem Knall.*

*Sie fällt in ihren Todesfall*
*Das Haar mit Fallobst dekoriert.*
*Den Fallschirm hat sie aufgespannt.*
*Die Todesclaque applaudiert.*
                          [Aus: H. Arp, *Schneethlehem*: P. auf Rilkes *Herbst*]

**Parodos,** der: (gr. Vorbeizug) im gr. →Drama Einzugsgesang des Chors beim Betreten der →Orchestra. (→Exodos)

**Parömiakos,** der: (gr. zu →Parömie) gr. Sprichwortvers; Vorläufer des →Hexameters. (→Klausel)
= ∪∪–∪∪–∪∪–– *(lebewohl, General Patajomski)*

**Parömie** bzw. **Paroimia,** die: (gr.) gr. →Sprichwort, Denkspruch.

**Paroimiographie,** die: (gr. Sprichwort + schreiben) Sprichwortkunde.

**Paromoiosis,** die: (von gr. ähnlich) →rhet. Figur: Gleichklang von Wörtern unterschiedl. Bedeutung über denselben Anfangsbuchstaben hinaus (→Alliteration, →Homoioprophoron).
= *rex, rege, res misera tuis* [Vergil]

**Paronomasie,** die: (gr. Wortumbildung = lat. Annominatio) →rhet. Figur: Wortspiel mit *ähnlich* lautenden Wörtern im Unterschied zu Wortspiel mit →Homonymen; gegeneinander ausgespielt werden in der P. nicht nur Wörter, die zufällige Klangähnlichkeit aufweisen, aber weder inhaltl. noch etymolog. zusammengehören, sondern auch Wörter des gleichen Stammes in versch. Abwandlungen. (→Parechese, →Figura etymologica, →Paragramm)
= *Nomen est omen. – Das Haus war unbezahlt, nicht aber unbezahlbar. – Kümmert sich mehr um den Krug als den Krieg* [Schiller]. *– Der von den Göttern du stammst, von Goten oder vom Kote* [Herder]

*Die Zeit ist, was ihr seid, und ihr seid, was die Zeit,*
*nur daß ihr wenger noch, als was die Zeit ist, seid.*
*Ach daß doch jene Zeit, die ohne Zeit ist, käme*
*und uns aus dieser Zeit in ihre Zeiten nähme,*
*und aus uns selbsten uns, daß wir gleich könten sein*
*wie der itzt jener Zeit, die keine Zeit geht ein!* [Paul Fleming]

*Ich liebe, du liebest, er liebet das lieben,*
*Was liebet, wird alles vom lieben getrieben,*
*Wir lieben, ihr liebet, sie lieben zusammen,*
*Drum kommet ihr Nympfen, und kühlet die flammen.* [Hofmannswaldau]

*Er erinnert mich zu stark an den Tod meiner Frau. Sie ist zu Grund gegangen, jetzt ruht sie in tiefem Grund, ihr Tod ist der Grund meines Unglücks, ein Unglück war der Grund ihres Todes, das Schiff meiner Freuden ist in den Grund gebohrt, ist das nicht Grund genug, dem Namen Grund von Grund aus Feind zu sein? – – Grund (für sich): Er ist ein Narr im Grund.* [Nestroy]

**Pars pro toto,** das: (lat. der Teil für das Ganze) →rhet. Figur: setzt einen Teil für das Ganze; Form der →Synekdoche. (→Totum pro parte)
= *Dach* für *Haus*; *Segel* für *Schiff*; *Sommer* für *Jahr*

**Parteilichkeit,** die: →Partijnost.

**Parthenaion,** das: (gr. Jungfrauenlied) allegor. →Chorlied, vorgetragen von Mädchenchor.

**Particula pendens,** die: (lat. hängende Partikel) ohne Entsprechung bleibende Partikel (Konjunktion) beim →Anantapodoton.

**Partijnost,** die: (russ. Parteigeist) Parteilichkeit (Lenin, Lukács) als Forderung des →sozialist. Realismus; ersetzt Begriffe →Tendenz, →Engagement. (→Dokumentartheater)
= *... die materialistisch-leninistische Theorie der Kunst [stellt] die Kategorie der Parteilichkeit in den Mittelpunkt ihres Koordinatensystems (LENIN, Parteiorganisation und Parteiliteratur)... Diese Parteilichkeit wird manifest in der Wahl des Sujets, in der Analytik des sozialen Kausalkomplexes, in der Bewertung der sozialen, politischen, ideologischen, psychischen Faktoren des gesellschaftlichen und individuellen Lebensprozesses, in Ethos und Pathos, im Stimmungsgehalt, in der weltanschaulichen Grundhaltung, in der Stellung zu den ästhetischen Mitteln, im Verantwortungsbewußtsein gegenüber dem Volk, vor allem jedoch im Fühlbarwerden der Entwicklungsrichtung (Perspektive) des sozialistischen Menschen als historisches Subjekt.*
[Aus: *Marxist.-Leninist. Wörterbuch der Philosophie*, Art.: Kunsttheorie]

**Paso,** der: (span. Schritt) →Zwischen- oder →Nachspiel der klass. span. →Comedia. (→Entremés)

**Pasquill,** das, bzw. **Pasquinade,** die: (ital. nach witzigem Schneider Pasquino) Schmähschrift gegen best. Persönlichkeit, meist anonym oder pseudonym; Verf. von P. = Pasquillant. (→Satire)
= *Allein es gibt etwas Schöneres in dieser Tagsminute, nämlich die Schönste in Deutschland; – diese lebt und glänzt jetzt wirklich – sie beherrscht und erhebt Seelen und Augen überall – ihre zarten Liebesblicke wohnen so vorteilhaft zwischen stolzer Stirn und Nase, und die Rosenknospen der Lippen zwischen vollen Rosen und Lilien der Wangen. Ich frage den innigsten Liebhaber jetziger Zeit, ob er noch nicht weiß, welche ich meine mit dem Pasquill, und ob es vielleicht nicht eben dieselbe Person sei, über welche hinaus ihm keine schönere denkbar ist, und welche bekanntlich die seltene Kraft besitzt, alle Mädchen um sich alt zu machen und alle Männer jung ihn nur ausgenommen, da er so jung noch ist. Himmel! ich sehe sie jetzt ordentlich vor mir, diesen deutschen Paradiesvogel, der mehr ein Lockvogel ins Paradies, als ein Thürhüter vor dem Eden-Portal ist; in der That ein schimmernder Solitaire, dem nichts fehlt, als was ihm gehört, eine Jünglingshand mit Ringfingern.*
*Bevor ich dieser Schönsten Deutschlands die versprochnen Verbal-Injurien anthue, und sie pasquillantisch behandle: betheur' ich, daß ich Millionen Frauen, die sich vielleicht zu kenntlich gezeichnet und getroffen fühlen, gar nicht gemeint habe; sondern stets gesonnen gewesen, sie zu loben. Fragt mich indessen irgend eine unter vier Augen: wen ich eigentlich gemeint: so werd' ich freilich versetzen: [...] ich sei zur Abbitte bei verschlossner Thür bereit.*
[Aus: Jean Paul, *P. auf die jetztlebende schönste Frau in Deutschland*]
→Invektive

**Passéismus,** der: (frz. vergangen) im ital. →Futurismus pauschale Bez. für Kunst der Vergangenheit, die als Ballast vernichtet werden sollte.
= *Ein altes Bild bewundern heißt unsere Empfindsamkeit auf eine Totenurne verschwenden, statt sie nach vorn zu schleudern mit heftigen Stößen, die schöpfen und tatkräftig sind. Will man denn so seine besten Kräfte durch die Bewunderung des Vergangenen verschwenden, um gänzlich erschöpft, geschwächt zu sein?*
*[...]*
*Laßt sie doch kommen, die guten Brandstifter mit den karbolduftenden Fingern!... Da sind sie! Da sind sie ja!... Steckt doch die Bibliotheken in Brand! Leitet die Kanäle ab, um die Museen zu überschwemmen!... Ha! Laßt sie dahintreiben, die glorreichen Bilder! Nehmt Spitzhacken und Hammer! Untergrabt die Grundmauern der hochehrwürdigen Städte!*
    [Aus: Marinetti, *Manifest des Futurismus*, übers.]

**Passion,** die: (lat. Leiden) Vertonung der Leidensgeschichte Christi (seit 13. Jh.) = →Oratorium.

**Passional** bzw. **Passionar,** das: (mlat. zu →Passion) im MA. liturg. Buch mit Heiligen- u. Märtyrerlegenden. (→Legendar)
= *Passional* von unbek. Dichter (ca. 1300)
  →Meistersang

**Passionsbrüder** (Pl.): auch Passionsbruderschaften, meist bürgerl. Vereinigungen zu Organisation u. Finanzierung der →Passionsspiele u. →geistl. Spiele.
= Berühmt wurden Pariser »Confrérie de la Passion« (1380–1677), Wiener »Gottesleichnamsbruderschaft« (seit 1437), Luzerner »Bruderschaft der Bekrönung unseres lieben Herrn Jesu Christi« (1470 begr., bestand bis ins 20. Jh.), u. a.

**Passionslied,** das: urspr. geistl. Lied in lat. Sprache um →Passion Christi; seit 12. Jh. übersetzt u. im Dt. nachgebildet, gewann im 17. Jh. Bedeutung als ev. →Kirchenlied. (→geistl. Lyrik)
= P. Gerhardt, Fr. Spee, Angelus Silesius u. a.

**Passionsspiel,** das: (→Passion) →geistl. Spiel um Leben u. Sterben Jesu Christi, seit 13. Jh., Blütezeit 15. u. 16. Jh. (→Osterspiel)
= *Benediktbeurer P.* (13. Jh.); *St. Galler P.* (14. Jh.); *Alsfelder P.* (1501); *Bozener P.* (1514); u. a.; noch heute in Erl u. Oberammergau (seit 1634)

*Höllenfahrt Christi*
Und in dissem sol ein tonnerklapf mit búchsen gemacht werden, und in dem stost Salvator das grab uff und stat uffrecht mit einem fuß uss her ze stigen,

und den houpt der ander engel und bringt ein guldin kron und ein wiß venly mit eim roten kruz, und spricht zů dem Salvator.

*Herre, du solt nemen disse kron*
*und den kúngsstab so schon,*
*daz dir din vater hat gesant*
*von himel uff das ierdisch lant.*

*Surrexit pastor bonus, qui posuit animam suam.*

Und nach dem facht der Salvator an still stande und spricht.
*Ich han geschlaffen und bin erstanden,*
*das wirt verkundet in allen landen.*
*min vatter hat enpfangen mich,*
*daz sönd ir wissen sicherlich.*
*grosse marter han ich erliten*
*und dem túffel sine band zesniten.*

Nu gand der Salvator un die engel zů der helle und fachent die engel dar vor an zesingen dis nachgeschriben gesang.
*Tollite portas principes vestras et elevamini*
*portas oeternales et introibit rex gloriae.*

Und uff das stost der Salvator mit dem fůss an die hell und spricht mit luter stim.
*Ir fürsten der helle, tůnd uff die tor,*
*der kúng der eren ist dar vor.*

Die hell sol nit uff gan, und den machent die tueffel ein wild gefert in der hell, und dar nach facht Lucifer an und spricht.
*Welher ist der kúng der eren?*
*wir wissend hie von keinem heren.*

Salvator antwuert und spricht.
*In strit der gewaltig got und her,*
*daz selbig ist der kúng der er.*

Und uff daz fachend aber an die engel zesingen das vorgeschriben: Tollite portas etc. und den stost aber mit eim fůss [der Salvator] an der helle tor und spricht da mit.
*Ir fürsten der helle tůnd uff die tor,*
*der kúng der eren ist dar vor.*

Nu machend aber die tůffel ein wild gefert und facht Lucifer an und spricht.
*Wer ist diser kúng der eren?*
*wir wissend hie von keinem heren.*

Salvator antwůrt dar uff und spricht.
*In strit der gewaltig got und her,*
*dasselbig ist der kúng der er.*

Und uff das fachent aber an die engel zesingen: Tollite portas etc. und dem nach stost der Salvator [an] die hell und spricht.
*Ir fürsten der hell, tůnd uff die tor!*
*der küng der eren ist dar vor.*

[Aus: *Donaueschinger Passionsspiel*, zweite Hälfte 15. Jh.]

**passiver Held,** der: (duldend, still) →Held, der als passiver Charakter sich anpaßt, willig sich äußerem Einfluß unterwirft, um seine geistigen Anlagen zu entfalten (aber dabei ein »Untertan« bleibt). (→Bildungsroman; →Antih., →positiver H., →mittlerer H., →negativer H.)

**Passus,** der: (lat. Schritt) Stelle, Abschnitt eines Textes.

**Pastiche,** das: (frz. von ital. Pastete = Mischmasch) Nachahmung des Stils von Autor oder Epoche durch karikierende Kopierung seiner Wesensmerkmale, meist in parodist. Absicht. (→Parodie, →Mystifikation)
= R. Neumann, *Mit fremden Federn* (1927); Rolf Schneider, *Aus zweiter Hand* (1958); u. a.

*Ich ritzt es gern in alle Rüben ein,*
*Ich stampft es gern in jeden Pflasterstein,*
*Ich biß es gern in jeden Apfel rot,*
*Ich strich es gern auf jedes Butterbrot,*
*Auf Wand, Tisch, Boden, Fenster möcht ich's schreiben:*
*Dein ist mein Herz, und soll es ewig bleiben!*

*Ich schwör es gern in jede Taxusheck,*
*Graviert es gern in jedes Eßbesteck,*
*Ich sät es gern als lecker grüne Saat*
*Ins Gartenbeet mit Kohlkopf und Salat,*
*In alle Marzipane möcht ich's drücken*
*Und spicken gern in alle Hasenrücken*
*Und zuckerzäh auf alle Torten treiben:*
*Dein ist mein Herz, und soll es ewig bleiben!*

[Aus: H. v. Gumppenberg, *Liebesjubel*]

**Pastorale,** die: (ital. Hirtenstück) schwer definierbar, da Begriff angewendet auf Vielzahl von Formen, denen gemeinsam die Darstellung von »Landleben« ist; bekannteste Erscheinungsform der P. in →Renaissance entstandenes Schäferspiel, weiterentwickelt zur kleinen idyll. Oper (→Singspiel, →Hirtendichtung, →Pastorelle).

**Pastorelle** bzw. **Pasastourelle,** die: (frz. Schäferlied) lyr. Gedichtform der ma. europ. →Hirtendichtung; Mischform aus Erzählung u. Dialog zwischen Ritter u. ländl. Schönen, die er zu verführen sucht; verbindet pastorale u. ritterliche Motive.
= Hauptvertreter: Jean Bodel, Jean Froissart (Frkr.); Gottfried von Neifen, der Tannhäuser, Oswald von Wolkenstein u. a.

*1*
*Manegem herzen tet der kalte winter leide:*
*daz hât überwunden walt und ouch diu heide*
*mit ir grüener varwe kleide.*
*winter, mit dir al mîn trûren hinnen scheide.*

*2*
*Swenne der meie die vil kalten zît besliuzet*
*und daz tou die bluomen an der wise begiuzet*
*und der walt von sange diuzet,*
*mîn lîp des an fröuden [mit im] wol geniuzet.*

*3*
*Mîn liep mac mich gerne zuo der linden bringen,*
*den ich nâhe mînes herzen brust wil twingen.*
*er sol tou von bluomen swingen:*
*ich wil umbe ein niuwez krenzel mit im ringen.*

*4*
*Ich weiz wol, daz er mir niemer des entwenket,*
*swaz mîn herze fröude an sînen lîp gedenket,*
*der mir al mîn trûren krenket.*
*von uns beiden wirt der bluomen vil verrenket.*

*5*
*Ich wil in mit blanken armen umbevâhen,*
*mit mîm rôten munde an sînen balde gâhen,*
*dem mîn ougen des verjâhen,*
*daz si nie sô rehte liebes niht gesâhen.* [Unbek. Dichter]

**Pathos,** das: (gr. Leid) Sprachhaltung u. -ausdruck der feierl. Ergriffenheit, des begeisternden Schwungs u. der erfüllten Empfindung; heute eher negativ gewertet als rhet.-affektierte Übertreibung der Gefühlsäußerung; prägend als Stilwert u. -haltung bei Klopstock, Hölderlin, Nietzsche, George u. a.
= Schiller, *Über das Pathetische* (1793), u. a.

*Was ist dieser Mensch? Ein Knäuel wilder Schlangen, welche selten beieinander Ruhe haben, da gehen sie für sich fort und suchen Beute in der Welt. Seht diesen armen Leib! Was er litt und begehrte, das deutete sich diese arme Seele, – sie deutete es als mörderische Lust und Gier nach dem Glück des Messers.*

> *Wer jetzt krank wird, den überfällt das Böse, das jetzt böse ist: wehe will er tun, mit dem, was ihm wehe tut. Aber es gab andre Zeiten und ein andres Böses und Gutes.*
> *Einst war der Zweifel böse und der Wille zum Selbst. Damals wurde der Kranke zum Ketzer und zur Hexe: als Ketzer und Hexe litt er und wollte leiden machen.*
> *Aber dies will nicht in eure Ohren: euren Guten schade es, sagt ihr mir. Aber was liegt mir an euren Guten!*
> *Vieles an euren Guten macht mir Ekel, und wahrlich nicht ihr Böses. Wollte ich doch, sie hätten einen Wahnsinn, an dem sie zugrunde gingen, gleich diesem bleichen Verbrecher!*
> *Wahrlich, ich wollte, ihr Wahnsinn hieße Wahrheit oder Treue oder Gerechtigkeit: aber sie haben ihre Tugend, um lange zu leben, und in einem erbärmlichen Behagen.*
> *Ich bin ein Geländer am Strome: fasse mich, wer mich fassen kann! Eure Krücke aber bin ich nicht. –* [Aus: Nietzsche, *Zarathustra*]

**Patriarchade,** die: (Erz-, Stammvater) von Miltons →Epos *Paradise Lost* (1667) angeregte epische Form der Versdichtung (→Hexameter) des 18. Jh., entnahm Stoff den »Patriarchengeschichten« des Alten Testaments.
= Bodmer, *Der Noah* (1750ff.); Wieland, *Der geprüfte Abraham* (1753); Klopstock, *Der Tod Abrahams* (1757); auch Goethe versuchte sich in dieser Gattung (nicht erhalten); u. a.

**Pause,** die: (gr. Aufhören) a) für das →Metrum erforderliche, aber lautlich nicht gefüllte Silbe(n); b) →Pausenreim.
= a) Als pausierter Takt bes. am Versschluß = →Kadenz, wodurch dreiteiliger dreihebiger Vers sich Viertakterschema einfügt

**Pausenreim,** der: Reimbindung zwischen erstem u. letztem Wort von Vers, Verspaar oder Strophe.
= wol *vierzec jâr hab ich gesungen oder mê / von minnen und als iemen* sol
[Walther von der Vogelweide]

**Pegasos** bzw. **Pegasus,** der: (nach dem aus dem Blut der Medusa entstandenen geflügelten Wunderroß der gr. Mythologie) Musenpferd, das der Dichter besteigt; Sinnbild für schöpfer. Aufschwung. (→Hippogryph)

**Pegnitzschäfer,** die: →Nürnberger Dichterkreis, →Sprachgesellschaften.

**PEN-Club,** der: (Kurzw. aus engl. **p**oets, **e**ssayists, **n**ovellists [zugleich an engl. pen = Feder anklingend]) internationale Dichter- u. Schriftstellervereinigung, von C. A. Dawson-Scott 1921 in London gegründet. (→Akronym)

**Pentameter,** der: (gr. fünf + Maß) aus Antike stammende Versform, trotz Name aus sechs →Hebungen bestehend, da der dritte u. sechste Daktylus nur mit seiner Länge bzw. Hebung wirksam wird; die fünf gr. Metra entsprechen sechs dt. Hebungen: ´– ⌣⌣ / ´– ⌣⌣ / ´– ‖ ´– ⌣⌣ / ´– ⌣⌣ / ´– ; Kombination von P. u. →Hexameter ergibt →Distichon.
= *Sei mir, Sonne, gegrüßt, die ihn so lieblich bescheint!* [Schiller]

*Glaub es, ich denke nicht frech, denke nicht niedrig von dir* [Goethe]

**Pentapodie,** die: (gr. fünf + Fuß) Fünffuß, Folge von fünf Versfüßen.

**Penthemimeres,** die: (gr. fünf + halb + Teil) Verseinschnitt (→Zäsur) nach 3. Hebung (5. Halbfuß), bes. in Hexameter u. jamb. Trimeter. (→Hephthemimeres, →Trithemimeres)
= –́ ⌣⌣ | –́ ⌣⌣ | –́ ‖ – (*schönere, bessere Welt, wie*...)

**Periegese** bzw. **Perigesis,** die: (gr. Rundführung) antike Länder-, Landschafts- oder Städtebeschreibung in Form von Reisebericht, Vorläufer des Reiseführers; seit 3. Jh. v. Chr. Literaturgattung. Verfasser von P. = Perieget (Fremdenführer).
= Pausanias, *Periegesis tes Hellados* (ca. 170 n. Chr. = »antiker Baedeker«), u. a.

**Perikope,** die: (gr. Umriß, Ausschnitt) a) best. festgelegte Strophenfolge in einer Dichtung; b) Bibelabschnitt, der im Gottesdienst als Lese- oder Predigttext gebraucht wird u. dessen Wahl genau geregelt ist; in der Barockdichtung auch Grundlage für Bearbeitung (Gryphius, Harsdörffer). (→Evangelistar, →Epistolar, →Lektionar)

**Perioche,** die: (gr. Inhalt) in Antike Zusammenfassung größerer Werke; auch Bez. für Theaterzettel mit dt. Inhaltsangabe in lat. →Jesuitendrama. (→Epitome, →Synopse)
= P.ae zum Geschichtswerk des Livius

**Periode,** die: (gr. Umweg) a) →Epoche; b) kunstvoll geschachteltes, wohlklingendes u. gedankenklares Satzgefüge; c) metr. Einheit aus zwei bis vier Kola (→Kolon) = →Hexameter, →Trimeter.
= b) *Weltliteratur, das ist ihm [Goethe] natürlich nicht die bloße Summe und Gesamtheit alles schriftlich befestigten menschlichen Geisteslebens, es ist eher jene höchste Auswahl und Blüte des Schrifttums, zu der sein eigenes Werk längst gehörte und die, wo immer erwachsen, kraft ihres ins Allgemeingültige ragenden Ranges als Besitz der Menschheit empfunden und anerkannt wird, die Erkenntnis mit eingerechnet, daß die Zeit gekommen sei, wo nur noch das Weltfähige eigentlich an der Tagesordnung sei und in Betracht komme: die Tage des nur in seiner Entstehungssphäre Gültigen seien vorüber.*
[Aus: Th. Mann, *Goethe als Repräsentant des bürgerlichen Zeitalters*]

**Periodika** (Pl.): (gr. wiederkehrend) regelmäßig erscheinende Veröffentlichungen.
= Zt., Zs., Jahrbücher u. ä.

**Peripetie,** die: (gr. plötzliches Umschlagen) im dram. oder epischen Kunstwerk entscheid. Wendepunkt, unerwarteter Umschwung im Schicksal des Helden; im Anschluß an Aristoteles *(Poetik)* wegen der Wirkung auf den sich einfühlenden Zuschauer als Ziel- u. Höhepunkt der Handlung angesehen. Im streng gebauten →Fünfakter tritt P. am Ende des 3. oder zu Beginn des 4. Aktes ein, im Dreiakter am Ende des 2. oder zu Beginn des 3. Aktes. (→Drama, →Freytag-Pyramide)

**Periphrase,** die: (gr.) →rhet. Figur, →Tropus: Umschreibung von Begriff, Gegenstand, Person u. ä. durch seine Merkmale, Tätigkeiten, Wirkungen; dient Poetisierung (→Ornatus), gedankl. Steigerung (→Amplifikation), der →Anspielung u. der Vermeidung von →Klischees sowie unschöner, anstößiger Wörter (→Euphemismus). (→Antonomasie, →Synekdoche, →Metonymie, →Adynaton, →Hyperbel, →Ironie, →Litotes, →Kenning)
= *der Vogel Jupiters* statt *Adler; der Allmächtige* statt *Gott; Freund Hein* statt *Tod; das schäumende Blut des Weinstocks* statt *Wein; das Land, wo die Zitronen blühn* statt *Italien.*

**Periplos,** der (Pl. Periploi): (gr. Umfahrt) detaillierte, d.h. nautisch-technische Daten einschließende Beschreibung von Erdteilen, Meeresküsten, Inseln o. ä. (→Periegese)
= Als einer der ältesten Periploi gilt jener des Skylax von Karyanda (4. Jh. v. Chr.)

**Permutation,** die: (lat. Vertauschung) Prozeß u. Produkt der system. Umstellung einzelner Glieder von Wörtern, Sätzen, Versen zu mögl. Kombinationen. (→Proteusvers, →konkrete Dichtung)
= R. Queneau, *Cent mille milliards de poèmes* (1961) u. a.
 →Rhétoriqueurs

**Peroratio,** die: (lat. Schlußrede) Schlußteil der Rede, die Bewiesenes zusammenfaßt (Konklusion).

**Persiflage,** die: (zu frz. pfeifen) geistvoll-ironische Verspottung, bes. durch Nachahmung. (→Parodie, →Pastiche)
= Z. B. die Figuren von Peeperkorn (= G. Hauptmann) oder Naphta (= G. Lukács) in Th. Manns *Zauberberg.*

**Personalbibliographie,** die: →Bibliographie a) zu einzelnem Autor, b) geordnet nach Autorennamen.

**personaler Roman,** der: (zu lat. Maske) eigenpersönl., erzählerloser, sich scheinbar selbst erzählender R., da der Erzähler auf Intervention verzichtet u. sich hinter seine Charaktere zurückzieht; der Leser sieht die dargestellte Welt aus Blickpunkt (→Point de vue) u. Bewußtseinshorizont einer Romanfigur, setzt sozusagen deren Maske (= persona) auf. (→Nouveau roman, →auktorialer R., →Ich-R.)
= Kafka, *Der Prozeß* (1925); Broch, *Die Schlafwandler* (1931 f.); u. a.

**Personifikation,** die: (lat. Maske, Gestalt + machen) →rhet. Figur: Nebenform der →Metapher, Ausstattung nichtlebender Wesen mit Eigenschaften oder Handlungsweisen, die sonst nur Lebewesen zukommen, um Lebendigkeit u. Anschaulichkeit der Sprache zu erhöhen. (→Allegorie)
= *Frau Welt; Frau Aventiure; Mutter Natur; die Sonne lacht; blinder Zufall*

*Das Mädchen aus der Fremde:* →Musenalmanach  [Schiller]

*Ihr liegender fahler Körper sucht uns*
*Durch eisige Sternlöcher schreiend, zwingt uns*
*Zu keuchen im Dunkel, zu dulden, küßt uns,*
*Und oben besieht uns mit saugender Weiße*
*der fleischige stumpfe Totenkopf*  [Alfred Wolfenstein]

*Fabriken drohten mit ihren keuchenden Schloten*  [Yvan Goll]

**Perspektive,** die: (zu lat. durch-, hineinsehen) Blickwinkel; einheitl. Standpunkt, von dem aus Welt erzählt wird: →Point de vue. (→Erzähler)

**Petrarkismus,** der: (zu ital. Dichter Petrarca) Stilform der Liebesdichtung, die auf Beeinflussung der europ. Lyrik durch Petrarcas →Sonette an Laura zurückgeht u. von Neigung zum →Manierismus bestimmt ist; P. gewann Bedeutung für dt. →Barock-Literatur, bes. für Opitz u. Fleming.
= *Ist Liebe lauter nichts / wie daß sie mich entzündet?*
  *Ist sie dann gleichwol was / wenn ist ihr thun bewußt?*
  *Ist sie auch recht vnd gut / wie bringt sie böse Lust?*
*Ist sie nicht gut / wie daß man Freudt auß ihr empfindet?*
*Lieb ich gar williglich / wie daß ich Schmertzen trage?*
*Muß ich es thun / was hilffts / daß ich solch trawren führ?*
*Thue ichs nicht gern / wer ists / der es befihlet mir?*
*Thue ich es gern / warumb / daß ich mich dann beklage?*
*Ich wancke / wie das Gras / so von den kühlen Winden*
  *Vmb Vesperzeit bald hin geneiget wirdt / bald her.*
  *Ich walle wie ein Schiff / daß in dem wilden Meer*
*Von Wellen vmbgejagt nicht kan zu rande finden.*
*Ich weiß nicht was ich will / ich will nicht was ich weiß /*
  *Im Sommer ist mir kalt / im Winter ist mir heiß.*
          [M. Opitz, *Sonnett. Aus dem Italienischen Petrarcae*]

**Pfingstlied,** das: an Pfingsten gesungenes →geistl. Lied zu Lob u. Dank für das Pfingstwunder.
= *Veni creator spiritus* (9. Jh., Hrabanus Maurus zugeschr.); *Nun bitten wir den Hl. Geist*, Luther; u. a.

*Komm heiliger Geist du, schöpferisch!*
*Den Marmor unsrer Form zerbrich,*
*Daß nicht mehr Mauer krank und hart*
*Den Brunnen dieser Welt umstarrt,*
*Daß wir gemeinsam und nach oben*
*Wie Flammen in einander toben!*
*Daß tränenhaft und gut und gut*
*Aufsiede die entzückte Flut,*
*Daß nicht mehr fern und unerreicht*
*Ein Wesen um das andre schleicht,*
*Daß jauchzend wir in Blick, Hand, Mund und Haaren,*
*Und in uns selbst dein Attribut erfahren!*

*Daß, wer dem Bruder in die Arme fällt,*
*Dein tiefes Schlagen fest am Herzen hält,*
*Daß, wer des armen Hundes Blick empfängt,*
*Von deinem weisen Blicke wird beschenkt,*
*Daß alle wir in Küssens Überflüssen*
*Nur deine reine heilige Lippe küssen!* [F. Werfel, *Veni Creator Spiritus*]

**phalaikeischer Vers,** der: (auch Phalaikeion, nach alexandrin. Dichter Phalaikos) antiker elfsilbiger Vers; um einen →Bakcheus verlängerter →Glykoneus; verwendet u. a. von Sappho, Anakreon, Catull, Martial.
= $\overline{\cup\cup} - \cup\cup - \cup - \cup - \overline{\cup}$ *(gehst du von hinnen, alles lassend zurück)*

**Phantasmagorie,** die: (gr. Trugbild) Theaterillusion, gesteigert ins Traumhaft-Surreale durch Bühnendarstellung von Zauberwerk u. Gespensterspuk mit Hilfe technischer (optischer, akustischer o. ä.) Maschinerie; Begriff auch im Sinne von Traumbild, (Wort-)Zauber, Bizarrerie gebraucht.
= Nach Goethes Äußerung ist der Helena-Akt von *Faust II* eine »klassisch-romantische P.«; Th. Däubler nannte sein lyrisches Werk *Päan und Dithyrambos* (1924) eine »P.«

**Pherekrateus,** der: (nach gr. Komödiendichter Pherekrates) antiker siebensilbiger katalekt. →Glykoneus, der in einer der Formen der →asklepiad. Strophe die dritte Zeile bildet. Der P. ist eine Kombination von →Daktylus u. →Trochäus u. kann versch. geformt werden: a) $- \cup - \cup\cup - \cup$ oder b) $- \cup\cup - \cup - \cup$. In dt. Lyrik erfährt →asklepiad. Strophe Abwandlungen bes. im P.
= *Heilig Wesen! gestört hab ich die goldene*
   *Götteruhr dir oft, und der geheimeren,*

*Tiefern Schmerzen des Lebens*
*Hast du manche gelernt von mir.* [Hölderlin]

**Philippika,** die: (nach den Reden des Demosthenes gegen Philipp II. von Makedonien) Angriffs-, Strafrede.
= Cicero, *Vierzehn Reden gegen Marcus Antonius*

**Philologie,** die: (gr. Freund + Wort) allg.: Wissenschaft von der Sprache u. den Sprachkunstwerken; umfaßt → Sprachwissenschaft u. → Literaturwissenschaft u. ist um Erforschung der Kultur eines Volkes in umfassendem Sinn bemüht; bes.: → Textkritik.

**Phosphoristen** (Pl.): (nach Zs. *Phosphoros*) schwed. romant. Dichterkreis, 1807 von P. D. A. Atterbom gegr.
= Bedeutende Vertreter neben Atterbom C. F. Dahlgren u. F. Palmblad.

**Phrase,** die: (gr. Ausdruck) a) syntakt. zusammengehörige Wortgruppe (i. U. zu »lexis« = Einzelwort); b) wortreiches, leeres Gerede, Geschwätz. (→ Gemeinplatz)

**Phraseologie,** die: (gr. Ausdruck + Lehre) Lehre von den Redewendungen, die einer Sprache eigen sind; auch deren Sammlung.

**Phraseologismus,** der: (gr.) fester Ausdruck, stehende (idiomat.) Redewendung, auch erstarrte Bilder.

**Phraseonym,** das: (gr. Ausdruck + Name) umschreibender Satz als → Pseudonym.
= *Gedichte eines Lebendigen* für G. Herwegh

**Phylakenposse,** die: (gr.) allegor. Volks- → Posse, Spielart des → Mimus in Unteritalien u. Sizilien.

**Pickelhering,** der: (engl.) → lustige Person, die durch → engl. Komödianten Anfang 17. Jh. in Deutschland bekannt wurde; von Chr. Weise nachgeahmt u. mit Funktionen des → Chors betraut. (→ Harlekin, → Hanswurst)
= A. v. Arnim, *Hanrei und Maria* (1813, Pickelheringsspiel nach einem Stück der engl. Komödianten)

**Pièce bien faite,** die: (frz. gut gebautes Stück) Theaterstück, das nach einem im Frkr. des frühen 19. Jh. entstand. Erfolgsrezept gebaut ist; Erfinder u. höchst fruchtbarer Beherrscher der Kunst der P.b.f. war Eugène Scribe, als dessen Schüler Victorien Sardou gilt; von Einfluß auf Ibsen, Wilde, Shaw u. a.

= E. Scribe, *Adrienne Lecouvreur* (1849), *Fra Diavolo* (1830), *La muette de Portici* (1828); V. Sardou, *Divorçons* (1883), *Madame Sans Gêne* (1893); u. a.

**Pierrette,** die: (frz. Frau des →Pierrot) Figur der in Paris gespielten ital. →Commedia dell'arte.

**Pieriden** (Pl.): (nach der Küstenlandschaft Pierien) anderer Name der →Musen.

**Pierrot,** der: (frz. Peterchen) Figur der in Paris gespielten ital. →Commedia dell'arte.

**Pietismus,** der: (von lat. Frömmigkeit) im letzten Drittel des 17. Jh. entstandene Strömung innerhalb des dt. Protestantismus, die sich gegen Dogmatismus u. Beamtenorthodoxie richtete, für »innere Wiedergeburt«, Verinnerlichung des relig. Lebens durch Wiederbelebung von Gefühl, durch mystische Versenkung u. a. sowie für eine Reform der Kirche eintrat; Begründer Jakob Spener (1635–1705), dessen Hauptwerk, *Pia desideria* (1675), als Programmschrift des P. gilt; zunächst Berührung mit Ideen der →Aufklärung (Toleranz, Gegnerschaft zur Orthodoxie), dann in zunehmender Opposition gegen deren krit. Rationalität; trug dazu bei, der →Empfindsamkeit den Weg zu bereiten; von bes. Bedeutung für Bereicherung u. Pflege der dt. Sprache (→Brief, →Tagebuch, →Predigt, →Erbauungsliteratur).
= G. Arnold, G. Tersteegen, N. L. v. Zinzendorf u. a. (→Kirchenlied; →Hallescher Dichterkreis); A. H. Francke, J. W. Petersen, A. Bernd, J. S. Semler u. a. (→Autobiographie)

*Den Studiosis, die an den Universitäten auf das Predigtamt vorbereitet werden] solte auch wol nuetzlich seyn / wo ihnen von ihren* Praeceptoribus *gelegenheit gemacht wuerde / zu einigen vor-uebungen der dinge / damit sie in ihrem ampt dermahl eins umbzugehen haben werden: Zuweilen einige unwissende zu unterrichten / krancke zu troesten und dergleichen; Vornehmlich aber in den predigten sich also zu ueben / daß ihnen bald gezeigt werde / wie sie alles in solchen predigten zu der erbauung einzurichten. Wie ich dann jetzo noch dieses vor das 6. mittel anhaenge / wodurch der Christlichen Kirchen zu besserem stand geholffen werden moechte / wo nehmlich die predigten auch also von allen eingerichtet wuerden / daß der zweck deroselben / nehmlich glaube und dessen fruechten / bey den zuhoerern bestmoeglichst befoerdert werden. Es ist zwar freylich an dem / daß weniger ort ‖ unserer Religion seyn werden / da mangel solte seyn / daß nicht gnug Predigten gehalten wuerden. Aber viel gottselige gemuehter finden gleichwol nicht wenig mangel an vielen Predigten. Indem es solche Prediger gibt / welche oeffters ihre meiste Predigten mit dergleichen dingen zubringen / damit sie sich vor gelehrte leute darstellen / obs wol die Zuhoerer nicht verstehen: Da muessen offt viele frembde sprachen herbey / da etwa nicht ein einiger in der Kirchen ein wort davon weißt: Wie manche tragen wol etwa mehr sorge darvor / daß ja das* Exordium *sich recht schicke / und die zusammenfuegung artig; daß die* disposition *kunstreich und etwa verborgen gnug; daß alle theile recht nach der redekunst abgemessen und außgezieret seyen / als wie sie solche materien wehleten und durch GOttes gnade außfuehreten / darvon der Zuhoerer im leben und sterben nutzen haben mag. So solle es nun nicht seyn / sondern weil die Cantzel nicht der jenige ort ist / da man seine kunst mit pracht sehen lassen / sondern das wort deß HErrn einfaeltig / aber gewaltig predigen / und dieses das Goettliche mittel seyn solte / die leute selig zu machen so solte billich alles auch nach diesem zweck gerichtet werden. Und hat sich darinnen der prediger vielmehr nach seinen zuhoerern / weil sie nach ihm nicht koennen / zu richten: Allezeit aber mehr auff die einfaeltige / so den meisten theil machen / als auff etliche wenige gelehrte / wo sich dergleichen antreffen lassen / zu sehen.*

*Gleichwie nun der Catechismus die erste rudimenta deß Christenthums in sich fasset / und alle auß demselben zu erst ihren glauben gelernet / so solle nicht nur derselbe / vielmehr dem verstand als worten nach / immer fleissiger in Kinder-lehren / auch wo man die alte darbey haben kan / sowol bey denselben / getrieben / und ein prediger darueber nicht muede werden: sondern hat der Prediger gelegenheit / so thut er auch wol / in den Predigten das jenige immer den leuten wieder vorzulegen / was sie einmal gelernet / und sich selbst dessen nicht zu schaemen.*

*Was ein und andere anmerckungen sonsten sind / die bey den predigten zu beobachten / uebergehe hier gern. Das vornehmste aber achte ich dieses zu seyn / weil ja unser gantzes Christenthum bestehet in dem innern oder neuen menschen / dessen Seele der glaube ‖ und seine wuerckungen die fruechten deß lebens sind: Daß dann die Predigten ins gesamt dahin gerichtet solten werden.* [Aus: Ph. J. Spener, *Pia Desideria*]

**pikaresker** bzw. **pikarischer Roman,** der: (zu span. Schelm) →Schelmenroman.

**Pinakes** (Pl.): (gr. Brett) detaill. Verzeichnis von Autoren und Schriften (auf Holz-, Ton- oder Marmortafeln), früheste Form des Bibliotheks- →Katalogs.

**pindarische Ode,** die: (nach gr. Dichter Pindar) Form der →Ode mit freier Strophenform u. Reimfolge, aber festem dreiteiligen Aufbau aus Strophe, Antistrophe u. (versch. gefügter) Nachstrophe (→Epode); beliebt in →Renaissance u. →Barock als feierl. →Gelegenheitsdichtung. (→freie Rhythmen)
= Celtis, Gryphius, Zesen, Opitz, Hölderlin u. a.

*Nacht, mehr denn lichte Nacht! Nacht, lichter als der Tag!*
*Nacht, heller als die Sonn'! in der das Licht geboren,*
*Das Gott, der Licht, in Licht wohnhaftig, ihm erkoren!*
*O Nacht, die allen Nächt' und Tagen trotzen mag!*

*O freudenreiche Nacht, in welcher Ach und Klag,*
*Und Finsternis, und was sich auf die Welt verschworen,*
*Und Furcht und Höllenangst und Schrecken war verloren!*
*Der Himmel bricht; doch fällt nunmehr kein Donnerschlag.*

*Der Zeit und Nächte schuf, ist diese Nacht ankommen,*
*Und hat das Recht der Zeit und Fleisch an sich genommen*
*Und unser Fleisch und Zeit der Ewigkeit vermacht.*
                                [Gryphius, *Über die Geburt Jesu*]

**Pijut** bzw. **Piut,** der (Pl. Pijutim): (hebr.) hymn. Dichtung des ma. Judentums, auch synagogale Poesie überhaupt. (→Paitan)

**Plagiat,** das: (lat. Raub) Diebstahl geistigen Eigentums durch ganze oder teilweise Wiedergabe von Werken anderer, ohne ihre Urheberschaft zu erwähnen, d.h. ohne Angabe der →Quellen; heute sorgt das →Urheberrecht für Rechtsschutz des Buches; eines der berühmtesten angeblichen Plagiate war Brechts unveränderte Übernahme von Versen F. Villons (in der Übersetzung von Karl Klammer) in seine *Dreigroschenoper* (1928) ohne ausdrückl. Nennung der Quelle; der sich daran entzündende Skandal machte deutlich, daß der Plagiatsbegriff nicht allein im wissenschaftl., sondern auch im künstler. Bereich nur grob u. unzulänglich zu definieren ist.
= Außer Brecht wurde u. a. auch Lessing des P. beschuldigt.

*Ihr Herrn, urteilet selbst, was mehr mag frommen!*
*Ich finde nicht Geschmack an alledem,*
*Als kleines Kind schon hab ich stets vernommen*
*Nur wer in Wohlstand schwelgt, lebt angenehm.*
*[...]*
*Ihr Menschenbrüder, die ihr nach uns lebt,*
*Laßt euer Herz nicht gegen uns verhärten.*
*Drum Brüder, laßt euch dies zur Lehre sein*
*Und bittet Gott, er möge uns verzeihn.*          [Villon/K. L. Ammer]

*Ihr Herrn, urteilt jetzt selbst: ist das ein Leben?*
*Ich finde nicht Geschmack an alledem.*
*Als kleines Kind schon hörte ich mit Beben:*
*Nur wer im Wohlstand lebt, lebt angenehm.*
*[...]*
*Ihr Menschenbrüder, die ihr nach uns lebt,*
*Laßt euer Herz nicht gegen uns verhärten.*

*Ihr Menschen, laßt euch uns zur Lehre sein*
*Und bittet Gott, er möge uns verzeihn.* [Villon/Brecht]

**Planctus,** der: (lat.) →Klage, Klagelied in lat. Literatur des MA.

**Planh,** der: (prov. von →Planctus) →Klagelied in prov. Dichtung, meist auf Todes- oder Unglücksfall. (→Sirventes, →Complainte)

**Planipes,** der: (lat. Fuß + flach) →Mimus (da Schauspieler darin ohne Maske u. →Kothurn auftraten).

**Platitüde,** die: (lat.-frz.) Plattheit, →Gemeinplatz.

**Pleias,** die: (gr. Siebengestirn) Kreis von sieben alexandrin. Tragödiendichtern zur Zeit des hellenist. Königs Ptolemäus II. (285–246 v. Chr.).
= Alexandros Aitolos, Lykophron von Chalkis, Homeros von Byzanz u. a.

**Pléjade,** die: (zu gr. →Pleias) aus sieben Mitgliedern bestehende frz. Dichterschule Mitte des 16. Jh., suchte frz. Dichtung nach antikem u. ital. Vorbild zu erneuern; folgenreichste Werke der P. = Sonette, Oden, Hymnen Ronsards, von ihnen u. a. Opitz stark beeinflußt.
= Ronsard, Du Bellay, Baïf, Jodelle, Belleau, Pontus de Tyard u. Daurat.

*Du güldne Freyheit du / mein wünschen und begehren /*
  *Wie wol doch were mir / im fall ich jederzeit*
  *Mein selber möchte sein / vnd were gantz befreyt*
  *Der Liebe die noch nie sich wollen von mir kehren /*
*Wie wol ich offte mich bedacht bin zue erweren.*
  *Doch lieb ich gleichwol nicht / so bin ich wie ein scheit /*
  *Ein stock und rawes bley, die freye dienstbarkeit /*
  *Die sichere gefahr / das tröstliche beschweren*
*Ermuntert meinen geist / das er sich höher schwingt*
  *Als wo der pöfel keucht kreucht / vnd durch die wolcken dringt /*
  *Geflügelt mitt vernunfft / vnd mutigen gedancken /*
*Drumm geh' es wie es wil / vnd muß ich schon darvon /*
  *So vberschrei ich doch des lebens enge schrancken:*
  *Der name der mir folgt ist meiner sorgen lohn.*
[Pierre de Ronsard; dt. von Martin Opitz]

**Pléjade** (Puschkinsche), die: (→Pleias) Dichterkreis um A. Puschkin in Petersburg (ca. 1830), verbindet klassizist. Sprache mit romant. Motiven. (→L'art pour l'art)

**Plenarium,** das: (lat. Vollbuch) ma. liturg. Buch mit den →Perikopen.

**Pleonasmus,** der: (gr. Überfluß) wiederholende Wiedergabe von Begriff durch sinngleiche, wenn auch (wortart-)versch. Wörter; gilt als Stilmittel wie Stilfehler. (→Tautologie, →Synonym)
= *weißer Schimmel; schwarzer Rabe; grundlegendes Prinzip; laut erhaltenem Auftrag* u. ä.

**Plot,** der: (engl. Komplott) allg.: Handlungsverlauf in epischer oder dramatischer Dichtung (→Handlung, →Fabel); bes.: spannungstragender (Wert-) →Konflikt im Drama.

**Pluralis modestiae,** der: (lat. Plural der Bescheidenheit) »Autorenplural«, Verwendung der Pluralform »wir« anstelle von »ich«, wodurch der Sprecher den Leser oder Hörer (scheinbar) mit einbezieht.
= *Wir können an dieser Stelle kaum umhin, uns zu fragen, ob dergleichen Hinweise wirklich Erwähnung finden sollten*

**Pnigos,** das: (gr. Atemlosigkeit) rascher gesprochener Teil der →Parabase, auch Abschluß des →Epirrhema. (→Antipnigos)

**Poem,** das: (gr. Dichtung) Gedicht; Bez. meist abschätzig gebraucht.

**Poème en prose,** das: (frz. Prosagedicht) »poetische Prosa«, kunstvoll strukturierte u. rhythm.-klangl. gestaltete →Prosa zwischen →freien Rhythmen (→vers libre) u. →rhythm. Prosa.
= Nietzsche, *Zarathustra;* →Expressionismus, →Dadaismus; H. Heißenbüttel, Sarah Kirsch u. a.

*J'ai reçu la naissance dans les antres de ces montagnes. Comme le fleuve de cette vallée dont les gouttes primitives coulent de quelque roche qui pleure dans une grotte profonde, le premier instant de ma vie tomba dans les ténèbres d'un séjour reculé et sans troubler son silence.*
[Aus: Maurice de Guérin, *Le Centaure*]

**Poesie,** die: (von gr. machen) allg.: →Dichtung; bes.: Versdichtung im Gegs. zu →Prosa.
= *Als die einfachste und richtigste Definition der Poesie möchte ich diese aufstellen, daß sie die Kunst ist, durch Worte die Einbildungskraft ins Spiel zu versetzen.* [Schopenhauer]

**Poésie fugitive** bzw. **Poésie légère,** die: (frz. flüchtige bzw. leichte Poesie) kleinere Dichtungen des frz. →Rokoko.
= →Anakreontik

**Poésie pure,** die: (frz. reine Poesie) tendenz- und ideologiefreie, »reine« Dichtung (→L'art pour l'art); Gegs. zur →Poésie engagée. (→absolute Dichtung)
= →Sturmkreis, →Hermetismus, →abstrakte Dichtung

**Poeta doctus,** der: (lat. gelehrter Dichter) seit Antike (Hellenismus) Ideal des urban gebildeten Dichters, der natürliche Begabung mit reichem theoretischen, von der Kultur seiner Zeit geprägten Wissen verbindet; vor allem in Früh- →Humanismus, →Barock (Fleming, Gryphius), →Aufklärung (Lessing, Wieland), im 20. Jh. Th. Mann, Musil, Broch, Benn, Heißenbüttel u. a.

**Poeta laureatus,** der: (lat. lorbeergekrönter Dichter) der als Sieger in dichter. Wettstreit mit Lorbeer bekränzte u. mit dem Titel P. l. ausgezeichnete Dichter. (→Dichterkrönung)
= Petrarca (1341), Celtis (1487), Locher (1497), Hutten (1518), Opitz (1625), Rist (1644) u. a.

*Wir Maximilian... haben... dich, vorbenannten Joachim, nach Anhörung deines Gedichtes voll Gelehrsamkeit und Bildung, das du aus eigenem Können zum Lobe unseres göttlichen Vaters, Friedrichs III., und zu unserem Lobe geschaffen, persönlich vor Unserer Majestät und der erlauchten Versammlung Unserer Vornehmen und Unseres Hofstaates vorgetragen und durch eine schöne Begrüßungsansprache eingeleitet hast aus eigenem Willen, auf Grund sicheren Wissens und Unserer kaiserlichen Macht wegen deiner Sprach- und Redekunst mit dem Lorbeerkranz beschenkt und geschmückt und obendrein mit einem goldenen Ringe ausgezeichnet und dich zum gekrönten Dichter und Seher und wortesmächtigen Redner erklärt, wie wir durch diese Urkunde dich zum lorbeergekrönten, von Unsern heiligen Händen bekränzten, geschmückten und durch den golgenden Ring ausgezeichneten Dichter und Seher und wortgewaltigen Redner ernennen und erklären.*
[Aus: Urkunde der Dichterkrönung Joachim Vadianus' durch Maximilian I. am 12. März 1514 in Linz; übers.]

**Poetaster,** der: (neulat.) Dichterling, Verse-, Reimeschmied (verächtl.).

**Poeta vates,** der: (lat. Dichter als Seher) der aus »höherer« Inspiration schöpfende Dichter (→Sturm und Drang, →Genie); Gegentyp →Poeta doctus.
= Klopstock, Hölderlin, Baudelaire, Rimbaud, George u. a.

**Poète maudit,** der: (frz. verfemter Dichter: nach P. Verlaines Studien *Les poètes maudits,* 1884) der von der Gesellschaft verkannte u. deshalb verfemte, in Außenseiterposition gedrängte Dichter. (→Boheme)

**Poetik,** die: (gr. Dichtkunst) Lehre von der Dichtkunst im Sinne wissenschaftl. Beschäftigung mit deren Wesen, Formen u. Ausdrucksmitteln (→ Literaturtheorie); Kernstück der → Literaturwissenschaft u. Teil der → Ästhetik; von Antike bis ins 18. Jh. normativ (normative P.), heute interpretator.-induktiv u. beschreibend.

+ B. Markwardt, *Geschichte der dt. P.*, 5 Bde., 1937 ff.

= Aristoteles, *Poetik*; Horaz, *Ars poetica (Epistula ad Pisones)*; Quintilian, *Institutio oratoria*; T. Tasso, *Discorsi dell'arte poetica* (1564); M. Opitz, *Buch von der deutschen Poeterey* (1624); N. Boileau, *L'art poétique* (1674); J. C. Gottsched, *Versuch einer critischen Dichtkunst vor die Deutschen* (1730); u. a.

**poetische Gerechtigkeit,** die: (auf engl. Kritiker Th. Rymer [Ende 17. Jh.] zurückgehender Begriff, der für »Gedicht« eine von höherer Gerechtigkeit durchwaltete Eigenwirklichkeit fordert) in Dichtung erscheinende, auf Ausgleich (justitia commutativa) gerichtete G., die Gutes belohnt u. Böses bestraft, Teil idealisierender Darstellung, die das Kausalitätsprinzip auf die Weltordnung überträgt. (→ Nemesis, → Rührstück)

**poetischer Realismus,** der: auf O. Ludwig (1871) zurückgehende Bez. für → Realismus der dt.-sprach. Literatur in der zweiten Hälfte des 19. Jh.; Realitätswiedergabe bestimmt von Subjektivität, Verklärung u. Verzicht auf Einbeziehung des Häßlichen; nach O. Ludwig vermittelt der p. R. mit »schaffender Phantasie« eine Welt, »in der der Zusammenhang sichtbarer ist als in der wirklichen«. Das Dargestellte soll »nicht gemeine Wirklichkeit« sein, sondern den »inneren Kern der Stoffe« erfassen; auch »bürgerlicher Realismus«. (→ Biedermeier)

**Poetismus,** der: tschech. Kunstströmung, begr. 1920 von K. Teige u. V. Nezval unter Einfluß bes. von → Futurismus, → Dadaismus, → Surrealismus; fordert u. verwirklicht eine → Poésie pure. (→ L'art pour l'art)

= → Devětsil

*Vater kam heim im Havelock*
*Hat ihn an der Tür an den Haken gehängt und gesagt daß wir ein*
                                                                *Klavier kriegen werden*
*Ich wollte keinen Klavierunterricht*
*Vater hat mir Stiefelettchen versprochen*
*Die waren schon immer mein Traum*
*Als er die seinen abgestreift hatte*
*Zog ich aus ihnen den dünnen zartrosanen Gummi heraus*
*Da plötzlich ging draußen ein Regenguß los*
*Das Dienstmädchen lief auf den Hof und warf sich im Laufen den*
                                                                *Havelock über*
*Und als sie zur Küche zurückkam war der Havelock ganz wie aus Glas*

*Ein Glashavelock*
*Das hat mich gefreut*
*Das freut mich noch heute*
  [Vítězslav Nezval, *Der Havelock*; dt. von Franz Fühmann]

**Point de vue,** der: (frz. Blickpunkt) Punkt, von dem aus Erzähltes gesehen oder wiedergegeben ist, begründet Technik des perspektiv. Erzählens (→ Perspektive), das auf den Blickpunkt eines oder mehrerer Erzähler fixiert ist. (→ Ich-Roman, → auktorialer Roman, → personaler Roman)

**Pointe,** die: (frz. Spitze, Schärfe) als witziger Einfall überraschender geistreicher Schlußeffekt, in dem → Witz gipfelt; die P. ist lediglich als Potenz im Witz enthalten u. realisiert sich im Augenblick des Erkennens als Erwartungsentspannung.
= *Die gute Galathee! Man sagt, sie schwärz' ihr Haar;*
  *Da doch ihr Haar schon schwarz, als sie es kaufte, war.* [Lessing]

**politische Dichtung,** die: Dichtung, die der themat.-inhaltl. wie der formalen Intention nach auf direkte oder indirekte Beeinflussung der Macht-, Herrschafts- u. Gesellschaftsverhältnisse gerichtet ist; sie kann in ihrer Wirkungsabsicht sein a) affirmativ oder normbestätigend, b) explanativ oder normkorrigierend, c) initiativ oder auf polit. Handeln zielend; verwirklicht vor allem als Gedicht, wo die p. D. sich, wie Dichtung überhaupt, als Kunst durch den »künstler. Mehrwert« definiert, dessen Ausprägung zugleich die Wirkungspotenz einschränkt; Reduktion des Künstlerischen, Verstärkung des Gebrauchswerts führt zwangsläufig zu → Gebrauchsliteratur; Höhepunkte der p. D. in MA. (Walther von der Vogelweide, Fr. v. Hausen, Freidank u. a.), 16. Jh. (→ Reformation), → Junges Deutschland (Heine, Wienbarg, Herwegh, Freiligrath u. a.) u. → Naturalismus (M. Kretzer, G. Hauptmann, A. Holz u. a.). (→ Tendenzdichtung, → Parteilichkeit)
= Nach Robert Prutz ist die p. D. eine *»Poesie, die sich der gleichzeitigen Ereignisse des öffentlichen Lebens, die sich der politischen Zustände, Begebenheiten und Personen ihrer Zeit als ihres Inhalts zu bemeistern, ihnen zu dienen oder sie zu bekämpfen, und in Ernst und Schimpf, in Lob oder Tadel, als eine öffentliche Macht auf die Geschichte einzuwirken strebt«. (Die polit. Poesie der Deutschen,* 1843)

*Roma, die du deines Geists Normen hast vergessen,*
*spät erst zur Besinnung kommst, du bist wahnbesessen.*
*Deine Lampe ohne Öl gibt kein festlich Funkeln,*
*tritt der Bräutigam herein, steht das Heil im Dunkeln,*
*und des Himmels Gnade kann dir sich nicht versöhnen,*
*wenn vor seinen Toren laut Unheilsrufe dröhnen.*

*Apostelsitz, so hochgebaut,*
*auf den der ganze Erdkreis schaut,*

*bekehre dich! bekehre dich!*
*Der Erde Greuel mehret sich.*

[Aus: *Carmina Burana*; dt. von Carl Fischer]

*Reißt die Kreuze aus der Erden!*
*Alle sollen Schwerter werden,*
*Gott im Himmel wird's verzeihn.*
*Laßt, o laßt das Verseschweißen!*
*Auf den Amboß legt das Eisen!*
*Heiland soll das Eisen sein.*

*Eure Tannen, eure Eichen –*
*Habt die grünen Fragezeichen*
*Deutscher Freiheit ihr gewahrt?*
*Nein, sie soll nicht untergehen!*
*Doch ihr fröhlich Auferstehen*
*Kostet eine Höllenfahrt.*

*Deutsche, glaubet euren Sehern,*
*Unsre Tage werden ehern,*
*Unsre Zukunft klirrt in Erz;*
*Schwarzer Tod ist unser Sold nur,*
*Unser Gold ein Abendgold nur.*
*Unser Rot ein blutend Herz!*

*Reißt die Kreuze aus der Erden!*
*Alle sollen Schwerter werden,*
*Gott im Himmel wird's verzeihn.*
*Hört er unsre Feuer brausen*
*Und sein heilig Eisen sausen,*
*Spricht er wohl den Segen drein.*

*Vor der Freiheit sei kein Frieden,*
*Sei dem Mann kein Weib beschieden*
*Und kein golden Korn dem Feld;*
*Vor der Freiheit, vor dem Siege*
*Seh kein Säugling aus der Wiege*
*Frohes Blickes in die Welt!*

*In den Städten sei nur Trauern,*
*Bis die Freiheit von den Mauern*
*Schwingt die Fahnen in das Land;*
*Bis du, Rhein, durch freie Bogen*
*Donnerst, laß die letzten Wogen*
*Fluchend knirschen in den Sand.*

*Reißt die Kreuze aus der Erden!*
*Alle sollen Schwerter werden,*

*Gott im Himmel wird's verzeihn.*
*Gen Tyrannen und Philister!*
*Auch das Schwert hat seine Priester,*
*Und wir wollen Priester sein!* [Georg Herwegh, *Aufruf*]

**politischer Roman,** der: (politisch = »galant« höflich, klug, geschickt) Form des frühbürgerl. →Romans zwischen →Barock u. →Aufklärung, dessen kluger, kasuistisch auf Nutzen u. Karriere bedachter Held die im absolutist. Staat sich bildende bürgerl. Gesellschaft repräsentiert u. sie durch sein Beispiel besonnen-lebenskluges Verhalten *(prudentia civilis, summum bonum politicum)* lehrt.
= Hauptvertreter Chr. Weise (*Der polit. Näscher*, 1678; u. a.) und J. Riemer (*Die polit. Colica*, 1680; *Der polit. Stockfisch*, 1681)

*Inzwischen hielt die Uneinigkeit zwischen Frau und Magd hart an. Und gleich wie in gemein die Zungen der Weiber Schwerder seyn: also waren auch hier Worte viel schmertzhaffter alß die tiefsten Wunden zu empfinden. Unter andern Schmachreden nun / war auch das Wort Maul-Affe zuvernehmen / welches die Magd von ihrer Frauen verschlucken muste. Dieses Wort nun ward von der gantzen Gast-Gesellschafft / welches durch eine Kutsche voll Studenten von Antwerpen in selbiger Stunde war verstärcket worden / der massen belachet / biß es endlichen gar in eine weitläufftige Erwegung von der compagnie gezogen wurde. Jeder war bemühet des lächerlichen Worts Ursprung zu erkundigen; kunte aber von Niemanden ‖ recht erkläret werden / biß endlichen die Fr. Wirthin selbst / alß Urheber des belachten Nahmens fast daher wieder besänfftiget war / dieweil man über den gesprochenen Maulaffen so gar grosses Gelächter geführet. Oder ob sie vielleicht darüber wieder Muths worden / nach dem der Tisch von Gästen so starck besetzet / und eine Hoffnung zu gegenwärtigen Gewinst sich sehen lassen. Sie war nicht blöde auf Beruf der Gäste sich vor den Tisch zu stellen und das Wort: Maulaffen / ihrer Meinung nach zuerklären: Indem sie sagte / dieses Wort habe bey ihr keinen andern Verstand / als den / wann iemand in einer Sache politisch und klug sich bezeigen wolle / und sey doch so alber / und einfältig / daß wann man gleich mit einem solchen Menschen wegen seines Verstandmangels Barmhertzigkeit haben wolte / man dennoch über dem Zorne / so aus den einfältigen Menschens Hoffarth entstanden / nicht dazu gelangen könte. Mit kurtzen / sie meinete so viel / ein Maulaffe sey nichts anders alß ein einfältiger und dennoch hocheingebildeter Mensch.*
[Aus: J. Riemer, *Der politische Maulaffe*, Kap. 34]

**politischer Vers,** der: (gr. allgemeinverständl. = »bürgerlicher« Vers) fünfzehnsilbiger, akzentuierender →Vers der byzantin. u. neugr. volkstüml. Dichtung.
= ∪ – ∪ – / ∪ – ∪ –́ // ∪ – ∪ – / ∪ –́ ∪

**Polyglotte,** die: (gr. vielzüngig) a) mehrsprach. Wörterbuch; b) Buch mit Textfassung in versch. Sprachen.

**Polymeter,** der: (gr. Vielmaß) von Jean Paul stammende Bez. für rhythmisierende Prosa. (→ Kunstprosa)
= *Gutes Deutschland, oft haben dich die Sittenlehrer und Länderkundigen das Herz Europas genannt! Du bist es auch; unermüdlicher schlagend als deine Hand, bewegst du dich wärmend fort, sogar im Schlafe und im Siechtum.*
*Der Donner zerreißt die deutsche Eiche; aber nicht ihren Samenstaub; und die dodonäische sprach entwurzelt noch als Mastbaum der Argo fort.*
*Tithon liebte die »Dämmerung«, aber morgenrote; sie, Aurora, erbat ihm Unsterblichkeit, und er behielt die seiner – Stimme.*

[Aus: Jean Paul, *Politische Fastenpredigten*]

**Polymetrie,** die: (gr. viel + Maß) Vielmaß, Anwendung vielfältiger metr. Schemata (→Metrum) in Gedicht. (→Leich)
= *In mir ist blauer Himmel;*
*ich trage die Erde,*
*trage die Liebe,*
*mich*
*und die Freude.*

*Sonne kniet vor mir,*
*aufsteigt das Korn,*
*ewiger Born fließt über die Lenden der Erde.*

*Werde!* [Aus: Kurt Heynicke, *Gesang*]

**Polyptoton,** das: (gr. viel + Fall) →rhet. Figur: Wiederholung des gleichen Worts in versch. Flexionsformen.
= *Verwegener Dienst belohnt sich auch verwegen* [Schiller]

*Seine Meinung sagt er von seinem Jahrhundert, er sagt sie,*
*Nochmals sagt er sie laut, hat sie gesagt und geht ab.* [Goethe]

Wenn man*cher* Mann *wüßte,*
*Wer* man*cher* Mann *war,*
*Gäb* man*cher* Mann
Man*chem* Mann
Man*chmal ein Jahr.* [Volksmund]

*möchte ich auch gern Kirschen von Kirschen als Kirschen erkennen* [Grass]

**Polysyndeton,** das: (gr. viel + verbunden) →rhet. Figur: Wort- oder Satzfolge, deren Glieder durch die gleiche Konjunktion verbunden sind; dient zur Erhöhung von Anschaulichkeit und Stimmungsgehalt; Gegs. →Asyndeton. (→Monosyndeton)

= *Und es wallet und siedet und brauset und zischt* [Schiller]

*und wiegen und tanzen und singen dich ein* [Goethe]

*Und das geht hin und eilt sich, daß es endet,*
*Und kreist und dreht sich nur und hat kein Ziel* [Rilke]

**Popliteratur,** die: (anglo.-am. beliebt, allg. verständl.) Literatur der Popkultur, greift auf Elemente der →Trivialliteratur zurück, um als Anti- u. Unkunst etablierte ästhet. Normen in Frage zu stellen; die P. betont als »demokrat. Realismus« den Warencharakter der Kunst u. sucht im Sinne von Gebrauchskunst Popularität (pop); für Abschaffung des Elitär-Esoterischen eintretend, beruht sie primär auf →Montage u. Demonstration von Ready mades (Fertigprodukten) oder Objets trouvés (Gefundenem); dem →Dadaismus verwandt.
= Elemente der P. bei P. Handke, R. D. Brinkmann. E. Jandl u. a.

**Popsong,** der: (engl.-am. volkstüml. + →Lied) volkstüml. Liedgesang der Schwarzen in den Südstaaten der USA, Mischung aus Elementen von Volkslied u. Kunstlied.

**Populärwissenschaft,** die: (lat. gemeinverständl. + W.) in Anlehnung an Begriff Popularphilosophie (18. Jh.) gebildete Bez. für die mit dem →Sachbuch verbreitete, auf Volkstümlichkeit u. Allgemeinverständlichkeit ausgehende Darstellung wissenschaftl. Sachverhalte.
= Gottsched, *Erste Gründe der gesamten Weltweisheit* (1734, popularisierende Darstellung der Wolffschen Philosophie); J. G. Fichte, *Grundzüge des gegenwärtigen Zeitalters* (1806); u. a.

**Populismus,** der: (frz. zu lat. Volk) frz. literar. Bewegung, angeregt von russ. →Populisten, 1929 von L. Lemonnier u. A. Thérive begründet, trat ein für Volkstümlichkeit u. Erschließung der Lebensbereiche niederer sozialer Schichten für die Literatur. (→Littérature engagée)
= Hauptvertreter (neben Lemonnier u. Thérive) E. Dabit (*L'Hôtel du nord*, 1929, das bedeutendste Werk des P.), Jean Prévost, M. van der Meersch, Th. Monnier u. a.

**Populisten** (Pl.): »Volkstümler« (Narodniki), Gruppe russ. Schriftsteller, die sich um Darstellung der Lebensverhältnisse des einfachen Volkes bemühten (ca. 1860–90).
= N. G. Pomalovskij, G. Uspenskij, V. A. Slepcov u. a.

**Pornographie,** die: (gr. unzüchtiger Mensch + schreiben) Literatur, in der sich Trivialität (Plattheit) mit sado-masochist. Aggression verbindet; sie sucht ihre literar. Wertlosigkeit durch übersteigerte Darstellung tabuisierter sexueller Vorgänge auszugleichen; lange Zeit gesetzlich verfolgt, Verbot inzwi-

schen durch Unterscheidung zwischen »Voyeurpornographie«, die als einfache, »harmlose« P. gilt, u. echter, massiver »Aggressions- oder Brutalitätspornographie« zunehmend gelockert. (→erot. Literatur, →obszöne Literatur, →Schundliteratur)
+ D. H. Lawrence, *Pornography and obscenity* (1929)

**Porträt,** das: (frz. Bildnis) a) Charakterbild einer (histor.) Persönlichkeit in literar. Form; b) als P. der eig. Person = Selbstp.
= a) H. P. Sturz, *Pitt* (1778), *Samuel Foote* (1779) u. a.
   b) *[Wolfenbüttel, Mai 1861]*
*Träge und indolent im höchsten Grade, bin ich doch der größten Energie fähig. Einen Vorsatz, Plan, Wunsch gebe ich selten auf. Ich komme hartnäckig auf den Gedanken zurück, wenn auch Jahre seit dem ersten Auftauchen vergangen sind. Ich habe niemals ein Trauerspiel der französischen Klassiker durchlesen können. Für die antike Welt ist mein Verständnis und meine Teilnahme eine geringe. Goethe lese ich erst seit drei Jahren, den Wilhelm Meister habe ich noch nicht zu Ende gebracht, dagegen wußte ich schon zu Magdeburg den ersten Teil des Faust ganz auswendig. Von Jean Paul habe ich weniger gelesen, als man denken sollte; ich besitze von ihm nur die beiden ersten Teile des Siebenkäs und den Katzenberger. Schiller macht bruchstückweise und in gewissen Stimmungen großen Eindruck auf mich. Es stecken eine Menge Gegensätze in mir, und seit frühester Jugend habe ich mich selbstquälerisch mit ihrer Analyse beschäftigt. Im gesellschaftlichen Leben wird niemand den Poeten in mir erkennen; ein ästhetisches Gespräch kann mich in den Sumpf jagen. Ich liebe einen Kreis guter Gesellen, eine gute Zigarre und wenn's sein muß einen guten Trunk. Der November, den die meisten Menschen hassen und fürchten, ist mir in meinen Arbeiten der willkommenste Monat. Die Figuren meiner Bücher sind sämtlich der Phantasie entnommen; nur selten ist das Landschaftliche nach der Natur gezeichnet. Das Volkstümliche fasse ich instinktiv auf. Von Natur aus etwas blöde und scheu, werde ich deshalb oft für hoffährtig und anmaßend gehalten. Doch was soll ich Ihnen meine schillernde Seele noch weiter schildern. Sie haben gewiß schon genug und übergenug davon.*
                [Aus: W. Raabe, *Brief an Thaddäus Lau*]

**positiver Held,** der: (bejahend, gut + →Held) vorbildl. Charakter, der Gesellschaft u. ihre Ziele verkörpert, als innerlich Bewegter ein äußerlich auf Zukünftiges hin Bewegender ist; als Vertreter der »aufsteigenden«, »fortschrittlichen« Klasse stellt er die von der Literaturtheorie des →sozialist. Realismus geforderte (idealtypische) Roman- u. Dramenfigur dar. (→negativer, →passiver H., →Antiheld, →mittlerer H.)

**Posse,** die: (von frühnhd. Zierat, Beiwerk an Kunstdenkmälern, frz. Scherzfigur an öffentl. Brunnen) niedere, grobschlächtige Form der →Komödie, die »der Haufe fordert« (Goethe); trägt durch handfest-effektvolle, lebensnahe Stoffe u. entsprech. Darbietung, durch wenig zimperliche, pointenreiche Situations- u. Charakterkomik vorwiegend dem Lachbedürfnis der Zuschauer Rechnung; trotz Spott ist die P. nicht verletzend, appelliert in ihrer Humorigkeit eher an den sog. gesunden Menschenverstand u. lebt aus der flotten Improvisation (oft als →Zwischenspiel); höchste Entwicklung in Wien als →Zauberposse (F. Raimund) u. Lokalposse (Nestroy), Mittelpunkt meist →lustige Person. (→Lokalstück, →Mimus, →Fastnachtsspiel, →Commedia dell'arte, →Farce)
= J. Lauremberg, *Zwo Comoedien* (1635, Zwischenspiele); Th. Körner, *Der Nachtwächter* (1812); L. Anzengruber, *Doppelselbstmord* (1876); Y. Goll, *Die Unsterblichen* (1920); Musil, *Vinzenz* (1924); Brecht, *Die Hochzeit* (1929); u. a.

**posthum** bzw. **postum**: (lat. nachgeboren) nach dem Tode des Verfassers veröffentlicht; nachgelassen.

**Postille,** die: (lat. nach jenen [Worten des Textes]) urspr. Auslegung von Bibelstellen, dann Andachtsbuch, Sammlung von Predigten nach Bibeltexten.
= Geiler v. Kaisersberg, *Doktor Keisersberg Postill* (1522); Luther, *Kirchen- und Hauspostille* (1519 ff.); *P.* des Prämonstratenserpaters L. Goffiné (1690); überkommene Form des christl. Erbauungsbuchs von Brecht in *Hauspostille* (1927) ironisch-verfremdend imitiert u. durch Füllung mit irdisch-sinnl. Gehalt parodiert. (→Parodie)

**Postmoderne**, die, bzw. **Postmodernismus**, der: (nach + →modern) kulturkrit. Schlagwort der 80er Jahre; »Passepartoutbegriff« (U. Eco) für »Anything goes«-Eklektizismus der Konsumgesellschaft der 2. Hälfte des 20. Jh., der nach →Montage- u. →Collage-Prinzip auch die widersprüchlichsten Kunstrichtungen und -formen vereint (→Epigonentum). (→Zitat, →Pastiche, →Travestie, →Klischee, →Kitsch)

**Postreuter** (Pl.): jährl. erscheinende Veröffentlichungen des 16./17. Jh., Vorläufer der Zt. (→Flugschrift)

**Poulter's measure,** das: (engl. Geflügelhändlermaß) engl. Versmaß aus (regelmäßig oder unregelmäßig) miteinander wechselnden →Alexandrinern u. jamb. Vierzehnsilbern; häufig im 16. Jh. (→Reimchronik, →Moralität)
= H. H. Surrey, P. Sidney, Th. Wyatt u. a.

**Präambel,** die: (lat. vor + gehen) →Einleitung, eine Art →Vorwort. (→Formel, →Proömium)

**Präfatio,** die: (lat.) → Vorwort.

**Präliminarien** (Pl.): (lat. vor + Schwelle) → Einleitung, → Vorwort.

**Präraffaelit,** der: (engl. »Pre-Raphaelite Brotherhood« = vor-raffaelitische Bruderschaft) Angehöriger der 1848 von D. G. Rossetti gegr. Vereinigung junger engl. Künstler; suchten die Kunst ihrer Zeit durch Anlehnung an die Schöpfungen der ital. Maler vor Raffael aus dem Geiste vertiefter Frömmigkeit u. erlesener Einfachheit in symbol. Gestaltung zu erneuern; von Einfluß auf → Jugendstil. (→ Gemäldegedicht)
= A. Ch. Swinburne, D. G. und Chr. Rossetti, E. E. Burne-Jones, Th. Woolner, W. Morris u. a.

*Laß, wenn ich tot bin, Liebster*
  *Laß Du von Klagen ab.*
*Statt Rosen und Zypressen*
  *Wächst Gras auf meinem Grab.*
*Ich schlafe still im Zwielichtschein,*
  *In schwerer Dämmernis*
*Und wenn Du willst, gedenke mein;*
  *Und wenn Du willst, vergiß.*

*Ich fühle nicht den Regen,*
  *Ich seh nicht, ob es tagt,*
*Ich höre nicht die Nachtigall,*
  *Die in den Büschen klagt.*
*Vom Traum erweckt mich keiner,*
  *Die Erdenwelt verblich;*
*Vielleicht gedenk ich Deiner*
  *Vielleicht vergaß ich Dich.*  [Chr. Rossetti, *Sterbelied*; dt. von A. Kerr]

**Präterition,** die: (lat. Übergehung) → rhet. Figur: → Paralipse.

**Praetexta,** die: (lat. eigtl. fabula p. [nach röm. Amtskleid]) röm. → Tragödie nach gr. Vorbild, aber mit nationalen Stoffen u. röm. Kostümierung. Gegs. → Palliata.

**Praktik,** die: (lat. eigtl. mlat. Übung) Bez. für seit Ende 15. Jh. verbreitete volkstüml. → Kalender mit Wetterregeln, medizin. Ratschlägen, Horoskopen u. ä.; verspottet u. a. von J. Fischart (*Aller Practick Großmutter*, 1572).

**Précis,** das: (frz.) Abriß, kurze, gedrängte Darstellung. (→ Aufsatz)

**Predigt,** die: (von lat. verkündigen) relig. (Kanzel-)Rede zur Verkündigung u. Erklärung von Schrift u. Lehre; als Kunstform bereits im 5. u. 6. Jh. überliefert; bes. ausgebildet u. gepflegt von den Mystikern wie Meister Eckhart, Tauler u. Seuse; Höhepunkte der Predigtliteratur: Berthold von Regensburg (hervorragendster Prediger des MA.), Geiler von Kaisersberg, Abraham a Santa Clara, Joh. Caspar Lavater, J. M. Sailer, Schleiermacher, J. G. v. Ehrler, P. W. von Keppler, A. Meyenberg u. a. (→ Predigtmärlein, → Diatribe) = *Augustins 76. Predigt* (ca. 800, älteste überlieferte dt. P.); Geiler von Kaisersberg, *Der Bilger mit seinen eygenschaften und figuren* (1494); G. Tersteegen, *Geistliche Brosamen* (1769 ff.); u. a.

*Wir haben gehört die stück, die da ›müssen seyn‹ und nöttig seyn, die da geschehen müssen, das und kein anders: die winckel messen oder sonderlichen messen müssen abgethan sein. Dann alle werck und ding müssen seyn, welche von gott gebotten seyn oder verbotten und die hohe maiestat also verordent hat. Aber man soll keynen mit den haren davon oder darzů thůn, dann ich kan keynen gen hymel treyben oder mit knůtlen darzů schlagen. Diß ist grob genug gesagt: Ich meyne, jr habt es verstanden. Nůn volgen die ding, die unnöttig sein, sonder frey gelassen von gotte, die mann halten mag oder nit, als Eelich zů werden oder nitt, Münnich und Nonnen auß den klöstern geen. Die ding seindt frey und müssen von nyemant verbotten seyn, werden sie aber verbotten, so ist es unrecht, wann es ist wider gottes ordnung. In den dingen, die da frey seindt, als eelich werden oder nicht, sol man sich also halten: kanstus halten on dein beschwerunge, so halt es, aber es můß keyn gemeyn gebot gemacht werden, sonder sol ein yeder frey sein. Also ist ein Pfaff, Münch oder Nonne, die sich nicht enthalten kann, der neme ein weyb unnd sy ein man, auff das deynem gewyssen geradten werde, und sich uff, das du gerüst und geharnyscht bist, das du kanst vor got und der welt besteen, wenn du angefochten würdest, sonderlich am sterben von dem theüffel. Es ist nicht genůg, das du sprechen woltest: der und der hat es gethan, jch hab dem gemeynen haüffen gefolget, als unns hatt der Probst Doctor Carlestatt, Gabriel oder Michael gepredigt. Neyn, Ein yetlicher můß vor sich steen und gerüst sein, mit dem theüffel zů streytten: du můst dich gründen auff eynen starcken, klaren spruch der schriefft, da du besteen magst: wenn du den nit hast, so ist es nit müglich, das du bestan kanst, der theüffel reyst dich hinweck wie ein dürre blat. Darumb welche pfaffen weyber genommen haben oder Nonne eynen man zů errettung jrer gewissen, müssen sie auff eym klaren spruch ston, als ist der S. Pauls [...]: ›Es werden zů den letzsten zeyten kommen, die vom glauben werden tretten und werden anhangen den jrrigen geysten und jns teüffels leere‹ (ich meyne, sant Pauls habs grob gnůg außgestochen) »und sie werden verbieten die ee und die speyß, welche got geschaffen hat«. Den spruch wirt dir der teüffel nit umbstossen oder fressen, ja er wirt von dem spruch umbgestossen und gefressen werden. Derhalben welcher Münch oder Nonne sich zů schwach befindet die keüscheyt zuhalten, der sehe auff seyn gewissen: ist sein hertz und gewissen also gestherckt, das er besteen kan mit gůtem gewissen, der neme ein weyp und sy ein man. Und wolte got alle Münch und Nonnen hrten diese predig und [...] lieffen alle auß den klöstern und hörten alle klöster auff, die in der gantzen welt seind, das wolte ich.* [Aus: Luther, *Am dinstag nach Invocavit*]

**Predigtmärlein,** das: (→ Predigt + → Märe) → Exempel, → Legende, → Anekdote, → Sage, → Fabel, → Schwank u. ä.

**Preislied,** das: (zu preisen = loben) Hauptform germ. Dichtung (neben → Heldenlied); meist improvisiertes (Gelegenheits-)Lied zur Verherrlichung der Taten eines Helden, oft des Gefolgsherrn; seit 4. Jh., doch nur in Nachfolge erhalten. (→ Lobgedicht)
= Ahd. *Ludwigslied* (881), das den Sieg des Königs Ludwig III. über die Normannen bei Saucourt 881 preist.

**Prenonym,** das: (gr.) → Pseudonym aus eigenem Vornamen.
= Jean Paul (Friedrich Richter); Heinrich George (Georg Heinrich Schmitz); William (Edward) March (Campbell); Otto Ernst (Schmidt)

**preziöse Literatur,** die: (frz. kostbar, geziert) allg.: → Manierismus; bes.: frz. gesellschaftl.-literar. Bewegung Mitte 17. Jh., getragen von Gruppe gebildeter Damen der Pariser Aristokratie (les précieuses), die v. a. im Salon der Mlle. de Scudéry ein Zentrum fanden; ihre Mitglieder bemühten sich um Pflege gesellschaftl. Form wie um Spracheleganz u. schufen, beraten von Dichtern u. Grammatikern, einen eigenen, die alltägl. Wörter u. Ausdrücke durch geistreiche, seltene oder kostbare ersetzenden »preziösen« Stil, der vom barocken Manierismus überleitet zum Stilideal der frz. → Klassik; von Molière u. a. in *Les précieuses ridicules* (1659) verspottet. (→ Mot rare)
= Malherbe, Voiture, Ménage, Bossuet, Scarron, La Rochefoucauld, Mme. de la Fayette, Mme. de Sévigné u. a.

**Priamel,** das: (lat. Vorspruch) volkstüml. scherzhafte → Spruch-Dichtung (bis zu 16 Zeilen), aus spätma. → Stegreifdichtung hervorgegangen; nach dem Grundschema des P. werden mehrere kürzere Aussagen zu einem Hauptgedanken improvisierend gereimt u. in einer → Pointe zusammengefaßt; Vorform des P. bei Spervogel (12. Jh.), Freidank (13. Jh.), Blütezeit im 15. Jh., wo es ins → Fastnachtsspiel einbezogen wurde u. durch Hans Rosenplüt die eigtl. Prägung als Kunstform erhielt. (→ Sprichwort)
= *Ich leb und waiß nit wie langk, / Ich stirb und waiß nit wann. / Ich far und waiß nit wahin: / Mich wundert, das ich so frölich pin.* [Unbek. Verf.]

*Vor knechtes zung und kinder spil,*
*Vor hunds maul, als ich sagen wil,*
*Vor grossen fuessen und lispenden leuten:*
*Hüt dich wol, thue ich dir bedeuten.* [H. Rosenplüt]

*Ein Himmel ohne Sonn,*
*Ein Garten ohne Bronn,*
*Ein Baum ohne Frucht,*
*Ein Mädchen ohne Zucht,*

*Ein Süpplein ohne Brocken,*
*Ein Turm ohne Glocken,*
*Ein Soldat ohne Wehr,*
*Sind alle nicht weit her.* [Aus: *Des Knaben Wunderhorn*]

**Priapea** (Pl.): (zu gr.-röm. Fruchtbarkeitsgott Priapus) kurze obszön-geistreiche lat. Scherzgedichte und Epigramme; urspr. Inschrift auf Priapusstatue.

*Ein Stamm vom Feigenbaum war ich dereinst, wertloses Holz;*
*ob eine Bank, ob ein Priapus aus mir werden sollte,*
*schwankte erst der Zimmermann;*
*dann machte er mich lieber zum Gott.*
*Ein Gott bin ich seitdem,*
*der größte Schrecken für die Diebe und die Vögel:*
*denn den Dieben wehrt die Rechte und der rote Pfahl,*
*der sich aus unanständiger Lendengegend reckt,*
*die frechen Vögel aber scheucht das Schilf auf meinem Kopf*
*und läßt sie nicht in den neuen Park einfallen.*
[Aus: Horaz, *Satire* I, 8; übers.]

**Priapeus,** der: (zu gr.-röm. Fruchtbarkeitsgott Priapus) antiker Vers aus je einem Glykoneus u. einem Pherekrateus, mit →Diärese dazwischen.
= Verwendung in →Priapea u. bei Sappho, Anakreon u. a.
$\overline{\cup\cup} - \cup\cup - \cup - / \overline{\cup\cup} - \cup\cup - -$ (→Glykoneus + →Pherekrateus)

**Primärliteratur,** die: eigtl. (dichter.) Text im Gegs. zu →Sekundärliteratur.

**Pritschmeister,** der: (Pritsche = Klapper) heruntergekommener Nachfahr des Herold (→Heroldsdichtung), der im 16./17. Jh. auf Feierlichkeiten höf. u. bürgerl. Kreise als Manager u. Conférencier fungierte, eigene Verse zum Lobpreis von Anlaß u. Veranstalter vortrug; durch das Klappern seiner »Pritsche« lenkte er die Aufmerksamkeit auf sich u. seine meist wertlosen Reime. (→Hofdichter)
= Bekannte P. u. a. Lienhart Flexel, H. Weyttenfelder u. H. Wirri.

**Problemstück,** das: Drama, das auf konkrete, meist aktuelle (polit., soziale, eth. u. ä.) Fragestellung zugeschnitten ist; eine Art verengten, eindimensionalen →Ideendramas, das nur schwer gegen →Thesenstück abzugrenzen ist. (→Tendenzdichtung)
= H. Ibsen, *Nora* (1879); G. B. Shaw, *Mrs. Warren's profession* (1898); A. Camus, *Les justes* (1950); M. Frisch, *Andorra* (1962); u. a.

**prodesse et delectare**: (lat. nutzen und erfreuen) vereinfachtes bzw. entstelltes Zitat aus der *Ars poetica* des röm. Dichters Horaz (Epistel II, 3), wonach Wirkungsziel der Dichtung Vermittlung von (moral.) Lehre u. (ästhet.) Genuß sei; diese Forderung wurde in der Kunstauffassung von →Barock u. →Aufklärung erneuert.

= *Sinnbelehrend will Dichtung wirken oder herzerfreuend, oder sie will beides geben: was lieblich eingeht und was dem Leben frommt. All dein Unterweisen sei kurz und bündig, damit der Geist das Gesagte alsbald gelehrig auffaßt und es getreulich festhält. Hat die Seele genug der Fülle, läßt sie alles abgleiten, was darüber ist. Was zur Belustigung erdichtet ist, muß der Wirklichkeit möglichst nahe kommen: nicht für jeden Einfall darf die Erfindung Glaube verlangen, darf nicht der Lamia den von ihr verspeisten Knaben lebend wieder aus dem Bauche ziehn. Das stimmfähige Publikum gesetzten Alters verwirft das Werk, das nicht moralischen Nutzen bringt; aller Beifall ist dem gewiß, der Heilsames mischte mit Süßem, der den Leser zum Genießen einlud und zugleich zum Nachdenken.*

[Aus: Horaz, *Ars poetica*; dt. von W. Schöne]

**Prodromus,** der: (gr. Vorläufer) →Vorwort, Vorrede.

**Produktionsästhetik,** die: auch Darstellungsästhetik; Forschungsrichtung der Kunst-, bes. Literaturwissenschaft, die den Produktionsverfahren von Kunstwerken nachfragt, um deren Entstehungsbedingungen u. spez. Stellenwert im histor. Kontext zu erschließen. (→Wirkungsästhetik, →Rezeptionsästhetik, →Literatursoziologie)

**Professorenroman,** der: Bez. für Ende des 19. Jh. entstandenen Typ des →histor. Romans, der eher von der aktualitätsfernen (Fach-)Gelehrsamkeit u. vom Kenntnisreichtum des Verfassers (Professor) als von wirkl. dichter. Inspiration getragen ist, auch als antiquar. Roman bezeichnet.

= G. Ebers, *Eine Ägyptische Königstochter* (1866); F. Dahn, *Ein Kampf um Rom* (1876); W. Jensen, *Karin von Schweden* (1878); u. a.

*Am Mittag, als die alamannischen Reiter zuerst sichtbar wurden, lag Leo der Tribun in seinem reich eingerichteten Gemach in dem hohen Thurm des Capitols auf der weichen Kline, über die ein Löwenfell gespreitet war.*
*Er fühlte sich in bester Stimmung.*
*Der Fuß schmerzte und hemmte ihn nicht mehr.*
*Behaglich streichelte er den reichen schwarzen Rundbart, welcher sein bronce-braunes, schmales, ursprünglich edel gebildetes, aber lange schon von Leidenschaften durchfurchtes Antlitz umrahmte.*
*Vor ihm, auf dem Tische von Citronenholz, stand halbgeleert, ein Hochkrug feurigen Siculers und eine silberne Trinkschale.*
*Zwei griechische Sklaven, Vater und Sohn, waren mit seiner Bedienung beschäftigt.*

*Der ältere Sklave brachte, warnend den Finger erhebend, den Mischkrug.*
*Aber lachend wies ihn sein Herr hinweg: »Nördlich der Alpen«, meinte er, »mischt die Natur von selbst allzuviel Kälte in unser Blut: wir brauchen nicht den Wein noch zu verdünnen. Nicht wahr, mein spröder Antinous? Da trink!«*
*Und er bot die Schale einem dritten Diener, einem bildschönen Knaben von etwa fünfzehn Jahren. Dieser kauerte am Boden in der äußersten Ecke des Thurmgemaches, so fern wie möglich von Leo, diesem seinem Herrn den Rücken zuwendend.*
*Er trug nur einen purpurnen Schurz um die Hüften. Das übrige Gewand hatte ihm der Tribun abgestreift, die Augen an den herrlichen Gliedern zu weiden.*
*Der Gefangene schüttelte, ohne das schöne, traurige Antlitz zu wenden, das Haupt, welches langfluthendes Goldhaar umwallte.*
*Trotzig, drohsam sprach er dann: »Ich heiße nicht Antinous: – Hortari heiß' ich. Gieb mich frei: laß mich zu den Meinen zurück, in den rauschenden Wald des Danubius / Oder tödte mich; denn das wisse, schändlicher Mann: Niemals willfahr' ich deinem Dienst.«*
*Unwillig warf ihm Leo den schweren Burgschlüssel, der vor ihm auf dem Schemel lag, in die Rippen: »Hebe dich von hinnen, störriger Hund! Davus«, herrschte der den jüngeren Sklaven an, der beschäftigt war, die Waffen des Tribuns bereit zu legen, »schleppe ihn in den Roßstall: und häng' ihn dort in Ketten auf! Will der Balg nicht seines Herrn Gespiel sein – fort mit ihm zu den Bestien!«*
*Der Knabe sprang auf, und warf seinen Wollmantel um. Davus riß ihn mit fort, hinaus; den Blick voll tödtlichen Hasses, den der junge Germane unter dem Vorhang des Gemaches, sich rasch wendend, zurückwarf, bemerkte Leo nicht. –* [Aus: Felix Dahn, *Felicitas*]

**Programm,** das: (gr. öffentl. Anschlag) Theaterzettel, Spielplan; P. von literar. Gruppe = →Manifest; Verlags-P. = Liste der Publikationen (→Leporello, →Prospekt).

**Prokatalepsis,** die: (gr. Zuvorkommen) vorwegnehmende Widerlegung von möglichen Einwendungen. (→Antizipation)
= *Natürlich könnte man hier einwenden...*

**Proklisis** bzw. **Proklise,** die: (gr. Vorwärtsneigung) Anlehnung von unbetontem (»gewichtslosem«) Wort (Proklitikon) an folgendes gewichtigeres. (→Enklisis)
= Präpositionen, Artikel u.ä.

**Prolegomena** (Pl.): (gr. im voraus Gesagtes) Vorbemerkung, Einführung, →Vorwort.

**Prolepse** bzw. **Prolepsis, die:** (gr. Vorwegnahme) a) →rhet. Figur: →Antizipation; b) betonende Voranstellung von Subst. oder Adverb u. dessen Aufgreifen durch Pronomen oder Adverb.
= *Mir welch ein Moment war dieser!* [Goethe, *Tasso*]

*Der Kerl, was er an ihr herumgreift!* [Büchner, *Woyzeck*]

*Dieser Kerl, dem werde ich es schon zeigen.* [A. Seghers, *Das siebte Kreuz*]

**Proletkult, der:** (russ. Abk. für »Proletarische Kultur«) sowjet.-russ. Organisation zur Förderung u. Pflege proletar. Kultur bzw. Literatur; 1917 gegr., 1923 aufgelöst. (→Vorpostler, →Straßentheater)
= Wichtigste Vertreter: A. A. Bogdanow, A. W. Lunatscharski, Kalinin u. a.

*Der Schriftsteller nimmt einen Fakt,*
*Lebendig und pulsend voll Stärke.*
*Nicht: in Ungenannt sich zu erkennen,*
*schreibt er auftrumpfend mit Helden.*
*Ist's ein Held ist der Name zu nennen!*
*Ist's ein Vieh die Adresse zu melden!*
*Die Zeile: Patrone. Der Aufsatz: Salvengehämmer –*

[Majakowski; übers.]

**Prolog, der:** (gr. Vorrede, Vorspruch) allg.: Einleitungsworte, -spruch, -dialog (szen. P.) zu dramat. Werk, dargeboten von auftretenden Figuren oder Sprecher zur Begrüßung des Publikums, Verdeutlichung der Absichten (→Exposition), Erörterung der Problemlage, Formulierung einer These u. ä. (→Vorspiel); bes.: als eigene selbständ. Form = P. zu →Festspiel.
= Allg.: Schiller, *Wallenstein, Jungfrau v. Orleans*; Hebbel, *Demetrius*; Hofmannsthal, *Jedermann*; Wedekind, *Die Büchse der Pandora*; Brecht, *Baal, Der gute Mensch v. Sezuan*; P. Weiss, *Marat/Sade*; u. a.
Bes.: Goethe, P. zur Übernahme der Leitung des Weimarer Hoftheaters (1791) oder P. zur Schiller-Trauerfeier (1805); u. a.

**Pro memoria, das:** (lat. zur Erinnerung) Denkschrift. (→Memorandum)

**Promptuarium, das:** (lat. gleich zur Hand, in Bereitschaft) Nachschlagewerk, wissenschaftl. →Abriß.

**Promythion, das:** (gr. Vorspruch) moralische Nutzanwendung am Anfang von →Exemplum oder →Fabel. (→Epimythion)
= *Gewalt der geht gar offt für recht,*
*Als jr inn diesem beyspiel seht.*
*Das lamb dem wolff was viel zu schlecht.*
(folgt Fabel-Text) [Hans Sachs, *Fabel des Wolffs mit dem Lamb*]

**Proodos,** der: (gr. Vorgesang) auch Pro-ode, in gr. →Chorlied gelegentlich am Anfang, vor Strophe und Antistrophe stehender eigenrhythm. Abschnitt ohne →Responsion. Gegenstück zu →Epode und →Mesodos.

**Proömium,** das: (gr.-lat. Vorgesang) a) Vorspiel (→Hymne), Vorrede zu →Epos mit Musenanruf, Themanennung u. ä.; b) in →Rhetorik;→Exordium. (→Disposition, →Prolog)
= a) Homer, *Ilias*, *Odyssee*; Hesiod; Lukrez; Vergil, *Georgica*; u. a.

*Liebe Muse, wem bringst du den Korb voll köstlicher Lieder?*
  *Sprich, wer flocht diese Schar herrlicher Sänger zum Kranz?*
*Wirker war Meleagros; dem edlen Diokles weihte*
  *er dies traute Geschenk, daß es Erinnerung sei. –*
*Viel weiße Lilien von Moiro, viel rote von Anyte nahm er,*
  *schlang auch von Sappho, nicht viel, aber doch Rosen hinein.*
*Von Melanippides brach er Narzissen zum klingenden Strauße*
  *und von Simonides drauf blühendes Rebengerank.*
*Bunt drein wand er die schöne, holdduftende Iris der Nossis,*
  *deren Täfelchen einst Eros mit Wachs überzog;*
*band von Rhianos hinzu des Meirans duftende Süße,*
  *Safran, wonnig und keusch, wie ihn Erinna gepflegt,*
*die Hyazinthe sodann des Alkaios, die redet in Hymnen;*
  *dunkles Lorbeergerank flocht er von Samos darein;*
*tat von Leonidas dann die strotzenden Trauben des Efeus*
  *und von Mnasalkes das Haar stechender Pinien hinzu;*
*legte von Pamphilos' Lied die Zweige der breiten Platane*
  *und von dem Walnußbaum Sprossen für Pankrates bei,*
*Weißpappelblätter von Tymnes, von Nikias grünende Minze,*
  *von Euphemos sodann Wolfsmilch, der Düne Gewächs;*
*drauf Damagetos, die dunkle Viole; die würzige Myrte*
  *von des Kallimachos stets bitterem Honiggesang;*
*von Euphorion Lychnis und Sanges-Amomon von jenem,*
  *dem ihren Namen dereinst die Dioskuren geschenkt.*
          [Aus: Meleagros, *Kranz des Meleagros*; übers.]

**Propaganda,** die: (lat. das weiter Auszudehnende) Werbetätigkeit, Meinungsbeeinflussung durch dafür geeignete Publikationen (u. Methoden). (→Agitprop, →Rhetorik)

**Propemptikon,** das: (zu gr. fortschicken) Geleitgedicht für Abreisenden; in Antike entstanden, in →Humanismus u. dt. →Barock nachgebildet u. gepflegt. (→Apopemptikon)
= *Der du, reisiger Gott, die eilenden Schiffe umwaltest*
  *und des euboiischen Strands ragende Felswand beherrschst,*

*gib uns, nun wir in Syrien die Anker gelichtet, wir flehen,*
*bis zu des Ares Stadt gnädig gesegnete Fahrt.*

[Alpheios von Mytilene, *Reisegebet*; übers.]

*Geister / die die Welt durchreisen*
  *fürchten keiner Seythen Eysen /*
  *achten nichts den blanken Stahl /*
*halb-bemohndte Partisanen /*
*blut-besprizte Martis-Fahnen*
  *stürzen sie in keine Quahl.*

*Des entbrandten Aetnas Spizen /*
  *und die zwey erhöhte Stüzen*
  *die Alkmönen Sohn erbaut /*
*werden offtmahls überstiegen*
*Thule bleibt dahinten liegen*
  *und Peru wird selbst durchschaut.*

*Aber / wann das Rund der Erden*
  *mit viel tausend Angst-Beschwerden*
  *endlich überstiegen ist;*
*Must du doch zurük gedenken /*
*und die Sinnen heimwerts lenken /*
  *wo du nicht von Marmor bist.*

*Du wirst schlechte Ruh empfinden /*
  *biß du von den Oeols Winden*
  *wirst getrieben Seewerts ein /*
*daß du kanst aus fremden Landen*
*frölich an dem Ufer stranden*
  *da dein Herz zu Hauß mag seyn.* [M. Kongehl, *Die erwünschte Heymat*]

**Proposition,** die: (lat. Vorstellung) Darlegung des Themas (Beweisziels). (→Rhetorik, →Disposition)

**Prosa,** die: (lat. gerade heraussagende Rede) i. Gegs. zu →gebundener Rede (→Metrum, →Reim), ist die P. »ungebunden«, sie umfaßt Alltagssprache wie künstler. gestaltete Form der P. (→Dichtung, →Poesie); weniger alt als →Vers; dt.-sprach. P. seit 9. Jh. nach lat. Vorbild in Übersetzungen (Tatian, 830; Notker Labeo, ca. 1000; u. a.).
= Erster Höhepunkt →Mystik; volkstüml. Ausprägung bereits in Joh. von Tepls Streitgespräch *Der Ackermann u. d. Tod* (ca. 1400 = →Kunstprosa)

**Prosagedicht,** das: →Poème en prose.

**Prosarhythmus,** der: (→Rhythmus) rhythm. Gliederung der ungebundenen Rede durch best. Akzentuierung des Sprachflusses, Wechsel von betonten u.

unbetonten Silben, langen u. kurzen Wörtern u. ä. im Unterschied zum strengen, durch Metrum u. Reim geregelten Versrhythmus. (→Kunstprosa)

**Prosimetrum,** das: (lat. →Prosa + →Metrum) Mischung bzw. Wechsel von Prosa u. →Vers in Literatur der Antike. (→Satire)
= Varro, Petronius, Lukian u. a.

**Proskenion,** das: (gr. Vorbühne) a) im antiken Theater Platz vor dem Bühnenhaus (→Skene), durch Treppen bzw. Rampen mit → Orchestra verbunden; nach Funktionsänderung bzw. -verlust des Chors Hauptspielfläche; b) vorderster Teil der →Guckkastenbühne zwischen Vorhang und Orchestergraben bzw. Rampe (= Proszenium).

**Prosodie,** die: (gr. Beigesang) Lehre von Sprach- bzw. Tongestaltung im Vers (Tonhöhe u. -quantum), von dem, was bei Artikulation der Laute durch Akzentuierung noch »beigesungen« wird; heute Bez. für Lehre von der metr.-rhythm. Formung der Sprache. (→Metrik)
= K. Ph. Moritz, *Versuch einer dt. Prosodie* (1786); J. H. Voß, *Zeitmessung der dt. Sprache* (1802); J. Minckwitz, *Lehrbuch der dt. Verskunst und P. und Metrik* (1843); A. Heusler, *Dt. Versgeschichte* (1925)

**Prosodion,** das: (gr. feierl. Aufzug) agr. Prozessionslied; auch →Päan.

**Prosopopoeie,** die: (gr. Gedicht + machen) Darstellung von Naturerscheinungen u. ä. oder abstrakt. Begriffen als Personen (→Personifikation, →Allegorie).

**Prospekt,** der: (lat. Ausblick) a) Werbeschrift; b) (gemalter) Bühnenhintergrund. (→Guckkastenbühne)

**Protagonist,** der: (gr. erster Kämpfer) Hauptdarsteller (→Held), erster u. wichtigster Schauspieler. (→Deuteragonist)

**Protasis,** die: (gr. Vorspann) a) Vordersatz, spannungschaffender Bestandteil einer →Periode im Gegs. zu →Apodosis; b) der →Epitasis vorangehender 1. Teil des →Dreiakters, bereitet durch Schaffung der dramat. Situation die volle Entfaltung der Handlung vor.
= a) *Der Mensch ist mehr, als Sie von ihm gehalten.* [Schiller]

**Protestsong,** der (→Song) Lied mit sozialkrit. Akzent. (→Bänkelsang, →Ballade, →polit. Dichtung)
= Bekannte Vertreter: T. Paxton, B. Dylan, J. Baez (USA); H. D. Hüsch, F.-J. Degenhardt, S. Süverkrüp, W. Biermann (Dtschld.)

*Don't you understand what*
    *I'm trying to say?*
*Can't you feel the fear*
    *that I'm feeling today?*
*If the button is pushed*
    *there'll be no running away*

*There'll be no one to save*
    *with the world in a grave.*
*Take a look around you boy*
    *It's bound to scare you boy*
*Ah, don't you believe, we're*
    *on the Eve of Destruction.*

*I can see a new day*
*A new day soon to be*
*When the storm clouds are*
    *all past*
*And the sun shines on a*
    *world that is free.*

*I can see a new world*
*A new world coming fast,*
*When all men are brothers*
*And hatred forgotten at last.*

*I can see a new man*
*A new man standing tall*
*With his head high and his*
    *heart proud*
*And afraid of nothing at all.*
                                         [*A new day;* nach M. Luther Kings berühmter Rede]

**Proteusvers,** der: (nach P. = gr. vielgestaltiger, wandelbarer Meergott) Vers, dessen einzelne Glieder sich in der Reihenfolge beliebig vertauschen lassen, ohne daß Sinn des Ganzen sich wesentlich ändert. (→Permutation)

= Dem von den Dichtern des Barock als Gesellschaftsspiel betrachteten P. versuchte Quirinus Kuhlmann einen tieferen Sinn zu geben. Daß er »in dieser Zusammenfügung des Wechselsatzes [...] Anfang, Mitte und Ende aller Menschenweisheit verborgen« sah, deutet nicht zuletzt der Titel »Der Wechsel menschlicher Sachen« an, den der Dichter seinem »41. Liebeskuß« (*Himmlische Liebesküsse*) gab.

*Das ist die schwere Zeit der Not,*
*Das ist die Not der schweren Zeit,*
*Das ist die schwere Not der Zeit,*
*Das ist die Zeit der schweren Not...*
                                                                 [Chamisso]

**Protokoll,** das: (gr. erster + leimen, ankleben = angeklebtes Blatt mit Aufschrift) Niederschrift, Tagungs-, Sitzungsbericht als objekt. Wiedergabe von Verlauf u. Ergebnissen. (→Acta Sanctorum)

**Protreptik,** die; (gr. ermahnend) Ermahnung zur sittl. Besserung, Aufmunterung zum Studium der Philosophie u. a.; Gattung der antiken didakt. Literatur.
= Verfasser von P. Platon, Aristoteles, Cicero, Seneca u. a.

> *Herrliche Zeit für die Seefahrt! Schon stellte geschwätzig die Schwalbe*
> *wieder sich ein, schon wehn willig die Winde von West.*
> *Wiesen liegen in Blüten, das Meer ist stille geworden,*
> *dessen Gewoge im Hauch wütender Stürme gebraust.*
> *Hoch nun die Anker, Matrose, bind los die Taue vom Lande!*
> *Klar die Schiffe zur Fahrt! Sämtliche Segel gesetzt!*
> *Ich, der Schirmherr der Häfen, gebiete es, ich, der Priapos:*
> *Auf, ihr Männer, befahrt sämtliche Märkte der Welt!*
> [Leonidas von Tarent, *Hißt die Segel!*; übers.]

**Proverb,** das: (lat.) →Sprichwort.

**Proverbe dramatique,** das: (frz. dramatisiertes →Sprichwort) frz. kurzes heiteres Stück zur Illustration von Sprichwort; aus scharadenhaftem Gesellschaftsspiel hervorgegangen, als eigene Gattung begründet durch Carmontelle (1768ff.). (→Scharade)
= Meister des P. d. A. de Musset (*On ne badine pas avec l'amour*, 1833), A. de Vigny, G. Sand, P. Bourget, A. Maurois u. a.

**Psalm,** der: (gr. Lied zum Saitenspiel) allg.: div. anonyme hebr. Hymnen, Klage-, Dank-, Königs- u. Wallfahrtslieder; bes.: →Psalmendichtung

**Psalmendichtung,** die: (→Psalm) Nachdichtung u. dichter. Bearbeitung des in die christl. Liturgie übernommenen →Psalters; Interlinearversionen seit 9. Jh., Blüte im Anschluß an Reformation (Luther, Calvin, Zwingli u.a.) u. an das Vorbild der frz. »Psalmlieder« Cl. Marots u. Th. Bezas (1541ff.), die von Melissus-Schede (1572) u. A. Lobwasser (1573) »nach Frantzösischer Melodey und reinen art« ins Dt. übersetzt wurden; von Bedeutung auch für Entwicklung der dt. Verskunst.
= Umdichtung in Lieder (→Kirchenlied) durch alle großen Dichter der Reformation (z. B. Luther *Ein feste Burg*, nach P. 46). Wichtige P.: P. Fleming, *10 Bußpsalmen* (1631); M. Opitz, *Die Psalmen Davids* (1637); Dedekind, *Davidische Herzlust* (1669); S. G. Lange, *Oden Davids* (1746); im 20. Jh. bes. M. Buber (1927) u. R. Guardini (1950)

*(Sehnsucht nach dem Heiligtum im fremden Lande.)*
*Wie nach einem wasser quelle*

*Ein Hirsch schreiet mit begir /*
*Also auch mein arme seele*
*Rufft vnd schreit Herr Gott zu dir /*
*Nach dir lebendiger Gott*
*Sie durst vnd verlangen hat /*
*Ach wenn sol es dann geschehen*
*Das ich dein antlitz mag sehen?*

*Tag vnd nacht mir meine zehren*
*Seind wie ein speiß oder brot /*
*Wann ich das hör mit beschweren*
*Das man fragt / wo ist dein Gott?*
*Ich schüt dann mein hertz gar auß /*
*Vnd denck wie ich in Gotts hauß*
*Geh / mit leuten die lob singen /*
*Hupffen vnd mit frewden springen.*

*Mein seel was thustu dich krencken /*
*Was machstu dir selber qual?*
*Hoff zu Gott / vnd thu gedencken*
*Ich werd jhm dancken ein mal /*
*Der mir hilfft / wann er nu richt*
*Auff mich sein klar angesicht.*
*Mein Gott / weh ist meiner seelen /*
*Die sich gremen thut vnd quelen.*

*Dann ich denck an dich mein Herren /*
*Jenseit dem Jordaner Land /*
*Vnd dem berg Hermon so ferren /*
*Auch dem berg Misar genandt /*
*Ein abgrund dem andern rufft /*
*Wann über mir in der lufft*
*Deine vngestümme braussen /*
*Vnd über dem heubt her saussen.*

*Alle deine wasser wagen /*
*Deine wellen allzumal*
*Vber mich zusammen schlagen /*
*Doch tröst ich mich in trübsal /*
*Das du helffen wirst bey tag /*
*Das ich deß nachts singen mag /*
*Dich als meinen Heylend preisse /*
*Anruff vnd anbet mit fleisse.*

*Gott mein fels (wil ich dann sagen)*
*Wie vergistu mein so gar?*
*Wann mich meine feind so plagen /*

*Das ich trawer jmmerdar.*
*Jhr schmehwort vnd falscher mund*
*Mich biß auffs gebein verwundt /*
*Dann sie teglich die red treiben /*
*Schaw wo nu dein Gott mag bleiben?*

*Mein seel was thustu dich krencken /*
*Was machstu dir selber qual?*
*Hoff zu Gott / vnd thu gedencken*
*Jch werd jhm dancken ein mal /*
*Der mir sein heyl sichtbarlich*
*Stelt für augen / vnd der sich*
*Ferner wirt hernach erkleren /*
*Als den meinen Gott vnd Herren.* [Ambrosius Lobwasser, *Der 42. Psalm*]

**Psalter,** der: (gr. Saiteninstrument: →Psalm) Sammlung der Psalmen, →Psalmendichtung, zunächst Mönchs-, dann auch Laiengebetbuch (oft mit →Kalendergeschichten u. Erbauungstexten durchsetzt).

**Pseudandronym,** das: (gr. falsch + Mann + Name) →Pseudonym einer Frau aus Männernamen.
= *George Eliot* für Mary Ann Evans; *George Sand* für Aurore Dupin-Dudevant; *Henry Lou* für Lou Andreas-Salomé

**Pseudoepigraphen** (Pl.): (gr. falsch + zuschreiben) einem Autor fälschlich zugeschr. Schriften, bes. aus der Antike. (→Apokryphen)
= Pseudo-Longinos, Pseudo-Anakreon u. a.

**Pseudogynym,** das: (gr. falsch + Frau + Name) →Pseudonym eines Mannes aus Frauennamen.
= *Clara Gazul* für Prosper Mérimée; *Charlotte Arand* bzw. *Zoë von Rodenbach* für L. v. Sacher-Masoch; *Meta Communis* für J. G. Seidl; u. a.

**Pseudonym,** das: (gr. falsch + Name) Deckname eines Autors, Künstlername, auch Werk, das unter P. erscheint; Grund für Wahl eines P. meist Rücksicht auf polit. oder soziale Gegebenheiten. (→Ananym, →Hagionym, →Kryptonym, →Phraseonym, →Phrenonym, →Prenonym, →Pseudandronym, →Pseudogynym)
+ H. Holzmann/H. Bohatta, *Dt. P.en-Lexikon* (1906 bzw. 1961)
= *Abraham a Santa Clara* für Ulrich Megerle; *Angelus Silesius* für Joh. Scheffler; *Novalis* für Friedr. von Hardenberg; *Jeremias Gotthelf* für Albert Blitzius; *Charles Sealsfield* für Karl Postl; *J. Ringelnatz* für H. Bötticher; *A. Seghers* für Netty Radvanyi; *C. W. Ceram* für Kurt W. Marek

**psychoanalytischer Roman,** der: Form des →psycholog. R., die im Anschluß an S. Freuds Entdeckungen Traum u. Verdrängung, d. h. das Unbewußte, als prägende Kraft in Seelenanalyse u. -deutung miteinbezieht; der Begriff p. R. gilt jedoch als fragwürdig, weil die Psychoanalyse stets nur ein Hilfsmittel der Menschendarstellung sein kann; den Erkenntnissen der Psychoanalyse sind verpflichtet u. a. Schnitzler, Musil, Broch, Döblin, Th. Mann, St. Zweig, H. Hesse u. a. (→innerer Monolog)

= H. Hesse, *Demian* (1919); L. Frank, *Deutsche Novelle* (1954); E. Augustin, *Der Kopf* (1962), *Das Badehaus* (1963); u. a.

**Psychodrama,** das: (gr. Seele, Gemüt + D.) Darstellung des seelischen Konflikts einer Person im →Monolog auf der Bühne: →Monodrama.

**Psychogramm,** das: (gr. Seele + Schrift, Geschriebenes) Seelenporträt, »Gesamt«-Bild der seel.-geist. Eigenschaften u. Fähigkeiten einer Persönlichkeit.

**psychologischer Roman,** der: Romanform, die Geschehen aus Beobachtung, Zergliederung u. Deutung des Seelenlebens der Personen entwickelt u. deswegen vorwiegend der »inneren« Landschaft gilt; eigtl. psychol. Roman seit J.-J. Rousseaus *Nouvelle Héloïse* (1761); Vorstufen in Deutschland bei Thümmel, Wieland, Moritz (*Anton Reiser*, 1785 ff.); Höhepunkte psycholog. Gestaltung in →Realismus (G. Keller, C. F. Meyer), →Naturalismus (G. Hauptmann, H. Stehr, J. Wassermann) u. →Impressionismus (Schnitzler); seit →Expressionismus tritt das Psychologische in zunehmendem Maße zurück.

= G. Flaubert, *Madame Bovary* (1857); Dostojewski, *Schuld und Sühne* (1866); Fontane, *Effi Briest* (1895); R. M. Rilke, *Die Aufzeichnungen des Malte Laurids Brigge* (1910); u. a.

**Publikum,** das: (lat. Öffentlichkeit) Interessen-, Käufer- u. Rezipientenkreis von Kunstwerk; besteht aus dem »direkten oder Präsenz-P.« von Theater-, Konzertdarbietungen u. ä. und dem »indirekten oder verstreuten P.« der Leser literar. Werke. (→ Lesegesellschaft)

**Publikation,** die: (frz. Bekanntmachung) Publizierung bzw. deren Objekt: im Druck ersch. literar. oder wissenschaftl. Werk.

**Pulcinell** bzw. **Pulcinella,** der: (ital. Hähnchen) eine Art →Hanswurst, kom. Diener, Figur der →Commedia dell'arte; bekannt auch als zentrale →lustige Person des Puppenspiels. (→Punch)

**Punch,** der: (engl. Faustschlag) →Hanswurst in engl. Komödie u. Puppenspiel: →Pulcinell.

**Puppenspiel,** das: als Puppen- oder Figurentheater (Theater-Spiel mit Puppen: Handpuppen, Marionetten, Stock- oder Stabpuppen u. anderen Figuren, denen menschliche Stimmen unterlegt sind oder erklärend ein Kommentar folgt; schon in der Antike bezeugt, in Deutschland Anfänge 12. Jh., erste Blüte 16. u. 17. Jh.; seit →Romantik als künstler. Gattung gepflegt, von Graf Pocci für pädagog. Zwecke erneuert; von Einfluß auf mod. Theater. (→Kasperltheater, →Jugendstil, →Bunraku)
= A. v. Arnim, *Die Appelmänner* (1813); Eichendorff, *Das Incognito* (1841); Hofmannsthal, *Das kleine Welttheater oder die Glücklichen* (1903); G. Trakl, *Blaubart* (1917); Nelly Sachs, *Puppen- und Marionettenspiele* (1955); T. Dorst, *Auf kleiner Bühne* (1959); u. a.

**Purâna,** das: (sanskr. alte [Erzählung]) ind. myth.-relig. Texte um Weltschöpfung, Königsgenealogien, Götter- u. Heldenmythen u. ä.; achtzehn P. sind in der Gruppe der Mahâ-P. (große P.) enthalten, von denen das berühmteste das Bhâgavata-P. ist.

**Purimspiel,** das: (hebr. Purim = jüd. Freudenfest im Febr./März zur Erinnerung an die Errettung der pers. Juden + Spiel) zum Purimfest aufgeführtes lustiges, oft derb-frivoles jidd. Schauspiel um die bibl. Begebenheit, vergleichbar dem →Fastnachtsspiel.
= *Ahasverus-Spiele*

**Purismus,** der: (zu lat. rein) a) übertrieb. Bemühen um »Reinheit«, d.h. Wurzelechtheit der Sprache; fordert Vermeidung von Fremdwörtern oder deren Beseitigung (»Kampf dem Fremdwort!«); in dt. Literatur vertreten bes. im 17. Jh. durch →Sprachgesellschaften, im 18. Jh. durch die Deutschen Gesellschaften, seit 19. Jh. durch Allgemeinen Deutschen Sprachverein (gegr. 1885) u. dessen Zeitschrift *Muttersprache*; b) allg. Streben nach Stilreinheit.

**Puy,** der: (frz. von lat. Anhöhe) frz. ma. Vereinigung zur Pflege von Dichtung u. Musik; organisierte neben Dichterlesungen, -wettkämpfen u. -krönungen auch Aufführungen von →Mirakel- u. →Mysterienspielen; bedeutende P. in nordfrz. Städten wie Amiens, Douai, Rouen, Valenciennes (13.–16. Jh.).

**Pyrrhichius,** der: (gr. zum Waffentanz gehörig) antiker Versfuß aus zwei Kürzen.
= ∪ ∪ *(soso)*

**Qit'a,** die: (arab. Bruchstück) Kurzform von →Ghasel oder →Kasside.

**Quadrivium,** das: →Freie Künste.

**Quantität,** die: (lat. Größe, Menge) Silbenlänge: →quantitierendes Versprinzip. (→Akzent, →Prosodie, →Metrik)

**quantitierendes Versprinzip,** das: (von lat. wieviel [an Zeitdauer]) »messende«, d.h. auf dem geregelten Wechsel langer u. kurzer Silben beruhende Versstruktur; charakterist. für klass.-gr. u. röm. Metrik. (→Akzent, →akzentuierendes Versprinzip)

**Quartett,** das: (ital. vierter) allg.: vierzeiliges Gedicht oder Strophe (→Quatrain); bes.: die ersten beiden vierzeiligen Strophen des →Sonetts im Gegs. zu →Terzetten.

**Quatrain,** das bzw. der: (frz.) vierzeilige, meist in der Reimfolge abba gehaltene (Einzel-)Strophe frz. Herkunft, von Opitz u. seinen Zeitgenossen (17. Jh.) übernommen; häufige Form des →Epigramms; Bez. auch für →Quartett gebraucht.
= *Wie wird die Welt doch vberal verkehret,*
   *Hie hat ein Koch im grabe seine ruh,*
   *Der mancherley von Speissen richtet zu,*
*Jetzt haben jhn die Würme roh verzehret.*
                                           [Martin Opitz, *Grabschrift eines Kochs*]
*Wann dich die Lästerzunge sticht,*
*So laß dir dies zum Troste sagen:*
*Die schlecht'sten Früchte sind es nicht,*
*Woran die Wespen nagen.*                             [G. A. Bürger, *Trost*]

**Quattrocento,** das: (ital. v. 400 bzw. 1000 + 400) 15. Jh. (Früh- →Renaissance), Stilbegriff der ital. Kunst u. Literatur.

**Quelle,** die: als Kenntnis vermittelnde Anregung, Vorlage, Überlieferung (→Stoff) Grundlage eines literar. Werks. (→Quellenkunde, →Quellenforschung)

**Quellenforschung,** die: (→ Quelle) Untersuchung der stoffl. Grundlage eines literar. Werkes, der ein Autor Anregung u. Ausgangskenntnisse verdankt, wie schriftl. Vorlagen (→ Stoff), mündl. Überlieferungen (→ Sage, → Märchen) o. ä. (→ Motiv, → Intertextualität)

= *Amphitryon:* Plautus, Molière, Kleist, Giraudoux u. a. *Iphigenie:* Euripides, Racine, Goethe, G. Hauptmann u. a. *Undine:* Paracelsus, Fischart, Ch. A. Vulpius, A. v. Arnim, H. C. Andersen, G. Hauptmann, J. Giraudoux, K. Krolow, I. Bachmann u. a.

**Quellenkunde,** die: i. Gegs. zur → Quellenforschung, die sich mit stoffl. Abhängigkeiten beschäftigt, literarhist. Hilfswissenschaft zur Erschließung der primären literar. Überlieferung (→ Quelle) in Nachlaß, dokumentar. Material (z. B. Autobiographie, Tagebuch, Briefsammlung) u. ä.

**Querelle des Anciens et des Modernes,** die: → Streit der Alten und der Neueren. (→ Literaturstreit)

**Quibble,** das: (engl.) Ausflucht, Spitzfindigkeit; witzig-spitzfindiges → Wortspiel.

**Quidproquo,** das: (lat. etwas für etwas) Mißverständnis; als »Verwechslung einer Person mit einer andern«, Verwechslung von Wörtern oder Situationen ein Handlungselement des Dramas. (→ Plot)

**Quinar,** der: (lat. Fünfer) Verszeile von fünf Füßen (bzw. Hebungen).

**Quintilla,** die: (span.) span. Strophenform aus fünf achtsilbigen → Trochäen, Reimfolge meist ababa.

**Quiz,** das: (von Abk. für engl. Frage) aus Frage u. Antwort bestehendes, mit Punkten bewertendes (meist literar.) Rätsel- bzw. Ratespiel, vor allem in Massenmedien Rundfunk u. Fernsehen. (→ Rätsel)

**Quodlibet,** das: (lat. was beliebt) a) seit 16. Jh. Bez. für buntes Durcheinander, d. h. Sammlung von Gedichten, der innere Einheit fehlt; b) Gedicht-→ Montage aus Bruchstücken von Redensarten, Sprichwörtern, Banalitäten aller Art, die unverbunden nebeneinanderstehen; wohl im Anschluß an das musikal. Q. entstanden, bes. im 15. Jh. gepflegt.

= b) *Gickes gackes Bloder-Zung,*
*Rede dennoch einmal bescheid,*
*Sag, sterben müssen alt und jung*
*Sterben müssen alle Leut*
*Omnes quotquot morimur,*
*Es sei gleich morgen oder heut,*
*Sterben müssen alle Leut.* [Abraham a Santa Clara]

**q. v.:** Abk. von *quod videas* (lat. was du nachsehen mögest), »siehe dieses!« als Aufforderung zum Nachschlagen.

**Räsoneur,** der: (frz. Schwätzer) Nebenfigur im Drama, die andere Figuren beobachtet u. kommentiert; wendet sich auch direkt an den Zuschauer, um geistreich lehrhaft die Meinung des Autors kundzutun. (→ad spectatores)
= H. Sudermann, *Die Ehre* (1890); Oscar Wilde, *An ideal husband* (1895); K. Kraus, *Die letzten Tage der Menschheit* (1919); u.a.

**Rätsel,** das: (zu raten) indirekte, meist knappe, oft versförmige fragende Beschreibung einer »verrätselten« gemeinten Sache oder Person, die der scharfsinnige Hörer oder Leser identifizieren, d.h. »enträtseln«, soll; als Dichtungsgattung nachweisbar schon in Antike mit Ursprung im Kultischen; nach Jolles →einfache Form; als Kunstform bei Schiller, Brentano, Hebel, Hauff u.a. (→Scharade, →Rebus, →Anagramm, →Homonym, →Palindrom, →Quiz, →Logogryph)
= Erste gedruckte dt. R.-Sammlung Straßburg 1505

> *Wil ieman râten, waz daz sî?*
> *êst lîhter danne ein loup    unt ist noch swoerer danne ein blî,*
> *êst groezer danne ein berc,    gevüeger danne ein cleinez muggelîn.*
> *Daz selbe schoenet mannes leben,*
> *ez kan ouch mannes schoene    vil der ungetoete geben.*
> *sô vorhteges noch sô liebes    wart nie mêr: nu rât, was mac daz sîn?*
> *Êst ê ze himel, danne ein ouge winke.*
> *ez ist sô swoer, swenne ez beginnet sinke,*
> *daz al diu werlt niht widerwuoge:*
> *ez ist ouch sô gevüege wol,*
> *ez slüffe durch ein nâdelhol:*
> *êst beren grôz,    swenne ez verlât die vuoge.*
>             [Reinmar von Zweter, *Rätselspruch* (Der Gedanke)]

> *Von Perlen baut sich eine Brücke*
>   *Hoch über einen grauen See,*
> *Sie baut sich auf im Augenblicke,*
>   *Und schwindelnd steigt sie in die Höh.*
>
> *Der höchsten Schiffe höchste Masten*
>   *Ziehn unter ihrem Bogen hin,*

*Sie selber trug noch keine Lasten
Und scheint, wenn du ihr nahst, zu fliehn.*

*Sie wird erst mit dem Strom, und schwindet,
Sowie des Wassers Flut versiegt.
So sprich, wo sich die Brücke findet,
Und wer sie künstlich hat gefügt?*

*Diese Brücke, die von Perlen sich erbaut,
Sich glänzend hebt und in die Lüfte gründet,
Die mit dem Strom erst wird und mit dem Strome schwindet
Und über die kein Wandrer noch gezogen,
Am Himmel siehst du sie, sie heißt der Regenbogen.* [Schiller]

**Räuberroman,** der: allg.: Roman um den »edlen«, sich im Namen der »Gerechtigkeit« über bestehende Gesetze hinwegsetzenden Räuber, der aus dem »Käfig der Konvenienz« ausbricht u. sich zum Rächer u. Beschützer der Schwachen u. Unterdrückten aufwirft (Robin Hood u. a.); bes.: Romantyp, in dem ältere literar. Überlieferungen u. Motive aus Goethes *Götz* (1773) u. Schillers *Räubern* (1781) verschmolzen; meist der →Unterhaltungsliteratur zuzurechnen (Zschokke, *Abällino*, 1793; Vulpius, *Rinaldo Rinaldini*, 1798; K. G. Cramer, *Der Domschütz u. s. Gesellen*, 1803; u. a.); daneben künstler. anspruchsvollere R. wie Schiller, *Verbrecher aus verlorener Ehre* (1786); H. Kurz, *Der Sonnenwirt* (1854); L. Frank, *Die Räuberbande* (1914). (→Ritterroman, →Abenteuerroman, →Kriminalroman)

**Rahmenerzählung,** die: →Erzählung, die eine oder mehrere Binnenerzählungen wie einen Rahmen umgibt u. höhere Einheit mit ihnen bildet; zwei Grundformen sind zu unterscheiden, in denen Umschließendes u. Umschlossenes in einem Spannungsverhältnis zueinander stehen: R., die a) versch. mehr oder weniger zusammengehörige Einzelerzählungen zyklisch zusammenbindet oder b) Einzelerzählung perspektivisch in sich einschließt; beides wesentl. Bauelemente der →Novelle; die R. stammt aus dem Orient *(Tausendundeine Nacht)*, Höhepunkte in Dichtung der →Renaissance (Boccaccio, *Decamerone*, 1348ff.; Chaucer, *Canterbury Tales*, 1387ff.); seit Goethes *Unterhaltungen deutscher Ausgewanderten* (1795), der ersten dt. R., Technik häufig angewandt, eine der wichtigsten Erzählformen des 19. Jh. (→chronikalische Erzählung)

= a) Chr. Weise, *Die drey ärgsten Ertz-Narren in der gantzen Welt* (1672, Roman mit R.); L. Tieck, *Phantasus* (1812ff.); E. T. A. Hoffmann, *Die Serapionsbrüder* (1819ff.); G. Keller, *Zürcher Novellen* (1878); u. a.

b) Chr. M. Wieland, *Der goldene Spiegel* (1772); C. F. Meyer, *Das Amulett* (1873); Th. Storm, *Aquis submersus* (1877); *Ein Bekenntnis* (1888); u. a.

**Randglosse,** die: →Marginalie, →Glosse.

**Rationalismus,** der: (lat. Vernunft) a) Grundform philos. Denkens, b) als philos. Richtung Denkweise der →Aufklärung; gründet Betrachtung von Welt u. Geschichte auf Standpunkt u. Maßstab der (erhellenden = klar machenden, aufklärenden) Vernunft; da menschliche Erkenntnisfähigkeit für unbeschränkt gilt, ist der R. von optimist. Glauben an Fortschritt u. vernunftgemäße Entwicklung in geist. (und polit.) Hinsicht getragen. (→Sensualismus)
= Hauptvertreter: Descartes, Spinoza, Leibniz, Thomasius, Wolff u. a.

**Raubdruck,** der: nichtautorisierter →Erst- oder →Nachdruck.

**Reader,** der: (engl. Lesebuch) Sammelband, Textsammlung.

**Realenzyklopädie,** die: (lat. zu Sache + →Enzyklopädie) →Reallexikon.

**Realismus,** der: (zu lat. real, wirklich, sachlich) a) Bez. für literar. Epoche zwischen Idealismus (→Klassik, →Romantik) u. →Naturalismus; vielgestaltige gemeineurop. Erscheinung, die in dt. Literatur als »→poetischer«, »psychologischer«, »bürgerlicher« R. in der Zeit etwa zwischen Goethes Tod u. der ausgehenden Romantik u. der Strömung des Naturalismus (ca. 1830–80) wirksam war; früher einsetzende Parallelströmungen in Frankreich (Stendhal, Balzac, Flaubert u. a.), England (Dickens, Thackeray, Ch. Brontë u. a.) u. Rußland (Dostojewski, Tolstoi, Turgenjew) förderten die ihn einleitende oppositionelle Abwendung vom →Idealismus (der Klassik); gefordert werden gelassene Beobachtung u. unparteiische, unverfälschte Schilderung (»Widerspiegelung«) der bürgerlichen Alltagswirklichkeit: »alles wirklichen Lebens, aller wahren Kräfte und Interessen« (Fontane), wie sie sich angesichts zunehmender Entfaltung der Naturwissenschaften, ausgreifender Technisierung u. Industrialisierung, Auflösung der Religion in Anthropologie (Feuerbach) u. des stürmischen polit.-sozialen Aufbruchs dem Schreibenden darbietet; Illusionslosigkeit (bei gleichzeitigem Festhalten am Postulat der Idealisierung) führt zu Betonung der Weltimmanenz, zur Darstellung des Kampfes ums Dasein u. der Verwirklichung des Humanen in rein diesseitiger Spannung, wobei dem →Humor als sublimer Waffe eine wesentl. Rolle zukommt; Hauptleistung auf dem Gebiet der →Novelle; b) Bez. für Stilcharakter, den Goethe in »einfacher Nachahmung der Natur« sieht u. der sich durch Bemühung, die bürgerl. Umwelt in ihrer sozialen u. sprachl. Alltäglichkeit wiederzugeben, von idealist. Gestaltung unterscheidet.
+ U. Müller, *R. Begriff u. Epoche* (1982)
= Vorläufer: G. Büchner, Chr. D. Grabbe, K. Gutzkow, Heine u. a. Hauptvertreter: J. Gotthelf, A. Stifter, B. Auerbach, G. Freytag, Th. Storm, G. Keller, C. F. Meyer, W. Raabe, Th. Fontane u. a.

*Wenn man mir übrigens noch sagen wollte, der Dichter müsse die Welt nicht zeigen, wie sie ist, sondern wie sie sein solle, so antworte ich, daß ich es nicht besser machen will als der liebe Gott, der die Welt gewiß gemacht hat, wie sie sein soll. Was noch die sogenannten Idealbilder anbetrifft, so finde ich, daß sie fast nichts als Marionetten mit himmelblauen Nasen und affektiertem Pathos, aber nicht Menschen von Fleisch und Blut gegeben haben, deren Leid und Freude mich mitempfinden macht und deren Tun und Handeln mir Abscheu oder Bewunderung einflößt.*

[Aus: G. Büchner, Brief vom 28.7.1835]

*Meine eingelegten Ruder triefen,*
*Tropfen fallen langsam in die Tiefen.*

*Nichts, das mich verdroß! Nichts, das mich freute!*
*Niederrinnt ein schmerzenloses Heute!*

*Unter mir ach, aus dem Licht verschwunden –*
*Träumen schon die schönern meiner Stunden.*

*Aus der blauen Tiefe ruft das Gestern:*
*Sind im Licht noch manche meiner Schwestern?*

[C. F. Meyer, *Eingelegte Ruder*]

**Realkatalog,** der: Sachkatalog, nach sachlichem Inhalt von Werken geordnetes Bücherverzeichnis; Gegs. →Nominalkatalog.

**Reallexikon,** das: (lat. zu Sache + gr. Wort bzw. Wörterbuch) Sachwörterbuch, →Lexikon, das Sachbegriffe von Wissensgebiet erklärt. (→Literaturlexikon)

**Rebus,** der bzw. das: (lat. durch Dinge [ausdrücken]) Bilder-, Figurenrätsel; als graph. dargestelltes →Rätsel verschlüsselt der R. das Gemeinte durch »sprechend« angeordnete Silben, Buchstaben u. Wörter; Blütezeit 15./16. Jh. (Frkr.), 17. Jh. (Dtschld.)
= Berühmt wurde der angebl. »Briefwechsel« zwischen Friedrich II. v. Preußen u. Voltaire:

(F.) $\dfrac{P}{venez}$ à $\dfrac{ci}{sans}$ *(venez souper à Sanssouci)*
(V.) G a *(j'ai grand appétit)*

**Recto:** (von lat. rechts, richtig) rechts liegende Vorderseite eines Blattes; Gegs. →Verso.

**Redakteur,** der: (frz. zu lat. einliefern, zu etwas machen) Mitarbeiter von →Zeitung, →Zeitschrift etc., der Beiträge »redigiert« (= bearbeitet bzw. druckfertig macht) u. eigene →Artikel verfaßt.

**Redaktion,** die: (frz. Fassung) a) Schriftleitung als Arbeitsstätte bzw. Kreis der sie konstituierenden →Redakteure; b) vom →Archetyp abweichende

**Rede,** die: allg.: a) das konkret Gesprochene (= parole) als Aktualisierung des Sprachsystems (= langue) (B. Sowinski); b) Äußerung als Vorgang u. Ergebnis von (mündl. u. schriftl.) Sprachproduktion; c) Ansprache, mündl. Vortrag vor Publikum u. diesem zugrundeliegender, stilist. durchgeformter Text (→Predigt, →Disputatio); bes.: Redeform: →direkte R., →indirekte R., →erlebte R.

= *Ein Stern ist untergegangen, und das Auge dieses Jahrhunderts wird sich schließen, bevor er wieder erscheint; denn in weiten Bahnen zieht der leuchtende Genius, und erst späte Enkel heißen freudig willkommen, von dem trauernde Väter einst weinend geschieden. Und eine Krone ist gefallen von dem Haupte eines Königs! Und ein Schwert ist gebrochen in der Hand eines Feldherrn; und ein hoher Priester ist gestorben! Wohl mögen wir den beweinen, der uns Ersatz gewesen und uns nun unersetzlich geworden. Jedem Lande ward für jedes trübe Entbehren irgendeine freundliche Verfügung. Der Norden ohne Herz hat seine eiserne Kraft; der kränkelnde Süden seine goldene Sonne; das finstere Spanien seinen Glauben; die darbenden Franzosen erquickt der spendende Witz, und Englands Nebel verklärt die Freiheit. Wir hatten Jean Paul, und wir haben ihn nicht mehr, und in ihm verloren wir, was wir nur in ihm besaßen: Kraft und Milde und Glauben und heitern Scherz und entfesselte Rede. Das ist der Stern, der untergegangen: der himmlische Glaube, der in dem Erloschenen uns geleuchtet. Das ist die Krone, die herabgefallen: die Krone der Liebe, die den beherrschte, der sie getragen, wie alle, die ihm untertan gewesen. Das ist das Schwert, das gebrochen: der Spott in scharfer Hand, vor dem Könige zittern und der blutleere Höflinge erröten macht. Und das ist der hohe Priester, der für uns gebetet im Tempel der Natur er ist dahingeschieden, und unsere Andacht hat keinen Dolmetscher mehr. Wir wollen trauern um ihn, den wir verloren, und um die andern, die ihn nicht verloren. Nicht allen hat er gelebt! Aber eine Zeit wird kommen, da wird er allen geboren, und alle werden ihn beweinen. Er aber steht geduldig an der Pforte des zwanzigsten Jahrhunderts und wartet lächelnd, bis sein schleichend Volk ihm nachkomme. Dann führt er die Müden und Hungrigen ein in die Stadt seiner Liebe; er führt sie unter ein wirtliches Dach: die Vornehmen, verzärtelten Geschmacks, in den Palast des hohen Albano, die Unverwöhnten aber in seines Siebenkäs enge Stube, wo die geschäftige Lenette am Herde waltet und der heiße beißende Wirt mit Pfefferkörnern deutsche Schüsseln würzt.*

[Aus: L. Börne, *Denkrede auf Jean Paul*]

**Redefigur,** die: →rhet. Figur.

**Redensart,** die: geläufige, feststehende sprachl. Wendung, die trotz formelhafter Erstarrung gewisse Bildhaftigkeit bewahrt hat. (→Formel, →Phrase)

= *Den Daumen drücken; aus dem Stegreif vortragen; etwas auf dem Kerbholz haben* u. ä.

**Rederijkers** (Pl.): (ndl. zu frz. →rhétoriqueur = Redner) den »R.kamers«, d. h. Zunftvereinen der R., angehörende Dichter u. Dichtungsfreunde in den Niederlanden (15. u. 16. Jh.), organisierten neben dichter. Wettkämpfen Feste u. feierl. Empfänge; pflegten u. a. →Moralität (→Sinnespel), →Klucht u. →Refrain. (→Meistersang)

= Die bedeutendsten »R.kamers« waren in Antwerpen u. Gent; als wichtigste R. gelten Anne Bijns (Lyrik), A. de Roovere, M. de Castelein u. a. (Drama)

**Redondilla,** die: (span. rund) span. Strophenform aus vier achtsilbigen Versen (Trochäen) mit Reimfolge abba; Blüte im 16. und 17. Jh., noch heute beliebt.

= Lope de Vega, Tirso de Molina, Sor Juana Inés de la Cruz u. a.

*Hombres necios que acusáis*
*a la mujer sin razón,*
*sin ver que sois la ocasión*
*de lo mismo que culpáis.*

*Si con ansia sin igual*
*solicitáis su desdén.*
*¿por qué queréis que obre bien*
*si la incitáis al mal?* [Aus: Sor Juana Inés de la Cruz, *Redondilla*s]

**Redundanz,** die: (lat. Überfluß) Überladung einer Aussage mit undienlichen (überflüssigen) Inhaltselementen; gilt als Stilfehler. (→Pleonasmus, →Tautologie)

**reduzierter Text,** der: auf einzelne Buchstaben oder Wörter bzw. Buchstaben- oder Wortfolgen reduzierter u. visuell strukturierter Text; als »Materialisierung« des Wortes (→Montage, →Collage) u. a. in →Expressionismus (→Wortkunst, →Dadaismus, →konkrete Dichtung).

= E. Stramm, *Patrouille*; K. Schwitters, *Cigarren [elementar]*; E. Gomringer, *schweigen* (= →konkrete Dichtung); E. Jandl. *kuren, krieg und so*; u. a.

*Die Steine feinden*
*[...]*
*Gellen*
*Tod* [Aus: E. Stramm, *Patrouille*]

**Referat,** das: (zu lat. überbringen) allg.: Vorgang u. Ergebnis mündl. u. schriftl. Berichterstattung über Sach- oder Fachgebiet; bes.: Bearbeitungsgebiet.

**Reformation,** die: (lat. Umformung, Erneuerung) Bez. für relig. Bewegung des 16. Jh., deren Vertreter ein neues persönlich-lebendiges Verhältnis zur Wirklichkeit Gottes zu gewinnen u. das christl.-kirchl. Leben zu erneuern suchten; die relig. Auseinandersetzungen führten nicht nur zur konfessionellen Spaltung Deutschlands, sie prägten auch das Geistesleben der Epoche (→Reformationsliteratur) u. waren von entscheidendem (hemmendem) Einfluß auf die geistig-künstler. Entwicklung. (→Renaissance, →Humanismus, →Gegenreformation)

**Reformationsdrama,** das: protest. →Schuldrama im Dienst der →Reformation; nach Vorbild des lat. →Humanistendramas in der ersten Hälfte des 16. Jh. entstanden, von Luther u. Melanchthon gefördertes deutschsprach. →Tendenzdrama. (→Jesuitendrama)
= Bedeutende Vertreter: J. Greff, *Spiel von dem Patriarchen Jacob u. s. zwelff Sönen* (1534), *Judith* (1536), u. a.; P. Rebhuhn, *Susanna* (1536), *Hochzeit zu Cana* (1538); J. Agricola, *Huss* (1537); u. a.

**Reformationsliteratur,** die: Sammelbez. für die im Zusammenhang mit der kirchl.-relig. Bewegung der →Reformation zwischen Luthers Auftreten (1517) bis zur reichsrechtlichen Anerkennung der Augsburgischen Konfession (1555) entstandene Literatur in dt. und lat. Sprache; umfaßt außer dem eigtl. reformator. Schriftgut auch die Publikationen zum dt. Bauernkrieg (1525) sowie gegen- u. vorreformator. Veröffentlichungen u. ä. (→Flugschrift, →Kirchenlied, →Reformationsdrama, →Streitgedicht, →Satire, →geistl. Dichtung, →Gegenreformation)
= Hutten, *Gesprächsbüchlein* (1521); Eberlin v. Günzburg, *15 Bundesgenossen* (1521); H. Sachs, *Die Wittenbergisch Nachtigall* (1523); Th. Murner, *Von dem großen Luther. Narren* (1522 = kathol.); u. a.

*Wacht auf! Es nahet gen dem Tag.*
*Ich hör singen im grünen Hag*
*Ein wunnigliche Nachtigall.*
*Ihr Stimm durchklinget Berg und Tal.*
*Die Nacht neigt sich gen Occident,*
*Der Tag geht auf von Orient.*
*Die rotbrünstige Morgenröt*
*Her durch die trüben Wolken geht,*
*Daraus die lichte Sunn tut blicken.*
*Des Mones Schein tut sie verdrücken.*
*Der ist ietz worden bleich und finster,*
*Der vor mit seinem falschen Glinster*
*Die ganzen Herd Schaf hat geblendt,*
*Daß sie sich haben abgewendt*
*Von ihrem Hirten und der Weid*
*Und haben sie verlassen beid,*

> *Sind gangen nach des Mones Schein*
> *In die Wildnus den Holzweg ein,*
> *Haben gehört des Leuen Stimm*
> *Und sind auch nachgefolget ihm,*
> *Der sie geführet hat mit Liste*
> *Ganz weit abwegs tief in die Wüste...*
>
> [Aus: Hans Sachs, *Die Wittenbergisch Nachtigall*]

**Refrain,** der: (lat.-frz. brechend zurückwerfen) allg.: Kehrreim = regelmäßig wiederkehrende Laute (Ton-R.: →Klangmalerei, →Interjektion u. ä.), Wörter, Wortgruppen oder Sätze bzw. Verse (Wort-R.); meist als End-R., doch auch als Anfangs- u. Binnen-R.; erscheint R. in (größeren) regelmäßigen Abständen = period. R., wiederholt er gleichen Wortlaut = fester R. i. Gegs. zu flüssigem R. mit verändertem Wortlaut; bes.: stroph. Gedicht mit sich wiederholendem Endvers (»stock«), Hauptform der Lyrik der →Rederijkers. (→Gegenrefrain)
= Allg.: →Triolett, →Rondeau, →Ballade, →Chanson, →Schlager

> *Der Strom, der neben mir verrauschte, wo ist er nun?*
> *Der Vogel, dessen Lied ich lauschte, wo ist er nun?*
> *Wo ist die Rose, die die Freundin am Herzen trug,*
> *Und jener Kuß, der mich berauschte, wo ist er nun?*
> *Und jener Mensch, der ich gewesen, und den ich längst*
> *Mit einem andern Ich vertauschte, wo ist er nun?* [Platen]

**Refrán,** der: (span.) span. volkstüml. →Sprichwort in Versen.

**Regenbogenpresse,** die: (nach bunter Kopfleiste) Wochenblätter, die inhaltl. oder sprachl.-stilist. der →Trivialliteratur zuzurechnen sind.

**Regesten** (Pl.): (lat. Verzeichnis) Auszüge von Urkunden (mit Inhaltsangabe, Datierung etc.) bzw. deren gedruckte Sammlungen.

**Regie,** die: (frz. Verwaltung) »Spielleitung« beim Theater (Film, Fernsehen, Hörfunk), Teil der →Inszenierung, wahrgenommen durch Regisseur bzw. »Spielleiter«.

**Regionalismus,** der: (zu lat. Gegend, Landschaft) allg.: konservative kulturpolit.-literar. Bewegungen wie →Heimatkunst; bes.: frz. literar. Bewegung seit Mitte 19. Jh., deren Vertreter dem tradition. frz. Zentralismus gegenüber die Eigenständigkeit der Provinz betonen u. in ihrer Kritik an Industrialisierung u. Verstädterung auf ein idealisiertes bodenständiges Bauerntum verweisen.
= Bes.: F. Mistral, H. Bosco, J. Giono (Provence); C. F. Ramuz (frz. Schweiz); ähnlich G. Verga (Sizilien); u.a.

**Register,** das: (zu lat. Verzeichnis) alphabet. geordnetes Namen- u. Sachverzeichnis. (→Index)

**Regression,** die: (lat. Rückgang) →rhet. Figur: einzelnes erläuternder u. unterscheidender Rückgriff auf bereits kollektiv Gesagtes.
= *Er verlor sein sämtliches Hab und Gut, sein Haus fiel den Bomben zum Opfer, sein Grundbesitz wurde ihm enteignet. – Ein Handbuch für literarische Fachbegriffe dient dem Nachschlagen, dem Blättern und der Lektüre: dem Nachschlagen zum Bedarf, dem Blättern zum Vergnügen und der Lektüre zu systematischem Bildungserwerb.*

**reicher Reim,** der: Sonderform des erweiterten, d. h. zwei und mehr Silben umfassenden →Reims; bei der Wiederholung erfährt die reimende Silben- oder Wortgruppe leichte Veränderung; oft in oriental. Strophenformen. (→Ghasel, →orientalisierende Dichtung, →rime riche, →Doppelreim)
= *In tausend Formen magst du dich verstecken,*
*Doch, Allerliebste, gleich erkenn ich dich;*
*Du magst mit Zauberschleiern dich bedecken,*
*Allgegenwärtge, gleich erkenn ich dich,*

*An der Zypresse reinstem, jungem Streben*
*Allschöngewachsne, gleich erkenn ich dich,*
*In des Kanales reinem Wellenleben,*
*Allschmeichelhafte, wohl erkenn ich dich.*

*Wenn steigend sich der Wasserstrahl entfaltet,*
*Allspielende, wie froh erkenn ich dich;*
*Wenn Wolke sich gestaltend umgestaltet,*
*Allmannigfaltge, dort erkenn ich dich.*

*An des geblümten Schleiers Wiesenteppich,*
*Allbuntbesternte, schön erkenn ich dich,*
*Und greift umher ein tausendarmger Eppich,*
*O Allumklammernde, da kenn ich dich.*

*Wenn am Gebirg der Morgen sich entzündet,*
*Gleich, Allerheiternde, begrüß ich dich,*
*Dann über mir der Himmel rein sich ründet,*
*Allherzerweiternde, dann atm ich dich.*

*Was ich mit äußerm Sinn, mit innerm kenne,*
*Du Allbelehrende, kenn ich durch dich;*
*Und wenn ich Allahs Namenhundert nenne,*
*Mit jedem klingt ein Name nach für dich.*          [Goethe, *Buch Suleika*]

**Reihen,** der: a) →Tanzlied; b) →Reyen; c) →Kolon, →Kurzvers (rhythm. R.).

**Reihung,** die: →Worthäufung, →Akkumulation, →Parataxe, →Asyndeton, →Polysyndeton u. ä.

**Reim,** der: (mhd. aus frz.) Begriff in der Bedeutung gereimter »Vers« im 12. Jh. nachweisbar; seit 17. Jh. (Opitz) Bez. für →Endreim, im Gegs. zu →Assonanz; beruht auf Gleichklang zweier oder mehrerer Wörter vom letzten betonten Vokal an; beschränkt sich der R. auf eine Hebungssilbe: →männl. oder stumpfer R., dehnt er sich auf die der letzten Hebung folg. Senkung aus: →weibl. oder kling. R., reimen die beiden letzten Hebungen: →reicher R.
= *Not – Brot; gut – Hut; Gesang – Klang; Bäume – Träume; Wiederkehr – nimmermehr*

**Reimbibel,** die: Gestaltung bibl. Stoffes in →Reimpaaren, auch Anfangsteil unvollendeter →Reimchronik. (→Historienbibel)
= Otfried von Weißenburg →*Evangelienharmonie* (ca. 870); *Wiener Genesis* (11. Jh.); u. a.

**Reimbrechung,** die: »Aufbrechung« der Einheit von →Reimpaar = →Brechung.

**Reimchronik,** die: ma. volkssprachl. Geschichtsdarstellung (→Chronik) in →Reimpaarversen.
= *Kaiserchronik* (unbek. Verf., ca. 1150: reicht von Caesar bis Mitte 12. Jh. u. ist älteste dt. R.)

*Daz buoch kundet uns mêre:*
*daz rîche besaz duo Nêre;*
*der was der aller wirste man,*
*der von muoter in dise werlt ie bekom.*
*Rôme hiez er ze ainen stunden*
*zwelfen enden zunden;*
*daz dûht in ain scône spil.*
*er hiez rîter wâfen vil,*
*er hiez si mitten in daz fiur gân,*
*si muosen alle ainander slahen.*
*ir wîze wâren herte*
*von fiure unt von swerte.*
*der kunic sprach, er wolte sehen moere,*
*wie den chuonen Trojanoeren woere,*
*duo siu die Chriechen kolten*
*mit fiure unt mit swerten.*
*swelher ûz dem fiure entran,*
*den hiez er vur die hunde slahen.*
*Duo flîzte sih der kunic Nêre,*
*waz er mêr unt mêre*

*ubeles gefrumete,*
*daz man iemer von im sagete.*
*Aines tages iz gescach*
*vil manic furste vor im saz*
*er hiez in allen gâhen*
*sîne muoter vor in allen vâhen,*
*er hiez ir den pûch ûf snîden.*
*er sprach, er wolte sehen ân zwîvel,*
*wier in ir wambe loege;*
*daz wâren seltsoeniu moere.*
    *Nû vernemet mêre*
*von dem ubelen kunige Nêre:*
*er hiez im gewinnen drâte*
*wîse arzâte.*
*er sprach, er newoltes nehain rât haben,*
*er wolte selbe kint tragen.*
*er gebôt in, daz si sich es niemer geloupten,*
*er hieze siu marteren unt houpten,*
*sine machten in swanger,*
*mit kinde bevangen.* [Aus der *Kaiserchronik*]

**Reimformel,** die: durch Verbindung reimender Wörter entstandene (feste) Redewendung. (→Formel)
= *Saus und Braus, Ach und Krach, Rat und Tat, schlecht und recht, Rand und Band*

**Reimhäufung,** die: auch Haufenreim, durchgehender Reim als mehrmalige Wiederholung des gleichen Endreims; schon bei Otfried von Weißenburg, virtuos verwendet in mhd. Lyrik, von Meistersingern u. J. Fischart; beherrscht derselbe Reim ganze Strophen oder Gedichte = Reihen-, →Ein- oder →Tiradenreim.
= Hans Sachs, Fischart u. a.

*O Sternen Aeugelein!*
*O Seiden Haerelein!*
*Die Rosen Waengelein!*
*Corallen Lippelein!*
*O Perlen-Zeenelein!*
*O Honig Zuengelein!*
*O Perlemutter Oehrelein!*
*O Helffenbeinen Haelßelein!*
*O Pomerantzen Bruestelein!*
*Bißher an euch ist alles fein:*
*Abr O du steinern Hertzelein /*
*Wie daß du toedt das Leben mein?* [J.-H. Schein]

**Reimlexikon,** das: a) alphabet. geordnetes Nachschlagewerk mit Wörtern gleicher Reimendung zur Erleichterung des Reimfindens; 1. dt. R. von Erasmus Alberus (1540); b) Reim- →Konkordanz.
= S. A. Bondy: *R.* (1954); H. Harbeck: *R.* ($^2$1956); Steputat: *Deutsches R.* ($^3$1963)

**Reimpaar,** das: zwei durch →Paarreim verbundene Verse (bisweilen →Langzeilen), Grundform der ahd. u. mhd. Dichtung, häufig in volkstüml. Dichtung. (→Volkslied)
= →Reimchronik, →Reimschema

»*Du liebes Kind, komm, geh mit mir!*
*Gar schöne Spiele spiel ich mit dir;*
*Manch bunte Blumen sind an dem Strand;*
*Meine Mutter hat manch gülden Gewand.*« [Goethe]

**Reimprosa,** die: allg.: mit →Reimen durchsetzte →Prosa (→Makame [=] →Poème en prose, →rhythm. Prosa); bes.: →Kunstprosa. (→rhet. Figur [→Homoioteleuton, →Homoioptoton])
= Allg.: Rilke, *Cornet* (1906); Th. Mann, *Der Erwählte* (1951); Gedichte von E. Stadler *(Irrenhaus)*, F. Werfel *(An den Leser)*, J. R. Becher *(Der Mensch steht auf!)* u. a.

**Reimrede,** die: (mhd. rede) kürzere lehrhafte Reimpaardichtung des späten MA., meist als →Minnerede, →Ehrenrede u. ä. (→Spruch). (→Bîspel, →Märe, →Priamel)

**Reimschema,** das: schemat. Darstellung der Reimfolge in Gedichten, meist durch Kleinbuchstaben; wörtl. wiederkehrende Zeilen durch Großbuchstaben gekennzeichnet.

| | |
|---|---|
| = *Der Mond ist aufgegangen,* | *a* |
| *Die goldnen Sternlein prangen* | *a* |
| *Am Himmel hell und klar;* | *b* |
| *Der Wald steht schwarz und schweiget,* | *c* |
| *Und aus den Wiesen steiget* | *c* |
| *Der weiße Nebel wunderbar* | *b* |

(R.: a a b c c b)

Das R. des →Trioletts wäre also wiederzugeben: A B a A a b A B

**Reimspruch,** der: gereimtes →Sprichwort, →Denk- oder →Sinnspruch. (→Merkvers, →Leberreim)
= Fr. v. Logau, *Erstes Hundert Teutscher Reimensprüche Salomons von Golau* (1638) (→Anagramm)

*Manncher maint, er kenn yedermann,*
  *Der sich doch selbst nit kennen kan.*

*Wer seiner zung nitt maister ist,*
*Der redt vbell zu aller frist.*

*Welchen bedunckt, er könn vast vil,*
*Der scheüst nahendt zum narren zil.*

*Gen kein freündt sollt dich mercken lan,*
*Daß du sein gunst nitt mehr wolst han.* [Albrecht Dürer]

**Reimvers,** der: Vers mit →Endreim; von Otfried von Weißenburg (870) im Anschluß an lat. →Hymnen-Dichtung erstmals verwendet; leitete Revolution in Geschichte des (dt.) Versbaus ein; auch Bez. für Otfrieds eigene Form des R.; Gegs.: Alliterationsvers. (→Alliteration)
= *Vuas líuto filu in flíze,    in managemo ágaleize,*
  *si thaz in scríp gicleiptin    thaz sie iro námon breittin;*
*Sie thés in io gilícho    flízzun gúallicho,*
  *in búachon man giméinti    thio iro chúanheiti.*
*Tharána dátun sie ouh thaz dúam:    óugdun iro uúsduam,*
  *óugdun iro cléini    in thes tíhtonnes reini.*

*Iz ist ál thuruh nót    so kléino girédinot*
  *(iz dúnkal eigun fúntan,    zisámane gibúntan),*
*Sie ouh in thíu gisagetin,    thaz then thio búah nirsmáhetin,*
  *ioh uuól er sih firuuésti,    then lésan iz gilústi.*
[Aus: Otfried von Weißenburg, *Evangelienbuch I*]

**reiner Reim,** der: völlige Übereinstimmung, d.h. totale Kongruenz, der reimenden Vokale und Konsonanten; Gegs. →unreiner Reim.
= *Buch – Tuch; singen – gingen; bald – Wald.*

**Reiseliteratur,** die: Sammelbez. für literar. Werke, die dem Thema Reise gewidmet sind; die Skala reicht, der Dehnbarkeit des Begriffs →Literatur entsprechend, vom a) Reiseführer (Baedeker) über b) geograph. Schriften, c) wissenschaftl. Reisebeschreibung (A. v. Humboldt) und d) künstler.-literar. Reiseschilderung zur Verbindung der R. mit der epischen Gattung des Romans als e) Reise- oder Wanderroman (Jean Paul). (→Staatsroman, →Abenteuerroman, →Künstlerroman, →Lügendichtung, →Periegese u.ä.)
= c) G. Forster, *Reise um die Welt* (1777). – d) J. G. Jacobi, *Winterreise* (1769), *Sommerreise* (1770); Goethe, *Campagne in Frankreich* (1792); Heine, *Reisebilder* (1826ff.); Fontane, *Wanderungen durch die Mark Brandenburg* (1862ff.); W. Koeppen, *Amerikafahrt* (1959). – e) Grimmelshausen, *Simplicissimus* (1669); Schnabel, *Insel Felsenburg* (1731ff.); Tieck, *Sternbalds Wanderungen* (1798); Eichendorff, *Ahnung und Gegenwart* (1815); u.a.

Die vier Flüsse des Paradieses.
*[M]itten inn dem paradeiß do ist ein prunnen, do entspringendt vier was-*

*ser auß, die gendt durch mancherlai landt. Das erst haist Vison, das rintt durch India, in dem wasser vindt man vil edells gestains und golt. Das ander haist Nilus, das rint durch Morenlandt und durch Egipten. Das tritt haist Tigris, das rint durch Asia und durch das groß Armenia. Das vierdt das haist Eufrates, das rint durch Persia und durch das clain Armenia.*
*Von den vier wassern han ich treu gesehen: das ein ist Nilus, das ander Tigris, das tritt Eufrates; und in den landen do die wasser durch rynnen, da pin ich gewesen manichs jar und han guts und args versucht, davon vil ze sagenn were.* [Aus: Hans Schiltberger, *Reisebuch* (15. Jh.)]

**Reißer,** der: →Bestseller der →Unterhaltungsliteratur.

**Reizianus**, der, bzw. **Reizianum,** das: (nach klass. Philologen F. W. Reiz) a) akephaler →Pherekrateus; b) Form des →Kolons in lat. Dichtung.

**Reizwort,** das: klanglich u. bedeutungsmäßig »aufgeladenes« Wort; sein Signalcharakter aktiviert →Assoziationen; häufig als Titel bzw. Überschrift. (→Fangzeile)

**Reminiszenz,** die: (lat. sich erinnern) Stelle in (literar. oder musikal.) Werk, die an andere (fremde) Werke anklingt; als unbewußte R. oft unabsichtlich. (→Plagiat, →Imitation, →Zitat, →Anspielung. →Intertextualität)

**Remittende,** die: (lat. Zurückzusendendes) fehlerhaftes oder beschädigtes bzw. nicht verkauftes Buch, das der Buchhändler an den Verlag zurückschickt.

**Renaissance,** die: (frz. Wiedergeburt) allg.: Wiedererweckung, -belebung u. Nacherleben einer vergang. Kulturepoche; bes.: Bemühen um Erneuerung antiker u. Überwindung ma. Lebensformen zwischen 1350 u. 1600; Ursprünge in Italien im Anschluß an verstärkte Hinwendung zur Denk- u. Vorstellungsart der Antike (Petrarca); als kulturgeschichtl. Begriff auf dt. Literatur nur beschränkt anwendbar, da Entfaltung der R.-Bewegung in Dtschld. durch Glaubenskämpfe der →Reformation behindert war; Einflüsse der ital. R. erst ab 17. Jh. fruchtbar (→Barock, →Klassizismus). (→Humanismus)

**Repertorium,** das: (von lat. wiederfinden) wissenschaftl. Nachschlagewerk; Zusammenfassung des Stoffes eines best. Fachgebiets. (→Kompendium)

**Replik,** die: (frz.) Erwiderung, Entgegnung.

**Report,** der: (frz.) Bericht, Mitteilung. (→Dokumentation)

**Reportage,** die: (frz.) Bericht (Berichterstattung) für Presse, Funk oder Fernsehen über aktuelles Ereignis; erfordert Sachlichkeit wie Objektivität u.

kann künstler. Mehrwert besitzen, der sie mehr sein läßt als für den Tag bestimmte Sachdarstellung; mit zunehmender Hinwendung zur Dokumentation gewinnt R. als »Augenzeugenbericht« an Bedeutung. (→Dokumentartheater, →Gruppe 61)
= Hauptvertreter: E. E. Kisch, *Hetzjagd durch die Zeit, Der rasende Reporter* (1926); G. Wallraff, *Dreizehn unerwünschte R.* (1969); E. Runge, *Bottroper Protokolle* (1968); u. a.

*Der Lautsprecher ruft meinen Namen auf: »Kommen Sie bitte herein.« Der Herr im Personalbüro begreift nicht, daß ich unbedingt ans Fließband will. Er bietet mir einen Schreibposten in der Betriebsprüfung an und telefoniert schon mit der zuständigen Stelle. Er ist gekränkt, als ich entschieden abwinke.*
*Ich sage ihm: »Ich hab den ganzen Bürokram satt. Möchte von unten anfangen wie mein verstorbener Vater, der auch am Band gearbeitet hat.« Er läßt nicht nach: »Sie wissen nicht, was Ihnen bevorsteht! Das Band hat's in sich! Und wollen Sie auf das Geld verzichten, daß Sie im Büro mehr verdienen? Außerdem sind am Band fast nur noch ausländische Arbeiter beschäftigt.« Dieses »nur ausländische Arbeiter« klingt wie »zweitklassige Menschen«.*
[Aus G. Wallraff, *Am Fließband*]

**Reprint,** der: (engl.) unveränderter Neudruck meist älterer Werke (Bücher, Zs. o. ä.).

**Requiem,** das: (nach Introitus der Totenmesse: *requiem aeternam dona eis, Domine* = Herr, gib ihnen die ewige Ruhe) allg.: Ton- oder Dichtwerk, das sich Form der Totenmesse frei anverwandelt, diese sozusagen mit weltl. Gehalt füllt; bes.: Bez. für kath. Toten- oder Seelenmesse. (→Totenklage)
= Allg.: Rilke, *R.* (1908); Yvan Goll, *Requiem für die Gefallenen von Europa* (1917, gilt als das bedeutendste dicht. R. der dt. Literatur)

*Rezitativ*
*Klagen will ich über den Auszug der Männer aus ihrer Zeit;*
*Klagen über die Frauen, deren zwitscherndes Herz nun schreit;*
*Alle Klagen will ich sammeln und wiedersagen,*
*[...]*
*In allen Städten schlagen die Glocken tiefer, denn immer ist jetzt einer, den eine Kugel zur Erde schlug;*
*In allen Herzen ist eine Klage,*
*Ich höre sie lauter alle Tage.* [Aus: Yvan Goll, *Requiem*]

**Resistanceliteratur,** die: (frz. Widerstand) Sammelbez. für Literatur der dem Surrealismus u. Existentialismus verbundenen Widerstandsbewegung im besetzten Frkr. (seit ca. 1940); meist heimlich publiziert, verband sie den Aufruf zum aktiven Widerstand mit der Aufforderung zur geistig-moral. Erneuerung; nach 1945 Bez. auf Literatur über die »Resistance« schlechthin ausgedehnt. (→Underground-Literatur)

= L. Aragon (*Les bons voisins*, 1942; *La France écoute*, 1944); P. Eluard; Vercors (*Le silence de la mer*, 1942); J.-P. Sartre (*Morts sans sépulcre*, 1946); R. Vailland; u. a.

**Responsion,** die: (lat. Antwort) a) Entsprechung von Formen u. Motiven zwischen einzelnen Teilen (Sätzen, Abschnitten, Strophen u. ä.) von Dichtung; b) Fingierung von gegnerischem Einwurf im Dialog, um ihn antithetisch beantworten zu können. (→Struktur)

= b) *Du hast keine Wohnung? Aber du hattest doch eine*     [Cicero]

*Zuviel Geld? Aber es fehlt dir doch daran*     [Cicero]

**Restauration,** die: (lat. Wiederherstellung, z. B. der alten polit. u. sozial. Ordnung nach Umsturz bzw. Versuch dazu) als »Restaurationsepoche« ältere Bez. für Literaturströmung des →Biedermeier im Gegs. zu →Jungem Deutschland u. →Vormärz; zunehmend auch auf dt. Literatur der 50er Jahre (Adenauer-Ära) angewendet.

**Resümee,** das: (frz.) knappe Zusammenfassung, Übersicht.

**Retardation,** die: (lat. Verzögerung) retardierendes Moment als Verzögerung im Handlungsablauf von Drama zur Steigerung der Spannung auf die →Peripetie hin; Gegs. zum vorwärtsdrängenden →erregenden Moment; auch in anderen Gattungen, bes. →Novelle, →Ballade. (→Freytag-Pyramide)

**Retroensa** bzw. **Rotrouenge,** die: (prov.) zweiteiliges Lied der →Trobadors u. Trouvères (12. Jh.) mit Grundform aaabAB; Refrain wird von Gesellschaft mitgesungen. (→Triolett, →Virelai)

**Reverdie,** die: (frz. Wiedergrünen) afrz. Frühlingslied. (→Lied)
= →Sequenz

**Revision,** die: (lat. Wiederdurchsicht) Nachprüfung, (nochmalige) prüfende Durchsicht des bereits umbrochenen Druck- →Satzes. (→Korrektur)

**Revolutionsdrama,** das: Sonderform des →histor. Dramas, das Revolutionsgeschehen gestaltet u. den Stoff dazu wirklichen oder intendierten polit. oder sozialrevolution. Umwälzungen entnimmt.
= Büchner, *Dantons Tod* (1835); F. Lasalle, *Franz v. Sickingen* (1859); E. Toller, *Die Maschinenstürmer* (1922); Fr. Wolf, *Thomas Münzer* (1952); B. Brecht, *Die Tage der Commune* (1949); u. a.

**Revue,** die: (frz. Überschau, Musterung) a) Revuetheater: Folge von →Sketches, Tänzen, Songs u. ä., die der Unterhaltung dienen, häufig aber satir. bzw. polit.-gesellschaftl. Kommentare zu Persönlichkeiten u. Ereignissen des

Tages bieten; b) Bilderfolge aus locker gereihten Einzelszenen, entstanden durch Zerstörung des Absolutheitsanspruchs der dramat. Form; dem Kompositionsprinzip der →Montage verwandt; durch Einbeziehung film. Elemente (u. a.) in das Drama als »politische Revue« ausgebaut zur »Steigerung des Szenischen ins Historische« (E. Piscator). (→episches Theater)

= b) A. Paquet, *Fahnen* (1923); B. Brecht, *Furcht und Elend des Dritten Reiches* (1945); P. Weiss, *Viet Nam Diskurs* (1968); T. Dorst, *Kleiner Mann was nun?* (1972, nach H. Fallada); u. a.

**Reyen** bzw. **Reyhen,** der: (Tanz, Reigen mit Gesang) Chor, der im →Drama des →Barock (Gryphius, Lohenstein) den Aktschluß bildet; im Unterschied zu seinem Vorbild, dem →Chor des antiken Dramas, nur von geringer Bedeutung für Fortgang u. Entfaltung der Handlung; füllt →Zwischenakte mit deutendem Kommentar, Betrachtung oder Klage. (→schlesisches Kunstdrama)

= Trauerspiele von A. Gryphius: *Leo Armenius* (1650), *Catharina von Georgien* (1657), *Ermordete Majestät* (1657); Anklänge: R. J. Sorge, *Der Bettler* (1911), u. a.

*Es ist nicht ohn, wer auf Morast sich wagt*
*(Wie schön er überdeckt mit immer frischem Grase,*
*Das unter ihm doch reißt gleich einem schwachen Glase),*
*Hat (doch zu spät) die kühne Lust beklagt.*

*Es sinkt, wenn ihn nicht Rettung stracks erhält,*
*Bald über Knie und Brust in die verschlämmten Pfützen,*
*Die Stimme schleußt der Kot, der Stirnen kaltes Schwitzen*
*Verwischt der Schilf, darunter er verfällt.*

*So eben geht's, wenn man die Sünd anlacht*
*Und will ohn eine Scheu mit ihren Nattern spielen.*
*So fühlt man, eh man recht kann ihre Bisse fühlen,*
*Daß sich die Gift schon durch die Adern macht.*

*Gelinde, kaum durch geile Brunst erhitzt,*
*Verließ das erste Feuer und brannt in neuen Flammen,*
*Indem Marcell den Fall auch sterbend will verdammen*
*Und durch die Brust Blut auf die Glut ausspritzt.*

*Der Mord ist nicht recht in die Gruft versteckt.*
*Sie raset sonder Zaum und will durch Frevel finden,*
*Was ihrer Schönheit Macht ohnmächtig ist zu binden.*
*Was fängt sie an? Starrt, Seelen, und erschreckt!*

*Der tolle Dunst, das schwarze Zauberspiel*
*Soll hier geschäftig sein, man will das Grab entweihen.*
*Man fällt die Glieder an, die Sarg und Grab befreien.*
*Was suchst du doch! Hier suchst du viel zuviel.*

*Halt, weil noch Zeit! Verführter Geist, halt an!*
*Ach nein, du sündigst, um mehr Sünde zu begehen!*
*Soll denn der Laster Lohn in diesem Lohn bestehen,*
*Daß keines lang unfruchtbar bleiben kann.*

[Aus: A. Gryphius, *Cardenio und Celinde*, II]

**Rezension,** die: (lat. sorgfältige Prüfung) a) krit. beurteilende Besprechung von Buch oder Theateraufführung durch Rezensenten in Zt. oder Zs. (→ Feuilleton); b) Auswahlverfahren zur Textherstellung in → Textkritik.
= a) IV.

*Hier lebt also eine Harmlosigkeit, die zur Belanglosigkeit wird. Unexportierbares; für drollig-beschränkte Lokalpatrioten.*
*Seid ehrlich: der Elefant, den zwei Schauspieler mit umwickeltem Gebein auf der Bühne vorturnten, dieser von Darstellern geschaffene Zirkusulk war die Höhe... nicht ein ungekonntes Dramengleichnis.*
*[...]*
*Gleichnis ist folgendes: Der Packer Galy Gay zieht aus, einen Fisch zu kaufen. Englisch-indische Soldaten locken ihn an sich; brauchen einen Ersatzmann; stecken ihn kurzweg ins Heer. Er muß den Krieger spielen. (Schwankthema.)*
*Nun kommt jedoch Pirandello dran; der zerteilt ja das Ich der Menschen, der belichtet ja immer den Unterschied zwischen Schein und Sein. Somit sagt Brecht gelehrig, wenn auch mit geringerem Können: der Packer hier weiß zuletzt nicht, ob er wirklich der Packer Galy oder doch der Soldat Jip ist... als den man ihn vorspiegelt. War öfters da. War besser da.*

[Aus: A. Kerr über B. Brecht, *Mann ist Mann*]

**Rezeption,** die: (lat. aufnehmen, empfangen) Aufnahme u. Wirkung von Text, Autor oder literar. Strömung bei Leser oder Lesergruppe (Rezipient). (→ Rezeptionstheorie)

**Rezeptionsästhetik,** die: literaturwissenschaftl. Forschungszweig, der, ausgehend von der (heurist.) Annahme grundsätzlich Sinn- u. Bedeutungsoffenheit von Texten, Voraussetzungen u. Bedingungen der Konkretisation literar. Kunstwerke in der → Rezeption durch den (von spez. Bewußtseins- u. Erwartungshorizont geprägten) Leser analysiert. (→ Produktionsästhetik, → Wirkungsästhetik)
= *Das »Urteil der Jahrhunderte« über ein literarisches Werk ist mehr als nur »das angesammelte Urteil anderer Leser, Kritiker, Zuschauer und sogar Professoren«, nämlich die sukzessive Entfaltung eines im Werk angelegten, in seinen historischen Rezeptionsstufen aktualisierten Sinnpotentials, das sich dem verstehenden Urteil erschließt, sofern es die »Verschmelzung der Horizonte« in der Begegnung mit der Überlieferung kontrolliert vollzieht.*

[Aus: H. R. Jauß, *Literaturgeschichte als Provokation*]

**Rezeptionstheorie, -forschung, -geschichte,** die: ausgehend von Leserforschung u. →Literatursoziologie untersucht u. beschreibt die R. die je nach Bedingungen u. Gegebenheiten des Kulturprozesses wechselnde →Rezeption literar. Werke (»Wer liest wann warum was und wie?«).

**Rezitation,** die: (lat.) künstler. Vortrag von Dichtungen.

**Rezitativ,** das: (ital.) dramat. Sprechgesang in →Oper, →Kantate, →Oratorium u. ä.

**Rhapsode,** der: (gr., einer, der die Gesänge zusammenfügt) im alten Griechenland (dichtender) Wandersänger, der epische Dichtung (→Rhapsodie) öffentlich vortrug, wichtigster Vermittler und Bewahrer des →Epos. (→Skop)

**Rhapsodie,** die: urspr. von →Rhapsoden vorgetragene Dichtung; im →Sturm und Drang Bez. für Phantasie, →Improvisation über ein Thema; da Motive u. Bilder assoziativ verbunden werden u. die Phantasie als Form dient, erscheint das improvisierte Werk trotz fragment. Charakter als Einheit; seine *Aestetica in nuce* (1762) nannte J. G. Hamann »eine R. in kabbalistischer Prose«. (→Assoziation)
= Schubart, *Der ewige Jude* (1783, lyr. R.); Nietzsche, *Also sprach Zarathustra* (1883 ff.); u. a.

**Rhesis,** die: (gr. Rede) längere Sprechpartie in gr. →Tragödie im Unterschied zu →Chorlied u. →Stichomythie.

**Rhetorik,** die: (gr. Redekunst) Kunst der Beredsamkeit wie Theorie u. prakt. Anleitung zu deren Beherrschung; als Mittel der »Überredung« u. effektvollen Darstellung des eig. Standpunkts (vor Gericht, in polit. Versammlung u. auf Festveranstaltung) Art mündl. →Stilistik, die sich auf Stoff bzw. Inhalt u. dessen Verarbeitung in den fünf Phasen inventio = Stoffsammlung, dispositio = Gliederung, elocutio = Ausgestaltung, memoria = Auswendiglernen und pronunciatio = Vortragsgestaltung« bezieht; nach Methode u. Intention von →Poetik zu unterscheiden, doch sich vielfach mit ihr überschneidend. Blütezeit der R. in Spätantike, neu belebt in →Renaissance u. →Humanismus, durch neulat. Dichtung fortwirkend bis in Aufklärung; für Entwicklung der →Kunstprosa ähnliche Bedeutung wie Poetik für Prosa; in neuerer Zeit hat die Beschäftigung mit Werbe- u. Propagandasprache auch zur Wiedererweckung des Interesses an der R. geführt. (→rhetorische Figur, →genera dicendi, →ornatus)
+ H. Lausberg, *Handbuch der dt. R.*, 2 Bde ($^2$1973)
= *Soweit es die Rhetorik einfach mit der kunstvollen Behandlung der Prosa zu tun hat, fällt sie mit unter das Herrschaftsgebiet der Stilistik; und soweit sie*

*rein praktisch eine Einschulung zum wirksamen Vortrag ist, fällt sie rein praktischem Unterricht in der Körperhaltung, den Gesten, der Atemökonomie, der reinen Aussprache, sogar Kleidung usw. zu.* [R. M. Meyer]

*Die Rhetorik [...] wird nach ihrem* artifex [...], *dem* rhetor = orator »Redner«, *benannt. Verschiedene Definitionen der Rhetorik werden bei Quint. 2, 15, 1–38 diskutiert. Die weiteste Definition ist die als* »ars bene dicendi« *([...] auch* bene dicendi scientia)... [H. Lausberg]

**Rhétoriqueurs** (Pl.): (frz. Redner) »Burgundische Dichterschule«, lat. Stilvorbildern folg. Dichtergruppe am Hof von Burgund (15. u. 16. Jh.); charakterist. für ihre Dichtungen (→Ballade, →Chant royal, →Rondeau) rhetor. Schmuck u. reimtechn. wie metr. Virtuosität.
= Vertreter: A. Chartier, G. Chastellain, Jean Marot, J. Bouche, J. Molinet u. a.

> *Sept rondeaux en ce rondeau*
> *Sont tissus et cordellés*
> *Il ne fault claux ne cordeaux,*
> *Mettés sus, se rondellés.*

| *Souffrons a point,* | *soions bons,* | *Bourguinon* |
|---|---|---|
| *Bourgeois loiaux,* | *serviteurs,* | *de noblesse:* |
| *Barons em point,* | *prosperons,* | *besongnons,* |
| *Souffrons a point,* | *soions bons,* | *Bourguinons,* |
| *Oindons s'on point* | *Conquerons,* | *esparnons;* |
| *Franchois sont faux,* | *soions seurs,* | *s'on nous blesse,* |
| *Souffrons a point,* | *soions bons,* | *Bourguinons,* |
| *Bourgeois leaux,* | *serviteurs,* | *de noblesse.* |

[Jean Molinet, *Sept Rondeaux sur un Rondeau*
(→Spaltvers, →Permutation)]

**rhetorische Figur,** die: (lat. der Redekunst [→Rhetorik] eigen + Gestalt, Wendung) sprachl. Schemata, die sich als »(vor)geprägte«, »standardisierte« Abweichung von der »normalen«, »natürlichen« Sprache unterscheiden u. als Stilfiguren der (Aufmerksamkeit erzeugenden) Veranschaulichung oder Ausschmückung einer sprachl. Aussage dienen; seit Antike als Mittel der Affekterzeugung u. Beeinflussung klassifiziert u. eingeteilt in Wortfiguren u. Gedanken- bzw. Sinnfiguren (im Unterschied zu →Tropus) u. neben den grammat. Figuren u. Klangfiguren die r. F. im weiteren Sinn.
= *Wortfiguren*: a) Wiederholung von Wort oder Wortfolge (z. B. →Geminatio, →Epanodos, →Anapher, →Epipher, →Symploke, →Epanalepse, →Polyptoton, →Paronomasie, →Figura etymologica); b) Häufung von Wörtern desselben Sinnbereichs (z. B. →Accumulatio, →Epiphrasis, →Klimax, →Pleonasmus, →Tautologie). *Sinnfiguren*: Verdeutlichung u.

Erweiterung von Aussage (z. B. →Vergleich, →Parenthese, →Antithese, →Hysteron proteron, →Chiasmus, →Apostrophe, →Interiectio, →Exclamatio, →Dubitatio). *Grammat. Figuren:* 1. Änderung des übl. Wortlauts (z. B. →Aphärese, →Apokope, →Elision, →Epenthese); 2. Abweichung von grammat. Regel (z. B. →Aposiopese, →Ellipse, →Enallage, →Tmesis, →Zeugma); 3. Abweichung von übl. Wortstellung (z. B. →Hyperbaton, →Inversion). *Klangfiguren:* akust. Gestaltung von Satz oder Satzgruppe (z. B. →Parallelismus, →Reim, →Alliteration, →Homoioptoton, →Onomapoeie)

**rhetorische Frage,** die: (→rhet. Figur:) »unechte« Frage, da sie nicht auf Antwort zielt, sondern der Betonung, der posit. oder negat. Hervorhebung u. affektbestimmten Aussage dient. (→Responsion)
= *Wer weiß; Bin ich vielleicht ein Narr?*
*Zähle die Sterne; kannst du sie zählen?* [*Altes Testament*]

*Sind wir denn wie leibeigene Knechte an den Boden gefesselt, den wir pflügen? sind wir wie zahmes Geflügel, das aus dem Hofe nicht laufen darf, weil's da gefüttert wird?* [Aus: Hölderlin, *Hyperion*]

**Rhopalikos,** der: (gr. Keule) →Keulenvers.

**Rhyme royal,** der: (engl. königl. [King James I. von Schottland] Reim) auch Chaucer-Strophe; Strophe aus sieben jamb. Zehnsilblern in der Reimfolge ababbcc; dominiert in engl. Epik u. Lehrdichtung von 15. u. z. T. 16. Jh., von →Spenser-Stanze abgelöst. (→heroic couplet)
= Chaucer, *Troilus and Criseyde*; Shakespeare, *The rape of Lucrece*; u. a.

*The double sorwe of Troilus to tellen,*
*That was the King Priamus sone of Troye*
*In lovynge, how his aventures fallen*
*Fro wo to wele, and after out of joie,*
*My purpos is, er that I parte fro ye.*
*Thesiphone, thow help me for t'endite*
*Thise woful vers, that wepen as I write.*
[Aus: Chaucer, *Troilus and Criseyde*]

**Rhythmus,** der: (zu gr. fließen) gleichmäßige Bewegung, die den Sprachstrom harmonisch gliedert; wird bestimmt durch die Folge von Hebungen u. Senkungen (betonten u. unbetonten Silben), Tonstufen u. Pausen u. hat als sprachl. Einheiten →Periode, →Kolon u. →Komma; der R. bildet im Gegs. zum eher schemat. äußeren →Metrum die innere lebendig individ. Gestik der Dichtung; im vollkommenen Vers ergänzen R. u. Metrum einander. (→Prosarhythmus, →Kunstprosa, →freie Rhythmen)
= *Was das Ohr genauer die dem Gehör zugeordnete Intuition zunächst am*

*gesprochenen Vers wahrnimmt, ist Bewegung, gleichmäßig fließende Bewegung einer Wortfolge. Der Hörer vermag sie nicht nur zu fassen, sondern er kann sie durch eigene Bewegung, beispielsweise durch Klopfen, nachbilden, ja durch graphische Zeichen auf dem Papier festhalten. Man nennt diese Bewegung Rhythmus.*

[Aus: G. Storz, *Der Vers in der neueren deutschen Dichtung*]

**Rigmarole**, das: (engl. Gelaber, Gedöns) Erzählung, Dialog ohne viel Sinn, Lärm um nichts, Form der (klassischen) engl. →Nonsensdichtung.
= *Said Folly to Wisdom:*
    »*Pray, where are we going?*«
*Said Wisdom to Folly:*
    »*There's no way of knowing.*«

*Said Folly to Wisdom:*
    »*Then what shall we do?*«
*Said Wisdom to Folly:*
    »*I thought to ask you.*« [Tudor Jenks]

**Rima**, die: (Pl. Rimur, isl. Reim, Reimgedicht) isl. →Ballade in gereimten u. alliterierenden vierzeiligen Strophen (14./15. Jh.); verbindet Formelemente von →Skaldendichtung u. festländ. Ballade; im 19. Jh. neubelebt u. als Tanzlied bis in Gegenwart gepflegt. (→Dróttkvætt)
= *Kennist enn ϸ ar Kolbeinn stendr*
   *klénn og sénn að rjóða rendr;*
   *göfugum jöfri garpr er naestr,*
   *gildr í hildi að prýði aestr.* [Aus: *Olafs rímur Tryggvasonar*]

**Rime couée**, die: (frz. geschweifter Reim) Verspaar oder Strophe mit →Coda, d. h. mit meist kürzerer Schlußzeile, die entweder reimlos ist oder mit späterer Zeile reimt; Reimfolge meist aab bbc ccd etc., in germ. u. roman. Dichtung des MA.
= *Que sont mes amis devenus*
   *Que j'avais de si près tenus*
      *Et tant aimés?*
*Je crois qu'ils sont trop clair semés,*
*Ils ne furent pas bien semés*
   *Et sont faillis.*
*De tels amis m'ont mal bailli,*
*Car dès que Dieu m'eut assailli*
   *De maint côte,*
*N'en vis un seul en mon hôtel.*
*Je crois, le vent les a ôtés,*
   *L'amour est morte,*

*Ce sont amis que vent emporte,*
*Et il ventait devant ma porte.* [Aus: Rutebeuf, *La complainte Rutebeuf*]

**Rime enchaînée,** der: (frz. verketteter Reim) frz. Gedichtform, bei der Schlußwort einer Zeile im folg. Zeilenanfang wörtlich, homonym oder sinngemäß wieder aufgenommen wird. (→übergehender Reim)
= *Dieu des amants, de mort me garde;*
  *Me gardant donne-moi bonheur;*
  *Et me donnant...*

**Rime riche,** die: (frz.) →reicher Reim.

**Rinascimento,** das: (ital.) →Renaissance.

**Ringkomposition,** die: Aufbau in Form eines Ringes; a) in Ringerzählung des Volksmärchens eine Dialogkette aus einander ablösenden Partnern, die wieder in sich zurückläuft: Das sich beklagende Tier sieht sich zuletzt selber angeklagt; b) in Lyrik, Epik, Dramatik die Wiederkehr des Anfangsteils am Ende. (→Rondeau)
= a) a gegen b, b gegen e, e gegen d... y gegen z, z gegen a
  A. Schnitzler, *Der Reigen* (1900); u. a.

*Das macht, es hat die Nachtigall*
*Die ganze Nacht gesungen;*
*Da sind von ihrem süßen Schall,*
*Da sind in Hall und Widerhall*
*Die Rosen aufgesprungen.*

*Sie war doch sonst ein wildes Blut;*
*Nun geht sie tief in Sinnen,*
*Trägt in der Hand den Sommerhut*
*Und duldet still der Sonne Glut*
*Und weiß nicht, was beginnen.*

*Das macht, es hat die Nachtigall*
*Die ganze Nacht gesungen;*
*Da sind von ihrem süßen Schall,*
*Da sind in Hall und Widerhall,*
*Die Rosen aufgesprungen.* [Th. Storm, *Die Nachtigall*]

**Rischi,** der: (altind.-sanskr. Weise) altind. Sänger u. Dichter der relig. Hymnen u. Heldensagen der Veden.

**Rispetto,** das: (ital. Ehrfurcht [vor der Dame]) toskan. Ausprägung des →Strambotto.

= *Gli occhi mi cadder giù tristi e dolenti,*
*Com' i' vidi levarsi in alto el sole:*
*La lingua morta s'addiacciò fra' denti*
*E non potè formar le suo' parole:*
*Tutti mi furon tolti e' sentimenti*
*Da chi m'uccide e sana quand'e vôle:*
*E mille volte el cor mi disse in vano*
*– Fàtti un po'innanzi e toccagli la mano.* [Angelo Poliziano]

**Ritornell**, das, bzw. **Stornello**, der: (ital. kleine Wiederkehr bzw. Kampf) ital. volkstüml. Gedichtform aus beliebig vielen dreizeiligen Strophen, in denen die erste Zeile mit der dritten durch Reim oder Assonanz verbunden ist, während die mittlere Waise bleibt; Versform meist →Endecasillabo, Reimschema axa; die häufig kürzere Anfangszeile kann auch aus kurzer →Apostrophe (»Blumenruf«) bestehen; dt. Nachbildungen bei F. Rückert, P. Heyse, Th. Storm, Chr. Morgenstern u.a.

= *Blühende Myrte –*
*Ich hoffte süße Frucht von dir zu pflücken;*
*Die Blüte fiel; nun seh ich, daß ich irrte.*

*Schnell welkende Winden –*
*Die Spur von meinen Kindertagen sucht ich*
*An eurem Zaun, doch konnt ich sie nicht finden.*

*Muskathyazinthen –*
*Ihr blühtet einst in Urgroßmutters Garten;*
*Das war ein Platz, weltfern, weit, weit dahinten.*

*Dunkle Zypressen –*
*Die Welt ist gar zu lustig;*
*Es wird doch alles vergessen.* [Th. Storm, *Frauenritornell*]

**Ritterdrama**, das: allg.: →Drama um Ritter als zentraler Figur; bes.: im Gefolge von Goethes *Götz von Berlichingen* (1773) entstandene Dramen, die Idee einer Recht u. Gerechtigkeit wahrenden Rittertradition zu erneuern suchen, aber heroische Legenden bleiben. (→Sturm und Drang, →Romantik)

= Allg.: Corneille, *Cid* (1636); C. v. Lohenstein, *Ibrahim Bassa* (1650ff.); u.a.; bes.: Klinger, *Otto* (1775); J. A. v. Törring, *Agnes Bernauerin* (1780); L. Tieck, *Karl v. Berneck* (1793ff.); Uhland, *Ernst, Herzog v. Schwaben* (1817); u.a.

**Ritterroman**, der: Sonderform des →Romans, entstanden aus Ritterepik, die durch Prosaisierung u. Anreicherung mit Zauber- u. Abenteuerelementen zum Phantastischen hin aufgehöht wurde; vollendetste Ausprägung →Amadisroman; in Deutschland von Einfluß auf heroisch-galanten Roman des

→Barock; Neubelebung im Anschluß an Goethes *Götz von Berlichingen* (1773); als aus →Volksbüchern schöpfender u. um Wiedererweckung des MA. bemühter »Ritter- u. Räuberroman« weitverbreitetste Form des →Unterhaltungsromans im 18. Jh. (→Räuberroman, →Ritterdrama, →galante Dichtung).

= Leonard Wächter, *Männerschwur und Weibertreu* (1785); C. G. Cramer, *Hasper a Spada, eine Sage aus dem 13. Jh.* (1792 f.); Ch. H. Spieß; *Die Löwenritter* (1794 f.); H. Zschokke, *Kuno v. Kyburg* (1795 f.); u. a.

**Robinsonade,** die: (nach Defoes Roman *Robinson Crusoe*) Sonderform des Reiseromans (→Reiseliteratur); allg.: Roman mit Zentralmotiv des (unfreiwilligen) Aufenthalts auf weltferner Insel; arab. Ursprungs (Ibn Tufail, *Ḥayy ibn Yaqẓān* [= Lebender, Sohn des Wachenden], 12. Jh.); bes.: Episode im Roman des →Barock (J. Wickram, W. H. v. Hohberg, Grimmelshausen, E. W. Happel u. a.).

= Als Nachahmung von Defoes *Robinson* (1719): J. G. Schnabel, *Insel Felsenburg* (1731 ff.); J. H. Campe, *Robinson der Jüngere* (1779 f.); J. D. Wyss, *Der schweizerische Robinson* (1812 ff.); u. a.

*Darauf brach er [Ḥayy] einen Ast von einem Baum, bog ihn sich gerade, streifte die Zweige ab und glättete ihn. So bewaffnet, begann er, solche wilden Tiere anzugreifen und zu erschrecken, die es wagten, sich ihm entgegenzustellen: gegen Stärkere verteidigte er sich, und Schwächere griff er an. Auf diese Weise kam er bis zu einem gewissen Grade zum Bewußtsein seiner Kraft und fand heraus, daß sein Verstand den der Tiere weit übertraf, denn er hatte ihn befähigt, seine Blöße zu bedecken und sich mit einer Waffe zu seiner Verteidigung zu versehen, so daß er nun jene natürlichen Waffen, die er früher so gewünscht, nicht mehr vermißte.*

[Aus: Ibn Tufail, *Ḥayy ibn Yaqẓān*; übers.]

**Rodomontade,** die: (nach Gestalt des Rodomonte in Ariosts *Orlando Furioso*) Aufschneiderei, großsprecherisches Geschwätz.

**Rokoko,** das: (frz. Muschelornamente in nachbarocker Architektur) Stil- u. Epochenbegriff zunächst der Kunstgeschichte, dann auch der Literaturwissenschaft, der heiter spieler. Spätstil zwischen auslaufendem Barockzeitalter u. beginnender Epoche der →Aufklärung (→Klassizismus) bezeichnet; Grundlage der R. kunst Deutung des Schönen als moralisch Gutes (→Anmut, →Grazie), sinnenfrohes Streben, Leben u. Kunst in zierlicher, dekorativ graziöser Form zu verbinden; als dem Scherzhaft-Ironischen geneigte bürgerl. →Gesellschaftsdichtung bevorzugt das R. die kleinere Form wie Lyrik (→Anakreontik), →Verserzählung, →Idylle (→Hirtendichtung, →Singspiel u. ä.); Blütezeit zwischen 1740 u. 1780. (→galante Dichtung, →Poésie fugitive)

= Hauptvertreter: Hagedorn, Gellert, Gleim, Lessing (*Kleinigkeiten*, 1751),

Geßner, Wieland (*Musarion*, 1768; *Die Grazien*, 1770), Jacobi, (der junge) Goethe (*Das Buch Annette*, 1767) u. a.

*Der du mit deinem Mohne*
*Selbst Götteraugen zwingst*
*Und Bettler oft zum Throne,*
*Zum Mädchen Schäfer bringst,*
*Vernimm: Kein Traumgespinste*
*Verlang ich heut von dir,*
*Den größten deiner Dienste,*
*Geliebter, leiste mir.*

*An meines Mächens Seite*
*Sitz ich, ihr Aug spricht Lust,*
*Und unter neid'scher Seide*
*Steigt fühlbar ihre Brust,*
*Oft hatte meinen Küssen*
*Sie Amor zugebracht,*
*Dies Glück muß ich vermissen,*
*Die strenge Mutter wacht.*

*Am Abend triffst du wieder*
*Mich dort, o tritt herein,*
*Sprüh Mohn von dem Gefieder,*
*Da schlaf die Mutter ein:*
*Bei blassem Lichterscheinen,*
*Von Lieb Annette warm*
*Sink, wie Mama in deinen,*
*In meinen gier'gen Arm.* [Goethe, *An den Schlaf*]

**Rollengedicht** bzw. **-lied,** das: Form, in der lyr. Ich zur Aussprache sich der Rolle einer Figur (Schäfer, Wanderer, Soldat, Knabe u. ä.) bedient. (→ Rollenprosa, → Ich-Form, → Erlebnisdichtung)
= Brentano, *Der Spinnerin Lied*; Uhland, *Des Knaben Berglied*; Rilke, *Lied des Bettlers*; H. Ball, *Versuchung des hl. Antonius*; Wedekind, *Der Tantenmörder*; F. G. Jünger, *Klage des Orest*; Nelly Sachs, *Chöre nach Mitternacht*; u. a.

*Da droben auf jenem Berge,*
*Da steh ich tausendmal*
*An meinem Stabe gebogen*
*Und schaue hinab in das Tal.*

*Dann folg ich der weidenden Herde,*
*Mein Hündchen bewahret mir sie.*
*Ich bin herunter gekommen*
*Und weiß doch selber nicht wie.*

*Da stehet von schönen Blumen*
*die ganze Wiese so voll*
*Ich breche sie, ohne zu wissen,*
*Wem ich sie geben soll.*

*Und Regen, Sturm und Gewitter*
*Verpaß ich unter dem Baum.*
*Die Türe dort bleibet verschlossen;*
*Doch alles ist leider ein Traum.*

*Es stehet ein Regenbogen*
*Wohl über jenem Haus!*
*Sie aber ist weggezogen,*
*Und weit in das Land hinaus.*

*Hinaus in das Land und weiter,*
*Vielleicht gar über die See.*
*Vorüber, ihr Schafe, vorüber!*
*Dem Schäfer ist gar so weh.* [Goethe, *Schäfers Klagelied*]

**Rollenprosa,** die: (Rolle, wie sie der Schauspieler übernimmt + P.) in der dt. Literaturkritik nach 1945 (→Gruppe 47) häufig gebrauchter Begriff zur Bezeichnung von →Texten, deren Perspektive vollständig auf das begrenzte Bewußtsein einer psycholog.-soziolog. definierten Figur reduziert ist; auf falscher Zusammensetzung beruhendes Modewort. (→Rollengedicht)

**Roman,** der: (afrz. in der Volkssprache = *romanz* geschr.) urspr. Bez. für jedes Werk in »*romanz*« (12. Jh.), dann Erzählung in Vers u. Prosa (13. Jh.), schließlich (Ende 13. Jh.) verengt auf Erzählung (Prosa, Vers); zur Gattung der →Epik gehörend, trat der R. als eher durch Privat-Persönliches definierte Erzählung Anfang des 16. Jh. im wesentl. Nachfolge des auf Totalität gerichteten →Epos an; aus Beschreibung, Dialog, Bericht etc. gefügtes Erzählgewebe zur entwerfenden Darstellung eines Welt- u. Lebensausschnitts, in dem Kräfte von Schicksal u. Umwelt auf Individuum oder Kollektiv einwirken; als die am weitesten verbreitete Literaturgattung ständig sich wandelnd, doch trotz aller »Krisen« sich stetig erneuernd. Früheste romanhafte Erzählformen in ind. (2. bzw. 1. Jh. v. Chr.) und pers. (8. Jh. n. Chr.) Literatur. Beginn der abendländ. Entwicklung in Griechenland mit der frühen Geschichtsschreibung der →Logographen (6. Jh. v. Chr.), der (verlorenen) Urfassung des Alexander-R. u. den sog. *Milesischen Geschichten* (→Novelle) des Aristides von Milet (2. Jh. v. Chr.) als Vorstufen u. dem →histor. Roman (*Ninos u. Semiramis*, 1. Jh. v. Chr., fragm.; Chariton, *Chaireas u. Kallirrhoe*, 1./2. Jh. v. Chr.) sowie dem →Reiseroman (Antonius Diogenes, *Wunderdinge jenseits von Thule*, 1. Jh., in dem sich bereits die für den antiken R. charakterist. Verbindung von phantast. Reiseabenteuer u. gefühlvoller Liebesgeschichte andeutet) als frühe Ausprägungen; ist das MA. die Zeit des →Epos, so kommt es in Spät-MA. u. Renaissance mit der (meist frz.) Prosaauflösung von ma. Epen (z. B. *Prosa-Lanzelot*, afrz. ca. 1220, mhd. ca. 1230) zum →höf. Roman, der Prosaübersetzung von frz. →Chansons de geste (Elisabeth v. Nassau-Saarbrücken, *Hugo Scheppel* [1550]; *Sibille* [ungedr.], u. a.) und mit den →Volksbüchern zur Erneuerung des R.; erste selbstand. (Groß-) R.e →Ritter-R. (→Amadis-R., →heroisch-galant. R. und →Schäferroman); als Schöpfer des dt. Prosaromans gilt Jörg Wickram (*Der Knabenspiegel* 1554; *Der Goldfaden*, 1557), in dessen Werken das neue bürgerl. Selbstverständnis Ausdruck findet; wirkliche Anerkennung als Kunstform findet der R. erst im Laufe des 18. Jh. (→Abenteuer-R., →Bildungs-R., →Brief-R., →pikaresker R., →Künstler-R., →Kriminal-R., →Räuber-R., →Schäfer-R., →Staats-R., →Gesellschafts-R., →Schlüssel-R. u. a.)

+ H. Koopmann (Hrsg.), *Handbuch des dt. R.s* (1982)
= Ältester R. des dt. MA. *Ruodlieb* (Mitte 11. Jh.): verbindet Schilderung der Ritterwelt mit Motiven aus Heldensage, Märchen u. Volksüberlieferung

*...mit dem Roman, der modernen bürgerlichen Epopöe [...] tritt einerseits der Reichtum und die Vielseitigkeit der Interessen, Zustände, Charaktere, Lebensverhältnisse, der breite Hintergrund einer totalen Welt sowie die epische Darstellung von Begebenheiten vollständig wieder ein. Was jedoch fehlt, ist der ursprünglich poetische Weltzustand, aus welchem das eigentliche Epos hervorgeht. Der Roman im modernen Sinne setzt eine bereits zur Prosa geordnete Wirklichkeit voraus, auf deren Boden er sodann in seinem Kreise sowohl in Rücksicht auf die Lebendigkeit der Begebnisse als auch in betreff der Individuen und ihres Schicksals – der Poesie, soweit es bei dieser Voraussetzung möglich ist, ihr verlorenes Recht wieder erringt. Eine der gewöhnlichsten und für den Roman passendsten Kollisionen ist deshalb der Konflikt zwischen der Poesie des Herzens und der entgegenstehenden Prosa der Verhältnisse sowie dem Zufalle äußerer Umstände: ein Zwiespalt, der sich entweder tragisch oder komisch löst...*

[Aus: G. W. F. Hegel, *Vorlesungen über die Ästhetik*]

*Die Kunst des Romans besteht darin, außervernünftige Zusammenhänge entdecken zu können, welche schließlich auch das Vernünftige mit einschließen. Von daher muß der Roman durchaus »verständlich« sein, mindestens aber einer großen Zahl von Lesern so erscheinen, die ihn gar nicht verstehen.*

[Heimito von Doderer]

*Gerade die Eigenschaften, welche den Roman als Kunstform zweifelhaft erscheinen lassen, haben sein Glück gemacht. Er vermag sich in alle Formen einzupuppen, die Fysiognomie aller Dichtgattungen widerzuspiegeln, in lyrische Ergüsse zu zerfließen wie bei Jean Paul, sich episch auszubreiten und dadurch das Flegma der Modernen in ein süßes Behagen einzulullen; aber er vermag auch, durch drastische Situationen oder lebendigen Dialog drama-*

*tisch zu wirken, dann giebt er wieder ein Stück Geschichte oder Filosofie oder Ästhetik; oder er behandelt einen Artikel aus dem Lexikon der Liberalen, oder er läuft in eine Zeitungsbetrachtung aus; kurz! er ist, wie der Mensch der Gegenwart selbst, ein zwar geschmackvolles, aber formloses Mischprodukt...*
[Aus: Hermann Marggraff,
*Die Entwicklung des deutschen Romans* (...)]

*Wie Lewfrid heimlich in sein gemach sich fůget / mit einem scharpffen messerlin sein brust vornen öffnet / den goldtfaden darin vernehet / mit kóstlichen Pflastern und Salben sein wund in kürtz heilet.*
*Als sich Lewfrid jetzt gantz einig wußt / nam er ein scharpffes schreibmesser / thet sich davornen an seiner brust auff und schneid die haut vornen ob seinem lincken dittlin uff nam den Goldtfaden / legt in zwischen hut und fleysch / und mit einer Nadlen / so er vormal darzů bereit hat / hefftet er sein haut wider nit on kleinen schmertzen zusammen / Jedoch hat in die liebe mit solchem gewalt gegen der Junckfrawen gefangen / das er keines schmertzens mehr achten ward / er hatt sich auch bei des Graffen wundartzet mit Salben und gůten heilsamen Pflastern beworben / vor und eh er sich verwundet / also das ǁer in kurtzem die wunden dermassen zu heilet / das er wenig und gar lützel schmertzens mehr daran befand / Als nun Lewfrid sein ampt in dem zimmer außwarten můst / nam sein Angliana gar eben acht / ob er mehr so schwermůtig wie vormalen sein wolt / sie aber kond in nit anders dann eines frólichen gemůts erkennen. Als aber Lewfrid offt den Junckfrawen zů gefallen singen můßt / gedacht er in ihm selb / ›nu mag ich mein hertz wol heimlichen gegen der Junckfrawen auff thůn / so das sein niemans war nimpt / dann Junckfraw Angliana‹ / er nam im für ein lied von dem Goldtfaden zů tichten / und das selbig in dem Frawenzimmer zů singen...*
[Aus: J. Wickram, *Der Goldfaden*]

**Romancier,** der, bzw. **Romanciere,** die: (frz. zu →Roman) Romanschriftsteller(in), Erzähler(in).

**Roman expérimental,** der: (frz. experimenteller →Roman; nach einer Schrift von Émile Zola [1880]) Bez. für Romankonzeption Zolas, wonach Roman wissenschaftl. Experiment dient u. sein Verf. Methoden der Naturwissenschaften anwenden soll. (→Naturalismus)

**Roman fleuve,** der: →Zyklus. (→Trilogie)

**Romantik,** die: (zu romantisch = urspr. romanhaft, abenteuerlich, gebildet zu engl. *romant* = Roman; zunächst auf Bild einer Landschaft bezogen, die das Gemüt anspricht; als literar.-weltanschaul. Begriff dann umgedeutet u. durch Definition gegen das Klassische abgegrenzt von Fr. Schlegel u. Novalis) Bez. für Epoche der dt. (u. europ.) Literatur zwischen 1798 u. 1830, die in den Vorlesungen der Brüder Schlegel (A. W. Schlegel, *Über schöne Kunst u. Li-*

teratur [1802–05] und deren Zs. *Athenaeum* [1798–1800; bes. das 116. *Athenaeum*-Fragment Fr. Schlegels]) ihre theoret. Grundlage hat; gewöhnlich eingeteilt in a) ältere, Jenaer oder Früh-Romantik, b) jüngere, Heidelberger oder Hoch-R. (die neben Heidelberger Kreis noch Gruppen in Berlin umfaßt), c) die schwäb. R. (nach 1810), d) die Spät-R. (nach 1820). Eindeutige Bestimmung des Begriffs R. nicht möglich, gilt als letzte Entwicklungsstufe des dt. →Idealismus, als Höhepunkt der mit →Sturm und Drang einsetzenden »Deutschen Bewegung«; die Früh-R., angeregt von der Frz. Revolution, Goethes *Wilhelm Meister* u. Fichtes subjektivem Idealismus, in dem das Ich sich zum Schöpfer u. Herrn der Welt erhebt, definiert sich durch Geschlossenheit der Geistesgemeinschaft mit Jena als Mittelpunkt u. rationalist., mehr kritisch wissenschaftl. Ausrichtung; Kennzeichen der Hoch-R., die sich seit 1805 in Heidelberg um Görres, Brentano, Arnim entfaltet, Zugewandtheit zum Irrationalen, zum »Organischen«, Gewachsenen, zum Leben in seiner Unmeßbarkeit u. Unbegreiflichkeit, Schätzung alles Unbewußten, Traumhaften u. Erdbezogenen, von Natur u. Volkstum u. im Anschluß daran Hinwendung zur wissenschaftl. Erforschung literar. Tradition, der Aufarbeitung histor., jurist., sprachl. u. mytholog. Zeugnisse des MA. Allgemeinere Merkmale der R.: Poesie soll »Universalpoesie« sein, sie »erkennt als erstes Gesetz an, daß die Willkür des Dichters kein Gesetz über sich leide« (Fr. Schlegel); das ganze Leben soll poetisiert werden, Geist u. Natur, Endlichkeit u. Unendlichkeit, Vergangenes u. Gegenwärtiges, Religion u. Kunst, Wissenschaft u. Poesie sollen sich in der romant. Dichtung zu einer von freier Subjektivität getragenen Gesamtkunst vereinigen; characterist. ist deshalb für sie das Fragmentarische (→Fragment), die →»offene« Form (→Arabeske, →Aphorismus, →Improvisation u. ä.) u. die den Schöpfergeist in seiner spieler. Freiheit bestätigende romantische →Ironie.
= Hauptvertreter: a) (Jena, 1798), F. v. Hardenberg (Novalis), F. u. A. W. Schlegel (bedeutendste Theoretiker der R.), L. Tieck, G. H. Schubert, Schleiermacher, Wackenroder; b) (Heidelberg, 1805 u. bes. 1808/09) A. v. Arnim, Cl. Brentano, Eichendorff, J. Görres, F. Creuzer, J. u. W. Grimm; (Dresden 1808/09) H. v. Kleist, G. Wetzel, A. Müller u. a.; (Berlin, nach 1801) Brüder Boisserée u. Grimm, Chamisso, Fouqué, E. T. A. Hoffmann, Z. Werner u. a. sowie Salon der R. Varnhagen; c) L. Uhland, J. Kerner, G. Schwab, W. Hauff; d) E. Mörike, N. Lenau sowie (m. E.) Heine.
Werke: a) L. Tieck, *William Lovell* (1795f.); Fr. Schlegel, *Lucinde* (1799); Novalis, *Hymnen an die Nacht* (1800), *Heinrich von Ofterdingen* (1802); A. W. Schlegel, Shakespeare-Übersetzung (1779ff.); b) Brentano u. Arnim, *Des Knaben Wunderhorn* (1806ff.); J. Görres, *Die teutschen Volksbücher* (1807); Arnim, *Zeitung für Einsiedler* (1808); J. u. W. Grimm, *Kinder- u. Hausmärchen* (1812ff.), *Deutsche Sagen* (1816ff.); Hoffmann, *Kater Murr* (1820ff.); c) Hauff, *Lichtenstein* (1826); d) Mörike, *Maler Nolten* (1832); u. a.

*Die romantische Poesie ist eine progressive Universalpoesie. Ihre Bestimmung ist nicht bloß, alle getrennten Gattungen der Poesie wieder zu vereinigen und die Poesie mit der Philosophie und der Rhetorik in Berührung zu setzen. Sie will und soll auch Poesie und Prosa, Genialität und Kritik, Kunstpoesie und Naturpoesie bald mischen, bald verschmelzen, die Poesie lebendig und gesellig und das Leben und die Gesellschaft poetisch machen...*
[Aus: F. Schlegel, *116. Athenäumsfragment*]

*Wenn nicht mehr Zahlen und Figuren*
*Sind Schlüssel aller Kreaturen,*
*Wenn die, so singen oder küssen*
*Mehr als die Tiefgelehrten wissen,*
*Wenn sich die Welt ins freie Leben*
*Und in die Welt wird zurückbegeben,*
*Wenn dann sich wieder Licht und Schatten*
*Zu echter Klarheit werden gatten*
*Und man in Märchen und Gedichten*
*Erkennt die wahren Weltgeschichten,*
*Dann fliegt vor einem geheimen Wort*
*Das ganze verkehrte Wesen fort.*
[Aus: F. v. Hardenberg (Novalis), *Heinrich von Ofterdingen* (= →blaue Blume)]

*Es war, als hätt der Himmel*
*Die Erde still geküßt,*
*Daß sie im Blütenschimmer*
*Von ihm nun träumen müßt.*

*Die Luft ging durch die Felder,*
*Die Ähren wogten sacht,*
*Es rauschten leis die Wälder,*
*So sternklar war die Nacht.*

*Und meine Seele spannte*
*Weit ihre Flügel aus,*
*Flog durch die stillen Lande,*
*Als flöge sie nach Haus.*
[Eichendorff, *Mondnacht*]

**romantische Ironie,** die: →Ironie.

**Romanze,** die: (span. das in der roman. Volkssprache Geschriebene) roman. bzw. span. kürzeres volkstüml. Erzähllied; gestaltet, der germ. →Ballade verwandt, auf heiter effektvolle Weise Stoffe aus frühspan. Geschichte u. Sage; im 14./15. Jh. entstanden, wurde sie nach Einführung in dt. Literatur durch Gleim (1756) von Moses Mendelssohn definiert als ein »abenteuerliches Wunderbares«, das mit »possierlicher Traurigkeit« erzählt werde (1742). Nach umformender »Veredlung« und Erweiterung zum →Zyklus durch Herder (*Der Cid*, 1805) erreichte die R.-dichtung, getragen von → Assonanz u. → Trochäus, in der → Romantik ihren Höhepunkt.

= Vertreter: (Spanien) Góngora (*Angélina y Medoro*, vor 1613), Lope de Vega, Quevedo, García Lorca, A. Machado; (Dtschld.) Bürger, Goethe, Schiller, Brüder Schlegel, Tieck, Brentano (*R.en vom Rosenkranz*, 1804 ff.), Eichendorff, Uhland, Lenau, Fontane (*R.en v. d. schönen Rosamunde*, 1850), R. Dehmel (*Zwei Menschen*, 1903); u. a.

R.form parodist. verwendet bei Immermann (*Tulifäntchen*, 1830), Heine (*Atta Troll*, 1847); u. a.

*Allem Tagewerk sei Frieden!*
*Keine Axt erschall im Wald!*
*Alle Farbe ist geschieden,*
*Und es raget die Gestalt.*

*Tauberauschte Blumen schließen*
*Ihrer Kelche süßen Kranz,*
*Und die schlummertrunknen Wiesen*
*Wiegen sich in Traumes Glanz.*

*Wo die wilden Quellen zielen*
*Nieder von dem Felsenrand,*
*Ziehn die Hirsche frei und spielen*
*Freudig in dem blanken Sand;*

*In der Düfte Schwermut wiegen*
*Sich die Rosen in den Schlaf*
*(Das Geheimnis ruht verschwiegen,*
*Das sie in den Busen traf);*

*Und es wandeln, die sich lieben,*
*Flüsternd auf dem sel'gen Pfad,*
*Wo sie gestern Scherze trieben,*
*Zu des Meeres Glanzgestad.*

*Die Sirene stimmt wieder*
*Ihre gift'gen Lieder an,*
*Und die Herzen tauchen nieder*
*In den tiefen, süßen Wahn.*

*Denn es schied die Sonne wieder*
*In der ew'gen Flammen Pracht,*
*Und es hebt die dunkeln Glieder*
*Abermals die kalte Nacht,*

*Und die Erde, aufgeriegelt,*
*Sendet ihren Geist heran;*
*Um das Haupt schwebt, sternbesiegelt,*
*Ihm der blaue Weltenplan.*

*Und des Waldes dunkle Riesen*
*Drängen sich ums enge Tal,*
*Und durch ihre Kronen gießen*
*Sterne geisterhaften Strahl.*

*Aus der Tiefe aufgewiegelt,*
*Wachsen stumme Brunnen an;*
*Drinnen schaun sich, mondumspiegelt,*
*Die Gedanken traurig an.*

[Aus: C. Brentano, *Romanzen vom Rosenkranz*]

*I will make you brooches and toys for your delight*
*Of bird-song at morning and star-shine at night.*
*I will make a palace fit for you and me,*
*Of green days in forests and blue days at sea.*

*I will make my kitchen, and you shall keep your room,*
*Where white flows the river and bright blows the broom,*
*And you shall wash your linen and keep your body white*
*In rainfall at morning and dewfall at night.*

*And this shall be for music when no one else is near,*
*The fine song for singing, the rare song to hear!*
*That only I remember, that only you admire,*
*Of the broad road that streches and the roadside fire.*

[R. L. Stevenson, *Romance*]

**Romanzero,** der: (span. Romanzensammlung) i. Gegs. zum höf. →Canción waren die aspan. →Romanzen zunächst nur mündlich überliefert, aber seit 15. Jh. auf Einblattdrucken verbreitet; erster gedruckter R. = *Cancionero de Romances* (1548).
= *R. general* (1600; bedeutendster R.); E. Geibel u. P. Heyse, *Span. Liederbuch* (1852; dt. Übers. span. R.); u. a.

**Rondeau,** das: (frz. rund) Ringel-, Rundgedicht, auch Rundreim, Rundum, urspr. zum Rundtanz gesungenes frz. Tanzlied, seit 16. Jh. Gedichtform aus dreizehn im allg. zehnsilb. Versen mit nur zwei Reimen; die Anfangswörter der 1. Zeile werden nach der 8. und am Schluß der 13. Zeile als verkürzter →Refrain (rentrement = Wiedereinschub) wiederaufgenommen, wodurch das einstrophige R. in drei Teile (Couplets) zerfällt. (→Rondel, →Triolett)
= In frz. Dichtung bei Voiture, Musset, Banville, Mallarmé; dt. Nachdichtungen von Fischart, Weckherlin, Zesen u. a.
*Eine kleine weyl / als ohn gefähr*
*Ich euch in einem Sahl gefunden /*
*Sah ich euch an / bald mehr vnd mehr*
*Hat ewer haar mein hertz verbunden:*
   *Ihr auch lieb-aügleten mir sehr /*

*Da durch ich weiß nicht was empfunden /*
*Das meinem Geist / dan leicht dan schwer /*
*Auß lieb vnd layd alßbald geschwunden*
   *Ein kleine weyl.*
*Biß ich von ewrer augen lehr /*
*Vnd jhr von meiner seufzen mähr*
*Die schuldigkeit der lieb verstunden;*
*Darauf wir heimlich ohn vnehr*
*Einander fröhlich uberwunden*
   *Ein kleine weyl.*   [G. R. Weckherlin, *An eine große Fürstin*]

**Rondel,** der: (frz. rund) allg.: afrz. für →Rondeau; bes.: bis ins 16. Jh. gebräuchl. (freiere) Form des Rondeaus.
= *Willst du's, solls die Liebe sein,*
   *Du, dein Mund, wir sagens nicht,*
   *Schenkst der Rose Schweigen ein,*
   *Bittrer, so du's unterbrichst.*

   *Lieder, willig, schicken kein*
   *Lächeln, sprühen uns kein Licht,*
   *Willst du's, solls die Liebe sein,*
   *Du, dein Mund, wir sagens nicht.*

   *Stumm-und-stumm, hier zwischenein,*
   *Sylphe, purpurn, kaiserlich,*
   *Flammt ein Kuß, schon teilt er sich,*
   *Flügelspitzen flackern, fein,*
   *Willst du's, solls die Liebe sein.*
         [Stéphane Mallarmé, *Rondel II*, dt. von Paul Celan]

**Rondelet,** das: (frz. kleines →Rondel) einstrophige Gedichtform von fünf Zeilen mit zwei Reimen; nach der 2. und 5. Zeile findet sich als →Refrain meist der 1. Teil der Anfangszeile.

**Roundel,** das: (engl.) aus dem frz. →Rondeau von Swinburne entwickelte engl. Gedichtform; besteht aus drei Strophen zu je drei Zeilen u. zwei Reimen; die Anfangswörter kehren nach der 3. u. 10. Zeile als mit der 2. Zeile reimender →Refrain wieder; Reimschema: abaB/bab/abaB.
= *A roundel is wrought as a ring or a starbright sphere,*
   *With craft of delight and with cunning of sound unsought,*
   *That the heart of the hearer may smile if to pleasure his ear*
      *A roundel ist wrought.*

   *Its jewel of music is carven of all or of aught*
   *Love, laughter, or mourning remembrance of rapture or fear*
   *That fancy may fashion to hang in the ear of thought.*

*As a bird's quick song runs round, and the hearts in us hear*
*Pause answer to pause, and again the same strain caught,*
*So moves the device whence, round as a pearl or tear,*
   *A roundel is wrought.* [Swinburne]

**Rubâi,** das: (Pl. Rubaiyat) (iran.-pers. Vierer) vierzeil. pers. Gedichtform mit Reimschema aaxa, bietet in epigrammat. Kürze Lebens- u. Spruchweisheit.
= Hauptvertreter Omar Hayyām (Anf. 12. Jh.), sein R. nachgebildet von Rückert, Bodenstedt u. a.

*Es ist mehr als Veralten*
*Und soviel als Verwalten;*
*Es erhält uns die Güter*
*Und zerstört die Gestalten.* [F. Rückert]

**Rubrik,** die: (zu lat. rot) Überschrift; Fach, Spalte.

**Rückblende,** die: (zurück + blenden = leuchten) schroffer Wechsel der Zeitebene, Technik des Zurückgreifens aus dem zeitlich Späteren (Gegenwart) in ein Früheres (Vergangenheit), um es in das (epische oder dramat.) Geschehen zur Verdeutlichung einzublenden. Bez. von Film übernommen u. jünger als Bezeichnetes. (→Hörspiel, →analyt. Drama)
= E. T. A. Hoffmann, *Das Fräulein von Scudéri* (1819ff.); C. F. Meyer, *Die Hochzeit des Mönchs* (1884); H. Böll, *Billard um halbzehn* (1959); u. a.

**Rügelied,** das: gegen best. Person (Konkurrenten, Dienstherrn) oder Erscheinung (Streitfrage) gerichteter Scheltspruch (Scheltlied, -gedicht); Gattung der mhd. Spruchdichtung im Unterschied zu →Streitgedicht, →Tenzone. (→Sirventes)
= Reinmar der Fiedler gegen Leuthold von Seven; Walter gegen Philipp II.; u. a.

*Wê dir von zweter Regimâr!*
*dû niuwest mangen alten funt,*
*dû speltest als ein milwe ein hâr,*
*dir wirt ûz einem orte ein pfunt,*
*ob dîn liezen dich niht triuget.*
   [Der Marner, Scheltspruch auf Reinmar von Zweter]

**rührender Reim,** der: (→Reim) allg.: Gleichklang auch der Konsonanten vor dem letzten betonten Vokal; bes.: Gleichklang a) identischer Wörter (identischer R.), b) gleichlautender Wörter (→Homonym) (äquivoker R.); gilt seit 16. Jh. als Fehler. (→rime riche)
= Allg.: *Bis in die Vaterstadt der Moden*

*wird sie in allen Buden feilgeboten*
*muss sie auf Diligencen, Packetbooten…* [Schiller]
Bes.: a) *geht: geht; reden: reden.* b) *ist: ißt; tat: Tat*

*Ich wolde niht er*winden,
*ich rit ûz mit winden*
*hiure ein küelen winden*
*gein der stat ze Winden.*
*ich wolt überwinden*
*ein maget sach ich winden*
*wol si gärn wànt.* [Gottfried von Neifen]

**Rührstück,** das: allg.: dramat. Gattung, die urspr. →weinerl. Lustspiel, empfindsames Schauspiel u. →bürgerl. Trauerspiel umfaßte; bes.: im Anschluß an unter »allg.« Erwähntes entstandenes Schauspiel (»Hausvaterdrama«), das statt trag. Verstrickung nur die Bestätigung bürgerl. Tugend heischende Scheinkonflikte bietet; moral. Erziehung dienende Rührung verkommt im R. zunehmend zum Selbstbetrug. (→poetische Gerechtigkeit)
= Hauptvertreter: F. L. Schröder, A. W. Iffland, A. Kotzebue, H. Sudermann u. a.

SABINE mit der Perücke. VORIGE.
SABINE. *Da ist die Perücke.*
FRAU STAAR. *Es bleibt doch dabey, mein Sohn, daß morgen zugleich Sabingens Verlobung gefeyert wird?*
BÜRGERMEISTER. *Allerdings. Es ist ein merkwürdiger Tag.*
FRAU STAAR. *Das Mädgen macht Einwendungen.*
BÜRGERMEISTER. *Was? ich bin Bürgermeister, auch Oberältester, mir macht man keine Einwendungen.*
SABINE. *Lieber Vater!*
BÜRGERMEISTER. *Erst die Pflicht, dann die Liebe. Ich gehöre dem Staate. Mir gebührt es, ein Fest zu verherrlichen, das noch unsern Urenkeln Segen bringen wird.* Indem er die Perücke aufsetzt. *Die Jurisdiction zwischen unserer guten Stadt Krähwinkel, und dem benachbarten Amte Rummelsburg war strittig eine Diebin wurde eingefangen wir wollten sie an den Pranger stellen, die Rummelsburger gleichfalls wir wollten sie mit Ruthen streichen, die Rummelsburger gleichfalls Neun Jahre lang haben wir processirt die Delinquentin ist indessen wohl verwahrt worden Gott sey Dank! sie lebt noch wir siegen, und morgen steht sie am Pranger.*
SABINE. *Lieber Vater, der Delinquentin kann fast nicht schlimmer zu Muthe seyn, als mir.*
BÜRGERMEISTER. *Wie so?*
SABINE. *Wenn sie ihre Strafe überstanden hat, so ist sie frey. Ich habe nichts verbrochen, und soll morgen auf ewig in Ketten geschmiedet werden.*
BÜRGERMEISTER. *Sey ruhig mein Kind. Der heidnische Gott Amor oder Hymenäus schmiedet nur Blumenfesseln.*

SABINE. *Ach! die nicht selten das Herz wund drücken.*
BÜRGERMEISTER. *Der Herr Bau-, Berg- und Weginspectors-Substitut Sperling ist ein Mann bey der Stadt.*
FRAU STAAR. *Das hab' ich auch gesagt.*
BÜRGERMEISTER. *Es fehlt ihm keineswegs am Judicio.*
HERR STAAR. *Das hab' ich auch gesagt.*
BÜRGERMEISTER. *Er hat Vermögen.*
FRAU STAAR. *Meine Worte.*
BÜRGERMEISTER. *Schreibt allerley poetische Exercitia.*
HERR STAAR. *Mir aus der Seele gesprochen.*
BÜRGERMEISTER. *Kurz, ich habe denselben zu meinem Schwiegersohn erkieset, wogegen keine weitere dilatorische Einrede stattfindet.*
SABINE bei Seite. *Weh mir! Alles hat sich gegen mich verschworen!*
[Aus: Kotzebue, *Die deutschen Kleinstädter*, I, 7]

**Rumpfverse** (Pl.): Verse mit abgeschnittener Schlußsilbe (Rumpfwörtern); erstmals in span. Literatur. (→ Rätsel)
= Berühmt das Sonett vor dem 1. Teil von Cervantes' *Don Quijote*.

*Heut lehr ich euch die Regel der Son--.*
*Versucht gleich eins! Gewiß, es wird ge--,*
*Vier Reime hübsch mit vieren versch--,*
*Dann noch drei Paare, daß man vierzehn h--.*
[E. Mörike: + *-ette, -lingen, -lingen, -ätte*]

**Rundgesang,** der: Lied mit Kehrreim (→ Refrain), der meist von Chor aufgenommen wird. (→ Gesellschaftslied)
= *Im Nebelgeriesel, im tiefen Schnee,*
*Im wilden Wald, in der Winternacht,*
*Ich hörte der Wölfe Hungergeheul,*
*Ich hörte der Eulen Geschrei:*
    *Wille wau wau wau!*
    *Wille wo wo wo!*
    *Wito hu!*

*Ich schoß einmal eine Katz' am Zaun,*
*Der Anne, der Hex', ihre schwarze liebe Katz';*
*Da kamen des Nachts sieben Wehrwölf' zu mir,*
*Waren sieben, sieben Weiber vom Dorf.*
    *Wille wau wau wau!*
    *Wille wo wo wo!*
    *Wito hu!*

*Ich kannte sie all', ich kannte sie wohl,*
*Die Anne, die Ursel, die Käth',*
*Die Liese, die Barbe, die Ev', die Beth;*

*Sie heulten im Kreise mich an.*
  *Wille wau wau wau!*
   *Wille wo wo wo!*
    *Wito hu!*

*Da nannt' ich sie alle bei Namen laut:*
*Was willst du, Anne? was willst du, Beth?*
*Da rüttelten sie sich, da schüttelten sie sich*
*Und liefen und heulten davon.*
  *Wille wau wau wau!*
   *Wille wo wo wo!*
    *Wito hu!* [Goethe, *Zigeunerlied*]

**Runen** (Pl.): (ahd. Geheimnis [vgl. raunen]) älteste gemeingerm. Schrift-(»Ritz-«)zeichen, von 3.–11. Jh. allg. im Gebrauch; ältest. R.-Alphabet 24 Zeichen; die frühest. R. stammen aus Skandinavien (Anfang 2. Jh. n. Chr.), bis heute ca. 5000 Inschriften bekannt.

**Runenlied,** das: (finn. Gedicht) episch-lyr. → Volkslied der Finnen (= Zauber-, Ursprungs-, Jagd-, Hochzeits-, Klagelied u. Ballade) im Runenvers (achtsilb. troch. Vers mit Alliteration u. div. Formen von End- u. Binnenreim).

**Sachbuch,** das: jedes Buch, das eine »Sache« weder in einseitig fachl. (Fachbuch) noch in vielseitig belletrist. (→Belletristik) Zugriff u. Form darstellt, sondern bei der Aufbereitung von Stoffen aus jegl. Lebensbereich wissenschaftl. verbürgte Belehrung mit flüssiger Unterhaltung zu einem leichtverständl., lesbaren Produkt verbindet; in diesem Sinne setzt das S. (= engl. →non-fiction i. Gegs. zu →fiction = fiktive Erzählliteratur) nach Vorstufen in Antike, MA. u. bes. 18. Jh. (popularphilos. Darstellungen) die Tradition des »populärwissenschaftl. Buches« des 19. Jh. fort. (→Populärwissenschaft)
= Ceram, *Götter, Gräber und Gelehrte* (1949); Pförtner, *Mit dem Fahrstuhl in die Römerzeit* (1959); K. Lorenz, *Das sog. Böse* (1963); N. Calder, *Das Geheimnis der Planeten* (1981); u. a.

**sächsische Komödie,** die: (nach Ort ihrer Entstehung = Leipzig, Sachsen) im Rahmen von Gottscheds Theaterreform nach dem Modell der frz. Gesellschaftskomödie (Ph. N. Destouches, *Le glorieux* [1732], *Le dissipateur*, [1736]) entstandene, der Komödientheorie der *Critischen Dichtkunst* (1730) weitgehend entsprechende aufklärer. moralkrit. (Prosa-)Komödie; als »Verlach-Komödie« stellt die s. K., auf die Einsichtsfähigkeit des Zuschauers vertrauend, tugendhaftes u. lasterhaftes Verhalten satirisch einander gegenüber, um letzteres dem Gelächter preiszugeben; früheste Form der bürgerl. Komödie. (→weinerl. Lustspiel, →Rührstück)
= L. A. Gottsched, *Die Pietisterey im Fischbein-Rocke* (1736), *Die ungleiche Heirat* (1743); J. E. Schlegel, *Der geschäftige Müßiggänger* (1741), *Die stumme Schönheit* (1747); Lessing, *Der junge Gelehrte* (1748); u. a.

**Saga,** die (Pl. Sögur): (anord.) a) meist anonyme altisländ. Prosaerzählung (ca. 1200–1400) myth., histor. oder pseudohistor. Inhalts; b) übertr. für breitangelegten →Familienroman.
= a) Laxdæla-, Gísla-, Eyrbyggja-S. (Familiensagen oder »íslendingasǫgur«); Vǫlsunga-, Heiðreks-, Gantreks-S. (mythische S. oder »fornaldarsǫgur«); Heimskringla, Knytlinga-, Sverris-S. (histor. S. oder »konungasǫgur«); Tristrams-, Erex-, Ivenz-S. (höf. Übers. oder »riddarasǫgur«); b) Galsworthy, *Forsythe-S.*, Roger Martin du Gard, *Les Thibauds*; u. a. (→Zyklus); u. a.

**Sage,** die: (ahd. Rede, Erzählung, zu sagen) auf mündl. Überlieferung beruhender Bericht um hist. verbürgten Namen, Ereignis oder Ort, der märchenhafte Züge trägt u. in →Heldenlied dicht. Gestaltung erfährt; Entsprechung der S. im christl. Glaubensbereich ist die →Legende. (→einfache Form)
+ W. E. Peukert (Begründer), *Europ. S.n*, Bd. 1–11 (1961 ff.)

= *Komm Vater, komm, hier lohnt der Fang nicht sehr!*
*Dorthin, dorthin! da giebt's der Fische mehr!*
*Sieh, wo der Mann den Hamen taucht hinein,*
*Sind immer zwei, drei große Butten sein! –*
*– Der Vater sprach: Ist klein dahier der Lohn,*
*Ist er doch sicher; bleibe hier mein Sohn!*
*– O Väterchen, wie freundlich winkt der Mann! –*
*Gehorche mir, mein Kind, sieh ihn nicht an.*
*Fahr nie, wo dieser da die Fische fäht;*
*Weil dort dich plötzlich Zaubersturm umweht.*
*Er lockt wohl, wirft das Netz, thut reichen Zug*
*Und füllt die Kiepe sich; doch ist es Trug.*
*Das ist kein Mensch wie wir, das ist ein Geist,*
*Der Leute lockt und ins Verderben reißt.*
*Wirffst du die Netze dort, du ziehst sie leer,*
*Und immer weiter lockt er dich ins Meer*
*Und finstrer, immer finstrer wird's umher,*
*Es steigt die See, die Wolken sinken schwer,*
*Und aus den Wellen hebt sich Fisch an Fisch,*
*Von grimmen Ungeheuern ein Gemisch:*
*Und alles jappt nach dir mit weitem Mund,*
*Und Wirbel faßt und reißt dich in den Grund.*
*Und hüllt dich ein der Wasser Drang und Schwang,*
*Verlacht er dich und fährt nach andrem Fang.*
*Genüge dir, was Gott beschert, mein Sohn,*
*Schau hin! – der böse Geist verschwindet schon!*
[A. Kopisch, *Der Versucher im Meer* (holstein. S.)]

**Sainete,** der: (span. Leckerbissen) kurzes Zwischen- oder Nachspiel mit Musik u. Tanz im span. Theater, verdrängte Ende 17. Jh. als selbständige →Posse den →Entremés.
= Hauptvertreter: Ramón de la Cruz, *El Manolo* (1784); u. a.

**Salon,** der: (ital.-frz.) a) großes Empfangszimmer, in Frkr. seit 16. Jh. Ort gesellschaftl. Zusammenkunft u. von geschmackbildender Wirkung (→preziöse Literatur); b) Bez. für period. Ausstellungen von Malerei u. Plastik in Frkr.
= a) Als einer der berühmtesten gilt der S. der Marquise C. de Rambouillet, in dem sich zw. 1613 u. 1650 viele der einflußreichsten Schriftsteller,

Künstler, Gelehrten u. Politiker der Zeit begegneten: u. a. F. de Malherbe, Richelieu, J. Chapelain, V. Conrart, C. F. de Vaugelas, P. Corneille, J. L. Balzac, J. R. de Segrais, J. Mairet, V. Voiture.

**Salonstück,** das: →Boulevardstück, →Konversationsstück.

**Salut d'amour,** der: (frz., Name nach Einleitungsgruß) →Liebesgruß, Liebesbrief in Reimpaaren aus Achtsilblern, Gattung der prov.-afrz. Lyrik (seit 12. Jh.). (→Minnebrief)

**Samisdat,** der: (russ. Selbstverlag) Schriften, die in Sowjetunion nicht publiziert werden konnten (→Zensur) u. als Kopie in Umlauf gebracht wurden.
= U. a. Schriften von A. Achmatowa, B. Pasternak, A. I. Solschenizyn (*Der erste Kreis der Hölle*, dt. 1960; *Krebsstation*, dt. 1968), u. a.

**Sammelhandschrift,** die, bzw. **Sammelkodex,** der: Überlieferungsform der Werke versch. antiker u. ma. Dichter, oft auch von Werken einer Gattung oder eines Sachgebiets.
= *Große Heidelberger Liederhandschrift (ca. 1300, vereinigt die Texte von ca. 140 mhd. Dichtern = sog. Manessische Liederhandschrift)*

**sapphische Strophe,** die: (nach gr. Dichterin Sappho, ca. 600 v. Chr.) vierzeilige, aus drei sapph. Elfsilblern (→Hendekasyllabus) und einem →Adoneus bestehende Strophe; zuerst in Liebesliedern der Sappho u. bei Alkaios, von Catull u. Horaz übernommen; in dt. Sprache nachgeahmt von Klopstock, Hölty, Hölderlin, Platen, Lenau, Weinheber, Britting u. a.

$$= -\cup-\overline{\cup}-\cup\cup-\cup-\overline{\cup}$$
$$-\cup-\overline{\cup}-\cup\cup-\cup-\overline{\cup}$$
$$-\cup-\overline{\cup}-\cup\cup-\cup-\overline{\cup}$$
$$-\cup\cup-\overline{\cup}$$

*Edle Fügung, adliger Frühzeit Schwester,*
*wo das Herz noch Herz war; dem Ursprung nahe*
*als ein sprechbar Nächstes: Bewahrte je denn*
*besser der Mensch sein*

*Letztes: Schicksal? Nannte, was nottut, sagt' es*
*schicklich? Tierhaft unterzugehn ist nichts, und*
*fern nur rührt, weil sprachlos, das anders schöne*
*Sterben der Blume.*      [Aus: Weinheber, *Die sapphische Strophe*]

Klopstock führte eine Neuerung ein, indem er die zweisilbige Hebung von ihrem festgelegten Platz entfernte u. in der 1. Zeile als 1. Senkung gebrauchte, in der 2. als 2. und in der 3. als 3.

*Cidli, du weinest, und ich schlumre sicher,*
*Wo im Sande der Weg verzogen fortschleicht;*

> *Auch wenn stille Nacht ihn umschattend decket,*
> *Schlumr' ich ihn sicher.* [Aus: Klopstock, *Furcht der Geliebten*]

**Sarkasmus,** der: (von gr. Fleisch) beißender, d.h. ins Fleisch schneidender Hohn oder Spott; extreme Form der →Ironie. (→Zynismus)
= Meister des S. Cicero, K. Kraus, B. Brecht u. a.

> *Bist du Gottes Sohn, so steig herab vom Kreuz* [*Neues Testament*]

> *Du hast mich keiner AntiWort gewürdigt,*
> *Wohl weil mein Geist sich kühn dir ebenbürtigt?*
> *Deßwegen, Sprödling! willst du mir mißgönnen*
>   *Dich Freund zu nennen?*

> *Ha! eitler Stolz! Man sah dich von der scharfen*
> *Kritik Bustkuchens schon vorlängst entlarven;*
> *Da zeigte sichs; daß alle deine Verse*
>   *Nur güldne Ärse!* [E. Mörike, *An v. Göthe*]

> *Die Sonne ging auf und funkelte auf ihn, der als Gekreuzigter dastand. /*
> *Allmählich ging diese Stellung in ein geregeltes Freiturnen über.*
>                                                                 [C. Einstein]

**Satire,** die: (von lat. mit versch. Früchten gefüllte Schüssel, buntes Allerlei) Kunstform, in der Aspekte der Wirklichkeit durch Nachahmung verspottet u. kritisiert werden; als Ausdruck best. an Norm orientierter Einstellung kann die S. sich in allen literar. Gattungen (bes. →Epigramm, →Spruch, →Fabel, →Schwank, →Roman, →Komödie, →Fastnachtspiel) u. den versch., von heiterem Spott zu düster melanchol. Totalillusion reichenden Schärfegraden verwirklichen; als ihr Ziel gilt Demonstration einer verkehrten Welt, Bloßstellung der Deformation von Mensch u. Gesellschaft, mißbilligende Kritik; sie sucht Besserung durch rückspiegelnde entlarvende Destruktion zu erreichen; Anfänge in gr. und, vor allem, röm. Dichtung, als wesensbestimmte Darstellungsart in jeder Epoche nachweisbar; Höhepunkte in →Humanismus, →Reformation, →Aufklärung.
= S. Brant, *Narrenschiff* (1494); *Dunkelmännerbriefe* (1515ff.); Fischart, *Geschichtsklitterung* (1575); Wieland, *Die Abderiten* (1774); Grabbe, *Scherz, Satire, Ironie und tiefere Bedeutung* (1827); Heine, *Deutschland. Ein Wintermärchen* (1844), *Atta Troll* (1847); H. Mann, *Der Untertan* (1916); K. Kraus, *Die letzten Tage der Menschheit* (1918); B. Brecht, *Dreigroschenroman* (1934); M. Walser, *Ehen in Philippsburg* (1957); G. Grass, *Die Blechtrommel* (1959); u. a.

> *Da Ihr mir, bevor ich mich an die Kurie begab, gesagt habt, ich solle Euch oft*
> *schreiben und manchmal einige theologische Fragen an Euch richten, die Ihr*
> *mir dann besser lösen wolltet als die Leute bei der römischen Kurie: so frage*
> *ich jetzt Ew. Herrlichkeit, was Ihr davon haltet, wenn einer am Freitag, das*

*heißt am sechsten Wochentage, oder sonst, wenn ein Fasttag ist, ein Ei ißt, in dem schon ein Junges ist. Denn neulich saßen wir in Campofiore in einem Wirtshaus und nahmen eine Mahlzeit ein und aßen dabei Eier, wobei ich beim Öffnen eines Eies sah, daß sich ein junges Hühnchen darin befand, und es meinem Kameraden zeigte. Dieser sagte: »Esset es schnell, ehe der Wirt es sieht, denn wenn er es sieht, muß man ihm einen Carlino oder Julio für das Huhn geben, weil hier der Gebrauch eingeführt ist, daß, wenn der Wirt etwas auf den Tisch setzt, man es zahlen muß, weil sie es nicht mehr zurücknehmen wollen. Und wenn er sieht, daß ein junges Hühnchen in dem Ei ist, so sagt er: »Zahlet mir auch das Huhn«, denn er rechnet das Kleine wie das Große.« Nun schlürfte ich das Ei sogleich aus, und das Hühnchen darin auch mit, und dachte erst nachher daran, daß es Freitag sei, daher ich zu meinen Kameraden sagte: »Ihr habt gemacht, daß ich eine Todsünde begangen habe, indem ich Fleisch am sechsten Wochentage gegessen habe.« Er sagte, das sei keine Todsünde, ja nicht einmal eine läßliche Sünde, da jenes Hühnchen so lange als ein Ei betrachtet werde, bis es ausgeschlüpft sei, und er sagte mir, es sei genauso mit den Käsen, in denen sich ab und zu Würmer befänden...*

[Aus: *Dunkelmännerbriefe*; übers.]
→Schelmenroman

**Saturnier,** der: (lat. saturn. Vers.) ältester Vers der lat. u. altital. Dichtung, aus zwei dreihebigen Kurzzeilen bestehender Langvers.
= $\underset{\smile}{} \overset{\frown}{} \smile \overset{\frown}{} \smile \overset{\frown}{} \underset{\smile}{} \| \overset{\frown}{} \smile \overset{\frown}{} \smile \overset{\frown}{} \underset{\smile}{}$ (*virum mihi, Camena,* ∥ *insece versutum* [L. Andronicus])

**Satyrspiel,** das: (zu Chor der Satyrn) in gr. Dichtung heiter-burleskes (parodist.) Spiel, das auf →Tragödien- →Trilogie folgt, Anklänge in →Fastnachtsspiel.

**Satz,** der: a) normale Einheit sprachl. Mitteilung; b) in Setzerei aus →Lettern hergestellter Schriftsatz.

**Saudosismo,** der: (von portug. Sehnsucht, Heimweh) literar. Strömung im Rahmen der kulturellen u. polit. Renaissance Portugals um 1910.
= Teixeira de Pascoaes, A. Lopez Vieira, A. Duarte, A. Sardinha u. a.

**Scapigliatura,** die: (ital. zu ausschweifen, nach Titel eines Romans von C. Arrighi, 1861) Mailänder betont antibürgerl. Künstlergruppe (1860–80), die Erneuerung der ital. Literatur aus dem Geist der europ. →Romantik u. der frz. →Dekadenzdichtung forderte u. für größere Wirklichkeitsnähe der Kunst eintrat. (→Boheme)
= G. Rovani, C. Arrighi, L. u. C. Tarchetti, C. u. E. Boito u. a.

**Scapin,** der: (frz.) Typenfigur der frz. klass. Komödie, von Molière aus der →Commedia dell'arte übernommen, dem →Brighella ähnliche intrigante Dienerfigur.

**Scenonym,** das: (gr. Bühne + Name) →Pseudonym aus Namen von Schauspieler oder Dramenfigur.

**Schachbuch,** das: allegor. Auslegung des Schachspiels nach dem lat. S. des Jacobus de Cessolis (Ende 13. Jh.), Form der mhd. →lehrhaften Dichtung.
= S. Heinrichs von Beringen (ca. 1330), Konrads von Ammenhausen (1337) u. a.

**Schäferdichtung,** die: →Hirtendichtung.

**Schäferei,** die, bzw. **Schäferspiel,** das: →Hirtendichtung.

**Schäferroman** bzw. **schäferlicher Liebesroman,** der: neben Schäferspiel, Hirtengespräch Form der →Hirtendichtung, die von wirklichkeitsfernem, aber naturnahem Glück, vom Ideal idyll.-harmon. Lebens u. der Macht der Liebe handelt; ihre Tradition reicht bis in Spätantike zurück (Longos); eine eigene europ. Variante des Sch. als Prosaroman mit Gedichteinlagen begründete Sannazaros *Arcadia* (1502); in Deutschland zunächst Übersetzungen (Opitz, *Argenis* von Barclay, 1626), dann als erstes schulbildendes Werk Opitz, *Schäfferey von der Nimfen Hercinie* (1630), anschließend Zesen, *Adriatische Rosemund* (1645), Harsdörffer, Fleming u. a.; Gattung bis zu Beginn des →Sturm und Drang verbreitet. (→Locus amoenus, →Ekloge, →Idylle)

= *Sehet nun / wie durch das trübe Gewölck die Sonne bald wieder herfür blickt! Der Aristobulus vnd seine Phillis wohnten mit dem Damon beysammen in einer Behausung. Weil denn mit dieser die Lisille / vnd jhre Schwester / die Christille / in Kundschafft kommen waren / konten sie nicht vmbhin / die Phillis heim zu suchen. Wer war fröher als mein guter Damon / der nun der Lisille / welcher er so lange vergebens nachgegangen / Ja an der er noch vor kurtzer Zeit verzweiffelt / jetzo in seiner eygenen Hütten gewahr ward. Es deuchtete jhm nicht zeit seyn sich lange zu bedencken / oder viel federlesens zu machen / sondern wie er begierig war / den rechten Grund / was er zu hoffen oder zu fürchten / dermahln zu erfahren / also verfügte er sich / nicht ohne / hertzklopffen / zu dieser lieben Gesellschafft.*
*Die Augen fackelten geschwind gegen einander / vnd was Damon der Lisillen in Anwesenheit der andern mündlich nicht eröffnen dürffte / das gab er jhr dennoch durch etliche verstohlne Blicke zuverstehen / ward auch von jhr fast auff gleiche weiß beantwortet. Sonsten waren sie im Gespräch sehr behutsam / vnd liessen es vor dißmahl bey gemeinen vnd sonst vnverfänglichen Schertzreden und Höffligkeiten bewenden. Mit welcher Mässigung auch nach genommenem Abschied er den beyden Schwestern das Geläit gab / kehrte aber*

*zurück mit zimlichen Vergnügen / wiederholende bey sich in seinem Sinn alle der Lisillen annehmliche vnd freundliche Gebärden. Vber allen jhren Worten / ob sie wohl an sich selbst kein absonderlich Absehen haben / vnd etwa der Lisillen von ohngefehr so vnd so außgefallen seyn mochten / wuste er jhm dennoch eine sonderbare / gute Außlegung zu machen. Dergleichen Gelegenheit begab sich auch zum andern / vnd in deß Meliböi Garten zum dritten mahl. Da Damon es wagte / (dann im grünen pflegen wir freymüthiger zu seyn) vnd der Lisillen seine Liebe / wiewohl mit weitgesuchten vnd verblümten Worten entdeckte. Lisille gantz erröthet schwieg still / vnd schlug die äuglein nieder zur Erden / blickte hernach den Damon lieblich an / vnd sagte mit lächlenden Munde / sie hätte seine Rede nicht verstanden. So will ich sie / sprach Damon / euch mit kurtzen Worten erklären: Ich bin verliebt. Er wolte fortfahren. Sie aber hielt jhm die Hand vor den Mund / vnd batt innezuhalten / darmit der Meliboe mit seiner Schäfferin / der Vranien vnd der übrigen Gesellschafft / als die in einer Lauberhütten nahe darbey sassen / es nicht hören möchten. Er gehorchte / vnd war zu frieden / daß jhm dieser erste Streich nicht mißlungen.*

[Aus: Matthias Jonsohn, *Keuscher Liebes-Beschreibung/Vom Damon und der Lisillen*]

**Scharade,** die: (afrz. Zauberspruch) Silben- →Rätsel; das Lösungswort wird in diesem Doppel- oder Dreifachrätsel in sinnvolle Silben zerlegt u. mit diesen verrätselt; der Sinn der einzelnen Silben u. auch jener des ganzen Wortes ist der andeutenden Umschreibung zu entnehmen.

= *Die erste frißt,*
*Die zweite ißt,*
*Die dritte wird gefressen,*
*Das Ganze wird gegessen.*

[= Sau-er-kraut]

*Mein Erstes ist nicht wenig,*
*mein Zweites ist nicht schwer,*
*mein Ganzes läßt mich hoffen,*
*doch traue nicht zu sehr.*

[= vielleicht]

**Scharteke,** die: (ital.) altes, wertloses Buch.

**Schattenspiel** bzw. **Schattentheater,** das: Spiel von Schattenfiguren auf beleuchteter Leinwand zur Illustration von Erzählung oder als eigenständ., dramat. Gattung; kam aus Asien über Italien nach Deutschland (17. Jh.); bes. in →Romantik (A. v. Arnim, C. Brentano) gepflegt.

= J. Kerner, *Reiseschatten* (1811); E. Mörike, in: *Maler Nolten* (1832); Fr. Pocci, *Schattenspiele* (1908 geschr.); G. Britting, *Der Mann im Mond* (1920); P. Weiss, in: *Gesang vom Lusitanischen Popanz* (1967); u. a.

**Schaubude,** die: (schauen + Bude = Hütte) Theaterform, die auf Jahrmärkten gepflegt wurde u. wegen ihrer Hauptgestalt, dem »Kasper«, auch als →Kasperltheater bekannt ist; P. Weiss suchte sie mit seiner →»Moritat« *Nacht mit Gästen* (1963) zu erneuern.

**Schauerroman,** der: (zu engl. gothic novel) Form der Horrorliteratur, die ihre Effekte durch kolportagehafte Akkumulation von Motiven des Übernatürlichen, Schauerlichen, Geheimnisvollen erzielt (seit zweiter Hälfte des 18. Jh.), gilt als Vorläufer des →Detektivromans. (→Trivialliteratur, →Romantik)
= Horace Walpole, *Castle of Otranto* (1764, Urform); Ann Radcliffe, *The mysteries of Udolfo*; Matthew Lewis, *The monk*; Mary Shelley, *Frankenstein*; u. a.

**Schauspiel,** das: (seit 16. Jh.) a) Oberbegriff für →Drama, →Tragödie, →Komödie; b) Drama, das Konflikt nicht zur Katastrophe treibt, sondern positiv auflöst (→Lösungsdrama); c) Drama der →offenen Form wie →Mysterienspiel, →Ritterdrama, Drama von →Expressionismus oder →episches Theater (B. Brecht).

**Schelmenroman** bzw. **pikarischer Roman,** der: im 16. Jh. in Spanien ausgeprägte Variante des →Abenteuerromans (*Lazarillo de Tormes*, unbek. Verf., 1554; *Guzmán de Alfarache* von Mateo Alemán, 1559), in der sich Elemente des →Schäferromans u. des →Ritterromans zum Zeugnis sozialen Protests angesichts polit. u. wirtschaftl. Niedergangs verbinden; satir. Intention des Sch. verwirklicht sich durch Wahl der Perspektive des Welt u. Gesellschaft »von unten« erlebenden »pícaro« (Schelm, Landstörzer), dessen in Ich-Form wiedergegebenen Erfahrungen u. Lebenssituationen den Zustand der (zu kritisierenden) Umwelt spiegeln, wobei die (Außenseiter-)Gestalt jedoch zugleich als Alibi für die Art von deren Beschreibung dient. (→Antiheld, →Makame, →Satire)
= Grimmelshausen, *Der abenteuerliche Simplicissimus* (1669); Lesage, *Gil Blas* (1715 ff.); Th. Mann, *Felix Krull* (1954); G. Grass, *Die Blechtrommel* (1959), I. Morgner, *Leben und Abenteuer der Trobadora Beatriz* (1974); u. a.

Gusman wirdt auß einem Bergknappen ein Comediant / vnnd erzehlt etliche artliche bossen die er gerissen.
... bißweiln representirte *vnd vertrate ich auch einen Diener eines alten verliebten Herrn der hieß Pantaleon vnd ich hieß Gusmändl.*
*Einsmals fragte ich im Comedispil disen meinen Herrn / was doch der allerlieblichst vnd nutzlichst Wollust auff Erden were? Mein verbulter alter Herr Pantaleon antwortet: Wann einer seiner hertz allerliebsten bey-* ‖ *wohnen vnd geniessen könte. Da lachte ich vberlaut / verspottete jn / vnd bewise mit vilen exempeln / daß die Buler gemeingklich nur Bettler werden vnd Schlier vnd Kolben heimbringen.*

*Mein Herr rieth noch ferrner vnnd sagte / daß nichts wollustigeres were / als wann einer bey lustiger Gesellschafft zu Tisch sitzet / vnd den vberfluß an guten Bißlen vnnd herlichem Wein hat. Darauff lachte ich jhne abermals auß / vnnd fragte jhne / ob er nicht letztlichen von dem vilen fressen vnnd sauffen voll vnnd doll wie auch kranck werde?*

*Er rieth noch ferner vnd sagte daß etliche Säck voll Ducaten das allerlieblichiste vnnd nutzlichiste auff Erden weren? Aber ich verspottete jhne vnnd sagte / daß nur die Narren jhren lust mit dem Gelt vnnd wenig nutz darvon haben / sich auch bißweilen etliche von deß Gelts wegen hencken: Wann du aber zuwissen begerest / was der aller best lust vnnd lieblichkeit auff Erden seye / so will ich dirs sagen: nemblich wann einer zur zeit der hochtringenden vnnd ein zeitlang verhaltener noth die Hosen auffnestelt / das priuat erwischet / vnnd den Bauch außläret / dann durch dises mittel wirstu nicht allein der sorg in die Hosen zuhofiren befreyt / sonder es wirdt auch die Natur am meisten erquickt. Woferrn aber du es nicht wilst glauben / so versuche es / verhalte den Stulgang ein zeitlang / hupffe / lauffe vnd wehre dich mit Händ vnd Füssen / vnd halte vest biß zur eussersten noth / so wirstu letztlichen ein vberauß grosse linderung vnnd lieblichkeit empfinden. Pantaleon mein Herr ließ sich vberreden / verhielt einsmals den Stulgang sehr mannlich vnd ritterlich etliche Stundtlang / vnd beklagte sich gleichwol / daß er jhne in die leng nicht würde auffhalten könden: Ich aber sprach jhm starck zu / daß er sich dapffer wehren / zaplen vnd herumb lauffen solte. Er hebte seine Händ hinden zum Gesäß / vnnd truckte starck zu / lieff auff dem* theatro *oder Binen hin vnd wider mit grosser angsthafftigkeit / zohe den Athem mit gewalt an sich / verwendete die Augen im Kopff / reckte die Zung einen Fingerlang herauß. Ich aber wolte noch nit bewilligen / daß er seinen gefangnen herauß solte lassen / weil aber jnmittelst sein Liebhaberin darzu kam / so erschrack er dermassen / daß er die gantze Brüh mit grossem getümmel in die Hosen gehen ließ. Das war nun ein leckerlicher Poß vnd machte ein herrliches gelächter für die* spectatores *vnnd Zuseher: Jhme dem Pantaleon gereichte es zu einer so grossen lieblichkeit vnnd wollust / daß / als er gefragt ward / wie es vmd seine Hosen stünde? er zur antwort gab: Was frag ich nach denen Hosen / wegen einer solchen lieblichkeit soll einer seiner Hosen nit verschonen / vnangesehen sie von lauter guldinen vnd silbernen stucken gemacht wären.*

*Einsmals zohen wir beyde in wehrender Comedi in Krieg in vnsern Rüstungen / vnnd es entran jhm vnuersehens ein so starcker vnd vberauß lauter Leibsdampff / daß ich nider zu bodem fiel / vnd vermeinte / daß ich von einem groben Geschütz getroffen war. Als ich nun also gleichsamb todt lag / kehrte mir mein alter Herr Pantaleon sein Gesäß zu meinen Ohren / vnnd ließ abermals einen so starcken streich gehen / daß er mich mit schrecken widerumb vom Todt aufferweckte.*

[Aus: Aegidius Albertinus,
*Der Landstörtzer: Gusman von Alfarche oder Pícaro genannt*]

**Scheltlied,** das, bzw. **Scheltspruch,** der: → Rügelied.

**Schema,** das: (gr.-lat. Gestalt, Figur) Aufriß, Entwurf, Plan.

**Schembartlaufen,** das: (mhd. bärtige Maske) urspr. Fastnachtsumzug bärtiger Masken (15./16. Jh., daher volksetymolog. »Schönbartspiel«), dann Bez. für → Maskenspiel.
= Goethe, *Jahrmarktsfest zu Plundersweilern* (1773), u. a.

**Scherzspiel,** das: Übers. von → Komödie (Barock).

**Schicksalstragödie,** die: (Bez. von Gervinus) Form der Tragödie, in der unangreifbare, »objektive« Macht eines unmenschl. Schicksals als bühnenwirksames Verhängnis über den Menschen hereinbricht; im 1. Viertel des 19. Jh. (→ Romantik) unerhört beliebt u. erfolgreich.
= Zacharias Werner, *Der 24. Februar* (1810); A. Müllner, *Die Schuld* (1813); Grillparzer, *Die Ahnfrau* (1817, künstlerischer Gipfel der Sch.); E. v. Houwald, *Der Leuchtturm* (1821); E. Raupach, *Der Müller und sein Kind* (1835); u. a.

**Schimpfspiel,** das: (Schimpf = mhd. Scherz, Spaß, Kurzweil) im → Barock bisweilen als Übersetzung von → Komödie (= Scherzspiel).
= A. Gryphius, *Absurda Comica oder Herr Peter Squentz* (1657); Christian Reuter, *L'Honnête Femme oder die Ehrliche Frau zu Plißine* (1695); u. a.

**Schlager,** der: allg. beliebtes, in Ton u. Text anspruchsloses u. leicht eingängiges (instrumental begleitetes) Gesangstück. (→ Gassenhauer, → Bänkelsang)

**Schlagreim,** der: Sonderform des → Binnenreims, Gleichklang unmittelbar aufeinanderfolg. Wörter in einem Vers, häufig in → Minnesang u. → Meistersang; Sch. am Versende = → Echoreim; bindet Sch. Versende u. folg. Versanfang = → übergehender Reim.
= *Farar snarar* fylkir byrjar,
  *freka breka* lemr á snekkjum.
  *Vaka taka* vísa rekkar,
  *viðar skriðar* at ᚠ at biðja.
  *Svipa skipa* sýjur heppnar
  *sǫmum ᚠ rǫmum* byr rǫmmum.
  *Haka skaka* hrannir blǫkkum
  *hliðar, miðar* und kjǫl niðri.  [Aus: *Snorra Edda*]

*quellende, schwellende Nacht; ... steigendes, neigendes Leben*  [Hebbel]

**Schlagwort,** das: (schmerzlich treffendes Wort) a) Wort, Redewendung, die »schlagartig« Licht auf ein best. Problem werfen; b) in der Bühnensprache auch (Stich-)Wort, das Schauspieler Zeichen zum Auftreten gibt.
= a) *Sturm und Drang* [Kaufmann]; *Blut und Eisen* [Bismarck]; *Volk ohne Raum* [Dwinger]; *keine Experimente* [Adenauer]

**Schleppreim,** der: →identischer Reim hinter dem echten Reim; meist in Scherzdichtung.
= Ach, komm hernieder, mache neu,
  Den Frühling wieder mache neu.

**schlesische Dichterschule,** die: (zu Schlesien) Sammelbez. für zwei Richtungen innerhalb der Literatur des dt. →Barock, die von Schlesien ihren Ausgang nahmen: a) 1. sch. D. an Schlesier M. Opitz (1597–1639) anknüpfend (P. Fleming, A. Tscherning, P. Titz, D. Czepko u.a.), b) 2. sch. D. von spätbarockem →Schwulst gekennzeichnet (Hofmannswaldau [1617–79], Lohenstein [1635–83] u.a.), wobei A. Gryphius eine Zwischenstellung zukommt; Vorbild der rhetor. Prinzipien folg. Gelehrtenkunst der sch. D. Antike sowie zeitgenöss. Dichtung Hollands, Spaniens u. Italiens. (→schles. Kunstdrama, →heroisch-galanter Roman, →Sprachgesellschaften)
= b) *Amanda liebstes kind / du brustlatz kalter hertzen /*
   *Der liebe feuerzeug / goldschachtel edler zier /*
   *Der seuffzer blasebalg / des traurens lösch=papier /*
   *Sandbüchse meiner pein / und baum=öhl meiner schmertzen /*
   *Du speise meiner lust / du flamme meiner kertzen /*
   *Nachtstülchen meiner ruh / der Poesie clystier /*
   *des mundes alecant / der augen lust=revier /*
   *Der complimenten sitz / du meisterin zu schertzen /*
   *Der tugend quodlibet / calender meiner zeit /*
   *Du andachts=fackelchen / du quell der fröligkeit /*
   *Du tieffer abgrund du voll tausend guter morgen /*
   *Der zungen honigseim / des hertzens marcipan /*
   *Und wie man sonsten dich mein kind beschreiben kan.*
   *Lichtputze meiner noth / und flederwisch der sorgen.*
                        [Unbek. Autor, *Allegorisch Sonnet*]

**schlesisches Kunstdrama,** das: barockes Trauerspiel der →schles. Dichterschule, regelmäßiges Alexandrinerdrama in fünf Akten (→Abhandlungen) mit abschließenden →Reyen; als →Schuldrama geprägt von »angewandter Rhetorik« u. der Verklärung des Absolutismus dienend.
= Gryphius, *Leo Arminius* (1646), *Catharina v. Georgien* (1646f.); Lohenstein, *Cleopatra* (1656), *Agrippina* (1665), *Sophonisbe* (1666); u.a.

**Schlüsselfigur,** die: in einem literar. Werk »verschlüsselte« Figur, d.h. lebendes Vorbild des Autors für seine Gestalt.

= A. W. Heymel für H. Mann in *Die Jagd nach Liebe*; E. Geibel für H. Mann in *Eugenie oder Die Bürgerzeit*; L. Derleth für Th. Mann in *Beim Propheten*; G. Hauptmann, G. Lukács für Th. Mann in *Der Zauberberg*; Rathenau, Klages für R. Musil in *Der Mann ohne Eigenschaften*; A. Kolb, H. Reisiger, E. Praetorius u. a. für Th. Mann in *Doktor Faustus*; u. a.
→ Serapionsbrüder

**Schlüsselroman,** der: (Übersetzung des frz. Begriffs, danach gebildet: Schlüsselstück, Schlüsselliteratur) Roman (Theaterstück), in dem Person, Ort oder Vorkommnis so weit »verschlüsselt«, d. h. verschleiert, dargestellt werden, daß der Leser (Zuschauer) imstande ist, die → Anspielung zu »ent-schlüsseln«; Verschlüsselung erfolgt meist aus äußerl. Gründen: wegen Zensur (Inquisition u. ä.) oder Verletzung des Persönlichkeitsrechts durch Eindringen in Privatsphäre.
= M. Opitz, *Johann Barclayens Argenis* (1626); H. Mann, *Die Jagd nach Liebe* (1903); O. J. Bierbaum, *Prinz Kuckuck* (1906f.); F. Werfel, *Barbara oder die Frömmigkeit* (1929); E. Jünger, *Auf den Marmorklippen* (1939); u. a.

**Schlüsselwörter,** die: a) Wörter, durch deren Deutung u. »Ent-Schlüsselung« sich der Zugang zu den Sinnbezügen eines lyrischen Gedichts öffnet; meist schon in Überschrift enthalten; b) best. Wörter in → Allegorie, die ihre eigentl. Bedeutung in uneigentl. gemeinter Wortumgebung bewahren u. deshalb als »Schlüssel« zu ihr dienen können; auch Zentralbegriffe für Epoche, Autor, Werk, Schaffensphase u. ä.
= a) *spleen* u. *ennui* in Lyrik Ch. Baudelaires; *Weltflucht* u. *meinwärts* in dem Gedicht *Weltflucht* von E. Lasker-Schüler; die *Sonne* bei Th. Däubler; *doch* im Werk von E. Weiß; u. a.

**Schmähschrift,** die: dem sachl. u. persönl. Angriff auf polit., gesellschaftl. oder literar. Gegner dienende Schrift. (→ Invektive, → Libell, → Pamphlet, → Pasquill, → Satire)

**Schmiere,** die: schlechtes Theater, abwertend für Provinz- u. → Wanderbühne.

**Schmöker,** der: (von ndl. rauchen) altes (verräuchertes) Buch, oft abwertend.

**Schmutztitel,** der: auch Vorsatztitel, dem Titelblatt vorangestelltes, nur Verfassernamen u. Kurztitel bietendes Blatt; Teil der → Titelei (= Sch., Titelblatt, Impressum, Widmung, Inhalts-, Abkürzungsverzeichnis u. ä.).

**Schnaderhüpfl** bzw. **Schnadahüpfl,** das: (bayr. Schnittertanz) volkstüml. Vierzeiler in den bayr.-österr. Alpenländern, meist improvisiert im Wechselgesang u. aus zwei Reimpaaren bestehend; Melodie gewöhnlich acht Takte, Text derb-heiter u. spöttisch.

= Fr. v. Kobell, *Schnadahüpfln und Sprüchln* (1845); K. Stieler, *Ges. Gedichte* (1907)

*Da Frühling is kemma,*
*Hot d'Veigei mitbrocht.*
*Und zan Schotz bin i genga*
*Oll Tog moast af d'Nocht.*

*Dein Aug is a Sunn*
*Und dein Göscherl a Brunn,*
*Za den kimm i g'rennt,*
*Bol mi d'Sunn aso brennt.*

*A lustiger Bua*
*Zreißt oft a Paar Schuah,*
*Grad a trauriger Narr*
*Hat lang an oan Paar.*

**Schnulze,** die: (Herkunft unklar) billig sentimentaler →Schlager, auch für Schauspiele, Filme, Lieder.

**schöne Seele,** die: (Bez. aus span. Mystik, von Wieland ins Dt. eingeführt) Charakter, in dem Vernunft (sittl. Kräfte) u. Sinnlichkeit (Affekte) zu harmon. Vereinigung gelangen; als Versöhnung von Pflicht u. Neigung für Schiller Ziel einer »ästhet. Erziehung des Menschen«; Ideal vorgegeben in Seelenkultur von →Pietismus u. →Empfindsamkeit. (→Modewort)
= *Eine sch. S. nennt man es, wenn sich das sittliche Gefühl aller Empfindungen des Menschen endlich bis zu dem Grad versichert hat, daß es dem Affekt die Leitung des Willens ohne Scheu überlassen darf und nie Gefahr läuft, mit den Entscheidungen desselben im Widerspruch zu stehen.*
[Schiller]

**Scholastik,** die: (zu lat. Schule) als Schulwissenschaft, »Schulbetrieb«, die auf der Grundlage der christl. Dogmen(-wahrheiten) ausgebildete, auf die antike Philosophie gestützte Wissenschaft u. Philosophie des MA. (ca. 9.–14. Jh.); büßte mit →Humanismus, →Renaissance, →Reformation absoluten Geltungsanspruch ein.

**Scholien** (Pl.): (gr. kurze Erklärung, Kommentar) stichwortartige Erläuterungen histor.-sachl. Zusammenhänge oder sprachl. schwieriger Wendungen zu Werken griech. u. röm. Schriftsteller; urspr. als »Randbemerkungen«, d. h. am Rande der Handschriften; reichhaltiger als →Glosse.
= Überliefert sind bedeutende Sch. zu Homer, Hesiod, Pindar, Theokrit, den Tragikern, Aristophanes, Platon, Cicero, Horaz, Vergil u. a.

**Schrift,** die: allg.: Zeichen zur Wiedergabe der Sprache; auf die anfängliche Verwendung mehr oder weniger abstrakter Bilder von Gegenständen (= Piktographie bzw. Piktogramm) u. Vorstellungen (= Ideographie bzw. Ideogramm) als Bilder-Sch. folgte die Ausbildung von Wortbildzeichen (= Logogramm) u. schließlich von Silben- (= Logotyp) u. Einlautzeichen (= Phonogramm). Früheste Sch.-Systeme in Mesopotamien (Keil-Sch.), Ägypten (Hieroglyphen-Sch.) u. im semit. Raum (Libanon) (analyt. Lautsch. bzw. Konsonantensch. = Buchstabensch.) mit Inschriften aus 13. u. 12. Jh. v. Chr. Die »Mutter der Sch. West- und Osteuropas«, die gr. Sch., geht zurück auf das dem letzteren der drei Sch.-Systeme entstammende Altphönizische; bes.: gattungsmäßig nicht näher best. (Prosa-) →Text.
+ A. Schmitt, *Entstehung und Entwicklung von Sch.* (1980)

**Schriftsinn,** der: allg.: Sinn, Bedeutung eines Textes (→Hermeneutik, →Interpretation); bes.: Form der →Allegorese, die hinter Wortsinn eines Textes noch weitere Bedeutungsebenen, »mehrfachen Schriftsinn« aufzeigt; v. a. die für Bibel-Exegese bestimmte hermeneut. Technik geht aus von »vierfachem Sch.«: a) Wortsinn, b) allegor. Sinn, c) moral. Lehre, d) Verweis auf die Eschatologie.
= Jerusalem: a) Stadt, b) Kirche Christi, c) menschl. Seele, d) heiml. Stadt Gottes.

**Schriftsprache,** die: (Bez. seit Ende 18. Jh.) hochdt. Gemein-, Verkehrs-, Hoch- oder Standardsprache; unterscheidet sich durch Normierung u. Vereinheitlichung von Wortformen u. -bedeutungen, Grammatik, Satzbau von Dialekten, Sondersprachen u. ä. (→Literatursprache)

**Schriftsteller,** der: (Schrift = Niedergeschriebenes + stellen = verfassen, urspr. Bittschriftenverfasser) allg.: Produzent von →Literatur (»Literaturproduzent«); bes.: Produzent von schöngeist. (Prosa-)Literatur im Gegs. zum →Dichter (Poet); Begriff faßt heute Sch. wie Dichter, da letztere Bez. kaum noch ohne Unterton auf zeitgenössische Autoren angewandt wird.

**Schüttelreim,** der: (durcheinanderschütteln) Sonderform des →Doppelreims, beruht auf Vertauschung der Anlautkonsonanten reimender Silben oder Wörter, u. a. bei H. Seidel, E. Mühsam, A. Kippenberg (= Benno Papentrigk), W. Bergengruen.
= *Sie tragen Rotmäntelchen, lang und bauschig*
*Die Miene ist ehrlich, doch bang und lauschig* [Heine]

*Herbst, nicht raube die Weintraube,*
*Eh' ich raube der Traube Wein!*
*Mich umlaube die Weinlaube,*
*Der Prophet mir erlaube Wein!...* [F. Rückert]

*Auf Winsen sich die Ruhe legt,*
*Kein Windeshauch die Luhe regt.*
*Da hebt Gemuh, Gemecker an:*
*Die Herde heim treibt Eckermann.* [Benno Papentrigk]

**Schuldrama,** das: im →Humanismus entst. Form des →Dramas mit vorwiegend sprachpädagog. Zielsetzung; zur Aufführung an den Humanistenschulen verfaßt oder eingerichtet, sollte das Sch. die darin erscheinenden Schüler den fließenden Gebrauch der lat. Sprache u. sicheres Auftreten in der Öffentlichkeit lehren; in dieser Intention entfernt mit →Lehrstück verwandt.
= →Humanistendrama, →Reformationsdrama, →Jesuitendrama, →schles. Kunstdrama

**Schuloper,** die: Art →Singspiel, aus humanist. →Schuldrama hervorgegangen u. bes. an Jesuitenschulen gepflegt (17. Jh.).
= Im 20. Jh. als musikal. Bühnenwerk von Weill, Hindemith, Britten u.a. erneuert.
B. Brecht, *Der Jasager und der Neinsager* (1930; →Lehrstück)

**Schundliteratur,** die: (Schund = Abfall des Schinders, Unrat) jener Teil der →Trivialliteratur, in dem künstler. Wertlosigkeit sich mit moral. Anstößigkeit verbindet; Grenzen zu →Kitsch u. →pornograph. Literatur eher fließend. (→Kolportageroman, →Comics)
= Im sog. »Schmutz- und Schundgesetz« (Fassung vom 23.11.1973) heißt es: »*Schriften, die geeignet sind, Kinder und Jugendliche sittlich zu gefährden, sind in eine Liste aufzunehmen. Dazu zählen v. a. unsittliche, verrohend wirkende, zu Gewalttätigkeit, Verbrechen oder Rassenhaß anreizende sowie den Krieg verherrlichende Schriften.*«

**Schutzfrist,** die: Zeitspanne, während der ein literar. Werk urheberrechtlich geschützt ist: in Deutschland 70 Jahre nach dem Tod des Autors bzw. nach Erscheinen anonymer Werke.

**Schwäbischer Dichterbund,** der, bzw. **Schwäbische Schule, Schwäbische Romantik,** die: Freundeskreis der württemberg. Spätromantiker um Uhland u. Kerner in Tübingen (ca. 1810–50); ihm gehörten außerdem an G. Schwab, K. Mayer, später W. Hauff, G. Pfizer, J. G. Fischer, E. Mörike u.a.; pflegte, angeregt vor allem von der Heidelberger →Romantik, bes. →Ballade, volkstüml. →Lied, →Romanze und →Sage.
= *Urahne, Großmutter, Mutter und Kind*
  *In dumpfer Stube beisammen sind;*
  *Es spielet das Kind, die Mutter sich schmückt,*
  *Großmutter spinnet, Urahne gebückt*
  *Sitzt hinter dem Ofen im Pfühl –*
  *Wie wehen die Lüfte so schwül!*

> *Das Kind spricht: »Morgen ists Feiertag!*
> *Wie will ich spielen im grünen Hag,*
> *Wie will ich springen durch Tal und Höhn,*
> *Wie will ich pflücken viel Blumen schön!*
> *Dem Anger, dem bin ich hold!« –*
> *Hört ihrs, wie der Donner grollt?*
>
> *Die Mutter spricht: »Morgen ists Feiertag!*
> *Da halten wir alle fröhlich Gelag.*
> *Ich selber, ich rüste mein Feierkleid;*
> *Das Leben, es hat auch Lust nach Leid,*
> *Dann scheint die Sonne wie Gold!« –*
> *Hört ihrs, wie der Donner grollt?*
>
> *Großmutter spricht: »Morgen ists Feiertag!*
> *Großmutter hat keinen Feiertag.*
> *Sie kochet das Mahl, sie spinnet das Kleid;*
> *Das Leben ist Sorg und viel Arbeit;*
> *Wohl dem, der tat, was er sollt!« –*
> *Hört ihrs, wie der Donner grollt?*
>
> *Urahne spricht: »Morgen ists Feiertag!*
> *Am liebsten morgen ich sterben mag:*
> *Ich kann nicht singen und scherzen mehr,*
> *Ich kann nicht sorgen und schaffen schwer,*
> *Was tu ich noch auf der Welt?« –*
> *Seht ihr, wie der Blitz dort fällt?*
>
> *Sie hörens nicht, sie sehens nicht,*
> *Es flammet die Stube wie lauter Licht:*
> *Urahne, Großmutter, Mutter und Kind*
> *Vom Strahl miteinander getroffen sind,*
> *Vier Leben endet ein Schlag –*
> *Und morgen ists Feiertag.* [G. Schwab, *Das Gewitter*]

**Schwank,** der: (zu schwingen, schwingende Bewegung) a) als epischer Sch. kurze wirkungsvolle, komisch anekdotenhafte, witzig pointierte Erzählung in Vers oder Prosa; oft lehrhaft, dabei derb, sogar obszön (→ Zote); in dt. Literatur nach Vorbild der frz. →Fabliaux seit 13. Jh.; Blütezeit im 16. (Hans Sachs) u. 17. Jh.; älteste dt. Schwanksammlung Der Stricker (gest. ca. 1250), *Die Schwänke des Pfaffen Âmîs* (→Fazetie); b) als Schwankmärchen, in dem das eigentlich Schwankhafte das Märchenhaft-Wunderbare in den Hintergrund treten läßt; c) als dramat. Sch. harmlos vordergründige, heiter spielerische, effektvoll unterhaltsame Form der → Komödie, die lediglich der Kurzweil dient. (→Burleske, →Farce, →Posse, →Märe, →Anekdote, →Märchen)

= Schwanksammlungen: J. Pauli, *Schimpf und Ernst* (1522); J. Wickram,

*Rollwagenbüchlein* (1555); J. Frey, *Gartengesellschaft* (1556); M. Montanus, *Wegkürzer* (1557); V. Schumann, *Nachtbüchlein* (1559); u. a.

Ein subtiler Scheisser.
*Zwey Studenten wetteten umb ein Zech Bier der eine sagte / er wolte dem andern zwischen Nasen und Mund einer Erbse groß scheissen / der ander wiederstritte dasselbige / daß er es nicht thun könte. Es kam zum Versuch / der so es widerstritte / gieng auff die Erde liegen / der ander nicht unbehend / strich die Hosen herunter und begunte zu scheissen / und beschisse sein Gesicht über und über. Der so auff der Erden lag / sprang auff und rieff: Gewonnen / gewonnen / der ander lachte darüber und sagte: Ich bekenne / daß ich die Zeche Bier verlohren habe.*

Von einem Bauren der seine Ganß verkauffte.
*Wie ein Bauer etliche Gänse zu kauff brachte / so kam eine Frauens-Persohn und fragte / was er für eine Ganß haben wolte. Der Bauer sprach / ich will sie nicht verkaufen / sondern verbuhlen / da sagte sie / die will ich wohl verdienen / vereinigten sich also mit einander / und giengen zusammen in eine Herberge / und vollbrachten ihre Liebes Lust. Wie es geschehen / bedanckten sie sich gegen einander / und die Frau gieng mit der Ganß zu Hause. Der Bauer war ein loser Schalck / gieng ohngefehr umb 1. Uhr vor der Frauen Hauß stehen / welches der Mann sahe / fragte die Frau / was er wolte / sie gedachte wohl was er begehrte / lieff aus verstöhrten Sinn zu ihm / und fragte was er begehrte. Der Bauer antwortete / ich will das Geld vor die Ganß haben / sie dorffte nicht viel sagen / gab ihm das Geld und der Bauer gieng wieder seine Strasse. Wie sie nun wieder ins Hauß kam / fragte der Mann / was der Bauer gewolt hätte / sie sprach / das Geld vor die Ganß / warum last ihr den ungeschickten Bauren so lange stehen / sprach der Mann / sie antwortet: Er ist so einfältig nicht / er weiß seine Ganß wohl zu verkauffen.*

[Aus: Jan Tambour, *Der unverbesserliche Geist*]

**schwarzer Humor,** der: (schwarz = traurig, böse + H. = Versöhnung, Ausgleich) »verkehrter«, unversöhnlicher, zynisch wirkender Humor; bezieht als Sonderform des →Humors in dessen positive, lächelnd verstehende Grundeinstellung mit scheinbar selbstverständlicher Geste das Inhumane, Böse ein und enthüllt durch grotesken Effekt, in dem Spiel u. Ernst sich auf befremdliche Weise mischen, Lachen Verzweiflung bedeutet u. Wahnsinn Befreiung verheißt, auf lustvolle Weise Grauen u. Hoffnungslosigkeit in einer entfremdeten Welt; aller schw. H. sucht das Lachen zu bewahren, wenn einem das Lachen vergeht. Als »wahrer Initiator« des schw. H. gilt J. Swift. (→grotesk, →Absurdität, →Tragikomödie)
= *Indem sich das freiheitliche Bewußtsein dem doppelten Antagonismus von Triebwelt und Moralität und von Moralität und Ästhetik entzieht, pocht es auf die Uneigentlichkeit seiner negativen Freiheit als auf einen Wert und behauptet die Lust des schwarzen Humors als die einzig mögliche. Verallgemeinert sich der Antagonismus dahin gehend, daß Menschensphäre und*

*Sphäre der Ordnung zwar aufeinander angewiesen sind, einander jedoch nicht nur widersprechen, sondern sogar ausschließen, so daß kein wie auch immer geartetes moralisches oder ästhetisches Verhalten von Belang sein kann, dann wird diese Lust zum Gradmesser für die Intensität des Scheiterns.*

[Aus: Gerd Henninger, *Zur Genealogie des schwarzen Humors*]

*Sehr oft ereignet es sich, daß wir Zeugen fremden Unglücks sind. In solchen Fällen müssen wir gefühlvoll sein. Sehen wir zum Beispiel, daß jemandem die Straßenbahn beide Beine abgefahren hat, so dürfen wir ihn nicht auslachen und ihn fragen, womit er jetzt Fußball spielen werde. Vermeiden wir es, spöttische Bemerkungen zu machen! Schneidet ein Lastautomobil jemandem den Kopf ab, dürfen wir diesen nicht aufheben, um ihn in der Hand abzuwägen. Es ist zwar richtig, daß solch ein abgeschnittener Kopf einen Menschen oft auf eine ungewöhnlich harte Probe stellt, aber er muß doch versuchen, fest zu bleiben und leichtsinnige Bemerkungen zu vermeiden.*

[Aus: J. Hašek, *Die Abenteuer des braven Soldaten Schwejk*; übers.]

**schwarze Romantik,** die: Strömung innerhalb der europ. →Romantik, in der die Durchdringung der Außenwelt mit Gefühlen u. Bedeutungen (»Verinnerungen«) dazu führt, daß die Welt bedrohliche u. phantast. Züge annimmt, das Irrationale als Dämonisches, Chaotisches, Wahnhaft-Groteskes in Erscheinung tritt. (→Gräberpoesie, →Schauerroman, →Gespenstergeschichte u. a.)
+ M. Praz, *La carne, la morte e il diavolo nella letteratura romantica* (1930; dt. 1963)
= Vertreter: L. Tieck, *Abdallah* (1795); E. T. A. Hoffmann, *Nachtstücke* (1817), *Die Elixiere des Teufels* (1815 f.); W. Hauff, *Memoiren des Satans* (1826 f.); J. Kerner, *Die Seherin von Prevorst* (1829); u. a.

**Schweifreim,** der: Reimstellung aabccb, die die Strophe in zwei Teile gliedert; in der Variante aabaab auch »Zwischenreim« genannt; bereits im →Minnesang, häufig in →Volkslied u. engl. Lyrik.
= *Wie süß der Nachtwind nun die Wiese streift,*
*Und klingend jetzt den jungen Hain durchläuft!*
*Da noch der freche Tag verstummt,*
*Hört man der Erdenkräfte flüsterndes Gedränge,*
*Das aufwärts in die zärtlichen Gesänge*
*Der reingestimmten Lüfte summt.*

[Aus: E. Mörike, *Gesang zu zweien in der Nacht*]

**Schwellvers,** der: allg.: durch erhöhte Silbenzahl »geschwellter« Vers, der das Schema einer (epischen) Versreihe durchbricht; bes.: in germ. Stabreimdichtung Verse bis zu elf Silben, meist einzeln oder in Gruppen bis zu zehn Zeilen.

= Bes.: altsächs. *Heliand* (ca. 830) sowie *Genesis* (→Evangelienharmonie)

**Schwulst,** der: seit letztem Drittel des 17. Jh. übliche Bez. für stilist. Grundmuster der Literatur des →Barock, wie sie bes. für Vertreter der 2. →schles. Dichterschule (Lohenstein [= Vorbild für Sch.] u. Hofmannswaldau sowie Klaj, Harsdörffer u. Zigler) charakteristisch sind. Wegen Vorherrschen des Dunklen, Gesuchten, Gekünstelten, gehäufter Verwendung von →rhet. Figuren u. →Tropen steht der Sch. dem →Manierismus nahe.

= *Die nacht Egyptiens / des Aetna wildes feuer /*
*Das wueten von der see / der wuesten ungeheuer /*
*Des drachen gelbes gift / der Garamanten sand /*
*Des neuen Zembles eyß / der hoellen heißer brand /*
*Der Seythen haupt=gefahr / der donner=berge grausen /*
*Des Caucasus verdruß / des norden kaltes sausen /*
*Ist nur ein schattenwerck und bild derselben qual /*
*Damit die Venus hat gezieret ihren saal.*
    [Hofmannswaldau, *Auf die bitterkeit der Liebe*]

*Im übrigen sind hier prächtige, und ich weiß nicht woher gesuchte Worte, seltsame Erfindungen und andere dergleichen sowohl der Natur als Kunst zuwider lauffende Dinge nicht zu suchen; indem ich mir niemals einbilden können, daß mit dergleichen Künsteleyen der deutschen Sprache viel gedient oder geholffen sei.*
    [Aus: Chr. Gryphius, *Poetische Wälder* (Distanzierung)]

**Science fiction,** die: (engl. Wissenschaft + →Fiktion) Romane, Erzählungen, Comics u. Hörspiele, in denen wissenschaftl. Spekulation als Realität gestaltet wird, eine phantastische Zukunft als Gegenwart in Erscheinung tritt; schon in Antike nachweisbar; von Ausnahmen abgesehen (B. Kellermann, *Der Tunnel* [1913]; A. Döblin, *Berge Meere und Giganten* [1924]; u. a.) bildet die S.-f.-Literatur meist Bestandteil der →Unterhaltungs- oder →Trivialliteratur.
= Hauptvertreter: Jules Verne, *Voyages au centre de la terre* (1864) u. a.; H. G. Wells, *The time machine* (1895); L. Lasswitz, *Bilder aus der Zukunft* (1878); R. Bradbury, Cl. Stimak, I. Asimow, St. Lem u. a.

**Secentismus,** der: ital. Bez. für →Manierismus u. →Barock.

**Segen,** der: →Zauberspruch.

**Seguidilla,** die: (span. Fortsetzung) span. volkstüml. Strophenform (Tanzlied), meist vierzeilig mit wechselnd reimlosen Sieben- bis Achtsilblern u. assonierenden Fünf- bis Sechssilblern, dazu Variationen.
= Lope de Vega, J. Alvarez Gato u. a.

**Sekundärliteratur,** die: (lat. Zweitliteratur) wissenschaftl. Werke über best. Epochen, Autoren, Texte, Themen u. ä., der Darstellung u. Interpretation dienend, zusammengestellt in →Bibliographie. (→Primärliteratur)

**Sekundenstil,** der: (Sekunde = Grundeinheit der Zeit) Beschreibungstechnik des →Naturalismus, in der Wirklichkeit durch Registrierung kleinster sinnlich wahrnehmbarer Details (Bewegungen, Geräusche u. ä.) »total«, d. h. in ihrem Fluß von Sekunde zu Sekunde, abgebildet (kopiert) werden soll; der film. Zeitlupe verwandt; zuerst angewendet in den Erzählungen *Papa Hamlet* (1889) von A. Holz u. J. Schlaf; Technik von P. Weiss in *Der Schatten des Körpers des Kutschers* (1960) weiterentwickelt (= →Grotesque strip).
= *Im Zimmer wurde es jetzt hell. Die Messingtüren an dem weißen Kachelofen neben der Tür funkelten leise. Draußen fingen die Spatzen an zu zwitschern. Vom Hafen her tutete es.*
*Unten hatte die Hoftür geklappt. Jemand schlurfte über den Hof. Ein Eimer wurde an die Pumpe gehakt. Jetzt quietschte der Pumpenschwengel. Stoßweise rauschte das Wasser in den Eimer. Langsam kam es über den Hof zurück. Die Tür wurde wieder zugeklappt.*
[Aus: A. Holz/J. Schlaf, *Ein Tod*]

**Semanatorismus,** der: (nach rumän. Zeitschrift *Der Sämann*) Richtung der rumän. Literatur, von N. Iorga 1903 begründet, trat ein für bodenständig-bäuerliche nationale Dichtung u. wirkte modernist. Tendenzen entgegen.

**Semi-Autobiographie,** die: (gr. halb + A.) →Autobiographie, die fiktive Züge enthält, aus einer Mischung von Dokument u. Erfindung, Wahrheit u. Dichtung besteht.
= Goethe, *Dichtung und Wahrheit* (1811 ff.); P. Weiss, *Abschied von den Eltern* (1961), *Fluchtpunkt* (1962); u. a.

*... indem ich jener sehr wohl überdachten Forderung zu entsprechen wünschte und mich bemühte, die innern Regungen, die äußern Einflüsse, die theoretisch und praktisch von mir betretenen Stufen der Reihe nach darzustellen, so ward ich aus meinem engen Privatleben in die weite Welt gerückt; die Gestalten von hundert bedeutenden Menschen, welche näher oder entfernter auf mich eingewirkt, traten hervor, ja die ungeheuren Bewegungen des allgemeinen politischen Weltlaufs, die auf mich wie auf die ganze Masse der Gleichzeitigen den größten Einfluß gehabt, mußten vorzüglich beachtet werden. Denn dieses scheint die Hauptaufgabe der Biographie zu sein, den Menschen in seinen Zeitverhältnissen darzustellen und zu zeigen, inwiefern ihm das Ganze widerstrebt, inwiefern es ihn begünstigt, wie er sich eine Welt- und Menschenansicht daraus gebildet und wie er sie, wenn er Künstler, Dichter, Schriftsteller ist, wieder nach außen abgespiegelt. Hierzu wird aber ein kaum Erreichbares gefordert, daß nämlich das Individuum sich und sein Jahrhundert kenne, sich, inwiefern es unter allen Umständen dasselbe geblie-*

*ben, das Jahrhundert, als welches sowohl den Willigen als Unwilligen mit sich fortreißt, bestimmt und bildet, dergestalt daß man wohl sagen kann, ein jeder, nur zehn Jahre früher oder später geboren, dürfte, was seine eigene Bildung und die Wirkung nach außen betrifft, ein ganz anderer geworden sein.*

*Auf diesem Wege, aus dergleichen Betrachtungen und Versuchen, aus solchen Erinnerungen und Überlegungen entsprang die gegenwärtige Schilderung, und aus diesem Gesichtspunkt ihres Entstehens wird sie am besten genossen, genutzt und am billigsten beurteilt werden können. Was aber sonst noch, besonders über die halb poetische, halb historische Behandlung etwa zu sagen sein möchte, dazu findet sich wohl im Laufe der Erzählung mehrmals Gelegenheit.* [Aus: Goethe, *Dichtung und Wahrheit*]

**Semiotik,** die: (gr. zum Zeichen gehörend) allg. Theorie von den sprachl. u. nichtsprachl. Zeichen(systemen) u. Wissenschaft von den allg. Eigenschaften, Gesetzen u. Regeln der Zeichen, wobei die Sprache nur *ein* System unter anderen darstellt; die S. gliedert sich in drei Teilbereiche: Die Syntaktik untersucht Anordnung u. Beziehung der Zeichen untereinander, die Semantik Beziehung zum gemeinten Gegenstand, d. h. die Bedeutung der Zeichen, und die Pragmatik Relationen zwischen Zeichen u. Benutzern, d. h. die Rolle der Zeichen als Kommunikationsmittel. (→Code)

**Senar,** der: (lat. sechsgliedrig) →Trimeter.

**Sendschreiben,** das: →Epistel.

**Senhal,** der: (prov. Kennzeichen) in Trobadorlyrik des 12. Jh. der Geheimhaltung dienende Deckbezeichnung (Subst., Adj., →Wendung, Satz) für Gönner(in), gewöhnlich in →Tornada.
= Bertran de Born: »En Oc e Non« (= »Herr Ja und Nein«)

**Senkung,** die: (Übers. von gr. thesis = Setzen) in →Metrik zwischen zwei →Hebungen stehende, nicht oder schwächer betonte Silben im Vers; sind diese Senkungssilben mit mehr oder weniger starkem Nebenton versehen = Senkungsbeschwerung; am häufigsten einsilb. u. zweisilb. S. Meist wird eine →Hebung pro Sekunde erwartet, weshalb in der →Lyrik die Anzahl der aufeinanderfolg. Senkungen beschränkt ist (im Gegs. zur →Prosa, wo sechs oder mehr unbetonte Silben hintereinander keine Seltenheit sind). Drei oder vier Senkungen hintereinander können in den →freien Rhythmen oder im →Knittelvers vorkommen.
= ᴗ – ᴗᴗᴗ – (*Wir schießen hinterdrein!* [Goethe = Beispiel für drei S.])

**Senkungsspaltung,** die: in →alternierenden Versmaßen die Aufspaltung einer →Senkung (= unbetonte Silbe) in zwei kurze unbetonte Silben.

**Sensualismus,** der: (lat. Sinn, Empfindung, Gefühl) allg.: Haltung, für die Sinn des Lebens im (Geistiges einschließenden) Sinnengenuß liegt (Hedonismus); bes.: Lehre, nach der alle Erkenntnis auf Sinneswahrnehmung zurückgeht (Gegs. →Rationalismus); in Antike vertreten von Epikur, in Neuzeit von Locke.

**Sentenz,** die: (lat. Meinung) als Gegenstück des →Zitats individuell geprägte allgemeingültige (zitierbare) Aussage; kurzer (treffender) →Denkspruch; wird wegen ihrer Faßlichkeit u. Sinnfälligkeit leicht zum →Sprichwort; allgemeiner als →Aphorismus. (→Gnome, →Maxime, →Spruch, →geflügelte Worte)
= *Mensch, werde wesentlich* [A. Silesius] – *Ein jeder zählt nur sicher auf sich selbst* [Schiller] – *Humor ist, wenn man trotzdem lacht* [O. J. Bierbaum]

**Septem artes liberales** (Pl.): →Freie Künste.

**Septenar,** der: (lat. siebengliedrig) antiker Vers aus siebeneinhalb Versfüßen, meist katalekt. trochäisch. →Tetrameter; i. Dt. nachgebildet von A. W. Schlegel *(Ion)*, Goethe *(Faust II)*, Platen (Literaturkomödien), u. a.
= Troch. Grundform: $-\cup-\cup-\cup-\cup/-\cup-\cup-\cup\underline{\cup}$

*Feilschet nun am heitern Orte,*
*Doch kein Markten finde statt!*
*Und mit sinnig kurzem Worte*
*Wisse jeder, was er hat.* [Aus: Goethe, *Faust II*]

**Septett,** das: (lat. sieben) allg. siebenzeilige Strophe oder Gedicht. (→Rhyme royal, →Seguidilla)

**Sequenz,** die: (lat. Folge) urspr. an das Halleluja im Graduale der Messe anknüpfender Koloraturgesang, dessen Tonfolgen ein silbenzählender prosamäßiger Text unterlegt wurde; Mitte 9. Jh. in Nordfrkr. entstanden, gemeinsame Wurzel mit →Leich angenommen; seit 11. Jh. unter Einfluß der Hymnendichtung (→Hymne) als selbständige volkssprachliche Dichtungsgattung mit Reimbindung, rhythm. Gliederung u. in (zweigliedr.) Doppelstrophen; Notker der Stammler (9. Jh.) gilt als »Vater« der neuen »Gesangs-Folge« (ca. 40 Melodien u. Texte); als Kunstform in Lyrik weiterentwickelt bis Leich im →Minnesang. (→Tropus)
= *Mariensequenz aus St. Lambrecht* (1150 ff., erste dt. Nachahmung der lat. Sequenzform); Wipo, Oster-S. *Victimae paschali laudes* (erste Hälfte 11. Jh.); Luther, *Komm heiliger Geist* (nach Vorbild der Pfingst-S. *Veni sancte spritus*)

*Wieder ist es Frühlingszeit,*
*welch ein Sprießen, weit und breit*
*in der Sonne Strahlenkleid!*

*Wälder laubesgrün,*
*weißer Lilien Glühn*
*Blühen über Blühn.*

*Heiter ist des Himmels Blau,*
*und die Luft ist süß und lau,*
*weicher Wind liebkost die Au.*
   *Tage klar und rein,*
   *Heller Sonnenschein,*
   *Vogelsang im Hain.*

*Die Amsel singt,*
*die Nachtigall kadenzt,*
*die Drossel schluchzt,*
*der Star schmatzt,*
*die Turtel seufzt,*
*die Taube gurrt,*
*das Rebhuhn ruft,*
*die Gans schnarrt,*
*der Schwan braust,*
*der Pfau kreischt,*
*die Henne gackert,*
*der Storch klappert,*
*die Elster spottet,*
*die Schwalbe zwitschert,*
*die Biene summt,*
*der Specht rattert.*

*Der Uhu buht,*
*Der Kuckuck ruft kuckuck,*
*der Sperling tschilpt...*

[Aus: *Carmina Burana* 132 (Frühlingslied); übers.]

→Pfingstlied

**Serapionsbrüder** (Pl.): (nach ägypt. Anachoreten Serapion Sindomita, 4. Jh.) a) romant. Berliner Dichterkreis um E. T. A. Hoffmann (verschlüsselt in Rahmenhandlung von dessen Novellenzyklus *Die Serapionsbrüder* 1819 ff.); b) 1921 in Leningrad gegr. literar. Vereinigung, deren Vertreter in E. T. A. Hoffmann ihr Vorbild sahen u. unter Einfluß von →Formalismus eine von Ideologie freie, apolit. Dichtung forderten. (→Schlüsselfigur)

= a) Neben E. T. A. Hoffmann, J. E. Hitzig, J. F. Koreff, C. W. Salice-Contessa, zeitweilig auch Chamisso u. F. de la Motte-Fouqué
   b) J. I. Samjatin, W. A. Kawerin, K. A. Fedin, M. M. Soschtschenko u. a.

**Serena,** die: (von prov. Lied) (abendl.) Liebeslied der Trobadors, Gegs. zu →Alba.

**Sermo,** der: (lat. Rede) a) in röm. Antike Rede, Gespräch, dann Versdichtung im Stil der Umgangssprache (Horaz, →Satiren) sowie christl. →Predigt (worauf der Gebrauch des Wortes »Sermon« in pejorat. Sinn als »wortreiche Strafpredigt« zurückgeht); b) in der Lehre von den →Genera dicendi = →Stil

**Sermocinatio,** die: (lat. Rede, Gespräch) →rhet. Figur: Redner gibt vor, Rede eines anderen wiederzugeben oder Dialog mit jemandem zu führen. (→Ethopoeie)

**Serranilla,** die: (zu span. Bauernmädchen) span. Liebeslied, meist in kurzen Versen u. zwischen Ritter u. Bauernmädchen; Blütezeit Spät-MA.

**Serventese,** der: (ital.) Entsprechung zum prov. →Sirventes.

**Sestine,** die: (ital. der Sechste) allg.: sechszeilige Strophe; bes.: Gedichtform aus sechs Strophen von je sechs meist fünfhebigen jamb. Zeilen, in der Schlußwörter der ersten Strophe durch sämtl. Strophen beibehalten werden. Die Reihenfolge liegt dabei fest: Das Endwort der ersten Zeile einer Strophe muß mit dem Endwort der letzten Zeile der vorhergehenden Strophe übereinstimmen; als übl. Reihenfolge gilt 6 1 5 2 4 3 (mit Varianten). In der dreizeiligen Geleitstrophe erscheinen zwei der Schlußwörter, eines in der Mitte, eines am Ende, u. ihre Reihenfolge stimmt mit ihrem Vorkommen in der ersten Strophe überein; später tritt die Bedingung hinzu, daß drei der Schlußwörter reimen müssen. Die S. stammt aus prov. Dichtung (Arnaut Daniel) u. findet sich u. a. bei Opitz, Gryphius, Rückert, Uhland; kunstvolle Form, in der die gleichen Wörter in immer neuen Sinnbezügen erscheinen, in →Barock u. bei den Romantikern beliebt, von Z. Werner ins Drama eingeführt. (→Endecasillabo, →Hirtendichtung)

= *Wenn durch die Lüfte wirbelnd treibt der Schnee*
*Und lauten Fußtritts durch die Flur der Frost*
*Einhergeht auf der Spiegelbahn von Eis,*
*Dann ist es schön, geschirmt vorm Wintersturm*
*Und, unvertrieben von der holden Glut*
*Des eigenen Herds, zu sitzen still daheim.*

*O dürft ich sitzen jetzt bei der daheim,*
*Die nicht zu meiden braucht den reinen Schnee,*
*Die mit der sonn'gen Augen sanfter Glut*
*Selbst Funken weiß zu locken aus dem Frost!*
*Beschwören sollte sie in mir den Sturm*
*Und tauen sollte meines Busens Eis!*

*Erst muß am Blick des Frühlings das Eis*
*Des Winters schmelzen, und nach Norden heim,*
*Verscheucht vom Lenzhauch, ziehn der laute Sturm,*

*Eh' ich darf ziehn dorthin, wo ich den Schnee*
*Der Hand will küssen, den, weil Winterfrost*
*Ihn nicht erschuf, nicht tötet Sommerglut.*

*Die Sehnsucht brennt in mir wie Sommerglut*
*Aufzehrend innerlich, wie mürbes Eis,*
*Mein Herz, inmitten von des Winters Frost;*
*Und rastlos stäuben die Gedanken heim*
*Nach ihrem Ziel, sich kreuzend wie der Schnee,*
*Den flockend durcheinander treibt der Sturm.*

*O daß mich fassend zu ihr trüg ein Sturm,*
*Damit gestillet würde meine Glut!*
*Und dürft' ich als ein Flöckchen auch von Schnee*
*Nur oder als ein Nädelchen von Eis*
*Das Dach berühren, wo sie ist daheim,*
*Nicht fühlen wollt' ich da des Winters Frost.*

*Wer fühlet, wo der Frühling tauet, Frost?*
*Wen schrecket, wo die Liebe sonnet, Sturm?*
*Wer kennet Ungemach, wo sie daheim?*
*Sie, die mir zuhaucht sanfte Lebensglut*
*So fern herüber manch Gefild von Eis*
*Und manch Gebirg, bedeckt von rauhem Schnee.*

*Mit Blütenschnee schmückt sich der kahle Frost,*
*Das Eis wird Lichtkristall und Wohllaut Sturm,*
*Wo ich voll Glut zu dir mich denke heim.* [F. Rückert]

**Sevdalinka** (Pl.): (serb., von türk. Liebender) serb. Liebeslieder von kunstvoller Form u. stark. erot. Gehalt, unter Einfluß osman.-türk. Lyrik entstanden.

**Sextett,** das: (lat. sechs) allg. sechszeilige Strophe oder Gedicht.

**Shakespearebühne,** die: (zu Shakespeare) dreiteilige Bühnenform des engl. Theaters Ende 16./Anfang 17. Jh.: die Vorderbühne ragt so weit in den Zuschauerraum hinein, daß sie von drei Seiten zu überschauen ist; die kleine überdachte Hinterbühne trägt eine Ober- oder Balkonbühne; durch die →Engl. Komödianten nach Deutschland gekommen, wurde jedoch später von der →Guckkastenbühne verdrängt.

**Shakespeare-Sonett,** das: Sonderform des petrarkischen →Sonetts, das als »englisches Sonett« 14 Zeilen aus jamb. Pentameter umfaßt u. in drei →Quatrains u. ein abschließendes →Couplet unterteilt ist.
= *Vergleich ich dich mit einem Sommertag?*
  *So lind wie du, so lieblich dünkt er kaum.*

*Der Wind verstreut die Blust im Maienhag:*
*Des Sommers Reich hat gar zu schmalen Raum.*

*Oft scheint das Aug des Sommers allzu warm,*
*Oft blickt sein golden Antlitz trüb und fahl;*
*All reiche Schönheit wird an Schönheit arm,*
*Wenn ihren Schmuck Natur und Zufall stahl.*

*Dein ewig Sommerlicht wird nie ermatten,*
*Verliert die Schönheit nie, die dein ist heut,*
*Nie rühmt der Tod, du wohnst in seinem Schatten:*
*Dein Lob soll grünen endlos wie die Zeit.*

*So lang ein Mensch noch atmet, Aug noch sieht,*
*Wird leben, was dich leben macht: mein Lied.*
 [Shakespeare, *Sonett XVIII*; dt. von R. A. Schröder]

**Shanty,** das: (engl.) → Arbeitslied der Seeleute, meist im Wechsel von Solo u. Chorrefrain.
= Stormalong
 Solo: *Old Stormy was a fine old man,*
 Chorus: *To me way, O Stormalong!*
 Solo: *Old Stormy was a fine old man,*
 Chorus: *Way, hay, hay, Mister Stormalong!*
 *Old Stormy he is dead and gone,*
 *Oh, poor old Stormy's dead and gone.*

 *We'll dig his grave with a silver spade,* (twice)

 *And lower him down with a golden chain.* (twice)

 *I wish I was old Stormy's son;*
 *I'd build me a ship of a thousand ton.*

 *I'd sail this wide world round and round;*
 *With plenty of money I'd be found.*

 *I'd fill her up with New England rum,*
 *And all my shellbacks they'd have some.*

 *Oh, Stormy's dead and gone to rest;*
 *Of all the sailors he was the best.*

**Short novel,** die: (engl. Kurzroman) epische Form zwischen →Roman u. →Short story bzw. →Novelle; auch →Novellette, d.h. »kleiner Roman«, genannt.
= Henry James, *The turn of the screw* (1898); Joseph Conrad, *Heart of darkness* (1899); u.a.

**Short short story,** die: (engl.-am.) Kürzestgeschichte, bes. in den USA verbreitete (Minimal-)Form der →Short story; bezeichnet gewöhnlich knappe geradlinige Charakter- oder Handlungs- →Skizze.

**Short story,** die: (engl.-am.) am. Form der →Kurzgeschichte, als kurze novellenartige Erzählform in Prosa zwischen Kurzroman, Novelle, Märchen, Anekdote u. Skizze begründet von W. Irving u. J. K. Paulding, künstler. Vollendung bei E. A. Poe (*Tales of the Grotesque and the Arabesque*, 1840).
= Hauptvertreter: N. Hawthorne, H. Melville, M. Twain, H. James, O. Henry, J. Thurber, E. Hemingway, W. Faulkner u. a. (USA); R. L. Stevenson, R. Kipling, J. Conrad, H. G. Wells, W. S. Maugham, D. H. Lawrence, G. Greene u. a. (England); Ch. Nodier, G. de Nerval, A. Daudet, G. de Maupassant (Frkr.); Gogol, A. Tschechow, I. Turgeniew u. a. (Rußland)

**Show,** die: (engl. Schau) (aufwendiges) Unterhaltungsprogramm.

**sic!:** (lat. so geschrieben!) betonende Anmerkung; meist als Zusatz in Klammern bei abweichender Schreibweise u. ä.

**Sideronym,** das: (lat. Gestirn + gr. Name) →Pseudonym aus dem Bereich der Astronomie.
= *Sirius* für U. van de Voorde

**Sigle,** die, bzw. **Sigel,** das: (lat. kleine Figur) allgemeinverbindl. Abkürzungszeichen für Silben, Wörter, Namen u. ä. (→Abbreviatur, →Apparat)
= *z. B.; d. h.; u. U.; m. W.*

**Siglo de oro,** das: (span.) das »Goldene Zeitalter« (Jahrhundert) der span. Literatur, ca. 1550–1681 (= Tod Calderóns), umfaßt →Renaissance u. →Barock.
= Góngora, Lope de Vega, Quevedo, Cervantes, Guevara, Tirso de Molina, Calderón u. a.

*Du, der du nachgeahmt mein jammernd Leben,*
  *Dem ich mich einst, abwesend und gekränket,*
  *Aus frohem Stand in Buße tief versenket,*
  *Dort auf dem Armuth-Felsen hingegeben.*

*Du, den die Augen, bey dem bangen Streben,*
  *Mit reichlichem doch salz'gem Naß getränket,*
  *Dem Erd' auf Erde magre Kost geschenket,*
  *Derweil dich Silber, Kupfer, Zinn, erheben.*

*Leb' im Vertraun, es werd' auf ew'ge Zeiten*
  *So lang zum mindsten in der vierten Sphäre*
  *Der blond' Apollo mag die Rosse treiben,*

> *Dein Name seinen Heldenruhm verbreiten,*
> *Dein Vaterland genießen höchster Ehre,*
> *Dein weiser Thatenschreiber einzig bleiben.*
> [Cervantes, *Amadis de Gaula an Don Quijote de la Mancha*;
> dt. von A. W. Schlegel (= →Briefgedicht)]

**Signatur,** die: (lat.) a) Bogennummer, Ziffer zur Kennzeichnung der Bogenfolge eines Druckwerkes; b) Kenn-Nummer eines Buchs in Bibliotheken (meist in Verbindung mit Buchstaben).

**Signet,** das: (lat. Zeichen) Drucker-, Verlegerzeichen.

**Silbenrätsel,** das: →Scharade.

**Silbenreim,** der: gewöhnlicher, auf Silben beruhender Reim (→Endreim, →Binnenreim, →Schlagreim u. ä.) im Gegs. zum Lautreim (→Alliteration, →Stabreim, →Assonanz).

**silbenzählendes Versprinzip,** das: im Unterschied zum →akzentuierenden oder zum →quantitierenden V. bestimmt sich im s. V. die Verslänge allein nach der Silbenzahl, weshalb die Bedeutung des sprachl. Akzents zurücktritt u. es zu starken →Tonbeugungen kommt; s. V. Hauptkriterium für frz. Vers, in dt. Dichtung in →Minnesang; durch M. Opitz' Forderung nach Übereinstimmung von Vers- u. Sprachakzent aufgegeben.

**Silberne Latinität,** die: Epoche der röm. Literatur u. Sprache, die auf →Goldene Latinität folgt (14 n. Chr. bis zum Tode Trajans 117 n. Chr.), gekennzeichnet durch antiklass. manierist. Übersteigerung u. Verdunkelung des Ausdrucks (→Manierismus).
= Seneca, Tacitus, Quintilian, Statius u. a.

**Sillen** (Pl.): (gr. schielend, boshaft) altgr. philos. Spottgedicht in Hexametern, verfaßt von »Sillographen« (Timon v. Phleius, Krates v. Theben u. a.).

**Silva,** die: (span. Blumenlese) span. unstroph. Gedichtform von beliebiger Länge, meist aus Elf- und Siebensilblern, doch zur Regellosigkeit neigend; Form der →Stegreifdichtung.

**Silvae** (Pl.): (lat. Wälder, Stoff, Vorrat) urspr. Sammlung von Entwürfen (Quintilian), Gedichten (Status); verdeutscht als »poet. Wälder« (Gedichtsammlung) bei Opitz (1624) u. Gryphius (1698); als »Krit. Wälder« (literaturästhet. Schrift) bei Herder (1769).
= *Sylven oder Wälder sind nicht allein solche carmina, die auß geschwinder Anregung und Hitze ohne arbeit von der Hand weg gemacht werden [...]*

*sondern / wie jhr name selber anzeiget / der vom gleichniß eines Waldes / in dem vieler art und sorten Bäwme zue finden sindt / genommen ist / sie begreiffen auch allerley geistliche unnd weltliche getichte...*
[Aus: Opitz, *Buch von der dt. Poeterey*]

**Simpliziade,** die: nach Simplicius, der Hauptgestalt von Grimmelshausens *Simplicissimus* (1668), benannte u. im Anschluß an diesen entstandene Variante des →Schelmenromans; ihr tumber Held verstrickt sich in die Wirrnisse des Lebens, erkennt sie aber schließlich als eitel u. wendet sich Gott u. der Einsamkeit zu; die meisten der als S. bez. Romane haben allerdings mit Grimmelshausens Werk nur den (zu Werbezwecken übernommenen) Titel gemein.
= Joh. Beer, *Der simplicianische Weltkukker* (1678); Daniel Speer, *Ungarischer oder Dacianischer Simplicissimus* (1683); u. a.

**Simultanbühne,** die: (von lat. zugleich) ma. Bühnenform, die →Simultaneität möglich macht, da sie die für das Spiel (z. B. →Passionsspiel) erforderlichen Schauplätze nebeneinander, d.h. »zugleich«, darbietet, meist auf Marktplatz vor der Kirche. (→geistl. Spiel)

**Simultaneität,** die: (zu lat. zugleich) Gleichzeitigkeit, als S. der Bewußtseinsinhalte Verbindung (→Montage) von zeitlich u. räumlich auseinanderliegenden Geschehnissen durch →Assoziation, Präfiguration, Ein- u. Überblendung zu Einheit; Prinzip des →Dadaismus, trat, in Romantik vorbereitet, erstmals mit R. J. Sorges Dramen (→Expressionismus) auf der Bühne in Erscheinung. (→Simultantechnik, →Bewußtseinsstrom)
= *...wenn auch dieses Streben nach Simultaneität (das auch durch die Zusammendrängung der Geschehnisse auf einen einzigen Tag angedeutet wird) nicht den Zwang durchbrechen kann, daß das Nebeneinander und Ineinander durch ein Nacheinander ausgedrückt werde, das Einmalige durch die Wiederholung, so bleibt die Forderung nach Simultaneität trotzdem das eigentliche Ziel alles Epischen, ja alles Dichterischen...*
[Aus: H. Broch, *James Joyce und die Gegenwart*]

**Simultantechnik,** die: (von lat. zugleich) Technik, die →Simultaneität (= Gleichzeitigkeit) schafft; wie →Bruitismus die Geräusche der Welt in einem Tongebilde simultan erfaßt, so sucht die S. die vielschichtige Fülle des fließenden Lebens (die stets nur in zusammenhanglosen Einzelphänomenen, d.h. in räumlich und zeitlich voneinander getrennten Details, sichtbar ist) als Totalität zu fassen; durch Zusammenstellung (→Montage), künstler. Collagierung (→Collage) von Wirklichkeitsfragmenten (Werbeslogans, Zeitungsmeldungen, statist. Angaben etc.) fügt sie Realität in ihrer Komplexität u. Simultaneität zu Gesamtbild von Heterogenem; seit den zwanziger Jahren in dt. Literatur angewendet.

= J. Joyce, *Ulysses* (1922); J. Dos Passos, *Manhattan Transfer* (1925); Döblin, *Berlin Alexanderplatz* (1929); Koeppen, *Tauben im Gras* (1951); Böll, *Billard um halbzehn* (1959); u. a.

**sine anno:** (lat. ohne Jahr) Hinweis bei bibliogr. Angaben, wenn Erscheinungsjahr nicht genannt ist; Abk. *s. a.* bzw. *o. J.*

**sine loco et anno:** (lat. ohne Ort und Jahr) Hinweis bei bibliogr. Angaben, wenn weder Erscheinungsort noch -jahr genannt sind; Abk. *s. l. e. a.*

**Singspiel,** das: als dramat. Unterhaltungsform zwischen →Schauspiel u. →Oper Theaterstück mit einfachen, volkstüml. Gesangs- u. Musikeinlagen; seit 16. Jh. in Italien u. bes. England gepflegt, durch →engl. Komödianten nach Deutschland vermittelt (J. Ayrer), aber erst im 18. Jh. dort heimisch; 1. bekannter dt. S.-Autor Chr. F. Weiße (*Die Jagd, Der Teufel ist los*, 1752, mit Musik von J. A. Hiller), als bürgerl. Gegenstück zur höf. →Oper bereitete das S. einer eigenen dt. Spieloper (Lortzing) den Weg, war aber zugleich auch die Grundlage der Operette.
= Ch. M. Wieland, *Aurora* (1772), *Die Wahl des Herkules* (1773): Musik H. Schweitzer; Goethe, *Erwin und Elmire* (1774), *Claudine von Villa Bella* (1776): Musik u. a. E. T. A. Hoffmann u. Schubert; E. T. A. Hoffmann, *Die Maske* (1799); Cl. Brentano, *Die lustigen Musikanten* (1805): Musik E. T. A. Hoffmann; u. a.

**Sinnbild,** das: (bildgewordener Sinn = Gedanke) →Symbol, →Emblem u. ä.

**Sinnespel,** das (Pl. Sinnespelen): (ndl. Sinnspiel) ndl. Form der →Moralität (15./16. Jh.). (→Rederijkers)

**Sinnfigur** bzw. **Gedankenfigur,** die: →rhet. Figur.

**Sinngedicht,** das: →Epigramm.

**Sinnreim,** der: →Reim, der, im Gegs. zu →Klangreim, primär den »Sinn« befriedigt u. klangl. Effekt unberücksichtigt läßt.
= *So sei der Sinn der Herr,*
*so sei der Reim der Knecht.* [Logau]

*Wenn Worte ihren Wert behalten,*
*kann nie ein alter Reim veralten.* [K. Kraus]

**Sinnspruch,** der: kurzer prägnanter Satz, →Motto, →Maxime, →Sentenz, →Denkspruch.

**Sirventes,** das: (von prov. Diener) polit.-moralisierendes →Rüge- u. Scheltlied der prov. →Trobadors, dient polit., moral. u. persönl. →Satire, züchtigt »die Narren u. Bösen« u. »handelt auch von irgendwelchen Kriegsereignissen«; ohne feste Form, in Nordfrankreich als »Serventois«, in Italien als »Serventese« geläufig.
= Bertran de Born, B. de la Barta, G. Montanhagel u. a.

*Ich will ein Sirventes halb bös, halb gut*
*versuchen, das einmal was Neues bringt.*
*Da man doch meist zu Schimpf und Tadel singt*
*und zu viel Tadel schließlich unrecht tut,*
*und da ich auch nicht leben mag mit Lüg',*
*so misch ich nun mein Lied aus Preis und Rüg'.*
*Vom Preise soll die Tüchtigkeit gedeihn,*
*und Rüge soll die Schlechtigkeit kastein.*

*Drum gilt die Rüg' für Pfaff und Rittersleut,*
*von denen man beraubt wird statt beschenkt,*
*Rüge, weil unser Volk durch sie bedrängt,*
*und Rüge, weil die Schmach wird nicht gescheut:*
*und Rüge ihnen, daß sie ohne Maß,*
*und Rüge, weil sie blind in ihrem Haß,*
*und Rüge, weil sie blind voll Lüsternheit,*
*und Rüge ihrer Unbarmherzigkeit.*

*Den wackern Armen aber gilt das Lob,*
*den Frauen auch, die gute Sitte wahr'n,*
*und, läßt sie niemand Ehre mehr erfahr'n,*
*seit Männer eifersüchtig sind und grob,*
*so halten Fraun die Ehre immer hoch,*
*sind gut und höfisch mit den Dienern doch*
*und bieten einem willig an und gern,*
*was übrig ließen ihre reichen Herrn.*

[Aus: Peire Cardinal, *Schatten und Licht*, dt. von K. Vossler]

**Sittenroman,** der: Variante des →Zeitromans, schildert krit. den moral. Verfall best. Zeit u. ihrer Gesellschaft. (→Satire, →Tendenzdichtung)
= H. Mann, *Professor Unrat* (1905), *Der Untertan* (1918); H. Fallada, *Kleiner Mann was nun?* (1932); H. Böll, *Und sagte kein einziges Wort* (1953), *Haus ohne Hüter* (1954); H. von Cramer, *Die Kunstfigur* (1958); u. a.

**Sittenschilderung,** die, bzw. **Sittengemälde,** das: Darstellung von zeittypischen Moralzuständen durch Beschreibung von Bildern aus dem Alltagsleben (Sittenbildern).
= A. W. Iffland, *Die Jäger* (1785); A. v. Droste-Hülshoff, *Die Judenbuche* (1842); J. N. Nestroy, *Der Zerrissene* (1845); u. a.

**Sittenstück,** das, bzw. **Sittenkomödie,** die: (Übers. von frz. »comédie de mœurs«) Variante des →Zeitstücks, führt sittl.-soziales Verhalten vor, um zu seinen Problemen u. Defekten krit. Stellung zu nehmen.
= V. Sardou, *Divorçons* (1880); H. Sudermann, *Die Ehre* (1890); G. B. Shaw, *Pygmalion* (1921); G. Hauptmann; C. Sternheim u. a.

**Situationskomik,** die: →Komik, d. h. Effekt des Komischen, der durch eine best., nicht alltägliche, Heiterkeit verursachende Situation (Verwechslung, →Intrige o. ä.) hervorgerufen wird. (→Posse, →Farce)
= Lessing, *Minna von Barnhelm* (1767); Kleist, *Der zerbrochene Krug* (1808); G. Freytag, *Die Journalisten* (1854); G. Hauptmann, *Der Biberpelz* (1893); u. a.

**Siziliane,** die: (aus Sizilien kommend) Nebenform der →Stanze, besteht aus achtzeiliger Strophe mit viermaliger Wiederholung des Reimpaars a b (abababab = doppelter →Kreuzreim); von Rückert in dt. Dichtung eingeführt, nachgebildet u. a. von Liliencron *(Sommernacht).*
= *Ich will aufs Grab dir duft'ge Blüten streuen,*
*O Blüte, die der Tod in Staub gestreut!*
*Das Blumenopfer will ich dir erneuen,*
*So oft der Lenz sein Blumenreich erneut.*
*Wie sollt' ich, Blumen, euch zu brechen scheuen,*
*Da sie zu brechen nicht der Tod gescheut?*
*Für sie zu sterben sollt ihr nun euch freuen,*
*Weil ohne sie euch doch zu blühn nicht freut.* [F. Rückert]

**Skalde,** der: (anord.) norweg. u. isländ. höf. Dichter des 9.–14. Jh. (→Skaldendichtung)
= Berühmte S.: Egil Skallagrimsson, Kormák Ögmundarson (der bedeutendste skald. Liebeslyriker [10. Jh.]), Sighvatr Þórðarson, Arnórr Jarlaskald (11. Jh.) u. a.

**Skaldendichtung,** die: lyr. Dichtung der →Skalden, bis ins 10. Jh. v. a. von norweg., seit 11. Jh. (Blütezeit) von isländ. Skalden gepflegt; bedeutendste Formen der äußerst kunstvollen S. →Drápa (Preisgedicht) sowie Gelegenheits- u. Liebesgedichte. (→Dróttkvætt, →Kenning, →Heiti)

**Skamander,** der: (poln.) Kreis junger poln. avantgardist. Schriftsteller um die Zs. *Skamander* (1920–28, 1935–39), forderte programmat. Einbeziehung des städt. Lebensbereichs u. der sozialen Aspekte der Technisierung in »neue Lyrik«, führte kühne formale u. sprachl. Neuerungen ein.
= Hauptvertreter: J. J. Tuwim, A. Słonimski u. Jan Lechoń (= Skamandriten)

**skandieren:** (zu lat. besteigen, betreten) Verse (zu »Messung«, = Bestimmung des Versmaßes) taktmäßig lesen, d. h. mit genauer Betonung der Hebungen u. ohne Rücksicht auf den Sinngehalt (= Skansion).

**Skaramuz,** der: (ital.-frz.) Typenfigur des prahler. Soldaten in ital. →Commedia dell'arte u. frz. →Lustspiel.

**Skaz,** der: (russ. zu erzählen) russ. epische Gattung (→Rahmenerzählung), auch Gestaltungsprinzip, das subj. Sprachstil (zum Berufsjargon stilisierte Rede) zur individ. Charakterisierung des Erzählers benutzt.
= N. Gogol (Erzählung von Hauptmann Kopejkin in *Die toten Seelen*), N. Leskow, I. E. Babel, E. I. Zamjatin u. a.

**Skene,** die: (→Szene) im gr. Theater hölzernes Gebäude mit den Ankleideräumen, das als Bühnenrückwand diente u. vor dem die Schauspieler auftraten.

**Skenographie,** die: (gr. Bühne + schreiben) allg.: Kulissenmalerei; bes.: hellenist. Bühnenmalerei.

**Sketch,** der: (engl. →Skizze, Stegreifstudie) kurze, witzig pointierte dramat. →Szene. (→Kabarett)

**Skizze,** die: (ital. [Farb-]Spritzer) a) erster Entwurf, vorläufige Fassung von literar. Werk; b) seit 18. Jh. als literar. Form (bewußt) unabgerundeter, d. h. »offener«, keiner Norm sich fügender Prosatext zwischen →Essay, →Kurzgeschichte, →Bericht u. ä., häufig in →Naturalismus u. →Impressionismus.
= b) W. Hauff, *Phantasien u. S.* (1828); A. Holz/J. Schlaf, *Die papierne Passion* (1887f.); Rilke, *Am Leben hin* (1898, Nov. u. S.); Robert Walser, *Kleine Prosa* (1917); R. Lettau, *Auftritt Manigs* (1963); u. a.

Einen starken Hang zum »Skizzenhaften« zeigt Max Frisch: »*Mindestens ließe sich denken, daß ein späteres Geschlecht, wie wir es vermutlich sind, besonders der Skizze bedarf, damit es nicht in übernommenen Vollendungen, die keine eigene Geburt mehr bedeuten, erstarrt oder erstirbt.*« Die S. als Ausdruck des Fließenden, des Nicht-mehr und des Noch-nicht; sie gehe zurück auf die »*Scheu vor einer förmlichen Ganzheit, die der geistigen vorauseilt und nur Entlehnung sein kann*«.
[Aus: *Tagebücher*]

**Skolion,** das: (gr. das Krumme) Tisch-, Trinklied, bes. im alten Athen; von den Gästen bei Gastmahlen u. Trinkgelagen als Rund- oder →Wechselgesang vorgetragen.
= *O Tugend, schwer zu erringen*
 *Dem sterblichen Geschlecht,*

*Des Lebens schönste Belohnung,*
*Jungfrau du!*

*Um deine Schöne gingen*
*Die Griechen freudig in Tod,*
*Bestanden harte Gefahren*
*Mit eiserm Muth.*

*Du gibst dem Herzen*
*Unsterbliche Frucht,*
*Die süsser als Gold und Eltern ist,*
*Und als der zarte Schlaf.*

*Um deinetwillen hat Herkules*
*Und Leda's Söhne so viel ertragen,*
*Zeigten in Thaten*
*Deine Macht.*

*Aus Lieb' um dich ging Held Achill*
*Und Aeas ins Todtenreich,*
*Um deine süsse Gestalt hat sich Atarne's Gastfreund*
*Den Glanz der Sonne geraubet.*

*Unsterblich singet ihn, ihn den Thatenreichen,*
*O Musen, Töchter des Ruhms,*
*So oft ihr preiset den Gott verbündeter Treu*
*Und vester Freundschaft Lohn!*
[Aristoteles, *Lob des Gastfreunds*; nach Herder]

*Den nicht mag ich beim vollen Pokal, der über dem Trunk mir*
*Von trübseligem Krieg schwatzt und gehässigem Streit,*
*Aber es sei mir geehrt, wer köstliche Gaben der Muse*
*Und Aphroditens flicht in die gesellige Luft.*
[Anakreon von Teos, *Trinkspruch*; übers.]

**Skop,** der: (westgerm.) Dichter u. Sänger (von →Helden- u. →Preisliedern) in der Gefolgschaft eines Fürsten bei den Westgermanen.

**Skribent,** der: (zu lat. schreiben) Vielschreiber, abschätzig für →Schriftsteller (»Schreiberling«).

**Skript,** das: (von lat. Geschriebenes) Schriftstück, auch →Drehbuch.

**Slapstick,** das: (engl. Narrenpritsche, Scherz) lärm- u. aktionsstarke Harlekins-, Clownskomödie. (→Commedia dell'arte, →Harlekinade)

**Slogan,** der: (engl. Schlachtruf) →Schlagwort.

**Soap opera,** die: (engl. Seifenoper: nach den eingeblendeten Werbespots für Waschmittel) zum Tagesprogramm der Rundfunk- u. Fernsehstationen in den angelsächs. Ländern gehörende melodramat. Fernsehserien. (→Melodrama)

**Soccus,** der: (lat. niedriger Schuh) Fußbekleidung des Schauspielers (Sandale) in der antiken Komödie, im Gegs. zum →Kothurn der Tragödie; der Schauspieler im →Mimus trat ohne Schuhe auf.

**Soffitte,** die: (ital. [Zimmer-] Decke) vom Schnürboden des Theaters herabhängende Teile der Bühnendekoration (Himmel, Zimmerdecke). (→Prospekt)

**Soirée,** die: (frz.) Abendgesellschaft, auch literar. Abendveranstaltung (Dichterlesung u. ä.).

**Soldatenlied,** das: von Soldaten auf Märschen gesung. →Volks- oder →Kunstlied, anfeuernden u. gefühlsbetonten Inhalts, oft gedehnt durch Anfügung von Nachgesang.
= Uhland, *Ich hatt' einen Kameraden*; Körner, *Lützows wilde Jagd*; *Die blauen Dragoner sie reiten*; u. a.

*Vorhanden ist einmal die Zeit,*
  *Das mancher kühner Held,*
*Mit seiner Wehr zu Felde leyd,*
  *Wie ich berichtet bin,*
*Zu Fuß und auch zu Pferd,*
*Wie man jhr nur begehrt,*
*Gantz wunder,*
*Besonder,*
*Die beste Reuterey,*
*Eine gantze werthe Ritterschafft,*
  *Fußvolck ist auch dabey.*

*So zeucht man den zu trutz den tratz,*
  *Ohne alle schew dem Feindt,*
*Auff wolverordntem Musterplatz,*
  *Ein jeder da erscheint,*
*Nimpt auff sein Oberwehr,*
*Gott dem Herrn zu Ehr,*
*Seine Worte,*
*Hinforte,*
*Jhn wol beschützen thut,*
*Fürs Teuffels Gewalt und Feindes List,*
  *Hab unverzagten Muth.*

*Wenn man ligt auff dem Musterplatz,*
  *Und ist im Anzuge fein,*
*So laufft daher mein Edler Schatz,*
  *Und hertziges Schätzelein,*
  *Wenn sihe dich wider ich,*
  *Sage mir es frage ich dich,*
  *Sie weinet,*
  *Und greinet,*
  *Boht mir jr schneeweise Hand,*
*Darneben jhr rothes Mündelein,*
  *Jn Kummer und Elend.*


*Gott gesegne dich hinwiderumb,*
  *Du Edler Schatz glaube mir,*
*Habe dir den Kuß und bleibe nur fromm,*
  *Jch komm wider zu dir,*
  *Ja mit gelegner Zeit,*
  *Bringe ich euch gute Beut,*
  *Mit Gotte,*
  *Jch wolte,*
  *Daß ich solt bey dir seyn,*
*Zubringen meine jungen Tage,*
  *Aber es kan nicht seyn...* [Unbek. Verf.]

**Soledad** bzw. **Solear,** die: (kast. bzw. andalus. Einsamkeit) Form des span. Volkslieds aus drei oder vier achtsilb. Versen, von denen der 2. und 4. bzw. der 1. und der letzte durch → Assonanz verbunden sind.
= *Leih mir deine lieben Augen,*
  *zwei Paar brauch ich, denn die meinen*
  *reichen nicht, um all die Sehnsucht*
  *meines Heimwehs auszuweinen.* [Unbek. Verf.]

**Soliloquium,** das: (lat. allein + sprechen) Selbstgespräch, oft programmatisch. (→ Monolog, → Bekenntnisdichtung, → Autobiographie)
= Shakespeare, *Hamlet (To be or not to be...), Richard III (Now is the winter of our discontent...)*; Goethe, *Faust I (Hab, nun, ach! die Philosophie...)*

**Solözismus,** der: (gr. nach angeblich fehlerhaftem Griechisch der Einwohner von Soli in Kilikien) Nachlässigkeit im Wortgebrauch, Abweichung von der korrekten Syntax; oft als »dichter. Freiheit« angesehen; zulässig u. U. als → rhet. Figur. (→ Barbarismus, → Metaplasmus)

**Sonett,** das: (ital. kleiner Ton, »Klinggedicht«) ital. Gedichtform von strengem, kunstvollem Bau, besteht aus 14 meist fünffüßigen jamb. Verszeilen mit weibl. Ausgang, die sich spannungsvoll in einen →Aufgesang von zwei vierzeiligen →Quartetten u. einen →Abgesang von zwei dreizeiligen →Terzetten teilen; Reimschema abba abba cdc dcd (mit Variationen: cdc cdc, cdd, cdc etc.); seiner klaren Gliederung u. starken Zäsur zwischen Quartetten u. Terzetten wegen gilt das S. als bes. geeignet für dialekt. sich bewegende →Gedankenlyrik; die antithet. Exposition im 1. Teil erfährt pointenhafte Zuspitzung und Überwölbung zur Synthese im 2.; Form in der ersten Hälfte des 12. Jh. in Italien durch Vertreter der sog. Sizilianischen Dichterschule am Hof Friedr. II. u. Manfreds in Palermo ausgebildet, Höhepunkt der ital. S.-Dichtung Petrarca (→Canzonere); dt. Nachbildungen erstmals im 16. Jh., 1. Blüte in Dichtung des →Barock (Opitz, Fleming, Gryphius, Hofmannswaldau u.a.), Wiederbelebung in →Romantik (A. W. Schlegel, Platen, Immermann, Rückert u.a.); im 20. Jh. gepflegt u.a. von St. George, Rilke, Heym, Trakl, Werfel, B. Brecht, Weinheber, J. R. Becher, St. Hermlin, R. Kirsch, O. Pastior u.a. (→Shakespeare-Sonett)

= *... vornehmlich alsdann ist das Sonett gut, wenn sein Inhalt ein kleines, volles, wohl abgerundetes Ganzes ist, das kein Glied merklich zu viel oder zu wenig hat, dem der Ausdruck überall so glatt und faltenlos als möglich anliegt, ohne jedoch im mindesten die leichte Grazie seiner hin- und herschwebenden Fortbewegung zu hemmen. Es muß aus der Seele, es muß von Zunge und Lippen gleiten [...]. Wenn man versucht, das gute und vollkommene Sonett in Prosa aufzulösen, so müßte es einem schwer werden, eine Silbe, ein Wort, einen Satz aufzugeben oder anders zu stellen, als alles das im Verse stehet. Ja, sogar die überall äußerst richtig, voll und wohl tönenden Reimwörter müssen nicht nur irgendwo im Ganzen, sondern auch gerade an ihren Stellen, um des Inhalts willen, unentbehrlich scheinen.* [G. A. Bürger]

*Zwei Reime heiß ich viermal kehren wieder,
Und stelle sie, geteilt, in gleiche Reihen,
Daß hier und dort zwei eingefaßt von zweien
Im Doppelchore schweben auf und nieder.*

*Dann schling des Gleichlauts Kette durch zwei Glieder
Sich freier wechselnd, jegliches von dreien.
In solcher Ordnung, solcher Zahl gedeihen
Die zartesten und stolzesten der Lieder.*

*werd ich nie mit meinen Zeilen kränzen,
Dem eitle Spielerei mein Wesen dünket,
Und Eigensinn die künstlichen Gesetze.*

*Doch, wem in mir geheimer Zauber winket,
Dem leih ich Hoheit, Füll in engen Grenzen,
Und reines Ebenmaß der Gegensätze.* [A. W. Schlegel, *Das Sonett*]

Scorn not the Sonnet; Critic, you have frown'd,
   Mindless of its just honours; with this key
   Shakespeare unlock'd his heart; the melody
Of this small lute gave ease to Petrarch's wound;
A thousand times this pipe did Tasso sound;
   With it Camöens sooth'd an exile's grief;
   The Sonnet glitter'd a gay myrtle leaf
Amid the cypress with which Dante crown'd
His visionary brow: a glow-worm lamp,
   It cheer'd mild Spenser, call'd from Faery-land
To struggle through dark ways; and when a damp
   Fell round the path of Milton, in his hand
The Thing became a trumpet; whence he blew
   Soul-animating strains-alas, too few!    [W. Wordsworth, *The Sonnet* II]

→ Pléjade

**Sonettenkranz,** der: (ital.) Folge von 15 →Sonetten, wobei die Schlußzeile einer Strophe die Anfangszeile der folg. u. die Schlußzeile des 14. Sonetts die Anfangszeile des 1. ist; die 14 Anfangszeilen erscheinen als 15. Sonett (»Meistersonett«) in der Reihenfolge ihres Vorkommens.
= *Späte Krone*

*I*
*Dies sehn wir, Herrin, zeit- und leiderfahren:*
*Dein Reich ist furchtbar, dir zu dienen hart.*
*Du nimmst das Herz, du formst es, seiner Art*
*den Schmerz in hohen Bildern zu bewahren.*

*Ja, Künstler sein, heißt seine Gegenwart*
*in eine ungekannte Ferne sparen*
*und lernen, daß von allem Wunderbaren*
*nur Eins ihm zukommt: Die Gefahr der Fahrt.*

*Erhabne! Kein Erbarmen, keine Schonung!*
*Freiheit erahnt sich erst an Gitterstäben,*
*und erst zerstörtes Herz wird deine Wohnung.*

*Die Schwachen stehn. Uns Stärkere wirft das Leben*
*in einen Abgrund stündlicher Entthronung.*
*Es ist ein dauerndes Dasein eben.*

*II*
*Es ist ein dauerndes Dasein eben*
*gezahlt mit Blut. Mit bittrer Niederlage*
*der seltne Sieg, und der Triumph mit Klage;*
*Angst macht uns stark, vom Staube aufzuschweben.*

*Den Tag verhöhnt die Nacht mit ihrer Frage:*
*Was bleibt? Was stirbt? Was reicht? Was fällt daneben?*
*Und nur ein Narr sagt: Dies mein Werk und Weben*
*sei ewig, wie es meinen Namen trage.*

*Was sind denn Namen? Schall. Und wenn sie alle*
*vergingen: Lebten nicht die großen Werke*
*ihr eigen Leben über unserm Leben?*

*Durch uns hindurch, wirkt Gott in dem Krystalle,*
*und alle Ehr sei, aller Ehrfurcht Stärke,*
*dem Bildwerk vor dem Bildenden gegeben!*

*III*
*Dem Bildwerk vor dem Bildenden gegeben*
*ward eine Würde aus der andern Welt.*
*Der Künstler doch, in diese hier gestellt,*
*muß immer wieder ihre Schmach erleben.*
*[...]*
Es folgen Sonett IV–XIII. Sonett XIV endet mit dem → Terzett:

*XIV*
*[...]*
*Der Tod ist stark. Und beugt sich doch zuletzt.*
*Denn auch dem Tod ist sein Gesetz gesetzt.*
*Dies sehn wir, Herrin, zeit- und leiderfahren.*

*XV*
*Dies sehn wir, Herrin, zeit- und leiderfahren:*
*Es ist ein dauernderes Dasein eben*
*dem Bildwerk vor dem Bildenden gegeben,*
*der hingehn muß in seinen weißen Haaren.*

*Der Schöpfer stirbt, Geschaffnes kommt zu Jahren.*
*So siegt die Kunst, so unterliegt das Leben.*
*Mit ganzer Seele meinem Werk ergeben*
*Ich weiß, wie Zeit und Tod mit mir verfahren.*

*Doch könnt ich Ewigkeit verleihn uns beiden,*
*fügt ich nach deinem Wink, in Farb, im Steine*
*ein Bild von uns, getreu und formerlesen,*

*zu zeugen tausend Jahr nach unserm Scheiden,*
*wie deine Züge schön, wie elend meine,*
*und wie dich lieben mir Gesetz gewesen.*

[Michelangelo an Vittoria Colonna; übers.]

**Song,** der: (engl. Lied) allg.: kurzes balladenhaftes Gedicht (engl.); bes.: Bez. für sozialkrit. parodist. →Lied, in dem Elemente von →Ballade, →Mo-

ritat u. →Protestsong verschmelzen; Einlage u.a. in Brechts *Dreigroschenoper* (1928) u. *Happy End* (o. J.). (→Chanson, →Couplet)
= *Die Seeräuber-Jenny, Kanonen-S., Salomon-S., Bilbao-S.* u.a.

**Sotadeus,** der: (nach gr. Dichter Sotadeus von Maroneia) gr. Versart, im allg. katalekt. →Tetrameter des →Ionikus a maiore, verwendet in gr. »Päderastenpoesie«, Komödie, Mimus u. Satire.
= – – ∪ ∪ – – ∪ ∪ / – – ∪ ∪ – ∪̣ *(langsamere, ruhigere, doch beseeltere Gangart)*

**Sottie,** die: (frz. von Narr) ma. frz. Possenspiel in einfachen Versen (Achtsilber mit Paarreim), meist polit.-sozialkrit. Inhalts u. in satir. Absicht. (→Farce)
= P. Gringoire, *Fantaisies de la mère sotte* (=27 S.)

**soziale Dichtung,** die: Sammelbez. für Lit., deren sozialer »Untergrund« die Voraussetzung ist für »Stoff und Gehalte« (E. Dosenheimer); als sozialbewußte u. -gesinnte Lit. setzt sie sich gesellschaftskrit. ein für Entrechtete, Minderprivilegierte der unteren Schichten, wobei ihr Engagement seit Radikalisierung der »sozialen Frage« durch die Industrialisierung im 19. Jh. bis zur sozialen Anklage reicht; verbreitet als Lyrik (Heine, Freiligrath, Dehmel, Brecht u.a.), Roman (E. Zola, Ch. Dickens bzw. R. Huch, M. Kretzer, H. Mann, H. Fallada u.a.) und, bes. häufig, als s. Drama, das über das →bürgerl. Trauerspiel hinausführt und, indem es seine Anklage aus dem Blickwinkel der Unterdrückten formuliert, der sozialist. Dramatik den Weg bereitet (G. Hauptmann, *Vor Sonnenaufgang* [1889, das einzige Stück mit Untertitel »s. Drama«]; *Die Weber* [1892]; E. Toller; G. Kaiser; C. Sternheim; B. Brecht u.a.).
= *Im düstern Auge keine Träne,*
*Sie sitzen am Webstuhl und fletschen die Zähne:*
*Deutschland, wir weben dein Leichentuch,*
*Wir weben hinein den dreifachen Fluch –*
  *Wir weben, wir weben!*

*Ein Fluch dem Gotte, zu dem wir gebeten*
*In Winterskälte und Hungersnöten;*
*Wir haben vergebens gehofft und geharrt,*
*Er hat uns geäfft und gefoppt und genarrt –*
  *Wir weben, wir weben!*

*Ein Fluch dem König, dem König der Reichen,*
*Den unser Elend nicht konnte erweichen,*
*Der den letzten Groschen von uns erpreßt*
*Und uns wie Hunde erschießen läßt –*
  *Wir weben, wir weben!*

*Ein Fluch dem falschen Vaterlande,*
*Wo nur gedeihen Schmach und Schande,*
*Wo jede Blume früh geknickt,*
*Wo Fäulnis und Moder den Wurm erquickt –*
  *Wir weben, wir weben!*

*Das Schiffchen fliegt, der Webstuhl kracht,*
*Wir weben emsig Tag und Nacht –*
*Altdeutschland, wir weben dein Leichentuch,*
*Wir weben hinein den dreifachen Fluch,*
  *Wir weben, wir weben!*   [H. Heine, *Die schlesischen Weber*]

**sozialistischer Realismus,** der: Kunsttheorie wie (geforderte) Kunstpraxis der einstigen sozialist.-kommunist. Länder, die →Realismus als künstler. Prinzip der Wirklichkeitsdarstellung an die ideolog.-polit. Position des Sozialismus binden; 1932, nach Auflösung der linksradikalen Schriftstellerorganisation u. ihrer Ersetzung durch einen von der Partei abhängigen Schriftstellerverband, wurde Lenins Forderung der totalen →Parteilichkeit der Literatur zum amtlichen Axiom, d. h. Dogma, erhoben, die kümstler. Gestaltung auf den Klassenstandpunkt (d. h. kommunist. Parteilinie) festgelegt; indem das Kunstwerk die Wirklichkeit modellhaft (»typisch«) in ihrer revolutionären Entwicklung darstellt, kann es »richtungsweisende« Funktion übernehmen u. der Formung eines sozialist. Bewußtseins dienen. Auf der 2. Parteikonferenz der Sozialist. Einheitspartei 1952 zur maßgeblichen polit.-ästhet. Norm erhoben, erwies sich die Definition der Kunst als Darstellung von Mensch u. Gesellschaft nicht »wie sie sind«, sondern »wie sie sein sollten«, der Verzicht auf Wirklichkeitstreue also, in der Folge als vieldiskutiertes Abgrenzungskriterium von s. R. und (westlichem) »kritischem« bzw. »destruktivem«, »dekadentem« bürgerlichen Realismus. (→Bitterfelder Weg, →posit. Held, →Bildungsroman)
= Als 1. Werk des s. R. gilt M. Gorki, *Die Mutter* (1906), das seinerseits zum Vorbild für zahlreiche Werke des s. R. wurde. In Dtschld. (DDR) gelten als typisch Werke von E. Claudius (*Menschen an meiner Seite*, 1951), O. Gotsche (*Tiefe Furchen*, 1949), B. Apitz, H. Marchwitza, H. Müller, D. Noll u. a.

**Spaltvers,** der: gespaltener →Langvers, der mit sich selber spielt, da die ersten Versteile von oben nach unten gelesen einen anderen Sinn ergeben als das Ganze oder die zweiten Teile für sich. (→Cross-reading)

= *Die schönheit ist ein Blitz /      die schönheit macht zu nichte*
*der Reinligkeiten Sitz,            ein böß' und falsch Gerüchte /*
*Ein Zunder zu den Günsten;         ein feind der Tugend-Zier:*
*Reitzt an mit Liebes-künsten       Zur üppigen Begier /*
*Der Jugend schönste Zier /         zur Geilheit die bewegt*
*und zihet mit manier               nicht einen / sondern pfleget*

*Gedancken Sinn und hertzen*
*mit bitter-süßen schmertzen /*
*Auf stetig wohl-ergehn:*
*muß auch zu dienste stehn*
*den Armen wie den Reichen /*
*mit jhr kann sich vergleichen /*
*mit nichten / wie man spricht /*
*der Hellen Gluth und Licht /*

*gantz zu vergeistern nur*
*Sie zeiget keine Spur*
*der hoffart schmach und schande /*
*Sie legt an jhre bande*
*List / Trug und Heucheley /*
*ist ohne falsche Treu /*
*Ihr zweg der ist genießen*
*und seine Lust wohl büßen.*

[Ph. v. Zesen, *Irr- oder Verführungsgedicht*]

→ Rhétoriqueurs

**Spannung,** die: (seit Anfang 19. Jh.) als gesteigerte Erwartungshaltung Zustand aufmerksamen Verhaltens (Neugier, Anteilnahme), in die Leser/Zuschauer versetzt wird, Mittel u. Teil des Kommunikationsprozesses. Dient die durch rezeptionssteuernde Signale (→ Anspielung, → Retardation, → Vorausdeutung u. ä.) bestimmte Sp. bei der Textaufnahme gemeinhin als Mittel antizipatorischer Intentionalität, so dominiert sie in → Trivialliteratur als Selbstzweck.

**Speculum,** das: (lat.) → Spiegel.

**Spektakel,** das: (lat. Schauspiel) → Ausstattungsstück, → Ritterdrama.

**Spel,** das: (gemeingerm.) Erzählung, Sage, Fabel, lebt fort in engl. gospel = Erzählung von Gott oder mhd. → Bîspel (nhd. Beispiel) = die einer Belehrung beigefügte Geschichte (→ Exempel).

**Spenser-Sonett,** das: (engl. Spenserian Sonnet) von dem engl. Elisabethan. Dichter Edmund Spenser entwickelte Sonderform des → Sonetts, gipfelt wie das → Shakespeare-Sonett in einem epigrammat. Schlußcouplet u. enthält oft einen Einschnitt zwischen → Oktett u. → Sextett bzw. → Quartetten u. → Terzetten.

= *One day I wrote her name upon the strand,*
  *But came the waves and washed it away:*
  *Agayne I wrote it with a second hand,*
  *But came the tyde, and made my payne his pray.*
  *Vayne man, sayd she, that dost in vaine assay*
  *A mortall thing so to immortalize!*
  *For I my selve shall lyke to this decay,*
  *And eek my name bee wyped out lykewise.*
  *Not so, quod I, let baser things devize*
  *To dy in dust, but you shall live by fame:*
  *My verse your vertues rare shall eternize,*
  *And in the hevens wryte your glorious name;*
  *Where, whenas death shall all the world subdew,*
  *Our love shall live, and later life renew.* [Aus den *Amoretti*]

**Spenser-Stanze,** die: (engl. Spenserian Stanza) von dem engl. Elisabethan. Dichter Edmund Spenser geschaffene Nachbildung der frz. Balladenstrophe, besteht aus acht Zehnsilblern mit dem Reimschema abab bcbc u. abschließendem →Alexandriner (Zwölfsilber) mit dem Reim c. (→Rhyme royal)
= Spenser, *The faerie queene*; Byron, *Childe Harold*; Keats, *Eve of St. Agnes*; u. a.

**Sperrung,** die: →Hyperbaton.

**Spiegel,** der: (von lat.) im MA. beliebter Titel für belehrende, moral.-erbaul., relig., jurist. u. satir. Werke in Prosa, dann im Titel von Enzyklopädien, Erbauungsbüchern, Standes- u. Morallehren u. ä.
= Zunächst für lat. Werke (Gottfried von Viterbo, *Speculum regnum,* ca. 1185, u. a.); früheste dt.sprach. Sp. = Rechtsbücher (Eike v. Repgow, *Spegel der Sassen = Sachsensp.,* 1. Drittel 13. Jh., nd.; *Sp. aller dt. Leute = Deutschensp.,* 2. Hälfte 13. Jh.; u. a.)

**Spiel,** das: Begriff von Tätigkeit des Schauspielers, auf (Bühnen-)Stück übertragen u. im Sinne von →Schauspiel gebraucht. (→Lustspiel, →Singspiel, →Trauerspiel, →Osterspiel u. ä.)

**Spiel im Spiel,** das: als »Theater auf dem Theater« in Bühnenwerk eingefügte Theateraufführung; kann a) nur lose oder gar nicht mit eigtl. Spiel verbunden sein u. lediglich der Unterhaltung (→Intermezzo) oder illustrierenden Ausschmückung (→Jesuitendrama) dienen oder b) als Spiegelung, Relativierung, Illusionsbrechung u. ä. dem Stück integriert sein.
= Bidermann, *Philemon Martyr* (1618); Gryphius, *Peter Squentz* (1657); Tieck, *Der gestiefelte Kater* (1797); Schnitzler, *Der grüne Kakadu* (1899); Pirandello, *Sei personaggi in cerca d'autore* (1921), *Ciascuno a suo modo* (1924); Brecht, *Der kaukasische Kreidekreis* (1944); u. a.

**Spielmann,** der: (zu mhd. singen) fahrender Sänger des MA., gehörte keinem best. Stand an u. galt als »unehrlich« (im rechtl.-ständischen Sinn) u. »würdelos«; Repertoire der Spielleute umfaßte neben artist. u. musikal. Darbietungen literar. Kleinkunst wie →Lied, →Ballade u. ä. (→Joculator, →Ménestrel, →Minstrel)
= Der *Sachsenspiegel* (ca. 1230) nennt den Sp. »Singer, Springer u. Gaukler«

**Spielmannsdichtung,** die: allg.: mündl. tradierte Kleindichtung (→Lied, →Ballade, →Spruchdichtung u. ä.), die man dem fahrenden Sänger zuzuschreiben pflegt; bes.: sog. Spielmannsepen, anon. Versromane des 12. Jh., die wegen best. Strukturmerkmale als Gruppe erscheinen *(König Rother, Herzog Ernst, Orendel, Oswald, Salman u. Morolf).*

**Spleen,** der: (engl. schlechte Laune, Tick, Melancholie) phantast. Einfall; im →Symbolismus Ausdruck für innere Zerrissenheit und Weltschmerz.

**Spondeiazon,** das, bzw. **Holospondeus,** der: (gr.) seltene Form des antiken Hexameters, besteht aus sechs →Spondeen. Auch Bez. für →Spondiacus.
= _ _ / _ _ / _ _ / _ _ / _ _ / _ _ / *(Mein Gott! mein Gott! warum hast du mich verlassen* [Klopstock])

**Spondeus,** der: (zu gr. Trankopfer) antiker Vers aus zwei langen Silben (_ _), auch als →Daktylus oder →Anapäst mit Zusammenziehung der Kürzen definiert; im Dt. durch →Trochäus vertreten.

**Spondiacus,** der: (lat. spondeischer Vers) →Hexameter mit →Spondeus statt des regelmäßigen →Daktylus im 5. Fuß, wodurch Eindruck der Verzögerung entsteht.

**Sprachgesellschaften** (Pl.): gelehrte Vereinigungen des 17. Jh. zur Pflege der dt. Sprache; Programm umfaßte neben Abwehr bzw. Reinigung von Fremdeinflüssen u. -wörtern Bemühung um Einheitlichkeit der Orthographie, Bekämpfung des Alamodewesens (→Alamodeliteratur) u. des →Grobianismus sowie als allg.-kulturelle Aufgabe Förderung »teutsch gesinnten Tugendmuts«, d.h. »aller dt. Tugenden«. 1. u. bedeutendste dt. Sp. die 1617 nach dem Vorbild der Accademia della Crusca in Florenz gegr. »Fruchtbringende Gesellschaft« (auch »Palmenorden«), die während ihrer Blütezeit (1640–80) über 500 Mitglieder (Fürsten, Adlige u. Bürger) verfügte, darunter Opitz, Harsdörffer, Schottel, Moscherosch, Rist, Logau, Zesen, Neumark, Gryphius u. a.
= Als ihr Ziel nennen die Vertreter der »Fruchtbringenden Gesellschaft«: *»die hochdeutsche Sprache in ihrem rechten Wesen und Stande, ohne Einmischung fremder Wörter, aufs möglichste und tunlichste erhalten und sich sowohl der besten Aussprache im Reden, als auch der reinsten Art im Schreiben und Reime-Dichten befleißigen.«*

**Sprachporträt,** das: →Charakterisierung best. Personen durch die ihnen eigene Sprechweise.

**sprechender Name,** der: als Produkt dichter. Namensgebung (literar. Onomastik) Mittel der Charakterisierung oder Typisierung seines Trägers (Wurm, Siebenkäs, Grünlich, Stiller u. a.).
= Meister im Erfinden s. N. G. Hauptmann, R. Huch, Th. Mann, H. Böll, I. Bachmann u. a.

**Sprechstück,** das: (Bez. von P. Handke) aus Redensarten, Gemeinplätzen u. ä. nach sprachrhythmischen Gesichtspunkten montiertes (Bühnen-) →Stück ohne eigtl. Handlung.

= P. Handke, *Publikumsbeschimpfung, Selbstbezichtigung, Weissagung* (1966) u. a..

**Spreizstellung,** die: →Hyperbaton.

**Sprichwort,** das: volkstüm. Spruch (→einfache Form) als Sprache gewordener »common sense« (»Urweisheit des Menschen«); bündig-anschaul. Zusammenfassung einer kollekt. Lebenserfahrung in eingängiger, einprägsamer (von →Rhythmus, →Reim, →Alliteration) gerundeter Form; 1. dt.sprach. Sp. bei Notker Labeo (gest. 1022) in Lehrschrift *De partibus logicae*. (→Aphorismus, →Redensart, →Sentenz)
= Erasmus von Rotterdam, *Adagia* (1500); Seb. Franck, *Sprichwörter* (1541, 1. große Sammlung hoch- u. niederdt. Spr.); M. Sailer, *Weisheit auf der Gasse* (1810); K. F. W. Wander, *Dt. Sprichwortlexikon* (1867ff., Nachdr. 1977); u. a.

*Ein Sprichwort ist ein kurzer Satz, der sich auf lange Erfahrung gründet.*
[Cervantes]

*Das Sprichwort ist eines Menschen Witz und aller Menschen Weisheit.*
[John Russell]

*Morgenstund hat Gold im Mund – Was ein Häkchen werden will, krümmt sich beizeiten – Was Hänschen nicht lernt, lernt Hans nimmermehr*

**sprichwörtliche Redensart,** die: bildhafter Ausdruck, Redewendung, die sich glatt in Satzzusammenhang einfügt; im Gegs. zu →Sprichwort, das unveränderliche, satzgleiche Formulierung bietet.
= *Er hat ihm das Wasser völlig abgegraben. – Sie wollen mir doch nicht etwa Würmer aus der Nase ziehen? – Wir halten Ihnen auf jeden Fall den Daumen*

**Spruch,** der: Sammelbez. für Sätze in gebundener Rede, die Lebenserfahrung in eindringl. knapper Aussage zu »Lebensweisheit« zusammenfassen: →Priamel, →Gnome, →Epigramm, →Denkspruch, →Sinnspruch, →Ljóðháttr u. ä. (→Sprichwort)
= *Das Alter wägt und mißt es,*
*Die Jugend spricht: So ist es.* [Platen]

**Spruchdichtung,** die: zusammenfassende Bez. (K. Simrock) für mhd. Lieder u. Gedichte, die zwei versch. Gattungen angehören: a) der lehrhafte, meist relig. u. moral. Erkenntnisse popularisierende »Sprechspruch« in vierhebigen →Reimpaaren (Sprechversen), aber stroph. nicht gebunden, mit Freidank (*Bescheidenheit*, ca. 1230) u. Suchenwirt (14. Jh.), Rosenplüt u. Folz (15. Jh.) als wichtigsten Vertretern; b) der stroph., polit.-moral. Stellung beziehende »Sangspruch«, dessen Anfänge heute Herger zugeschr. werden u. der in Reimkunst von Walther von der Vogelweide Vollendung u. polem. Vielseitig-

**Staatsroman**

keit erreichte. Die Sp. ist meist →Gebrauchsdichtung nichtadliger Fahrender; im Sinne der Tradition des Sprechspruchs wurde sie später auch von Logau, Goethe, Schiller, Rückert, George u. a. gepflegt.

= a) Eichendorff u. a.; b) Reinmar von Zweter u. a.

**Staatsroman,** der: romanhafte Darstellung von idealem Gesellschafts- u. Staatsorganismus, meist als →Utopie auf staatsphilos. Grundlage; nach Vorstufen im heroisch-galanten Roman des →Barock (Anton Ulrich, Zigler, Lohenstein u. a.) eine der Hauptgattungen der europ. →Aufklärung. (→Fürstenspiegel)

= Schnabel, *Insel Felsenburg* (1731 ff.); J. M. von Loen, *Der redliche Mann am Hofe* (1740); Marmontel, *Bélisaire* (1767); Haller, *Usong* (1771), *Alfred, König der Angelsachsen* (1773), *Fabius u. Cato* (1774); Wieland, *Der goldne Spiegel* (1772); Stolberg, *Insel* (1787); u. a.

*Tifan wurde also an dem glücklichsten Tage, den Scheschian jemals gesehen, unter den frohlockenden Segnungen eines unzählbaren Volkes zum König von Scheschian ausgerufen. Dschengis, der ihm seine Erwählung ankündigte, tat es auf eine Art, welche selbst aus Augen, die noch nie geweint hatten, Tränen preßte.*

*[...]*

*Eine feierliche Stille hielt die ganze Versammlung gefesselt, und Tränen funkelten in jedem auf Dschengis und Tifan gehefteten Auge. Der neue König, von der Begeisterung seiner Empfindungen auf einen Augenblick überwältigt, warf sich mit ausgebreiteten Armen zur Erde; seine Augen, mit den Zeugen der innigsten Rührung erfüllt, starrten gen Himmel. – »Höre mich, rief er in einer heftigen Bewegung der Seele, höre mich, alles vermögender Herr der Schöpfung! Wenn jemals –«*

*Hier hielt er inne, als ob seine große Seele, durch eine plötzliche Wiederkehr zu sich selbst, gefühlt hätte, daß es einem Könige nicht gezieme, eine so heftige, wiewohl tugendhafte Bewegung, als diejenige wovon sein Herz erschüttert war, vor den Augen seines Volkes ausbrechen zu lassen. Er schwieg auf einmal – aber man sah in seinen aufgehobenen Augen, daß sein Geist unter großen Empfindungen arbeitete.*

*Noch immer schwebte stilles Erwarten auf der Versammlung. Endlich raffte sich Tifan wieder auf; er stand mit dem ganzen Anstand eines Königes, der die Majestät seines übernommenen Amtes fühlt, sah mit einem ernsten Blick voll Liebe über sein Volk hin, und dann sprach er:*

*»Die Empfindungen, die mein Herz in dieser feierlichen Stunde erfüllen, sind zu groß, mit Worten ausgedrückt zu werden. In eben diesem entscheidenden Augenblicke, da ihr, einst meine Brüder und nun meine Kinder, mich für euern König anerkannt habt, wurde mir von dem unsichtbaren Herrn des Himmels und der Erde die Handhabung seiner Gesetze unter euch aufgetragen; dies ist der Augenblick, wo ich in eurer Stimme – Gottes Stimme höre. Ihm werd' ich von nun an von der Gewalt Rechenschaft geben*

*müssen, die er* durch euch *mir anvertraut hat. Ich bin berufen, einen jeden unter euch* bei jedem geheiligten Rechte der Menschheit *und* des bürgerlichen Standes zu schützen; *aber ich bin auch berufen, einen jeden unter euch* zur Erfüllung seiner Bürgerpflichten anzuhalten.
[Aus: Wieland, *Der goldne Spiegel*]

**Stabreim,** der: →Alliteration.

**Stachelreim,** der: alte Bez. für (satir.) →Epigramm.

**Ständeklausel,** die: (Stand + K. = Vorbehalt) in Poetik von →Renaissance u. →Barock formulierte, auf Aristoteles u. Horaz zurückgehende Forderung, das Trauerspiel den Schicksalen von »Edlen«, Königen u. Fürsten, d. h., den höheren Ständen vorzubehalten (→Fallhöhe), während den »Gemeinen«, den niederen Ständen, d. h. dem Bürgertum, die Form der Komödie angemessen sei; im →bürgerl. Trauerspiel überwunden.
= *Die Comedie bestehet in schlechtem wesen unnd personen: redet von hochzeiten / gastgeboten / spielen / betrug und schalckheit der knechte / ruhmrätigen Landtsknechten / buhlersachen / leichtfertigkeit der jugend / geitze des alters / kupplerey und solchen sachen / die täglich unter gemeinen Leuten vorlauffen. Haben derowegen die / welche heutiges tages Comedien geschrieben / weit geirret / die Keyser und Potentaten eingeführet; weil solches den regeln der Comedien schnurstracks zuewieder laufft.*
[Aus: M. Opitz, *Buch von der deutschen Poeterey*]

**Ständelied,** das: →Volkslied oder (anon.) volkstüml. Lied, das best. Stand oder Berufszweig zum Gegenstand u. Adressaten hat, wie z. B. Bergmanns-, Bauern-, Jäger-, Handwerks- oder Soldatenlied. (→Arbeiterlied, →Work-Song)
= Seeburg, *Wenn schwarze Kittel scharenweise*; Carnall, *Schon wieder tönt vom Schachte her* (Bergmannslied); *Gaudeamus igitur*; E. Höfling, *O alte Burschenherrlichkeit* (→Studentenlied); u. a.

**Stammbuchblatt,** das: (Geschlechtsregister + B.) urspr. Blatt mit Namenszug u. für Stammbuch (= Erinnerungs-, Freundschaftsbuch) bestimmtem →Denkspruch, später auch nur jeweilige Eintragung.
= *Amor würfelt' einst mit Hymen*
*Und der kleine Gott der Liebe,*
*Schielend listig durch die Binde,*
*Wirft beständig hohe Zahlen*
*Vier und fünf und fünf und sechs,*
*Halb zu viel, halb nicht genug,*
*Niemals Paar, trotz List und Trug.*
*Da greift Hymen zu den Würfeln*
*Wirft was mindest aber gleich,*

*Eins und Eins. Ein Jubelschrei!*
*Glück und Paar liegt in der Zwei.*
[Grillparzer, *In das Stammbuch einer Neuvermählten*]

**Stammesdichtung,** die: → Heimatkunst.

**Stammsilbenreim,** der: → Reim von der letzten Hebung (Stammsilbe) an, auch Haupttonsilbenreim, seit frühmhd. Zeit gebräuchliche Form der Reimbindung; Gegs. → Endsilbenreim.
= *schenken : lenken*

**Stanze,** die: (ital. Zimmer, Bauwerk = Reimgehäuse); auch → Ottaverime, Oktave, Achtreim, ital. Strophenform; hat im Dt. acht Zeilen meist aus jamb. Fünfhebern bei strenger Reimbindung u. wechselndem männl. u. weibl. Versschluß nach dem Schema ababacc; der zweiteilige Bau (zwei Terzinen + Reimpaar) läßt die beiden Schlußzeilen als steigende u. spannungslösende Zusammenfassung erscheinen; in Italien Verwendung zunächst in relig. Dichtung u. im Epos, in Deutschland erst frei (Wieland), dann getreu nachgebildet von Heinse, Goethe (*Epilog zu Schillers Glocke* = → Epilog), A. W. Schlegel, Platen, Liliencron, Rilke (*Winterliche St.n*) u. a. (→ Siziliane)
= *Ihr naht euch wieder, schwankende Gestalten,*
*Die früh sich einst dem trüben Blick gezeigt.*
*Versuch ich wohl, euch diesmal festzuhalten?*
*Fühl ich mein Herz noch jenem Wahn geneigt?*
*Ihr drängt euch zu! nun gut, so mögt ihr walten,*
*Wie ihr aus Dunst und Nebel um mich steigt;*
*Mein Busen fühlt sich jugendlich erschüttert*
*Vom Zauberhauch, der euren Zug umwittert.* [Aus: Goethe, *Faust I*, V, 1]

**Starinen** (Pl.): → Byline.

**Stasimon,** das: (gr. Standlied) → Chorlied der gr. Tragödie, meist stroph. u. metr. variierend, wurde im Gegs. zu → Parodos (Einzugs-) u. → Exodos (Auszugslied) von der → Orchestra aus zwischen den Schauspielerszenen (→ Episodion) gesungen u. diente der Gefühls- bzw. Gedankenäußerung.
= *Ungeheuer ist viel, doch nichts*
*Ungeheuerer als der Mensch.*
*Durch die grauliche Meeresflut,*
*Bei dem tobenden Sturm von Süd,*
*Umtost von brechenden Wogen,*
*So fährt er seinen Weg.*
*Der Götter Ursprung, Mutter Erde,*
*Schwindet, ermüdet nicht. Er mit den pflügenden,*
*Schollenaufwerfenden Rossen die Jahre durch*
*Müht  sie  ab, das Feld bestellend.*

*Sorgloser Vögel Schwarm umstellt*
*Er mit garngesponnenem Netz.*
*Und das Wild in all seiner Art,*
*Wie des salzigen Meeres Brut,*
*Er fängt's, der Listge, sich ein,*
*Der überkluge Mann.*
*Beherrscht durch Scharfsinn auch der Wildnis*
*Schweifendes Tier und er zähmt auch die mähnigen*
*Rosse mit nackenumschließendem Jochholz,*
*Auch   den   unbezwungnen Bergstier.*


*Das Wort wie den windschnellen Sinn,*
*Das Thing, das die Staaten gesetzt,*
*Solches brachte er alles sich bei und lernt auch,*
*Dem Frost da drauß    zu entgehn,*
*Sowie des Sturms    Regenpfeil.*
*Rat für alles weiß er sich, und ratlos trifft*
*Ihn Nichts, was kommt.    Nur vorm Tod*
*Fand er keine Flucht. Doch sonst*
*Gen heillos Leiden hat er sich*
*Heil ersonnen.*


*Das Wissen, das alles ersinnt,*
*Ihm über Verhoffen zuteil,*
*Bald zum Bösen und wieder zum Guten treibt's ihn.*
*Wer treulich ehrt    Landesart*
*Und Götterrecht,    dieser steht*
*Hoch im Staat. Doch staatlos, wer sich zugesellt*
*Aus Frevelmut    bösen Sinn.*
*Nie sei der mein Hausgenoß*
*Und nie auch meines Herzens Freund,*
*Der das waget.*           [Aus: Sophokles, *Antigone*; dt. v. H. Weinstock]

**statarische Lektüre,** die: (lat. im Stehen geschehend + →Lektüre) durch ausführliche Erläuterungen des gelesenen Textes immer wieder unterbrochene Lektüre im Gegs. zur →kursorischen L.

**Stationenstück,** das: aus locker gereihten Einzelszenen bestehende →offene Form des →Dramas mit Vorstufen in ma. →geistl. Spiel u. Dramatik des →Sturm und Drang; wurde im Anschluß an G. Büchner *(Woyzeck)* u. A. Strindberg (*Nach Damaskus*, 1898) zur typ. Form des expressionist. Dramas. (→Expressionismus, →episches Theater)
= W. Hasenclever, *Der Sohn* (1914); G. Kaiser, *Von morgens bis mitternachts* (1916); E. Toller, *Die Wandlung* (1919); u. a.

**statisches Gedicht,** das: (stillstehend, ruhend) a) Gedichtform, in der widersprüchl. Erscheinungen in der Gleichzeitigkeit (→ Simultaneität) statisch nebeneinanderstehen; nach R. Huelsenbeck eine der Leistungen des → Dadaismus; b) Bez. für Benns »klassische Altersgedichte«, definiert durch Beherrschung eines in sich ruhenden Materials, durch Konstruktion u. Antidynamik, worin sich die »Entwicklungsfremdheit« des alt u. weise gewordenen Künstlers spiegelt (*Statische Gedichte*, 1948).

= a) *Das statische Gedicht macht die Worte zu Individuen, aus den drei Buchstaben Wald, tritt der Wald mit seinen Baumkronen, Försterlivreen und Wildsauen, vielleicht tritt auch eine Pension heraus, vielleicht Bellevue oder Bella vista.* [Aus: *Dadaistisches Manifest*]

b) *Statisch also heißt Rückzug auf Maß und Form, es heißt natürlich auch ein gewisser Zweifel an Entwicklung und es heißt auch Resignation, es ist antifaustisch.* [Benn]

Eines von Benns »Statischen Gedichten« endet:
*Perspektivismus*
*ist ein anderes Wort für seine Statik:*
*Linien anlegen,*
*sie weiterführen*
*nach Rankengesetz –*
*Ranken sprühen –,*
*auch Schwärme, Krähen,*
*auswerfen in Winterrot von Frühhimmeln,*
*dann sinken lassen –*
*du weißt – für wen.*

**staufische Klassik,** die: (nach W. Pinder u. K. H. Halbach: → Klassik) Bez. für Blütezeit der mhd. Dichtung um 1200 (in Analogie zu → Weimarer K.) mit Hartmut von Aue, Wolfram von Eschenbach, Gottfried von Straßburg, Reinmar von Hagenau, Heinrich von Morungen und Walther von der Vogelweide. (→ Minnesang)

**Steadyseller,** der: (engl. beständig + gut verkäuflicher Artikel) Buch, das sich gleichbleibend gut verkaufen läßt. (→ Bestseller)

**Stegreifdichtung,** die: (Stegreif = Steigbügel) Bez. für dicht. Leistung aus dem Stegreif, d. h., ohne abzusetzen aus dem Geist des Augenblicks heraus, wobei Inspiration u. Formung (als → Improvisation) zusammenfallen. (→ Commedia dell'arte, → Mimus, → Atellane, → engl. Komödianten, → geistl. Spiel, → Zwischenspiel, → Nachspiel u. ä.)

= *Weil, was einen Freund gedrückt,*
*Billig auch den andern zwickt*
*Und, was jenen hat ergötzet,*
*Diesen auch in Freude setzet;*

*Schlag' ich flugs in dies Papier,*
*Was vor zwei Minuten mir*
*Der bestäubte Rumpelkasten,*
*Den wir jüngst auf der Chaussee*
*Wachbach zu ins Auge faßten,*
*Mitgebracht. O Kyrie!* [E. Mörike, *Zu einer wichtigen Postsendung*]

**Steigerung,** die: →Klimax.

**Stemma,** das: (gr. Stammbaum) stammbaumartige Übersicht über die versch. Textfassungen eines literar. Werkes, aufgestellt zur Klärung der Überlieferungs- u. Verwandtschaftsverhältnisse u. zur Rekonstruktion der Textgeschichte. (→Textkritik)

**Sterbebüchlein,** das: →Ars moriendi.

**stichisch:** →monostichisch.

**Stichometrie,** die: (gr. Zeile + Maß) a) Zeilenzählung zu Umfangsbestimmung (bzw. Errechnung des Schreiberlohns) u. Sicherung gegen →Interpolation (Antike); b) Form der →Antithese im (Dramen-) →Dialog. (→Stichomythie).
= b) »*Den Admiralshut rißt ihr mir vom Haupt*« »*Ich komme, eine Krone draufzusetzen*« [Schiller, *Wallenstein*]

**Stichomythie,** die: (gr. Reihe + Rede) »Reihenrede« als Form des →Dialogs im Drama, bei der Rede u. Gegenrede im längeren Zwiegespräch aus jeweils einer Zeile (Reihe) bestehen; steigert den Dialog zum bewegten Wortwechsel geist. Auseinandersetzung, in dem eine treffende Formulierung die andere gibt. (→Hemistichion, →Antilabe)
= Beide Chöre. Zuletzt Beatrice
  Der Chor des Don Manuel kommt in festlichem Aufzug, mit Kränzen geschmückt und die oben beschriebenen Brautgeschenke begleitend; der Chor des Don Cesar will ihm den Eintritt verwehren
  ERSTER CHOR. *Du würdest wohl tun, diesen Platz zu leeren.*
  ZWEITER CHOR. *Ich wills, wenn beßre Männer es begehren.*
  ERSTER CHOR. *Du könntest merken, daß du lästig bist.*
  ZWEITER CHOR. *Deswegen bleib ich, weil es dich verdrießt.*
  ERSTER CHOR. *Hier ist mein Platz. Wer darf zurück mich halten?*
  ZWEITER CHOR. *Ich darf es tun, ich habe hier zu walten.*
  ERSTER CHOR. *Mein Herrscher sendet mich, Don Manuel!*
  ZWEITER CHOR. *Ich stehe hier auf meines Herrn Befehl.*
  ERSTER CHOR. *Dem ältern Bruder muß der jüngre weichen.*
  ZWEITER CHOR. *Dem Erstbesitzenden gehört die Welt.*
  ERSTER CHOR. *Verhaßter, geh und räume mir das Feld.*

ZWEITER CHOR. *Nicht, bis sich unsre Schwerter erst vergleichen.*
ERSTER CHOR. *Find ich dich überall in meinen Wegen?*
ZWEITER CHOR. *Wo mirs gefällt, da tret ich dir entgegen.*
ERSTER CHOR. *Was hast du hier zu horchen und zu hüten?*
ZWEITER CHOR. *Was hast du hier zu fragen, zu verbieten?*
ERSTER CHOR. *Dir steh ich nicht zu Red und Antwort hier.*
ZWEITER CHOR. *Und nicht des Wortes Ehre gönn ich dir.*
ERSTER CHOR. *Ehrfurcht gebührt, o Jüngling, meinen Jahren.*
ZWEITER CHOR. *In Tapferkeit bin ich wie du erfahren!*
BEATRICE (stürzt heraus).
   *Weh mir! Was wollen diese wilden Scharen?*
ERSTER CHOR (zum zweiten).
   *Nichts acht ich dich und deine stolze Miene!*
ZWEITER CHOR. *Ein beßrer ist der Herrscher, dem ich diene!*
BEATRICE. *O weh mir, weh mir, wenn er jetzt erschiene!*
ERSTER CHOR. *Du lügst! Don Manuel besiegt ihn weit!*
ZWEITER CHOR. *Den Preis gewinnt mein Herr in jedem Streit.*
BEATRICE. *Jetzt wird er kommen, dies ist seine Zeit!*
ERSTER CHOR. *Wäre nicht Friede, Recht verschafft ich mir!*
ZWEITER CHOR. *Wärs nicht die Furcht, kein Friede wehrte dir.*
BEATRICE. *O wär er tausend Meilen weit von hier!*
ERSTER CHOR. *Das Gesetz fürcht ich, nicht deiner Blicke Trutz.*
ZWEITER CHOR. *Wohl tust du dran, es ist des Feigen Schutz.*
ERSTER CHOR. *Fang an, ich folge!*
ZWEITER CHOR. *Mein Schwert ist heraus!*
BEATRICE (in der heftigsten Beängstigung).
   *Sie werden handgemein, die Degen blitzen!*
   *Ihr Himmelsmächte haltet ihn zurück!*
   *Werft euch in seinen Weg ihr Hindernisse,*
   *Eine Schlinge legt, ein Netz um seine Füße,*
   *Daß er verfehle diesen Augenblick!*
   *Ihr Engel alle, die ich flehend bat,*
   *Ihn herzuführen, täuschet meine Bitte,*
   *Weit, weit von hier entfernet seine Schritte!*
(Sie eilt hinein. Indem die Chöre einander anfallen, erscheint Don Manuel)
[Aus: Schiller, *Die Braut von Messina*, III, 1]

**Stichos,** der: (gr. Reihe) Zeile bzw. Vers der Abschrift, deren Zahl in alten Handschriften am Ende angegeben zu werden pflegte, um Einschübe zu verhindern. (→Stichometrie)

**Stichreim,** der: (Stich[wort] = am Ende einer Seite herausgehobenes Wort, das erstes Wort der folg. Seite vorausnimmt) im Drama (15./16. Jh.) Form der →Reimbrechung, d. h. Verteilung von Versen, die durch Reim gebunden sind, auf zwei versch. Personen. (→Stichomythie)

**Stichwort,** das: a) Themawort, das in Nachschlagewerken jeweils den betr. Artikel eröffnet; b) jeweils letztes Wort eines Schauspielers, das anderen als Zeichen zu Auftreten oder Einsatz dient.

**Stigmonym,** das: (gr.-lat. Stich + Name) →Pseudonym aus Punkten.

**Stil,** der: (lat. Schreibgriffel, Schreibart) unverwechselbare Eigenart der sprachl. Ausdrucks- u. Darstellungsweise (Literaturwissenschaft); als Resultat bewußter Gestaltung u. Kombination, »die anderen Gestaltungsmöglichkeiten entgegengesetzt ist« (B. Sowinski), beruht St. immer auf Auswahl aus lexikal. u. grammat. Material sowie auf Wiederholung des Ausgewählten entsprechend der kommunikat. Funktion des Textes, weshalb zu seinen wesentl. Kennzeichen eine gewisse Einheitlichkeit, der Zusammenklang der bestimmenden (unterscheidenden) Merkmale (St.züge) zu einer spez. (St.-)Haltung (St.art, -richtung u.ä.) gehört. In diesem Sinne läßt St. sich klassifizieren als charakterist. u. einheitl. Gebrauch von Ausdrucksmitteln (Grundmuster), die das Kunstschaffen u.a. von Individuen (Individual-, Personal- oder Persönlichkeits-St.), Völkern (National-, Regional-St.), Zeitabschnitten (Epochen-St.) u. die Beschaffenheit best. Textarten (Gattungs-St.) oder einzelner Texte (Werk-St.) prägt (→Stilistik).

**Stilarten** (Pl.): Einteilungsschema aus antiker Rhetorik, wonach drei St. bzw. Genera dicendi (= hoher, mittlerer u. niederer Stil) zu unterscheiden u. best. Klassen bzw. Zwecken u. Inhalten zuzuordnen sind. (→Ornatus)

**Stilblüte,** die: komisch wirkende ungewöhnliche oder falsche, unzulässige sprachl. Äußerung, häufig als →Katachrese.
= *Er brachte ihn an den Rand des Bettelstabs*

**Stilbruch,** der: plötzl. Wechsel der Stilebene, aus bewußter Wirkungsabsicht oder künstler. Ungeschick. (→Bathos, →Parodie, →Satire, →Stilblüte)

**Stilbühne,** die: Bühne mit stilisierter Dekoration aus bloß andeutenden Kunstmitteln wie Beleuchtungseffekte, Vorhänge u.ä. im Gegs. zu →Illusionsbühne. (→Laienspiel)
= Expressionismus u.a.

**Stilfärbung,** die: durch Anwendung best. sprachl. Ausdrucksmittel u. -kombinationen erreichte assoziative Stilwirkung (gepflegt, vulgär, distanziert, vertraulich u.ä.). (→Stil)

**Stilfigur,** die: →rhet. Figur, →Rhetorik.

**Stilisierung,** die: als (Hoch-)St. in Literatur die abstrahierend-schematisierende Überformung des in Sprachnorm Gegebenen zum Erlesenen (→mot

rare), Feierlich-Getragenen durch formelhafte Vereinfachung, symetr. Satzbau u. ä. (→Klassizismus)
= Platen (= →Gedankenlyrik), St. George u. a.

*Wir schreiten auf und ab im reichen flitter*
*Des buchenganges beinah bis zum tore*
*Und sehen aussen in dem feld vom gitter*
*Den mandelbaum zum zweitenmal im flore.* [St. George]

**Stilistik,** die: (Lehre vom →Stil) a) Theorie des literar. Stils, seiner spez. Merkmale u. Erscheinungsformen; b) analyt.-deskriptive St. (Stilforschung), analysiert u. beschreibt (charakterist.) Auswahl, Kombination u. Funktion sprachl. Mittel (→Stilmittel), wie sie best. St. prägen; c) »Anweisung« zum vorbildl. Sprachgebrauch (Stilkunde) als normativ-didakt. St. (»Kunst des Schreibens« im Unterschied zur »Kunst der Rede«, der →Rhetorik).
= a) W. Schneider, *Ausdruckswerte der dt. Sprache* (1931); B. Sowinski, *Dt. St.* (1973); W. Seidler, *Allg. St.* ($^2$1963)
  b) W. Beutin, *Sprachkritik, Stilkritik* (1976); W. Sanders, *Stilist. Linguistik* (1977); B. Sandig, *St.* (1978)
  c) L. Reiners, *Dt. Stilkunst* ($^3$1969); R. M. Meyer, *Dt. St.* (1906); u. a.

**Stilmittel,** das: sprachl. Ausdrucksmittel u. -form zur Erzielung best. Stilwirkung, d. h. Verwirklichung best. Stilwerte.
= →Hypotaxe (Kleist); Dialekt (G. Hauptmann, →Mundartdichtung); →Pathos (Schiller); u. ä.

**Stoff,** der: als histr. konkretes »Material« vorgegebene (objektive) Wirklichkeitselemente, die im Aufgegriffenwerden durch den (subjektiv) wählenden Autor erste Prägung u. motivliche Gestaltung (→Motiv) erfahren haben; der »reine« Stoff gleicht Kants »Ding-an-sich«.
= *Unter Stoff ist nicht das Stoffliche schlechthin als Gegenpol zu dem formalen Strukturelement der Dichtung zu verstehen, also nicht alles, was die Natur der Dichtung als Rohstoff liefert, sondern eine durch Handlungskomponenten verknüpfte, schon außerhalb der Dichtung vorgeprägte Fabel, ein »Plot«, der als Erlebnis, Vision, Bericht, Ereignis, Überlieferung durch Mythos und Religion oder als historische Begebenheit an den Dichter herangetragen wird und ihm einen Ansatz zu künstlerischer Gestaltung bietet.*
[Aus: E. Frenzel, *Stoffe der Weltliteratur*]

**Stoffgeschichte,** die: Gebiet der →vergleichenden Literaturwissenschaft (Komparatistik), deren Vertreter die Veränderungen (Abwandlungen) eines literaturgeschichtl. vielfach überlieferten u. verarbeiteten →Stoffes (Themas) erforschen; die Analyse der Varianten liefert Information u. a. über jeweilige Zeit- u. Raumgebundenheit von Texten wie über die Individualität des Autors u. seiner spez. Leistung. (→Intertextualität)

= *Der Stoff ist an feststehende Namen und Ereignisse gebunden und läßt nur gewisse weiße Flecken im bunten Ablauf des Plots stehen, jene Rätsel und Lücken entfaltungsfähiger Stoffe, die immer wieder neue Autoren zu Lösungsversuchen locken...*
[Aus: E. Frenzel, *Motive der Weltliteratur*]

**Stoichedon,** das: (gr. reihenweise) auf allegor. Inschriften übliche blockhafte Anordnung der Buchstaben ohne Worttrennung in waagrechten Zeilen, so daß sie auch senkrechte Reihen bilden.

**Stollen,** der: (urspr. = Stütze, Pfosten) a) die beiden gleichgebauten u. nach der gleichen Melodie zu singenden Teile des →Aufgesangs der →Meistersangstrophe (= Gesätz u. Gebäude); sie bilden sozusagen die »Stützen«, auf denen der →Abgesang ruht; b) die beiden Stäbe im →Anvers der germ. Langzeile (→Stabreimvers). (→Stollenstrophe)

**Stollenstrophe,** die: auch Kanzonenstrophe (→Canso, →Cobla), zweiteilige sechs bis achtzehn Zeilen umfassende Strophenform aus zwei Perioden, von denen die 1. (→Aufgesang) meist aus zwei gleichgebauten Hälften (→Stollen) besteht, während die 2. (→Abgesang) selbständig ist; Grundform AA/B = abab/cc bei variabler Länge u. metr. Gestaltung der Verse; gilt als häufigste Strophenform der prov., afrz., ital. u. mhd. Lyrik, findet sich aber auch in neuzeitl. Dichtung (Goethe u. a.). (→Meistersangstrophe)
= *Die Königin steht im hohen Saal,*
  *Da brennen der Kerzen so viele;*
  *Sie spricht zum Pagen: »Du läufst einmal*
  *Und holst mir den Beutel zum Spiele.*
  *Er liegt zur Hand*
  *Auf meines Tisches Rand.«*
  *Der Knabe, der eilt so behende,*
  *War bald an Schlosses Ende.* [Goethe]

**Stornello,** der: (von prov. Kontrast) ital. kurzes →Volkslied, oft mit →Improvisation.

**Story,** die: (engl.) a) →Short story; b) →Plot. (→Handlung)

**Strambotto,** der: (ital.) einstroph. äußerst volkstüml. ital. Tanzlied u. Liebesgedicht von meist acht Elfsilblern (→Endecasillabo) mit Kehrreim; seit 15. Jh. auch in Kunstdichtung (→Rispetto).
= L. de Medici, G. Carducci, G. Pascoli u. a.

**Straßentheater,** das: Theaterspiel auf offener Straße, charakterisiert durch szen. Eindringlichkeit, Musikbegleitung, (Refrain-)Lieder u. ä.; Vorform ma. →geistl. Spiel, Modell für dt. St. bes. russ. →Agitprop-Theater. (→Proletkult)

**Stream of consciousness,** der: →Bewußtseinsstrom.

**Streit der Alten und der Neueren,** der: berühmter frz. →Literaturstreit (zweite Hälfte des 17. Jh.) um Frage der Überlegenheit der antiken oder der mod. Kunst; führte zu der neuen Erkenntnis, daß die Werke der Alten wie der Neueren »als Hervorbringung verschiedener geschichtlicher Epochen« (H. R. Jauss), d. h. nicht »klassisch-normativ«, sondern »historisch«, zu betrachten seien.
= Parteinehmer der A.: Boileau, Mme. Dacier, Fénelon u. a.; der N.: Perrault (*Parallèles des Anciens et des Modernes*, 1688ff.), A. de la Motte-Houdart u. a.

**Streitgedicht,** das: (sich streiten + Gedicht) Streitdialog in Gedichtform, dessen Partner (oft allegor. Personen) Rang- oder Wertfragen u. ä. diskutieren; schon in Antike nachweisbar, in dt. Dichtung bes. seit 13. Jh.: W. v. Metz, später Erasmus von Rotterdam, Hans Folz, Hans Rosenplüt u. a. (→Agon, →Synkrisis, →Altercatio, →Disputatio, →Tenzone, →Débat)
= Ulrich von Lichtenstein, *Frauenbuch* (1257, Streitgespräch zwischen Ritter u. Dame über Verfall der Sitten); Joh. Fischart, *Nacht Rab oder Nebelkräh* (1570); u. a.

*Diu Liebe zuo der Schoene sprach: »ich bin gewert*
*vil maneges stolzen heldes und vil maneger werden frouwen.«*
*diu Schoene sprach: »ich bin, diu hoehers werdes gert,*
*daz ich durch mîner fröuden lust mich lâze in wirde schouwen.«*
*diu Liebe sprach: »swem ich bin liep,*
*den dunke ich schoene und dâ bî guot, swes ich mich underwinden.«*
*diu Schoene sprach: »du bist ein diep:*
*sô bin ich offenbâr und lâze mich in fröuden vinden.«*
*diu Liebe sprach: »sô kan ich sliezen zwei in ein,*
*der du niht kanst ensliezen, swie dîn varwe ie schein*
*durchliuhtec glanz und dîn vil liehter aneblic.*
*ich gên dir vor, du gêst mir nâch und reiz dich in der minne stric.«*
    [Aus: Reinmar von Zweter, *Streitgespräch zwischen Liebe und Schoene*]

**Streitgespräch,** das: a) Streitgedicht; b) literar. St. in Prosa; c) Einlage in epischen Werken. (→Flugschrift)
= b) Joh. v. Tepl, *Der Ackermann aus Böhmen* (ca. 1400)
   c) Wittenweiler, *Der Ring* ( Anfang 15. Jh., St. unter Bauern u. Bäuerinnen)
   Joh. v. Tepls Werk gipfelt im Schiedsspruch Gottes: *Ihr habt beide gut gefochten: den zwingt sein Leid zu klagen, diesen der Angriff des Klägers, die Wahrheit zu sagen. Darum Kläger, habe Ehre! Tod, habe Sieg! Jeder Mensch ist pflichtig, dem Tod das Leben, den Leib der Erde, die Seele uns zu geben.*
   →Kunstprosa

**Streitschrift,** die: Druckschrift in Prosa, die auf aggressive, publizistisch wirksame Weise weltanschaulich-polit., relig. o. ä. Probleme (auch in Form von →Dialog) diskutiert; von Bedeutung bes. für Kontroversliteratur der Reformationszeit. (→Reformation, →Streitgedicht, →Streitgespräch, →Pamphlet)
= Th. Murner, *Eine christliche und briederliche Ermahnung* (1520); J. E. v. Günzburg, *15 Bundesgenossen* (1521); Fischart, *Der Barfüßer Secten und Kuttenstreit* (1570); Angelus Silesius, *Ecclesiologia* (1677); u. a.
→Narrenliteratur

**Strophe,** die: (aus gr. Chorlyrik mit der Bedeutung: »Wendung«) Anordnung einer best. Anzahl von Verszeilen zu einer in sich geschlossenen, in gleicher Form wiederkehrenden höheren metr. Einheit; urspr. bedingt durch Wiederholung der Melodie; der zunächst die Wendung des tanzenden Chors bezeichnende Begriff wurde auf →Chorlied des antiken Dramas übertragen u. gelangte im 17. Jh. über das Frz. als Bez. für »liet« (→Lied), Gebäude, Gebände u. ä. (→Meistersang) ins Dt.; mehr als jede andere Europas ist die dt. Dichtung gekennzeichnet durch Bereitschaft zur Anverwandlung übernational verfügbarer St.-Formen. (→Nibelungen-, →Titurel-, →Morolf-, →Tirolst., →Sonett, →Terzine, →Sestine, →Triolett, →Ritornell, →Dezime, →Quatrain, →Ghasele u. a.)

**Strophensprung,** der: Form des →Enjambements; Satzende greift über Strophenende hinaus in die nächste Strophe, häufig bei Rilke.
= *Übermacht, ihr könnt es spüren,*
*Ist nicht aus der Welt zu bannen;*
*Mir gefällt, zu konversieren*
*Mit Gescheiten, mit Tyrannen.*

*Da die dummen Eingeengten*
*Immerfort am stärksten pochten,*
*Und die Halben, die Beschränkten*
*Gar zu gern uns unterjochten,*

*Hab ich mich für frei erkläret*
*Von den Narren, von den Weisen,*
*Diese bleiben ungestöret,*
*Jene möchten sich zerreißen...* [Goethe]

**Strophik,** die: (zu→Strophe) Kunst des Strophenbaus.

**Struktur,** die: (lat. Zusammenfügung, Bau) allg.: Aufbau, Gefüge, Komposition; bes.: Menge der die Elemente (Einheiten) eines Systems miteinander verbindenden Relationen (G. Klaus/M. Buhr), wobei jede abstrakte St. durch die Anwesenheit von mind. zwei Elementen definiert ist u. untergeordnete Elemente eine Funktion in übergeordneten erfüllen. Leitbegriff des →Strukturalismus.

**Strukturalismus, der:** Richtung (→Methode) der Geistes- u. Sozialwissenschaften, die ausgeht von der Prämisse, daß alle wissenschaftl. Aussagen als »Strukturaussagen«, d. h. als Be- bzw. Umschreibung des »Systems der Regeln« zu formulieren sind, nach denen ein Objekt funktioniert; dementsprechend sind Elemente soziokultureller Phänomene nur hinsichtl. →Diachronie u. →Synchronie adäquat beschreibbar im relationalen Kontext, d. h. als Relation bzw. Funktion von →Struktur oder System, denen sie angehören; im Bereich der Literaturwissenschaft hat die neue Methode des St. die Praxis der Textanalyse nachhaltig beeinflußt u. zur Entwicklung einer strukturalen Erzähltheorie geführt. (→Dekonstruktion)

+ M. Titzmann, *Strukturale Textanalyse. Theorie u. Praxis der Interpretation* (1977), u. a.

**Studentenlieder** (Pl.): von Studenten bzw. Mitgliedern von Burschenschaften bei Zusammenkünften gesungene Lieder (meist Trink- u. Liebeslieder, daneben Natur- u. Wanderlieder, vaterländ. Lieder oder »Bummel-« [= Nichtstun]Lieder); als Gattung des →Ständelieds seit 13. Jh. schriftl. überliefert (lat. →Vagantendichtung), 1781 erste gedruckte Sammlung. (→Kommersbuch)

= *Was kommt dort von der Höhe; Krambambuli; Gaudeamus igitur*

> *Brüder, laßt uns lustig sein,*
> *Weil der Frühling währet*
> *Und der Jugend Sonnenschein*
> *Unser Laub verkläret.*
> *Grab und Bahre warten nicht;*
> *Wer die Rosen jetzo bricht,*
> *Dem ist der Kranz bescheret.*
>
> *Unsers Lebens schnelle Flucht*
> *Leidet keinen Zügel,*
> *Und des Schicksals Eifersucht*
> *Macht ihr stetig Flügel.*
> *Zeit und Jahre fliehn davon,*
> *Und vielleichte schnitzt man schon*
> *An unsers Grabes Riegel.*
>
> *[...]*
>
> *Unterdessen seid vergnügt,*
> *Laßt den Himmel walten,*
> *Trinkt, bis euch das Bier besiegt,*
> *Nach Manier der Alten!*
> *Fort! Mir wässert schon das Maul,*
> *Und, ihr andern, seid nicht faul,*
> *Die Mode zu erhalten.*

*Dieses Gläschen bring ich dir,*
*Daß die Liebste lebe*
*Und der Nachwelt bald von dir*
*Einen Abriß gebe.*
*Setzt ihr andern gleichfalls an,*
*Und wenn dieses ist getan,*
*So lebt der edlen Rebe.* [Joh. Chr. Günther, *Studentenlied*]

**Studie,** die: (von lat. Arbeit, Forschung) Entwurf, →Skizze, auch Vorarbeit zu einem Werk.

**Stück,** das: (Übers. von frz. pièce) Theaterstück, →Drama; auch in vielerlei Zusammensetzungen: →Sittenstück, →Rührstück, →Zeitstück u. ä.

**stumpfer Reim,** der: →männlicher Reim.

**Stundenbuch,** das: (Übers. aus Frz.) ma. Gebet- u. Andachtsbuch (für Laien), verkürztes →Brevier, in Frkr. entstanden.

**Sturmkreis,** der: Dichterkreis um Zs. *Der Sturm* (hrsg. von Herwarth Walden, Berlin 1910–32) sowie dieser angeschlossenen »Sturm-Galerie« (seit 1910) u. »Sturm-Bühne« (1917–21); extreme, v. a. vom ital. →Futurismus (Marinetti) beeinflußte Richtung innerhalb des →Expressionismus, deren wesentl. Leistung in der Ausbildung der von Walden propagierten →Wortkunst besteht. (→Merz-Kunst)
= Vertreter: A. Stramm, L. Schreyer, K. Heynicke, Sophie von Leer, P. Baum, A. Knobloch u. a.

**Sturm und Drang,** der: (Bez. nach gleichnam. Drama von F. M. Klinger) →Geniezeit, Genieperiode (nach Verherrlichung des »Originalgenies«), literar. Bewegung zwischen 1767 (Ersch. von Herders *Fragmenten*) u. 1785 (Wandlung Goethes u. Schillers: →Klassik), in der Erwachen eines neuen, gegen Tradition u. Autorität gerichteten Lebensgefühls zu Phantasie u. Gefühl betonender dichter. Haltung führte; die Revolte, angeregt durch Youngs Apologie der Intuition (*Conjectures on Original Composition*, 1759), Rousseaus Ur-Naturalismus u. die engl. →Empfindsamkeit, vorbereitet durch Klopstocks visionären Gefühlsschwung, den →Göttinger Hainbund sowie durch Gerstenberg u. Bürger u. a., richtet sich primär gegen →Aufklärung (auch wenn ihm mit dieser best. Voraussetzungen gemeinsam sind), →Klassizismus u. →Rokoko; die zusammenfassenden theoret. Grundlagen des St. u. D. stammen von Herder, dessen 1773 hrsg., auch Goethes Aufsatz über das Straßburger Münster *Von deutscher Baukunst* (1772) enthaltende Sammlung *Von deutscher Art und Kunst* als die Programmschrift der dt. St.-u.-D.-Bewegung gilt; nicht nur signalisiert »deutsch« hier Loslösung vom normativen Vorbild der frz. Literatur, es steht zugleich für germanisch, nordisch u. volkstümlich; im Gefolge Herders kommt es, v. a. beim jungen Goethe, zum eigtl. Durchbruch des St. u. D., dessen zentrale Postulate Subjektivismus, Individualismus u. Irrationalismus, Sprengungen der regelgebundenen Form in Leben u. Kunst Forderungen wie jene nach freier Entwicklung der eigenen Anlagen, nach Menschenrecht angesichts von Fürstenwillkür u. nach sozialer Gerechtigkeit für die außerhalb der Gesellschaft Stehenden mit einschließen. (→Erlebnisdichtung, →offene Form, →Lied, →Ballade)

= Goethe, *Götz* bzw. *Die Leiden des jungen Werthers* (1773); Klinger, *Die Zwillinge* (1776); Schiller, *Die Räuber* (1781), *Kabale und Liebe* (1784); Heinse, *Ardinghello* (1787); u. a.

Zimmer im Gasthofe. Wild, La Feu, Blasius treten auf in Reisekleidern.
WILD. *Heida! nun einmal in Tumult und Lärmen, daß die Sinnen herumfahren wie Dachfahnen beim Sturm. Das wilde Geräusch hat mir schon so viel Wohlsein entgegengebrüllt, daß mir's würklich ein wenig anfängt besser zu werden. Soviel hundert Meilen gereiset, um dich in vergessenden Lärmen zu bringen Tolles Herz! du sollst mir's danken! Ha! tobe und spanne dich dann aus, labe dich im Wirrwarr! Wie ist's euch?*
BLASIUS. *Geh zum Teufel! Kommt meine Donna nach?*
LA FEU. *Mach dir Illusion, Narr! sollt mir nicht fehlen, sie von meinem Nagel in mich zu schlürfen, wie einen Tropfen Wasser. Es lebe die Illusion! Ei! ei, Zauber meiner Phantasie, wandle in den Rosengärten, von Phyllis' Hand geführt*
WILD. *Stärk dich Apoll, närrischer Junge!*
LA FEU. *Es soll mir nicht fehlen, das schwarze verrauchte Haus gegenüber, mitsamt dem alten Turm, in ein Feenschloß zu verwandeln. Zauber, Zauberphantasie!* Lauschend. *Welch lieblich geistige Symphonien treffen mein Ohr? Beim Amor! ich will mich in ein alt Weib verlieben, in einem alten, baufälligen Haus wohnen, meinen zarten Leib in stinkenden Mistlaken baden, bloß um meine Phantasie zu scheren. Ist keine alte Hexe da, mit der ich scharmieren könnte? Ihre Runzeln sollen mir zu Wellenlinien der Schönheit werden; ihre herausstehende schwarze Zähne zu marmornen Säulen an Dianens Tempel; ihre herabhangende lederne Zitzen Helenens Busen übertreffen. Einen so aufzutrocknen wie mich! He, meine phantastische Göttin! Wild, ich kann dir sagen, ich hab mich brav gehalten die Tour her. Hab Dinge gesehen, gefühlt, die kein Mund geschmeckt, keine Nase gerochen, kein Aug gesehen, kein Geist erschwungen*
WILD. *Besonders wenn ich dir die Augen zuband. Ha! Ha!*
LA FEU. *Zum Orkus! du Ungestüm!*

[Aus: F. M. Klinger, *Sturm und Drang*, I, 1]

**Suasorie,** die: (lat. anratende Rede) Rede(übung) der antiken →Rhetorik zur Erteilung von situationsgemäßem Rat oder Empfehlung.

**Subskription,** die: (lat. Unterschrift) a) im Buchhandel Vorausbestellung von später erscheinenden Werken (durch Unterschrift, die zum Bezug verpflichtet), meist mit Preisvergünstigung verbunden; b) dem →Kolophon entsprechender Vermerk am Schluß von Papyrusrolle.

**Sujet,** das: (frz. Gegenstand) künstler. Vorwurf, Grundeinfall, →Thema oder →Stoff von literar. Werk.

**Sukzessiv-** bzw. **Sukzessionsbühne,** die: (zu lat. Nachfolge) noch heute übl. Bühnenform, die Bild u. Szene im Nacheinander vorführt u. damit im Gegs. zu der Gleichzeitigkeit bietenden →Simultanbühne Darstellung u. Bühnengestaltung trennt sowie Auf- u. Abtreten der Schauspieler erforderlich macht.

**Summa,** die: (lat. Ganzes, Gesamtheit) Bez. für zusammenfassende Darstellung eines Wissenszweigs oder Lehrbereichs im MA.
= Albertus Magnus, *S. creatoria* (ca. 1240); Thomas von Aquin, *S. theologica* (1273); u. a.

**Summarium,** das: (lat.) kurze, übersichtl. Inhaltsangabe einer Schrift.

**Supplement,** das: (lat. Ergänzung) Ergänzungs-, Nachtragsband.

**Surrealismus,** der: (frz. Kunst des Überwirklichen) künstler. Bewegung vor allem in Frkr.; entstanden Ende des Ersten Weltkriegs (1918), mit Ausbruch des Zweiten erloschen (1940); stellt gewisserm. Parallelbewegung u. Fortsetzung des →Dadaismus dar, weist aber auch Verbindungen zu →Expressionismus u. →Symbolismus auf; als revolution. Individualismus maß der S. dem Unbewußten u. seinen Erscheinungsformen extreme Bedeutung bei u. setzte dem abstrakt-systemat. Denken das Traumhafte, gelöst Wunderbare entgegen; Dichtung soll Gespräch von Seele zu Seele sein, da eigtl. Wirklichkeit des Menschen im Unbewußten liegt; der Dichter gilt als Seher, dessen Inspiration dem Diktat des Unbewußten gehorcht, automatisch Seelenprotokolle niederschreibt, die unter Verzicht auf Logik, Syntax u. literar. Formung vorrationale Tiefenschichten fassen; zur Revolution im Bereich der Kunst, die solcherart die Grenzen zwischen innerer Traum- u. äußerer Dingwelt aufhebt, beiden den gleichen Realitätscharakter zuschreibt u. ohne die Erkenntnisse Freuds nicht denkbar wäre, sollte eine »Revolution der Innerlichkeit des Menschen u. seines Weltverhältnisses« treten; der Versuch, Freud u. Marx zu verbinden, revolution. Individualismus mit der marxist. Lehre zu versöhnen, ließ jedoch Antinomien offenbar werden u. scheiterte.
= Hauptvertreter des literar. S. in Frkr. A. Aragon, A. Breton, P. Eluard, Lautréamont u. a.; in Dtschld. von Einfluß auf A. Döblin, F. Kafka, H. Hesse, H. Kasack, E. Langgässer, H. E. Nossack, W. Hildesheimer, P. Weiss u. a. (→konkrete, →abstrakte Dichtung)

*Surrealismus, reiner psychischer Automatismus, durch den man sich vornimmt, sei es mündlich, sei es schriftlich, sei es auf ganz andere Weise, das wirkliche Funktionieren des Gedankens auszudrücken. Vom Gedanken diktiert, ohne jede von der Vernunft geübte Kontrolle, außerhalb jeder ästhetischen und moralischen Voraussetzungen. Der Surrealismus beruht auf dem Glauben an die überlegene Wirklichkeit gewisser bisher vernachlässigter Assoziationsformen, an die Allmacht des Traumes, das selbstlose Spiel des Gedankens. Er zielt auf die endgültige Zerstörung aller anderen psychischen Mechanismen und will sich an ihre Stelle setzen zur Lösung der hauptsächlichen Probleme des Lebens.*

[Aus: A. Breton, *Manifest des S.*; übers.]

*Das Motiv ihrer Handlungen nennen sie [die Menschen]: Ruhm. Bei solchem Anblick wollte ich lachen wie die anderen; aber das, seltsame Nachahmung, war unmöglich. Ich nahm ein Federmesser mit scharf geschliffener Klinge, und dort, wo die Lippen sich vereinigten, durchschnitt ich das Fleisch. Einen Augenblick lang glaubte ich mein Ziel erreicht. In einem Spiegel betrachtete ich diesen durch eigenen Willen verletzten Mund! Es war ein Irrtum! Das Blut, das reichlich aus beiden Wunden floß, hinderte mich übrigens zu erkennen, ob dies wirklich das Lachen der anderen sei. Aber nach kurzem Vergleichen sah ich genau, daß mein Lachen dem der Menschen nicht glich, das heißt, ich lachte nicht. Ich sah die Menschen mit häßlichem Haupt und mit schrecklichen, tief in finsterer Höhle liegenden Augen, die Härte des Felsens, die Starre gegossenen Stahls, die Grausamkeit des Haifisches, die Arroganz der Jugend, die Raserei der Verbrecher, den Verrat der Heuchler, die ungewöhnlichsten Komödianten, die Charakterstärke der Priester und die höchste Verstellungskunst, die kältesten Wesen der Welten und des Himmels übertreffen...*

[Aus: Lautréamont, *Gesänge des Maldoror*, dt. von Ré Soupault]

**Syllepse,** die: (gr. Zusammenfassung) →rhet. Figur: syntaktisch unkorrekte Verbindung eines Wortes (Satzteil, bes. Prädikat) mit mehreren in Person, Numerus, Genus oder Kasus verschiedenen Wörtern (Satzteilen); Form der →Ellipse. (→Synesis, →Zeugma)
= *Der Vortrag wurde gehalten und sieben Beispiele angeführt. – Du lebst nach deiner Fasson, sie nach der ihren.*

**Symbol,** das: (gr. Kennzeichen, von [zwei Hälften eines Ringes oder Stabes] zusammenwerfen [-fügen]) bildhaftes Zeichen (Gegenstand, Person, Geschehen u.ä.), das allg. Sinn (Gedanken u.ä.) durchscheinen läßt u. über seinen Eigenwert auf höheren geist. Zusammenhang verweist; als Sinn-Bild mit offenkundigem Bezug zwischen Bild u. Sinn ist das S. meist »verabredetes« Zeichen u. setzt best. S.-Horizont, d.h. Gemeinsamkeit der kultur. Basis, voraus; die neuere Literatur ist wesentlich S.-Kunst, da sie über das Vordergründige der Darstellung hinaus auf tiefere Bedeutung verweist.

= Kreuz, Lorbeerkanz, Friedenstaube, →blaue Blume, Hammer u. Sichel, aber auch Pippa als S. der Schönheit in G. Hauptmanns *Und Pippa tanzt*, der in versch. Gestalten erscheinende Tod in Th. Manns *Tod in Venedig* oder der »jüngere Bruder« im Werk H. E. Nossacks

**Symbolik,** die: (→Symbol) a) Symbolgehalt, sinnbildl. Bedeutung = Sinnbildlichkeit; b) Lehre von den Symbolen: Bedeutung, Herkunft, Wandlung u. ä.; c) Verwendung von Symbolen in Literatur. (→Dingsymbol)
= →Klangsymbolik

**Symbolismus,** der: (zu Symbol) Bez. für Richtung der frz. Literatur (Lyrik vor allem) im letzten Drittel des 19. Jh., vorbereitet durch poet. u. kunsttheoret. Werk Charles Baudelaires, der sich selber in der Nachfolge E. A. Poes u. der dt. →Romantik sah; Hauptvertreter Verlaine, Rimbaud u. Mallarmé sowie deren Schüler (Paul Valéry, zeitweise Claudel, Gide u. a.), von denen Jean Moréas das *Manifest des Symbolismus* (1886) publizierte; als große Stilbewegung von Einfluß auf alle europ. Literaturen; fand, durch Stefan George, der 1889 in Paris dem Kreis um Mallarmé angehörte, nach Deutschland vermittelt, einen Niederschlag im (Früh-)Werk Hofmannsthals, Rilkes u. a.; kennzeichnend für S. Abwendung von gesellschaftsbezogener Wirklichkeit, Verzicht auf direkte Einwirkung auf Zeit wie auf Aussprache individ. Empfindung zugunsten eines von Abstraktion, Zweck- u. Moralfreiheit bestimmten Ideals »reiner Dichtung« (→*poésie pure* [Mallarmé]) u. der Kunst um ihrer selbst willen (→*L'art pour l'art*); Schönheit u. Vollkommenheit werden durch virtuose Anwendung von Klang- u. Reimmitteln, von Metrum u. Rhythmus magisch beschworen, in kunstvoll aufeinander abgestimmten »Symbolen« als höhere, vom reinen Sein, von Ideen getragene musikalische Wirklichkeit ahnbar gemacht: geheime Korrespondenzen durchwalten sie, auf vielschichtig sich verschränkende Metaphern gestützt, u. tragen eine Sprachwelt, die geschlossen u. eins ist. (→Manierismus, →absolute Dichtung, →Synästhesie, →Neuromantik)
= Mein Leib ist müd, und alle Bücher schweigen.
*O fliehn, hinüberfliehn! Ich fühl's, die Vögel steigen,*
*Vom Schaumgeflock der Wogen trunken, hoch ins Blau!*
*Nichts, nicht der alten Gärten träumerische Schau*
*Kann dieses bange Herz vom Meeresdrang befrein;*
*Noch, tiefe Nächte, der verlassnen Lampe Schein,*
*Der überm leeren weißen Bogen schwelend liegt;*
*Das Kind nicht, junge Frau, der Mutter angeschmiegt –*
*Ich scheide! Dampfer, schlank mit Masten ragend, schwanker,*
*Zu fremden Küsten lichte schleunig deine Anker!*
*Noch glaubt, von seinen Wünschen grausam schon verlassen,*
*Mein Weh an Tücher, die am Strande winkend blassen! –*
*Sind diese Masten, die ihn stolz zu rufen scheinen,*
*Dem Sturm zur Beute schon bestimmt, statt mich zu meinen*

*Inseln zu bringen, drüben? Wartet schon das Riff?*
*Horch, o mein Herz! Gesang erfüllt das schnelle Schiff!*
　　　　　　　　　[Stéphane Mallarmé, *Meeresbrise*; dt. von R. Schaukal]
→Stilisierung

**Symploke,** die: (gr. Verflechtung) →rhet. Figur: Verbindung mehrerer Wiederholungsfiguren (→Anapher, →Epipher) in Satz oder System von Sätzen.
= *Was ist der Thoren höchstes Gut? Geld!*
*Was verlockt selbst den Weisen? Geld!*
*Was schreit die ganze Welt? Geld!*　　　　　　　　　[Richard M. Meyer]

**Symposion,** das: (gr. das Miteinandertrinken) a) in Antike Trinkgelage nach Mahlzeit, zu dem neben geselliger Unterhaltung auch philosoph. Gedankenaustausch u. Rezitationen gehörten; seit Platon (*S.*, ca. 380 v. Chr.) u. Xenophon als bis ins MA. gepflegte literar. Form; b) Bez. für wissenschaftl. Tagungen u. daraus hervorgegangene Sammelbände.

**Synästhesie,** die: (gr. zusammen + Wahrnehmung) Koppelung der Eindrücke wesenversch. Sinne (z. B. Geruchsempfindungen mit Eindrücken des Tastsinns, Klänge mit Farben als Farbenhören, Musiksehen u. ä.); charakterist. vor allem für Lyrik der →Romantik u. des →Symbolismus.
= *In jeder schönen Darstellung mit Farben gibt es gewiß ein verbrüdertes Tonstück, das mit dem Gemälde gemeinschaftlich nur eine Seele hat.* [Tieck]

*Hör, es klagt die Flöte wieder,*
*Und die kühlen Brunnen rauschen,*
*Golden wehn die Töne nieder –*
*Stille, stille, laß uns lauschen!*

*Holdes Bitten, mild Verlangen,*
*Wie es süß zum Herzen spricht!*
*Durch die Nacht, die mich umfangen,*
*Blickt zu mir der Töne Licht.*　　　　　　　[Brentano, *Abendständchen*]

*und zogen / ihn in der buhlenden Wogen / farbig klingenden Schlund* [Eichendorff] – *mit lärmenden Fackeln* [Yvan Goll]

**Synalöphe,** die: (gr. Verschmelzung) in röm. u. roman. Dichtersprache Verschleifung des auslaut. Vokals eines Wortes mit dem anlaut. des folg. (→Hiatus); in →Metrik als *eine* Silbe gezählt. (→Elision, →Krasis)

**Synaphie,** die: (gr. Zusammenfügung) in →Metrik fugen- und übergangslose rhythm. Verbindung von Versen zu Einheit, wobei Wechsel von starker u. schwacher Silbe die Versgrenze organisch überspringt.
= *Ich vertrage als ich vertruoc / und als ichz iemer wil vertragen*
　　　　　　　　　　　　　　　　　[Walther von der Vogelweide]

**Synchronie,** die: (zu gr. gleichzeitig = ahistorisch, von F. de Saussure eingef. Bez.) Analyse u. Beschreibung des (ausbalancierten) Zustands von Struktur oder System (Text, Sprache u. a.), d. h. des Verhältnisses zwischen seinen Einzelelementen zu einem gegeb. Zeitpunkt im Gegs. zu →Diachronie. (→Strukturalismus)

**Synekdoche,** die: (gr. Mitverstehen) →Tropus: Ersetzung eines Ausdrucks durch einen zu seinem Bedeutungsfeld gehörenden engeren (Teil für Ganzes →pars pro toto) oder weiteren (Ganzes für Teil →totum pro parte) Ausdruck; Grenzen zu →Metonymie fließend.
= *Dach* für *Haus; Kopf* für *Person; Hund* für *Lebewesen* oder *Sterblicher* für *Mensch; alle Lande* für *Bewohner aller Länder; wir* für *ich* (Pluralis majestatis bzw. →Pluralis modestiae)

*Kein Feind bedrängte Engelland, dem nicht
Der Schotte sich zum Helfer zugesellte;
Kein Bürgerkrieg entzündet Schottlands Städte,
Zu dem der Brite nicht den Zunder trug.*    [Aus: Schiller, *Maria Stuart*]

**Synesis,** die: (gr. Verstand) sinngemäß richtige, aber gegen Regeln der Grammatik verstoßende Satzfügung. (→Constructio kata synesin, →Syllepse)
= *Eine Unzahl Bücher wurden gelesen. – Das Mädchen ist hier;* sie *hat es eilig. – Der Worte* sind *genug gewechselt* [Goethe] (statt *es ist*); u. ä.

**Synizese,** die: (gr. Zusammenziehung) Verschmelzung zweier versch. Silben angehörender Vokale zu diphthong. Silbe. (→Hiatus, →Synalöphe)
= lat. *protei* statt *protë*; mhd. *seit* statt *sagit*

**Synkope,** die: (lat. Verkürzung) Ausstoßung von kurzem Vokal im Wortinnern aus Gründen der Metrik oder Artikulation.
*ardus* statt *aridus*; *gehst* statt *gehest*; *adlig* statt *adelig*

**Synkrisis,** die: (gr. Vergleichung) →Streitgedicht, →Streitgespräch (Spät-MA.).

**Synonyme** (Pl.): (gr. zusammen + Name) sinnverwandte bis fast bedeutungsgleiche Wörter von unterschiedl. etymolog. Herkunft.
+ H. Wehrle, *Dt. Wortschatz* (1961 u. ö.)
= *schauen, sehen, wahrnehmen, erkennen; Metzger, Fleischer, Schlachter; Haupt, Kopf, Schädel*

**Synopsis,** die: (gr. Zusammenschau) allg.: knappe Zusammenfassung, Übersicht; bes.: parallele Wiedergabe versch. Fassungen u. ä. von literar. Werk.

**Syntagma,** das: (gr. Sammlung) a) Zusammenstellung von Schriften, Aufsätzen o. ä. über best. Themen zu Sammelwerk; b) als »gegenseitig Zugeordnetes« jede syntaktisch strukturierte, in Sprechtakten realisierbare Folge von sprachl. Ausdrücken (Sprachwissenschaft).

**Systole,** die: (gr. das Zusammenziehen) in antiker Metrik Kürzung langer Vokale oder Diphthonge im Unterschied zu Diastole, der Dehnung einer kurzen Silbe. Form des →Metaplasma.

**Szenarium,** das: (zu →Szene) a) Szenenskizze als Grundlage für Spieler in →Stegreifspiel; b) Rohentwurf von Drama mit Szenenfolge, Akteinteilung u. Festlegung der Schauplätze; c) detaillierte Beschreibung von Szenenfolge u. -gestaltung als Grundlage für Arbeit v. a. des techn. Personals im Theater.
= Lessings Berliner S. zu *D. Faust*

**Szene,** die: (gr.-lat. Zelt, Hütte, Bühne) a) seit Renaissance nach antikem Vorbild Gliederungseinheit des →Dramas, kleinste Einheit des →Aktes, meist begrenzt durch Auftreten bzw. Abtreten von Personen (deshalb seit 17. Jh. [Chr. Weise] auch als →Auftritt bez.); b) Synonym für Bühne (»in Sz. setzen«); c) als epische Sz. erzähler. Kompositionselement zur (dramat.) Zuspitzung des Geschehens (→Dialog).

**Szenenanweisung,** die: →Bühnenanweisung.

**Tableau,** das: (frz. Tafel, Gemälde) a) Schaubild, effektvolle Personengruppierung, bes. als Beginn oder Schluß (Schluß-T.) von Akt oder Drama; b) episches Kompositionselement ähnlich wie →Bild u. →Szene (→Dialog). (→lebende Bilder)
= a) Goethe, *Proserpina*; H. v. Kleist, *Prinz v. Homburg*; Brecht, *Dreigroschenoper*, *Die heilige Johanna der Schlachthöfe*; u. a. b) Romane von Flaubert, Fontane, Th. Mann, H. Böll u. a.

**Tabulatur,** die: (lat. Tafel) Regelbuch (→Poetik) des →Meistersangs, enthielt neben Anweisungen zur Herstellung von Meisterliedern (Strophenform, Versbau, Reimqualität u. ä.) u. Bestimmungen zu deren Bewertung (→Merker) Verzeichnis der Praktiken sowie der Terminologie.
= Älteste bezeugte T. Straßburg 1494; als bes. einflußreich gilt Nürnberger T.

**Tachtigers** (Pl.): (ndl. Achtziger) ndl. Autorengruppe um die Zeitschrift *De Nieuwe Gids* (zwischen 1880 u. 1900), trat ein für Individualismus des Künstlers u. Spontaneität im künstler. Schaffen.
= J. Perk, W. Kloos, A. Verwey, L. van Deyssel u. a.

**Tafelspiel,** das: ndl. Schauspiel, das an Festtagen zur Tafelunterhaltung aufgeführt wurde (15.–18. Jh.).

**Tagebuch,** das: (Lehnübers. von frz. journal, seit 17. Jh.) allg.: privat-persönl., (meist) täglich verfaßte, chronolog. gereihte Aufzeichnungen, in denen Schreiber innere u. äußere Erfahrungen aus subj. Sicht festhält; die »offene« Form des T. erlaubt es, die Ich-Beschreibung (Selbstbeobachtung) beliebig zu dokumentieren u. zu ergänzen; seit Mitte 18. Jh. (→Pietismus, →Empfindsamkeit) bedeutende literar. Form; bes.: a) als literar. Gattung oft schon mit Blick auf spätere Veröffentlichung konzipiert, entsprechend akzentuiert u. stilisiert (Kriegs-, Reise-, literar. T.); b) fingiertes T. auch als Kompositionselement erzähler. Werke (→Tagebuchroman).
= Allg.: Herder, Goethe, Eichendorff, Grillparzer, E. T. A. Hoffmann, Hebbel, Kafka, Th. Mann, E. Canetti u. a. Bes.: a) Carossa, *Rumän. T.* (1924); E. Jünger, *Strahlungen* (1949 ff.); M. Frisch, *T.* (1946–48, 1950); u. a. b) Goethe, *Wahlverwandtschaften* (1809); Gogol, *Aufzeichnungen*

[= T.] *eines Wahnsinnigen* (1835); A. Gide, *La porte étroite* (1909); H. Hesse, *Der Steppenwolf* (1927); u. a.

5. Juli 1809
*Welch ein fürchterlicher Tag! Gestern morgen nahm ich meine Brieftasche, wollte Varnhagens Briefe durchsehen: las nur ein Billett. Wozu mehr! da keine Farbe hervorspringen will; auch aus dieser Gruppe nicht. Ich fand einen Brief von Rose. Und da ich gar mir nicht denken konnte, was der hier vorstellte, und er sehr kurz war, las ich ihn. Verfolgende Götter! ihr allein wißt, in welchen namenlosen Schmerz sich mein unseliges sich immer gleiches Herz ausdehnte! Der Brief lebt! sie schrieb mir, Urquijo's Bild, welches ich ihr geschickt hatte, gefiele ihr; sie freue sich, daß ich einen Geliebten habe!*
*Den Nachmittag sollt' ich ihn sehen. Ich erwartete ihn wieder. Er sieht verändert aus. In der Nase sehe ich den Neid: zwischen Aug' und Mund nach der Nase die Wangen herab, die Ungewißheit der Meinung. Die Sprache fand ich überaus undeutlich und ungebildet. Er sang aber in Gedanken ein wenig – mit zu viel angewohnten Manieren – und da kam er auf Töne, die die – Überzeugung – die Liebe hervorriefen, für mich ist er geschaffen: ich ihn zu lieben! O! Tränen. O! ewiges Schicksal! wahr wirst du bleiben, so lange ein Bestandteil einer Faser zusammen von mir bleibt: wahr wirst du ewig gewesen sein. Wahr! Wahr war das Ewig, was ich dem Tauben ewig schrieb. Wahr die unwiderrufliche Sentenz. Wahr, daß ich das Bild für meine Sinne fand: mein Herz für ewig zu ihm schleuderte; wahr, daß er mich nicht empfand; wahr die schreckliche Disharmonie.*
*Wie wenige lieben! Unter Generationen nur einer. Treue liegt in den Sinnen, im Schauen des Geistes in das Herz; in seiner Mächtigkeit. Dies große Geschehen hab' ich Elende ohne des Glückes Krone, ohne seinen Einklang. Wehe! Welche Tränen, welche Herzensschreie, Anreden an Gott, seit gestern! heute scheint's, Gott spottet, wenn ich zu ihm flehe! Nur um einen Blick in mein Herz! Wer mir solches Unglück beschloß, scheint's mir, muß lachen, wenn ich um Nachlaß, um Erleichterung bitte. Wie fühl' ich's noch einmal! – In seiner Gegenwart nur Verwunderung. Wie kalt, wie fremd. Wie die Wahrheit, die Vergangenheit mit dem Fuß ausgetreten! Und doch verlegen! Er sieht mich nicht an, wenn wir allein sind. Ist grob gegen mich. Weil er fürchtet, jedes menschliche Zeichen könnte für Liebe ausgelegt werden...*
*Wer kann's ausdrücken, wie man Tage durchschmerzt und durchdenkt! Nur verlassen will man mich. Bei mir will keiner bleiben. Ich habe es nicht nötig, denken sie: tadeln bitter die andern; und gehen. Wie macht es Varnhagen wieder! Und ich ekle mich vor den vergeblichen Worten, und Denken, und den Bewegungen des Herzens. Rache möcht' ich endlich an mir, an ihnen; an meinen Richtern: allen Umständen. Tat, harte! mich malträtieren.*

[Aus Rahel Varnhagens Tagebüchern]

**Tagebuchroman,** der: (→Tagebuch) Variante des Ich-Romans, dem →Briefroman verwandt u. aus Tagebucheintragungen bestehend. (→Ich-Form)
= Raabe, *Die Chronik der Sperlingsgasse* (1857); P. Rosegger, *Die Schriften des Waldschulmeisters* (1875); Rilke, *Die Aufzeichnungen des Malte Laurids Brigge* (1910); G. Bernanos, *Tagebuch eines Landpfarrers* (1936); M. Frisch, *Stiller* (1954);u.a.

**Tagelied,** das: Gattung der mhd. Lyrik, gestaltet als zentrales Motiv Tagesanbruch mit Abschied der Liebenden im Morgengrauen bei Klang des Horns oder Ruf des Turmwächters (deshalb auch = Wächterlied); als Charakteristika gelten neben Spannung zwischen erot. Unbekümmertheit u. Gefährlichkeit der Umstände Einbeziehung von Dialog u. Refrain sowie die dreiteilige Form; zuerst v. a. in prov. u. frz. Literatur (→Alba, Aubade); 1. überlieferte mhd. T.er von Dietmar von Aist (ca. 1170), weitere bedeut. Vertreter Heinrich von Morungen und, bes., Wolfram von Eschenbach, Walther von der Vogelweide, Otto von Botenlauben, Ulrich von Lichtenstein, Ulrich von Winterstetten u. a.

= *1*
*Bî liebe lac      ein ritter tougenlîche*
*die naht biz an den tac.*
*Der minne pflac      mit im diu minneclîche;*
*die minne er widerwac,*
*Biz daz der wahter sanc: ›ez tagt‹,*
*daz von in beiden wart geklagt.*
*»ach herzeliebiu frouwe mîn«,*
*sô sprach der ritter wolgemuot:*
*»ich woene, ez müeze ein scheiden sîn.«*

*2*
*Ez wart niht lanc,      daz dâ mit nâhem smucke*
*ergie ein umbevanc*
*Mit armen blanc      und herzeclîchem drucke,*
*der liep gen liebe twanc.*
*Diu frouwe sprach: »mîn sender lîp*
*und ich vil siufteberndez wîp*
*bin iemer mê an fröuden frî,*
*sol ich dir, herre, niemer mê*
*geligen alsô nâhe bî.«*

*3*
*Owê und ach!      daz jâmerboere scheiden*
*ir beider herze brach,*
*Daz dâ geschach      von den gelieben beiden:*
*daz schuof in ungemach.*
*Der ritter sprach: »gehabe dich wol!*

*dîn lîp ist maneger tugende vol;*
*mîn herze dir belîbet hie.«*
*si sprach: »sô füer mîn herze hin!«*
*der wehsel dâ mit kusse ergie.* [Ulrich von Winterstetten]

**Takt,** der: (lat. Berührung) in →Metrik Gliederungseinheit des akzentuierenden Verses, bestehend aus →Hebung (guter Teil) u. darauffolgender →Senkung (schlechter Teil), nach A. Häusler »geregelte Zeitspanne von Iktus zu Iktus«. (→akzentuierendes Versprinzip)

**Taktmetrik,** die: (→Takt + →Metrik) Prinzip der metr. Deutung von Versen, wie es folgenreich von A. Heusler (*Dt. Versgeschichte*, 1925 u. ö.) vertreten wird. Ausgehend von dem Grundprinzip, daß Verse »taktierte, takthaltige Rede« seien u. der Taktbegriff sich deshalb zur Beschreibung u. Interpretation von Versrhythmen verwenden lasse, unterscheidet Heusler metr.-rhythm. vier »Taktgeschlechter«: den grundlegenden Zweivierteltakt (x́x), den dreiteil. Dreivierteltakt (x́xx), den vierteil. Viervierteltakt (x́xx̀x) und den »schweren dreiteil.« Dreihalbetakt ($\acute{\phantom{x}} \; \bar{\phantom{x}} \; -$), wobei längere u. kürzere Zeiteinheiten im Taktschema ausgleichend wirken sollen. Inzwischen begegnet Heuslers abstrakter u. absoluter Rhythmusbegriff zunehmender Kritik u. wird als »ahistorisch« u. unzulässig verallgemeinernd in Frage gestellt.

**Tanka,** das: (jap. Kurzgedicht) japan. Gedichtform aus fünf reimlosen Versen, drei davon zu fünf, sieben, fünf Silben (Oberstrophe = →Haiku) u. zwei zu sieben Silben (Unterstrophe), insges. also 31 Silben; gilt als klass. Form der japan. Lyrik, Blütezeit ca. 900–1200.

**Tanzlied,** das: (= Reihen) auch Tanzleich, schwer zu definierendes spätma. lyr. oder erzählendes Lied, als dessen Chrakteristika u. a. gelten Neigung zu Refrain u. »da capo«, auf Steigerung angelegte Bauform mit dem sog. »Schlußschrei« des Sängers u. seine Verwendung eben zum (gesell.) Tanz.-T. er verfaßten v. a. Neidhart von Reuenthal, Ulrich von Lichtenstein, Hugo von Montfort, Oswald von Wolkenstein u. a. (→Ballade, →Rondeau, →Virelai, →Villancico)

= *1. Der winter ist zergangen,*
*daz prüeve ich ûf der heide.*
*aldar kam ich gegangen,*
*guot wart mîn ougenweide*

*2. Von den bluomen wolgetân,*
*wer sach ie sô schoenen plân? –*
*der brach ich z'einem kranze.*
*den truoc ich mit tschoie zuo den frouwen an dem tanze.*
*well ieman werden hôchgemuot, der hebe sich ûf die schanze!*

*3. Dâ stêt vîol unde klê,*
*sumerlaten, gamandrê,*
*die werden zîtelôsen;*
*ôstergloien vant ich dâ, die liljen und die rôsen.*
*dô wunschte ich, daz ich sant mîner frouwen solde kôsen.*

*[...]*

*25. Sô saelic sî mîn Künigunt!*
*solt ich si küssen tûsenstunt*
*an ir vil rôsevarwen munt,*
*sô waere ich iemer mê gesunt,*
*diu mir daz herze hât verwunt*
*vaste unz ûf der minne grunt.*

*26. Daz ist enzwei.*
*heia nu hei!*

*27. Des videlaeres seite*
*der ist enzwei.*                         [Aus: Tannhäuser, *Tanzleich*]

→Leich

**Taschenbuch,** das: a) Bez. für Form des →Almanachs im 18. u. 19. Jh., die außer Lyrik auch allg. interessierende Prosatexte enthielt u. als Vorläufer von b), des eigtl., in den USA entstandenen »preiswerten T.« gilt. Dieser Buchtyp, der sich nach 1945 in Deutschland rasch verbreitete, wird in Großauflagen hergestellt, einheitlich ausgestattet u. nach besonderen Methoden vertrieben; T. bieten als Konsumbücher billige Ausgaben fast alles dessen, was mit starker Nachfrage rechnen kann: →Belletristik, →Sachbuch, →Enzyklopädie o. ä. (→Musenalmanach)
= a) *T. auf das Jahr 1804* (Mithrsg. Goethe u. Wieland); *T. auf das Jahr 1807* (Mithrsg. Kotzebue u. L. F. Huber); *T. zum geselligen Vergnügen* (mit Beiträgen von Schiller); u. a.

**Tatsachenbericht,** der: (→Bericht) einfache, nüchtern-gradlinige Darstellung von Sachverhalt oder Ereignis aufgrund von Tatsachenmaterial, d. h. nachprüfbaren Fakten; ähnlich Erlebnisbericht. (→Reportage, →Dokumentation)

**Tatsachenroman,** der: (→Roman) auf tatsächl. Ereignisse, d. h. nachprüfbares Faktenmaterial, zurückgreifende, dieses jedoch fiktional-»romanhaft« ausgestaltende Form des Romans, meist der →Trivialliteratur zuzurechnen. (→Faction-Prosa, →Dokumentation)

**Tautazismus,** der: (gr. dasselbe) Häufung gleicher Laute zu unschönem Klangbild.
= *Jetztzeit; österreichisch-tschechisch; pfeffrig-pfiffig*

**Tautogramm,** das: (gr. dasselbe + Buchstabe) Vers (Gedicht), dessen Wörter (Zeilen) allesamt mit dem gleichen Buchstaben beginnen. (→pangrammatisch, →Manierismus)
= *Heil'ge hohe Himmelsheimath, hehre Hims,*
*Heil! Du hast den Herrn zum Huldverheißer.*
*Heitre Hügel, heimlich hohes Haingeheg!*
*Höhn' euch herb kein harscher Hauch noch heißer!*
*Holder Hirsche Heerde hütet hier der Hirt,*
*Hoffnungshalm' erhabner Herrscherhäuser.*
*Heissa, hussa, hurra, hu, hihi, haha,*
*Halle heil, bis Herz und Hals ist heiser.*
[Aus: F. Rückert, *39. Makame des Hariri*]

**Tautologie,** die: (gr. dasselbe + Wort) synonyme Wortwiederholung, Doppelbez. desselben Begriffs durch gleichbedeut. und wortartgleiche Wörter zur Verstärkung. (→Pleonasmus, →Epanalepse, →Zwillingsformel)
= *immer und ewig; einzig und allein; voll und ganz*

**Tauwetter,** das: (nach I. Ehrenburgs Roman *Tauwetter*, 1954) Bez. für Phase schrittweiser kultureller u. geist. Liberalisierung in den sozialist. Ländern nach Stalins Tod (1953 bis ca. 1964 [Schriftstellerprozesse]); Lockerung der ideolog. Reglementierung erlaubte krit. Eingehen auf Zeitverhältnisse bei gleichzeit. Rückbesinnung auf russ. Erzähltradition u. Neuorientierung an westl. Literatur. (→Parteilichkeit, →sozialist. Realismus)
= W. D. Dudinzew, *Der Mensch lebt nicht von Brot allein* (1956, dt. 1957); A. J. Solschenizyn, *Ein Tag im Leben des Iwan Denissowitsch* (1962, dt. 1963); J. A. Jewtuschenko, *Sima* (1956); u. a.

**Technopägnion,** das: (gr. Kunstspielerei) Gedicht, das den behandelten Gegenstand nachbildet, Figurengedicht.
= →Bilderlyrik

**Teichoskopie,** die: (gr. Schau von der Mauer) als bühnentechn. Kunstgriff zur Erweiterung des Schauplatzes Beschwörung von parallel zum Geschehen ablaufenden (auf der Bühne schwer oder nicht darstellbaren) Ereignissen durch Bericht eines erhöht (d. h. auf Mauer, Turm) plazierten Beobachters; wegen seiner direkten Spiegelung des Beobachteten in der Reaktion des Berichtenden dem →Botenbericht vergleichbar.
= Goethe, *Götz* (III); Schiller, *Wilhelm Tell* (IV, 1); Kleist, *Prinz von Homburg* (II, 2); u. a.

> ISABEAU. (zu einem Soldaten).
> *Steig auf die Warte dort, die nach dem Feld*
> *Hin sieht, und sag uns, wie die Schlacht sich wendet.*
> (Soldat steigt hinauf)

JOHANNA. *Mut, Mut, mein Volk! Es ist der letzte Kampf!*
*Den einen Sieg noch, und der Feind liegt nieder.*
ISABEAU. *Was siehst du?*
SOLDAT. *Schon sind sie aneinander.*
*Ein Wütender auf einem Barberroß,*
*Im Tigerfell, sprengt vor mit den Gendarmen.*
JOHANNA. *Das ist Graf Dunois! Frisch, wackrer Streiter!*
*Der Sieg ist mit dir!*
SOLDAT. *Der Burgunder greift*
*Die Brücke an.*
ISABEAU. *Daß zehen Lanzen ihm*
*Ins falsche Herz eindrängen, dem Verräter!*
SOLDAT. *Lord Fastolf tut ihm mannhaft Widerstand.*
*Sie sitzen ab, sie kämpfen Mann für Mann,*
*Des Herzogs Leute und die unsrigen.*
ISABEAU. *Siehst du den Dauphin nicht? Erkennst du nicht*
*Die königlichen Zeichen?*
SOLDAT. *Alles ist*
*In Staub vermengt. Ich kann nichts unterscheiden.*
JOHANNA. *Hätt er mein Auge oder stünd ich oben,*
*Das Kleinste nicht entginge meinem Blick!*
*Das wilde Huhn kann ich im Fluge zählen,*
*Den Falk erkenn ich in den höchsten Lüften.*
SOLDAT. *Am Graben ist ein fürchterlich Gedräng,.*
*Die Größten, scheints, die Ersten kämpfen dort.*
ISABEAU. *Schwebt unsre Fahne noch?*
SOLDAT. *Hoch flattert sie.*
JOHANNA. *Könnt ich nur durch der Mauer Ritze schauen,*
*Mit meinem Blick wollt ich die Schlacht regieren!*
SOLDAT. *Weh mir! Was seh ich! Unser Feldherr ist*
*Umzingelt!*
ISABEAU. (zuckt den Dolch auf Johanna).
*Stirb, Unglückliche!*
SOLDAT.(schnell). *Er ist befreit.*
*Im Rücken faßt der tapfere Fastolf*
*Den Feind er bricht in seine dichtsten Scharen.*
ISABEAU. (zieht den Dolch zurück).
*Das sprach dein Engel!*
SOLDAT. *Sieg! Sieg! Sie entfliehen!*
ISABEAU. *Wer flieht?*
SOLDAT. *Die Franken, die Burgunder fliehen,*
*Bedeckt mit Flüchtigen ist das Gefilde.*
JOHANNA. *Gott! Gott! So sehr wirst du mich nicht verlassen!*

[Aus: Schiller, *Jungfrau von Orleans*, V, 11]

**tektonisches Aufbauprinzip,** das: (zu Tektonik = Zusammenfügung von Bauteilen zu einem Gefüge) streng »geschlossene« (im Drama »aristotelische«) Bauweise; die Einzelteile (Strophe, Kapitel, Akt) gewinnen ihre Wertigkeit erst im kunstvollen Gefüge des Ganzen; charakteristisch für →Klassik; Gegs. →atektonisches A. (→Einheiten)

**Telaribühne,** die: (von ital. Rahmen) Vorform der barocken Kulissenbühne (→Renaissance); bemalte drehbare Leinwandprismen ermöglichen raschen Szenenwechsel.

**Telegrammstil,** der: (gr.-lat.) äußerst knappe, fast stichwortartige Ausdrucksweise, häufig in →Sturm und Drang, →Naturalismus, →Expressionismus. (→Sturmkreis, →Ellipse)
= *So ganz zum Kind zu werden! Alles golden, alles herrlich und gut! Dieses Schloß bewohnen, Zimmer, Saal, Keller und Stall! All des bunten verworrnen, undeutlichen Zeugs! Ich find an nichts Freude mehr... Find an nichts Freude mehr als an diesem Kartenschloß. Bedeutend Sinnbild meines verworrnen Lebens!* [Aus: F. M. Klinger, *Sturm und Drang*]

**Telestichon,** das: (gr. Ende + Vers) Wort oder Satz, der sich aus den Endbuchstaben oder -wörtern von Versen oder Strophen ergibt, wenn diese von oben nach unten gelesen werden; Gegenstück zum →Akrostichon. (→Akroteleuton)
= Otfried von Weißenburg, *Evangelienbuch* (ca. 870 = Widmungen); →Mesostichon

**Telonisnym,** das: (gr.) →Pseudonym aus den letzten Buchstaben des Verfassernamens.
= *Lenau* für Strehlenau; Mitarbeitersigle in Zt.

**Tendenzdichtung,** die: (von lat. nach etwas streben) im Sinne bewußter Parteinahme (→Engagement) des Autors für best. Ziel oder Zweck (Gesellschaftsänderung, Meinungsbeeinflussung, Wissensbildung u. ä.) ist T. a) →polit. Dichtung (→littérature engagée, →Lehrstück, →Agitprop-Theater, →Parteilichkeit); b) →lehrhafte Dichtung = (dem Zweck der Wissensvermittlung dienende) Dichtung mit didakt. Tendenz im Gegs. zur zweckfreien mit bloßer ästhet. Zielsetzung. (→Reformationsdrama, →Junges Deutschland, →Aktivismus, →Gruppe 61)
= a) Schiller, *Die Räuber* (1781); H. v. Kleist, *Hermannsschlacht* (1821); F. Wolf, *Cyankali* (1929); u. a.

**Tenor,** der: (lat. Faden) Grundton, -haltung, Sinn von Rede oder Schrift.

**Tenzone,** die: (afrz., prov. Streit, Wettstreit) allg.: →Streitgedicht; bes.: in afrz. bzw. prov. Literatur »freies«, d. h. im Eingang nicht formalisiertes

→ Streitgespräch meist zwischen zwei (auch fiktiven) Dichtern über beliebiges Thema. (→ Contrasto, → Débat)
= In dem folg. Beispiel beginnt Uhland mit einer in vier Zeilen zusammengefaßten problemat. Fragestellung, die zwei Alternativen enthält. In je vier → Dezimen vertritt zuerst Uhland, dann Rückert eine der sich gegenseitig ausschließenden Auffassungen:

Sänger, sprecht mir einen Spruch!
Sagt mir, was ist mindre Not:
Der Geliebten Treuebruch
Oder der Geliebten Tod?

1.
*Die vom Schwur sich losgezählet,*
*In der reichsten Schönheit Schmuck*
*Ist sie doch ein Höllenspuk,*
*Dessen Anblick schreckt und quälet.*

*Reines Weib, das nie gefehlet,*
*Lächelt noch im Leichentuch,*
*Denn sie schied mit dem Versuch,*
*Sel'gen Liebestrost zu sagen:*
*Drum ist minder Tod zu klagen*
*Als gebrochner Treuver*spruch.

2.
*Gegner, doppelt überlegen,*
*Ausgerüstet mit zwiefalter*
*Waff' als Dichter und Sachwalter;*
*Wenn ich dir mich stell' entgegen,*
*Nenn' ich's um so mehr verwegen,*
*Als, wie du mir selbst gedroht,*
*Dir als Anwalt dar sich bot*
*Gute Sach', und mir die schlechte;*
*Daß mir bangt, wie ich verfechte*
*Falschheit gegen Treu' im Tod.* [Aus: Uhland, *Tenzon*]

**Terenz-Bühne,** die: → Badezellenbühne.

**Terminologie,** die: (lat. Begriff + gr. Lehre) Fachsprache, Gesamtheit der in einem Fachgebiet gebräuchlichen (Fach-)Ausdrücke (→ Terminus technicus); professionelle Ausdrucksweise. (→ Nomenklatur)

**Terminus technicus,** der: Fachwort, Fachausdruck, -begriff.
= *Phytopathologie; Piacere; Picker, Population; Prädikation*

**Tertium comparationis,** das: (lat. das Dritte des Vergleichs) Punkt, in dem Verglichenes übereinstimmt = best. Gemeinsamkeiten. (→ Vergleich, → Amplificatio)
= *Er kämpft wie ein Löwe: tapfer. – Die Fahrt ging wie der Wind: schnell*

**Terzett,** das: (ital. aus lat. dritter) allg.: dreizeilige Strophe (→ Terzine); bes.: dreizeilige Schlußstrophen des → Sonetts.

**Terzine,** die: (ital. Dreireimer [terza rima]) ital. dreizeilige Strophenform, deren Zeilengruppen durch übergreifenden Reim nach dem Schema aba/bcb/cdc/ded/... zusammengefügt werden, wobei der angefügte abschließende Vers den Mittelreim der letzten Terzine aufgreift (... xyx/yzyz); Vers der T. im Ital. der → Endecasillabo, im Dt. fünfhebige jamb. Verse mit weibl. Reim; verwendet von Goethe (Anfang *Faust II*), den Romantikern (Brüder Schlegel, L. Tieck, A. Chamisso), von Rückert, Platen sowie von George, Hofmannsthal (*T.n über die Vergänglichkeit*), Th. Däubler, J. Weinheber, St. Hermlin (*T.n*) u.a.
= *Salas y Gomez raget aus den Fluten*
　　*Des stillen Meers, ein Felsen kahl und bloß,*
　　*Verbrannt von scheitelrechter Sonne Gluten*

*Ein Steingestell ohn alles Gras und Moos,*
　　*Das sich das Volk der Vögel auserkor*
　　*Zur Ruhstatt im bewegten Meeresschoos...*

*Es dient der Stein, worauf er litt dem Toten*
　　*Zur Ruhestätte wie zum Monumente,*
　　*Und Friede sei dir, Schmerzenssohn, entboten!*

*Die Hülle gibst du hin dem Elemente;*
　　*Allnächtlich strahlend über dir entzünden*
　　*Des Kreuzes Sterne sich am Firmamente,*
*Und was du littest, wird dein Lied verkünden.*　　　　　　　　　　　[Chamisso]

**Testimonia** (Pl.): (lat. Zeugnisse) → Zitate aus Werken antiker Autoren bei anderen Schriftstellern.

**Tetralogie,** die: (gr. vier + Rede) aus vier Einzelteilen gefügte Folge von Werken (Dramen, Romane), die eine innere Einheit bilden.
= Th. Mann, *Joseph und seine Brüder* (1933 ff.); G. Hauptmann, *Atriden-T.* (1941 ff.); u.a.

**Tetrameter,** der: (zu gr. vier + Maß) in Antike aus vier jamb., anapäst. oder trochäischen → Dipodien gebildeter Vers; bes.: katalekt. troch. T. aus vier troch. Dipodien, deren letzte um eine Silbe verkürzt ist; in dt. Dichtung bei Opitz, Gryphius, Goethe, Platen, Rückert u.a.
= $- \cup - \overline{\cup} - \cup - \overline{\cup}/ - \cup - \overline{\cup} - \cup \overline{\cup}$

*Nächtlich am Busento lispeln, bei Cosenza, dumpfe Lieder;*
*Aus den Wassern schallt es Antwort, und in Wirbeln klingt es wider!*

*Und den Fluß hinauf, hinunter ziehn die Schatten tapfrer Goten,*
*Die den Alarich beweinen, ihres Volkes besten Toten.*

*Allzufrüh und fern der Heimat mußten hier sie ihn begraben,*
*Während noch die Jugendlocken seine Schultern blond umgaben.*

*Und am Ufer des Busento reihten sie sich um die Wette,*
*Um die Strömung abzuleiten, gruben sie ein frisches Bette.*

*In der wogenleeren Höhlung wühlten sie empor die Erde,*
*Senkten tief hinein den Leichnam, mit der Rüstung, auf dem Pferde.*
                    [Aus: Platen, *Das Grab im Busento*]

**Tetrapodie,** die: (gr. vier + Fuß) Vierfüßigkeit, vierfüßige Verszeile.

**Tetrastichon,** das: (gr. vier + Vers) Vierzeiler, Strophe von vier Verszeilen. (→Quatrain)

**Text,** der: (lat. Geflecht, Gewobenes) sprachl. Strukturgebilde, das durch Anwendung best. Verknüpfungsregeln zustande kommt u. deswegen durch syntakt., semant. u. pragmat. Zusammenhang definiert ist; neben sprachl. Struktureigenarten gelten als Hauptmerkmale eines T. semant. Kohärenz (inhalt. Zusammenhang) aller T.partien, erkenntnismäßige u. zeitl. Ordnung sowie akust. bzw. opt. Gestaltung. (→Struktur, →Dekonstruktion)

**Textbuch,** das: →Libretto, →Drehbuch.

**Texter,** der: (→Text) Verfasser von →Schlager-, Werbetexten.

**Textkritik,** die: philolog. Methode zur krit. Prüfung in ihrer Authentizität nicht gesicherter handschriftl. oder gedruckt überlieferter Texte sowie das Ergebnis dieser Tätigkeit; Ziel der T. ist es, die urspr. Fassung (= Originaltext) zu rekonstruieren. (→Konjektur, →Variante, →Lesart, →Crux, →krit. bzw. →histor.- krit. Ausgabe, →Apparat)

**Textlinguistik,** die: (auch Supra-, Textsyntax) Disziplin der Linguistik, die sich mit der Analyse satzübergreifender, d.h. textbildender Strukturen (→Textsorten) beschäftigt.

**Textphilologie,** die: Zweig der →Philologie, der sich primär →Textkritik u. →Edition widmet.

**Textsorten** (Pl.): (auch Textarten) Bez. der mod. Literaturwissenschaft zur Klassifizierung von literar. Texten; der Gattungstypologie vergleichbar, doch von dieser dadurch unterschieden, daß sie nicht von gattungsbezogenen, sondern von textsortenspezifischen (funktionalen, sozialen u. ä.) Kriterien ausgeht u. damit von den älteren Gattungsdefinitionen nicht berücksichtigte Literaturarten (wie Schlager- u. Reklametexte, Reportagen u. ä.) zu berücksichtigen erlaubt. (→Gattung)

**Texttheorie,** die: (→Text) a) →Textlinguistik; b) Verfahren der Textanalyse u. Textherstellung (Experimentieren mit neuen →Textsorten), wie sie von Max Bense u. der sog. Stuttgarter Schule gepflegt werden. (→konkrete Dichtung)

**Theater,** das: (gr. Schaustätte) a) künstler. Vor- u. Darstellung eines äußeren oder inneren Geschehens durch Worte und/oder Gebärden (→Pantomime) von Figuren (→Puppenspiel, →Schattenspiel u. ä.) auf der Bühne; b) Gesamtheit aller Einrichtungen, die Bedingung der Möglichkeit von a) sind; c) Theatergebäude.

**Theater der Grausamkeit,** das: (frz.) auf »Grausamkeit« im Sinne von ästhet. Schock ausgerichtetes, von A. Artaud in *Manifeste du théâtre de la cruauté* (1932) entwickeltes provokatives Theaterkonzept; um »das Leben zu ergreifen«, projiziert es Spannungen, Konflikte, »anarchische Vitalität« (M. Kesting), die im Einzelnen wie im Kollektiv latent vorhanden sind, einem »schrecklichen Traum« gleich auf die Bühne; Grausamkeit = »Unerbittlichkeit, erbarmungslose... Determination«, die vom Menschen befreiende (heilende) Unterwerfung unter eine metaphys. Notwendigkeit fordert; in seiner Ritus u. Magie kombinierenden Emotionsgeladenheit von Einfluß auf →absurdes Theater u. →Living Theatre sowie Autoren wie P. Weiss (*Marat/Sade*, 1964 bzw. 65).
= *Wie die Pest ist das Theater eine ungeheure Beschwörung von Kräften, die den Geist durch das Beispiel zur Quelle seiner Konflikte zurückführen.*

[A. Artaud]

**Theaterwissenschaft,** die: gesamte Wissenschaft vom →Theater, zu Beginn des 20. Jh. entstanden; Aufgabe: Beschreibung u. Wertung von Wesen u. Wirkung des Dramas, seiner Geschichte u. der Geschichte seiner Vor- bzw. Darstellung als Theater; verbindet Forschung u. Theorie mit Lehre, d. h. mit praktisch-dramaturg. Arbeit u. ä. zur Ausbildung von Theaterfachleuten.

**Thema,** das: (gr. das Gesetzte) Grundgedanke, Gegenstand eines Werkes. (→Stoff, →Motiv)
= Goethe, *Werther*: der »empfindsame« junge Mensch; M. Frisch, *Stiller*, *Homer Faber*: die Frage der Identität; G. Grass, *Katz und Maus*: Komplex und Kompensation; u. ä.

**Thesaurus,** der: (lat. v. gr. Schatz) Wort- oder Wissensschatz, umfassende wissenschaftl. Sammlung.
= (Wörter) *T. linguae Latinae* (seit 1894); *T. linguae Graecae* (neu seit 1955); u. a.

**Thesenroman,** der: (frz.) Sonderform des →Zeitromans, dem →Sittenroman verwandt, deren Handlung dazu dient, best. polit., soziale oder relig. These zu erhärten. (→ littérature engagée)
= H. Beecher-Stowe, *Onkel Toms Hütte* (1852); Remarque, *Im Westen nichts Neues* (1929); Brecht, *Dreigroschenroman* (1934); Steinbeck, *Früchte des Zorns* (1939); u. a.

**Thesenstück,** das: (zu These = Behauptung, Satz) Sonderform des sozialkrit. →Sittenstücks, dessen (oft simplifizierende u. abstrakte) Handlung der Erhärtung best. polit., sozialer oder relig. These dient. (→Problemstück, →polit. Dichtung)
= Lenz, *Die Soldaten* (1776); H. Sudermann, *Die Ehre* (1890); Shaw, *Mrs. Warren's Profession* (1898); Odets, *Waiting for Lefty* (1935); sowie Stücke von B. Brecht (→Lehrstück), P. Weiss, R. Hochhuth u. a. (→sozialist. Realismus, →Agitprop, →Straßentheater)
So läßt B. Brecht in *Mann ist Mann* genau in der Mitte des Stückes eine der Personen als »Zwischenspruch« die »Behauptung« »Herrn Bertolt Brechts« vortragen, wonach ein Mensch sich wie ein Auto ummontieren lasse, ohne daß er dabei irgend etwas verliert. Die Handlung des Stückes dient als Beweis für die Richtigkeit dieser »These«.

**Thesis,** die: (gr. Setzen) a) in gr. →Metrik betonter Taktteil, im Gegs. zur →Arsis; b) in neuerer Metrik unbetonter Taktteil, →Senkung.

**Thespiskarren,** der: →Wanderbühne.

**Thingspiel,** das: (germ. Versammlung) Weihespiel des völk.-nation. Massentheaters der NS-Literatur. (→Blut-und-Boden-Dichtung, →Freilichttheater)

**Threnos,** der: (gr.) Totenklage, Trauergedicht, Gattung des gr. →Chorlieds (→Klage, →Epikedeion, →Komos, →Epigramm). (→Nänie)
= *Beauty, truth, and rarity,*
  *Grace in all simplicity,*
  *Here enclosed in cinders lie.*

  *Death is now the phoenix' nest;*
  *And the turtle's loyal breast*
  *To eternity doth rest,*

*Leaving no posterity:*
*'Twas not their infirmity,*
*It was married chastity.*

*Truth may seem, but cannot be,*
*Beauty brag, but ›tis not she;*
*Truth and beauty buried be.*

*To this urn let those repair*
*That are either true or fair;*
*For these dead birds sigh a prayer.* [W. Shakespeare, *Threnos*]

**Thriller,** der: (engl.) →Reißer.

**Tierdichtung,** die: Dichtung, in der als Hauptpersonen Tiere auftreten; mit ihrer Verwendung urspr. meist die Absicht verbunden, durch das Spiel mit der Diskrepanz zwischen tier. Äußeren u. menschl. Eigenschaften (Denken u. Handeln) einen didakt.-satir. Effekt zu erzielen; weitest verbreitete Form von T. = Tierfabel (→Fabel) u. -epos; seit 19. Jh. neben T. u. Dichtungen mit vermenschlichten Tiergestalten, die nicht satir. Zielsetzung dienen, auch einfühlsame Darstellungen von Tierseele bzw. -welt u. schließlich dichter. Gestaltung des Verhältnisses von Tier u. Mensch; ältestes bekanntes Tierepos *Batrachomyomachia* (6./5. Jh. v. Chr.), 1. ma. Tierepos *Ecbasis cuiusdam captivi* (10. oder 11. Jh.); als Schöpfer des mod. Tierromans gilt der Däne S. Fleuron (*Jb Fidelius Adeltand*, 1917, u. a.). (→Bestiarium, →Fabel, →Märchen)

= *Roman de Renart* (12.–13. Jh.); Heinrich der Glichesaere, *Reinhart Fuchs* (ca. 1180, 1. dt.spr. Tierepos); J. Fischart, *Flöhhatz* (1573); E. T. A. Hoffmann, *Lebensansichten des Katers Murr* (1819 ff.); Heine, *Atta Troll* (1843); u. a.

*In der Höhle, bei den Seinen,*
*Liegt gemütskrank auf dem Rücken*
*Atta Troll, nachdenklich saugt er*
*An den Tatzen, saugt und brummt:*

*»Mumma, Mumma, schwarze Perle,*
*Die ich in dem Meer des Lebens*
*Aufgefischt, im Meer des Lebens*
*Hab' ich wieder dich verloren!*

*Werd' ich nie dich wiedersehen*
*Oder nur jenseits des Grabes,*
*Wo von Erdenzotteln frei*
*Sich verkläret deine Seele?*

*Ach! vorher möcht' ich noch einmal*
*Lecken an der holden Schnauze*
*Meiner Mumma, die so süße,*
*Wie mit Honigseim bestrichen!*

*Möchte auch noch einmal schnüffeln*
*Den Geruch, der eigentümlich*
*Meiner teuren schwarzen Mumma,*
*Und wie Rosenduft so lieblich!*

*Aber ach! die Mumma schmachtet*
*In den Fesseln jener Brut,*
*Die den Namen Menschen führet*
*Und sich Herr'n der Schöpfung dünkelt.*

*Tod und Hölle! Diese Menschen,*
*Diese Erzaristokraten,*
*Schaun auf das gesamte Tierreich*
*Frech und adelstolz herunter,*

*Rauben Weiber uns und Kinder,*
*Fesseln uns, mißhandeln, töten*
*Uns sogar, um zu verschachern*
*Unsre Haut und unsern Leichnam!*

*Und sie glauben sich berechtigt,*
*Solche Untat auszuüben*
*Ganz besonders gegen Bären,*
*Und sie nennen's Menschenrechte!* [Aus: Heine, *Atta Troll*]

**Tirade,** die: (zu lat. ziehen) a) →Laisse; b) Wortschwall, -erguß, (virtuose) Redepartie im Drama.

**Tiradenreim,** der: →Einreim.

**Tirolstrophe,** die: (nach fragmentar. Dichtung *Tirol u. Fridebrant*, 13. Jh.) mhd. Strophenform aus sieben Vierhebern: zwei Reimpaaren u. einer sog. Waisenterzine (aabbcxc); gilt als Weiterentwicklung der →Morolfstrophe.
= *Hœrstûz, junger künic vrî?*
 *stêstû dem rîchen edeln bî,*
 *daz er den armen tuot gewalt,*
 *dîn missetât ist manicvalt.*
 *dâmit verdienstû gotes zorn*
 *und spotent dîn die rîchen*
 *und hâst der armen gunst verlorn.* [Aus: *König Tirol*, Str. 37]

## Tischzucht

**Tischzucht,** die: (T. + Zucht = mhd. feine Lebensart) Sammlung von (meist gereimten) Vorschriften über rechtes Benehmen (bes. bei Tisch); wohl seit Mitte 13. bis 16. Jh. Gattung der didakt. Literatur; im 15. Jh. Wendung zur grobianischen →Parodie. (→Grobianismus, →lehrhafte Dichtung, →Hofzucht)
= *Tannhäusers Hofzucht* (Mitte 13. Jh., erste selbständige dt. T.)

*Der tisch hât manege werdekeit,*
*sô man tuoch und brôt dar ûf geleit*
*und trinken und spîse dar ûf stêt.*
*er izzt, ob sîn genôz zuo gêt,*
*daz er gar verboere,*
*ob er von dem tische woere.*
*durch daz sol ein edel man*
*sich gerne tugent nemen an*
*und ezzen mit zühten im genuoc.*
*sô sitzet maneger als ein pfluoc.*
*er loet bein und arme ragen,*
*als in diu güsse dar habe getragen.*
*ern ruochet, wie im ligen die hende.*
*er leint, als im tuon wê die lende.*
*den noehsten er mit der ahsel schabet.*
*er biugt den rücke, swenn er sich habet*
*durch ezzens gir über die schüzzel.*
*der im setzt einen sprüzzel under den drüzzel,*
*daz er ûf gerîht soeze*
*doch die wîle, und daz er oeze,*
*der het niht übel in gehandelt.*
*maneger in der schüzzel wandelt*
*und smückt daz beste ein sînen munt:*
*dem ist geselligkeit unkunt,*
*der sînen gnôzen überizzet.*
*swelch diener ouch den becher mizzet,*
*daz er im rinnet über die hant*
*und im begiuzet sîn gewant,*
*des dienstes ist ein teil ze vil,*
*und der daz trinken bieten wil*
*sîm gesellen; daz kan ich genôzen,*
*sam erz im in den buosen welle stôzen,*
*und hebet ez niht ze rehter zît.*
*swer ez alsô dicke übergît,*
*zwâre, der selbe jüngelinc*
*der gebe mir einen pfenninc.*  [Aus: Konrad von Haslau, *Der Jüngling*]

**Titel,** der: (lat. Auf- oder Inschrift) Überschrift, Benennung eines Werkes der Literatur, Wissenschaft, Kunst u. ä., auch Werk selbst. (→Incipit, →Explicit, →Kolophon)

**Titelei,** die: (→Titel) Gesamtheit der dem eigtl. Text eines Druckwerks vorangehenden Seiten mit Titelangaben u. ä.

**Titelgeschichte,** die: Geschichte (Erzählung) eines Sammelbands, deren Titel als Bandtitel dient.

**Titlonym,** das: (gr. Titel + Name) →Pseudonym, das Namen des Autors durch Titel eines Werkes ersetzt.
= »Verfasser der *Briefe eines Verstorbenen*« statt *H. v. Pückler-Muskau*

**Titulus,** der: (lat. Aufschrift) ma. Bildüberschrift oder -unterschrift, meist in Versform.
= *Werde einst herrschen; bin Herrscher; herrschte; war ehdem ein Herrscher.*
[Aus: *Carmina Burana* (zu »Glücksrad«)]

**Titurelstrophe,** die: nach Wolfram von Eschenbachs *Titurel*-Fragmenten (ca. 1220) genannte Strophenform des mhd. →höf. Epos; besteht aus zwei gereimten Verspaaren mit klingender →Kadenz; im 1. Vers acht, im 2. und 4. zehn und im 3. sechs Hebungen; Zäsur nach der 4. Hebung (mit Ausnahme des 3. Verses); weiterentwickekt im sog. *Jüngeren Titurel* des Albrecht von Scharfenberg: T. verwendet u. a. K. L. Immermann *(Merlin)*.
= *Schionatulander       vil dicke wart des innen*
  *um sînen oheim Gahmuret,     wie wol er sprechen kunde mit sinnen,*
  *und wie er sich von kumber kunde scheiden:*
  *des jâhen im hie vil der toufboern diet, als tâten dort die werden heiden.*
[Aus: *Titurel*, Str. 54]

**Tmesis,** die: (gr. Zerschneidung) →rhet. Figur: Trennung eines zusammengesetzten Wortes durch Dazwischenrücken anderer Satzglieder; Form des →Metaplasmus.
= *ob ich schon wanderte* [Psalm 23,4] statt *obschon ich*...

*Die Einheit nur ist viel, und wenig ist die Menge.*
*Das All und Eine hat ein Wesen im Allein.*
*Das Allgemeine selbst ist ohne All*... *gemein.*        [F. Rückert (= →Witz)]


*Ob ich Biblio was bin?*
*phile?* »*Ein Freund von Büchern*« *meinen Sie?*
[Aus: J. Ringelnatz, *Der Bücherfreund*]

**Togata,** die: (lat. Obergewand des röm. Bürgers) Gattung der röm. →Komödie, die im Gegs. zur →Palliata röm. in Stoff u. Kostümierung ist (zweite Hälfte des 2. Jh. v. Chr.).
= Hauptvertreter: Titinius, L. Afranius, T. Quinctius Atta

**Ton,** der: (mhd. dôn) in →Minnesang, →Meistersang u. →Spruchdichtung (Sangspruch) Bez. für Verbindung von best. Strophenform mit best. Melodie (wîse) zu sprachl.-musikal. Einheit (wort unde wîse); auch wenn ständig neue Stropenformen u. Melodien erfunden wurden, konnte derselbe T. für Strophen u. Gedichte versch. Inhalts verwendet werden (→Kontrafaktur); für die Zeit bis Ende 12. Jh. sind ca. 200 T. überliefert, an Minnesang-T.en ca. 1500.
= T.-Benennungen (eine Art Musterschutz): vrou Eren dôn; Türinger hérren dôn; Regenbogens langer dôn; abgeschiedne Vielfraßweis; Kurze Affenweise u. a. (Meistersang)

**Tonbeugung,** die: »Mißverhältnis«, das entsteht, wenn unbetonte Silbe statt betonter den metrischen →Akzent trägt. (→Hebung, →silbenzählendes Versprinzip, →akzentuierendes Versprinzip)
= *Hat wéder Rédlichkeît noch Tréu*
*Noch Gláuben nóch Freiheît verlóren . . .* [Weckherlin]

**Topik,** die: (gr.) a) Lehre von den Gemeinplätzen (→Topos); b) in antiker Rhetorik Teil der →Dispositio (Inventio = Finden [Erinnern] von Gedanken [Argumenten], die für Rede geeignet sind).
= a) *Im antiken Lehrgebäude der Rhetorik ist die T. das Vorratsmagazin*
[E. R. Curtius]

**Topographie,** die: (gr. Ort + schreiben) Orts- u. Landschaftsbeschreibung. (→Periegese)

**Topos,** der (Pl. Topoi): (gr. Ort) allg.: →Topik (Argumentsuche); bes.: Klischee, vorgeprägtes Bild (»Denk- und Ausdrucksschema« [E. R. Curtius]), Gemeinplatz (Locus communis), stereotype Wendung, Motiv u. ä., die einem Kulturkreis durch Schulbildung u. literar. Tradition verfügbar bleiben u. in einen best. Kontext eingebracht werden können; nach E. R. Curtius (*Europ. Literatur u. lat. MA.*, 1948) hat ein Grundbestand an Topoi aus der antiken u. ma. lat. Rhetorik bis ins 18. Jh. prägend auf die Literatur eingewirkt; mit der Auffindung u. Interpretation der T. beschäftigt sich die Toposforschung.
= →Locus amoenus, das *»Buch der Natur«,* das *»Welttheater«,* das *»Goldene Zeitalter«, »Klage über die Schlechtigkeit der Welt«* u. a.

»*Der T. ist eine Form, die (wie ein Gefäß bald mit Wasser, bald mit Wein: jeweils mit verschiedener Funktion) mit jeweils aktuell gemeintem Inhalt gefüllt werden kann.«* [Aus: H. Lausberg, *Elemente der literar. Rhetorik*]

**Tornada,** die: (prov. Rückkehr) allg.: →Kehrreim; bes.: Geleit von →Kanzone, (roman.) →Ballade u. →Romanze. (→Envoi)

**Totengespräch,** das: Dialog in der Unterwelt, meist als →Satire u. in didakt.-aufklärer. Sinn; in Dtschld. seit Übers. von Lukians *T.en* (2. Jh. n. Chr.) v. a. bei Gottsched und Wieland.

= B. Fontenelle *Dialogues des morts* (1683); Goethe, *Götter, Helden und Wieland* (1774); Wieland, *Gespräche in Elysium* (1780), *Neue Göttergespräche* (1791); Grillparzer, *T.* (1806 u. 1841); F. Mauthner, *T.* (1906); Nachleben in Brecht, *Das Verhör des Lukullus* (1939); u. a.

Merkurius am Ufer des Kozytus mit zwei Schatten.

MERKURIUS: *Charon! he, Charon! Mach, daß du rüberkommst. Geschwind! Meine Leutchen da beklagen sich zum Erbarmen, wie ihnen das Gras die Füße netzt und sie den Schnuppen kriegen.*

CHARON: *Saubre Nation! Woher? Das ist einmal wieder von der rechten Rasse. Die könnten immer leben.*

MERKURIUS: *Droben reden sie umgekehrt. Doch mit allem dem war das Paar nicht unangesehen auf der Oberwelt. Dem Herrn Literator hier fehlt nichts als sein Perücke und seine Bücher und der Megäre da nur Schminke und Dukaten. Wie steht's drüben?*

CHARON: *Nimm dich in acht, sie haben dir's geschworen, wenn du hinüberkommst.*

MERKURIUS: *Wieso?*

CHARON: *Admet und Alceste sind übel auf dich zu sprechen, am ärgsten Euripides. Und Herkules hat dich im Anfall seiner Hitze einen dummen Buben geheißen, der nie gescheit werden würde.*

MERKURIUS: *Ich versteh kein Wort davon.*

CHARON: *Ich auch nicht. Du hast in Deutschland jetzt ein Geträtsch mit einem gewissen Wieland?*

MERKURIUS: *Ich kenn so keinen.*

CHARON: *Was schiert's mich? Gnug, sie sind fuchswild.*

MERKURIUS: *Laß mich in Kahn, ich will mit hinüber, muß doch sehen, was gibt.*

Sie fahren über.

EURIPIDES: *Es ist nicht fein, daß du's uns so spielst. Alten guten Freunden und deinen Brüdern und Kindern. Dich mit Kerls zu gesellen, die keine Ader griechisch Blut im Leibe haben, und an uns zu necken und neidschen, als wenn uns noch was übrig wäre außer dem bißchen Ruhm und dem Respekt, den die Kinder droben für unserm Bart haben.*

MERKURIUS: *Beim Jupiter, ich versteh Euch nicht.*

LITERATOR: *Sollte etwa die Rede vom Deutschen Merkur sein?*

EURIPIDES: *Kommt Ihr daher? Ihr bezeugt's also?*

LITERATOR: *O ja, das ist jetzo die Wonne und Hoffnung von ganz Deutschland, was der Götterbote für goldne Papierchen der Aristarchen und Aoiden herumträgt.*

EURIPIDES: *Da hört ihr's. Und mir ist übel mitgespielt in denen goldenen Blättchens.*

LITERATOR: *Das nicht sowohl, Herr W. zeigt nur, daß er nach Ihnen habe wagen dürfen, eine »Alceste« zu schreiben; und daß, wenn er Ihre Fehler vermieden und größere Schönheiten aufempfunden, man die Schuld Ihrem Jahrhunderte und dessen Gesinnungen zuschreiben müsse.*

EURIPIDES: *Fehler! Schuld! Jahrhundert! O du hohes herrliches Gewölbe des unendlichen Himmels! Was ist aus uns geworden! Merkur, und du trägst dich damit!*

MERKURIUS: *Ich stehe versteinert.*

ALCESTE: *Du bist in übler Gesellschaft, und ich werde sie nicht verbessern. Pfui!*

ADMET: *Merkur, das hätt ich dir nicht zugetraut.*

MERKURIUS: *Redt deutlich, oder ich gehe fort. Was hab ich mit Rasenden zu tun!*

ALCESTE: *Du scheinst betroffen? So höre denn. Wir gingen neulich, mein Gemahl und ich, in dem Hain jenseits des Kozytus, wo, wie du weißt, die Gestalten der Träume sich lebhaft darstellen und hören lassen. Wir hatten uns eine Weile an den phantastischen Gestalten ergötzt, als ich auf einmal meinen Namen mit einem unleidlichen Tone ausrufen hörte. Wir wandten uns. Da erschienen zwei abgeschmackte gezierte hagre blasse Püppchens, die sich einander* Alceste! Admet! *nannten, voreinander sterben wollten, ein Geklingele mit ihren Stimmen machten als die Vögel und zuletzt mit einem traurigen Gekrächz verschwanden.*

ADMET: *Es war lächerlich anzusehen. Wir verstunden das nicht, bis erst kurz ein junger Studiosus herunterkam, der uns die große Neuigkeit brachte, ein gewisser Wieland habe uns ungebeten wie Euripides die Ehre angetan, dem Volke unsre Masken zu prostituieren. Und der sagte das Stück auswendig von Anfang bis zu Ende her. Es hat's aber niemand ausgehalten als Euripides, der neugierig und Autor genug dazu war.*

EURIPIDES: *Ja, und was das schlimmste ist, so soll er in eben den Wischen, die du herumträgst, seine Alceste vor der meinigen herausgestrichen, mich herunter und lächerlich gemacht haben.*

MERKURIUS. *Wer ist der Wieland?*

LITERATOR: *Hofrat und Prinzen-Hofmeister zu Weimar.*

MERKURIUS: *Und wenn er Ganymeds Hofmeister wäre, sollt er mir her. Es ist just Schlafenszeit, und mein Stab führt eine Seele leicht aus ihrem Körper.*

LITERATOR: *Mir wird's angenehm sein, solch einen großen Mann bei dieser Gelegenheit kennenzulernen.*

Wielands Schatten in der Nachtmütze tritt auf.

[Aus: Goethe, *Götter, Helden und Wieland*]

**Totenklage,** die: →Klage.

**Totentanz,** der: bildl. Darstellung des Gedankens der Todesverfallenheit, seit Ende des 13. Jh. als Reigen, den Lebende (jeden Alters u. Standes) mit Toten tanzen; in den Begleitversen halten die Todgeweihten mit ihrem Partner Zwiesprache (als Mahnung, Klage u. ä.); auf dieser Textgrundlage sowie Neudichtungen beruht das der Moderne angehörende Totentanz-→ Spiel.

= W. Spangenberg, *Mammons Sold* (1614); A. a Santa Clara, *Totenkapelle* (1710); W. Hasenclever, *Die Pest* (1920); M. Hausmann, *Der dunkle Reigen* (1951).

Der ewige got spricht:
*Nu ir menschen haltet mein gebot*
*das ir moget entrinnen dem ewigen dot,*
*so gib ich euch dar umb zu lon*
*in meinem himelreich der eren cron.*
*Darumb ir menschen lasset euern ubermut,*
*gebt wider eur unrechtes falsches boses gut,*
*denn ich vor euch an dem creuze leit*
*und ein spere mir mein herz vorsneit.*
*Dich wirt nit helfen ‖ gut noch leib*
*weder deine kinder noch dein weib,*
*auch weder leut noch alle dein lant;*
*dein leip muß sein mein pfant.*
*Nû hastu dein guttat also lange gespart*
*biß auf dein ende und auch dein letzte hinfart:*
*du kummest zu spat daß glaub mir*
*dein herz brich ich ab zu noten dir.*

Die menschen antworten:
*Barmherziger himelischer ewiger gutiger got*
*wir menschen hilten billich, herre, dein gebot,*
*daß erkennen wir, so stet uns unser sin und mut*
*auf die werntliche ere und auf zeitliches gut.*
*O ewiger got laß uns also elendiklichen nit ersterben*
*laß uns vor dein gotliche gnad erwerben,*
*Wan uns dein ere ist gewest ein spot*
*daß vorgib uns baremherziger ewiger got!*

Der Tod spricht;
*Herr bobst, disem tanz müst ir springen,*
*vor alle di ere gewinnen.*
*ir seit gewest ein irdischer got*
*nu seit ir umbgeben mit dem tod.*

Der babst antwort:
*Sol ich ie? und muß ja sein!*
*darzu enden das leben mein?*
*ist nu streflich gewest mein leben*
*daß wolle mir got vorgeben.*

Mors dicit:
*Auf, mit mir bei der zeit!*
*Wan inzunt dein hofnung nider leit.*
*Wan dir nach gut was gach*
*darumb so volg mir hinden nach.*

Der Cardinal antwort:
*Mocht ich meiner sunden los werden*
*noch hie auf dieser erden!*
*ich hab mich vorgessen sere*
*denn mir lip was zeitlich ere.*

Mors dicit:
*Her der bischof, ich bin der tod*
*hute dich, es tut dir not!*
*dein bistum mustu auf geben*
*und nit lenger laß ich dich leben.*

Der bischof antwort:
*O daß ich ein monch wêr gewesen*
*und het got gedînet mit singen und lesen!*
*und hab underdrucket alweg di armen,*
*das muß es nu got erbarmen.*

Mors dicit:
*Herfür, ir großen tumhern!*
*ir müst wider zu erden wer'n!*
*und lîzt [ir] euer hoffart fahren*
*so möcht euch noch got bewarn.*

Der tumher antwort:
*Vil pfrunt und großes gut*
*mir intzunt disen schaden tut;*
*so wil es doch nit anders sein,*
*owê des todes bitter pein!* [Aus: Unbek. Verf., *Totentanz* (16. Jh.)]

**Totum pro parte,** das: (lat. Ganzes für Teil) → Synekdoche.
= *Jugend* für *junge Leute*; *Deutschland* für *die Deutschen*; *Eisen* für *Schwert*

**Traduktion,** die: (lat.) a) Übersetzung; b) Wiederholung eines Wortes in verändertem Sinn oder abgewandelter Form als → Wortspiel.
= *Er mag zwar bedeutend sein, aber mir bedeutet er nicht das geringste. – Es wäre nur zu billig, sich zu entschuldigen. Freilich: zu billig!*

**Traduktionym,** das: (lat. Übersetzung + Name) → Pseudonym aus Übersetzung von Verfassernamen in fremde Sprachen. (→ Humanismus, → Barock)
= *Bauer – Agricola; Schwarzerd – Melanchthon; Kirchmaier – Naogeorg(us); Scholtz – Scultetus; Greif – Gryphius*; u. a.

**Tragik,** die: (gr. Kunst der Tragödie) allg.: als philos.-ästhet. Grundbegriff bez. T. a) Walten eines unentrinnbaren Schicksals (gr. ananke, lat. fatum) (fatalist. Theorie); b) Schuldigwerden des Menschen (moralist. Theorie); c) trag. Konflikt (Wertkonflikt) zwischen Individuum u. Gesellschaft, Freiheit u. Notwendigkeit u. ä., verstanden als Element des »Universums« bzw. Zeitdaseins (→Pantragismus) (idealist. Theorie: Hegel, M. Scheler, K. Jaspers); bes.: Verfehlung (→Hamartia) durch Unkenntnis (Verblendung, →Hybris); in diesem Sinn Gattungsmerkmal der gr. →Tragödie (→Katharsis).

**Tragikomödie,** die: →Drama, in dem trag. u. kom. Elemente sich verbinden u. die Doppelgesichtigkeit von Leben u. Welt sichtbar machen; in Deutschland vor allem seit nachklass. Zeit; Verbindung von Erhabenem u. Lächerlichem in mod. Dramatik gesteigert bis zum →Grotesken.
= Lenz, *Der neue Menoza* (1776); Hebbel, *Ein Trauerspiel in Sizilien* (1851); Wedekind, *Der Marquis von Keith* (1901); G. Hauptmann, *Die Ratten* (1911); Dürrenmatt, *Besuch der alten Dame* (1956); u. a.

**Tragödie,** die: (gr. Bocksgesang) Hauptgattung des europ. →Dramas mit →Tragik als wesentl. Merkmal; aus dem Dionysoskult des alten Griechenlands (→Dithyrambus) entstanden, ist ihre formale Struktur bestimmt durch die Spannung zwischen →Chor u. Schauspielern, Gesang u. dramat. Rede; nach Aristoteles (*Poetik*, 4. Jh. v. Chr.) führt die Tragödie eine Wandlung vor, die auf trag. Verfehlung beruht u. meist von Glück zu Unglück, Unkenntnis zu Kenntnis führt; das unschuldige Schuldigwerden des →Helden bewirkt »Schauder« (phobos) u. »Jammer« (eleos) beim Zuschauer u. die (reinigende) →Katharsis. Anfänge der modernen T. in →Humanisten-, →Reformations-, →Jesuiten-, →schles. Kunstdrama u. a.
= Die drei großen Tragiker (tragici maiores): Aichylos (*Die Perser*, *Die Orestie*, *Prometheus* u. a.), Sophokles (*Antigone*, *Elektra*, *Philoktet* u. a.), Euripides (*Alkestis*, *Medea*, *Die Troerinnen* u. a.)

*Die Tragödie ist die Nachahmung einer edlen und abgeschlossenen Handlung von einer bestimmten Größe in gewählter Rede, derart, daß jede Form solcher Rede in gesonderten Teilen erscheint und daß gehandelt und nicht berichtet wird und daß mit Hilfe von Mitleid und Furcht eine Reinigung von eben derartigen Affekten bewerkstelligt wird.*
[Aus: Aristoteles, *Poetik*; dt. von Olof Gigon]

**Traktätchen,** das: (Diminutiv von →Traktat) abwertende Bez. für volkstüml. relig. Erbauungsschrift.

**Traktat,** der: (lat. Behandlung) Abhandlung über relig., moral. oder wissenschaftl. Problem, auch relig. Flug-, Streit- oder Schmähschrift. (→Erbauungsliteratur)

= J. Duns Scotus, *Tractatus de primo principio* (1305); Hieron. Welter, *T. vom Leiden u. der Auferstehung Christi* (1546); Spinoza, *Tractatus theologico-politicus* (1670), Voltaire, *Traité* [= *T.*] *sur la tolérance* (1763); u. a.

*Do ich bey meiner herschafft was ain peichtiger und ain selwarter, und marckt da pey wie das sy so gar zů gůten sitten genaygt waren, die sy von got hetent und von iren aeltern her pracht, als ich wol han gemerkt, und geren vil predig horten, und die an tůn und schreyben, als sy von mir manig predig geschriben hand, do han ich gedacht das ich got dem obrosten herren und der edlen hochgelobten můter Marien und den hailigen zů eren, und meiner genaediger herschafft zů ainem gaystlichen dienst, und allen den die es lesend zů einer manung zů tugenden, das ich wil machen ain buechlin das ich nennen wil das guldin spil, und das wil ich taylen in siben spil wider die siben haubttodsuend, und das sind syben guldin spil, schaffzagel wider horffart, pretspil mit den scheiblachen wider frausshayt, ‖ kartenspil wider unkeusch, wuerfelspil wider geitikayt, schiessen wider zoren, tantzen wider trauckayt, saytenspil wider neid und hass.*

[Aus: Meister Ingold, *Das guldin Spil*]

**Tramelogödie,** die: (aus gr. Tragödie + Lied) dramat. Gattung zwischen →Tragödie u. →Oper.

**Translation,** die: (lat.) a) →Übersetzung; b) →Metapher.

**Transzendentalisten** (Pl.): (von lat. die Grenzen der Erfahrung überschreitend) allg.: am. relig.-soz. Bewegung, die Vorrang des individ. Gewissens betonte; beeinflußt u. a. von dt. →Idealismus, christl. Mystik u. engl. →Romantik, trat sie ein für idealist.-aktivist. Erneuerung von Kunst u. Literatur, für soziale Reformen, Frauenrechte u. Abschaffung der Sklaverei; Blütezeit ca. 1835–45; bes.: Kreis um Emerson, Thoreau u. die Zs. *The Dial* (1840–44).

= *We can foresee God in the coarse, and, as it were, distant phenomena of matter; but when we try do define and describe himself, both language and thought desert us, and we are as helpless as fools and savages. That essence refuses to be recorded in propositions, but when man has worshipped him intellectually, the noblest ministry of nature is to stand as the apparition of God. It is the organ through which the universal spirit speaks to the individual, and strives to lead back the individual to it.* [Aus: Emerson, *Nature*]

**Trauerrede,** die: in der Antike aus Toten- →Klage entstandene Leichenrede, bes. gepflegt in Ländern mit rhet. Tradition (z. B. Frkr.: →Oraison funèbre).

**Trauerspiel,** das: dt. Bez. für Tragödie, eingeführt von Ph. von Zesen nach Vorbild von →Lustspiel für Komödie; i. allg. synonym mit →Tragödie gebraucht, aber auch spez. auf T.e angewandt, deren stoisch-christl. Orientierung keine →Tragik aufkommen läßt. (→bürgerl. T.)

**Travestie,** die: (ital. verkleiden) der →Parodie verwandte Verspottung eines dicht. Werkes; der komische bis satir. Effekt wird erreicht durch Wiedergabe eines Inhalts in anderer, ihm nicht gemäßer Form u. beruht auf spannungsvollem Mißverhältnis zwischen Form u. Inhalt, Gestaltung u. Gestaltetem; in diesem Sinn gibt es kein literar. Werk bzw. keine Dichtung, die nicht zu »verkleiden«, d. h. zu travestieren, wären.

= T. der ital. Oper = John Gay, *Beggar's Opera* (1728); Vergil-T.n = P. Scarron, A. Blumenauer; Hebbel-, Meyerbeer-, Wagner-T.n = J. N. Nestroy; Horaz-T.n = Chr. Morgenstern u. a.

Judith und Holofernes. Die Rolle der Judith wird von ihrem Bruder Joab dargestellt.

JUDITH (JOAB) zu Holofernes: *Ich hab' gebeten, daß man melden mich möcht'. Den Herrn von Holofernes such' ich – geh' ich recht?*

HOLOFERNES: *Wär' mir nicht lieb, wenn's außer mir noch einen gäbet. Ich hab' die Spiegeln abg'schafft, weil sie die Frechheit haben, mein Gesicht, was einzig in seiner Art is, zu verdoppeln. – Wie heißt du?*

JUDITH (JOAB): *Aufzuwarten gehorsamst,*
　*Judith bin ich bevornamst.*
*Ich bin eine jung' Alttestamentarische,*
*Wohl manchmal a Gretl, a narrische,*
　*Aber Witwe aus ein'm sehr guten Haus,*
　*Und kenn' mich vor Unschuld gar nicht aus.*

HOLOFERNES: *Unschuldige Witwen hab'n sie in Bethulien? Dahin hat es die assyrische Industrie noch nie gebracht.*

JUDITH (JOAB): *Ich bin die einzige, durch ein Schicksal, ein rasses,*
*Und wer is schuld dran? Der Manasses.*

HOLOFERNES: *Der Manasses? Ah, das is wohl der Selige?*

JUDITH (JOAB): *Selig war er so wenig als ich;*
*Wenn's g'fällig is, hören Sie mich.*
*Erfassen wird Sie Entsetzen und Graus,*
*Und merkwürdig, auf d'Letzt' kommt gar nix heraus.*

HOLOFERNES: *Eine ganz eigne Art, dem Interesse des Interessanten ein gesteigertes Interesse zu verleihn. Erzähle!*

JUDITH (JOAB): *Der Vater, zwei Beiständ' und noch ein vierter*
*Brachten mich als so frisch kupolierter*
　*Ins manassische Haus;*
　*Ich wär' gern wieder h'naus,*
*Denn mir sagte ein Ahnungsgesicht:*
*'s schaut nix heraus bei der G'schicht'.*
　*Alles ging und wir waren allein,*
　*Die Kammer erhellte Millikerzenschein;*

*Drei war'n's – er umschlingt mich und auslöscht die erste –*
*Vor Herzklopfen glaubt' ich grad, daß ich zerberste; –*
*Da küßt er mich und – 's geht ins Weite –*
*Im nämlichen Moment löscht auch aus die zweite;*
*Und trotz Flehn und jungfräulicher Bitte*
*Macht er einen Blaser – und aus war die dritte.*

HOLOFERNES: *Mit dem Referenten einverstanden; so hätt' ich's auch gemacht. Bis jetzt bin ich auf'n Manasses seiner Seite.*

JUDITH (JOAB): *Der Manassses hüpft vor Wonne und zärtlich grinst er:*
*»O Judith, ich sehe dich auch in der Finster.«*
  *Nun ja, er konnte leicht mich sehn,*
  *Denn der Mondschein schien schon schön.*
*Mich schwach nur sträubend, sink' ich in ein Fauteuil;*
*Da springt er zurück – rührt sich nicht von der Stell'.*
  *Unbeweglich – mir graut –*
  *'s hat grad so ausg'schaut,*
*Als hätt' ihm ein Dämon von unten*
*Die Füß' an ein'n Felsen an'bunden.*
*Ich denk' mir: was ist's denn, was treibt er?*
*Doch in seiner Stellung verbleibt er.*
*»Willst mich schrecken« – sag' ich – »genug des Spaßes,*
*Komm zu deiner Braut, du garstiger Manasses!«*

HOLOFERNES: *Na, da wird er doch deutsch – will ich sagen, hebräisch verstanden haben?*

JUDITH (JOAB): *Da sagt er mit schauerlich starrem Schafsgesicht*
  *Zehnmal in ein' Atem: »Ich kann nicht!« –*

HOLOFERNES: *O du verflixter Manasses!*

JUDITH (JOAB): *Weinend ring' ich die Hände vor Kummer,*
*Da umfing mich –*

HOLOFERNES: *Aha! –*

JUDITH (JOAB): *Nicht er – nein, nur ein Schlummer. –*
  *Den andern Tag war er still,*
  *Und auch ich sprach nicht viel –*
*So lebten wir sechs Monat' in Frieden,*
*Aber grad so gut, als wär'n wir geschieden.*

HOLOFERNES: *Es muß ja aber doch zur Sprach' gekommen sein, war er verhext oder hat man ihm einen Weidmann gesetzt oder –*

JUDITH (JOAB): *Erst wie er zum Sterben war, hab' ich's übers Herz gebracht,*
*Zu fragen: »Was war es denn in der Hochzeitsnacht?«*
*»Ja«, – sagt er, – »jetzt will ich dir's sagen, du –«*
*Bumsdi! fall'n ihm die Augen zu;*
*Der Tod brach ihm die Stimm',*
*Des Rätsels Lösung starb mit ihm.*
*Ein ewig Dunkel bleibt's und niemand waß es,*

*Das eigentliche Bewandtnis mit 'n Manasses.*
HOLOFERNES: *Das kommt jetzt auch nicht mehr auf. Erschlagen könnt' ich ihn, aber lebendig machen kann ich ihn nicht. Aber auf Ehr', du bist gar kein übler Schneck. Ich krieg' Achtung vor Bethulien. Schad', daß ich alle Städte, die ich achte, anzünden muß.*
      [Aus: J. N. Nestroy, *Judith und Holofernes*, 24. Auftritt]

**Treatment,** das: (engl. Behandlung) Ausarbeitung, ausgearb. →Entwurf, →Skizze.

**Triade,** die: (gr. Dreiheit) in gr. Dichtung Gruppe von drei →Strophen, (metr.) gleichgebaute Gegen- oder →Antistrophe u. (metr.) abweichende →Epode (Abgesangstrophe), v. a. in gr. Chorlyrik; in dt. Dichtung v. a. in →Barock (Gryphius: T. = »Satz, Gegensatz, Zusatz«).

**Tribrachys,** der: (gr. drei + kurz) antiker Versfuß aus drei Kürzen (∪ ∪ ∪: *animus*) als Auflösung von →Jambus oder →Trochäus.

**Trikolon,** das: (gr. drei + →Kolon) Satzgefüge aus drei gereihten Sprecheinheiten; rhet. wirkungsvoll, häufig in Dichtung des →Barock.
= *Sie lieb' ich / Sie lob' ich / Jhr leb' ich zu liebe /*
   *Sie ehr' ich / sie höhr' ich / Jhr kehr' ich mich zu:*
*Sie machet es / daß ich im lieben mich übe /*
   *daß ich verschertze die hertzliche ruh.*
*Sie schreib' ich / mich treib' ich / Jhr bleib' ich ergeben /*
*Sie denk' ich / mich kränk' ich / Jhr schenk' ich mein leben.*
      [Aus: Philipp von Zesen, *An seine lieb- und hold-sälige Adelmund*]

**Trilogie,** die: (gr. drei + Rede) Folge von drei stoffl.-motivl. zusammenhängenden Dramen (→Zyklus), urspr. die drei Tragödien in gr. →Tetralogie (= T. + →Satyrspiel); Bez. auf dreiteilige Romanzyklen übertragen.
= Schiller, *Wallenstein* (zwei Dramen + Vorspiel); Grillparzer, *Das goldene Vlies*; Fouqué, *Held des Nordens*; Hebbel, *Die Nibelungen*; G. Kaiser, *Gas* (Drama); Raabe, *Stuttgarter T.* (*Hungerpastor, Abu Telfan, Der Schüdderump*); H. Mann, *Die Göttinnen*; G. Grass, *Danziger T.* (Roman bzw. Novelle)

**Trimeter,** der: (gr. drei + Maß) allg.: jeder antike Vers aus drei Metren; bes.: sechsfüßiger Jambus mit Zäsur nach 2. oder 4. Hebung; von Goethe (*Faust II*, Helena-Akt), Schiller (*Jungfrau von Orleans*) u. a. gebraucht, in der zweiten Hälfte des 18. Jh. vom →Blankvers abgelöst.
= *Bewundert viel und viel gescholten, Helena,*
*Vom Strande komm ich, wo wir erst gelandet sind,*
*Noch immer trunken von des Gewoges regsamem*

*Geschaukel, das vom phrygischen Blachgefild uns her
Auf sträubig-hohem Rücken durch Poseidons Gunst
Und Europs' Kraft in vaterländische Buchten trug.* [Goethe, *Faust II*]

**Trinklied,** das: Lied zum Preis von Getränk u. (gesell.) Trinken; schon in Antike gepflegt, in dt. Literatur erstmals in ma. →Vagantendichtung; bes. häufig in →Anakreontik. (→Studentenlied)
= *1.*
*Was nützet in hitze so sitzen / und schwitzen
in arbeit und mühe / vol kummer und pein?
Was nützet mit spitzen der dornen sich ritzen /
mit klagen und zagen entmuhtiget sein?
da Rosen das Reinische Rebenbluht kröhnen /
die allen gemühtes-sturm können versöhnen.*

*2.*
*Auf! spühlet die gläser / und füllet die flöhten!
Da habt ihr das beste / das gröste gewehr
das leiden zu scheiden / den unmuth zu tödten /
damit er das hertze nicht vollend verzehr.
Auf Brüder! ein ieder sei wieder zu frieden:
der schlummer und kummer ist von uns geschieden.*

*3.*
*Es gischen die gläser / es zischet der zukker:
man schwenkt sie / und schenkt sie euch allen vol ein.
Es klukkert verzukkert dem schlukker fein lukker /
fein munter hinunter der Reinische wein.
So klinkern und flinkern und blinkern die flöhten!
so können die sinnen entrinnen aus nöhten!*

[Aus: Philipp von Zesen, *Weinlied*]

**Triolett,** das: (ital. drei) einstrophige Gedichtform von epigrammat. Charakter; besteht aus acht (achtsilbigen) jamb. oder troch. Versen u. beschränkt sich auf zwei Reimpaare; 1. Verszeile wiederholt sich als 4., die beiden 1. als 7. u. abschließende 8., Reimschema: aba aab ab; frz. Ursprungs; Bez. T. wegen dreimaliger Wiederholung der 1. Zeile; im Dt. häufig in →Anakreontik (Hagedorn) u. →Romantik, auch gepflegt von Platen, Rückert, Geibel u. a.
= *Ein Triolett soll ich ihr singen?
Ein Triolett ist viel zu klein,
Ihr großes Lob hineinzubringen!
Ein Triolett soll ich ihr singen?
Wie sollt' ich mit der Kleinheit ringen,
Es müßt' ein großer Hymnus sein!*

*Ein Triolett soll ich ihr singen?*
*Ein Triolett ist viel zu klein!* [J. W. L. Gleim]

**Tripodie,** die: (gr. drei + Fuß) aus drei gleichen Versfüßen bestehende metrische Einheit, oft als →Klausel. (→Monopodie, →Dipodie)
= →Ithyphallikus

**Tristichon,** das: (gr. drei + Vers) Versgruppe, Strophe oder Gedicht aus drei Zeilen. (→Terzine, →Terzett)
= *Es fiel ein Reif in Frühlingsnacht,*
*Wohl über die schöne blau Blümelein.*
*Sie sind verwelket, verdörret.* [Zuccalmaglio]

**Tristien** (Pl.): (von lat. traurig) →Klage.

**Tritagonist,** der: (gr.) in gr. →Tragödie 3. Schauspieler, eingeführt von Sophokles. (→Deuteragonist, →Protagonist)

**Trithemimeres,** die: (gr. dritter + halb + Teil) Verseinschnitt (→Zäsur) nach dem 3. Halbfuß in Hexameter u.ä. (→Hephthemimeres, →Penthemimeres)
= – ∪ ∪ – // ∪ ∪ – ∪ ∪ – / ∪ ∪ – ∪ ∪ – ū *(als sie die Wald // anhöhen erreicht / des quelligen Ida* [Homer])

**Trivialliteratur,** die: (frz. allbekannt; gewöhnl. zu lat. Dreiweg = Kreuzung dreier Wege) Teil der →Unterhaltungslit., in dem künstler. Wertlosigkeit (»Minderwertigkeit«) sich mit Affirmation der herrschenden Verhältnisse verbindet; als Variation einer begrenzten Zahl von (Grund-)Themen (Liebe, Heimat, Aufstieg, Abenteuer u.ä.), die in Schwarzweißzeichnung auf klischee- u. phrasenhafte Weise abgehandelt werden (»Versatzsstück-Montage«), umfaßt die T. Groschenheft wie Schlagertext, Illustriertenroman wie (triviales) Volksstück u. Operette; gegen »gehobene« Literatur ist die »massenhaft verbreitete« T. nicht weniger schwer abzugrenzen als gegen →Schundliteratur.
= *Das vorliegende Buch baut sich auf über den Grundideen der Humanität, es versucht die Menschenliebe zu erwecken in Gemütern, die infolge angeborenen Hochmuts und falscher Erziehung völlig vergessen, daß sie einen himmlischen Schöpfer, ein Vaterland, ein Jenseits mit ihren Brüdern gemein haben, daß sie nur Glieder, mitnichten aber Störer und willkürlich Hemmende einer Kette sein sollen, deren Anfang und Ende in Gottes Hand liegen. Klopft nicht auch die Gartenlaube in dem Sinne an die Menschenherzen? Weht nicht aus ihr der weiche Odem der Menschenliebe, und zürnt sie nicht mit denen, die um ihres persönlichen Vorteils willen nach der Wiederkehr alter, verrotteter, menschenfeindlicher Institutionen ringen?*
[Aus: E. Marlitt, Vorwort zu *Reichsgräfin Gisela*]

*Neben Elisabeth befand sich das Fenster – es war offen. Draußen stand Herr von Walde und sah, beide Arme auf die Brüstung gestemmt, in das Zimmer herein. Er hatte die Worte gerufen, die den tödlich erschrockenen Hollfeld wie eine Handvoll Spreu hinauswehten. Welcher Ausdruck voll Grimm lag in diesem Augenblicke auf der unbedeckten Stirn, in den zusammengepreßten Lippen und dem funkelnden Auge, das noch eine Weile nach der Tür starrte, durch welche Hollfeld verschwunden war!*

*Endlich fiel sein Blick wieder auf Elisabeth, die bis dahin regungslos gestanden hatte, jetzt aber, von ihrem zwiefachen Schrecken sich erholend, eine Bewegung machte, als wolle sie in den Hintergrund des Zimmers zurücktreten.*

*»Was tun Sie hier?« fragte er barsch; seine Stimme hatte genau den rauhen Klang wie zuvor. Das junge Mädchen fühlte sich tief verletzt durch die Art und Weise der Anrede und war im Begriffe, trotzig zu antworten, als sie bedachte, daß sie ja auf seinem Grund und Boden stehe; deshalb erwiderte sie ruhig:*

*»Ich ordne Miß Mertens' Bücher.«*

*»Sie hatten eine andere Antwort auf den Lippen – ich sah es und will sie wissen.«*

*»Nun denn – ich wollte sagen, daß ich auf eine so ungewöhnliche Art zu fragen keine Antwort habe.«*

*»Und warum unterdrückten Sie diese – Zurechtweisung?«*

*»Weil mir einfiel, daß Sie hier das Recht haben zu befehlen.«*

*»Das ist lobenswert, daß sie dies einsehen, denn ich bin gesonnen, dieses mein gutes Recht gerade in diesem Augenblicke voll zur Geltung zu bringen – zertreten Sie die Rose, die da so schmachtend zu Ihren Füßen liegt.«*

*»Das werde ich nicht tun – denn sie hat nichts verschuldet.« Sie hob die Rose, eine schöne, halbgeöffnete Centifolie, vom Boden auf und legte sie auf den Fenstersims. Herr von Walde ergriff die Blume und warf sie ohne weiteres auf den Rasenplatz.*

*»Dort stirbt sie einen poetischen Tod«, sagte er ironisch, »die Grashalme decken sie zu, und abends kommt ein mitleidiger Tau und weint seine Tränen auf die arme Geopferte.«* [Aus: E. Marlitt, *Goldelse*]

**Trivium,** das: → Freie Künste.

**Trobador** bzw. **Troubadour,** der: (von prov. finden, dichten u. komponieren) prov. Dichterkomponist u. Sänger in westl. u. mittler. Südfrankreich (12. u.13. Jh.); die Kunst des T. verwirklicht sich v. a. in →Canso (→Kanzone), →Sirventes, →Tenzone, →Partimen (→Streitgedicht), →Planh, →Alba, →Pastorelle (→Trobar clus). (→Minnesang)

= Hauptvertreter: Jaufré Rudel, Marcabru, Bernart de Ventadour, Bertran de Born, Peire Vidal, Arnaut Daniel u. a.

**Trobar clus,** das: (prov. verschlossenes Dichten) bewußt schwieriger, fast privater Stil von →Trobadors wie Marcabru, Peire d'Alvernhe u. a., in dem die Komplexität der Sprache es fast unmöglich macht, den »Sinn« zu ermitteln; Gegs. Trobar clar (= offener, heller, nicht intransigent-aristokrat. Stil). (→Manierismus, →geblümter Stil, →Konzetto)

**Trochäus,** der: (gr. Läufer), auch Choreus (gr. Tänzer), antiker Versfuß aus betonter (bzw. langer) u. unbetonter (bzw. kurzer) Silbe ( $\stackrel{\_}{\ }\cup$ = freilich; Gegs. →Jambus); in dt. Dichtung seit 18. Jh. als reimloser troch. Vierheber (»anakreontischer Vers«: Uz, Götz, Gleim), kam hier zur Nachbildung des Achtsilblers der assonierenden span. →Romanzen in Gebrauch (teils reimlos, teils mit Assonanzen) (Herder, *Cid*); mit Endreim bei Schiller (Lyrik), oft im Drama (Grillparzer, *Ahnfrau, Der Traum ein Leben*; v. Scheffel, *Der Trompeter von Säckingen*; u. a.), später bei Heine *(Atta Troll)* u. a. Der T. wird am häufigsten vierhebig verwendet; seine große Popularität um 1800 geht darauf zurück, daß man in ihm irrtümlich eine Entsprechung des span. Romanzenverses sah. Der fünffüßige T. (serbischer T., →Ballade) wird seltener gebraucht (Bürger, Goethe, Rückert, Platen, C. F. Meyer, Liliencron, Miegel u. a.). Im allg. hat sich der T. in der dt. Dichtung nicht so erfolgreich durchgesetzt wie der Jambus.

= *In den Wald bin ich geflüchtet,*
 *Ein zu Tod gehetztes Wild,*
 *Da die letzte Glut der Sonne*
 *Längs der glatten Stämme quillt.*

 *Keuchend lieg ich. Mir zu Seiten*
 *Blutet, siehe, Moos und Stein –*
 *Strömt das Blut aus meinen Wunden –*
 *Oder ist's der Abendschein?* [C. F. Meyer, *Abendrot im Walde*]

 *Mir befiehlt ein rasches Wesen.*
 *Wie ein Sprung bin ich zur Stelle;*
 *schnelle mich von schwanker Schwelle*
 *in den Ring und führe den.*

 *Rede gern, bin leicht zu fassen.*
 *Kleinen Liedes muntre Gabe,*
 *leichter Trostspruch überm Grabe,*
 *sind mir gleicher Dinge schön.* [Aus: Weinheber, *Der Trochäus*]

**Tropus,** der: (gr. Wendung, Weise) allg.: erweiternder (textl. und/oder musikal.) Einschub in liturg. Gesänge des MA., meist zur Erklärung oder Ausschmückung; in Troparien gesammelt; bes.: Verselbständigung von T.form (allg.) führt zur Entstehung von →Sequenz (»Alleluja«) u. ma. →geistl. Spiel (Introitus). (→Osterspiel)

**Tropus,** der, bzw. **Trope,** die: (gr. Wendung, Vertauschung) uneigtl. sprachl. Ausdruck, Ergebnis von Wortersetzung als »Abwendung« eines Wortes (Bezeichnung) von seinem urspr. Inhalt (Bedeutung) u. »Zuwendung« zu einem neuen Inhalt. Nach Grad der »Wendung«, d. h. Begriffsverwechslung, teilt die →Rhetorik die zehn T. ein in 1. Grenzverschiebungs-T., bei denen Beziehung zwischen Gesagtem u. Gemeintem besteht (→Periphrase, →Emphase, →Antonomasie, →Synekdoche, →Metonymie, →Litotes, →Hyperbel) und 2. Sprung-T., bei denen Gemeintes erst durch »Sprung« faßbar wird, da Gesagtes u. Gemeintes nicht unmittelbar benachbart ist (→Metapher, →Allegorie, →Ironie); im Gegs. zu dem bildhaften, uneigentl. T. dienen die →rhet. Figuren bes. Ausschmückung u. Verlebendigung der sprachl. Aussage.

**Trouvère,** der: (von frz. finden [→Trobador]) a) ma. frz. Dichterkomponist u. Sänger an nordfrz. Höfen (zweite Hälfte des 12. Jh.), folgte meist prov. Vorbild; b) Verfasser von →chanson de geste.
= Hauptvertreter: Chrétien de Troyes, Thibaut de Champagne, Jean Bodel, Conon de Béthune, Adam de la Halle u. a.

**Trümmerliteratur,** die: Schlagwort der Zeit unmittelbar nach 1945 für die Forderung junger dt. Autoren nach Neubeginn in Sprache u. Bilderwelt, nach einer (illusions- u. schmucklosen) »Poesie des Kahlschlags« (W. Weyrauch); nur ausnahmsweise verwirklicht (z. B. G. Eich, *Inventur*).
= *Die ersten schriftstellerischen Versuche unserer Generation nach 1945 hat man als Trümmerliteratur bezeichnet, man hat sie damit abzutun versucht. Wir haben uns gegen diese Bezeichnung nicht gewehrt, weil sie zu Recht bestand: tatsächlich, die Menschen, von denen wir schrieben, lebten in Trümmern, sie kamen aus dem Krieg, Männer und Frauen in gleichem Maße verletzt, auch Kinder. Und sie waren scharfäugig: sie sahen.*
[Aus: H. Böll, *Bekenntnis zur T.*]

*Zerschlagt eure Lieder*
*verbrennt eure Verse*
*sagt nackt*
*was ihr müßt.*                                                                 [W. Schnurre]

**Tunnel über der Spree,** der: Berliner Künstlerkreis, 1827 von M. G. Saphir nach Vorbild der Wiener →Ludlamshöhle gegr., bestand bis 1887; ausgesprochen apolitisch u. versammlungsfreudig.
= Mitglieder: Fontane, Geibel, Heyse, Storm, Strachwitz, H. Seidel u. a.

*Ihr rüttelt an dem Königspalast*
*Mit unverdrossenem Mute,*
*Ihr baut ein neues Haus mit Hast*
*Und schreit zum Kitt nach Blute.*
*Doch ist es fertig, das neue Haus,*

*Nach manchem saueren Tage,*
*Der Bonaparte bleibt nicht aus,*
*Ders stürzt mit einem Schlage!*

*Die Arme gekreuzt, gewaltig und stumm,*
*So wird er vor euch stehen,*
*Ihr aber zieht den Buckel krumm*
*Und traget seine Livreen.*
*Und schlachten laßt ihr euch gern und froh*
*Mit dienstergebener Miene,*
*Und denket: besser in Waterloo,*
*Als unter der Guillotine! –*

*So kommt es, ihr Männer des ewigen: Nein*
*So kommts, ihr Tyrannenvertreiber,*
*Es wird eine Zeit der Helden sein*
*Nach der Zeit der Schreier und Schreiber.*
*Bis dahin webt mit Fleiß und List*
*Eure Schlingen ineinander,*
*Wenn der gordische Knoten fertig ist,*
*Schickt Gott den Alexander.*

[Moritz von Strachwitz, *Der gordische Knoten*]

**Typenkomödie,** die: (→Typ) →Komödie, die sich aus dem Handeln stehender Typen, d.h. die Wesensmerkmale best. Altersstufen, Berufe, Stände, Temperamente u.ä. verkörpernder, karikierend überzeichneter Figuren, entfaltet; Urform der Komödie, mit fließendem Übergang zur →Charakterkomödie. (→Commedia dell'arte, →Comedy of humours, →Mimus, →Posse)
= *Geiziger Alter, schwadronierender Advokat, ruhmrediger Soldat, gefräßiger Diener, mißvergnügter Liebhaber* u.a.

**Typus,** der: (gr. Schlag, Gestalt, Muster) allg.: Grundform, Urgestalt, (Gattungs-)Muster; bes.: Gestalt ohne individ. Gepräge, die als Verkörperung des Wesens einer Gruppe, Gattung u.ä. gilt, in ihrer einseitigen Betonung der wesensbestimmenden Merkmale jedoch oft zu →Karikatur neigt. (→Typenkomödie, Drama des →Expressionismus, →Kurzgeschichte)

**übergehender** bzw. **überschlagender Reim,** der: Sonderform des →Kettenreims.
= *Sumer, nû wil dîn    gewalt*
*walt    den anger und die heide*
*beide    kleiden: dast dien kleinen vogeln nôt.*
*man siht bluomen manicvalt,*
*valt    an manger stolzer meide:*
*reide    löcke tragents unde mündel rôt.*
*seht, der fröide was vil nâch zergangen.*
*ach mîs herzen! jâ muoz mich belangen*
*nâch dem triutelehten lîbe, owê wan woere er mîn!...*    [Gottfried von Neifen]

*Nach* Sehen *kommt* Lachen
*Nach* Lachen *Kundschafft* machen,
*Nach* Kundschafft *züchtig* fühlen,
*Nach* Fühlen *weiter* wühlen,
*Geschwinde ists geschehen.*
*Daß alles kommt vom Sehen.*    [Stammbuchvers]

**Überlieferung,** die: Gesamtheit des Textbestands eines literar. Werks von 1. Niederschrift bis →Erstausgabe bzw. →krit. oder →histor.-krit. Ausgabe. (→Textkritik, →Stemma)

**Übersetzung,** die: Übertragung von Text in eine andere Sprache; als schriftl. Wiedergabe mit Hilfsmitteln (Lexika, Handbücher u.a.) unterscheidet sich die Ü. vom mündl. Dolmetschen, das sich allein auf das Gedächtnis stützt. Je nach der Nähe zum Original ist eine Ü. a) sinngemäß (→Paraphrase), b) formgetreu, d.h. die Vieldimensionalität des Originals adäquat erfassend, oder c) wortgetreu (→Interlinearversion, →Metaphrase). (→Nachdichtung)

**Übertreibung,** die: →Hyperbel, →Lügendichtung.

**Ultraismo,** der: (lat.-span. Ultraismus [zu über hinaus]) span. u. hispanoam. literar. Bewegung, 1919 in Madrid begründet; verstand sich als Fortführung des →Modernismo u. forderte Erneuerung der Lyrik durch ihre Reduk-

tion auf eine auch den Bereich der Technik einbeziehende autonome Bildersprache. (→Surrealismus)
= Hauptvertreter: G. de Torre (*Manifiesto vertical ultraista*, 1920), G. Diego, J. L. Borges, J. Carrera Andrade, C. Vallejo u. a.

**umarmender** bzw. **umschließender Reim,** der: auch Spiegelreim, Reimfolge, bei der ein Reimpaar ein zweites umschließt; findet sich stets in den beiden →Quartetten des streng gebauten →Sonetts (a b b a c d d c). (→Kanzone)
= *Am jüngsten Tag, wenn die Posaunen schallen*
*Und alles aus ist mit dem Erdenleben,*
*sind wir verpflichtet, Rechenschaft zu geben*
*Von jedem Wort, das unnütz uns entfallen.* [Goethe, *Warnung*]

**Umschreibung,** die: →Periphrase.

**Unanimismus,** der: (frz. nach lat. eins + Seele) philos.-ästhet. Bewegung in Frkr. (Anfang 20. Jh.); ausgehend von der Idee eines beseelten Kosmos, fordert sie Erfassung der Gesamtwirklichkeit von Mensch u. Welt, Gestaltung der Verflochtenheit des Einzelmenschen ins Kollektiv.
= Neben J. Romains, dessen Lyriksammlung *La vie unanime* (1908) zum Manifest des U. wurde (*Les hommes de bonne volonté*, Zyklus in 27 Bd., 1932 ff.), G. Duhamel, L. Durtain, P.-J. Jouve u. a.

**Underground-Literatur,** die: (engl.-am.) Literatur, die aus polit. oder ideolog. Gründen in »Untergrund« publiziert u. vertrieben wird; Bez. anwendbar auf literar. Strömungen der Subkultur, bes. wie sie seit 1960 von den USA ausgehen (→Zensur), sowie auf Werke des aktiven polit. Widerstands (→Resistanceliteratur, →Samisdat = »heiml. Literatur«). (→Protestsong, →Straßentheater, →Beatgeneration, →Popliteratur u. a.)

**Understatement,** das: (engl. Unterbewertung) Untertreibung, nüchtern-zurückhaltende Redeweise; Form der →Ironie. (→Litotes, →Meiosis)

**uneigentliche Sprache,** die: (un = ohne, nicht + eigen = im genauen Sinn) Sprache, in der tropische Ausdrucksweise (→Tropus) überwiegt u. deren Beziehung zur Wirklichkeit damit gebrochen ist; Gegs. →eigentliche Sprache.

**unreiner Reim,** der: auch Halbreim, Reim, der nicht »rein« ist, da er bloß auf unreinen, d. h. nicht gleich, sondern ähnlich klingenden Reimsilben beruht. (→Augenreim)
= *Mein brieff war neulich kaum nach abgeschickt /*
*Die augen waren erst vom schlaffe zugedrückt /* [Neukirch]

*Ach neige / Du Schmerzensreiche* [Goethe]; *Jugend – suchend, Zweig – Reich* [Novalis]; *Auge – Hauche* [George]

**Unsinnspoesie,** die: →Nonsensdichtung.

**unterbrochener Reim,** der: Verschränkung von nicht aufeinander reimenden Versen (→Waisen) mit Reimen (abcbdeb... ), bes. zur Reimfolge abcb (→Volkslied) u. abcbdbeb (Volks- →Ballade).
= *Ich ging im Walde*
*So für mich hin,*
*Und nichts zu suchen,*
*Das war mein Sinn.* [Aus: Goethe, *Gefunden*]

*Droben auf dem schroffen Steine*
*Raucht in Trümmern Autafort,*
*Und der Burgherr steht gefesselt*
*Vor des Königs Zelte dort:*
*»Kamst du, der mit Schwert und Liedern*
*Aufruhr trug von Ort zu Ort,*
*Der die Kinder aufgewiegelt*
*Gegen ihres Vaters Wort?«* [Aus: Uhland, *Bertran de Born*]

**Unterhaltungsliteratur,** die: Teil der Literatur (→Belletristik), der bewußt auf (bloße) Unterhaltung (Zerstreuung) des Publikums, d.h. »angenehmen Zeitvertreib«, abzielt; sprachl. u. formal weniger anspruchsvoll als »gehobene« Literatur, doch in gedankl. u. inhaltl. Hinsicht meist anspruchsvoller u. vielschichtiger als →Trivialliteratur. (→Bestseller, →Boulevardstück)
= Erfolgreiche U.-Schriftsteller: J. Knittel, V. Baum, H. G. Konsalik, J. M. Simmel, W. Heinrich, M. L. Fischer u.a.

**Uraufführung,** die: (seit 1902 für [frz.] Premiere, das heute »Neuinszenierung« bedeutet) 1. Aufführung (theatral. Darbietung) von Bühnenwerk (auch Musikwerk).

**Urbild,** das: →Archetypus.

**Urheberrecht,** das: Rechtsbestimmungen, die den Schutz von Werken der Literatur, Wissenschaft u. Kunst regeln u. im dt. Urheberrechtsgesetz (Neufassung 9. Sept. 1965, Ergänzung 1. Juli 1985) festgelegt sind.

**Urschrift,** die: →Autograph, →Original.

**Utopie,** die: (gr. nicht + Ort = Nirgendsland; Begriff von Th. Morus als Name für fiktiven Idealstaat) Bez. für nur denk-, aber nicht realisierbare, ideale Form menschl. Zusammenlebens; Urbild Platons *Staat* (4. Jh. v. Chr.) u. dessen als vollkommen angesehene Gesellschaftsordnung; als literar. U. meist Roman: →Staatsroman (→Fürstenspiegel), →Robinsonade, →Zukunftsroman u. ä.

= Joh. Val. Andreae, *Rei publicae christianopolitanae descriptio* (1619, erste dt. Utopie, in lat. Sprache); Joh. G. Schnabel, *Insel Felsenburg* (1731 ff.); *Land der Inquiraner* (1736, anonym); H. G. Wells, *Der erste Mann auf dem Mond* (1901); Wedekind, *Mine-Haha* (1903); J. Samjatin, *Wir* (1922); G. Hauptmann, *Insel der großen Mutter* (1924); A. Huxley, *Schöne neue Welt* (1932); F. Werfel, *Stern der Ungeborenen* (1946); B. F. Skinner, *Walden II* (1948); F. Jünger, *Heliopolis* (1949), *Eumeswil* (1977); G. Orwell, *1984* (1949); St. Lem, *Der futurologische Kongreß* (1972); u. a.

**ut pictura poiesis:** (lat. wie ein Bild [sei] das Gedicht = Zitat aus Horaz' *Ars poetica*, V, 361) Mißdeutung des auf die nahe Beziehung zwischen Dichtung u. bild. Kunst hinweisenden Satzes in der →Renaissance führte zu der bis ins 18. Jh. erhobenen programmat. Forderung nach einer »malenden Dichtkunst«.
= Lessing, *Laokoon* (1766 = Auseinandersetzung um Grenzziehung)

**Vaganten** (Pl.): (lat. Umherschweifende) →Fahrende: Scholaren (Studierende) u. Kleriker, unterwegs zum Studienort bzw. auf Arbeits- oder Abenteuersuche; teils frühes »akadem. Proletariat«, teils Außenseiter u. für ein ungebundenes Leben; ihre dichter. Werke = →Vagantendichtung. (→Goliarde, →Joculator, →Spielmann, →Ménestrel)

**Vagantendichtung,** die: meist anonym überlieferte mlat. weltl. Lyrik u. Spruchdichtung der →Vaganten; zentral für die V. das Carpe-diem-Motiv u. die so aggressiv freche wie anspielungsreich herausfordernde Kritik an weltl. u. kirchl. Institutionen u. Würdenträgern; verwirklicht sich in einer Vielfalt von Gattungen (Buhl-, Trink-, Bettel-, →Scheltlied, →Parodie, →Schwank).

=      *1*                             *2*
    *Stetit puella*               *Stetit puella*
    *rufa tunica*                *tamquam rosula;*
    *si quis eam tetigit,*         *facie splenduit*
    *tunica crepuit.*            *et os eius floruit.*
         *eia!*                              *eia!*

                *3*
    *Stetit puella*   bi einem bowme,
    *scripsit amorem*   an eime loube.
            dar chom Uenus also fram;
            *caritatem magnam*,
            hohe minne
              bot si ir manne.      [Aus: *Carmina Burana*]

**Vagantenzeile,** die: (nach ma. lat. →Vagantendichtung) rhythm. Langzeile aus vierheb. Siebensilbler und dreiheb. Sechssilbler mit →Diärese nach 4. Hebung; vier V.n bilden die Vagantenstrophe.
= *Méum est propositúm / in tabérna móri*                 [Archipoeta]

**Vampirroman,** der: (zu Vampir, »untoter Toter«, der nachts dem Grab entsteigt, um Lebenden das Blut auszusaugen) Sonderform des →Schauerromans um Gestalt von Vampir; schöpft aus antiker Dämonologie wie europ. Volksüberlieferung u. konfrontiert Rationalismus der Aufklärung mit der aus verborgenen Angst-, Wahn- u. Wunschvorstellungen gespeisten Wirklichkeit des Unheimlichen, Irrationalen (→schwarze Romantik); als Meisterwerke der Gattung gelten J. S. LeFanu, *Camilla* (1872) u. Bram Stoker, *Dracula* (1897).

**Variante,** die: (von lat. verschieden) a) →Lesart von Textstelle (in Handschrift oder Manuskript) (→Textkritik); b) Gegenstück, beruhend auf unterschiedl. Gestaltung des gleichen, in Geschichte oder Mythos vorgegebenen Stoffes (→Stoffgeschichte); c) individuell gesammeltes Märchenbeispiel.
= b) *Wallenstein:* Schiller, W. Flex, A. Döblin, F. Schreyvogel u. a.

**Variation,** die: (lat. Verschiedenheit, Veränderung) a) →Metabole; b) →Synonym, →Periphrase, →Tropus; c) Stilmittel der allg. epischen Stabreimdichtung zur Verknüpfung der Langzeilen (→Hakenstil). (→Kenning, →Heiti)
= *Nun soll mich [das] traute Kind mit dem Schwert schlagen, /*
*treffen mit seiner Klinge.* [Hildebrandslied]

*Er, der Herrscher und Gesetzgeber, König über ein Weltreich etc. im Schlaf*
*ihm erschien des Erschaffers Engel, / des Himmelskönigs Bote* [Heliand]

**vaterländische** bzw. **patriotische Dichtung,** die: von nation. Gesinnung u. patriot. Empfinden getragene Sonderform der →polit. Dichtung mit fließenden Grenzen zur Kriegsdichtung; v. D. entstand in Dtschld. v. a. z. Zt. des →Humanismus u. während der Befreiungskriege.
= E. M. Arndt, H. v. Kleist, Th. Körner, M. v. Schenkendorf (Freiheitskriege); M. Schneckenburger (*Wacht am Rhein*), Scherenberg, Graf, E. v. Wildenbruch (Krieg 1870/71); u. a.

*Der Gott, der Eisen wachsen ließ,*
*Der wollte keine Knechte;*
*Drum gab er Säbel, Schwert und Spieß*
*Dem Mann in seine Rechte;*
*Drum gab er ihm den kühnen Mut,*
*Den Zorn der freien Rede,*
*Daß er beständig bis aufs Blut,*
*Bis in den Tod, die Fehde.*

*So wollen wir, was Gott gewollt,*
*Mit rechten Treuen halten,*
*Und nimmer im Tyrannensold*
*Die Menschenschädel spalten;*
*Doch, wer für Tand und Schande ficht,*
*Den hauen wir zu Scherben,*
*Der soll im deutschen Lande nicht*
*Mit deutschen Männern erben.*

*O Deutschland, heil'ges Vaterland!*
*O deutsche Lieb und Treue!*
*Du hohes Land! Du schönes Land!*
*Dir schwören wir aufs neue:*
*Dem Buben und dem Knecht die Acht!*
*Der füttre Kräh'n und Raben!*
*So ziehn wir aus zur Hermannsschlacht*
*Und wollen Rache haben.*

*Laßt wehen, was nur wehen kann,*
*Standarten wehn und Fahnen!*
*Wir wollen heut uns, Mann für Mann,*
*Zum Heldentode mahnen.*
*Auf! Fliege, stolzes Siegspanier,*
*Voran den kühnen Reihen!*
*Wir siegen oder sterben hier*
*Den süßen Tod der Freien.* [E. M. Arndt, *Vaterlandslied*]

**Vaudeville,** das: (frz. aus Vau de Vire = Tal der Vire + voix de ville = Stimme der Stadt) urspr. derb-erot. Spottlied (17./18. Jh.), dann erweitert zu einer Art satir.-burleskem Singspiel, aus dem im 19. Jh. die satir. possenhafte Komödie mit Musikeinlagen bzw. die anspruchslose Gesang- →Posse entstanden, die heute unter V. verstanden werden. (→Boulevardstück)
= Hauptvertreter: E. Scribe u. E. Labiche (Frkr.); dem V. vergleichbare Formen entwickelten K. v. Holtei, (*Lenore* 1829), Nestroy u. a.

**V-Effekt,** der: →Verfremdungseffekt.

**Verbalstil,** der: (lat.) Stil, der durch Verwendung von (bedeutungstrag.) Verben geprägt ist; Gegs. →Nominalstil.
= *Wenn in einem Text die Substantive und die Verben in einem einigermaßen ausgewogenen Verhältnis stehen, und besonders, wenn die vorkommenden Verben eine starke Eigenbedeutung haben und nicht nur syntaktische, in der Semantik aber abgeblaßte Bindeglieder für den Gesamtsatz sind, spricht man von einem verbalen Stil.*
[Aus: H. Eggers, *Deutsche Sprache im 20. Jh.*]

**Verfremdungseffekt,** der: (V. = Akt des Fremdmachens, d.h. in den Zustand des Fremdseins, der »Entfremdung« versetzen + Wirkung; es ist ungeklärt, ob Begriff bei den russ. Formalisten [→Formalismus] entlehnt wurde, da eine Form »veralienieren« sich bereits bei Grimmelshausen findet) Grundprinzip u. dramaturg. Mittel in Brechts →epischem Theater, das Vertrautes in einem fremden, Fragen provozierenden Licht erscheinen läßt: »Eine verfremdende Abbildung ist eine solche, die den Gegenstand zwar erkennen, ihn aber doch zugleich fremd erscheinen läßt« (Brecht); nach Brecht soll der

Schauspieler nicht nur Vorgänge zeigen, sondern auch zeigen, daß er sie zeigt, d. h., er soll den Text »zitieren«, seine Rolle nicht »verkörpern«, damit der Zuschauer sich nicht einfühle in die rational gespielte Handlung, sondern dem →»Gestus des Zeigens« kritisch rational (mit Distanz) folge. (→Lehrstück)

= *Einen Vorgang oder einen Charakter verfremden heißt zunächst einfach, dem Vorgang oder dem Charakter das Selbstverständliche, Bekannte, Einleuchtende zu nehmen und über ihn Staunen und Neugierde zu erzeugen.*
[Aus: B. Brecht, *Das Prinzip der Verfremdung*]

**Vergleich,** der: als →rhet. Figur (→Amplifikation) Sinnfigur, die Ausdruckskraft der Sprache steigert u. »veranschaulichend« wirkt; beruht auf der Gemeinsamkeit einer Eigenschaft, d. h eines →Tertium comparationis zwischen den beiden Analogiebereichen, die durch gegenüberstellenden V. von →Bild u. Gegenbild zur Verdeutlichung genutzt wird; als breiter ausgeführte Formulierung ergibt der V. die epische Form von →Gleichnis, →Parabel. (→Metapher)

= *Er schlug sich wie ein Löwe. – Er sah aus, als käme er geradenwegs aus dem Grab. – Graubestaubt wie die Schuhe von Wanderern.*

*Wie der wandernde Mann, der vor dem Sinken der Sonne sie noch einmal ins Auge [...] faßte [...] so bewegte [...] die liebliche Bildung des Mädchens sanft sich vorbei.* [Goethe]

**vergleichende** bzw. **komparative Literaturwissenschaft,** die: (Übers. von frz. littérature comparée) Komparatistik, Wissenschaft von der vergleichenden Betrachtung der Nationalliteraturen in ihren übernationalen u. geschichtl. Zusammenhängen u. Wechselbeziehungen als Glieder einer umfassenden →Weltliteratur; Forschungsgebiete der v. L. sind dementsprechend →Stoff- u. Motivgeschichte, Quellenfragen, →Topik, →Emblematik u. ä. (→Literaturwissenschaft)

**Verismo,** der: (ital.) Stilrichtung der ital. Literatur, seit Ende des 19. Jh., bemüht um äußerst schonungslose Darstellung der Wirklichkeit (= →Naturalismus).
= Giovanni Verga (Begr.), Grazia Deledda, Luigi Pirandello u. a.

**Verismus,** der: (lat.-ital.) allg. radikal wirklichkeitsgebundene künstler. Darstellung, meist unter dem Gesichtspunkt soz. Anklage. (→Verismo)

**Vers,** der: (lat. Umwenden [des Pflugs], Furche, Zeile, ersetzt seit 17. Jh. das mhd. rîm = →Reim; gr. stichos) a) dichter. Wortfolge, deren sprachl. Gliederung in einem harmon. Spannungsverhältnis zur metr.-rhythm. steht; bildet als →gebundene Rede Gegs. zum ungebundenen Sprachfluß der →Prosa; b) einzelne Verszeile; c) Strophe. (→Metrik)

**Versal,** der: (lat.) großer Anfangsbuchstabe, →Majuskel.

**Vers blancs** (Pl.): (frz.) reimlose Verse. (→Blankvers)

**verschränkter Reim,** der: Kombination aus drei einander durchkreuzenden (= miteinander »verschränkten«) Reimen; Schema: abc abc oder abc bac; erweiterter →Kreuzreim.
= *So viele Jahre... Und auf einmal fällt*
*Aus Händen, welche alles lassen mußten,*
*Aus fremdem Eigentum dies Bild mir zu.*
*Wie lange nun, daß meine Hand es hält!*
*Dann sinkt auch sie zum tiefen Unbewußten,*
*Noch flüchtiger als dies lichtentzogne Nu.*

*Still-ernstes Mädchen: halb ein Hundertjahr*
*Floß ab von jener zaubrischen Sekunde;*
*Wer bist du? Als ich war, warst du nicht mehr.*
*Mein ist dies lose Blond von deinem Haar,*
*Mein dieses Kinn, ach und mit deinem Munde*
*Des Lebens Überfülle schmeck ich sehr.*

[Aus: Emil Barth, *Mädchenbildnis der Mutter*]

**Vers commun,** der: (frz. gewöhnl. Vers) jamb. alternierender Zehnsilbler (männl. Reim) oder Elfsilbler (weibl. Reim) mit Zäsur nach 4. Silbe (2. Hebung); die aus frz. Dichtung stammende Versart ins Dt. vermittelt durch Opitz *(Buch v. d. dt. Poeterey)*, der sie mit »gemeiner Vers« übersetzte; der V. c. gilt neben →Alexandriner, von dem er schließl. verdrängt wurde, als Vers des →Sonetts; lebt verändert weiter im →Blankvers.
= *Auff, auff, mein Geist, / vnd du mein gantzer sinn.*
*Wirff alles das / was welt ist von dir hin.* [Opitz]

*Vom steine / der zu unverhofftem Spiel* [Gryphius]

**Versdrama,** das: Drama in Versen (→gebundene Sprache); in Gegenbewegung zum seit 18. Jh. sich ausbreitenden »Prosa-Drama« gepflegt, vor allem nach Ausklang von →Naturalismus.
= Hofmannsthal, *Der Tod und der Tod* (1893); G. Hauptmann, *Die versunkene Glocke* (1896); F. Werfel, *Die Troerinnen* (1915); Fr. Dürrenmatt; P. Weiss u. a.

**Vers enchaîné,** der: (frz. verketteter Reim) →übergehender Reim; Sonderform des →Kettenreims.
= *Ainsi se font enchainez vers*
*Vers les vifz engins comme sens,*
*Sens ont, itieulx agens bien clers*
*Cles et luysand de sciens gens.* [Aus: *Jardin de Plaisance*]

**Vers entrelardé,** der: (frz. gespickter Vers) mischsprachiger Vers, vor allem an kirchl. Narrenfesten verwendet. (→makkaronische Dichtung)
= *Ora per duces consors ter regens et possess Syon.*
*Ludo vicia fui de milana Germaniae...*

(frz. gelesen heißt dieser lat. Vers:)
*Or a perdu ces consors, terre, gens et possession*
*Ludovic ja fui de Milan a Germanie...* [Jean d'Auton]

**Verserzählung,** die: allg.: kürzeres →Epos in Versen (→Epyllion, →Fabel, →Idylle u. ä.); bes.: in der spieler. Versart des *vers libre* (→freie Verse) gehaltene heiter-witzige Erzählung aus (meist) jamb. u. troch. Zeilen bei freier Silbenzahl u. Reimstellung; Meister der V. war Wieland (allein 21); Form auch von Schiller *(Das verschleierte Bild zu Sais, Pegasus im Joche)* gepflegt; Vorliebe für die V. im →Biedermeier (Immermann, Lenau, Droste-Hülshoff, Mörike); später u. a. Paul Heyse *(Novellen in Versen*, 1864).
= C. F. Meyer, *Huttens letzte Tage* (1871); Immermann, *Tulifäntchen* (1829); Heine, *Atta Troll* (1843), *Deutschland, ein Wintermärchen* (1844); u. a.

*Regiert – darin stimmt alles überein –*
*Regiert muß einmahl nun die liebe Menschheit seyn,*
*Das ist gewiß! Allein –*
*Quo Jure? und von wem? In diesen beiden*
*Problemen sehen wir die Welt sich oft entzweyn;*
*Und schon zur Zeit der blinden Heiden*
*(Als noch was Rechtens sey sich* Crantor *und* Chrysipp
*Nach ewigen Gesetzen zu entscheiden*
*Vermaßen) fand der Sohn des listigen* Philipp,
*»Man komme kürzer weg den Knoten zu zerschneiden.«*
*Gewöhnlich fing man damit an,*
*Was* Pyrrhus, Cäsar, Mithridates,
*Und* Muhamed *und* Gengiskan,
*Und mancher der nicht gern genannt ist, auch gethan:*
*»Sich förderst in Besitz zu setzen.«*
*Das Recht schleppt dann so gut es kann*
*Sich hinter drein: das sind Subtilitates;*
*Woran (man gönnt es ihnen gern)*
*die knasterbärtigen Doktoren sich ergetzen.*
*Das Jus Divinum, liebe Herrn,*
*Steht also, wie ihr seht, so feste*
*Und fester als der Kaukasus:*
*»Befiehlt wer kann, gehorcht wer muß;«*
*Ein jeder spielt mit seinem Reste,*
*Und – unser Herr Gott thut bey allem dem das Beste.*

[Aus: Wieland, *Schach Lolo*]

→Tierdichtung

**Versfuß,** der: auch Metrum, nach Zahl u. Abfolge von Längen u. Kürzen definierte Silbengruppe, »rhythmisches Motiv« (Paul/Glier), z. B. →Daktylus = V. aus einer langen u. zwei kurzen bzw. einer betonten u. zwei unbetonten Silben ($- \cup \cup$: *obere*).(→Taktmetrik)

**Versifikation,** die: (lat. Vers + machen) a) →Metrik, →Prosodie; b) Umformung von Prosatext in Verse.
= b) Goethe: *Iphigenie auf Tauris*

(Erste Prosafassung:)
ARKAS: *Im Namen des Königs soll ich dir, Priesterin, Beschleunigung des Opfers gebieten.*
IPHIGENIE: *Es ist an mir zu gehorchen, doch hat ein unvermutet Hindernis sich in den Weg gestellt.*
ARKAS: *Was ist's, das den Befehl des Königs hindern kann?*
IPHIGENIE: *Der Zufall, über den wir keine Meister sind.*
ARKAS: *So sag mir's an, daß ich's ihm schnell vermelde. Denn er beschloß bei sich der beiden Tod.*
IPHIGENIE: *Die Götter haben ihn noch nicht beschlossen. Der älteste dieser Männer ist ein verwünschtes Haupt, um einer Blutschuld willen von Furien verfolgt und in des Wahnsinns verabscheute Bande gefesselt. Durch seine Gegenwart, und daß im Heiligtum das böse Übel ihn ergriff, sind wir verunreint. Der Göttin Bild muß mit geheimer Weihung am Meer von mir und meinen Jungfrauen erst entsühnt und unser Heiligtum gereinigt werden. Das sag dem König, und daß er so lang das Heer in Schranken halte und niemand aus dem Lager sich in unsre Grenzen wage.*
ARKAS: *Eh du das heilige Werk beginnst, ziemt sich's, dem König es zu melden. Drum bis ich mit seinem Willen wiederkehre, so lang halt noch den heiligen Zug zurück.*
IPHIGENIE: *Dies ist allein der Priesterin überlassen.*
ARKAS: *Solch seltnen Fall soll auch der König wissen! – Und du hast auf den Rat des Treuen nicht geachtet?*
IPHIGENIE: *Was ich vermochte, hab ich gern getan.*

(Versfassung:)
ARKAS: *Beschleunige das Opfer, Priesterin!*
*Der König wartet, und es harrt das Volk.*
IPHIGENIE: *Ich folge meiner Pflicht und deinem Wink,*
*Wenn unvermutet nicht ein Hindernis*
*Sich zwischen mich und die Erfüllung stellte.*
ARKAS: *Was ist's, das den Befehl des Königs hindert?*
IPHIGENIE: *Der Zufall, dessen wir nicht Meister sind.*
ARKAS: *So sage mir's, daß ich's ihm schnell vermelde:*
*Denn er beschloß bei sich der beiden Tod.*

IPHIGENIE: *Die Götter haben ihn noch nicht beschlossen.*
*Der älteste dieser Männer trägt die Schuld*
*Des nahverwandten Bluts, das er vergoß.*
*Die Furien verfolgen seinen Pfad,*
*Ja, in dem innern Tempel faßte selbst*
*Das Übel ihn, und seine Gegenwart*
*Entheiligte die reine Stätte. Nun*
*Eil ich mit meinen Jungfraun, an dem Meere*
*Der Göttin Bild mit frischer Welle netzend,*
*Geheimnisvolle Weihe zu begehn.*
*Es störe niemand unsern stillen Zug!*
ARKAS: *Ich melde dieses neue Hindernis*
*Dem Könige geschwind; beginne du*
*Das heil'ge Werk nicht eh, bis er's erlaubt.*
IPHIGENIE: *Dies ist allein der Priesterin überlassen.*
ARKAS: *Solch seltnen Fall soll auch der König wissen.*
IPHIGENIE: *Sein Rat wie sein Befehl verändert nichts.* [Aus IV,2]

**Versikel,** der: (lat. Verschen) einander entsprechende Abschnitte in lat. →Sequenz u. mhd. →Leich, deren Bauelement sie sind.

**Version,** die: (frz. Wendung) a) →Lesart, →Variante; b) →Übersetzung (→Interlinearversion).

**Versi sciolte** (Pl): (ital. [vom Reimzwang] gelöste Verse) reimlose Verse der ital. Dichtung, meist Elfsilber (→Endecasillabo), gelten als bevorzugtes Versmaß des ital. Epos u. Lehrgedichts sowie des →Klassizismus.

**Vers libre,** der: →freie Verse.

**Versnovelle,** die: →Novelle in Versen; häufig im MA.; Grenzen zur →Verserzählung (novellist. Prägung) fließend.
= Hartmann von Aue (*Der arme Heinrich*, 1195), Der Stricker, Hagedorn, Heyse, Spitteler u. a.

**Verso,** das: (lat.) Rückseite eines Blattes in Handschrift, Buch etc. (Gegs. →Recto).

**Versschluß,** der: →Kadenz.

**Versus concordantes** (Pl.): (lat. übereinstimmende Verse) Zusammenziehung der gleichlaut. Teile (Silben, Wörter) zweier Verse zu einem einzigen als Schriftspiel (→Klammervers).

= *Verwundrungs-werther Blick!*
*Der Teufel*
*Herodes*    *auf dem Thron;*
*Der Engel*
*Johannes*    *in dem Kerker...*
                                                        [Joh. Jak. Rambach]

**Versus rapportati** (Pl.): (lat. zurückgetragene Verse) Gattung sprachspieler. Gedichte, deren Wirkung auf dem verwirrenden Unterschied zwischen dem vom Klang suggerierten u. dem beim Lesen erschlossenen Sinn beruht; deshalb auch »Verführungsgedicht« genannt; bes. beliebt im →Barock.
= *Die Sonn', der Pfeil, der Wind, verbrennt, verwundt, weht hin /*
*mit Feuer, Schärfe, Sturm, mein Augen, Herze, Sinn.*
    [Opitz: *Die Sonne verbrennt mit Feuer meine Augen...*]

*Der Tod, die Höll, und Lieb, ins Grab, Qual, süße Schmerzen;*
*versetzet, bringt, erregt; den Leib, die Seel', im Hertzen.*
    [Schottel-Zesen: *Der Tod versetzt ins Grab den Leib...*]

**Vexierers,** der: (»irreführender Vers«) auch Trittvers, Gedicht, dessen Zeilen auf Spalten (→Spaltvers) verteilt u. so angeordnet sind, daß sie den Leser verwirren.

| = *Der Leib* | *das Geld und Gut* | *Der Seelen Seligkeit* |
|---|---|---|
| *Verstand* | *und das Gesücht* | *Der Tugend schönstes Kleid:* |
| *Wird schwach* | *wird aufgezehrt* | *wird hingegeben gantz* |
| *Wird unverstand* | *wird bös* | *verleuret seinen Glanz* |

(Spaltenweise sind zuerst der 1. u. 3. Vers u. dann der 2. u. der 4. Vers zu lesen: *Der Leib wird schwach / Das Geld und Gut wird aufgezehrt / Der Seelen Seligkeit wird hingegeben gantz /...*)

**Vierheber,** der: auch Viertakter, Vers mit vier Hebungen oder aus vier Takten (→Taktmetrik), entweder alternierend oder mit freier Senkungsfüllung, mit oder ohne →Auftakt u. freier oder festgelegter →Kadenz; Grundvers der akzentuierenden Dichtung (→akzentuierendes Versprinzip).

**Vierzeiler,** der: →Strophe aus vier Verszeilen, einer der Haupttypen stroph. Gruppierung, häufig v. a. in volkstüml. Lyrik (u. z. T. der Epik: →Nibelungenstrophe). Am weitesten verbreitet als isometr. (= längegleiche) vierheb. oder heterometr. (= längeversch.) dreiheb. u. vierheb. V.; auch als Langzeilenpaar mit →Waise als →Anvers (xaya). Verwendung als a) eigenes Gedicht (→Spruch, →Rätsel, →Schnaderhüpfel u. ä.), b) →Strophe (→Kirchen-, →Volkslied u. ä.).
= a) →Chevy-Chase-Strophe, →Sonnett, →Glosse
  b) →Quatrain, →Rubâi

**Villancico,** der: (von span. dörflich) span. →Tanzlied (auch relig. u. Weihnachtslied) mit zwei- bis vierzeiligem Refrain am Anfang, dessen Thema in den folg., meist drei- bis sechszeiligen Strophen variiert u. der selber nach jeder Strophe ganz oder teilweise (als *estribillo*) wiederholt wird.

= *Secáronme los pesares*
*los ojos y el corazón,*
*que non pueden llorar, non.*

*Los pesares me secaron*
*el corazón y los ojos;*
*y a mis lágrimas y enojos*
*y a mi salud acabaron:*
*muerto en vida me dejaron,*
*traspasado de pasión,*
*que non puedo llorar, non.*

*Y d'star mortificado*
*mi corazón de pesar,*
*ya no está para llorar,*
*sino para ser llorado:*
*ésta es la causa, cuitado;*
*ésta es la triste ocasión;*
*que non puedo llorar, non.*

*Al principio de mi mal*
*lloraba mi perdimiento,*
*mas agora ya estó tal,*
*que de muerto no lo siento:*
*para tener sentimiento*
*tanta tengo de razón,*
*que non puedo llorar, non* [Garci Sánchez de Badajoz, *Villancico*]

**Villanelle,** die: (zu ital. ländlich) urspr. spätma. ital. Hirten- und Bauernlied, dem kunstreichen höf. →Madrigal als »einfach« gegengesetzt; seit 16. Jh. in ganz Westeuropa verbreitet, seine variantenreiche Form durch J. Regnart nach Dtschld. vermittelt.
= Form noch von O. Wilde, W. H. Auden, Dylan Thomas u. a. gepflegt.

*Lieb vnd vernunfft die hand bey mir ein streit /*
*Lieb nach begier mit sporens streich mich reit /*
*Vernunfft helt mich im zaum zurucken weit.*

*Gwalt thu ich mir / zu dempffen liebes gwalt /*
*Darzu vernunfft sich brauchet manigfalt /*
*Doch hilffts nit viel / der schad ist gar zu alt.*

*Jch bsorg ich werd solchs nit mehr treiben lang /*
*Dann mir offt wird in meinem sinn so bang /*
*Als wann mir leg am Halß des todes strang.*

*Gott rüff ich an / das er mir bey wöll stehn /*
*Vnd weisen mich / dieweil der weg sind zwen /*
*Wohin ich soll nach seinem willen gehn.* [Jacobus Regnart]

**Virelai,** der bzw. das: (frz.) frz. Tanzlied mit meist nur zwei Reimklängen u. einem Refrain am Anfang, der kunstvoll ganz oder teilweise nach jeder Strophe wiederholt wird (12.–15. Jh.).
= G. de Machaut, J. Froissart, Christine de Pisan u. a.

*Sui-je, sui-je, sui-je belle?*
*Il me semble, à mon avis,*
*Que j'ai beau front et doulz viz,*
*Et la bouche vermeillette;*
*Dittes-moy se je suis belle.*

*J'ay verts yeux, petits sourcis,*
*Le chief blont, le nez traitis*
*Rond menton, blanche gorgette,*
*Sui-je, sui-je, sui-je belle?*

*J'ay mantiaux fourrez de gris,*
*J'ay chapiaux, j'ay biaux proffis*
*Et d'argent mainte espinglette;*
*Sui-je, sui-je, sui-je belle?*
*...* [Eustache Deschamps]

**Vision,** die: (lat. Erscheinung) inneres Sehen (= Schauen), Gesicht; Vorstellung als Erscheinung vor dem »geistigen Auge«; oft Quelle künstler. Eingebung oder relig. Verkündigung; dient seit MA. der Einkleidung von Dichtung (Dante, W. Langland, Milton, Guevara, Moscherosch, Strindberg u. a.), als Artikulationsform v. a. in →Expressionismus.
= V. vom Weltende: J. van Hoddis' Gedicht *Weltende*.

**visuelle Dichtung,** die: Spielart der →konkreten Dichtung (→akust. Dichtung); als Vorformen gelten →Technopägnion, →Figurengedicht sowie die typograph. Experimente des ital. →Futurismus u. des →Dadaismus. Seit Mitte 50er Jahre Radikalisierung durch totale Visualisierung des Textes (Ideogramm), typograph. Auflösung des Textzusammenhangs (Piktogramm), Grenzverschiebungen, durch die Sprache nicht nur als ihr eigener Gegenstand erscheint, sondern sich in ihrer Auflösung auch neu, d. h. audiovisuell, konstituiert.
= Hauptvertreter: C. Brenner, E. Jandl, F. Kriwet, E. Mon, E. Rot u. a.

**Vita,** die: (lat. Leben) Lebensbeschreibung, (Auto-) →Biographie, meist als »Lebenslauf«, d.h. Abriß des äußeren Ablaufs. (→Legende, →Acta sanctorum)

**Volksballade,** die: Ballade, die im Gegs. zur →Kunstballade einen unbek. Verfasser hat u. Überlieferung wie Ausformung dem sog. »Volksgeist« verdanken soll; durch Weiterbildung des germ. →Heldenlieds im Spät-MA. entstandenes, kurzes stroph., aber uneinheitl. Erzähllied (episches →Volkslied) mit Endreim, dessen Stoff dem →Heldenlied wie dem späten →Minnesang u. dem allg. Volksgut entstammt; von Herder (*Volkslieder*, 1778f. = *Stimmen der Völker in Liedern*) u. Arnim-Brentano (*Des Knaben Wunderhorn*, 1806) gesammelt. (→Ballade, →Volkspoesie)

= *Edward! Edward! zeige mir die Kleider,*
*Warum sind sie so von Blute rot?*
*Mutter, Mutter! sagen muß ich's leider,*
*Meinen edlen Falken schlug ich tot!*

*Edward, lieber Edward! so gerötet*
*Hat dich nimmer deines Falken Blut.*
*Meinen Rappen hab' ich mir getötet,*
*Ach, mein Rappe war so fromm und gut!*

*Dieß ist nicht, ich muß dich fürder fragen,*
*Deines Rappen Blut! du sprichst mir Hohn!*
*Meinen Vater hab' ich mir erschlagen,*
*Meinen Vater, der verworf'ne Sohn!*

*Konntest du den eignen Vater morden,*
*Welche Buße, sage, willst du thun?*
*Fliehn nach Ost und Süd, nach West und Norden*
*Ewig fliehen, ewig nimmer ruhn!*

*Und was soll's mit deinem Haus und Hallen,*
*Ziehst du hin nach frommer Büßer Brauch?*
*Laß in Trümmer sie zusammen fallen,*
*Alles falle, denn ich fiel ja auch!*

*Und was soll aus deinen Kindern werden,*
*Willst du nicht nach Weib und Kindern sehn?*
*Gott ist gütig, und viel Raum auf Erden,*
*Weib und Kinder mögen betteln gehn!*

*Und was willst du deiner Mutter geben,*
*Deiner Mutter, ziehst du fern dahin?*
*Fluch in diesem, Fluch in jenem Leben,*
*Denn den Vatermord, du rietest ihn!*

[*Altschottische Ballade*; dt. von Platen]

**Volksbuch,** das: Bez. eingeführt von J. Görres, der die Entstehung der unterhalt. u. belehr. Prosaschriften der V. (Vorstellungen der →Romantik entsprechend) auf das Wirken des »dichtenden Volksgeistes«, d.h. best. im Volke lebendiger geist.-seel. Kräfte, zurückführte; die Prosa-Um- u. Nachdichtungen von Stoffen aus der dt. u. frz. Überlieferung (→Heldensage u. -epos, →höf. Epos, Prosaroman, Sagen- u. Novellengut), aus lat. Legenden-, sowie aus Tier- u. Schwankdichtungen wurden meist von unbek. Verfassern geschaffen, auf den Geschmack der Zeit zugeschnitten u. durch das Medium des Buchdrucks in Massenauflagen verbreitet. Wiederentdeckung und Neubewertung der V. sowie Neuverarbeitung ihrer Stoffe in der zweiten Hälfte des 18. Jh.; als bes. erfolgreich erwiesen sich die V. *Melusine*, *Eulenspiegel*, *Faust*, *Griseldis* oder *Das Buch der Weisheit* (→Volkspoesie)

= Wissenschaftl. Abh.: J. Görres, *Die teutschen V.* (1807); Erneuernde Nacherz.: G. Schwab, *Buch der schönsten Geschichten und Sagen* (1836f.); R. Benz, *Die deutschen V.* (1924, Nachdr. 1956); u. a.

*Wenn man... sooft die Hoffart auf unsere feinere Poesie uns übernehmen will, bedenkt, wie es das Volk doch immer ist, was uns im Frühlinge die ersten, die wohlriechendsten und erquickendsten Blumen aus seinen Wäldern und Hegen bringt, wenn auch später freilich der Luxus unserer Blumengärten sich geltend macht, deren schönste Zierden aber immer irgendwo wild gefunden werden; wenn man sich besinnt, wie überhaupt alle Poesie ursprünglich doch immer von ihm ausgegangen ist, weil... in den ersten Zeiten die gleiche poetische, wie politische und moralische Naivetät herrschend war, dann können wir wohl endlich voraussetzen, daß jedes Vorurteil gegen dies große Organ im allgemeinen Kunstkörper verschwunden sei...*

[Aus: J. Görres, *Die teutschen Volksbücher* (Einleitung)]

Wie Magelone mit ihrem Ritter entfloh
*Die Nacht war gekommen. Magelone schlich mit einigen Kostbarkeiten durch den Garten; der Himmel war mit Wolken bedeckt, und ein sparsames Mondlicht drang durch die Finsternis. Sie ging mit wehmütigen Empfindungen an ihren lieben Blumen vorüber, die sie nun auf immer verlassen wollte. Ein feuchter Wind wehte durch den Garten und ihr war, als wenn die Gesträuche winselten und klagten, und ihr ein zärtliches Lebewohl nachriefen. Vor der Pforte hielt Peter mit drei Pferden, darunter war ein Zelter von einem leichten und bequemen Gange für das Fräulein; auf einem andern Pferde waren Lebensmittel, damit sie auf der Flucht nicht nötig hätten in Herbergen einzukehren. Peter hob das Fräulein auf den Zelter, und so flohen sie heimlicherweise und unter dem Schutze der Nacht davon.*
*Die Amme vermißte am Morgen die Prinzessin, und so fand sich auch bald, daß der Ritter in der Nacht abgereist sei; der König merkte daraus, daß er seine Tochter entführt habe. Er schickte daher viele Leute aus, um sie aufzusuchen; diese forschten fleißig nach, aber alle kamen nach verschiedenen Tagen unverrichteter Sache zurück.*
*[...]*

*Die Sonne stieg höher hinauf, und gegen Mittag fühlte Magelone eine große Müdigkeit; beide stiegen daher an einer schönen kühlen Stelle des Waldes von ihren Pferden. Weiches Gras und Moos war auf einer kleinen Anhöhe zart emporgeschossen; hier setzte sich Peter nieder und breitete seinen Mantel aus, auf diesen lagerte sich Magelone und ihr Haupt ruhte in dem Schoße des Ritters. Sie blickten sich beide mit zärtlichen Augen an, und Magelone sagte: Wie wohl ist mir hier, mein Geliebter, wie sicher ruht sich's hier unter dem Schirmdach dieses grünen Baums, der mit allen seinen Blättern, wie mit ebenso vielen Zungen, ein liebliches Geschwätze macht, dem ich gerne zuhöre; aus dem dichten Walde schallt Vogelgesang herauf, und vermischt sich mit den rieselnden Quellen; es ist hier so einsam und tönt so wunderbar aus den Tälern unter uns, als wenn sich mancherlei Geister durch die Einsamkeit zuriefen und Antwort gäben; wenn ich dir ins Auge sehe, ergreift mich ein freudiges Erschrecken, daß wir nun hier sind; von den Menschen fern und einer dem andern ganz eigen. Laß noch deine süße Stimme durch dieses harmonische Gewirr ertönen, damit die schöne Musik vollständig sei, ich will versuchen ein wenig zu schlafen; aber wecke mich ja zur rechten Zeit, damit wir bald bei deinen lieben Eltern anlangen können.*

*Peter lächelte, er sah wie ihr die schönen Augen zufielen, und die langen schwarzen Wimpern einen lieblichen Schatten auf dem holden Angesichte bildeten; er sang:*

*Ruhe, Süßliebchen im Schatten*
  *der grünen dämmernden Nacht,*
*es säuselt das Gras auf den Matten,*
*es fächelt und kühlt dich der Schatten,*
  *und treue Liebe wacht.*
    *Schlafe, schlaf ein,*
  *leiser rauscht der Hain, –*
  *ewig bin ich dein.*

*Schweigt, ihr versteckten Gesänge,*
  *und stört nicht die süßeste Ruh!*
*Es lauscht der Vögel Gedränge,*
*es ruhen die lauten Gesänge,*
  *schließ, Liebchen, dein Auge zu,*
    *schlafe, schlaf ein,*
  *im dämmernden Schein, –*
*ich will dein Wächter sein.*

*Murmelt fort ihr Melodien,*
  *rausche nur, du stiller Bach,*
*schöne Liebesphantasien*
*sprechen in den Melodien,*
  *zarte Träume schwimmen nach,*

*durch den flüsternden Hain*
*schwärmen goldene Bienelein,*
*und summen zum Schlummer dich ein.*

[Aus: L. Tieck, *Liebesgeschichte der schönen Magelone und des Grafen Peter von Provence*]

**Volksbühne,** die: Besucherorganisation auf Vereinsbasis, die ihren Mitgliedern verbilligt Theatervorstellungen zugänglich macht; 1890 im Anschluß an Theaterverein →»Freie Bühne« von W. Bölsche u. B. Wille gegr. als »Theaterverein für Arbeiter«, um z. T. durch Bau eigener Theater Aufführung u. Besuch polit.-progressiver Stücke zu fördern; so wurde an der (West-)Berliner Freien Volksbühne unter E. Piscator 1963 R. Hochhuths umstrittenes Stück *Der Stellvertreter* uraufgeführt.

**Volkskunde,** die: histor.-empir. Kulturwissenschaft, erforscht Kultur (-tradition u. -wandel) ethn. u. sozialer Gemeinschaften; urspr. geprägt durch histor.-philolog. Forschungen der Brüder Grimm (→Märchen, →Sage, →Mythos; →Volksbuch, →Volkslied) u. eng mit →Germanistik verbunden; nach Phase der Reduktion zur →»Bauernkunde« (→Heimatliteratur, →Blut-und-Boden-Dichtung) seit 1945 zunehmend Anerkennung als exakte, diachron. (kulturhistor.) Beschreibung mit synchron. (gegenwartsbezogen-empir.) Analyse verbindende Wissenschaft.
+ H. Bächtold-Stäubli, (Hrsg.), *Handwörterbuch des dt. Aberglaubens* (1927ff., 10 Bde.); O. A. Erich/R. Beitl, *Wb. der dt. V.* ($^3$1974, Neuausg.)

**Volkslied,** das: (Begr. von Herder nach engl. *popular song*) gereimtes →Lied von meist unbek. Verfasser, der dem »Volk aus der Seele« spricht; von breitest. Volksschichten gesungen, ist das V. schlicht im Ausdruck u. einprägsam nach Inhalt, Form u. Melodie; unter den elementaren Daseinserfahrungen, die es in einer Mischung von Pathos u. Banalität gestaltet, stehen Liebe u. Tod an erster Stelle; die von Vertretern der →Romantik vertretene Ansicht, das V. stamme aus »Volksgeist« u. verkörpere »Volksseele«, ist inzwischen überholt. (→Volkspoesie)
= Frühe Sammlungen: Herder, *Volkslieder* (1778f. = *Stimmen der Völker in Liedern*); Arnim-Brentano, *Des Knaben Wunderhorn* (1806ff.); Uhland, *Alte hoch- u. niederdeutsche Volkslieder* (1844); u. a.

*Wisset, Künstler sind nur in der Welt, wenn sie ihr notwendig. Ohne Volkstätigkeit ist kein Volkslied und selten eine Volkstätigkeit ohne dieses. Es hat jede Kraft ihre Erscheinung, und was sich vorübergehend in der Handlung zeigt, das zeigt in der Kunst seine Dauer beim müßigen Augenblicke. Kritik ist dann ganz unmöglich, es gibt nur Bessermachen und Anerkennen, nicht ganz Schlechtes; unendlich viel läßt sich dann in der Kunst tun, wenig darüber sagen; denn sie spricht zu allen und in allen wieder, kein Vorwurf ist dann das Gemeine, so wenig es den Wäldern Vorwurf, daß sie alle grün; denn das Höchste, das Schaffende wird das Gemeinste, der Dichter ein Gemeingeist, ein spiritus familiaris in der Weltgemeine.«*

[Aus: A. v. Arnim, *Von Volksliedern*]

*Ich hört ein Sichelein rauschen,*
*Wohl rauschen durch das Korn,*
*Ich hört ein feine Magd klagen,*
*Sie hätt ihr Lieb verlorn.*

*»Laß rauschen, Lieb, laß rauschen,*
*Ich acht nit, wie es geh;*
*Ich hab mir ein Buhlen erworben*
*In Veiel und grünem Klee.«*

*»Hast du einen Buhlen erworben*
*In Veiel und grünem Klee,*
*So steh ich hier alleine,*
*Tut meinem Herzen weh.«*

→Floiade

**Volksliedstrophe,** die: Strophenform, besteht aus vier → Volksliedzeilen mit Reimschema abab u. meist altern. weibl. u. männl. Ausg.; so benannt wegen häufigen Gebrauchs im → Volkslied; bevorzugt in volkstüml. u. bes. romant. Lyrik; von Heine fast ausschließl. im *Buch der Lieder* verwendet. (→ Vierzeiler)
= → Volkslied

**Volksliedzeile,** die: Gedichtzeile mit drei oder vier Hebungen, die musikal. das metr.-rhythm. Schema umspielt u. deshalb in ihrer Einfachheit reich an Variationsmöglichkeiten u. Ausdruck ist; V. genannt wegen ihrer Verwendung im → Volkslied; häufig auch in spätromant. Lyrik. (→ Romantik)
= *Es rauschen die Wipfel und schauern,*
  *Als machten zu dieser Stund*
  *Um die halbversunkenen Mauern*
  *Die alten Götter die Rund.* [Aus: Eichendorff, *Schöne Fremde*]

**Volkspoesie,** die: (Begr. von Herder geprägt: → Volkslied) Sammelbez. für Gattungen, deren Entstehung dem anonymen Schöpfertum eines »dichtenden Volksgeistes« zugeschrieben wird; auch Urpoesie, Naturpoesie gen. im Unterschied zu individ. Kunstpoesie, → Gelehrtendichtung; als Charakteristika gelten Offenheit der Form, Sprunghaftigkeit (u. a. in erkenntnismäßiger u. zeitl. Hinsicht), Abwesenheit des abstrakten u. moralisier. Moments, Typisierung u. ä. (→einfache Formen)

**Volksstück,** das: volkstüml. Theaterstück, aufgeführt von profession. Schauspieltrupps (→Wanderbühne) für breites Publikum; im Unterschied zur →Dorfkomödie des Landvolkes für das Stadtvolk bestimmt u. seinen Stoff aus dessen kleinbürgerl. Lebensumkreis schöpfend; meist mit Musik u. Tanzeinlagen, von schlichter Eingängigkeit, gefühlvoll u. oft eher anspruchslose Volks-→Komödie. Höhepunkt als literar. Gattung in Wiener Volkstheater.
= V. nannte Brecht (*Über das V.*, 1952) seine Stücke *Mutter Courage* (1941), *Der kaukasische Kreidekreis* (1949) sowie *Herr Puntila u. sein Knecht Matti* (1948); Vertreter des mod. V. Ö. v. Horváth, M. L. Fleißer, H. Lautensack, F. X. Kroetz, W. Bauer, M. Sperr u. a.

**Volkstheater,** das: a) Sammelbez. für volkstüml. Bühnenwerke u. Theaterpraxis: →Volksstück, →Lokalstück, →Laienspiel u. ä.; b) Theaterunternehmen, das im Gegs. zu Hof- u. Bürgertheater sich an das »Volk«, d. h. ein breites, alle Schichten umfassendes Publikum, wendet. (→Wanderbühne, →Commedia dell'arte, →Volksbühne)

**Vollreim,** der: →reiner Reim.

**Volumen,** das: (lat. Schriftrolle) urspr. Schriftrolle, dann allg. Buch (Einzelband), »vol.« abgek.

**Vorausdeutung,** die: Strukturelement epischer u. dramat. Gattungen; nimmt ein erst später eintretendes Ereignis andeutend vorweg, betont überschauende Position des Erzählers u. sichert dem Werk innere Einheit.
= Prophezeiung, Traum u. ä. (→Antizipation); allwissender Erzähler (→auktorialer Roman); u. a.

**Vormärz,** der: (die der dt. Märzrevolution von 1848 vorausgehenden Jahrzehnte) Bez. für polit. Dichtung der Zeit »vor März«, heute den Strömungen →Biedermeier u. →Junges Deutschland zugeordnet.

**Vorpostler** (Pl.): (russ.) auch Oktobergruppe, russ. Schriftstellergruppe um die Zs. *Na postu* (*Auf Posten*, 1923) u. *Oktjabr* (*Oktober*, 1924), trat ein für ideologiekonforme proletar. Literatur u. löste den 1923 als »gefährliche Abweichung« kritisierten →Proletkult ab.

**Vorrede,** die: Art →Vorwort zu eigenem oder fremden Werk. (→Prolog)
= Ph. J. Spener, *Pia desideria* (1675; V. zu Arndt, *Wahres Christentum*); Gottsched, *Sterbender Cato, ein Trauerspiel nebst einer critischen V.* (1731); Lessing: V. zu Gleim, *Preussische Kriegslieder* (1758); u. a.

**Vorromantik,** die: (frz. zu →Romantik) Sammelbez. für die europ. Gegenströmungen zu →Aufklärung u. zum →Klassizismus wie →Rokoko, →Empfindsamkeit, →Sturm und Drang, →Pietismus, →Irrationalismus; die V. bereitet die →Romantik vor und geht in ihr auf.

**Vorschule,** die: Einführung, Leitfaden in ein best. Sachgebiet, um gewisse Vorkenntnisse zu vermitteln.
= Jean Paul, *V. der Ästhetik* (1804); L. Tieck, *Shakespeare V.* (1823); u. a.

**Vorspiel,** das: kürz. Schauspiel (meist →Einakter, →Szene oder Szenenfolge), das eigtl. Bühnenstück vorausgeht u. es erklärend, d. h. in Motive und Stimmung einführend, einleitet. (→Prolog, →Exposition)
= Schiller, *Wallensteins Lager*; Hebbel, *Der gehörnte Siegfried*; O. Ludwig, *Die Torgauer Heide* (V. zum histor. Schauspiel *Friedrich II. von Preußen*); Brecht, V. zur *Dreigroschenoper* (»Moritat von Mackie Messer«); Karl Kraus, *Die letzten Tage der Menschheit*; u. a.

Das »Vorspiel auf dem Theater«, mit dem Goethe den *Faust* einleitet, ist mehr als eine Satire auf den Unverstand der Philister: als Äußerung zum Werk ist es zugleich Spiegel von Konflikten in der Seele des Dichters. Das letzte Wort im dramatischen Spiel hat der Direktor:

DIREKTOR: *Der Worte sind genug gewechselt,*
*Laßt mich auch endlich Taten sehn;*
*Indes ihr Komplimente drechselt,*
*Kann etwas Nützliches geschehn.*
*Was hilft es, viel von Stimmung reden?*
*Dem Zaudernden erscheint sie nie.*
*Gebt ihr euch einmal für Poeten,*
*So kommandiert die Poesie.*
*Euch ist bekannt, was wir bedürfen,*
*Wir wollen stark Getränke schlürfen;*
*Nun braut mir unverzüglich dran!*
*Was heute nicht geschieht, ist morgen nicht getan,*
*Und keinen Tag soll man verpassen;*
*Das Mögliche soll der Entschluß*
*Beherzt sogleich beim Schopfe fassen,*
*Er will es dann nicht fahrenlassen*
*und wirket weiter, weil er muß.*

*Ihr wißt, auf unsern deutschen Bühnen*
*Probiert ein jeder, was er mag;*
*Drum schonet mir an diesem Tag*
*Prospekte nicht und nicht Maschinen.*
*Gebrauchet das groß' und kleine Himmelslicht,*
*Die Sterne dürfet ihr verschwenden;*
*An Wasser, Feuer, Felsenwänden,*
*An Tier und Vögeln fehlt es nicht.*

*So schreitet in dem engen Bretterhaus*
*Den ganzen Kreis der Schöpfung aus,*
*Und wandelt mit bedächt'ger Schnelle*
*Vom Himmel durch die Welt zur Hölle.*

**Vortizismus,** der: (von engl. Wirbel, Strudel) kurzlebige engl.-am. literar. Bewegung um die von Wyndham Lewis in 2 Nummern. hrsg. Zeitschrift *Blast. Review of the Great English Vortex* (1914/1915), in der einige Frühwerke von T. S. Eliot u. Ezra Pound erschienen; opponierte gegen romant. Lyrik der Zeit, trat ein für einen kühlen, präzisen »klassischen« Stil. (→ Imagismus, → Kubismus, → Futurismus)
= Als Hauptwerk des V. gilt W. Lewis' Roman *Tarr* (1918)

**Vortrag,** der: a) → Rezitation; b) längere Rede über ein Sachproblem.

**Vorwort,** das: eröffnende → Vorrede zu einem Buch; Einführung, die über Entstehung, Sinn u. Zweck u. ä. berichtet; oft als Empfehlung durch fremden Verfasser, Geleitwort.

**Vorwurf,** der: → Stoff, → Fabel.

**Vox nihili,** die: (lat. Stimme des Nichts) → Ghostword.

**Wächterlied,** das: →Tagelied.

**Wagenbühne,** die: auch Prozessionsbühne, Bühnenform von Spät-MA., →Renaissance u. →Barock; als Spiel-Raum dienten jeweils vorbereitete u. mit den betreff. Szenenkulissen versehene Wagen, die ledigl. dem Gang der Handlung bzw. der Szenenfolge entsprechend vorgefahren zu werden brauchten; Beweglichkeit u. Höhe dieser fahrbaren Plattform ermöglichten raschen Wechsel der Aufbauten u. mühelosen Blick auf das Bühnengeschehen; fand Verwendung vorwiegend bei →Passionsspielen u. bes. in England u. Spanien. (→geistl. Spiel, →Mysterienspiel, →Moralität)

**Wahlspruch,** der: →Sinnspruch, →Motto, →Devise.

**Waise,** die: (Kind, dessen Eltern verstorben sind) reimlose Zeile innerhalb eines Reimgefüges (Chiffre *w*), Bez. aus der Terminologie des →Meistersangs; W., die untereinander reimen, werden »Körner« genannt. (→Ritornell)

| | |
|---|---|
| = *Sehet ihr am Fensterlein* | a |
| *Dort die rote Mütze wieder?* | b |
| *Nicht geheuer muß es sein,* | a |
| *Denn er geht schon auf und nieder.* | b |
| *Und auf einmal welch Gewühle* | w1 |
| *Bei der Brücke, nach dem Feld!* | c |
| *Horch! das Feuerglöcklein gellt!* | c |
| *Hinterm Berg,* | d |
| *Hinterm Berg* | d |
| *Brennt es in der Mühle!* | w2 |

[Aus: E. Mörike, *Der Feuerreiter*]

**Waltherstrophe,** die: Strophenform mhd. Epik, benannt nach ihrer Verwendung in Gedicht von *Walther und Hildegund* (1. Hälfte 13. Jh.); Abwandlung der →Nibelungenstrophe, von der sie sich lediglich im →Anvers der 4. Langzeile unterscheidet: statt eines Viertakters besteht sie aus einem Sechstakter.

**Wanderbühne,** die: mit eig. »Bühne«, d. h. eig. Requisiten, umherziehende Schauspieltruppe; Form des Theaters im 17. u. 18. Jh.; in Deutschland hervorgegangen aus Berufsschauspielertrupps der →engl. Komödianten; erste dt. Wanderbühne unter Magister Velten (1640–92), zu dessen Truppe auch Frauen für die weibl. Rollen gehörten; in seiner Nachfolge Caroline Neuber, J. F. Schönemann, K. E. Ackermann u. a.; Stil u. Repertoire der W. von effektvoller Melodramatik u. trivialer Drastik; eine dominierende Rolle spielte die →lustige Person, die unter Einfluß des für Reform der dt. Bühne wirkenden Gottsched dann von der Bühne verwiesen wurde; im 20. Jh. Theaterensemble mit festem Sitz, das aber auch in Städten ohne eigenes Theater auftritt. (→Hoftheater, →Commedia dell'arte)
= (Aus dem Repertoire der W.:)

Titus Andron: *Großmaechtiger Keyser vnd schoene Keyserin ich thue mich hoechlich bedancken / daß jhr auff meine Bitte erschienen seyd. Ich bite aber Ewer Majestaet wolle sich mit seiner Keyserinne setzen / vnd dieses mein geringe tractament vorlieb auff vnd annehmen.*

Kaeyser. *Guter Freund* Titus Andronicus, *hoechlich bin ich drob erfrewet / daß dieser blutiger gefaehrlicher Krieg ein ende genommen / vnd wir zu Fried vnd Eintracht seyn gerathen. Gehet oben an die Taffel sitzen / die Keyserin bey jhm.* ‖ *Aber sagt mir / warumb gehet jhr mit der Schuertzen?* Victoriades *gehet sitzen.*

Titus Andron: *Großmaechtiger Keyser / ich bin selber Koch geworden / vnd die Pasteten fuer E. May: zugerichtet.*

Kaeyser. *Nun es ist alles gut / ich bitte* Titus */ kompt mit ewrem Sohne bey vns sitzen.*

Titus Andron: *Nein großmaechtiger Keyser / ich werde jetzt nicht sitzen gehen / sondern wil E. May: dienen / du aber hertzlieber Sohn* Vespasianus, *gehe sitzen / und leiste dem Keyser Freundschafft.*

Vespasianus. *Ja hertzlieber Vater / ewerm Befehl bin ich jederzeit willig nachzukommen. Gehet sitzen.*

Kaeyserin. *Lieber* Titus Andronicus, *ich bitte lasset ewre Tochter* Andronica *auch sitzen.*

Titus. *Nein schoene Keyserin / das kan nicht seyn / sie muß fuer euch stehen und dienen. Ich bitte aber E. May: wollen essen vnd froelich seyn.* ‖ *Gehet hin zu den Pasteten / schneidet dem Keyser / auch der Keyserin davon fuer /* Vespasianus *aber isset nichts / der alte* Titus *gehet fuerm Tische betruebet spatzieren.*

Kaeyserin. *Warlich die Tage meines Lebens hab ich nicht bessers von Pasteten gegessen / als jetzt / kan aber nicht wissen / worvon es moege zugerichtet seyn / oder was dasselbige ist / so drein gebacket.*

Titus Andron: *O schoene Keyserin / ich bitte / esset besser davon / weil er euch so wol thut schmecken / worvon er aber gemachet / wil ich der Keyserinnen darnach erzehlen. Schneidet noch ein Stuecklein davon / legts der Keyserinnen fuer.*

Kaeyserin. *Aber mein lieber* Titus Andronicus / *saget / warumb seyd jhr so melancholisch / vnd esset nit.*

Titus Andron: *O schoene Keyserin / esset jhr nun wol davon / ich aber bin voll grosser Betruebniß / ja der Betruebste in der gantzen Welt / daß ich auch nicht weiß / was ich vor Angst sol thun oder anfahen.*

Kaeyserin. *Aber ich bitte euch / saget mir warumb seyd jhr so betruebet / vnd was hat euch betruebet gemacht?*

Titus *gehet fuer die* Andronica.

Titus Andron: *Keyserin durch dieses elende Mensche / meine hertzliebe Tochter / bin ich so vnmenschlich sehre betruebet. Nun aber ist mir laenger vnmueglich / dich also elendiglich fuer meinen Augen zusehen / vnd fuer Vngedult wil mir mein Hertz im Leibe zerplatzen / sieh da nimb das zu dir. Stosset jhr das Messer durchs Hertz / sie felt toedtlich nieder zu der Erden.*

Kaeyser. *Ach ach* Titus Andronicus, *seyd jhr auch noch bey Sinnen / wie koempts / daß jhr ewer eigen Fleisch vnd Blut ermordet / ach wehe dieses erbaermliche Wesen.*

Titus Andron. *Ja Keyser / die groesseste Pein vnd Hellen Angest meines Hertzens / hab ich durch jhr empfangen / aber hoere mich recht zu / deine verfluchte vnd hoffertige Keyserin ist eine Vrsache / denn sie meine armselige Tochter durch jhre Soehne / die Haende hat abhawen lassen / auch die Zunge ‖ außgerissen. Wisse aber nun du verfluchte Keyserin / daß du jetzt mit grosser Anmuth von deines Soehnes Haeuptern gegessen hast / welche ich drinnen gebacket. Keyserin zittert vnd bebet / verschrecket sich grawsamlich. Nun aber soltu also keinen Menschen mehr betrueben / wie du mich gethan / nim also dieses dafuer. Springet mit dem Messer zu jhr / ersticht sie an des Keysers Seiten beym Tische.*

Keyserin. *O mordio wehe. Felt todt zur Erden.*

Keyser. *O wehe solte ich solche Mordt dulden / das ist mir vnmueglich. Zieht das Schwerdt auß / ersticht* Titum Andron: *fuerm Tische / felt toedtlich zur Erden...* [Aus: *Eine sehr klägliche Tragoedia von Tito Andronico*, VIII]

**Wappendichtung,** die: →Heroldsdichtung.

**Waschzettel,** der: vom Verlag verfaßter Einführungstext zu einem Buch (Inhaltsangabe, Charakteristik u. ä.), der Besprechungsexemplar beigelegt wird. (→Klappentext)

**Wechsel,** der: Liedgattung des mhd. →Minnesangs, die Frauen- u. Männerstrophe nicht dialog. zum Miteinander, sondern monolog. zum »Übereinander« der Rollenfiguren kombiniert; meist zweistrophig u. v. a. in 2. Hälfte des 12. Jh. verbreitet. (→Tagelied, →Wechselgesang)
= Kürenberger, Dietmar von Eist, Reinmar von Zweter, Walther von der Vogelweide u. a.

*Uf der linden obene    dâ sanc ein kleinez*
   *vogellîn.*
*vor dem walde wart ez lût:   dô huop sich aber*
   *das herze mîn*
*an eine stat da'z ê dâ was.   ich sach*
   *die rôsebluomen stân:*
*die manent mich der gedanke vil    die ich hin*
   *zeiner frouwen hân.*

*›Ez dunket mich wol tûsent jâr    daz ich*
   *an liebes arme lac.*
*sunder âne mîne schulde    fremedet er mich*
   *manegen tac.*
*sît ich bluomen niht ensach    noch hôrte*
   *kleiner vogele sanc,*
*sît was mir mît fröide kurz    und ouch*
   *der jâmer alze lanc.‹* [Dietmar von Eist]

**Wechselgesang,** der: lyr. Gattung, deren Form (bei themat. Einheit) durch die Zuordnung der Verszeilen zu zwei oder mehreren, dialog. meist nicht aufeinander bezogenen »Stimmen« (Personen) charakterisiert ist. (→Skolion)
= →Chorlied (gr.), →Volkslied, →Hirtendichtung, Goethe *(Wechsellied zum Tanze)*, Mörike *(Gesang zu zweien in der Nacht)*, R. Dehmel *(Schöpfungsfeier)*, u. a.

FAUST, MEPHISTOPHELES, IRRLICHT im Wechselgesang:
*In die Traum- und Zaubersphäre*
*Sind wir, scheint es, eingegangen.*
*Führ uns gut und mach dir Ehre!*
*Daß wir vorwärts bald gelangen,*
*In den weiten, öden Räumen.*

*Seh die Bäume hinter Bäumen,*
*Wie sie schnell vorüberrücken,*
*Und die Klippen, die sich bücken,*
*Und die langen Felsennasen,*
*Wie sie schnarchen, wie sie blasen!*

*Durch die Steine, durch den Rasen*
*Eilet Bach und Bächlein nieder.*
*Hör ich Rauschen? hör ich Lieder?*
*Hör ich holde Liebesklage,*
*Stimmen jener Himmelstage?*
*Was wir hoffen, was wir lieben!*
*Und das Echo, wie die Sage*
*Alter Zeiten, hallet wider.*

*»Uhu! Schuhu!« tönt es näher,*
*Kauz und Kiebitz und der Häher,*
*Sind sie alle wach geblieben?*
*Sind das Molche durchs Gesträuche?*
*Lange Beine, dicke Bäuche!*

*Und die Wurzeln, wie die Schlangen,*
*Winden sich aus Fels und Sande,*
*Strecken wunderliche Bande,*
*Uns zu schrecken, uns zu fangen;*
*Aus belebten derben Masern*
*Strecken sie Polypenfasern*
*Nach dem Wandrer. Und die Mäuse,*
*Tausendfärbig, scharenweise,*
*Durch das Moos und durch die Heide!*
*Und die Funkenwürmer fliegen,*
*Mit gedrängten Schwärmezügen,*
*Zum verwirrenden Geleite.*

*Aber sag mir, ob wir stehen*
*Oder ob wir weitergehen?*
*Alles, alles scheint zu drehen,*
*Fels und Bäume, die Gesichter*
*Schneiden, und die irren Lichter,*
*Die sich mehren, die sich blähen.*   [Aus: Goethe, *Faust I* (Walpurgisnacht)]

**weiblicher Reim,** der: zweisilb., aus einer Hebungs- u. einer Senkungssilbe bestehender →Reim; Gegs. →männl. Reim.

**Weihnachtsspiel,** das: →geistl. Spiel des MA., nach Vorbild des aus Ostertropus hervorgegang. →Osterspiels entstanden aus Weihnachtstropus, dessen Kern die Hirtenszene bildet, u. durch szen. Erweiterung der Weihnachtsliturgie; Verselbständigung szen. Ansätze führte auch zu Ausformung von Krippenspiel (10. Jh.), Hirtenspiel (11. Jh.) u. schließlich Dreikönigs- oder Magierspiel; 1. volkssprachl. W. (mit der ganzen Weihnachtsgeschichte) ist das *St. Galler Spiel von der Kindheit Jesu* (Ende 13. Jh.), bedeutendstes das *Hess. W.* (ca. 1500). Neubelebung erfuhr die Gattung durch Rudolf Steiners Fassung des *Oberuferer W.* (2. Hälfte 16. Jh.).

**Weimarer Klassik,** die: dt. →Klassik.

**weinerliches Lustspiel,** das: (Bez. von Lessing) dem Vorbild der frz. →comédie larmoyante folg. dt. →Komödien- →Typ des 18. Jh.; entstanden unter Einfluß der empfinds. Strömungen (→Empfindsamkeit) innerhalb der europ. →Aufklärung, wendet sich das w. L. an das Herz (Gemüt, Empfindung) des Zuschauers; Elemente des w. L. durch Lessing dem →bürgerl. Trauerspiel

nutzbar gemacht, sonst Übergang zum →Rührstück u. Zurücktreten der moralist.-erzieher. Absicht; Begründung u. theoret. Grundlage von Gellert (*Pro comoedia commovente*, 1751).
= Gellert, *Die Betschwester* (1745), *Das Los in der Lotterie* (1746), *Die zärtlichen Schwestern* (1747), u. a.

**Weltchronik,** die: erweiterte Form der →Chronik, im MA. (bes. 13. Jh.) verbreitet u. die gesamte literar. erreichbare Weltgeschichte darstellend.
= *Sächsiche W.*, wahrscheinl. von Eicke von Repgow (ca. 1230, 1. histor. Werk in dt. Prosa); *W.* von Rudolf von Ems (ca. 1252, Verse); u. a.

*Nicolaus von cusa cardinal*
*Nicolaus von Cusa ein Teůtscher vnd des tittels sancti Pet[r]i ad vincula ein fůrtreffenlich[e]r vnd hohgelerter cardinal ist diser zeit in rům vnd preyse gewesen Vnd was ein sólcher gůter man das wenig beßrer lewt zu seiner zeit geporn warn. dann er was ein ernstlicher feind aller laster. ein widersacher aller eregirigkeit vnd werltlichs geprengks. an gentzigkeit des g[e]můets vnwandelper: erberer můe vnnd arbait bis in sein hohs alter vnuerdrossen in gůttettigkeit vnd danckperkeit wunderperlich. vnd also vberflůßig in aller schriftlichen weißheit. wenn yezuzeiten von einichem ding zereden vnuersehenlich fůrfiele so kund vnd weßte er also schickerlich. vólligclich vnd gnůgsamlich dauon sagen als ob er sich dasselb ding allain zelernen gefließen het. Er was zumal ein wolgesprechig vnd des lateins fertig man. vnd aller hystorien vnd geschihten. nicht allain der newen vnd gegenwertigen sunder auch der alten gantz wissend vnd frisch gedechtig vnd in allen freyen vnd andern kůnsten hoherfarn. Auch des babstlichen vnd kaiserlichen rechtens wolgelert. vnd ein scharpffer außleger der heiligen schrift. vnd hat vil treffenlicher vnd lóblicher bůecher vnd schriften gemacht vnd hinder ime gelaßen. diser Nicolaus wardt auß vrsachen das er sein Brixische kirchen fleißigclich beschirmet von hertzog Sigmunden von ósterreich gefangen vnd in eim erbern kercker enthalten. Darumb wardt babst Pius wider denselben hertzogen zu vngnad vnd mißgunst bewegt also das er ine mit schwern geistlichen penen belůde. Zu letst wardt dieser Nicolaus frey geledigt vnd die sachen befrided. Vnnd als babst Pius zu Ancona auß diser werlt mit tod verschiede do starb diser Nicolaus cardinalis zu Rom.*

[Aus: H. Schedel, *Weltchronik* (15. Jh.), dt. v. G. Alt]

**Weltgerichtsspiel,** das: →geistl. Spiel des MA., das von dem auf die Wiederkunft Christi am Jüngsten Tag folg. (Welt-)Gericht handelt u. seinen Stoff den Texten des Alten und Neuen Testaments, den apokryphen Evangelien sowie Quellen des MA. *(Antichrist)* entnimmt. (→Antichristspiel)
= Wichtigste volksspr. W. in Dtschld. *Zehnjungfrauenspiel* (dt. 1321), *Rheinauer W.* (1350), *Des Endchrist Vasnacht* (1353) u. a.

**Weltliteratur,** die: unklarer Begriff, der zurückgeht auf Goethes Gedanken, daß »die Poesie ein Gemeingut der Menschheit ist und daß sie überall und zu allen Zeiten in Hunderten und aber Hunderten von Menschen hervortritt«, daß die »Epoche der Weltliteratur« »an der Zeit« sei; die Äußerungen Goethes lassen versch. Deutungen des Begriffs W. zu: a) (qualit.) Literatur der Kulturvölker, die zu Weltgeltung u. -wirkung gelangt ist; b) (quantit.) Gesamtheit der (National-)Literaturen der Welt; c) lebendiger Austausch u. gegenseitige geistige Beeinflussung der versch. Literaturen, deren Erforschung sich die →vergleichende Literaturwissenschaft widmet. (→Kanon)
= →Periode

**Welttheater,** das: (Übers. von lat. theatrum mundi) Vorstellung von der Welt als einem Theater, auf dem die Menschen vor Gott ihre Rollen spielen; bereits in Antike (Plato, Seneca u. a.) u. im Urchristentum (Augustinus) als Vergleich (Metapher) nachgewiesen u. als Topos bes. in →Barock lebendig.
= Calderón de la Barca, *Das große W.* (ca. 1635); Hofmannsthal, *Das kleine W.* (1897), *Das Salzburger große W.* (1922); u. a.

**werkimmanente Interpretation,** die: (aus lat. in + bleiben) auch textimmanente I., Methode der (Text-) →Interpretation, die, von →Formalismus beeinflußt, »voraussetzungsfrei« vorgeht, das dichter. Werk »immanent«, d. h. aus sich selbst heraus, zu verstehen sucht; da sie histor., biograph., sozial-, geistes-, literaturgeschichtl. u. ä. Bedingtheiten unberücksichtigt läßt u. den Erkenntnisakt auf das Dichterisch-Sprachliche beschränkt, als einseitig u. problematisch kritisiert; gedeutet als Reaktion auf Historismus u. Psychologismus des 19. Jh. und Politisierung im 20. Jh.; nach 1945 in der dt. →Dichtungswissenschaft weit verbreitet. (→New criticism)
= W. Kayser, *Das sprachliche Kunstwerk* (1948); E. Staiger, *Die Kunst der Interpretation* (1955); u. a.

*Dichtung kann und muß zunächst als ein Gebilde betrachtet werden, das völlig selbständig ist, das sich restlos von seinem Schöpfer gelöst hat und autonom ist. Bei der Dichtung gibt es nichts außerhalb Liegendes, das sie zu ihrem sinnvollen Dasein brauchte.*

[Aus: W. Kayser, *Das sprachliche Kunstwerk*]

**Werkkreis Literatur der Arbeitswelt,** der: auch Werkkreis 70, Spalt- u. Nachfolgegruppe der →Gruppe 61; 1970 in Köln gegr., um Literatur *von*, *über* und *für* Arbeiter durch Einbeziehung schreibender Intellektueller u. Gründung von örtl. (Schreib-)»Werkstätten« zu fördern; seine Gegenstände entnimmt der W. den »menschlichen und materiell-technischen Problemen« der »Arbeitswelt«, durch ihre Bewußtmachung sucht er die »Situation abhängig Arbeitender« zu verändern. (→Arbeiterdichtung)
= Hauptvertreter: G. Wallraff, E. Runge, E. Schäfer u. a.

**Widerspiegelungstheorie, die:** auch Abbildtheorie; im Unterschied zur vulgär-marxist. Vorstellung, wonach Literatur »richtige und tiefe Widerspiegelung der objektiven Wirklichkeit« ist u. damit »wirkliche Erkenntnis der treibenden Kräfte der gesellschaftl. Entwicklung«, von G. Lukács im Anschluß an Gedanken Marx' u. Lenins formulierte ästhet. Theorie, daß Spiegelung histor. u. sozialer Situation in Bewußtsein (u. Dichtung) nicht direkt (u. objektiv), sondern selektiv-abstrakt (u. subjektiv) durch interessengesteuerte Einbringung in Begriffe u. Gesetze u. ä. erfolgt. (→sozialist. Realismus)

**Wiegenlied, das:** ältere Gattung des →Volkslieds mit einfacher, schwebend getragener Einwiegemelodie; volkssprachl. W. zuerst bei Gottfried von Neifen, als Kunstlied bei Gellert, Ramler, Claudius, Herder, Chamisso, Dehmel u. a.
= *Guten Abend, gute Nacht,*
*Mit Rosen bedacht,*
*Mit Näglein besteckt,*
*Schlupf unter die Deck.*
*Morgen früh, wenns Gott will,*
*Wirst du wieder geweckt.* [Unbek. Verf.]

*Da droben auf dem Berge,*
*Da wehet der Wind,*
*Da sitzet Maria*
*Und wieget ihr Kind.*
*Sie wiegt es mit ihrer schneeweißen Hand,*
*Dazu braucht sie kein Wiegenband.* [Unbek. Verf.]

**Wiener Gruppe, die:** Wiener Künstlergruppe (ca. 1952–64), hervorgegangen aus »art-club« um A. P. Gütersloh u. beeinflußt von →Dadaismus u. →Surrealismus; pflegt Sprachexperiment (→abstrakte, →konkrete, →visuelle Dichtung, →Montage), Dialoggedicht u. die provozierende Pose des »lauthstarken« Bürgerschrecks.
+ G. Rühm (Hrsg.), *Die W. G.* (1967, ³1985)
= Mitglieder u. a. F. Achleitner, H. C. Artmann, K. Bayer, G. Rühm, O. Wiener.

**Wildwestroman, der:** am. Sonderform des →Abenteuerromans, handelt von Erschließung des »wilden Westens« (1848–98) durch ruhelose, ethisch autonome »Männer«; meist von pseudohistor. Klischeehaftigkeit u. der →Trivial- u. →Schundliteratur zuzurechnen.
= O. W. Wister, *The Virginian* (1902); A. Adams, A. H. Lewis, Z. Grey, F. Faust, L. L. Amour, Luke Short u. a.; in Dtschld. bes. B. Möllhausen, K. May u. a.

**Wirkungsästhetik,** die: Forschungsrichtung der Kunst- u. bes. Literaturwissenschaft, die nach dem Verhältnis von Kunstwerk (Text) u. intendierter Wirkung auf den Leser (Zuschauer, Hörer) fragt u. dessen Bedingungen u. Folgen (Wirkungssignale) erschließt. (→ Produktionsästhetik, → Rezeptionsästhetik)

**Wirtschaften** (Pl.): höf. Maskenfeste des frühen 18. Jh., bei denen »Wirtschaft« gespielt wurde: die vornehme Gesellschaft erschien als Volk u. wurde vom Fürstenpaar als Wirtsleuten bedient. (→ Maskenspiel)
= Texte von den Dresdner Hofdichtern J. v. Besser, J. U. v. König u. a.

**Witz,** der: (zu wissen) allg.: Verstand, Klugheit, Geist; die im Begriff W. sich verbindenden beiden Traditionslinien: W. als Gabe der geistreichen Einfälle (Einfluß von frz. esprit) u. W. als psych. Vermögen, Ähnlichkeiten versch. Objekte rasch wahrzunehmen (Anlehnung an engl. wit), überlagern sich seit Beginn des 18. Jh., wo W. als rationale Methode der überraschenden Kombination heterogener Vorstellungen zum zentralen Element der Poetik wird (→ Aufklärung); von den Frühromantikern zum schöpfer.-synthet. Grundprinzip erhoben (→ blaue Blume), erfährt der W. im 19. Jh. Ab- u. Umwertung u. Ersetzung durch → Genie; bes.: W. als Textsorte (18. Jh.) spez. sprachl. Form des Komischen (→ einfache Form), in der mit Hilfe der geist. Potenz W. ein sprachl. Übereinkunft entsprechender u. diese knapp ausdrückender Zusammenhang aus seiner verbürgten (verbindl.) Bedeutung gelöst wird; W. bedeutet also a) verstandesmäßige Fähigkeit zum W. (zur sprachl. Gestaltung eines scherzhaften Einfalls: → Pointe) u. b) sinnlicher Ausdruck des Entbundenen als Form (kurze Erzählung), in der die Lösung, Befreiung des in Sprache, Logik u. Norm Gebundenen vor sich geht; als wesentl. strukturbild. Element des W. gilt die »Möglichkeit, Wörter, Sätze in verschiedene Kontexte einzustellen oder verschiedene Prämissen der Wort- oder Sachbedeutung anzunehmen« u. mit dem »Bedeutungspotential und Bedeutungsspektrum von Wörtern und Sätzen« (W. Preisendanz) zu spielen. (→ Homonyme, → Amphibolie, → Ambiguität, → Zote, → Anekdote, → Epigramm, → Bonmot, → Wortspiel)
= Von S. Freud »zusammengestellte Kriterien und Eigenschaften des Witzes«: »*die Aktivität, die Beziehung zum Inhalt unseres Denkens, der Charakter des spielenden Urteils, die Paarung des Unähnlichen, der Vorstellungskontrast, der ›Sinn im Unsinn‹, die Aufeinanderfolge von Verblüffung und Erleuchtung, das Hervorholen des Versteckten und die besondere Art von Kürze des Witzes*«
[Aus: *Der Witz und seine Beziehung zum Unbewußten*]

*Herr N. wird eines Tages auf die Person eines Schriftstellers aufmerksam gemacht, der durch eine Reihe von wirklich langweiligen Aufsätzen bekannt geworden ist, welche er in einer Wiener Tageszeitung veröffentlicht hat. Die Aufsätze behandeln durchweg kleine Episoden aus den Beziehungen des er-*

sten Napoleon zu Österreich. Der Verfasser ist rothaarig. Herr N. fragt, sobald er den Namen gehört hat: »Ist das nicht der rote Fadian, der sich durch die Geschichte der Napoleoniden zieht?« [Nach Freud]

**Work-Song,** der: (engl.-am.) →Arbeitslied der am. Schwarzen (als Einzel- oder Gruppengesang). (→Ständelied)
= *My sweetheart's the mule in the mines,*
 *I drive her without reins or lines,*
 *On the bumper I sit.*
 *I chew and I spit*
 *All over my sweetheart's behind.*

 *My sweetheart's the mule in the mines,*
 *I drive her without any lines.*
 *On the bumper I stand,*
 *With my whip in my hand,*
 *My sweetheart's the mule in the mines.*

**Wortkunst,** die: von den Vertretern des →Sturmkreises geprägte Bez. a) allg. für Dichtung, b) bes. für eigene Arbeiten.
= b) *Die Benennung Tonkunst ist glücklich, weil durch sie eindeutig das Material genannt wird, durch das diese Kunst in Erscheinung tritt. Mit der Benennung Dichtkunst ist wenig gesagt. Viele Menschen halten es ja für ein besonderes Lob, wenn sie Werke der Musik oder der Malerei Dichtung nennen. Die richtige Benennung wäre Wortkunst. So wird das Material dieser Kunstgattung gleichfalls eindeutig bezeichnet.*
[Aus: H. Walden, *Einblick in die Kunst*]

**Wortspiel,** das: Spiel mit Klang (Gleichklang oder Klangähnlichkeit) u. Bedeutung (Doppeldeutigkeit) von Wörtern zur Entbindung eines witzigen Effekts (→Witz); seit der Antike beliebt als Stilmittel; häufig bei Gottfried von Straßburg, Abraham a Santa Clara, G. P. Harsdörffer, J. Fischart, H. Heine, Nestroy, F. Nietzsche u. a. (→Amphibolie, →Paronomasie, →Polyptoton, →Sprichwort, →Aphorismus, →Rätsel u. ä.)
= *Wahre Königin ist nur des Weibes weibliche Schönheit,*
 *Wo sie sich zeige, sie herrscht, herrschet bloß, weil sie sich zeigt.*
[Schiller, *Macht des Weibes*]

*»Mein lieber Agathon«, versetzte der Sophist mit einem schalkhaft mitleidigen Lächeln, »man kann alles, was man will, sobald man nichts will, als was man kann.«* [Wieland, *Geschichte des Agathon*]

*Eifersucht ist eine Leidenschaft, die mit Eifer sucht, was Leiden schafft.*
[Schleiermacher]

*Valerio: Ich werde Sie lassen, sobald Sie gelassen sind und das Wasser zu lassen versprechen.* [Büchner, *Leonce und Lena*]

**Würfeltext,** der: Text, dessen Wortauswahl u. -reihenfolge »erwürfelt«, d. h. vom »Fall des Würfels« (»Zufall«) bestimmt sind = →aleator. Dichtung.

**Würde,** die: (zu Wert) Ausdruck von »Geistesfreiheit« bzw. »Beherrschung der Triebe durch die moralische Kraft« (Schiller). (→Anmut)
= Schiller, *Über Anmut und Würde* (1793)

**Xenie,** die, bzw. **Xenion,** das: (gr. Gastgeschenk) Begleitverse zu Geschenken (Martial) in Antike; Bez. von Goethe u. Schiller auf gemeinsam verfaßte epigrammat. →Monodistichen gegen literar. Gegner übertragen (1797 gesammelt ersch.); Begriff in diesem Sinn auch bei Rückert, Heine, Immermann, Grillparzer, Hebbel u.a.

= Der Kunstgriff
*Wollt ihr zugleich den Kindern der Welt und den Frommen gefallen?*
*Malet die Wollust – nur malet den Teufel dazu.*

Goldnes Zeitalter
*Ob die Menschen im ganzen sich bessern? Ich glaub es, denn einzeln,*
*Suche man, wie man auch will, sieht man doch gar nichts davon.*

Moralische Zwecke der Poesie
*»Bessern, bessern soll uns der Dichter!« So darf denn auf eurem*
*Rücken des Büttels Stock nicht einen Augenblick ruhn?*

[Schiller und Goethe, *Xenien*]

**Zäsur,** die: (lat. Einschnitt) in antik. Verslehre »gesetzmäßig festgelegter Einschnitt« (kurze Pause) an best. Stelle von meist längerem Vers oder Periode (mehr als zehn Silben) (→Trithemimeres u. ä.); in dt. Verslehre Gliederung u. Gruppierung der metr. Hebungen durch die Sprechtakte (→Kolon); feste Z. in dt. Dichtung meist nur bei Verstypen nach antikem oder roman. Vorbild (z. B. →Alexandriner, →Hexameter, →Pentameter), in allen übrigen Verstypen von mehr als vier Hebungen Z. frei beweglich (z. B. →Blankvers). (→Diärese)

**Zäsurreim,** der: →Reim an →Zäsur als Reim a) im Versinnern zwischen Wörtern vor den Zäsuren *eines* Verses (→Binnenreim) oder zwischen Wörtern vor den Zäsuren *zweier* Verse, b) zwischen dem Wort vor der Zäsur (von Vers) u. Versende (→Inreim, →Mittenreim).
= a) →Titurelstrophe, →Nibelungenstrophe:

*Uns ist in alten maeren    wunders vil geseit*
*von helden lobebaeren,     von grôzer arebeit,*
*von fröuden, hôchgezîten,  von weinen und von klagen,*
*von küener recken strîten  muget ir nu wunder hoeren sagen.*

b) →leonin. Vers.

**Zani** bzw. **Zanni** (Pl. zu Sg. Zane bzw. Zanne) typis. Dienerfigur der →Commedia dell'arte: →Brighella (1. Z.), →Arlecchino (2. Z.) neben →Pantalone, →Dottore.

**Zarzuela,** die: (nach Zarzuelapalast im Prado) span. (leichtes) Musiktheater, Sonderform von → Vaudeville u. dt. →Singspiel.

**Zauberposse,** die: →Zauberstück.

**Zauberspruch,** der: Formel, deren Hersagen zauberische Wirkung hervorbringen soll, Urform der Dichtung; zu den ältest. Beispielen der dt. Lit. gehören die beiden *Merseburger Z.* (→Alliterationsvers)
= *1.*

*Einst setzten sich Idisen,   setzen hier sich und dorthin:*
*Welche flochten die Fesseln, welche hemmten das Heer,*

*Welche lösten der Kühnen    knechtische Bande. –
Entspring den Haftbanden!    Entfahr den Feinden!*

*2.
Fol und Wodan    zum Walde ritten,
Da ward dem Fohlen Balders    sein Fuß verrenkt.
Da besprach ihn Sinthgunt,    der Sunna Schwester,
Da besprach ihn Frija,    der Volla Schwester,
Da besprach ihn Wodan,    wie er's wohl konnte:
Wie die Beinrenke,    so die Blutrenke,
So die Gliedrenke:
Bein zu Beine,    Blut zu Blute,
Glied zu Gliede,    als sei'n sie geleimt!*

[*Merseburger Zaubersprüche*; dt. von W. Stammler]

**Zauberstück,** das: Form des →Volksstücks, in dem als handelnde Personen Figuren aus der volkstüml. Mythologie (Geister, Zauberer) erscheinen; gilt als ein »Zersetzungsprodukt des barocken Gesamtkunstwerks«; von den Possenautoren A. Bäuerle, K. Meisl u. J. A. Gleich zu theatral. Erfolg geführt, erreichte seine künstler. Vollendung mit Werken von Raimund u. Nestroy (Wiener Volkstheater). (→Barock)
= F. Raimund, *Der Barometermacher auf der Zauberinsel* (1823), *Die gefesselte Phantasie* (1828; Zauberspiel), *Der Verschwender* (1834; Zaubermärchen); Nestroy, *Lumpazivagabundus* (1835; Zauberposse); u. a.

**Zeile,** die: im Dt. wird eine Zeile metrisch nach der Zahl der →Hebungen bestimmt: Je nach dem →Tempo kann sie zwei-, drei-, vier-, fünf- oder mehrhebig sein. Allg. bilden Zeilen mit bis zu vier Hebungen eine deutlichere Einheit u. werden als kurze Zeilen bezeichnet; in langen Zeilen (mit mehr als vier Hebungen) geht Eindruck der Einheit verloren, u. mehrere kleinere Einheiten bestimmen ihren Charakter (→Kolon, →Rhythmus). Die längste Zeile der dt. Dichtung hat sechzehn Hebungen u. wird als Kuriosum bewertet. Anzahl und Verteilung der →Senkungen bestimmen die →Füllung der Zeile. (→Kurzvers bzw. -zeile, →Langvers bzw. -zeile)

**Zeilensprung,** der: →Enjambement.

**Zeilenstil,** der: in germ. →Langzeile Zusammenfallen von Satz- u. Versende, Gegs. →Hakenstil, wo Satzschluß in Mitte des folg. Verses fällt.
= *Wîp unde vederspil diu werdent lîhte zam:
swer sî ze rehte lucket, sô suochent sî den man.
als warb ein schoene ritter umb eine frouwen guot.
als ich dar an gedenke, sô stêt wol hôhe mîn muot.*

[Aus: Kürenberg, *Falkenlied*]

**Zeitgedicht, das:** Form der →polit. Dichtung, stellt sich der aktuellen polit.-sozialen Wirklichkeit sowie deren Ereignissen u. Problemen und ist deshalb durch unmittelbaren Zeitbezug charakterisiert; als eigtl. Begründer des dt. Z. gilt Gleim, auch wenn dessen Zeitgenossenschaft sich v. a. in der Verherrlichung Friedr. II. u. seiner Kriegserfolge ausspricht (*Kriegs- und Siegeslieder*, 1758).
= Heine, Herwegh, Prutz, Weerth, Brecht u. a.

*Conclusio.*
  *Ihr herren alzumal, wie ihr euch auch möcht nennen,*
*catolisch, evangelisch, ihr must es wol bekennen,*
*ihr habet harte köpf, keiner wil nit gern weichen,*
*wie könt ihr denn zu hauf kommen und enk vergleichen?*
*Ein theil soll von dem andern nichts unbillichs begeren,*
*so sol kein teil dem andern, was recht ist, auch nit wehren.*
*Befleist euch nur des friedens, fangt ja kein krieg nit an,*
*sonst mus es entgelten der arme pauersmann,*
*welcher unschuldig ist, weis nichts von euerm zank,*
*den wolt ihr so mutwillig legen auf die schlachtbank.*
*Woher nembt ihr denn gelt zu füllen eure taschen,*
*wenn dörfer, stet und schlösser da liegen in der aschen?*
  *Ihr herren weltlige, wie man euch also nennet,*
*bleibt doch bei euer jagt, weil ihr die wäld selbst kennet;*
*behaltet eure lust und spart ein wenig gelt*
*fur eure junge herschaft und schickt die in die welt:*
*do lernt man fremde sprachen, fechten, reiten, turnieren,*
*so können sie den damen fur die langweil hofieren.*
*Wolt ihr ja fuhren krieg, so lasts beim alten bleiben,*
*last eure secretarios unnuze briefe schreiben;*
*zankt euch ein weil mit worten, dörft ihr euch doch nit schlagen,*
*es mus einer den andern in etwas ubertragen;*
*greift ja nur nit zum schwert, denn das ist aus dem scherz,*
*das verterbt euer land und bringt euch auch in schmerz.*
  [Aus: A. v. Dohna, *Historische reimen von dem ungereimten reichstag anno 1613*]

*Die hundert Männer von Haswell,*
*Die starben an einem Tag;*
*Die starben zu einer Stunde;*
*Die starben auf einen Schlag.*

*Und als sie stille begraben,*
*Da kamen wohl hundert Fraun;*
*Wohl hundert Fraun von Haswell,*
*Gar kläglich anzuschaun.*

*Sie kamen mit ihren Kindern,
Sie kamen mit Tochter und Sohn:
»Du reicher Herr von Haswell,
Nun gib uns unsern Lohn!«*

*Der reiche Herr von Haswell,
Der stand nicht lange an;
Er zahlte wohl den Wochenlohn
Für jeden gestorbnen Mann.*

*Und als der Lohn bezahlet,
Da schloß er die Kiste zu.
Die eisernen Riegel klangen,
Die Weiber weinten dazu.* [Georg Weerth, *Lieder aus Lancashire* (wo es 1844 zu einem Bergwerksunglück kam)]

**Zeitroman,** der: (Bez. von Cl. Brentano 1809) im 19. Jh. entwickelter Romantypus, der das Bild einer Gesellschaft (→ Gesellschaftsroman) zum »Panorama der Zeit« (K. Gutzkow) erweitert; Darstellung u. Analyse ihrer (querschnitthaft) im Nebeneinander (→ Simultantechnik, → Montage) erfaßten geistig-kultur., polit.-sozialen, ökonom. u. moral. Verhältnisse sollen eine »Weltanschauung« ermöglichen, die »neu«, »eigentümlich« ist. Als Begründer des Z. gilt K. L. Immermann (*Die Epigonen*, [1836]; *Münchhausen* [1838f.]), als sein Schöpfer das → Junge Deutschland (H. Laube, *Das junge Europa*, [1833ff.]), K. Gutzkow, *Die Ritter vom Geiste* [1850f.; vom Autor als »Roman des Nebeneinander« bezeichnet].

= Weitere Vertreter: J. Gotthelf (*Zeitgeist u. Berner Geist*, 1851), G. Freytag (*Soll und Haben*, 1855); Th. Fontane (*Der Stechlin*, 1892); R. Musil (*Der Mann ohne Eigenschaften*, 1930ff.); u. a.

**Zeitschrift,** die: periodisch, d. h. wöchentl. bis vierteljährl., erscheinende Druckschrift; im Gegs. zur (tägl. ersch., aktuellen) → Zeitung fast ausschließl. sach- u. fachorientiert als wissenschaftl., literar., polit. u. ä. Zs.; 1. Zs. in dt. Sprache Thomasius' *Monatsgespräche* (1688f.), doch Breitenwirkung bei den gebildeten Schichten erst mit dem Erscheinen der → moralischen Wochenschriften im 18. Jh. (→ Aufklärung)

= Literar. Z.n der Nachkriegszeit: *Die Gegenwart* (1945-48); *Akzente* (1954ff.); *Wort in der Zeit/Literatur und Kritik* (1955ff.); *Text u. Kritik* (1963ff.); *Kursbuch* (1965ff.); u. a.

**Zeitstück,** das: → Drama, das den Zuschauer kritisch mit aktuellen Problemen, Sachverhalten oder Zuständen konfrontiert, um sie ihm bewußtzumachen u. ihn evtl. zum (verändernden) »Eingreifen« (B. Brecht) zu bewegen (bes. E. Piscators »polit. Theater«); das Z. gilt als spez. Dramentyp von → Neuer Sachlichkeit (→ Lehrstück, → polit. Dichtung, → Dokumentarstück).

= E. Mühsam, E. Toller, G. Weisenborn, P. M. Lampel (*Revolte im Erziehungshaus*, 1929), F. Bruckner (*Krankheit der Jugend*, 1929), F. Wolf (*Zyankali*, 1929), W. Borchert (*Draußen vor der Tür*, 1947), L. Ahlsen, R. Hochhuth u. a.

**Zeitung,** die: (bis 17. Jh. = Nachricht) Druckerzeugnis, das in regelmäßigen, aber weniger als eine Woche umfass. Abständen mit Nachrichten, Kommentaren, Berichten u. ä. erscheint; gewinnt seit Anfang des vergangenen Jh. ständig an (meinungsbildendem) Einfluß. (→Feuilleton, →Rezension, →Fortsetzungsroman)

**Zeitungslied,** das: (Zeitung = Nachricht) Gattung des →histor. (Volks-) →Lieds, im 16. Jh. entstanden; als Neuigkeitsbericht in Liedform zunächst öffentlich vorgetragen, dann durch »fliegende Blätter« (→Flugblatt) verbreitet. (→Bänkelsang)
= →fliegende Blätter

**Zensur,** die: (zu lat. Amt des Zensors, der u. a. das staatsbürgerl. u. sittl. Verhalten der Bürger überwachte) staatl. oder kirchl. Kontrolle aller Veröffentlichungen in Wort u. Bild, um nicht genehme (systemnonkonforme) Äußerungen zu unterdrücken (→Junges Deutschland); Z. im MA. ausgeübt von der kath. Kirche, staatl. Z. seit 1569 durch Einrichtung einer kaiserl. Bücherkommission in Frankfurt/Main. Das Z.verbot der Weimarer Verfassung wurde ins Grundgesetz der BRD übernommen (ohne dessen Einschränkungen): »Eine Z. findet nicht statt« (Art. 5, Abs. 1, Satz 3).

**Zeugma,** das: (gr. Zusammenjochung) →rhet. Figur der Klammerbildung, Sonderform der →Ellipse: Koppelung eines Satzglieds mit zwei (oder mehr) a) syntakt. gleichen (→Syllepse) oder b) semantisch versch. Satzgliedern; die unpassende Zuordnung kann zu (beabsichtigtem) kom. Effekt führen.
= a) *Entzahnte Kiefern schnattern und das schlotternde Gebein* [Goethe].
b) *Er saß ganze Nächte und Sessel durch* [Jean Paul]. – *Er brach das Sigel auf und das Gespräch nicht ab* [Chamisso]. – *Die Flaschen wurden leerer und die Köpfer voller* [Heine].

**Zieldrama,** das: Drama, das alle Ereignisse vorführt, d. h. voll ausspielt, die zum »Ziel« des Bühnengeschehens, der →Katastrophe, hinführen; Gegs. →analytisches Drama.
= Lessing, *Emilia Galotti* (1772); Schiller, *Kabale und Liebe* (1784); G. Hauptmann, *Vor Sonnenaufgang* (1889); u. a.

**Zimmertheater,** das: auch Keller-, Ateliertheater; als künstler. alternative »Kleinstbühne« seit Anfang 20. Jh.; zunächst primär Experimentierbühne, nach Zweitem Weltkrieg begünstigt von Raumnot u. der Neigung zu Intimität u. Informalität. 1. dt. Z. (als spez. Theaterform) 1947 in Hamburg.

**Zitat,** das: (lat. aufrufen, nennen) wörtl. (oder sinngemäß) übernommene u. durch Anführungszeichen, Kursivdruck u. ä. als übernommen gekennzeichnete Stelle (Wendung, Satz, Vers, Abschnitt) aus Werk eines anderen Autors; häufig gebrauchte Z. (→ geflügelte Worte) auch ohne Angabe der → Quelle. (→ Plagiat, → Paraphrase, → Anspielung, → Motto, → Widmung)
= *Zitate [...] sind wie Räuber am Weg, die bewaffnet hervorbrechen und dem Müßiggänger die Überzeugung abnehmen.* [Walter Benjamin]

*»Mich ergeben! auf Gnad und Ungnad! Mit wem redt Ihr! Bin ich ein Räuber?*
*Sag deinem Hauptmann: Vor Ihro Kaiserlichen Majestät hab ich, wie immer, schuldigen Respekt. Er aber, sag's ihm, er kann mich im Arsch lecken.«*
[Aus: Goethe, *Geschichte Gottfriedens von Berlichingen*]

**Zote,** die: (zu Zotte = Flausch von Haaren) unanständiger Scherz, scherzhafte Erzählung entsprechenden Inhalts.

**Zucht,** die: (mhd. durch Erziehung gewonnene Bildung, feine Lebensart) → Tischzucht.

**Zürcher Literaturstreit,** der: ca. 1740 einsetzende nationale Auseinandersetzung (→ Literaturstreit) um das rationalist. klassizist. Literaturkonzept Gottscheds (Leipzig); Hauptgegner waren Bodmer u. Breitinger (Zürich), die auf Erhöhung der Schöpferfreiheit des Dichters, Erweiterung des Gegenstandsbereichs u. Einbeziehung des Gefühls drängten; eine Art zu Lessing überleitender Bilanz des Z. L. ziehen F. Nicolais *Briefe über den itzigen Zustand der schönen Wissenschaften in Deutschland* (1755).
= → Literaturbriefe

**Zwillingsformel,** die: kurze Redewendung aus antithet. Begriffspaar, oft durch → Alliteration oder Reim (→ Reimformel) gebunden; daneben Drillingsformel wie »Feld, Wald und Wiese«.
= *Groß und klein*; *jung und alt*; *von nah und fern*; *Feuer und Wasser*; *Himmel und Erde*; *Knall und Fall*; *Weg und Steg*; u. a.

**Zwischenakt,** der: urspr. Pause zwischen zwei Akten eines Dramas, dann das diese ausfüllende → Zwischenspiel.

**Zwischenreim,** der: → Schweifreim.

**Zwischenspiel,** das: zwischen den Akten einer Theateraufführung (aber auch vor oder nach diesen) dargebotene szen.-dramat. (tänzer. oder musikal.) Einlage; dient der Abwechslung oder Pausenfüllung (Kulissenumbau). (→ Intermezzo, → Interlude, → Entremés, → Dumb show)

= Röm. Theater: →Pantomime; geistl. Spiel: →Posse; Mysterienspiel: →Farce; Schuldrama, schles. Kunstdrama: (stroph.) →Chorlied; u. a.

**Zyklopenvers,** der: (in gr. Mythologie Riese mit nur einem Stirnauge + →Vers = Strophe *sowie* Verszeile) auch Eunuchenvers, neugr. Variante der →Nonarime u. zugleich des →Choliambus; im neunzeiligen Z. (= Strophe) bildet der Z. (= Verszeile) als →Waise die Achse; Reimfolge ababwcdcd, oft als Scherzlied (»Necklied«). (→Volkslied)

**Zyklus,** der: (gr. Kreis) Sammlung von a) Gedichten, b) Erzählungen, c) Romanen, d) Dramen u. ä., die im einzelnen selbständig sind u. zugleich Glieder eines umfass. Ganzen bilden, d. h. inhaltl. u. formal zusammengehören.
= a) Goethe, *Röm. Elegien*; Novalis, *Hymnen an die Nacht*; Heine, *Buch der Lieder*. b) G. Keller, *Die Leute von Seldwyla*. c) Balzac, *Comédie humaine*; J. Romains, *Les hommes de bonne volonté*. d) Schnitzler, *Anatol, Reigen*; u. a.

**Zynismus,** der: (nach gr. Philosophenschule der Kyniker) a) urspr. Lebenslehre, die Bedürfnislosigkeit als Voraussetzung von Vorurteilslosigkeit u. Unabhängigkeit propagierte; b) seit Ende 18. Jh. Bez. für Geisteshaltung, die sich in skept. Mißachtung konvention. Formen, in Ehrfurchtslosigkeit u. auf Erschütterung der Wertgläubigkeit der Mitwelt gerichtetem (beißendem) Spott äußert. (→Sarkasmus, →Satire)
= Z. findet sich bei Grabbe, K. Kraus, H. Mann, K. Tucholsky, B. Brecht u. a. sowie in Werken wie J. Swift, *A modest proposal [ ... ]* (1729); Voltaire, *La pucelle* (1762) oder Diderot, *Rameaus Neffe* (ca. 1762, übers. von Goethe 1805); u. a.
So heißt es in Brechts Gedicht *Was erwartet man noch von mir*:

*Mit den Gesetzestafeln sind die Laster entzweigegangen.*
*Man schläft schon bei seiner Schwester ohne rechte Freude.*
*Der Mord ist vielen zu mühsam*
*Das Dichten ist zu allgemein.*
*Bei der Unsicherheit aller Verhältnisse*
*Ziehen es viele vor, die Wahrheit zu sagen*
*Aus Unkenntnis der Gefahr.*

# Sekundärregister

Abbildtheorie → Wiederspiegelungstheorie 604
Abonnent → Abonnement 10; → Buchgemeinschaft 84
Abtakt → Kadenz 264
Achtreim → Stanze 522
aðalhending → Dróttkvætt 132
Afrikanität → Négritude 360
Alliterationsvers → Reimvers 449
Allwissenheit → auktorialer Roman 53; → Ich-Form 243
ananke → Tragik 563
Anapäste → Parabase 383
Altersgedicht → statisches Gedicht 524
amöne Landschaft → Anakreontik 30; → Locus amoenus 317; → Topos 558
Amphibolie → Ambiguität 28
Analphabetentum → Armenbibel 47
Anrufung → Invokation 254
Antimasque → Masque 332
Aphoristiker → Aphorismus 40
Aretaloge → Aretalogie 46
Ausgabe 1. H. → Ausgabe letzter Hand 53
Autorenplural → Pluralis modestiae 408

barditus → Bardiet 59
Beatnik → Beat generation 62
Beit → Ghasel 204
Blumenruf → Ritornell 460
Bohemien → Boheme 76; → Kabarett 263
Buchstabismus → Lettrismus 311
bürgerlicher Vers → politischer Vers 413
Bummellied → Studentenlieder 532

Carmen onomastikon → Onomastikon 373
Carpe diem → Vagantendichtung 578
Charaktermasken → Commedia dell' arte 103; → lustige Person 320

Chariten → Grazien 211
Conceptualismo → Conceptismo 104
Conférencier → Conférence 104
Cultismo → Gongorismus 210

Demaskierung → Parabase 383
Denkdiktat → Écriture automatique 136
Deutsche Bewegung → Romantik 465
Dialekt → Mundartdichtung 351
Diastole → Systole 540
Dichtersprache → Literatursprache 315
Dingroman → Nouveau roman 367
dispositio → Disposition 124; → Ornatus 375; → Rhetorik 455; → Topik 558
Distrophon → distrophisch 124
Dreiweg → Freie Künste 184
dunkler Stil → Akyrologie 22; → geblümter Stil 192; → Trobar clus 571
Doppelfüßigkeit → Dipodie 123
Doppelsinnigkeit → Äquivokation 15
Dreikönigs- bzw. Magierspiel → geistl. Spiel 196; → Weihnachtsspiel 601
Dreiweg → Freie Künste 184
Druckvermerk → Impressum 247
Dummkopfiade → Dunciade 133
duplicatio → Gemination 197
duratio → Aktionsart 20

Eindruckskunst → Impressionismus 247
Eingreifen → Littérature engagée 316; → Zeitstück 612
eleos → Tragödie 563
Elocutio → Ornatus 375; → Topik 558
Empirismus → Aufklärung 51
Enklitikon → Enklisis 147
elocutio → Rhetorik 455
Entelechie → Bildungsroman 70
Entfremdung → Verfremdungseffekt 580
Erbe → kritischer Realismus 295; sozialistischer Realismus 515

Eröffnungsrede → Captatio benevolentiae 90
estribillo → Villancico 587
Eth → Aktivismus 20
Eunuchenvers → Zyklopenvers 615
Experiment → Dadaismus 108; → Experimentalliteratur 166; → Zimmertheater 613
Expression → absolute Dichtung 11; → Expressionismus 167
extratextuell → Intertextualität 252

Faktographie → LEF 304
Fatrasie → Fatras 175
fatum → Tragik 563
femme fatale bzw. femme enfant → Jugendstil 259
Figurenrätsel → Rebus 440
fjǫrðung → Dróttkvætt 132
Flickgedicht → Cento 92
flokkr → Drápa 131

Gastsatz → Parenthese 389
Gaukler → Fahrende 171; → Joculator 259
Gedankendrama → Buchdrama 84
gegenständliches Korrelat → Dingsymbol 122
Gegenstrophe → Antistrophe 38; → Triade 567
Geistesfreiheit → Würde 607
gemischte Versmaße → äolische Versmaße 15; Polymetrie 414
Genuß → Ästhetizismus 16; Dandyismus 110
gereinigte Ausgabe → ad usum delphini 14; Editio castigata 136
Gesätz → Bar 58
Geschehensdrama → Handlungsdrama 218
Geschmack → Aufklärung 51
Gleichzeitigkeit → Simultaneität 513
Gnorisma → Anagnorisis 29
Goldenes Zeitalter → Goldene Latinität 209; → Idylle 244; → Romantik 465
Grammatiker (alex.) → Kanon 266

Harlekinade → Harlekin 219
Hausvaterdrama → Rührstück 472
heroic verse → Heroic couplet 225
heterometrische Strophe → Isometrie 256; → Vierzeiler 586
Hilarodie → Lysiodie 321

Hirtenspiel → geistliches Spiel 196; → Weihnachtsspiel 601
Historische Schule → Biedermeier 67
Historicus → Oratorium 373
Hörbild → Feature 176
Hörtext → akustische Dichtung 21
hǫfuðstafr → Dróttkvætt 132
Homilien → Homiliar 235
Homme de plume → Nom de plume 365
Horrorliteratur → Schauerroman 482
hrynhend → Dróttkvætt 132

Ideographie → Schrift 488
Ideogramm → visuelle Dichtung 588
Illusionsbrechung → Spiel im Spiel 517
inchoativ → Aktionsrat 20
innerer Reim → Binnenreim 71
intratextuell → Intertextualität 252
Inventio → Ornatus 375; → Topik 558
isometrische Strophe → Isometrie 256; Vierzeiler 586
iteratio → Gemination 197

Jagd → Caccia 89
Jammer → Furcht und Mitleid 187
Jedermann → Moralität 348

Kahlschlag → Trümmerliteratur 572
Kapuzinerpredigt → Kapuzinade 269
Kavaliersroman → galante Dichtung 189
Klarismus → Akmeismus 18
Kleinkunstbühne → Kabarett 263
Kleinstbühne → Zimmertheater 613
Klinggedicht → Sonett 511
Königshaus → Ghasel 204
Konstellationen → konkrete Dichtung 290
Konzeptbuch → Adversaria 14
Konzettismus → Marinismus 332
Künstelei → Manier 329

Lautgedichte → akustische Dichtung 21
Lebensweisheit → Spruch 519
lexis → Phrase 403
Laudatio funebris → Laudatio 303
Literatenliteratur → Gelehrtendichtung 197
Literatur an sich → Kubismus 296
Literatur der Praxis → Littérature engagée 316; → Zeitstück 612
Literatura fakta → LEF 304
Literatur-Journal → Zeitschrift 612
Literaturpapst → Großkritiker 213

Literaturproduzent → Schriftsteller 488
Locus amoenus → arkadische Poesie 47
Logogramm → Schrift 488
Logotyp → Schrift 488
lügenære → Merker 336

Madrigalvers → freie Verse 185
marxist.-leninist. Lehre → Agitprop-Theater 17
maschinelle Poesie → Computertext 104
Mehrdeutigkeit → Äquivokation 15; → Ambiguität 28
Merzbühne → Gesamtkunstwerk 199
memoria → Rhetorik 455
Methodenpluralismus → Interpretation 252
Mischroman → Doppelroman 128
Musenquelle → Hippokrene 228

Naturform der Poesie → Arabeske 44
Neckgedicht → Feszenninen 177; → Zyklopenvers 615
Nemogedicht → Niemand 364
Neoverismo → Neorealismus 361
Neuwort → Neologismus 361
Nudelverse → makkaronische Dichtung 328

Ordo → Barock 59

Palmenorden → Fruchtbringende Gesellschaft 186; → Sprachgesellschaften 518
Pasquillant → Pasquill 393
Passionsbruderschaft → Passionsbrüder 394
Patriarchengeschichte → Patriarchade 398
perfektiv → Aktionsart 20
Perieget → Periegese 399
Pflastertreter → Gassenhauer 191
Phonogramm → Schrift 488
phobos → Tragödie 563
Phalaikeion → phalaikeischer Vers 402
Piktogramm → Schrift 488; → visuelle Dichtung 588
politisches Theater → episches Theater 152; Lehrstück 307; → Zeitstück 612
Positivismus → Naturalismus 359
Pragmatik → Semiotik 495
Proklitikon → Proklisis 423
Proletariat → soziale Dichtung 514; → Vaganten 578
Pro-ode → Proodas 425

pronúnciato → Rhetorik 455
propaganda fidei → Jesuitendrama 258
Prosaauflösung → Abenteuerroman 10; → Roman 463
Protokolle der Märtyrer → Acta Sanctorum 13
Prozessionsbühne → Wagenbühne 597
Psychoanalyse → psychoanalytischer Roman 432

Ränkespiel → Intrige 253
Randbemerkung → Marginalie 330; → Scholien 487
Rasse → Blut-und-Boden-Dichtung 75
Raumdrama → Drama 130
Ready mades → Popliteratur 415
Rechtsbücher → Spiegel 517
Regelpoetik → normative Poetik 366
Reihenrede → Stichomythie 525
Reimsuche → Bout rimé 79
reine Dichtung → absolute Dichtung 11; → Kubismus 296
rentrement → Rondeau 469
repetitio → Gemination 197
Rezipient → Rezeption 454
Rezitation → Melodrama 336
Ringelgedicht → Rondeau 469
Roman des Nebeneinander → Zeitroman 612
Rotwelsch → Argot 46
Rundum → Rondeau 469
Runenvers → Runenlied 474

Sachkatalog → Realkatalog 440
Sachwörterbuch → Reallexikon 440
Sangspruch → Spruchdichtung 519
Schäferspiel bzw. Schäferei → Hirtendichtung 228; → Schäferroman 480
Schauder → Furcht und Mitleid 187
Scherzspiel → Schimpfspiel 484
Schlußschrei → Tanzlied 544
Schmähschrift → Invektive 253; → Pasquill 393
Schnurre → Fazetie 175
Schönbartspiel → Schembartlaufen 484
See-and-taste-realismus → Kölner Schule 286
Seelengärtlein → Gebetbuch 192
Selbstdarstellung → Autobiographie 54
Selbstbeobachtung → Tagebuch 541
Selbstgespräch → Monolog 345; → Soliloquium 510
Semantik → Semiotik 495

Sendung → Künstlerdrama 297
Sillographen → Sillen 502
Singschule → Meistersang 333
Skamandriten → Skamander 506
skothending → Dróttkvætt 132
Skansion → skandieren 507
Sozialismus → Fabian Society 169; sozialistischer Realismus 515
Spielplan → Programm 423
Spießbürger → Biedermeier 67
Sprechblase → Bildergeschichte 69
Sprechgedicht → akustische Dichtung 21
Sprechgesang → Parakataloge 386
Sprechspruch → Spruchdichtung 519
Sprichwortkunde → Paroimiographie 392
Sprichwortkomödie → Comédie de proverbes 102
stafr → Dróttkvætt 132
stef → Drápa 131
Sterbebüchlein → Ars moriendi 48
Steinbuch → Lapidarium 302
Soziologie → Naturalismus 359
stock → Refrain 444
Syntaktik → Semiotik 495
Szenarium → Commedia dell'arte 103

Tatenlied → Chanson de geste 92
Temperamentenkomödie → Comedy of humours 103
Testo → Oratorium 373
Theatertagebuch → Didaskalien 119
Tierbuch → Bestiarium 66
Tierlied → Kinderlied 274
Trittvers → Vexiervers 586
Trobar clar → Trobar clus 571
Troparien → Tropus 571

Überbrettl → Kabarett 263
Übersteigerung → Hyperoche 241
Universalpoesie → Romantik 465
Untertreibung → Understatement 575
Ur- bzw. Naturpoesie → Volkspoesie 593

Vagantenstrophe → Vagantenzeile 578
Vagabundenroman → Landstreicherroman 302
vanitas → Barock 59
Verführungsgedicht → Versus rapportati 586
verkehrte Welt → Bohnenlied 76; Satire 478
vernünftig Gefälliges → Grazie 211
Versbrechung → Brechung 80
Verse ohne Worte → akustische Dichtung 21
Verstellung → Ironie 254
Vierweg → Freie Künste 184
Volksgeist bzw. -seele → Romantik 465; → Volkslied 592
Volksmärchen → Kunstmärchen 298; → Märchen 323
Volkstümler → Populisten 415
Voyeur → Merker 336; → Pornographie 415

Wächterlied → Tagelied 543
Wechselrede → Dialog 117
Weihespiel → Thingspiel 553
Weihnachtsrevue → Christmas-Pantomime 100
Weltschmerz → Byronismus 88; → Dekadenzdichtung 111; → Exotismus 166
Widerspiegelung → Realismus 439; → Widerspiegelungstheorie 604
Widerspruch → Absurdität 12
Wiedererkennen → Anagnorisis 29
Worteinsparung → Apokoinu 41; Ellipse 142; → Zeugma 613
Wortfluß → Kolon 288
Wüsten- und Löwen-Poesie → Exotismus 166

Zierlichkeit → Elegantia-Ideal 140
Zurechtweisung → Lektion 308
Zueignung → Dedikation 111
Zufall → aleatorische Dichtung 23; → Dadaismus 108

# Literaturwissenschaft

Reinhard Baumgart
**Selbstvergessenheit**
*Drei Wege zum Werk:
Thomas Mann, Franz Kafka,
Bertolt Brecht*
Band 11470

Hartmut Böhme/
Nikolaus Tiling (Hg.)
**Leben, um eine Form
der Darstellung zu finden**
*Studien zum Werk Hubert Fichtes*
Band 10831

Carl Buchner/
Eckhardt Köhn (Hg.)
**Herausfordeung der Moderne**
*Annäherung an Paul Valéry*
Band 6882

Hermann Burger
**Paul Celan
Auf der Suche nach der
verlorenen Sprache**
Band 6884

Michel Butor
**Die Alchemie und ihre Sprache**
*Essays zur Kunst und
Literatur.* Band 10242
**Ungewöhnliche Geschichte**
*Versuch über einen Traum
von Baudelaire.* Band 10959

Mathieu Carrière
**für eine Literatur
des Krieges, Kleist**
Band 10159

Victor Erlich
**Russischer Formalismus**
Band 6874

Gunter E. Grimm (Hg.)
**Metamorphosen des Dichters**
*Das Rollenverständnis
deutscher Schriftsteller
vom Barock bis zur Gegenwart*
Band 10722

Gerhard Härle (Hg.)
**»Heimsuchun und süßes Gift«**
*Erotik und Poetik bei
Thomas Mann.* Band 11243

Käte Hamburger
**Thomas Manns biblisches Werk**
Band 6492

Gustav René Hocke
**Europäische Tagebücher
aus vier Jahrhunderten**
*Motive und Anthologie*
Band 10883

Christoph König/
Eberhard Lämmert (Hg.)
**Literaturwissenschaft
und Geistesgeschichte 1910 bis 1925**
Band 11471

## Fischer Taschenbuch Verlag

# Literaturwissenschaft

Ralf Konersmann
**Lebendige Spiegel**
*Die Metapher des Subjekts*
Band 10726

Jan Kott
**Shakespeare heute**
Band 10390

Leo Kreutzer
**Literatur und Entwicklung**
*Studien zu einer Literatur
der Ungleichzeitigkeit*
Band 6899

Milan Kundera
**Die Kunst des Romans**
Essay. Band 6897

Paul Michael Lützeler (Hg.)
**Spätmoderne und Postmoderne**
*Beiträge zur deutschsprachigen
Gegenwartsliteratur*
Band 10957

Walter Müller-Seidel
**Die Deportation des Menschen**
*Kafkas Erzählung
»In der Strafkolonie«
im europäischen Kontext*
Band 6885

Marthe Robert
**Das Alte im Neuen**
*Von Don Quichotte zu Franz Kafka*
Band 7346
**Einsam wie Franz Kafka**
Band 6878

Leo Spitzer
**Texterklärungen**
*Aufsätze zur europäischen Literatur*
Band 10082

Tzvetan Todorov
**Einführung in die
fantastische Literatur**
Band 10958

Joachim Unseld
**Franz Kafka**
*Ein Schriftstellerleben*
Band 6493

Achim Würker
**Das Verhängnis der Wünsche**
*Unbewußte Lebensentwürfe
in Erzählungen E.T.A. Hoffmanns*
Band 11244

**Fischer Taschenbuch Verlag**

# Materialien zu Leben, Werk und Wirkung zeitgenössischer Autoren

Hartmut Böhme,
Nikolaus Tiling (Hg.)
**Leben, um eine Form der Darstellung zu erreichen**
Studien zum Werk
Hubert Fichtes
Band 10831

Helmut Braun (Hg.)
**Rose Ausländer**
Band 6498

Heiner Feldkamp (Hg.)
**Reiner Kunze**
Band 6877

Jochen Greve
**Robert Walser:
Figur am Rande,
in wechselndem Licht**
Band 11378

Hermann Kurzke
**Mondwanderungen**
Wegweiser durch
Thomas Manns
Joseph-Roman
Band 11806

Samuel Moser (Hg.)
**Ilse Aichinger**
Band 6888

Marcel Reich-Ranicki
**Thomas Bernhard**
Aufsätze und Reden
Band 11396

Wilhelm von
Sternburg (Hg.)
**Lion Feuchtwanger**
Band 6886

Bettina von
Wangenheim (Hg.)
**Materialien zu
Hilde Domin**
Band 5769

Ulrich Weinzierl (Hg.)
**Stefan Zweig -
Triumpf und Tragik**
Aufsätze, Tagebuchnotizen,
Briefe. Band 10961

Uwe Wittstock (Hg.)
**Günter de Bruyn**
Band 10960
**Gerhard Roth**
Materialien zu
›Die Archive
des Schweigens‹
Band 11274

## Fischer Taschenbuch Verlag